Michael Kroll

achtsam lernen

Psychische Gesundheit systemisch bilden

λογος

Bibliografische Information der Deutschen Nationalbibliothek

Die Deutsche Nationalbibliothek verzeichnet diese Publikation in der Deutschen Nationalbibliografie; detaillierte bibliografische Daten sind im Internet über http://dnb.d-nb.de abrufbar.

ISBN 978-3-8325-4639-7

Logos Verlag Berlin GmbH
Comeniushof, Gubener Str. 47,
10243 Berlin
Tel.: +49 (0)30 42 85 10 90
Fax: +49 (0)30 42 85 10 92
INTERNET: http://www.logos-verlag.de

Inhaltsverzeichnis

Das Wichtigste vorab

Bevor hier das Bedingungsgefüge und die Interaktionsdynamik psychologischer Einflüsse auf Bildung und Gesundheit systemisch und systematisch dargestellt wird, möchte ich vorab, für eilige Leser, auf den Notstand hinweisen, der vielerorts akute Interventionen erforderlich macht. Als erster Schritt der Förderung von Bildung und seelischer Gesundheit müssen wichtige – und möglicherweise lähmende – Belastungsfaktoren für Schüler und Lehrer angegangen werden: überschießende Aggressivität, Bedrohung, Einschüchterung, Unruhe, fehlende Pausen für Pädagogen, drohender Ausschluss sowie Selbsttäuschung, zum Beispiel durch Pseudolernen. Um den notwendigen Wandel einzuleiten, kann man auf den vorbildlichen pädagogischen Alltag schauen und zum Beispiel von Preisträgern des Deutschen Schulpreises lernen.

Häufig lähmen tradierte Lehrmethoden, die unreflektiert übernommen werden, und die Angst vor Veränderungen das Lernen und die allgemeine Kultur des Miteinanders. Die massive Inkongruenz von Anforderungen und Ausstattung des Bildungssystems macht dieses allgemein zu einem Überlastungsmodell. Pädagogen und Lernende müssen dadurch immer wieder den Eindruck gewinnen, dass sie nicht genügen, und hinterfragen sich selbst. Für viele entsteht Frust, eine Kultur des Hinterherlaufens statt des achtsamen Erlebens von Selbstkontrolle. Der Umgang mit Schwierigkeiten ist ein zentraler Indikator für die Kultur an Bildungseinrichtungen.

Bildung beeinflusst die Gesundheit maßgeblich und ist ein zentraler Aspekt der Entwicklung der Persönlichkeit. Über sich hinauszuwachsen, zumal im Kreis vertrauter Menschen, schafft Zufriedenheit und Begeisterung. Die Arbeit der Pädagogen – als Profis in diesem Bereich – sollte für diese gesellschaftliche Bedeutung adäquat gewürdigt und unterstützt werden. Bei der Professionalisierung der psychosozialen Kultur von Bildungseinrichtungen geht es um ein individuell und institutionell passendes Maß, nicht um eine übermäßige Konzentration auf Befindlichkeiten. Achtsamkeit und Bildung entwickeln sich am günstigsten in einer Atmosphäre von Offenheit, Respekt und einem demokratischen Miteinander.

Prävention sollte die effektivsten Maßnahmen, von denen die meisten profitieren oder besonders Bedürftige gut profitieren, zuerst angehen, wie kollegiale Unterstützung, Pausen für Lehrer, die tatsächlich zur Regeneration genutzt werden können und die Reduktion der Lautstärke.

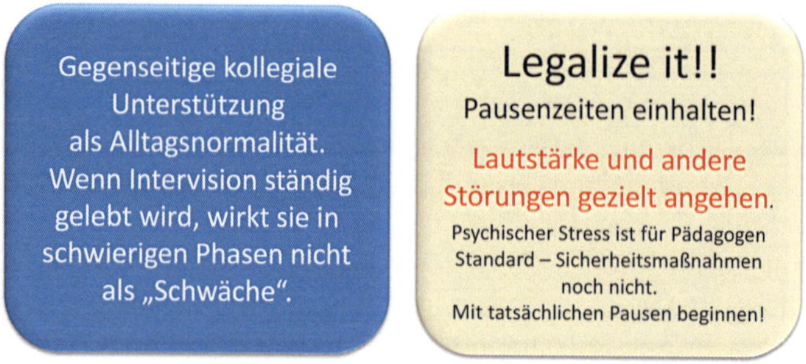

Abb. 1: Kollegiale Unterstützung, Pausen einhalten, Probleme angehen. (Quelle: Alle Abb. sind eigene Darstellungen)

Zum achtsamen Lernen gehört es:

– ökologische Anknüpfungspunkte zu berücksichtigen: Über welche Anwendungsmöglichkeiten, Erfahrungen und Sinne wird das Neue verknüpft und verankert?
– Räume für „unvernutzte Zeit“[1] (Rosa) freizuhalten oder zu schaffen;
– die **Effektivität des Lernens** fortlaufend wohlwollend kritisch zu reflektieren, zum Beispiel ob das Lesetempo zur Informationsdichte eines Textes und der aktuellen Auffassungsmöglichkeit passt. Dabei kann man den eigenen Tagesrhythmus, den Bedarf an Pausen, an Aktivierung durch Bewegung etc. berücksichtigen („Effektivität“ nicht im Sinne der Maximierung oder Optimierung, sondern als Achtung vor sich selbst).
– Lernen lebt von der **Auseinandersetzung mit Schwierigkeiten.** Offenheit und Ehrlichkeit sollten kultiviert werden, um sich bei Bedarf Unterstützung zu holen. Häufig wird stattdessen nur gelernt, Schwierigkeiten zu überspielen.
– Gelerntes sollte persönlich passend angewandt werden, je vielseitiger, desto einprägsamer. **Wiederholungen werden häufig unterschätzt** und Wissen dadurch nicht gefestigt.
– Was kostet im Alltag zu viel Energie? Persönliche Störfaktoren müssen berücksichtigt werden, zum Beispiel Lärm, Müdigkeit und digitaler Gruppendruck (z. B. im sozialen Netzwerk nichts verpassen zu wollen).

[1] Der Jenaer Soziologe Harmut Rosa kritisiert die „beschleunigte Gesellschaft“ (http://www.zeit.de/zeit-wissen/2016/04/selbstverwirklichung-kreativitaet-resonanz-selbstfindung, Zugriff 04.02.2018) und fordert Ruhe- und Mußeräume. Den Neologismus „unvernutzte Zeit“ nutzte er in Interviews.

Für die achtsame Konzentration auf den eigenen Weg ist es wichtig, sich abzugrenzen, „Nein“ zu sagen und Freizeitstress zu reduzieren.

- **Bindung vor Bildung:** Bindung meint hier die enge Beziehung zwischen Lernendem und Pädagogen und auch die Verbindlichkeit gegenüber sich selbst, das Zutrauen und Erleben von Selbstwirksamkeit, die Bindung an die eigenen Werte.
- Kraft tanken: Wo sind meine **Ruheinseln**? Was tut mir gut?
- **Begeisterung:** Wobei läuft das Lernen und Entwickeln wie von selbst? Was interessiert mich? Was möchte ich intensiver angehen?

1 Einleitung

Schulen und andere Bildungsorte sind die Entwicklungs- und Präventionszentren unserer Gesellschaft, auch der Demokratie. Deshalb müssen wir alle die Arbeit der Pädagogen unterstützen. Schulen sind vielfältig geeignet, den demokratischen Zusammenhalt zu fördern, Generationen mit Hilfe gemeinsamer Projekte zusammenzuführen und das Gemeinwesen in ihrer Umgebung zu stärken. Schulen können eine Kultur fördern, über erhaltenswerte Konventionen und interessante Innovationen im kontinuierlichen Austausch zu bleiben. Gute Bildung fördert außerdem die Gesundheit. Dieses Buch soll einladen, die Köpfe und Herzen zu öffnen, um das Gute aus dem bestehenden System mit dringend fälligen Reformen und einer ganzheitlichen Bildung zu verknüpfen.

Mit dieser thematisch breit angelegten Sammlung von Potentialen für die Entwicklung von Achtsamkeit und Bildung soll deren Bedingungsgefüge verständlich dargestellt werden. Wer achtsam lernt, bleibt neugierig und kritisch, ob und was er gerade lernt – was die Aufnahmebereitschaft beeinflusst. Analog gilt dies für die Lehrenden. Eine Kultur, die immer auch von der Metaebene den Lernprozess ausreichend beachtet, fördert die Ehrlichkeit, würdigt Schwierigkeiten als Entwicklungspotentiale und ist deshalb eine effektive Selbstfürsorge. Bildung kann wesentlich effektiver, nachhaltiger und ganzheitlicher gestaltet werden: privat, in Bildungseinrichtungen und Betrieben. **Die Kraft und der Schatz der persönlichen Motivierung, der Individualisierung des Lernens und der achtsamen Prävention psychischer Gesundheit werden aktuell nur ansatzweise aktiv genutzt.** Ähnlich hemmend könnte sich auswirken, wenn in Bildungseinrichtungen nicht mehr gelüftet würde oder wenn einzelne Teile des Gehirns gezielt ausgeschaltet würden.[2] Achtsame Umsicht für psychische Stabilität ist mindestens so wichtig wie gesundes Essen. Bei beidem lohnt es sich, Vermutungen und Erwiesenes über förderliches Verhalten zu unterscheiden.

Die Hauptthesen des Buches lauten:

1. Bildung und Gesundheit sind nicht getrennt voneinander denkbar.
2. Die psychologischen Anforderungen an Pädagogen sind deutlich gestiegen – die entsprechende Ausbildung und Unterstützung jedoch nicht.
3. Der Unsicherheit im Umgang mit Persönlichkeitsentwicklung und psychischen Auffälligkeiten kann durch Standardisierung und interdisziplinäre Kooperation begegnet werden.

[2] Wie für Studien durch Magnetfelder, transkranielle Magnetstimulation.

4. Durch mehr Transparenz können die vielerorts erfolgreichen psychosozialen Initiativen wegen ihrer Attraktivität rasch Verbreitung finden.
5. Bildungseinrichtungen sind Quellen gesellschaftlicher Entwicklung. Achtsamkeit als Haltung fördert Nachhaltigkeit beim Lernen und bei der Selbstfürsorge.
6. Bildungseinrichtungen können durch Organisationsentwicklung und Öffnung noch viel stärker zu gesellschaftlichen Gemeinschaftsräumen werden und damit die Demokratie stärken.

Die Wirkkraft psychischer Faktoren kennt eigentlich jeder, zum Beispiel die Angst, die eben noch verfügbares Wissen blockiert oder die allgemeine Handlungsfähigkeit lähmt. Das Interesse der Öffentlichkeit für die Kultur an Bildungseinrichtungen flammt bei Skandalen wie Gewalt, sexuellem Missbrauch kurz auf, lokal nach Suiziden oder bei Phänomenen wie dem „Komasaufen". Mittlerweile gibt es ein öffentliches Interesse an „Burnout", auch bei Kindern. Die Belastung der Schüler ist seit der Verkürzung der Gymnasialzeit von neun auf acht Jahre („G8") ins öffentliche Interesse gerückt. In Bezug auf Kindergärten geht es in der öffentlichen Wahrnehmung um ausreichende Kapazitäten, vor allem quantitative, weniger um die Qualität. Für die Attraktivität pädagogischer Berufe und die Frage der Eignung sind psychische Faktoren maßgeblich. In der Ausbildung und beruflichen Praxis wird dies jedoch kaum berücksichtigt.

Das Jahresgutachten 2015 des AktionsratBILDUNG „Bildung. Mehr als Fachlichkeit" ist ein Beitrag, die Öffentlichkeit für das Thema der ganzheitlichen Bildung zu sensibilisieren. Das Gutachten fordert die intensive Bildung der sozialen Kompetenz, der Persönlichkeit und Charakterbildung im Sinne einer ganzheitlichen Bildung. „Der Aktionsrat BILDUNG geht davon aus, dass es noch umfangreicher Reformen und eines langen Atems bedarf, bis sich das Bildungssystem (wieder) seiner Mehrdimensionalität in Auftrag und Wirklichkeit nicht nur bewusst wird, sondern diese Dimension auch ausfüllt" (2015, 11).

Die vorliegende Zusammenstellung der vielen Facetten, Bildung an Kindergärten, Schulen und in der Berufsausbildung achtsamer zu fördern, stellt Angebote dar, individuell zusammenzuführen, was eigentlich nicht getrennt denkbar ist. Daneben geht es um **professionelle Mindeststandards für Bildung mit Herz und Verstand.** Viele Aspekte dieser Sammlung sind nicht neu. **Die An- und Herausforderungen für Pädagogen haben sich jedoch deutlich verändert.** Pädagogen müssen in ihrer eigenen Persönlichkeitsentwicklung gestärkt werden. Zu ihrer beruflichen Qualifikation gehört das Erfahrungswissen über seelisches Befinden Lernender und in ihren Kollegien. Die psychische Situation Lernender wird größtenteils durch die Familien, Pädagogen und ihren

Bekanntenkreis beeinflusst. Sogar Pädagogen verkennen häufig diese eigenen maßgeblichen Einflüsse und sehen Psychologen, Ärzte und Psychotherapeuten als Experten für seelische Gesundheit.

Zur Stärkung der Persönlichkeit der Pädagogen und der Lernenden soll hier **für die systematische Kultivierung von Achtsamkeit und (psychischer) Gesundheit plädiert werden** sowie für deren Verflechtung mit den übrigen Bildungsfaktoren.

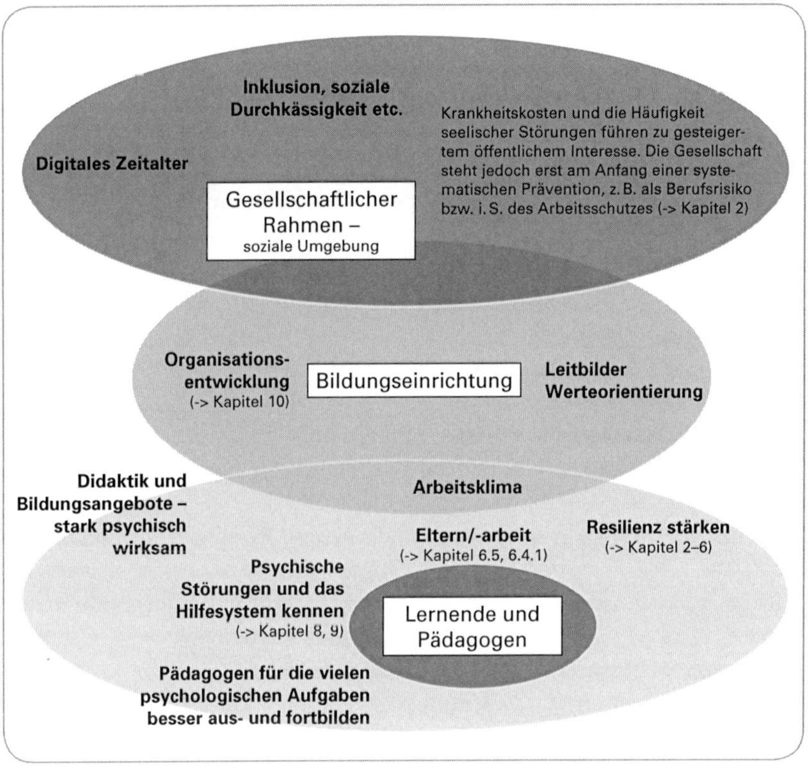

Abb. 2: Ein Ziel von Achtsam lernen ist, die Komplexität und gegenseitige Beeinflussung der das Lehren und Lernen beeinflussenden Faktoren darzustellen.

Achtsam zu handeln wird hier als übergeordneter Terminus verwendet, vor allem im landläufigen Sinne, aufmerksam und sehr wachsam zu sein, vorsichtig, gezielt zu handeln, sich auf das Wichtige zu besinnen, auf wichtige Lehrinhalte und einen förderlichen Umgang miteinander und mit sich selbst. Achtsamkeit im erweiterten Sinn beinhaltet – als Konzept der Psychohygiene – die bewusste empathische Fokussierung der eigenen Aufmerksamkeit auf Prioritäten, auf Rituale und die Metaebene, um das eigene Handeln wohlwollend kritisch zu beobachten. Das psychotherapeutische Achtsamkeitskonzept ist unabhängig von der buddhistischen Tradition. Achtsam zu lernen heißt auch, das Konzept der Achtsamkeit nicht überzubewerten, nicht zu verklären. Mit Achtsamkeitstrainings sollte man, wie im 7. Kapitel dargestellt, zurückhaltend sein und nur freiwillige Angebote machen. Achtsamkeit entsprechend der Care-Bedeutung wird als Einstellung auf die Belange von Mitmenschen verstanden.

Die Entwicklung von Projekten, die die Entwicklungspsychologie adäquat berücksichtigen, ist etabliert, wird gefördert und finanziert. Durch Kooperationen der Ministerien, Hochschulen, Stiftungen und anderer entstehen regelmäßig neue Programme. Aber wie können diese kombiniert werden? Welche Programme passen wo am besten? Schwieriger als die Entwicklung ist die Verbreitung, die Förderung einer Kultur, Gesundheit achtsam zu berücksichtigen wie die richtige Raumtemperatur und gesundes Essen, die dauerhafte Implementierung in der Bildungslandschaft und die fortlaufende Entwicklung der Prävention auf der Basis von Praxiserfahrungen.

Pädagogen betonen gern, die Entwicklung der Persönlichkeit der Lernenden sei selbstverständlicher Teil ihrer Arbeit. Details dazu können sie meist nicht nennen, als würde diese persönliche Förderung nebenbei passieren. Sogar Wissenschaftler sind unsicher, was genau unter einer *Persönlichkeit* zu verstehen ist. Pädagogen werden nicht ausreichend psychologisch geschult. Deshalb ist das entsprechende Engagement von der Neigung einzelner Pädagogen abhängig. Solch intuitives Handeln ist zwar bewundernswert. Es sollte jedoch nicht dem Zufall überlassen werden. Der aktive Umgang mit Stressoren ist elementarer Teil von Bildung. Über sich hinauszuwachsen, Herausforderungen zu suchen und den sicheren Umgang mit Überforderung zu trainieren ist ein stetiger Grenzgang. Nicht nur Surfer suchen Wind und Wellen.

Wegen der sehr großen Bedeutung der Bildung für die Gesellschaft sollten **Standards die Lernfähigkeit absichern.** Die von der Organisation für wirtschaftliche Zusammenarbeit und Entwicklung (OECD) seit dem Jahr 2000 durchgeführten Pisa-Studien, internationale Schulvergleichstests, haben gezeigt, was die meisten als Schüler erfahren haben: Häufig wird an Bildungseinrichtungen nicht gelernt. Häufig wird dort das Lernen konsequent verleidet. Wie fair miteinander umgegangen wird, hängt häufig vom Zufall ab. Auch noch im Jahr 2018 gibt es zum Beispiel viele Pädagogen, die Lese-Rechtschreib-Störungen nicht erkennen und korrekte Rechtschreibung als stark mit Intelligenz korrelierend ansehen. Es darf nicht vom Zufall abhängen, mit wie viel Freude, Begeisterung oder Frustration gelernt und gelehrt wird. Wegen der Komplexität der Thematik und durch die fehlende Standardisierung der entsprechenden pädagogischen Techniken ist die Qualität der Berücksichtigung psychischer Aspekte meist noch heterogener als schon bei den fachdidaktischen Qualifikationen. Intuitiv spüren viele Pädagogen die Wirkkraft psychischer Faktoren auf die Lernwilligkeit und -fähigkeit, und zwar für die Lernenden, bezüglich ihrer eigenen Motivation und Ausstrahlung und für die Dynamik ihres Miteinanders, die Interaktion.

Achtsamkeit wirkt vielfältig förderlich:

1. Selbstmanagement, Eigeninitiative, Selbstkenntnis und Selbst-Bewusst-Sein werden gefördert. Lernende und Pädagogen werden aktiver. Zum stetigen Lernen aller gehören zum Beispiel das Wissen und Erfahren der eigenen Belastungsfaktoren und Erholungsmöglichkeiten. Die Selbstkenntnis und das Zutrauen in die Eigenverantwortung werden gestärkt. Lernende und Pädagogen werden dadurch zu Experten von und für sich selbst. Die Selbstsorge für die eigenen Emotionen und die förderliche Arbeitsatmosphäre gehören zur Selbstkompetenz.
2. Die Verarbeitung von Lernangeboten und Emotionen ist im Gehirn (und übrigen Körper) eng miteinander verbunden. Wer für seine Lernziele motiviert ist, sie mit den Pädagogen festlegt, kann Entwicklung als aktiv betriebenes dauerhaftes persönliches Projekt verstehen. Lernen wird dadurch effektiver. Störfaktoren können erkannt, benannt und als Teil der Entwicklungsherausforderung berücksichtigt werden.
3. Lerngemeinschaften können kultivieren, dass diese Form der Achtsamkeit die Arbeitseffektivität und die Zufriedenheit steigert. Wer ein fürsorgliches achtsames Miteinander propagiert, lädt Lernende und Pädagogen zu Offenheit ein, auch in der eigenen Peergruppe. Dies fördert Arbeitsbündnisse und die Persönlichkeitsentwicklung.
4. Präventiv wirkt die Sensibilisierung für psychosomatische Zusammenhänge, das Körpergefühl, die aktive Lebensgestaltung, persönliche Verletzlichkeit sowie die Nutzbarkeit von Selbstheilungspotentialen.
5. Selbstkontrolle: Durch die Anregung zur fürsorglichen Betrachtung (Reflexion) der eigenen Situation, der Handlungsmöglichkeiten und der (Lern-)Ziele wird der Blick auf das eigene Handeln von der Metaebene geschult und damit gleichzeitig der Perspektivwechsel als Stärkung der Selbstkontrolle.

Maßgeblich für mehr Achtsamkeit und die aktive Förderung von (seelischer) Gesundheit im Bildungswesen ist die Sensibilisierung und Ausbildung der

professionellen Pädagogen in den Bildungseinrichtungen, in Kindergärten, (Hoch-)Schulen, dem Jugendhilfesystem und Ausbildungsbetrieben. Natürlich ist es ebenso wünschenswert, dass Familien sich gezielt mit psychischen Fragen auseinandersetzen. Vielleicht können Bildungseinrichtungen dafür gute Multiplikatoren werden, durch Begeisterung überzeugen. Wer psychisches Erleben aktiv berücksichtigt, stärkt für Kinder, Jugendliche, Adoleszente, ihre Pädagogen und ihr soziales Umfeld die Prävention, Widerstandskräfte gegen Krisen (Resilienz), Achtsamkeit, Persönlichkeitsentwicklung und durch all dies parallel die **Effektivität des ganzheitlichen Lernens.** Lernende und Pädagogen können ihr Potential am besten ausschöpfen, wenn sie sich wohlfühlen. Dies ist angesichts der komplexen und teilweise extremen Herausforderungen alles andere als selbstverständlich. Die vielen psychischen Einflussfaktoren auf Bildung werden erstaunlich wenig berücksichtigt. Wider besseres Wissen wird auf Intuition und Erfahrungslernen vertraut. Die aktuell eilig geforderte Inklusion[3] und Integration der Migranten macht die Förderung der Kompetenz von Pädagogen für psychische Prävention noch dringlicher. **Anspruch des vorliegenden Buches ist eine möglichst kompakte Darstellung der wichtigsten Aspekte mit konkreten Hinweisen zur praktischen Umsetzung.**

Risiken und Nebenwirkungen: Es geht im Folgenden nicht um „schöne neue" Schulen und Kindergärten, in denen man sich nur noch lächelnd und konfliktfrei begegnet, nicht um „Kuschelpädagogik", sondern um weniger Wegschauen, Weghören, Wegsehen. Achtsamkeit für psychische Themen bemüht sich um die passenden Inhalte und die passende Dosierung. Es geht nicht um eine Befindlichkeitskultur, um eine „Psychonabelschau", in der ständig gefragt wird: „Tut mir das jetzt gut?" (Voß 2014). Dabei ist „Glück" keine Zielgröße, sondern Zufriedenheit, Ausgeglichenheit, Gelassenheit. „Auf dauerndes Glücklichsein ist unser Gehirn gar nicht ausgelegt [...]. Bei dem Modul unseres Gehirns, das für Glückerlebnisse zuständig ist, geht es nicht um permanentes Glück, es geht vielmehr um permanentes Lernen" (Spitzer 2010, 146).

Wer Persönlichkeitsentwicklung, Achtsamkeit, mentale Fitness und Psychohygiene fördert, dem geht es nicht um ein „Immer-mehr", um „Pampern", Samthandschuhe, um permanentes Aushandeln von Befindlichkeiten, sondern gerade um das Gegenteil. Wer Gesundheit achtsam kultiviert, kann „Krankheitsgewinn" entlarven, kann Hypersensibilisierung und Somatisierung als unproduktive Ausweichmanöver ansprechen. Die entsprechende Unterstützung der Persön-

---

3 Die im März 2009 in Kraft getretene UN-Behindertenrechtskonvention sieht das Recht auf Teilhabe eines jeden Kindes vor, unabhängig von besonderen Bedürfnissen eine Regelschule besuchen zu können.

lichkeitsentwicklung gehört somit zum Basiscurriculum des Bildungssystems wie Ernährung, Bewegung und Hygiene.

Zudem geht es auch nicht um die nächste zusätzliche Belastung des Bildungssystems ohne zusätzliche Ressourcen, sondern um die effektive Nutzung vorhandener Potentiale und um professionellen Arbeitsschutz. Es soll dargestellt werden, wie weitreichend Bildung durch die Stärkung psychischer Fitness verbessert werden kann.

Beim Lehren und Lernen ist man sehr auf die eigene Person als „Werkzeug" angewiesen. Die sollte man gut kennen. Angesichts der Häufung überforderter Pädagogen und Lernender müsste die Gewerbeaufsicht Mindeststandards der Psychohygiene fordern und streng überwachen. Die hohe psychische Belastung Lehrender und Lernender ist ein gesellschaftliches Dauerthema.[4] Die Anforderungen steigen stetig.

> „Kindheit ade. Mutlosigkeit, Selbstzweifel, Schlafstörungen – die Liste der Befindlichkeiten 10- bis 17-jähriger Schüler liest sich neuerdings wie das Protokoll eines Stressforschers, Kopfschmerzen, Bauchgrimmen, Rückenweh, Gelenkschmerzen – der Leidenskatalog aus deutschen Klassenzimmern könnte von einem Betriebsarzt stammen, der ausgebrannte Beschäftigte untersucht" (Musall 2012).

Psychische Belastbarkeit als zentrale Herausforderung für Lehrkräfte wird meist vernachlässigt, nicht standardisiert gefördert. Pädagogen werden mit psychischen Themen häufig alleingelassen, sind unterqualifiziert, häufig resigniert oder im mentalen Vorruhestand („innere Kündigung").

An entsprechenden Forderungen, Bildung zu verbessern, mangelt es nicht. „Schule muss zu einem neuen sozialen Ort eigener Art werden. Es geht um ein Konzept, das praktische, kulturelle, soziale und personale Bildung umfasst" (Rauschenbach 2013).

> „Alles Lehren und Lernen findet im Rahmen der Persönlichkeit des Lehrenden und Lernenden und damit im Rahmen seiner kognitiven, emotionalen und motivationalen Fähigkeiten statt. Darauf nicht Rücksicht zu nehmen, mindert den Bildungserfolg dramatisch. Wie aber sollen die Persönlichkeit eines Lehrenden und die eines Lernenden aussehen?" (Roth G 2011, 31)

Vielerorts sind Initiativen und Programme zur Stärkung der sozioemotionalen Entwicklung bereits vorbildlich etabliert. Persönlichkeitsentwicklung kann tatsächlich Teil der Standardbildung werden, wenn sich auch Pädagogen als in einem solchen stetigen Entwicklungsprozess befindlich begreifen. Häufig mangelt es jedoch an entsprechender Ausbildung, Fortbildung, Intervision, Supervision

---

4 Bildung ohne aktive Arbeit für und mit der Psyche ähnelt der Ausbildung eines Sängers in Rhythmik und Liedtext, aber ohne Stimmschulung.

und an Qualitätsstandards. Die gesellschaftliche Bedeutung ist hingegen zu groß, als dass die großen Qualitätsunterschiede, die Bildung in diesem Bereich erfährt, akzeptiert werden könnten.

Die Gesellschaft beginnt sich mit den allgemeinen Folgen psychischer Überlastung zu befassen (Kosten, Lebensqualität, Suiziden etc.). Die Zukunft der Bildung ist jedoch für die gesellschaftliche Entwicklung zu bedeutend, als dass dieser Prozess dem Zufall überlassen sein sollte.. Das Potential der Pädagogen muss endlich standardisiert gestärkt werden. Ein Mangel an Ressourcen wird in allen Bildungsbereichen beklagt. Die Förderung der psychischen Gesundheit und Abwehrkräfte und das transparente Arbeiten mit der persönlichen Beziehung und zwischenmenschlichen Verbindlichkeit können diesem Mangel begegnen, vorhandene Ressourcen aktivieren.

Dabei ist Lernen weit mehr als Datenspeicherung auf der Festplatte[5] zwischen den Ohren. Meist wird selbstverständlich vorausgesetzt, dass Lernende mit Gongschlag oder Eintreten des Pädagogen automatisch in einem gut lernfähigen Zustand sind. Tatsächlich ist es häufig umgekehrt, dass Lehrer um die Aufmerksamkeit jedes einzelnen Schülers kämpfen müssen. Dies erinnert an Wilhelm Busch: „Wenn alles schläft und einer spricht, den Zustand nennt man Unterricht."

Das Verständnis für den sozioemotionalen Status von Lernenden ist essentiell. Lernen und Lehren heißt, genau da anzusetzen, wo „die Zone des nächsten Entwicklungsschritts" (Vygotsky) beginnt. Das ist nicht trivial. Bildungseinrichtungen suchen geradezu den positiven Stress, die „Zumutung",[6] den Grenzgang, das Mehr, das Entwicklung ermöglicht. Es setzt ein gutes Gespür beim Lernenden und Lehrenden voraus sowie die Offenheit beider, also Vertrauen, darüber einen Austausch zu kultivieren.

Neben den persönlichen Faktoren sind die spezifischen Dynamiken in den multiplen Interaktionen in Lernkontexten einflussreich (Lehrkraft und Kind / Schüler; Lernende untereinander; Lehrkräfte und Lernende jeweils mit ihren privaten Bezugspersonen). Anerkennung, Beschämung etc. sind in ihrer gruppendynamischen Kraft und Dynamik kaum zu überschätzen. Es geht um ein Verständnis und um Gefühl für die Modi, in denen wir existieren. Lehren und Lernen findet ganzheitlich statt. Wenn „die Chemie stimmt", ist vieles möglich, und umgekehrt. Aber voraus besteht diese „Chemie"?

---

[5] Der Hardwarevergleich lädt ein, die Unterschiede hervorzuheben, die neuronale Plastizität und die kognitive Prozessierung, das heißt die Verarbeitung eines Reizes hängt stark von den Vorerfahrungen ab.

[6] Wie es eine Gymnasialdirektor ausdrückte.

Hauptanliegen dieses Buches ist, Pädagogen zu stärken, seelische Fitness und Prävention professionell zu verbessern. Der neuseeländische Pädagoge John Hattie hat circa 800 internationale Metauntersuchungen ausgewertet, die auf circa 50.000 Studien basieren. So konnte er statistisch belegen, was viele nicht verwundert, dass die Pädagogen für die Qualität an Bildungseinrichtungen am wichtigsten seien. Hier soll die Vielschichtigkeit der Thematik dargestellt werden. Experten der jeweiligen Bereiche kommen dabei teilweise durch längere Zitate zu Wort. Die Originaltexte ermöglichen dem Leser einen authentischen Eindruck. In der komplexen Bemühung um die Verbesserung des Bildungswesens werden allzu häufig gute Ideen anderer nicht verwertet. Forschungsprojekte unterliegen häufig dem Druck, sich durch Innovationen rechtfertigen zu müssen. **Das Zusammenführen guter Initiativen wird oft unterschätzt.** Häufig fehlt es an Übersichtlichkeit.

Bildungseinrichtungen können Halt geben. Sie sollten mehr als Entwicklungszentren der Gesellschaft gesehen werden, als Raum für Gemeinschaft, für Miteinander und zur Kultivierung von Demokratie. Die Prävention seelischer Auffälligkeiten und Krankheiten kann dort für die gesamte Gesellschaft gefördert werden. Positive Lernerfahrungen können Probleme in anderen Lebensbereichen ausgleichen.

Die meisten Impfungen werden selbstverständlich wahrgenommen. Maßnahmen zur Mundhygiene unterstützen Eltern wenigstens so lange, wie sie im Kindergarten durchgeführt werden. Bei der Stärkung der psychischen Entwicklung geht es schon mit den Begriffen los. Impfungen kennt fast jeder. Resilienz, also seelische Abwehrkraft, ist als Begriff allenfalls in Fachkreisen bekannt. Wer Resilienz und Offenheit kultiviert, kann Schieflagen frühzeitig bearbeiten und gegen Erkrankungen wirken. Das Wissen über Entwicklungspsychologie und -pathologie gehört zu den Kernkompetenzen von Lehrkräften. Viele Pädagogen fühlen sich bei psychischen Auffälligkeiten unsicher. Was können / sollen / müssen sie ansprechen? Finden sie Unterstützung bei ihren Kollegen oder Widerstand? Manche denken dann in Kategorien. Befremdlich auftretende Kinder werden manchmal zu rasch als „krank“ abgestempelt. Dies impliziert häufig, dass sie nicht beschulbar seien. Bei fraglichen Krankheitssymptomen wollen Lehrer nichts falsch machen und erhoffen sich Maßgaben von anderen Professionellen wie Psychologen. Schulen, Jugendämter, Praxen oder Beratungsstellen kooperieren häufig nicht ausreichend, sondern grenzen sich nicht selten voneinander ab.

Im aktuellen Bildungswesen wird oft trainiert, Fehler und Wissenslücken zu kaschieren, und zwar bei Lernenden wie bei Lehrenden. Hauptziel ist, Bildungszertifikate zu erhalten, Zugangsberechtigung, Versicherungen gegen soziales

Abgleiten. Lehrende definieren sich häufig primär über Hoheitswissen, einen Wissensvorsprung. In dieser Gemengelage bleibt die Bildung auf der Strecke. Das Gespür für den nächsten Lernschritt – im Zentrum der Interaktion zwischen Lehrerin und Schüler – wird dadurch gestört. Der nächste Entwicklungsschritt, im bunten Treiben dessen, was an Bildungseinrichtungen stattfindet, kann sein, der Lernbereitschaft überhaupt erst einmal wieder näherzukommen. Dies kann heißen, Störquellen wie Schlafmangel zu identifizieren. Lernen kann durch seelische Belastungen völlig ausgebremst werden, so dass Schüler gerade noch physisch anwesend sind.

Pädagogen sehen täglich, wie es den Kindern, Schülern und Studenten geht, wenigstens optisch. Die Frage ist, ob sie aktiv hinschauen, ob sie den Willen und die Kraft haben, genau hinzusehen, die Schwingungen zu spüren, die Atmosphäre.[7] Entgegen landläufiger Vorbehalte sind die Lehrenden – nicht nur vom zeitlichen Ausmaß – sehr wichtige Bezugspersonen für Schüler, teilweise die wichtigsten, manchmal die einzigen zuverlässigen Erwachsenen. Lehrende können maßgeblich sein, im turbulenten Fahrwasser der Entwicklung Halt zu geben.

Das vorliegende Buch soll helfen, die Intuition der Pädagogen zu bereichern, soll motivieren, die eigene Lernlust zu pflegen, über den Tellerrand zu schauen. Wie fühlt sich eine Elfjährige, die auf den Lehrer depressiv wirkt? Was kann sie hören und denken? Welche Brücken können gebaut werden, damit sie redet und sich nicht selbst verletzt? Was sollte vermieden werden? Kaum ein Schüler ist derart autark, dass ihm die Atmosphäre der Schule egal wäre, dass seine Lernleistung davon nicht beeinträchtigt würde. Und selbst solche – wenig störbaren – Schüler profitieren von einer positiven Gegenseitigkeit.

Lehrende sollen motiviert werden, ihre Kompetenz für die Persönlichkeitsentwicklung der Schüler, auch in schwierigen Phasen (Coping) auszubauen. Wenn Kinder psychisch auffällig sind, sind Pädagogen häufig zuerst diejenigen, die dies im Verlauf und damit als Teil der Gesamtpersönlichkeit einschätzen können. Manche Pädagogen fühlen sich gehemmt, wenn Kinder und Familien professionelle psychologische oder medizinische Hilfe in Anspruch nehmen. Pädagogen lassen sich bisweilen von Diagnosen beeindrucken, als säße dann ein anderes Kind vor ihnen, nur weil ein Professioneller jetzt einen Krankheitsbegriff genannt hat (der im Zweifelsfall von den Eltern inkorrekt zitiert oder nach eigenem Gusto abgewandelt wurde). Dabei beeindruckt, wie wenig standardisiert Pädagogen nicht nur bei der Wissensvermittlung, sondern auch bezüglich der Integration und Inklusion besonderer psychischer Bedürfnisse vorgehen.

---

7 Die Kognitionsforscher gehen davon aus, dass wir weniger als 1 Prozent unserer Wahrnehmungen bewusst verarbeiten.

Immer noch verschenken Lehramtsstudenten viel Zeit mit konventionellen Formaten, die sie nicht optimal auf ihre beruflichen Herausforderungen vorbereiten. Lehrer ist wie Arzt ein Beruf mit hohem praktischem Anteil, der akademisiert wurde, um das gesellschaftliche Ansehen zu erhöhen. Auf die praktische Tätigkeit wird an Hochschulen noch zu wenig vorbereitet. Entwicklungspsychologie und -pathologie gehören ins Studium und in die Fortbildungen.

Sollen deshalb Pädagogen jetzt zusätzlich therapeutisch arbeiten? Nein. Manche geben Halt, ähnlich wie Therapeuten, über Jahre, wie Therapeuten nur selten. Wo Krankheit und Therapie beginnt, was therapeutisch ist, wird in Fachkreisen unterschiedlich definiert. Lehrende sind bisweilen die wichtigsten Menschen im Leben der Kinder, Erwachsene, an denen diese Kinder sich anlehnen können, an denen sie sich orientieren wollen, wo sie ihr Herz öffnen und manchmal anfangen zu reden, über ihre Sorgen und Ängste. Solche positiv zugewandten zwischenmenschlichen Beziehungen können heilsam wirken, entwicklungsförderlich sind sie immer. Sie können Hilfe von Beratungsstellen anbahnen oder motivieren, professionelle therapeutische Hilfe in Anspruch zu nehmen. Wenn Pädagogen sich mit seelischer Gesundheit auskennen und vor allem einen guten Zugang zu sich selbst haben, können sie selbst entscheiden, welche Auffälligkeiten sie selbst angehen wollen. Sie bleiben aktiv. Viele Lehrende empfinden ihre Schüler als „immer verrückter / gestörter". Sie klingen überlastet. Die meisten Lehrer sagen, dass die Unruhe an Schulen massiv zugenommen habe. Bildungsorte müssen immer besser vor Reizüberflutung und äußerem Druck geschützt werden.

Nach Karl Valentin ist „Erziehung zwecklos, weil Kinder es ohnehin wie die Erwachsenen machen". Das Lernen am Modell ist ein Lernen aus Überzeugung, ein authentisches Lernen, implizit. Lehrende fühlen sich in ihrer Rolle wohl, wenn sie sich wirksam erleben. Sie spüren, dass die Schüler ihnen vertrauen, dass ihr persönlicher Stil Halt gibt.

Deshalb geht es im Folgenden zuerst um diese Standortbestimmung. Psychohygiene ist eine zentrale professionelle Pflicht für Pädagogen, eine Arbeitsschutzmaßnahme. Mit diesem Wissen um die eigene Subjektivität, wie die einzelne Pädagogin es mit ihrer Psyche hält und allgemein mit psychischen Themen, schaut sie auf die Situation der Schüler, im Allgemeinen und im Einzelfall. Vor der Frage, wie mit speziellen Auffälligkeiten wie Depression umgegangen werden kann, soll das Kontinuum betrachtet werden: Was ist gesund? Wer oder was macht krank? Welchen Nutzen hat eine Diagnose und wie zuverlässig ist sie? Welche Risiken und Nebenwirkungen gibt es? Dann soll es darum gehen, das Umfeld der einzelnen Bildungseinrichtungen zu verstehen. Wie ist das System sozialpädagogischer Beratung und psychologisch-psychiatrischer Hilfe organisiert?

Abschließend wird es wieder praktisch, es geht um den Alltag der Pädagogen, mit Überlegungen zu konkreten Handlungsmöglichkeiten. Welche organisatorischen Möglichkeiten gibt es? Wie können Kollegien trotz der vielen Anforderungen effektiv diese Kernkompetenz kontinuierlich verbessern?

Im Folgenden werden als *Lernende* Kinder, Jugendliche und Adoleszente im Austausch mit professionellen PädagogInnen beschrieben. Obwohl in pädagogischen Berufen der Frauenanteil größer ist, wird im Text wegen der leichteren Lesbarkeit die kürzere männliche Form genutzt.

Die Herausforderung bei der Erstellung dieser thematischen Sammlung war der Situation im Bildungsalltag ähnlich: ständig der Eindruck, dass man alles noch mehr vertiefen könnte, eine uferlose Themenvielfalt, „eine chaotisch anmutende Vielfalt und Heterogenität der Fakten- und Problemlagen“ (Brenner 2009, 9). Und trotzdem müssen, wie im Alltag, die Themen irgendwie zusammengehalten werden, um für Praktiker greifbar zu sein. Als Kinderpsychiater sehe ich jeden Werktag, wie bedeutend Bildungseinrichtungen für die seelische Situation der Kinder und Familien sind: haltgebend, entwicklungsanregend, aber häufig auch überfordernd und ausgrenzend. Oft werden Kinder mit Verhaltensauffälligkeiten oder anderen besonderen Bedürfnissen ausgeschlossen, „weitergereicht“. Lange Überprüfungen und fehlende Zuständigkeiten führen zu Chronifizierungen von Schulinkompatibilität, was eine enorme gesellschaftliche Hypothek darstellt. Mein Blick auf das Themengeflecht mag nicht alle pädagogischen Details kennen, kann aber vielleicht gerade durch die Orientierung auf die psychische Gesundheit bereichern.

Ich möchte die Thematik weiterentwickeln. Aktuelle Hinweise finden Sie unter www.achtsam-lernen.de.

Anregungen gern an info@achtsam-lernen.de.

2 Achtsam lernen

Bei lebenslanger Bildung ist „der Weg das Ziel", als kontinuierliche Persönlichkeitsentwicklung. Dabei ist die Psyche der maßgebliche Teil der Persönlichkeit.[8] Bildung kann als Substrat, als vitalisierender Nährboden der Psyche verstanden werden. Ohne psychische Verankerung ist allenfalls eine Pseudo- oder Trug-Bildung möglich, wird Bildung beliebig, flüchtig, oberflächlich. Die Basis eigener Werte und Überzeugungen motiviert, Selbstwirksamkeit in der Gemeinschaft erleben zu können. Was Erasmus von Rotterdam über Bildung sagte, lässt sich in gleicher Form für das Seelenleben formulieren: „Nichts ist naturgemäßer als Tugend und Bildung – ohne sie hört der Mensch auf, Mensch zu sein."[9]

2.1 Die menschliche Seele – Facetten eines Konstrukts

Der Begriff Seele wird im allgemeinen Sprachgebrauch vielfältig genutzt, vor allem mit psychologischer und religiöser Bedeutung, häufig als Gesamtheit der individuellen Identität. Ihm haftet ein adäquater Respekt an, als würde er mit einem Fragezeichen enden, ein Respekt vor der Begrenztheit menschlicher Sinne, ein Respekt vor dem Menschen, vor beseelten Lebewesen. „Die Seele steht somit […] für das Unbekannte, das den Menschen zu mehr als einem stofflichen Wesen macht" (Hell 2009, 33). Zur Seele gehört der wahrnehmbare Ausdruck, zum Beispiel der Gefühle und Sprache, sowie der persönliche Habitus, also auch das einer Person zugeschriebene Potential seiner Entwicklung. Manche verbinden dies mit der Idee, die Seele sei unsterblich. Die Ausdruckskraft der Augen und Träume werden häufig als „Spiegel der Seele" bezeichnet. Der Theologe Jürgen Ziemer hält es für

> „schwierig zu definieren und exakt zu bestimmen, was denn nun ‚Seele' wirklich ist […]. Teilweise als Synonym verwendet werden: Leben […], Atem, Psyche, Selbst, Person, Herz, Daseinsmitte. In der Schnittmenge aller dieser Wörter mag das liegen, was wir Seele nennen. In der Praxis lässt sich mit einer gewissen Unschärfe des Begriffs ganz gut leben. Es ist weder sinnvoll noch aussichtsreich, eine abschließende Definition des Wortes ‚Seele' erzwingen zu wollen."

Die Seele gehöre als

> „anthropologische Konstante […] zum menschlichen Sein […]. Wer seine Seele ‚verloren' hat, ist bodenlos unglücklich. Wer seelenlos handelt, wirkt unmenschlich und ist es wohl auch. ‚Seele' hat etwas zu tun mit Offenheit und Empfänglichkeit, mit Sensibilität

---

[8] Die Formulierung „keine Menschenseele" kann als Hinweis verstanden werden, die Seele sei der Kern des Menschen, das menschlichste.

[9] Vgl. https://de.wikipedia.org/wiki/Bildung, abgerufen 29.07.2015.

> und Demut. […] Die Seele ist von außen her beeinflussbar und bildbar […] manipulierbar. Man kann ‚Kinderseelen verbiegen', auf fremden Seelen ‚herumtrampeln', man kann schließlich die eigene Seele – in der Regel eher gezwungen denn freiwillig – ‚verkaufen'. Die Seele jedes einzelnen Menschen ist geschichtlichen Einflüssen ausgesetzt und manchmal auch ausgeliefert" (Ziemer 2008, 41f.).

Der Psychiater Achim Haug verweist auf die Verbreitung von Formulierung mit seelischen Inhalten.

> „Wir lassen unsere Seele baumeln, wenn es uns gut geht, manchmal brennt uns auch etwas auf der Seele. Wenn das der Fall ist, reden wir es uns von der Seele, und dann endlich hat die liebe Seele Ruh. Wir versprechen etwas aus tiefster Seele, und wenn wir es trotzdem nicht halten können, lastet es uns schwer auf der Seele. Manchmal möchten wir uns dann am liebsten die Seele aus dem Hals schreien" (Haug A 2017, 10).

Nach der darwinschen Degradierung, in eine Reihe mit den Affen zu gehören, scheinen wir Menschen wenigstens unsere Seele mystisch aufwerten und damit der naturwissenschaftlichen Fassbarkeit entziehen zu wollen. Der Historiker Yuval Harari (2017) stellt die Einzigartigkeit des Menschen in Frage. Die Seele sei ein Mythos, um Menschen einzigartig zu machen. Dagegen verweist der Psychosomatiker Gerd Rudolf auf den romantischen Seelenbegriff, der sich in der Psychologie als „mythologisch-metaphysische Begriffsbildung" halte, „aus dem Bestreben nach einer phantasievollen Konstruktion des allgemeinen Weltzusammenhangs" (Rudolf 2015, 263), man möchte ergänzen: bis heute. Der Philosoph und Psychiater Karl Jaspers empfahl Bescheidenheit. Die Seele sei „kein Ding […] und dass schon die Rede von der Seele durch Vergegenständlichung irreführt". Man könne Ausdrucksformen interpretieren. „Das unmittelbar zugängliche, wirklich erlebte Seelenleben ist wie der Schaum, der auf der Tiefe eines Ozeans schwimmt. Diese Tiefen sind unzugänglich und nur indirekt auf theoretischen Umwegen erforschbar" (ebenda, 264f.) Treffend ergänzt der Autor, dass neue Forschungsmethoden die Tiefsee deutlich einsehbarer gemacht hätten, und wahrscheinlich auch menschliches Seelenleben. Dennoch beinhalte „ein Begriff wie Seele […] das Nicht-Fassbare, während die Rede von Psyche, psychischen Funktionen und Strukturen sich auf das regelhaft Beobachtbare im menschlichen Erleben beschränkt" (ebenda, 266).

Der Psychiater Daniel Hell verweist auf die Bedeutung des Konstrukts „Seele" für die Menschen.

> „Es gibt wohl keinen anderen Begriff, der das abendländische Verständnis von Menschen über Jahrtausende so stark geprägt hat wie die Seele, angefangen bei den animistischen Seelenfiguren in Urkulturen über die Idee einer immateriellen und unsterblichen Substanz in der Antike bis hin zur Seele als erkennendes Subjekt in der Moderne" (Hell 2009, 12).

Er argumentiert für „die Wiederkehr der Seele", so der Titel seines lesenswerten Buches. Die „Angst vor der Seele" sei bei solchen Menschen stärker, „die alles nur rational begreifen und bestimmen wollen. Die Flucht in eine intellektuell verstandene Welt soll die Vielschichtigkeit und Unerklärbarkeit der Seele vergessen lassen" (ebenda, 31). Ein ähnliches Meidungsverhalten sieht er bei den Wissenschaftlern und Psychologen sowie Psychiatern in der Patientenversorgung (ebenda, 35). Zur Abgrenzung von „Seele" und „Geist" verweist Hell auf Platon und Aristoteles, denen zufolge „die Seele neben dem vernünftigen, geistigen Teil auch sensitiv-animalische und organisch-vegetative Aspekte" umfasse. „Sie war gleichsam aus Geist, Gemüt und Begehren zusammengesetzt" (Hell 2009, 51). An gängigen Formulierungen wie „geistige Reife"[10] erkennt man diese Differenzierung im alltäglichen Sprachgebrauch. „Geistig" und „mental" werden meist als Synonyme gebraucht. Religiös wird unter Geist teilweise ein Teil der Seele verstanden, der den leiblichen Tod nicht mit stirbt, sondern weiterhin existiert.

Als anatomisches und funktionales Konstrukt sind im Folgenden mit Seele in Anlehnung an die Neuroforscher Roth und Strüber (Roth / Strüber 2014, 370) „die Gesamtheit der Vorgänge, […] die sich in unserem bewussten, vorbewusst-intuitiven und bewussten Fühlen, Denken und Wollen ausdrücken", gemeint. Die Autoren betonen ihre „naturalistische Sichtweise […] und sehen das Geistig-Psychische als einen emergenten Zustand, der unter sehr spezifischen physikalisch-chemisch-physiologischen Bedingungen […] in jedem Menschen […] Eigengesetzlichkeiten entwickelt […] und seinen spezifischen Ausdruck in unserer Persönlichkeit" finde (ebenda, 371).

> „Es gibt allerdings keinen eng umgrenzten Ort, an dem das Seelisch-Psychische lokalisiert ist. Vielmehr beruhen unterschiedliche Aspekte des Psychischen wie Furcht oder Angst, Freude, Aggression, Mitleid oder Impulshemmung auf dem Zusammenwirken vieler Komponenten des ‚limbischen' Systems, und oftmals sind dieselben Komponenten, wenngleich in unterschiedlicher Weise, an ganz verschiedenen Aspekten beteiligt." (ebenda, 42)

Dieses anschauliche Modell zeigt auch die Grenzen der wissenschaftlichen Untersuchungsmöglichkeiten des Konstrukts *Seele*. Sie setzt sich schon anatomisch individuell aus unterschiedlichen genutzten Hirnarealen zusammen, inklusive der damit verbundenen Körperteile. Der eine drückt sich mehr über ihre Körperhaltung aus, die nächste mit ihrer Aussprache, die übernächste über ihr Lächeln – jeweils verbunden mit entsprechend assoziierten Gehirnarealen

[10] In Goethes Gedicht „Gesang der Geister über dem Wasser" verweist er auf die Nähe der menschlichen Seele zu den Elementen Erde, Wind und Wasser.

beziehungsweise den zugehörigen Prozessen des Fühlens und Denkens. Der Psychotherapeut Till Bastian bietet das Modell „Seele als funktionales Wirkungsgefüge“ des Gefühlslebens, Motivationssystems, Denkens und Wahrnehmens inklusive der einhergehenden Körperwahrnehmungen an (2010a, 12).[11] Er plädiert, nicht mehr von den „seelischen Strukturen“ zu sprechen, sondern dass „wir der seelischen Realität weit besser gerecht werden, wenn wir ein System seelischer Funktion annehmen, die durch ein Wirkungsgefüge miteinander vernetzt sind und deren jeweilige Qualität (etwa: zu interpretieren, zu bewerten oder zu bewältigen) unter bestimmten Bedingungen bewusst wird und unter anderen unbewusst bleibt“ (2010b, 12). Er empfiehlt Respekt vor dem Erbe der Menschheitsentwicklung: „Es wäre schlicht und einfach töricht, wollte man leugnen, dass es eben diese 99 Prozent der Menschheitsgeschichte, all die Zigtausende von Jahren der Stein- und Eiszeit, gewesen sind, die auch unser Seelenleben entscheidend geformt haben“ (2010b, 50).[12] Andere Neuroforscher wie Michael Madeja betonen, dass man „nicht gläubig sein“ müsse „und an materieunabhängige Seele glauben“, um zu sehen, dass das Lernen mehr als nur Gehirnaktivität bedeute, weil es in „Rückkopplungsschleifen aus dem Körper und der Umwelt“ Teil eines komplexen Systems sei (Madeja 2015).

Der Begriff Bildung wird im Folgenden ganzheitlich genutzt, als persönliche Entwicklung von kulturellen und alltagspraktischen Fertigkeiten (mehr dazu im Kapitel 3 über sinnvolle Bildungsinhalte). Bildung ist ein wertneutraler Begriff, wie Kultur. Wenn Bildungsinhalte und -formate zu Überforderung, Fehlentwicklung oder Krankheit führen, sind sie trotzdem Teil der Bildung. Wie bedeutend Bildung als persönliche Entwicklung für uns Menschen ist, zeigt unser angeborenes intrinsisches Verstärkungssystem. Wer sich bildet, sich dabei neurobiologisch umbaut, umstrukturiert, braucht keinen Applaus von anderen. Natürlich erfreut das Spüren eigener Potentiale im Spiegel der anderen. Stärker noch kann die mit dem Erreichten automatisch einhergehende Ausschüttung positiv stimmender Botenstoffe wie Dopamin wirken. Über sich hinauszuwachsen ist spürbar, fühlt sich gut an, regt an, bis hin zum sogenannten selbstvergessenen „Flow“,[13] wenn wir unter Ausblendung von Außenreizen sehr in einer spannenden Tätigkeit aufgehen und ein „Mehr-davon“ anstreben. Diese lebenslang für jeden mögliche Freude am nächsten Entwicklungsschritt

---

[11] Till Bastian hat mit „Seelenleben. Eine Bedienungsanleitung für unsere Psyche“ eine lesenswerte, kompakte Sammlung zur Seele verfasst (2010).

[12] Entsprechend beginnt die Sammlung „Wie Menschen sind“ mit den Kapiteln „Der animalische Mensch“, „Der emotionale Mensch“.

[13] Nach Mihály Csíkszentmíhályi. Ausführlich dargestellt in Menning (2015).

ist charakteristisch menschlich. Das Belohnungssystem reagiert am intensivsten, wenn wir gemeinsam mit anderen über uns hinauswachsen, uns in der Gemeinschaft individuell entwickeln können.

Bildung hat aber nicht in allen sozialen Schichten den besten Ruf. Die hohe Quote von 14,5 Prozent funktioneller Analphabeten verdeutlicht, dass das durchschnittliche Bildungsniveau sicherlich in allen Gesellschaftsbereichen überschätzt wird. Manche verbinden mit Bildung das – aus ihrer Sicht befremdliche – Bildungsbürgertum oder suspekte Hochstapelei, wie Dietrich Schwanitz sie in seiner Sammlung „Bildung – Alles was man wissen muss" (2002) darstellt.

Bildung und Seele sind nicht nur zwei Bestandteile der gleichen wertvollen und wertschöpfenden Medaille, um in der Metapher zu bleiben. Es handelt sich nicht nur um eine Verschmelzung. Aktuelle neurowissenschaftliche Studien zeigen immer mehr, wie eng Bildung und seelische Faktoren anatomisch und vom Stoffwechsel her zusammenhängen, mit sehr ähnlichen neuronalen Aktivierungsmustern und Ausschüttungen von Botenstoffen und Hormonen.

Dieser direkte Zusammenhang von Bildung und seelischem Befinden wird im Alltag an Kindergärten, (Hoch-)Schulen, Betrieben und in Familien häufig nicht ausreichend berücksichtigt, wird jedoch zum Beispiel für Lehrer als „Kernbereich" ihres Berufs gewertet (Stern 2011). Zwar würde kaum jemand die grundsätzliche Relevanz des seelischen Befindens für Lernen und Bildung, für die Motivationslage oder die Vigilanz (mentale Wachheit) in Frage stellen. Vielerorts werden psychische Bedürfnisse, zum Beispiel nach Anerkennung, Ruhe, Zuverlässigkeit, Sicherheit jedoch – paradoxerweise – mit dem Verweis auf *Stress* vernachlässigt, nach dem Motto: Es gibt zu viel „Stoff" abzuarbeiten, da bleibt für „Gefühlsduselei" keine Zeit. Das EU-Konsensus-Papier „Psychische Gesundheit der Jugend und in der Bildung" weist auf die Komplementarität bildungsrelevanter Kompetenzen und Gesundheit hin:

> „Psychische Gesundheit junger Menschen beinhaltet Aspekte emotionalen Wohlbefindens (z. B. Glücklichsein und Vertrauen), psychologischen Wohlergehens (z. B. Resilienz, Autonomie, Gefühl der Handhabbarkeit) und sozialen Wohlbefindens (z. B. zwischenmenschliche Beziehungen und Bürgerschaft). Viele dieser Konzepte sind auch integraler Bestandteil der EU-Schlüsselkompetenzen für lebenslanges Lernen" (Jané-Llopis / Braddick 2008 zit. nach Steinebach / Gharabaghi 2013, 85).

Seit einigen Jahren werden Wirtschaftsunternehmen sensibler für die Thematik. Ökonomisch hat die gesellschaftliche Belastung durch psychische Erkrankungen und entsprechende Frühberentungen umgekehrt den Bedarf einer entsprechenden Prävention eindrucksvoll verdeutlicht. Mittlerweile bemühen sich Bildungseinrichtungen durch verschiedene Maßnahmen, die psychische

Gesundheit beziehungsweise die Prävention von Krankheiten zu fördern. Sie beteiligen die Lernenden tatsächlich an Entscheidungen, kultivieren einen offenen Umgang und richten die Inhalte an den Zielen, weniger an Konventionen aus. Belastende Stressoren können dadurch gemeinsam effektiv bearbeitet werden.

Die empirische Bildungsforschung zeigt, dass die Qualität der Beziehung von Pädagogen und Lernenden beide Seiten stärkt. Schüler haben eine positivere Einstellung zum Lernen und mehr Freude an der Schule, sie entwickeln mehr Interesse, mehr Eigeninitiative und zeigen weniger Lernschwächen, Suchtprobleme und aggressives Verhalten. Umgekehrt führt negative Gegenseitigkeit zu erhöhter Prüfungsangst, mangelnder Leistungsbereitschaft und Disziplin sowie geringer Selbstachtung. Grob kann man unterscheiden in Schüler, die sich relativ wenig beeindrucken lassen, solchen, für die der Lehrereinfluss, und solchen, für die der Einfluss der Klassenkameraden größer ist (Raufelder 2011).

2.2 Gemeinsames von Körper, Seele und Bildung

Analog zur Leib-Seele-Debatte sind Bildung und Seele ebenso größtenteils nur gemeinsam denkbar. Ob Leib und Seele eins oder getrennt sind, wird philosophisch spätestens seit Platon diskutiert. Dabei geht es um die anatomische und physiologische Frage, welche Strukturen und Abläufe im Leib die Seele ausmachen. Ist die Seele wie das Herz greifbar? Für den Psychiater Daniel Hell ist der Begriff Leib, „der Körper und Seele vereint", eine „Weisheit der deutschen Sprache" (Hell 2009, 33).

Moderne Forschungsergebnisse können den vermuteten unmittelbaren Zusammenhang von Leib und Seele immer besser belegen. (Psychischer) Schmerz durch Zurückweisung und Ablehnung oder Mobbing ist bei Funktionsuntersuchungen des Gehirns durch sehr ähnliche neurobiologische Aktivierungen wie physischer Schmerz zu erkennen. Frustration nach Ausgrenzung aus einer Gruppe wird im Gehirn somit ähnlich verarbeitet wie eine Prellung nach einem Sturz. Darin zeigt sich die Einheitlichkeit von Leib und Seele eindrucksvoll.[14] Erröten, Angstschweiß und weiche Knie sind landläufig bekannte Beispiele, wie seelisches Erleben in der Regel mit Körperreaktionen einhergeht. Faszinierend ist immer wieder, wenn durch Überzeugungen körperliche Schmerzen entstehen oder intensiver erlebt werden, als objektiv zu begründen ist; oder wenn Schmerzen gelindert werden, weil die Leidenden an die Wirksamkeit eines Behandlungsversuchs glauben. So verweist der Placeboforscher Benedetti auf

---

[14] Mehr dazu unter 8.1, Psychosomatische Beschwerden.

Studien, bei denen „Handyattrappen bei manchen Benutzern Kopfschmerzen auslösen. Die denken, sie halten sich einen echten Apparat ans Ohr" (Bartens 2011, 92).

Noch deutlicher ist die menschliche Seele mit (lebenslanger) Bildung verbunden. Persönlichkeitsmerkmale wie Wissbegierde und Entdeckungsdrang sind die Triebkraft der Bildung. Selbstkontrolle zum Beispiel als Kontrolle spontaner Impulse wurde in vielen Untersuchungen als dauerhaft und vielfältiger Erfolg begünstigender Faktor für Bildung und allgemeinen Erfolg im Leben identifiziert. Im Sinne einer positiven Gegenseitigkeit verstärkt Bildungserfolg die Selbstkontrolle und umgekehrt. Erfolgreiche Menschen berichten über ihre Selbstdisziplin, ihren Fleiß und die Begeisterung, die sie bei ihren Fortschritten durch diese Grundhaltung erführen. Für den Neurowissenschaftler Gerhard Roth seien die drei wichtigsten Faktoren für Bildungserfolg Intelligenz, Motivation und Fleiß (Roth G 2011, 206). Lernen als nächster Schritt der persönlichen Entwicklung beeinflusst gleichermaßen unsere Bildung wie unser Bild von uns selbst, unsere seelische Situation. Je weniger selbstverständlich Bildung ist, desto deutlicher vergegenwärtigen sich Kinder dieses hohe Gut.[15]

Erdrückend ist häufig der Zusammenhang seelischer Erfahrungen mit der Bildungsfähigkeit bei früh schwer traumatisierten Kindern. Neurobiologisch wurde zum Beispiel bei den Opfern des Ceauşescu-Regimes eine starke Reizbarkeit (Affizierbarkeit), ein Überreagieren auf potentiell bedrohliche Umweltreize (nachgewiesen anhand der limbischen Strukturen mit verminderter Anzahl von Glucocorticoid-Rezeptoren) in Kombination mit einer verminderten (präfrontalen)[16] Regulationsfähigkeit festgestellt. Diese Überreaktionen auf Reize der Umwelt breiten sich zunehmend, generalisiert, auf normale Reize des Alltags aus. Bettina Bonus, Kinderpsychiaterin und erfahrene Adoptivmutter beschreibt die resultierende Anstrengungsverweigerung früh und schwer gestörter Kinder als entwicklungspsychologisch maßgeblich und wegweisend (Bonus 2008).

Es wird immer deutlicher, dass Leib nicht ohne Seele denkbar ist, und umgekehrt. Und ebenso wird deutlich, dass Bildung nicht ohne Seele denkbar ist, und umgekehrt. Der Forschungszweig Embodied Cognition zeigt eindrucksvoll, dass auch Bildung sehr mit dem Leib, dem Körper verbunden ist. Aufmerksamkeit und Leistungsfähigkeit gehen mit der entsprechenden Muskelspannung, Herzaktivität, Körpertemperatur und Hormonwerten einher (Leconte-Lambert 2011). Kognitive Anstrengungen führen zu Erweiterung der Pupillen (Kahneman

[15] Z. B. Der Weltspiegel, 12.04.15. „Sambia. Die Schule aus dem Radio": ein Beitrag wie viele ähnliche, der die Hochachtung der Schüler für das wertvolle Gut Bildung darstellte.

[16] An der Stirnseite des Gehirns gelegener Teil des Frontallappens.

2011). Der Zusammenhang kognitiver Leistungen mit dem Körper und seiner Umwelt zeigt sich in neurobiologischen Aktivierungsmustern. Ein Gedanke an eine Bewegung ist bei der funktionellen Gehirnuntersuchung[17] nicht von einer tatsächlich ausgeführten Bewegung zu unterscheiden. Profisportler nutzen diese Effekte für Trockenübungen. Bewegungen beeinflussen Lernprozesse.

Zur alltäglichen Bewegung und der Dosierung von Sport gibt es an Bildungseinrichtungen ebenfalls zu wenig Standardisierung. Nicht wenige Pädagogen plädieren – frei nach Churchill – für „no sports", andere entwickeln missionarischen Eifer und bewirken damit womöglich das Gegenteil.

Der Körper wird als „Lernwerkzeug" bezeichnet, wenn Bewegung, Haltungen und kognitive Verankerung von Wissen und Orten genutzt werden. An Bildungseinrichtungen geht es also auch um einen förderlichen Umgang mit dem Körper. Besonders jüngeren Kindern fällt langes Stillsitzen mitunter schwer, ohne dass dies krankhaft sein muss. Manche lernen womöglich besser, wenn sie häufiger ihre Haltung wechseln können. Zum Beispiel beschreibt der Nobelpreisträger Kahneman (2011), dass er gezielt zügige Spaziergänge in den Arbeitsalltag einplane. Dies aktiviere ihn ganzheitlich und fördere seine kognitiven Leistungen. Aktives Sitzen mit Bewegungsmöglichkeit und die Nutzung unterschiedlicher Möbel oder Sitzbälle wirkt präventiv. Bewegungsfreudige Schüler werden nicht selten für unruhiges Sitzen, „Zappeln", kritisiert, immer noch viele aus dem Klassenraum geschickt, wo sie sich dann besser bewegen können.[18]

Stehpulte, Matten für Bodenarbeit und verschiedene Formen des „bewegten Klassenzimmers" eröffnen Möglichkeiten und sensibilisieren für körperliche Bedürfnisse. „Mathe mit der Matte" heißt ein Projekt, bei dem Kinder auf einer digitalen Tanzmatte stehen, Zahlen vergleichen und je nachdem, ob eine Zahl größer oder kleiner ist, nach rechts oder nach links springen (Weigmann 2013). Viele Lernende profitieren, wenn sie mehrere Sinne, zum Beispiel zusätzlich zum Hören und Sprechen sensomotorische und Assoziationsareale durch Bewegung wie Gesten nutzen. Größere Netzwerke sind als Speicher für Erlerntes weniger anfällig für Vergessen.[19]

---

[17] FMRT: funktionelle Magnetresonanztomographie. Dieses Verfahren ermöglicht die Darstellung der Intensität von Hirnaktivität vor dem Hintergrund der entsprechenden anatomischen Strukturen.

[18] Manche Kinder bewegen sich auf den Stühlen sehr lebhaft. Ein Schulleiter berichtete bei einer von mir veranstalteten Fortbildung, dass Schüler sich dies bei ihm nicht erlauben könnten. Er „latsche" auf Stuhlbeine, um Schüler vom Kippeln abzuhalten. (Dieses anonyme Beispiel zeigt zudem, dass Lehrer sich in der Art, psychisch und körperlich auf die Schüler einzuwirken, sehr unterscheiden.)

[19] Gedächtnisgenies nutzen diese Technik.

„Höhere Fitness – nicht jedoch besondere Muskelkraft oder Beweglichkeit – gingen im Schnitt mit besseren Leistungen bei standardisierten Intelligenz- und Schultests einher. Dieser Effekt ließ sich bei Grundschülern ebenso wie bei Collegeabsolventen beobachten. [...] Personen mit guter körperlicher Fitness im Alter von 18 Jahren (erreichten) auch höhere akademische Weihen im weiteren Verlauf des Lebens" (Ayan 2011).

Manche Pädagogen haben für motorische Besonderheiten der Lernenden eigene überholte Konzepte, sie vertreten zum Beispiel immer noch die Haltung, Linkshänder müssten auf rechts „korrigiert", umtrainiert werden. Dies mag heute als historischer Irrtum belächelt werden. Wie erfahren betroffene Schüler ihren Körper, wenn sie nicht unterstützt werden, ihre Charakteristika zu verbessern, sondern diese vernachlässigen sollen, um sich der Mehrheit anzupassen?

2.3 Achtsamkeit kultivieren

Achtsamkeit als bewusste Intervention zur Prävention „ist die willentliche und nichtwertende Ausrichtung der Aufmerksamkeit auf den jeweiligen Moment" (Kabat-Zinn zit. nach Zarbock et al. 2012, 18). Achtsame Menschen bemühen sich um die Sensibilisierung für ihren Körper, die Gefühle, Stimmungen, Gedanken und Wahrnehmungen / Geistesobjekte (ebenda, 126f.). Allein die Entscheidung zugunsten einer zunehmend achtsamen Gestaltung des Alltags hat ein beachtliches Wirkpotential. Ziel ist die gelassene Beobachtung, die fürsorgliche Steuerung der eigenen Fokussierung, das Leben im Augenblick. Allein schon durch das Beobachten des eigenen „Gedanken-Karussells" dreht sich dieses langsamer (Kaltwasser 2010, 55). Dabei wird die für Pädagogen so wichtige Distanzierungsfähigkeit trainiert. „Wer erkannt hat, wie die ganz persönlichen Auslöser von Stress sich bei ihm persönlich anfühlen, hat den Schlüssel zur Veränderung gefunden. Wer gelernt hat, ein Zuviel an Muskelspannung zu lösen, der fühlt, dass er damit auch der inneren Spannung zu Leibe rückt. Wer sich dabei zusehen kann, wie das innere Selbstgespräch aus dem Ruder läuft, der hat es, während er sich dessen bewusst wird, schon unterbrochen" (Kaltwasser 2008, 13).

Die „Aufmerksamkeitsdefizit-Kultur" (Türcke 2012) gilt als belastend. Durch fehlende Achtsamkeit können Warnsignale des Körpers wie angespannte Schultern verkannt werden. Auch die demütige Sensibilität für das Besondere im Alltag und die Würdigung des vermeintlich Selbstverständlichen gehen häufig verloren. Bei vielen sei die Aufmerksamkeit mit unruhig umherhüpfenden Affen („Affengeist") oder dem Verhalten von Welpen vergleichbar. Das Denken dreht sich dabei mehr um Vergangenes und die Zukunft als den Augenblick. Achtsamkeit ist keine Technik zur Selbstoptimierung, zur Steigerung der Effektivität. Bei Achtsamkeit geht es gerade auch um Akzeptanz von Gegebenheiten,

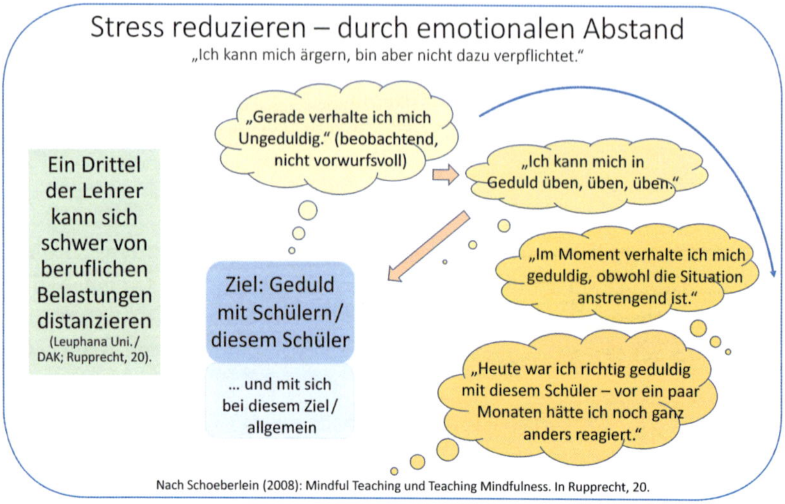

Abb. 3: Belastungen auf Distanz halten – durch achtsames Selbstcoaching
Quelle: Eigene Darstellung. Inhaltlich aus Rupprecht (2015, 20)

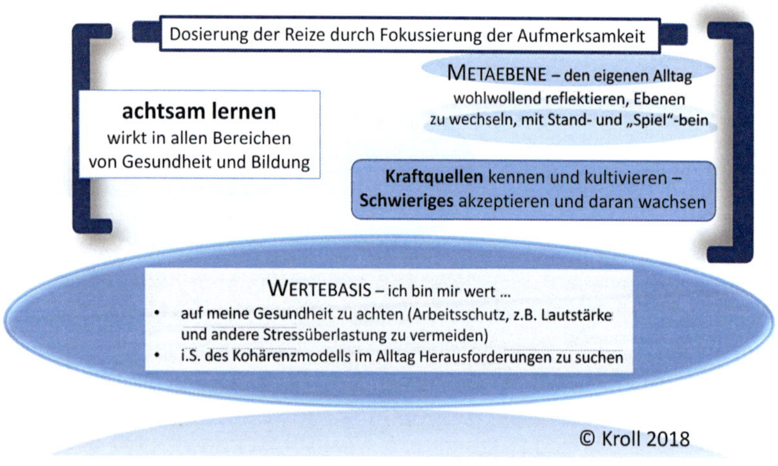

Abb. 4: Maßgebliche Achtsamkeitsaspekte im pädagogischen Alltag

um die Entlastung, nicht ständig Veränderung anstreben zu müssen, um einen fürsorglich akzeptierenden und wertschätzenden Umgang mit sich selbst. Achtsamkeit ist kein Allheilmittel, keine Wohlfühl- oder Wellnesstherapie. Unangenehme Empfindungen oder negative Gedanken können sogar verstärkt wahrgenommen werden (Rupprecht 2015, 45).

Achtsamkeit ist als Teil des Lebensstils leichter selbst erfahrbar als theoretisch kognitiv zu vermitteln. Im Buddhismus sei Achtsamkeit sehr bedeutend, als „Grundlage für menschliches Wachstum sowie die Ausbildung von Weisheit, Empathie und Mitgefühl […]. Sie gilt als das Herz der Meditation und kann durch diese und achtsame Alltagsaktivitäten ausgebildet werden" (ebenda, 8). Achtsamkeit wird heute ebenso unabhängig von ihren buddhistischen Wurzeln genutzt. Im Kern sei es „ein personenzentrierter Ansatz mit dem Fokus auf Präsenz, Klarheit und Akzeptanz" (ebenda, 44). Achtsamkeitsübungen könnten im Alltag das „Seil" sein, das über einen „Anker" vererdet den Bezug zu den eigenen Werten absichere (ebenda, 19). Der gelassene, fürsorgliche Umgang mit sich selbst erinnert daran, dass das **Erlernen von Gelassenheit ein zentraler Bildungsaspekt für den Theologen und Philosophen Meister Eckhart war,** der den Begriff der Bildung in die deutsche Sprache einführte. Ein Gymnasiallehrer beschreibt seine Erfahrungen mit Achtsamkeit:

> „Zu Stundenbeginn dauert es manchmal, bis Ruhe einkehrt. Früher habe ich das als sehr störend empfunden und relativ genervt eingegriffen. Ich habe geübt, ganz ruhig zu bleiben, die Situation erst einmal auszuhalten und durch Mimik und Gestik zu signalisieren: Ich bin da. Und dann nicht mit einer inneren Anspannung die Stunde zu beginnen" (Frieder, 49 Jahre, Gymnasiallehrer zit. nach Rupprecht 2015, 31).

Empirische Studien zeigen, dass mit qualifiziert ausgebildeten und praktizierten Trainings die Achtsamkeit steige, die psychische Beanspruchung sinke, seltener psychosomatische Beschwerden oder chronischer Stress aufträten, die Beziehungen zu Schülern sich verbesserten und das Repertoire zum Umgang mit Störungen sich vergrößere. Die Autoren einer Studie in den USA und Kanada in den Jahren 2009 und 2010 (Roeser et al. 2013) konnten belegen, dass ein Kurs mit achtmal 4 Stunden sowie täglich 15 Minuten Übungen zu Hause die selbst gemessene Achtsamkeit, Fokussierung von Aufmerksamkeit und Selbstfürsorge verbesserte und den beruflichen Stress sowie Symptome von Depression, Angst, Burnout reduzierte. Blutdruck sowie das Stresshormon Cortisol waren nach dieser kurzen Zeit unverändert. Ähnliche Ergebnisse sind auch von anderen Forschern publiziert worden. Die positive Wirksamkeit von Achtsamkeitstrainings für die Therapie einiger psychischer Erkrankungen ist nachgewiesen worden (Gotink et al. 2015). Die Anwendung hat sich etabliert. Die Trainings bestehen in der Regel aus Anleitungen zu Achtsamkeitsübungen (achtsames Atembeobachtung, Body Scan, Yogaübungen, Gedankenbus u. a.), dem Setzen von Ankern der Achtsamkeit im Alltag, Gruppendiskussion zur Achtsamkeitspraxis, Kleingruppenarbeit für Praxisübungen im Alltag, Lektüre, Hausaufgaben.

> „Gerade weil wir keine Tradition in ritualisierten Formen der Körperwahrnehmung, also z. B. des Beobachtens des Atems, haben, fällt vielen der Zugang zu solch einer Praxis

nicht leicht, zumal Meditation oft mit esoterischer Weltflucht, sektenhaften Gehabe oder abgehobener Spinnerei in Verbindung gebracht wird" (Kaltwasser 2010, 54).

Für Raucher sind Auszeiten im Alltag selbstverständlich. Ist es nicht absurd, dass gerade diese gesundheitsschädliche Pause am weitesten verbreitet ist und dass es keine ähnlichen rauchfreien Rituale gibt?

Abb. 5: Achtsamkeit im Arbeitsalltag kann durch passende Räume und Rituale kultiviert werden

Tania Singer vom Max-Planck-Institut für Kognitions- und Neurowissenschaften (Leipzig) hat mit mehreren Studien die positive Wirksamkeit von Meditation nachgewiesen. Auch bei Yogaübungen wird angeregt, die Atmung bewusst einzusetzen, nicht zu sehr anzuspannen, das Atmen versehentlich durch Pressen zu ersetzen (in der ursprünglichen Wortbedeutung ist „Psyche" synonym mit „Atem").

Pädagogen haben fortlaufend die Möglichkeit, Stress-Coping auf Wirksamkeit zu überprüfen (Bernhard Sieland, in Rupprecht, 4). Achtsamkeitsübungen können nach ritualisierten Zeiten (z. B. für Atemmeditation und Yogaübungen) oder Orten unterschieden werden. Im Alltag kann man sich achtsam auf ein Organ konzentrieren, einen Sinn, zum Beispiel beim Gehen den Fuß genau zu spüren oder die Geräusche der Umgebung. Als Erinnerung zur Besinnung auf sich selbst können festgelegte Wege, Orte, Situationen dienen. Zur Selbstfürsorge gehört, Achtsamkeit nicht als nächste Leistungserwartung in den Alltag zu pressen, schwierige Phasen nicht wertend zur Kenntnis zu nehmen und mit einer kurzen Dauer der Übungen zu beginnen. Zu Anfang könnte beispielweise die Frage stehen, wo man sich im (beruflichen) Alltag am wohlsten und am unwohlsten fühlt. Wie macht sich das bemerkbar (Anspannung, Erschöpfung etc.)? Muss das so bleiben? Mit wem kooperiere ich am besten oder am schwierigsten? Was macht mich unruhig? Was geht mir – auch in der Freizeit – nicht mehr aus dem Kopf? Hilft mir das beim Lösen eines Problems? Oder ist es Grübeln, energiezehrendes Ruminieren unbekömmlicher Dinge?

Für den Beginn der Achtsamkeitsarbeit mit Schülern eigne sich die fünfte Klasse besonders (Kaltwasser 2010, 146). Einzelne Übungen sind bereits ab dem Kindergartenalter möglich und sinnvoll. Die Familien sollten vorab involviert werden, und die Teilnahme sollte freiwillig sein. Erfolg tritt am ehesten ein, wenn die anleitenden Lehrkräfte selbst über eine Achtsamkeitspraxis verfügen und sich deshalb sicher im Umgang damit fühlen. Evaluationsergebnisse zeigen, dass der Aufbau von Achtsamkeitsübungen gut an das Alter angepasst werden muss, um wirksam zu sein (Johnstone et al. 2017).

Abschließend sei zur Achtsamkeit[20] an dieser Stelle darauf verwiesen, dass Tiere teilweise gute Vorbilder für Menschen sein können.

> „Wenn Sie morgens keinen Kaffee brauchen […] wenn Sie dafür Verständnis aufbringen, dass Ihre Lieben keine Zeit für Sie haben, wenn Sie Kritik und Vorwürfe ohne jeden Ärger aufnehmen können, […] wenn Sie es schaffen, sich ohne Alkohol zu entspannen […] Tja, höchstwahrscheinlich sind Sie dann der Hund der Familie" (Johnstone 2015, 2).

2.4 Standards zur Förderung psychischer Gesundheit?

Mancher mag fragen, ob es im Bildungswesen nicht bereits ausreichend (oder „mehr als genug") Regularien gibt, ob sich etwas derart Individuelles wie psychische Gesundheit überhaupt standardisieren lässt, ob Standards die Aktivitäten zur seelischen Gesundheit sogar verleiden können. Lernen funktioniert bei jedem (etwas) anders. Was individuell als Teil der Seele anzusehen ist, unterscheidet sich ebenso wie die persönliche Bildung. Kann eine Standardisierung solcher Individualität gerecht werden? Ja. Vergleichbar mit einheitlichen Impfstoffen gegen Infektionskrankheiten – trotz unterschiedlicher Immunsysteme, Blutgruppen etc. – sind Minimalstandards zum Schutz und zur Förderung der seelischen Gesundheit unbedingt erforderlich und sorgen für eine stetige Präsenz des Themas. Zum Beispiel enthalten die Konventionen für Menschenrechte der UNO und EU Forderungen nach solchen Richtlinien.

[20] Zum Weiterlesen: Rupprecht, S: Achtsamkeit macht Schule. Universum Verlag 2015. Schiffer, E: Reise zur Gelassenheit. Wengenroth, M: Den inneren Kompass finden. Ein Audio-Ratgeber zum ACT-Ansatz [ACT: Achtsamkeit und Commitment]. Schaaf, J: Achten Sie bloß auf sich! – Menschen – FAZ online 07.11.2015. http://www.faz.net/aktuell/gesellschaft/menschen/lebensstil-achten-sie-bloss-auf-sich-13887091.html, Zugriff 17.02.2018

Wichtige Instrumente und Bausteine, um seelische Gesundheit vor Turbulenzen zu schützen, sind zum Beispiel verbreitete Leitbilder, vor allem die organisatorische Ausrichtung auf ein professionelles förderliches Gemeinschaftsleben und „Wächter" der deklarierten Überzeugungen, zum Beispiel die Steuerungsgruppe (inklusive Lernender). Auch an den vielen Bildungsstätten mit gutem Miteinander und offener, warmherziger Grundatmosphäre gibt es in der Regel keine Standards, wie mit Schwierigkeiten umgegangen wird und was zum guten Miteinander beiträgt. Häufig ist die empathische Arbeitsatmosphäre stark an einzelne Mitarbeiter oder kompetente Lernende gebunden. Wenn diese abwesend sind oder neue Schwierigkeiten auftreten, können das Betriebsklima und die Lernatmosphäre leiden. Die Orientierung an seelischer Gesundheit wird dadurch zufällig und beliebig.

In der industriellen Fertigung zum Beispiel eines PKW würde niemand akzeptieren, dass die Qualität zum Beispiel der Bremsanlage davon abhängt, ob Frau Meier oder Frau Schneider im Dienst ist. Im Bildungswesen wird akzeptiert, dass Führungskräfte beziehungsweise einzelne Pädagogen nicht nur das Betriebsklima entscheidend prägen, sondern damit sogar die Lebenswege der Lernenden maßgeblich lenken. Besonders dramatisch wirken vielerorts Pädagogen, die sich nicht auf die psychischen Bedürfnisse der Lernenden einstellen wollen oder sogar freudvoll destruktiv, sadistisch agieren. Die Möglichkeiten, von schlechten Pädagogen Änderungen zu fordern, sind für viele Führungskräfte im Bildungswesen sehr begrenzt.

Die Kontrolle der Gewerbeaufsichtsämter und drohende Sanktionen bei Missachtung der Standards zur Arbeitssicherheit sind Instrumente, die zum Beispiel die Ruhezeiten von Arbeitnehmern sichern. Standards mit juristischem Gewicht werten die seelische Gesundheit als Gemeingut auf beziehungsweise wird das verbreitete intuitive Interesse am Seelenleben greifbarer gemacht. Dies ist vergleichbar mit der Zeit, als krankheitenauslösende Keime durch die Entwicklung von Mikroskopen sichtbar wurden. Die Burnout-Debatte und Hinweise, dass die Bevölkerung ihre Lebensqualität bewusster wahrnehmen solle, zeigen, dass das gesellschaftliche Interesse an seelischer Gesundheit sich der tatsächlichen Bedeutung annähert. Standards führen zu Organisationsentwicklung, sind Leuchttürme und weisen den Weg. Im Bildungswesen wird gezielt die Belastbarkeit trainiert. Standards zur Prävention der seelischen Gesundheit sind dabei unbedingt erforderlich.

2.5 Gesundheit durch Bildung

Gut gebildete Menschen leben länger und mit höherer Lebensqualität. „Je höher das Bildungsniveau, desto besser ist die Gesundheit und umso geringer ist das Erkrankungs- und Sterberisiko, und zwar unabhängig vom Geschlecht und Alter“ (Richter 2012, 59). Kein anderer Faktor hat eine ähnlich starke, zeitlebens wirksame prognostische Bedeutung für die Gesundheit wie Bildung.

Die folgende Übersicht soll diese ineinandergreifenden Faktoren noch einmal graphisch veranschaulichen. Die gegenseitige Verstärkung kann produktiv und hemmend wirken.

Wie ein höherer Bildungsstatus Gesundheit fördert – durch gegenseitige Verstärkung (nach Richter et al. 2012, 45ff. und Schmidt 2012, 75ff.)

- höhere Chancen auf beruflichen Erfolg mit günstigeren arbeitsbezogenen körperlichen und psychischen Belastungen, zum Beispiel seltener Schichtarbeit;
- häufig höhere finanzielle Erträge aus der Berufstätigkeit und
  - bessere materielle Lebensbedingungen; wie „Nahrungsmittel oder Wohnsituation“ (Richter et al. 2012, 61)
  - hohes Einkommen geht mit einem hohen „Maß aktiver Erziehung einher und übt einen positiven Einfluss auf die Entwicklung kognitiver und sozialemotionaler Kompetenzen aus“ (Schmidt 2012, 75);
- geringere psychosoziale Belastungen;
  - bessere Strategien zum Umgang mit Schwierigkeiten;
- bessere Ressourcen (wie soziale Unterstützung);
- bessere „Chancen auf Selbstbestimmung und Freiheit“;[21]
- bessere „gesundheitsrelevante Verhaltensweisen, z.B. Rauchen, sportliche Aktivität und Ernährung“ (Richter et al. 2012, 60);
  - „Kompetenz im Umgang mit unterschiedlichen gesundheitsbezogenen Angeboten, wie z.B. Präventions- und Rehabilitationsmaßnahmen“ (ebenda, 59f.)
  - bessere Compliance, das heißt notwendige medizinische Maßnahmen werden entsprechend besser umgesetzt; und frühere Inanspruchnahme professioneller Unterstützung bei Schwierigkeiten (Schmidt 2012, 82).
  - In der Child-LIFE-Studie zeigten sich die Werte für den Transport von Sauerstoff (Hämoglobin, Eisen) in einkommensschwachen und weniger gebildeten Familien tendenziell im Grenzbereich zur Mangelversorgung. Andere Studien zeigten für diese Kinder Defizite bei den Kalzium- und Vitamin-D-Werten (Debski 2015).Weiter: bessere Nutzung gesellschaftlicher Chancen;

[21] Wössmann / Schütz 2006 (OECD 2010) zit. nach Richter et al. 2012

- bessere Reduktion sozialer Risiken;
- haltgebende „Einstellungen, Überzeugungen und Werthaltungen, die sich bereits früh im Leben unter dem Einfluss der elterlichen Erziehung und der Bildungsinstitutionen entwickeln" (Richter et al. 2012, 49);

Der gemeinsame Kern von Bildung von Seele sowie die Untrennbarkeit von seelischem und körperlichem Erleben wurden zuvor bereits einführend dargestellt. Bildung ermöglicht positive Erfahrungen des Über-sich-Hinauswachsens. Die Interaktion gelingender Bildung ermöglicht positive Rückkopplungen mit sich selbst und den Lernpartner (Lehrern / der Peer-Gruppe), positive Verstärkungen als Anreiz für weitere Bildungsbemühungen. Die Wirkung von Bildungserfahrungen dauert lang. Sie kann Halt vermitteln, Zuversicht, Stolz, Mut, Gelassenheit, aber – bei negativem Verlauf mit der gleichen langfristigen Wirkung – Unsicherheit, Traurigkeit, Ängste, Gereiztheit, Irritation.

Der Bildungshabitus, ein zusammenfassender Begriff der Soziologin Allmendinger (Allmendinger / Leibfried 2002), drückt die grundsätzliche Haltung gegenüber Bildung aus. Diese basiert auf den Bildungserfahrungen, die häufig familiär weitergereicht werden über die Generationen („transgenerational"). Teil dieses Bildungshabitus ist die Ausstattung von vermittelten, kulturell vorgelebten Sekundärtugenden wie Anstrengungsbereitschaft, Frustrationstoleranz oder Fleiß (ähnlich bei Liessmann (2014) dargestellt). Die grundsätzliche Überzeugung und die Konzentration auf das Selbstmanagement wirken unter anderem über Achtsamkeit und Optimismus gesundheitsförderlich.

Die Stärkung der Gesundheit über die Bildung läuft bereits während der Schwangerschaft, zum Beispiel durch das Stresslevel der Mutter. Wenn sich das kindliche Gehirn in dieser sensiblen Phase zu sehr auf eine Überdosis von Stresshormonen einstellt, kann eine Übersensibilisierung stattfinden. Die ungeborenen Kinder, die zum Beispiel häusliche Gewalt während der Schwangerschaft miterleben mussten, sind möglicherweise über viele Jahre leicht irritierbar und haben einem erhöhten vegetativen Grundtonus. Beides sind Zeichen einer Posttraumatischen Belastungsstörung.

Bei positivem Verlauf kann das Erkundungsverhalten im Säuglings- und Kleinkindalter zum Beispiel durch sogenannte *Lächeldialoge*[22] früh geprägt

[22] „Die moderne beobachtende Säuglingsforschung und Gefühlspsychologie [...] verweisen auf das bedeutsame frühe dialogische Lächeln" (Schiffer / Schiffer 2004, 29). Eckhard Schiffer umschreibt die Lächeldialoge als „positive[n] selbstverstärke[nden] Zirkel[s] zur wertschätzenden Wahrnehmung und Lebensfreude", http://www.dachverband-salutogenese.de/cms/fileadmin/user_upload/Mensch42/07_DER_MENSCH_42 _Schiffer_Laecheldi-

werden. Solche Muster von Interaktionen und Erfahrungen wie auch das Lernen am Vorbild werden über tausende von Wiederholungen ausgebildet, als würde man viele sehr schwach bedruckte Blaupausen übereinanderlegen. In der Summe ergeben diese dann ein Bild, ein einheitliches, weniger einheitlicher oder chaotisches.

Zuverlässige positive Resonanz macht Mut und sorgt für Zutrauen, dass am Ende von lohnenswerter Neugier Geborgenheit absehbar ist. Am Anfang – und meistens zeitlebens – ist Bildung ein Beziehungsthema. Dies wird teilweise auf die Formel verkürzt: Bindung vor Bildung. „Im Anfang ist Beziehung. Der Mensch wird am Du zum Ich“ (Martin Buber zit. nach Bergner 2007, 211). Wenn Kinder sprechen lernen, zeigen sie auf Gegenstände. Fast automatisch benennt die Umgebung das Gezeigte und fördert meist durch gleichzeitige Begeisterung über die Kinder den Spracherwerb. In dieser *geteilten Intentionalität*[23] entstünden „gemeinsame Werte, Absichten und Regeln, aus denen ein spontan angestrebtes Wir-Gefühl“ resultiere (Schiffer 2013, 54).

Umgekehrt können sich belastete Verhaltensweisen wie Antriebsmangel mit entsprechender schwieriger Reaktion der Umwelt zu einem sich negativ verstärkenden Abwärtsstrudel führen. Die allgemeine Gesundheitsfürsorge wird dann eventuell vernachlässigt. Möglicherweise kommt es zu Bewegungsmangel, Gewichtszunahme etc. Zum Beispiel hat, „wer psychisch krank ist und einen Infarkt bekommt, […] geringere Chancen, optimal versorgt zu werden – sei es mit Medikamenten, einem Bypass oder der Aufdehnung der Herzgefäße“ (Newcomer / Hennekens in Bartens 2011, 141). Wie oben dargestellt führt „das Vorhandensein eines entsprechenden Störungszustandes (insbesondere psychische Erkrankungen)“ schon grundsätzlich zu einem weniger resilienten Ausgangsniveau, weil der „Erwerb eines höheren Bildungsniveaus und die weiterführende Erwerbstätigkeit negativ beeinflusst“ werden (Schmidt 2012, 75).

Richter und Kollegen fordern „gesundheitsbezogene Themen sollten stärker als bisher zum Gegenstand der Vermittlung von Bildung und Wissen gemacht werden“, weil „achtmal mehr Todesfälle durch die Anhebung der Bildungsabschlüsse bei Personen mit niedrigem Bildungsstatus verhindert werden als durch die alleinige Verbesserung der medizinischen Versorgung“ (Richter et al. 2012, 62f.).

---

aloge-am-Wegesanfang.pdf, Zugriff 04.02.2018. In den ersten sechs Lebensmonaten soll es unter normalen Umständen etwa zu dreißigtausend solcher Dialoge kommen.

23 Eindrucksvolle Grundlagenforschung von Michael Tomasello und seinem Team vom Max-Planck-Institut für Vergleichende Anthropologie in Leipzig zu dieser *shared intentionality* findet sich unter: http://www.eva.mpg.de/german/psychologie/index.html, Zugriff 04.02.2018.

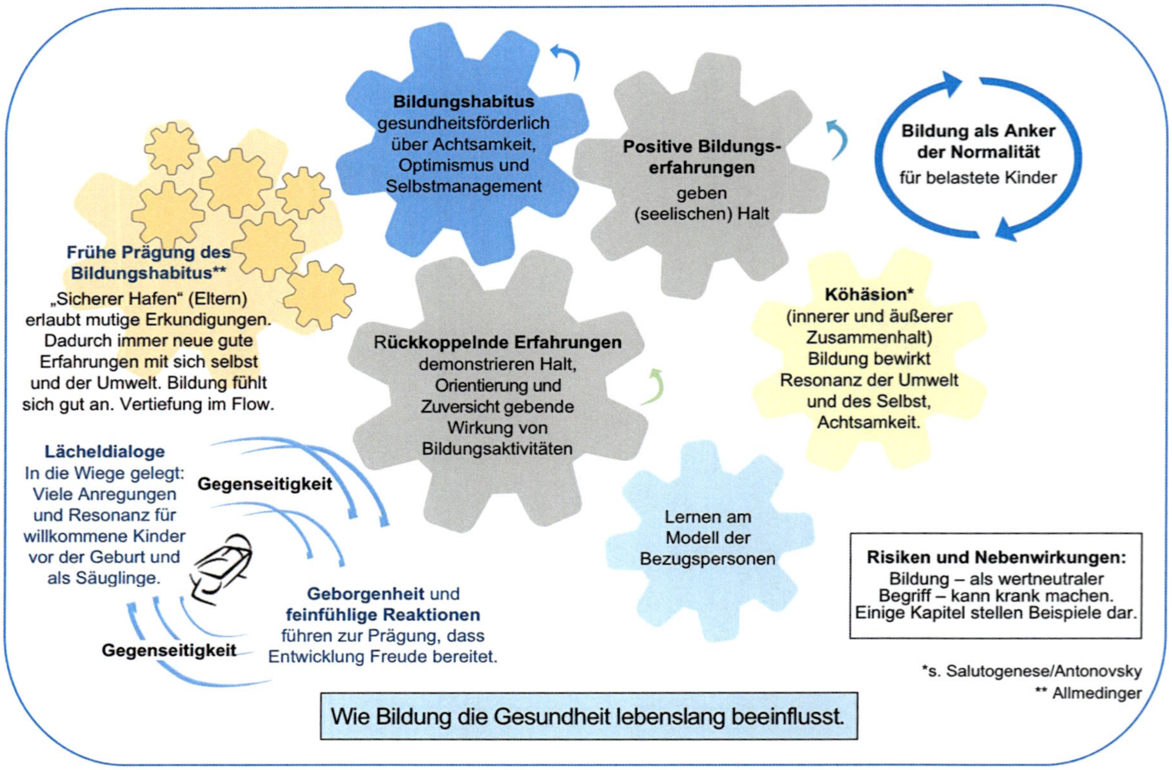

Abb. 6: Wie Bildung die Gesundheit lebenslang beeinflusst

Bildung kultiviert sozialen Anschluss, Teilhabe, Zugehörigkeit, eröffnet Perspektiven und macht Selbstwirksamkeit spürbar. In der Redewendung „Bindung vor Bildung" oder der Variante „Bindung durch Bildung" kommt eine dreifache Wirkung zum Ausdruck: die zwischenmenschliche Bindung, die Bindung zu sich selbst und die Bindung an die Bildungsinhalte. Selbstverständlich bedingen sich diese drei Bereiche gegenseitig stark. Bildungseinrichtungen sind die zentralen Entwicklungsorte der Lernenden. Das Leben der Kinder, Jugendlichen und auch Erwachsenen orientiert sich am Rhythmus dieser Einrichtungen. Schon allein die Tagesstruktur als Lebensrhythmus relativiert mögliche belastende Themen. Lernende, die zu Hause ihre Eltern permanent streitend erleben, sind froh über die Struktur von Bildungseinrichtungen, das Miteinander und die Rituale. Berufsausbilder in Betrieben betonen immer wieder die Bedeutung der Sekundärtugenden (vor allem auch Anstrengungsbereitschaft und Frustrationstoleranz), die ebenfalls an Bildungseinrichtungen kultiviert wird.

„Allein aufgrund des Bildungsabschlusses lassen sich Einkommenserwartungen, Scheidungsrisiken oder das Risiko, krank zu werden und früher zu sterben oder nach der Rente unzufrieden zu sein, substantiell vorhersagen" (Baumert 2010). Kinder haben für die prognostische Kraft von Bildung ein gutes Gespür. Intuitiv streben sie nach der wohltuenden Wirkung des sozialen Kollektivs. Sie artikulieren „sehr konkrete Vorstellungen [...] bei der Bitte, *fünf unverzichtbare Ressourcen für ein ‚gutes Leben' zu benennen [:...] ‚Hitliste' [...] ein Zuhause, Mama und Papa, Freunde, eine Schule*" (Hurrelmann et al. 2011, 290). Bildungseinrichtungen als soziales „Zuhause" nennen sie in einem Atemzug mit dem privaten Zuhause, der Familie und den Freunden.

Die lesenswerte Monographie „Bildung braucht Persönlichkeit" des Entwicklungsneurobiologen Gerhard Roth stellt das Potential von Bildungsinstitutionen dar.

> „Die Tatsache, dass Schule einschließlich der Vorschule einen bedeutenden Beitrag zur Entwicklung der Persönlichkeit der Schülerinnen und Schüler leisten darf und sogar muss, wird nur noch selten kategorisch bestritten – *dazu sind die Defizite in der familiären Unterstützung der Persönlichkeitsentwicklung der Kinder viel zu offensichtlich* –, *aber es herrscht verbreitet Ratlosigkeit, wie dies geschehen sollte, und gleichzeitig existiert über ihre Grundlagen unter den Lehrerinnen und Lehrern, aber auch unter vielen Schulpsychologen ein eklatantes Nichtwissen*" (Roth G 2011, 30).

> „Selbstverständlich geht es um das allgemeine Ziel, den jungen Menschen zu einer ‚autonomen Persönlichkeit' werden zu lassen. Dies ist leicht dahingesagt und schwer genau festzulegen, denn es handelt sich [...] hierbei um ein schwieriges Gleichgewicht zwischen Egozentriertheit und Sozialität, zwischen Stresstoleranz und Feinfühligkeit, Flexibilität und Durchsetzungsvermögen [...].

Nach Ansichten von Fachleuten hat die Entwicklung von Freundschaften einen hohen diagnostischen Wert; es gibt […] kein Merkmal, dass psychisch auffällige und unauffällige Kinder und Jugendliche so gut voneinander trennt, wie das Vorhandensein oder Fehlen von Freunden. Freunde haben eine schützende (protektive) Funktion und die Unterstützung durch Freunde trägt in hohem Maße zum Wohlbefinden und zur Stressminderung bei" (Roth G 2011, 32f.).

Bildungsziele zur Entwicklung einer „autonomen Persönlichkeit" nach Roth (ebenda)

- schwieriges Gleichgewicht zwischen **Egozentriertheit und Sozialität,**
- Gleichgewicht zwischen **Stresstoleranz und Feinfühligkeit,**
- Gleichgewicht zwischen **Flexibilität und Durchsetzungsvermögen,**
- (Entwicklung von) **Freundschaften,**
- Ausbildung **sozialemotionaler Kompetenzen,** besonders zur Emotionsregulation,
  - vornehmlich bei Jungen: Umgang mit Wut, Zorn, Impulshemmung, insbesondere zur Kontrolle aggressiver Impulse,
  - vornehmlich bei Mädchen: Kontrolle verbaler Gewalt und Beziehungsgewalt.

2.6 Bildungseinrichtungen – originäre Präventionszentren

Bildungseinrichtungen sind optimale Zentren für breit angelegte Präventionsmaßnahmen, sie sind die ökologischen Quellen unserer Gesellschaft.[24] Wir sollten sie erschließen und als Brunnen pflegen. Dieses Potential wird aktuell kaum genutzt. Bei den Maßnahmen für Gesundheit an Bildungseinrichtungen, zum Beispiel für eine „gesunde Schule", gehört die seelische Gesundheit zur Förderung von Selbstsorge und Eigenverantwortung ins Zentrum gerückt. Alle anderen Maßnahmen zur Gesundheitsförderung basieren auf dem seelischen Erleben. Zum Beispiel ist Sucht im Kindes- und Jugendalter laut dem renommierten Experten Rainer Thomasius[25] (Thomasius / Küstner 2005) häufig mit anderen psychischen Erkrankungen verbunden – häufig ursächlich. Es reicht nicht, auf die Gefahren von Suchtmitteln hinzuweisen. Hilfreicher ist die Kultivierung einer Selbstsorge, so dass Gefahren wie Überlastung oder Ausgrenzung erkannt werden. Offenheit und Respekt als Leitbild zu pflegen entzieht somit dem Drogenhandel den Boden. Sucht und Drogen sind ein gutes Beispiel für die Ohnmacht,

[24] Zum Beispiel in Patel (2007, 1308)

[25] Mündliche Darstellung des Experten im Rahmen des „Curriculums zur Fort- und Weiterbildung im Bereich Suchterkrankungen im Kindes- und Jugendalter" am 09.09.2017, Hamburg.

die viele Familien erleben, und für die Eignung von Bildungseinrichtungen als originäre Präventionszentren. Die Schüler wissen, was sie anfällig macht für Drogenkonsum. Sie wissen, wer etwas konsumiert und wo Drogen erhältlich sind. Bildungseinrichtungen können als Lebensmittelpunkt vor allem viele positive Akzente setzen, als Alternative zum Drogenkonsum und zu anderen Irrungen.

Die Gesundheitsförderung an Bildungseinrichtungen konzentriert sich gern auf Ernährung, Bewegung und (Zahn-)Hygiene. Diese Maßnahmen sind einfach umzusetzen. Nur für Studienzwecke wird vereinzelt überprüft, ob und welche Wirkungen solche Maßnahmen haben. In Massachusetts / USA hat eine Untersuchung mit 478 Eltern gezeigt, dass sie von Ernährungsprogrammen an Schulen für ihre übergewichtigen Kinder profitierten.[26] Gerade bei der Prävention von Übergewicht und Fettleibigkeit scheitern viele Präventionsbemühungen an der Fehleinschätzung vieler Familien *(kognitive Dissonanz)*. Viele – vor allem die selbst betroffenen – Eltern schätzen das Gewicht ihrer Kinder als weniger dramatisch ein. Sie orientieren sich an Kindern aus den Medien, die ihnen (noch) dickleibiger erscheinen.

Die Pädagogin Barbara Drinck resümiert, dass neben dieser Gesundheitsprävention die Sucht- und Gewaltprävention weit verbreitet sei. „Erfolgreiche Prävention muss dagegen insbesondere eine Vorbereitung auf eine gesunde Zukunft sein, bei der nach den Prinzipien der Nachhaltigkeit und Fehlerkalkulation vorgegangen wird“ (Drinck 2012, 424). Die Motivation zur Selbstachtsamkeit, die diesen Faktoren zugrunde liegt, sollte hingegen permanentes Thema im pädagogischen Kontext sein.

> „Gesundheitsförderung kann daher als das Zusammenwirken von individuellem und gemeinschaftlichem Empowerment verstanden werden. Empowerment bedeutet hier, dass Gesundheitserziehung in der Schule diesem ganzheitlichen Ansatz folgen muss, um gemäß der Salutogenesetheorie von Antonovsky […] die Frage, wie Gesundheit – und nicht Krankheit – entsteht, zu beantworten. Jedoch, wie schon betont, wird Gesundheitserziehung primär auf die Krankheitsvermeidung und die dafür erforderliche Verhaltensmodifizierung ausgerichtet“ (Drinck 2012, 426)

Salutogenese bezeichnet ein Konzept zum Erhalt und zur Entstehung von Gesundheit – kurz: Was macht und hält gesund? (Das Salutogenese-Modell wird in den folgenden Kapiteln, u. a. 3.1, ausführlicher beschrieben.) Wenn Präventionsprogramme dazu führen, dass Schulen sich als Durchführungsort günstiger Gesundheitsleistungen erleben, also nur noch mehr Arbeit aufgebürdet bekommen, stößt dies auf „begrenzte Motivation […] *Es zeichnet sich ab, dass erst eine ernsthafte Berücksichtigung des Bildungs- und Erziehungsauftrags von*

26 Klassen 1–3, „Eat smart play hard“, Coffield et al. (2014)

Schulen Chancen zu einer breiten Gesundheitsförderung eröffnen wird" (Steinebach / Gharabaghi 2013, 90).

Aktuell werden Bildungseinrichtungen mit Wünschen überfrachtet, als Schmelztiegel die auseinanderdriftende Gesellschaft zusammenzuhalten. Dadurch wird die Schieflage immer ausgeprägter, dass sie für diese Wünsche nicht ausreichend ausgestattet sind. Der Pädagoge Urs Fuhrer listet viele Aspekte auf, die Erziehung erschwerten und Eltern verunsicherten (2006). Die individualisierte Lebensführung mit der Vielfalt der Lebensstile und dem Wertepluralismus, der rasche gesellschaftliche Wandel und die Enttraditionalisierung, all dies könne familiär schwer aufgefangen werden. Bildungseinrichtungen stehen vor der Herausforderung, Kindern trotzdem Halt, Orientierung und Zuverlässigkeit bieten zu wollen.

Natürlich ist schon allein der Besuch einer Bildungseinrichtung für viele Lernende förderlich. Einige soziale Kompetenzen und empirisches Wissen werden in solchen Einrichtungen wie automatisch erlernt. So selbstverständlich wie die Händehygiene und einigermaßen gesundes Essen kann auch der achtsame Umgang mit den psychischen Bedürfnissen kultiviert werden. Ja, Bildungseinrichtungen sind grundsätzlich Orte, an denen Menschen besonders glücklich sein können. Glücksgefühle entstehen häufig, wenn die menschlichen Grundbedürfnisse nach Nähe und Geborgenheit sowie Wachstum, Autonomie und Freiheit vereinbar sind, wenn man gemeinsam mit anderen über sich hinauswächst (Hüther 2012, 35). Zu diesen Grundbedürfnissen gehören ebenso Entspannung und Ruhe. In Bildungseinrichtungen sollte besonders viel Wert auf achtsame Ruhephasen gelegt werden. Es ist nicht damit getan, alle 90 Minuten den Ablauf durch eine sogenannte Pause zu unterbrechen. Lehrer nehmen ihre eigenen Pausen kaum ernst. Dabei eignen sich diese Phasen und Räume besonders für die aktive Stärkung seelischer Gesundheit. Dies ist ein zentraler Aspekt der Achtsamkeit und müsste im Grunde genommen selbstverständlich sein. Pausen können individuell gestaltet, müssen aber organisiert werden. Ruheräume müssen geschützt werden[27], und sie haben hohen symbolischen Wert: Pst! Ein Achtungszeichen für die Regulation der Lautstärke, für die allgemeine bewusste Wahrnehmung der Reize. „Bisher ist das Thema psychischer Stabilität sowie psychischer Erkrankungen, […] kein Thema im Schulunterricht, in der Berufsausbildung und erst beginnend im betrieblichen Gesundheitsmanagement. Diese Defizite sind zu überwinden", so der Psychiater Mathias Berger (2014).

[27] Dafür engagiert sich der Jenaer Soziologe Hartmut Rosa seit Jahren.

2.7 Gesundheit aktiv bilden

2.7.1 Wegweisende Wortwahl

Wer im unübersichtlichen Bildungswesen neue Ziele wie die systematische Förderung psychischer Gesundheit propagiert, sollte aussagekräftige Begriffe wählen und detailliert Schritte und Maßnahmen benennen. Kernbegriffe wirken programmatisch. „Psychische Krankheiten vermeiden“ hat zum Beispiel eine andere Ausrichtung als „Gesundheit ganzheitlich fördern“. Entsprechend dieser Ausrichtung orientiert man sich an den jeweiligen Experten und Modellen guter praktischer Erfahrungen. Programme zur Förderung der (psychischen) Gesundheit an Bildungseinrichtungen haben zum Ziel, dass jeder gestärkt wird, seine entsprechenden Bedürfnisse zu erkennen und zu fördern. Psychische und physische Gesundheit sind untrennbar miteinander verbunden. Besonders anschaulich kann dies erlebt werden, wenn Erfahrungen ganz unterschiedlicher Menschen zusammengetragen werden. Wer psychische Krankheiten vermeiden möchte, muss nicht nur Psychologen und Ärzte hinzuziehen, sondern zum Beispiel auch direkt betroffene Menschen. Authentische Berichte über Einzelschicksale können wesentlich lehrreicher sein als wissenschaftliche Fakten.

In Zusammenhang mit Präventionsprojekten zur Förderung der (psychischen) Gesundheit werden ganz unterschiedliche Aspekte betont wie Lebenskompetenz oder mentale Stärke.[28]

Da (psychische) Gesundheit an Bildungseinrichtungen aktuell sehr unterschiedlich gefördert wird, können Minimalforderungen von wünschenswerten Zielvariablen unterschieden werden. Tatsächlich kann bei entsprechenden Fortbildungen an Schulen erlebt werden, dass sich im aktuellen Bildungswesen die gesamte Breite zwischen einem professionellen fürsorglichen Umgang mit gesundheitlichen Aspekten, aber auch Diskriminierung von Lernenden und Pädagogen, Zynismus, Ausgrenzung und andere Formen destruktiven Gegeneinanders finden. Weit verbreitet ist eine fatalistisch-nihilistische Haltung, Missstände nicht ändern zu können, die Zeit bis zur Rente „abzuarbeiten“ beziehungsweise – aus Schülersicht – bis zum Schulabschluss, und allzu häufig bis zum Schulabbruch. Mobbing ist an der Tagesordnung, auch wenn zu Recht kritisiert wird, dass der Begriff manchmal leichtfertig genutzt werde. Das digitale Zeitalter stellt Pädagogen und Eltern vor neue Herausforderungen. Kinder sind viel früher Einflüssen ausgesetzt, die noch eine Generation zuvor der Erwachsenenwelt zugeordnet wurden, zum Beispiel durch die im Internet einfache Verfüg-

[28] Im Kapitel 9 findet sich eine Auswahl von etablierten Projekten zur Förderung der seelischen Gesundheit im Bildungswesen, damit auch der entsprechenden Bezeichnungen.

barkeit pornographischer Inhalte. Pädagogen kennen häufig weder das Ausmaß noch die Formen der Gefahren, zum Beispiel in Bezug auf Grooming und Sexting (s. Kapitel 6.2 „Digitale Identität").

Psychische Gesundheit definiert die Weltgesundheitsorganisation (WHO) als „Zustand des Wohlbefindens, in dem der Einzelne seine Fähigkeiten ausschöpfen, die normalen Lebensbelastungen bewältigen, produktiv und fruchtbar arbeiten kann und imstande ist, etwas zu seiner Gemeinschaft beizutragen".[29]

Manche Begriffe wie *Resilienz*, die psychische Widerstandsfähigkeit, auch als „seelische Abwehrkräfte" bezeichnet, sind in der Allgemeinbevölkerung kaum bekannt. *Psychoaktivität* als einzelner beschreibender Begriff, der „seelische Gesundheit aktiv fördern" zusammenfassen könnte, ist in der Bevölkerung, wenn überhaupt, in Zusammenhang mit sogenannten psychoaktiven Drogen bekannt (LSD und andere Halluzinogene) und daher negativ belegt.

Der (etwas sperrige) Begriff Lebenskompetenzen *(life skills)* hat durch die WHO Verbreitung gefunden, definiert als „Fähigkeiten der Adaptation und zuversichtlichen Haltung, die Individuen erlaubt, sich den An- und Herausforderungen des Alltags effektiv zu stellen". Die WHO betont, dass diese zahllosen Kompetenzen von der Kultur und direkten Umgebung abhängig seien. Zu den zentralen Fähigkeiten für die Förderung der Gesundheit von Kindern und Jugendlichen gehörten „Entscheidungsfindung, Problemlösung, kreatives Denken, kritisches Denken, effektives Kommunizieren, Fähigkeiten für interpersonale Beziehungen, Selbstbewusstsein, Empathie, Gefühlsregulation, Stressregulation" (WHO 1997, 5, Übersetzung durch den Autor). „Lebenskompetenzen" mag einerseits technisch klingen, impliziert jedoch den pragmatischen Ansatz, die Förderung der seelischen Gesundheit unprätentiös zu operationalisieren und durch entsprechend effektive Module in der Breite des Bildungswesens implementierbar zu machen.

Der Begriff Seele wird unterschiedlich definiert. Manche suchen nach der entsprechenden anatomischen Struktur beziehungsweise der zugrundeliegenden Neurobiologie, also der verschalteten Hirnareale und Transmitter. Andere verstehen unter dem Konstrukt Seele gerade das, was über die untersuchbaren Strukturen hinausgeht (Haug A 2017, 14f.).

Der ebenfalls in diesem Zusammenhang genutzte Begriff der ganzheitlichen Bildung klingt offener und damit weniger einheitlich verständlich als „Lebenskompetenzen". Im weiteren Sinn gehört zu den Lebenskompetenzen der WHO-Definition, dass Lernende Leistungsgrenzen ausgereizt und mit persönlichen

[29] „Psychisch" wird im Text synonym mit „seelisch" genutzt. Psychisch geht vielen nicht leicht über die Lippen und wird von der Allgemeinbevölkerung seltener genutzt als seelisch.

Signalen ein Handling gefunden haben, sich abgrenzen, sich schützen, „Nein" sagen können, dass sie ihre Anliegen ausreichend kompetent kommunizieren, sozial entsprechend auftreten können, auch öffentlich reden, sich im Sinne der Selbstkontrolle steuern können und auch theoretisch gewappnet sind für Krisensituationen. Lernende sollten – möglichst aus erster Hand – erfahren, welche psychischen Herausforderungen häufig auftreten, zum Beispiel über den Umgang mit Suchtmitteln (neben illegalen und legalen Drogen auch elektronische Medien, Arbeiten, Sport, Konsum etc.) oder über Teenagerschwangerschaften informiert werden.

„Balance" als Bezeichnung des gleichnamigen Programms der Krankenkasse AOK scheint als Oberbegriff für Maßnahmen zur standardisierten Förderung der seelischen Gesundheit geeignet, wird in der Allgemeinbevölkerung möglicherweise nicht direkt metaphorisch, sondern im motorischen Sinne, des Ausbalancierens von Gleichgewicht verstanden. In Bezug auf ein kontinuierliches Austarieren des eigenen Gleichgewichts impliziert der Begriff die Eigenverantwortung und Selbstkompetenz. Auch „seelische Fitness" kann als Begriff für Jüngere attraktiv sein und impliziert die Eigenverantwortung für die seelische Gesundheit. Liest man den ebenfalls mit der Thematik verbundenen Begriff Psychohygiene analog zur Körperhygiene, so impliziert er Reinlichkeitsroutinen. Die zur Normalität gehörenden Belastungen, an denen wir persönlich wachsen, werden mit diesem Begriff vielleicht zu sehr „in den Dreck gezogen".

Psychoedukation könnte als Begriff passen, um Maßnahmen zur Förderung der seelischen Gesundheit zu verbreiten. Der Begriff wird in Fachkreisen jedoch für die standardisierte Ausbildung von Patienten und deren Angehörigen zu Krankheitsbildern genutzt. Mit Achtsamkeit, einem weiteren Kernbegriff, wird laut der gleichnamigen therapeutischen Ausrichtung die Fokussierung der persönlichen Aufmerksamkeit auf die aktuelle Situation zur Stärkung der Selbstregulation bezeichnet.

2.7.2 Mögliche Umsetzung und Ziele

Nur durch entsprechende gesetzliche Rahmenbedingungen kann erreicht werden, dass möglichst alle Bildungseinrichtungen die zusätzliche Herausforderung, seelische Gesundheit systematisch aktiv zu bilden, annehmen. Freiwillige Initiativen würden am ehesten jene Einrichtungen starten oder vertiefen, die bereits in dieser Richtung aktiv sind. Schon aktuell sind wegen Ressourcenmangels viele Forderungen an Bildungseinrichtungen, zum Beispiel zur Inklusion, unrealistisch.

Die folgenden fünf Schritte können als Eckpunkte der Förderung von Prävention an Bildungseinrichtungen genutzt werden:

1. Prioritäten festlegen und publik machen. Wenn Bildungseinrichtungen seelische Aspekte künftig systematischer berücksichtigen können, wollen oder sollen, standardisiert im professionellen Alltag, muss die Ausrichtung zunächst – entsprechend einer neuen Standardimpfung – mit entsprechender Autorität, also durch die Kultus, Sozial- und Familienministerien, als Priorität benannt werden. Solche Änderungen der Prioritäten werden häufig mit Kampagnen verbreitet. Der Bundeszentrale für gesundheitliche Aufklärung (BZgA), die bereits diverse Publikationen zu den Themen Resilienz, Suchtprävention oder Sexualerziehung anbietet, wurde im Präventionsgesetz durch die entsprechende finanzielle Ausstattung die Möglichkeit gegeben, solche neuen Projekte in der Breite publik zu machen.

Die Vielzahl der lokalen Initiativen, die seelische Gesundheit durch unterschiedliche Projekte fördern, sollen damit nicht abgewertet werden. Die Thematik ist jedoch viel zu wichtig, um weiterhin der Freiwilligkeit überlassen zu werden. Nur einklagbare Verordnungen und Finanzierungen können Standards gewährleisten, Ressourcen sichern und die Kultur der aktiven Förderung seelischer Gesundheit so selbstverständlich werden lassen wie Kindervorsorgeuntersuchungen, Grippeimpfungen etc.

2. Vor Ort publik machen und kultivieren. Das Präventionsgesetz und die gesetzlich seit dem Jahr 2014 vorgeschriebene Berücksichtigung psychischer Belastung beim Arbeitsschutz sind externe Rahmenbedingungen, als eine eindeutige Verpflichtung zu verstehen, an Bildungseinrichtungen seelische Gesundheit aktiv und systematisch zu berücksichtigen.

Jede Bildungseinrichtung hat etablierte Pfade, Neues zu verbreiten. Wichtig ist die tatsächliche Beteiligung aller Gruppen. Maßgeblich für die Stärkung der seelischen Gesundheit dürften Routinen und Rituale sein, als Alltagskultur. Für gemeinsame Aktivitäten brauchen die Einrichtungen entsprechende Räume und Zeiten.

Selbstverständlich gehört die konkrete Benennung der Förderung der seelischen Entwicklung in das Leitbild beziehungsweise das pädagogische Konzept passend zu jeder einzelnen Bildungseinrichtung veröffentlicht, um die Verbindlichkeit zu betonen. Externe müssen diesen Schwerpunkt erkennen können.

Die Allgemeinbevölkerung hat häufig Vorbehalte gegen psychisch Kranke. Manche wollen sich mit „Psychogequatsche" nicht auseinandersetzen oder halten alles damit in Zusammenhang Stehende für privat. Diese Unsicherheit der Bevölkerung, die sich trotz entsprechender Maßnahmen nicht nennenswert verändert hat, sollte bei der Begriffsfindung und Öffentlichkeitsarbeit berücksichtigt werden.

3. Konkrete Schritte planen und dokumentieren. Für Pädagogen – wenigstens in ihren Jahresmitarbeitergesprächen – und Lernende sollten regelmäßig

Profile individueller psychischer Stärken (Resilienzfaktoren) und **Entwicklungsmöglichkeiten** (Vulnerabilitätsfaktoren) identifiziert und benannt werden. In Entwicklungsberichten der Kinder kann dies zum Beispiel die sogenannten Kopfnoten ersetzen. Gegebenenfalls sollten Handlungsmöglichkeiten und entsprechende Zeitintervalle gemeinsam vereinbart werden, um die Wirksamkeit der verabredeten Maßnahmen überprüfen zu können.

4. Adaptierte Module für einzelne Bildungseinrichtungen schaffen, mit dem Ziel einer lern- und entwicklungsförderlichen Atmosphäre. Praktizierter Standard dürfte in den meisten Einrichtungen sein, dass im besten Fall eine wertschätzende Kultur, etablierte Rituale und Engagement von Einzelpersonen die seelische Gesundheit fördern. Daneben gibt es meist viele belastende Stressoren, die nicht selten als unveränderlich bedauert werden, manchmal als lähmende Larmoyanz. Gemeinsames Ziel an Bildungseinrichtungen wird sein, die Fülle der modernen Reizmasse in der „Aufmerksamkeitsdefizitgesellschaft" beziehungsweise dem Zeitalter „konzentrierter Zerstreuung" (Türcke) günstig zu filtern.

Eine Steuerungsgruppe der am Thema Interessierten sollte die entsprechende Organisationsentwicklung bearbeiten. Ziel ist zudem ein „lernförderliches Klima", also „eine Lernumgebung, die das Lernen der Schülerinnen und Schüler erleichtert, begünstigt oder auf andere Weise positiv beeinflusst [...] durch gegenseitigen Respekt, verlässlich eingehaltene Regeln, Verantwortungsübernahme, Gerechtigkeit und Fürsorge [...] ein vertrauensvolles Klima zwischen Lehrkräften und Schülern" und der Schüler untereinander. Zu dieser Atmosphäre trügen auch der „Umgang mit Fehlern, angemessene Wartezeiten, entspannte Lernatmosphäre und Abbau von Angst" bei (Helmke 2009, 220f.).

„Zahllose Untersuchungen der Schulforschung haben belegt, dass es für die Lernfreude, das Lerninteresse und die Lernmotivation günstig ist, wenn die Atmosphäre entspannt ist, wenn öfter auch mal gelacht wird, wenn Lehrer sich selbst nicht immer uneingeschränkt ernst nehmen und als humorvoll wahrgenommen werden" (ebenda, 225).

Anzustreben sind eine transparente und berechenbare Leistungsbewertung, ein „Klima des Vertrauens" mit ausdrücklichem „Sprechen über „Angst, „individualisierendes, ermutigendes Feedback, Orientierung an einer individuellen Bezugsnorm", „ein Klassenklima, das durch Kooperation und in geringem Maße durch Wettbewerb und Konkurrenz charakterisiert ist", eine verbesserte Lehrer-Schüler-Interaktion, unter anderem um den „Schülern geeignete Lern- und Arbeitstechniken zu vermitteln" (ebenda, 227). „Schülerorientierung bedeutet auch, dass nicht ohne Rücksicht auf die tatsächlichen Lernerfolge von Lektion zu Lektion fortgeschritten wird, sondern erst dann, wenn die ausgewählten

Unterrichtsgegenstände ausreichend gefestigt sind" (Mindt zitiert nach Helmke 2009, 230). „Die Mitgestaltung des Unterrichts durch Schüler sowie die altersangemessene Beteiligung an unterrichts-relevanten Entscheidungen" sei „ein wichtiger Hebel für die Förderung der Lernmotivation" (Helmke 2009, 233).

Die sexuellen Übergriffe an der Odenwald- und an anderen Schulen haben eindrucksvoll und dramatisch dargestellt, **dass Bildungseinrichtungen sehr in der Pflicht sind, Standards zur Wahrung der Persönlichkeitsrechte zu entwickeln und stetig zu überprüfen.** Der Missbrauchsbeauftragte der Bundesregierung Rörig stellte auch 2015 noch fest, dass der Schutz von Kindern vor sexuellem Missbrauch noch nicht gelebter Alltag sei. Aufgrund der Verbreitung von Kindesmissbrauch bezeichnet Rörig die Problematik als „Volkskrankheit"[30]. Es ist seit langem bekannt, dass sexuelle Übergriffe auf Kinder am häufigsten im vermeintlichen Schutz des (familiären) Umfeldes ablaufen. In jüngerer Vergangenheit ist diese Gefahr ebenfalls für die Peergruppen beschrieben worden, also sexuelle Übergriffe durch Mitschüler oder Spielkameraden. Im Kapitel 6.3 zur Sexualität wird dargestellt, dass aus systemischer Sicht effektiv mit externen Einrichtungen wie pro familia kooperiert werden kann. Dabei geht es weniger um die lebhafte Debatte, wann Kinder welche Form von Sexualaufklärung erhalten sollten, sondern wie sie ihre Integrität gegen Übergriffe von anderen Kindern und Erwachsenen verteidigen.[31] Im Sinne der Stärkung von Kinderrechten muss dies immer wieder altersentsprechend vertieft werden und lokale Möglichkeiten erprobt werden, die Kinder und Jugendliche auch tatsächlich in Anspruch nehmen.

5. Das individuell sinnvolle Maß der Förderung seelischer Gesundheit finden: Jeder Lernende und Lehrende benötigt die Orientierung auf die Themen seelischer Gesundheit in einem individuellen Ausmaß. Die Bedürftigsten können Hilfe besser in Anspruch nehmen, wenn es zur Lernkultur gehört, dass solche Bedürfnisse angesprochen werden dürfen, so selbstverständlich wie zum Beispiel das Lüften eines Zimmers. „Psyche" kann aus seiner altgriechischen Wortherkunft mit atmen, leben übersetzt werden. Bei psychologischen Aspekten geht es stets um die sinnvollste Dosis. Sonst droht eine Befindlichkeitskultur, Neurasthenie (eine reizbare Schwäche, bei der sich die Betroffenen rasch überlastet fühlen), Hypochondrie, ein sogenannter sekundärer Krankheitsgewinn, also die besondere Zuwendung, die wie eine Belohnung für die Erkrankung wirken kann.

---

[30] https://beauftragter-missbrauch.de/presse-service/pressemitteilungen/detail/news/anlaesslich-8-jahre-missbrauchsskandal-am-28012018/, Zugriff 04.02.2018

[31] Auch hierzu gibt es gutes Material der BZgA, außerdem Bücher wie „Mein Körper gehört mir", der Klassiker „Das große und das kleine Nein". Maßgeblich ist die Sensibilisierung der Pädagogen, bedürftige Kinder gezielt zu unterstützen.

Bei der aktuell wieder abflauenden Welle von sogenanntem Burnout konnte eine Hysterisierung des Themas beobachtet werden, die dazu führte, dass sich manche faul fühlten, wenn sie im Gegensatz zu ihren Kollegen bei sich keine Burnoutsymptome feststellen konnten. Bei der Selbstfürsorge wie der professionellen Fürsorge geht es um die passende Dosis, wie auch „beim Qualitätsmerkmal ‚*entspannte Atmosphäre*'". Dabei sei „*eine mittlere Ausprägung günstig, also ein Unterricht zwischen den Extremen* [...] *trocken, gespannt,* [...] *ernst und ausgelassen, exzessiv humorvoll*" (Helmke 2009, 225).

Mögliche Wirkungen durch aktive Bildung seelischer Gesundheit:

1. **Keine Gesundheit ohne psychische Gesundheit:**[32] Förderung des allgemeinen Gesundheitsverhaltens, des Selbstmanagements (Nahrung, Ruhe, Unfallverhütung etc.), Kultivierung stärkender Aktivitäten, wie des sozialen Anschlusses, der Selbstregulation, (z. B. durch An- und Entspannung, Selbstkontrolle, Meidung inadäquater Risiken, Bewegung). Eine Kultur, die seelische Gesundheit unterstützt, sensibilisiert für Krankheitssymptome. Eine Früherkennung sich entwickelnder seelischer Erkrankungen ermöglicht die frühzeitige Inanspruchnahme von Hilfe. Eine Kultur im Bildungswesen, die das Seelenleben in einer Form würdigt – wie Sportler ihre Muskelkraft, Ausdauer, Gelenkigkeit und Regenerationsfähigkeit – entstigmatisiert seelische Störungen, weil sie dann Teil eines Kontinuums sind.
2. **Kopf an?! – Besserer Zugang zum eigenen Leistungspotential:** Ausgeglichenheit als Zustand des persönlichen Copings, der Kompensation von Anspannungsfaktoren ist als Lern- und Arbeitstechnik anzustreben. Effektiveres, nachhaltigeres Lernen kann erzielt werden durch eine Verbesserung des Gespürs für förderliche Faktoren zur Steigerung der Vigilanz, Reduktion der Störfaktoren, zum Beispiel „ausdrückliches Sprechen über ‚Angst' im Unterricht: das Thema enttabuisieren, aber nicht bagatellisieren" (Helmke 2009, 227). Wer angeleitet wird, seinen Arbeitsmodus achtsam zu berücksichtigen, legt mehr Wert auf die Inhalte. Dadurch können Potentiale besser freigesetzt werden. Aktuell sind Lernende häufig in der Rolle, sich mit Anforderungen von Pädagogen auseinanderzusetzen. Dadurch wird ein Mini-Max-Prinzip gefördert, also mit den eigenen Ressourcen ökonomisch sinnvoll umzugehen.

---

[32] Diese Losung wird der WHO zugeschrieben als Titel des Kongresses in Helsinki, 2005. Ähnliche Formulierungen finden sich schon in den Jahren zuvor.

3. **Eigenverantwortung, Aktivität und Initiative werden gestärkt:** Wer mitentscheiden kann und muss, was für sein Wohlbefinden gut ist, welche Eckpunkte er benötigt, effektiv zu lehren bzw. zu lernen, ist zielorientierter, misst sich am Erfolg und kann sich weniger als Mitläufer in einer Masse wegducken. Dieser Modus ist für die Lernenden für die spätere Berufstätigkeit wichtig. Zudem motiviert es, sich aktiver gesellschaftlich zu engagieren, Dinge zu hinterfragen und die eigenen Einflussmöglichkeiten bei körperlichen Beschwerden zu nutzen.[33] Zum Beispiel rauchen Jugendliche „umso weniger […], je höher ihre schulisch erfahrene Selbstbestimmung ist" (Silbereisen et al. zit. nach Achermann et al. 2006, 25).
4. **Verbesserung der sozialen Kompetenz, des Miteinanders, der emotionalen Verbindlichkeit mit der Gemeinschaft und der Offenheit:** Zum Beispiel an der Evangelischen Schule Berlin Zentrum (esbz) gilt die soziale Kompetenz als sehr wichtiges Lernziel. Die vorbildliche Gemeinschaftsschule nutzt viele innovative Lernmöglichkeiten, unter anderem das jahrgangsstufenübergreifende Lernen in der Mittelstufe. „Peer-Learning – also das gemeinsame Lernen von (fast) Gleichaltrigen – ist ein wesentlicher Bestandteil des Schulkonzeptes der ebsz" (Rasfeld / Spiegel 2013, 133). Regelmäßige Einzelgespräche mit dem zuständigen Lehrer, der sich für dieses individuelle Lernen in der Rolle eines Tutors sieht, gehören zur verbindlichen individualisierten Feedback-Kultur. „Ein Schüler formulierte einmal: Tutorengespräche – das ist wie unten abgefedert und oben nicht gedeckelt!" (Rasfeld / Spiegel 2013, 106) Die Partizipation der Schüler wird an der esbz besonders betont.

Der AktionsratBILDUNG (2015, 14) nennt die folgenden Kompetenzen für die mehrdimensionale Bildung als besonders relevant:

- Förderung von Lernkompetenz
- „instrumentelle Lernmotivation, Berufs- und Lebensorientierung,
- Moralische und politische Kompetenz,
- Medienkompetenz,
- Interkulturelle Kompetenz,
- Musische und ästhetische Bildung".

[33] zum Beispiel durch vorsichtige Bewegung und Dehnung bei einfachen Rückenbeschwerden

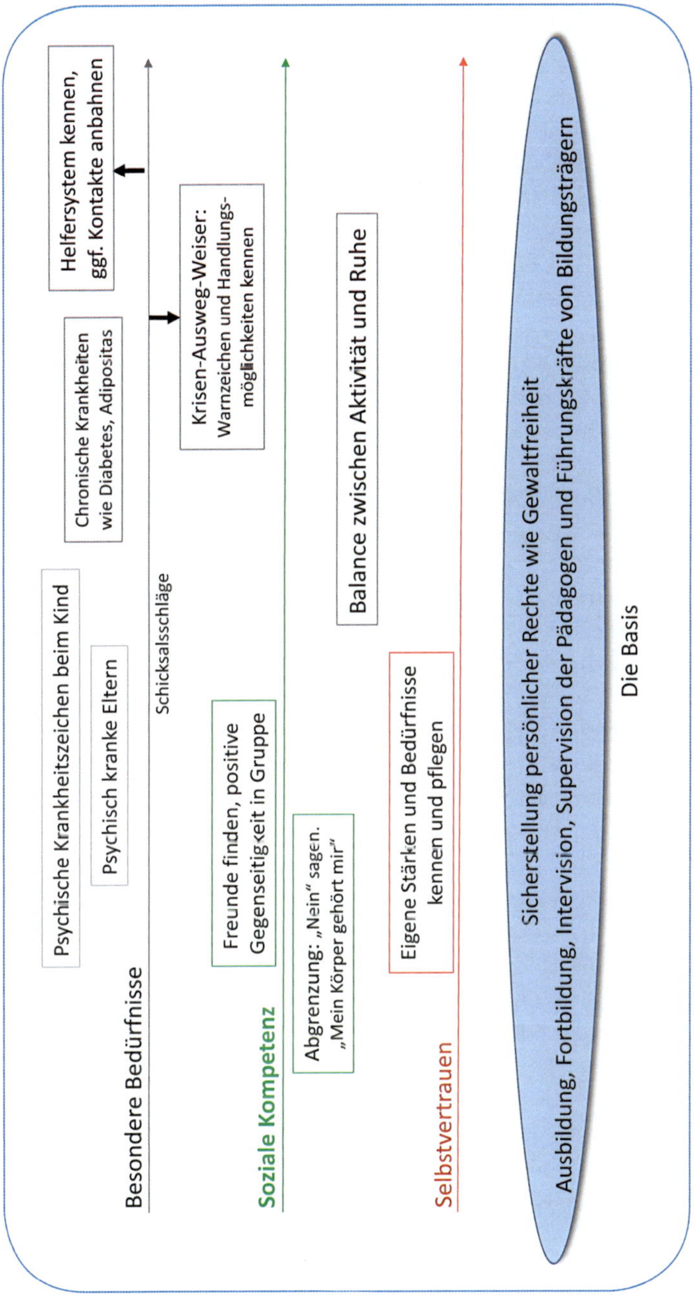

Abb. 7: Minimalstandards der Prävention psychischer Gesundheit

2.7.3 Möglicher Vorbehalt und Grenzen

Ein Teil der Zurückhaltung in der Bevölkerung, sich bewusst und gezielt mit seelischen Themen zu befassen, ist nachvollziehbarer Schutz vor vielen unseriösen Angeboten. Ein riesiger Markt von – häufig dubiosen – Angeboten zur Selbstfindung dient teilweise als Religionsersatz, häufig inklusive Guruorientierung. Häufig werden „Psycho"-Themen belächelt. Nicht selten haben Menschen, die ihr Leben (plötzlich) deutlich verändern wollen und erst einmal mit etwas Greifbaren wie ihrer Ernährung anfangen, einen ausgeprägten Eifer, andere von dieser Haltung zu überzeugen, als würden sie dadurch versuchen, sich ihres Weges zu versichern. Ein Großteil der Illustrierten, TV-Formate und Themen in den elektronischen Medien bedient Kernelemente des seelischen Erlebens, zum Beispiel Selbstdarstellung, Selbstoptimierung, Partnersuche, Erziehung etc. Aber auch die professionellen Psychotherapien und mehr noch Psychopharmaka sind in der Bevölkerung umstritten. Der medizinische Grundsatz, wenigstens nicht zu schaden *(nihil nocere)*, ist schon für Professionelle im psychosozialen Arbeitsfeld schwierig zu gewährleisten. Ähnlich wie bei Medikamenten sind auch Psychotherapien, Beratungen oder Kursangebote nicht frei von Risiken und Nebenwirkungen. Häufig sind diese schlechter untersucht und erfasst als bei Medikamenten. Psychische Fragen lösen häufig Unsicherheit aus und Ängste, zu viel von sich selbst preiszugeben, von dem zu Tage Tretenden überfordert zu werden, die Kontrolle zu verlieren, beschämt zu werden, stigmatisiert zu sein.[34]

Nicht wenige reflektieren ungern über die eigene Lebenssituation und ihre Gefühlswelt. Selbstsorge kann intuitiv funktionieren, unbewusst. Die meisten Hobbyfußballer – aktive und die Masse der passiven – würden dieses Interesse nicht in Zusammenhang mit Selbstsorge oder anderen „Psycho"-Themen sehen wollen. Das wäre ihnen suspekt. Die bedächtige und selbstachtsame Atmosphäre aus Yogastudios kann man sich auf den wenigstens Fußballplätzen vorstellen. Dampfablassen auf dem Platz oder vor dem TV-Gerät hat für viele nichts mit der eigenen seelischen Situation zu tun. Obwohl es offensichtlich ist, dass Hobbys, Bewegung und das Treffen mit Freunden häufig positiv auf das Seelenleben wirken.

Bewusstes Nachdenken über die eigene Lebenssituation und gezieltes Entspannen sind keine Voraussetzungen für ein einigermaßen zufriedenes, ausgeglichenes Leben. Viele wollen von solchen Reflexionen unbehelligt bleiben. Wenn die eigene Selbstsorge keine bewusste Zielgröße ist, können Hobbys sich jedoch ins Gegenteil verkehren. Das Hobby Fußball ist nicht selten mit dem Konsum von Alkohol verbunden. Auch diesbezüglich wollen viele unbehelligt bleiben.

[34] Mehr dazu im 8. Kapitel.

Suchtmittel sind ein gutes Beispiel, dass der bewusste Umgang mit der Selbstsorge Vorteile hat. Bis zu welchem Grad können Individuen über ihren Konsum von Suchtmitteln frei entscheiden? Wie frei ist der Wille des Menschen?[35] Welche Verantwortung hat der Staat? Hat der Einzelne ein Recht auf eine destruktive Lebensführung? Und, wenn ja, warum dann nicht auf einen selbstbestimmten Tod?

Auf Ablehnung kann die aktive Förderung der seelischen Gesundheit stoßen, weil sie das bestehende Gefüge in Frage stellt. Lernende, die immer besser angeleitet werden, ihre seelische Entwicklung eigenverantwortlich im Blick zu behalten, können Pädagogen überfordern, die diese Perspektive für sich selbst nicht entwickelt haben. Wer interpersonal in psychischen Zusammenhängen arbeitet, und das gilt für Pädagogen in Bildungsinstitutionen fast immer, erhält Rückmeldungen über sein eigenes Auftreten. Deshalb ist die professionelle Unterstützung der Pädagogen für die eigene Persönlichkeitsentwicklung sehr wichtig. Wenn Lernende sensibilisiert und gestärkt werden, zum Beispiel zu argumentieren, wann (bewusst) die Belastungsgrenzen der meisten Schüler in einer Klasse überschritten wird, entsteht eine neue pädagogische Kultur, die offener nach kreativen Ansätzen suchen kann und weniger auf vermeintliche „Sachzwänge" wie Curricula verweist. Eine Kultur des Respekts und des achtsamen Umgangs mit sich und den Mitmenschen wird Bildung professioneller machen. Bei öffentlichen Trägern von Bildungseinrichtungen gibt es häufig nur begrenzte Möglichkeiten, Pädagogen mit schwierigem Interaktionsstil Entwicklung abzuverlangen – ähnlich wie in anderen Berufen auch. Jeder, der in Kollegien arbeitet, hat Erfahrungen, wie viel menschliche Energie in fast sämtlichen gesellschaftlichen Kontexten von zwischenmenschlichen Auseinandersetzungen, Egozentrismus, Ängsten und gepflegten Grabenkämpfen absorbiert wird. Wenn seelische Gesundheit deutlich als hohe Priorität in die Bildungskultur aufgenommen wird, ändert sich die gesamte Bildungslandschaft.

> „Ein hohes Ausmaß an Schülerorientierung (erfasst aus Sicht der Schüler) geht einher mit einer positiven Einstellung zur Schule, zum Lehrer und zum Lernen, mit Wohlbefinden, größerem Selbstvertrauen und günstigerer Lernmotivation. Es betrifft auch die *Beteiligung von Schülern am Schulleben, von Klassenräten bis hin zu Schulversammlungen, das heißt es geht auch um die Förderung der Fähigkeit und Bereitschaft zum demokratischen Zusammenleben*" (Helmke 2009, 231).

Auch die Familien der Lernenden können befremdet sein, wenn Kinder und Jugendliche offener über psychische Themen sprechen. Bei der medizinischen Beratung gibt es den ethischen Aspekt des „Rechts auf Nichtwissen". Der Sportwissenschaftler Froböse konstatiert: „90 Prozent aller Männer sagen: Ich

35 „Der Mensch kann tun, was er will, aber nicht wollen, was er will" (A. Schopenhauer).

fühle mich gut. Dabei ist die Skala von Gutfühlen riesengroß. Viele bemerken gar nicht mehr, wie sie sich wirklich fühlen" (Froböse, Ott / Weitz 2015, 26). Zur Prävention ist es durchaus sinnvoll, dass *keep smiling* nicht Beschwerden überdeckt, bis es gar nicht mehr geht. Die banale Erkenntnis, dass man sich mit „Gutfühlen" durchaus – als „Muss" oder „Geht-schon" – selbst täuschen kann, dürfte die Lebensqualität nicht verbessern. Wenn Patienten eindeutig signalisieren, dass sie über die Prognose und die Schwere einer Erkrankung nicht informiert werden möchten, können Ärzte sich entsprechend zurückhalten. Analog stellt sich die Frage, ob es für Familien und Kinder ein Recht auf Verschwiegenheit gibt, dass, auch wenn die Umgebung merkt, dass Kinder überfordert sind, Familien sich dem äußeren Einfluss entziehen dürfen, solange es sich nicht um eine Gefährdung des Kindeswohls handelt.

Gegen die aktive Förderung seelischer Gesundheit kann außerdem sprechen, dass dadurch gesellschaftliche Missstände verstärkt wahrgenommen werden. Dazu kann Führungsverhalten gehören, ebenso wie Hoheitswissen, Deutungshoheiten, Lobbyismus, die soziale Verteilungsfrage etc. Nur in starken Gemeinschaften sind Offenheit und Ehrlichkeit gut tragbar. Zum Beispiel kommt Suchtprävention an ihre Grenzen, wenn internationale Erkenntnisse, dass hohe Preise für die Allgemeinheit sinnvoll sind, nicht umgesetzt werden, weil möglicherweise Lobbyeinflüsse stärker wiegen.

Psychologisches Pfuschen von Laien?

Ein großes Problem im Bildungswesen ist häufig, wenn Pädagogen – meist in Ermangelung von Alternativen – Teilbereiche bedienen sollen, für die sie nicht (ausreichend) qualifiziert sind. Wie jede Innovation so wird auch die *aktive Förderung seelischer Gesundheit* nicht überall offene Türen einlaufen. Manche werden befürchten, dass übergriffig, womöglich durch dafür nicht ausreichend geschulte Pädagogen im Seelenleben der Lernenden wahlweise „manipuliert" oder „herumgepfuscht" wird. Wie viele Pädagogen hätten den Beruf gemieden, wenn das Ausmaß der psychosozialen Arbeit von Anfang an klar gewesen wäre? Aufgrund der Brisanz ist es gut, wenn sich vor allem interessierte Pädagogen psychosozial engagieren und die anderen sich auf Handlungen beschränken, die spontanes Eingreifen erforderlich machen.

Autonomie – Intimität

Viele Lernende, die einzelne Pädagogen nicht mögen, können sich überhaupt nicht vorstellen, zu diesen Nähe aufzubauen (Nähe-Distanz-Regulation). Sie sind froh, dass diese Pädagogen wenig Persönliches über sie wissen. Das würde sie subjektiv angreifbarer machen. Zu Recht muss befürchtet werden, dass Bildungsinstitutionen ihre Kompetenzen überschreiten, womöglich Privates aus dem Familienleben zu viel Öffentlichkeit erhält oder dass in Bildungsstätten eine Atmosphäre entsteht wie in der TV-Darstellung von Selbsthilfegruppen.

Kindergarten, Schule und Ausbildung kann auch Auszeit von privaten Problemen bedeuten. Das Miteinander und die ritualisierten Abläufe können bestärkend wirken und Probleme vergessen lassen. Eine Kultur von gegenseitiger Fürsorge erschwert Schweigen und Verdrängen. Für traumatisierte Kinder kann die normative Kraft der Alltagsstruktur lindernd sein („der sichere Ort"). Sie können sich durch die Aufdeckung von Geheimnissen bedroht fühlen. Der Grad zwischen vorsichtiger Empathie und drohender übergriffiger Einmischung ist schmal.

Trotzdem sind Maßnahmen zur Stärkung der seelischen Gesundheit auch für solche Kinder in Dilemmasituationen sinnvoll (beides, das Ansprechen und Nichtansprechen von familiären Schwierigkeiten führt jeweils zu Problemen). Die KiGGS-Bella-Studie des Robert-Koch-Instituts hat gezeigt, dass die intensivsten Belastungsfaktoren der Kinder und Jugendlichen vor allem mit heimischen Faktoren verbunden waren, Streit mit den Eltern, Streit der Eltern untereinander, eine psychische Erkrankung der Eltern und andere. Für Kinder mit einer schwierigen heimischen Belastung kann durch gezielte Förderung seelischer Gesundheit an Bildungseinrichtungen die offensichtliche Diskrepanz zwischen ihrer tatsächlichen und der angestrebten Situation zusätzlich belastend wirken. Das Wissen, wie es sein sollte, und wie sie Hilfe erhalten können, weist solchen Kindern den Weg aus der Ohnmacht.

Es entmutigt und verkehrt die Förderung seelischer Gesundheit ins Gegenteil, wenn die Programme nur formal bearbeitet werden, so wie häufig Bildungsinhalte nur „durchgehechelt" werden, ohne Anspruch auf tatsächliches Verständnis. Psychosoziales Arbeiten kann – in den falschen Händen – zu Manipulation führen. Der Entwickler des Konzepts der Salutogenese, Antonovsky, betont: „Ich bin mir völlig darüber im Klaren, dass eine Implikation des salutogenetischen Ansatzes für die institutionelle Organisation des Gesundheitssystems einer Gesellschaft die endlose Expansion sozialer Kontrolle in den Händen derjenigen ist, die dieses System beherrschen" (Antonovsky 1987 zit. nach Simon 2012, 194). Die Lernenden können spüren: „Wir entscheiden nicht nur über deine Noten, sondern auch, welche Gefühle du hast. Wir wissen es besser als du." Da Bildung sich meist in dieser Grauzone mit großem Einfluss bewegt, ist die Standardisierung psychosozialen Arbeitens unbedingt erforderlich. Präventionsmaßnahmen wirken nur authentisch, wenn sie zur Kultur der Bildungseinrichtung passen.

Eine weitere Befürchtung könnte sein, durch die aktive Förderung der seelischen Gesundheit eine Kultur der Überregulation zu schaffen. Seelischer Stress sollte ja nicht in Watte gepackt werden. Widrigkeiten gehören zum Leben. Man wächst tatsächlich mit seinen Aufgaben, wenn sie nicht überlasten. Das Selbstmanagement leidet, wenn bei Streit und Anspannung die Selbstregulation nicht abgewartet wird, sondern Streitschlichter hinzugezogen werden. (So wie ein überaktives Immunsystem eine Bedrohung für Menschen ist.) Je älter Lernende werden, umso länger sind die zumutbaren Phasen von Anspannung und Frust. Manche könnten eine „Verweichlichung" ihrer Kinder befürchten und damit eine Fehl-Bildung, an der „rauen Realität" des vielzitierten „Haifischbeckens" des professionellen Alltags vorbei. Dann fehlt nur noch der Hinweis, dass „das Leben kein Ponyhof" sei, was auch immer der Einzelne darunter versteht. Dabei werden eigene Erfahrungen der Eltern mit Missständen im Bildungswesen durchaus verklärt, bis hin zur Gewalt durch professionelle Pädagogen, nach dem Motto: „Das hat uns doch auch nicht geschadet."

2.7.4 Wie misst man den Erfolg?

Wie kann die Förderung seelischer Gesundheit in ihrer Komplexität evaluiert werden? Am besten – wie meist – durch die Betroffenen selbst, die Lernenden, Pädagogen und Familien. Es sollten unbedingt konkrete Entwicklungsziele benannt und überprüft werden. Organisationsentwicklungen sollten immer konkrete Zielpunkte enthalten. „Soft" an den Soft Skills ist ja gerade die schwierigere Objektivierbarkeit, zum Beispiel von sozialer Kompetenz. Wer seelische Gesundheit aktiv fördern möchte, muss Ergebnisse abbilden, um zu überzeugen. Im 9. Kapitel werden exemplarisch evaluierte Präventionsprojekte dargestellt. Im Abschnitt über mögliche Ziele solcher Maßnahmen hatte ich die folgenden vier Bereiche herausgearbeitet, die hier mit Fragen zu den Effekten genannt werden.

Die Ziele von Maßnahmen zur Förderung seelischer Gesundheit sollten klar beschrieben, jedoch vorsichtig formuliert werden. Schüler und Pädagogen können dabei lernen, wie komplex Verhalten sich zusammensetzt und dass Veränderungen in der Regel kleinschrittig ablaufen. Ein häufiges Thema ist zum Beispiel der Umgang mit Aggressivität. Wer hier strikt fordert, dass diese unterbleiben soll, handelt weltfremd und nicht konstruktiv. Vielmehr muss es um eine gesellschaftlich akzeptierte Form der Lenkung dieser aggressiven Energien gehen. Im Sport und im Management werden aggressive Verhaltensmuster häufig angestrebt. Wer Aggressivität besser lenken möchte, bemüht sich um ein Verständnis, wie sie entsteht, welche Formen es gibt. Das hat immer auch mit der eigenen Aggressivität, Anspannung und Gereiztheit zu tun. Gehemmte und versteckte Aggressivität ist weit verbreitet.

Wirksamkeit von Maßnahmen zur aktiven Bildung seelischer Gesundheit?

1. Änderungen des allgemeinen Gesundheitsverhaltens? Nahrung, Ruhe, Bewegung, Unfallverhütung / Meidung inadäquater Risiken, wie Unachtsamkeit auf Treppen?
2. Kultivierung stärkender Aktivitäten? Eigeninitiative? Aktive Klärung von Problemen?
3. Besseres Selbstmanagement? Eigene Lernziele und -pläne? Achtsamkeit und Verminderung von Störfaktoren?
4. Gemeinschaftsaktivitäten? Diskussionskultur? Mobbingfälle?
5. **Risiken und Nebenwirkungen?** Bei jeder Überprüfung sollte unbedingt auch nach schwierigen Aspekten gefragt werden. Was war komisch? Was würdet ihr anders machen? Was lief nicht gut?

Maßnahmen zur Förderung der seelischen Gesundheit müssen nicht zu weniger Lebenskrisen führen. Kenntnisse allein schützen nicht. Deshalb lernen Psychotherapeuten, dass sie wegen eigener Lebenskrisen ihre berufliche Eignung nicht hinterfragen müssen.[36] Ihre Fertigkeiten können im besseren Fall helfen, eigene Krisen gut zu bewältigen. Im Arbeitsalltag sind Psychotherapeuten bemüht, sich als Professionelle möglichst wenig durch Privates beeinträchtigen zu lassen. Gesundheit und Wohlbefinden sind auch gesamtgesellschaftlich Größen, bei denen es nicht um ein Optimum geht, sondern um eine effektive Verteilung der vorhandenen Ressourcen. „Je besser ihr Gesundheitssystem funktioniert, desto mehr Kranke gibt es in einer Gesellschaft. Dies ist ein grundlegendes Paradox, das aus der Logik lebender Systeme resultiert: Eine große Zahl von Patienten, die erfolgreich behandelt worden sind, ist nach der Behandlung nicht gesund, sondern weiter krank“ (Simon 2012, 196).

Präventionsmaßnahmen werden besser akzeptiert und sind wirksamer, wenn sie nicht unmittelbar auf einzelne Störungen eingehen, sondern sich um vermittelnde Faktoren bemühen und an den Stärken ansetzen. Breit angelegte Prävention gegen Burnout und Überlastungsdepression kann möglichst viele Menschen stärken, wenn Selbstsorge konkret gefördert wird und zum Beispiel Belastungen am Arbeitsplatz und privat möglichst transparent werden. Häufige frühe Hinweise wie Schlafstörungen sollten ebenso angesprochen werden wie die erhöhte Gefahr von Suchtmittelmissbrauch und Alternativen.

[36] Von Eva Jäggi in „Und wer therapiert die Therapeuten?“ (Klett-Cotta, 2001) beschrieben.

Umfragen von Allensbach[37] und die Shell-Studie[38] zeigen am Beginn des dritten Jahrtausends relativ stabil, dass ein Großteil der Bevölkerung (sehr) zuversichtlich ist. Deshalb ist die Frage berechtigt, ob mehr Aufwand für die seelische Gesundheit tatsächlich zu einer Verbesserung führt. An der Burnoutwelle war zu erkennen, dass der Blick auf seelische Belastungen auch überstrapaziert werden kann.

Beziehungsarbeit in Partnerschaften zum Beispiel führt nicht zu geringeren Trennungsraten. „Beziehungen werden paradoxerweise brüchiger, weil sie wichtiger genommen werden" (Dornes 2012, 58). Die Paarzufriedenheit verändert sich dadurch nicht besonders, sondern die Toleranz sinkt, „für verbleibende Unzulänglichkeiten und Erleichterung der Wahrnehmung von Exit-Optionen" (ebenda, 68). Bei der aktiven Förderung seelischer Gesundheit an Bildungseinrichtungen kann es zu ähnlichen Effekten kommen. Die berufsständische Vertretung der Psychiater, Psychotherapeuten und Nervenärzte Deutsche Gesellschaft für Psychiatrie und Psychotherapie, Psychosomatik und Nervenheilkunde (DGPPN) geht jedoch davon aus, dass die Allgemeinbevölkerung hinsichtlich der seelischen Gesundheit als „Lifestyle" anspruchsvoller werde, also durchaus offen für die aktive Förderung der seelischen Gesundheit sei (Schneider / Weiller 2014).

2.8 Bildungsrepublik oder -misere? – Soziologische Rahmenbedingungen

Schulen und andere Bildungsstätten können Zentren der Entwicklung und Prävention für die Gesellschaft sein und die Demokratie fördern. Umgekehrt hat das allgemeine gesellschaftliche Miteinander auch für den einzelnen Lernenden konkrete Auswirkungen. So haben sich die Leistungen in Mathematik von Mädchen in den skandinavischen Ländern mit fortgeschrittener Gleichstellung der Geschlechter deutlich verbessert, teilweise wurden sie besser als die der Jungen (Zeibig / Sievert 2015). In Deutschland ist noch kein ausreichendes politisches Interesse zu erkennen, tatsächlich eine „Bildungsrepublik" zu werden. „Es genügt nicht, den Wert der Bildung in Sonntagsreden zu beschwören. Wer diesen Wert ernst nimmt, sollte an Rahmenbedingungen arbeiten, innerhalb derer

[37] Zum Beispiel die Studie „Generation Mitte 2017": http://www.gdv.de/2017/11/die-generation-mitte-2017-zentrale-ergebnisse-im-ueberblick/, Zugriff 04.02.2018

[38] Die 17. Shell-Jugendstudie beschreibt die Jugendlichen als vorwiegend optimistisch: https://www.shell.de/ueber-uns/die-shell-jugendstudie/multimediale-inhalte/_jcr_content/par/expandablelist_643445253/expandablesection.stream/1456210165334/d0f5d09f09c6142df03cc804f0fb389c2d39e167115aa86c57276d240cca4f5f/flyer-zur-shell-jugendstudie-2015-auf-deutsch.pdf, Zugriff 04.02.2018

das Streben nach Bildung und Wissen, nach Geist und Kultur, nach Eloquenz und Stil materiell und symbolisch auch tatsächlich honoriert wird" (Liessmann 2014, 123). 79 Prozent der Bürger betrachten die „Bildungsrepublik" als eine Worthülse (VBE, forsa). Der Philosoph Konrad Paul Liessmann beschreibt die Bildungspolitik folgendermaßen. In ihrer „Summe ergibt [...] das Bild eines haltlosen Aktionismus, der eine überbordende, kontrollierende, evaluierende, steuernde und anlassbezogene Bürokratie schafft, die Bildungsprozesse in der Regel eher sabotiert denn befördert" (Liessmann 2014, 19). Entsprechend fordert er: „In einer sich – angeblich – rasch verändernden Gesellschaft benötigen Bildungssysteme Entschleunigung, nicht Hektik, Besonnenheit, nicht Tempo, Stabilität, nicht permanenten Wandel, Sicherheit, nicht medialen und politischen Dauerbeschuss" (ebenda, 29). Der Historiker Yuval Noah Harari (2017, 235f.) verweist auf die Macht des Bildungssystems, zum Beispiel den Zugang zu gesellschaftlichen Privilegien durch Noten zu regulieren. „Begehrte Posten werden von Leuten mit guten Noten besetzt, die selbstverständlich das System, das sie so weit brachte, unterstützen. Durch die Konzentration auf den Machterhalt sei das System in seiner Entwicklung besserer Inhalte blockiert." (ebenda)

2008 rief die Bundeskanzlerin die Bildungsrepublik Deutschland aus. In Abwandlung von Ludwig Erhards Parole postulierte sie: „Wohlstand für alle heißt heute Bildung für alle." „Unsere Gesellschaft lebt von der Durchlässigkeit. Geht sie verloren, wenden sich die Menschen von der Marktwirtschaft ab." (Heckel 2008) Häufig wird kritisiert, Deutschland sei eine Lobbyrepublik – aber eine Bildungsrepublik? Vielleicht hat die Bildung zu wenig Lobby beziehungsweise die Interessen der Bildungslobbyisten divergieren untereinander zu stark. Was bräuchte die Republik, um sich Bildung auf die Fahne schreiben zu können? Deutschland wird im Ausland für manches bewundert, in Bezug auf das Bildungssystem vor allem für die vergleichsweise geringe Arbeitslosigkeit der jungen Erwachsenen. „Junge Menschen wurden durch Arbeitslosigkeit oder Unterbeschäftigung besonders hart von der weltweiten Rezession getroffen [...] eine Krise [...], die sie nicht verursacht haben, mit langfristigen Folgen für ihre Kompetenzen, Arbeitsmoral und soziale Integration" (OECD 2013).

Obwohl viele Bürger den Föderalismus im Bildungswesen ablehnen, scheinen die Kräfte der Kultusbürokratien und politischen Einflüsse den aktuellen Flickenteppich im Bildungswesen zu zementieren (Hurrelmann 2011; ähnlich bei Dräger 2013). Strukturell ist den einzelnen Schulen möglichst viel Entscheidungsspielraum, inklusive finanzieller Mittel zu wünschen. Modellprojekte mit selbstständigen Schulen gibt es in Nordrhein-Westfalen seit 2002 (Tschira 2005, 48). Objektiviert werden sollten diese Bemühungen durch nationale Bildungsziele für jedes Jahr im Kindergarten, in der Schule und in der

Berufsausbildung / an den Hochschulen. Obwohl die Verbesserung der Bildung lokal effektiv aus der Summe der vielen kleinen Änderungen und dem Ausbau des gut Laufenden besteht, ist manches wesentlich effektiver, wenn eine nationale Initiative die Standardisierung der Verbesserung vorantreibt. Nur der politische Wille mit entsprechenden Entscheidungen, Gremien und einer angemessenen Finanzierung kann dies auf den Weg bringen. Kurz vor Abschluss der Arbeit an diesem Buch hat die Regierungskoalition aus CDU / CSU und SPD beschlossen, das Kooperationsverbot des Bundes und der Länder durch eine Grundgesetzänderung aufzuheben und dadurch unter anderem den Weg freizumachen, die Schulen mit Mitteln des Bundes zu unterstützen.

Der „Chancen-Spiegel" von 2014[39] – als gemeinsames Projekt der Bertelsmann-Stiftung mit Nils Berkemeyer und Wilfried Bos – beschreibt die Ungleichheit der Bildungschancen, abhängig von Wohnort und der sozialen Herkunft. Welche Auswirkungen auf das Schulsystem hätte es, wenn für ein halbes Jahr sämtliche Nachhilfe pausiert würde?[40] Muss diese zunehmende Privatisierung des Bildungswesens schlicht als Gesellschaftstrend akzeptiert werden? Und der soziale Ausgleich? Verstärkt sich dadurch die soziale Undurchlässigkeit, was die OECD lange schon kritisiert? Zum Beispiel stellt Manfred Spitzer eindrucksvoll dar, dass in Deutschland der Unterschied in der mittleren Lesekompetenz bei Fünfzehnjährigen in Abhängigkeit von der Zugehörigkeit zum reichsten oder ärmsten Viertel im Vergleich der OECD-Länder am größten sei (Spitzer 2016a).

Die folgende Übersicht nennt einige der vielen Bremsen im Bildungssystem. Vor allem der Mangel an Finanzierung und Qualifikation wird gern kleingeredet. Der Bildungsforscher Klaus Klemm, der eine vom Deutschen Gewerkschaftsbund in Auftrag gegebene Untersuchung durchgeführt hat, kommt auch 2014 noch zu dem Ergebnis „Das deutsche Bildungssystem ist – auch im internationalen Vergleich – unterfinanziert" (zit. nach Öchsner). „Wer als Bildungspolitiker Individualisierung fordert, muss auch bereit sein, dafür zu sorgen, dass sie gelingen kann" (Helmke 2009, 259). Von einer weiteren Zuspitzung ist leider auszugehen.

> „Spätestens im Jahr 2020, wenn die Schuldenbremse im Grundgesetz greift, müssen die zuständigen Bundesländer auf frische Kredite verzichten. Wenn dann gespart werden muss, dürfte die Versuchung in der Bildung am größten sein. Denn dort gibt es mehr politische Gestaltungsspielräume als in anderen Politikfeldern, wo die meisten Budgets überwiegend gesetzlich gebunden sind" (Dräger / Müller-Eiselt 2015, 40).

Die Meta-Studien von John Hattie (2014) haben jedoch gezeigt, dass es nicht einfach um ein Mehr gehe. „Ausgerechnet bei Schülern aus den am besten

---

39 Vgl. www.chancen-spiegel.de.

40 In Finnland, einem PISA-Spitzenreiter, gibt es diesen Bildungszweig nicht.

versorgten Schulen“, so Torsten Husén, zeige sich „weder größeres Wissen noch bessere Fertigkeiten [...]. Stattdessen fand er dort mehr Überdruss und Schulmüdigkeit vor“ (zit. nach Kahl 1999).

Die Eckpunkte Finanzierung, Strukturen des Bildungswesens werden häufig von politischen Interessenlagen, Ängsten und Besitzstandsdenken dominiert. Maßgeblich für die gesellschaftliche Bildung sind Konventionen (mit ihrer normativen Kraft der scheinbaren Alternativlosigkeit), finanzielle Interessen in Form von Besitzstand(swahrung), Macht(wahrung), entsprechende Lobbyarbeit (gegenseitige Abhängigkeiten etc.) und starke Ängste, bei diesem Verteilungskampf zu verlieren. Die Kinder nehmen diese Ängste als hohen Erwartungsdruck wahr, teilweise als Statuspanik. Auch inhaltlich wird Bildungsenergie dadurch konsumiert, dass sie gesellschaftlichen Trends wie dem Primat der Ökonomisierung entgegenstehen muss (Bauer 2007).

> „Wenn aber schon Drittklässler schlecht schlafen, psychosomatische Beschwerden haben, unter Angst lernen, wenn der Kampf um Noten zur Zulassung oder Nichtzulassung zum Gymnasium das Lernen und die Herzen bestimmt, wenn zehnjährige Kinder ihren Selbstwert über die ihnen zugewiesene Schulform definieren, dann ist das Beschädigung von Kinderseelen“ (Rasfeld / Spiegel 2013, 120).

Für den Leiter des Deutschen Instituts für Internationale Pädagogische Forschung Hasselhorn zeige der „Bildungsbericht 2014“ „ein Bildungswesen zwischen Bewegung und Stillstand [...] Aber nicht alle gesellschaftlichen Gruppen sind Teil dieser Dynamik.“ (Hanack / Hasselhorn 2014).

> „Vom Thema Inklusion abgesehen zeigt der Bericht: Der Trend zu besserer Bildung in Deutschland ist unverkennbar. Mehr Kleinkinder nehmen an frühkindlicher Bildung teil. Es gibt mehr Abiturienten und so viele Studienanfänger wie noch nie. Die Zahl der erfolgreichen Hochschulabsolventen und auch die Beteiligung an betrieblicher Weiterbildung steigt“ (Laurenz 2014).

Während 1971 noch gut 11 Prozent der Jugendlichen die Schule mit dem (Fach-)Abitur abschlossen (Westdeutschland, Schloeman), erreichten im Jahr 2010 „34% der Schulabsolventen eine allgemeine und 15% eine fachgebundene Hochschulreife“ (Bildungsbericht 2012; die Zahlen aus dem Bildungsbericht 2014 sind wegen der teilweise doppelten Abiturjahrgänge nur eingeschränkt verwertbar; Deutsches Institut für Internationale Pädagogische Forschung).

„Die Öffnung des Gymnasiums [...] ging einher mit neuen Bedingungen des Lernens, mit Veränderungen der Stoffe, der Methode und des gesamten sozialen Settings“ (Schloeman). „Kaum etwas wurde und wird so sehr politisiert, wie das Schul- und Bildungssystem, und dies zeigt sich überdeutlich an den unterschiedlichen Schul- und Bildungsplänen der einzelnen Bundesländer“ (Roth G 2011, 29).

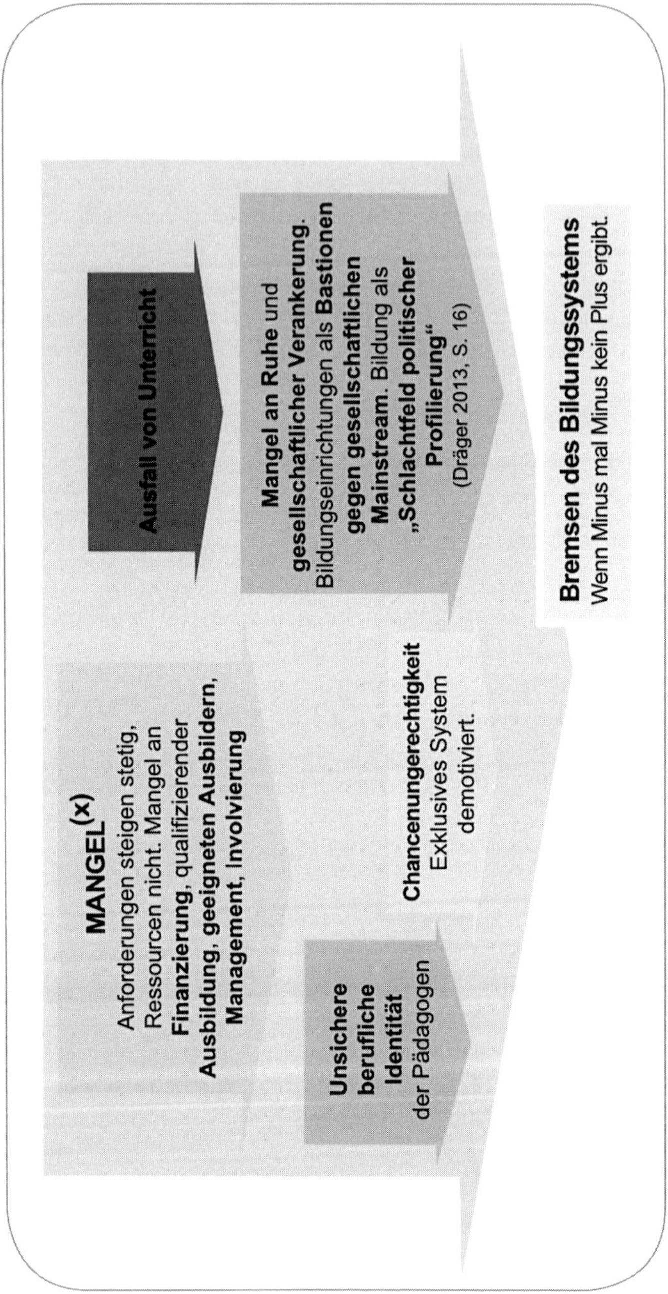

Abb. 8: Bremsen des Bildungssystems

„Die unaufhörlichen parteipolitischen Diskussionen um die Qualität bzw. Verbesserungsnotwendigkeit des Schulsystems, das durch die Länderhoheit über Bildung noch verstärkt wird […] wirkt sich unabhängig von den zugrundeliegenden Ursachen überwiegend demotivierend auf die schulische Lernbereitschaft der Kinder aus, von der Wirkung auf die Lehrer ganz zu schweigen" (ebenda, 179).

In Hessen zum Beispiel sind die Kindertagesstätten im Gegensatz zu anderen Bundesländern nicht in die „Bund-Länder-Initiative Bildung durch Sprache und Schrift" eingestiegen, weil die beiden Bereiche verschiedenen Ministerien zugeordnet sind (Hanack/Hasselhorn 2014). Damit Lese-Rechtschreib-Störungen früh erkannt werden, möglichst nicht zu chronifizierter Frustration führen, wird eine „frühe standardisierte Diagnostik mit Hilfe von Schulleistungstests […] schon am Ende der 1. Klasse" empfohlen (Stubenrauch et al. 2014, 261). Noch einmal Auswirkungen des „Flickenteppichs":

„Einschränkend muss für das Rechtschreiben allerdings erwähnt werden, dass eine verspätete Diagnostik möglicherweise auch dadurch bedingt ist, dass, wie in den Lehrplänen vieler Bundesländer vorgesehen, Grundschulkinder bis in die 3. Klasse hinein nur die lautgetreue und nicht die orthographische Schreibweise beherrschen müssen" (ebenda).

Roth beklagt

„dass *die drei Institutionen, die für das Bildungssystem in unserer Gesellschaft verantwortlich sind, nicht oder nur sehr unwillig miteinander agieren.* Dazu gehören zum einen die Vertreter der staatlichen Bildungsbehörden. Diese sind von ehemaligen Lehrern durchsetzt, die alle froh sind, nicht (mehr) in der Schule arbeiten zu müssen. Dieser Umstand hindert sie aber nicht daran, den Schulen eine bestimmte, meist parteipolitisch erwünschte Schulpraxis vorzuschreiben. Die zweite Gruppe wird gebildet von Professoren der Pädagogik und Didaktik, denen die Lehramtsstudenten ausgesetzt sind. […] Heute wird von *führenden Pädagogen und Didaktikern wie Ewald Terhart bescheinigt, dass die akademische pädagogische Ausbildung für die spätere Praxis der Schul- und Weiterbildung weitgehend wertlos ist.*" (Roth G 2011, 14f.)

So habe Roth es auch selbst erfahren.

„Die in diesem Bereich an den Hochschulen tätigen Kolleginnen und Kollegen betonen in Gesprächen immer wieder, wie froh sie darüber sind, mit der Schule nichts (mehr) zu tun zu haben. Leider bescheinigen Experten auch der empirischen Lehr- und Lernforschung eine ähnliche Abstinenz vom Schulalltag – es heißt, man konzentriere sich auf das von der Forschung am einfachsten Umsetzbare, und ich kann zumindest aus meiner eigenen Kenntnis des Schulalltags bestätigen, dass die *Ergebnisse der Lehr- und Lernforschung in den Unterricht keinen großen Eingang gefunden haben.*

Schließlich gibt es die große Gruppe der Lehrenden, die sich mehr oder weniger redlich abmühen. Ihre Situation ist wiederum sehr bemerkenswert. Zum einen kennen sie die modernen pädagogisch-didaktischen Konzepte nicht bzw. haben das, was sie davon in der Hochschule einmal erfahren haben, längst vergessen, zum anderen halten sie solche Konzepte hinsichtlich ihres Berufsalltags für wertlos […]. *Was aber am meisten beein-*

> *druckt, ist die Tatsache, dass alle Lehrer, mit denen ich in den vergangenen Jahren zu tun hatte, sich ihr Unterrichtskonzept individuell erarbeitet haben und überdies der festen Meinung sind, dass sei gut so und ginge auch gar nicht anders"* (ebenda).

Martin Dornes, Soziologe, Psychologe und Publizist, fasst die Situation der Kinder und Jugendlichen trotz dieser Widrigkeiten im Bildungswesen recht optimistisch zusammen:

> „Heutige Kinder und Jugendliche benötigen weder ‚Tigermütter', die sie das Siegen lehren [...], noch Frühfördermaßnahmen wie Intrauterinvorlesungen zur Verbesserung des Sprachverständnisses oder Zeichensprache zur Optimierung der vorsprachlichen Kommunikation. Sie sind auch nicht Opfer einer Ellenbogengesellschaft, in der unter gnadenlosem Konkurrenzdruck die Schwachen rücksichtslos aussortiert werden. Jeder, der die heutige Schulwirklichkeit und die des sozialen Hilfssektors kennt, weiß, dass es Hilfen für nahezu jedes Problem gibt. Wenn sie nicht immer ihr Ziel oder ihre Adressaten erreichen, so ist das bedauerlich, verbesserungsbedürftig, sollte aber nicht zu übersteigerten Machbarkeitsvorstellungen Anlass geben. *Was heutige Kinder brauchen – und mehrheitlich erhalten –, sind Zuwendung und Gelassenheit.* [...] Nach früheren Sicherheiten sehnen sich die Jugendlichen und jungen Erwachsenen nicht zurück. Über deren Verlust klagen verständlicherweise nur die Älteren" (Dornes 2012, 426).

Andere Autoren warnen, dass zu enge moderne familiäre Lebensformen die Autonomieentwicklung erschwerten. „Eltern und Kinder binden sich zu eng und zu ambivalent aneinander und sind [...] nicht ausreichend gut in die umgebende gesellschaftliche Realität eingebettet und eingebunden. Die Versuche der älter werdenden Kinder, sich aus diesen Bindungen zu lösen, werden als frustran und aussichtslos erlebt" (du Bois et al. 2004, 10). Dazu passt der Befund, dass die Kluft zwischen dem Bildungsniveau der Kinder und Eltern „oft mit einem erhöhten Belastungsniveau und psychosomatischen Beschwerden" einhergehe (Seiffge-Krenke).

2.9 Diffuse Ängste in Familien und subjektiver Leistungsdruck

An Begriffen, die Motivation und Ziele (über-)engagierter Eltern ausdrücken, mangelt es nicht: „Statuspanik", „Bildungspanik" (Heinz Bude), „Grundschulabitur", „Förderwahn" (Remo Largo), „Treibhauserziehung", „Helikoptereltern" etc. Die Berliner Schulleiterin Brigitte Thies-Böttcher beschreibt eine kritische Ansammlung von Faktoren, die die Elternschaft erschwerten:

> „die Abstiegsängste der Mittelschicht; die Flexibilitätserwartung im Beruf; das höhere Alter der Eltern; die fehlenden Geschwisterkinder; die viel größeren Ansprüche, die Eltern an sich selbst stellen, wenn es um partnerschaftliche Erziehung geht; das ideologisch umkämpfte Familienbild und der nicht wirklich zu Ende ausgetragene Streit um die Berufstätigkeit der Frauen; die vielen Trennungen; der Druck durch verkürzte Schulzeit" (zit. nach Gaschke 2015, 12).

Familien klagen über Zeitmangel. Die klassische Aufgabenteilung ist noch weit verbreitet; Frauen übernehmen im Durchschnitt einen deutlich größeren Teil der Familienarbeit, auch wenn Frauen zunehmend berufstätig sind. Sie neigen mehr dazu, sich kritisch in Frage zu stellen, zum Beispiel, wo sie eigentlich überall noch mehr präsent sein müssten. Für die Kinder haben die Familien einerseits häufig zu hohe Erwartungen hinsichtlich Schulleistungen und Freizeitaktivitäten. Es wird versucht, die Gedeihbedingungen zu optimieren („Projekt Kind"). Ein hoher Konsumanspruch erhöht ebenfalls den Druck. Untersuchungen zeigen immer wieder den großen Wunsch der Kinder, mehr Zeit mit ihrer Familie zu verbringen, so die Ergebnisse der World Vision Studie, die 2016 zum vierten Mal durchgeführt wurde.

Am Beginn des dritten Jahrtausends nimmt die Geschwindigkeit gesellschaftlicher Veränderungen weiter zu. Der Generationenvertrag wankt, bestenfalls. Die Elterngeneration ist unsicher, kann nicht mehr in Aussicht stellen, „dass ihr es einmal besser habt". Welche Form von Rente die Kindergeneration wird erwirtschaften können, ist unklar. Viele Menschen spüren am Arbeitsplatz die globale Konkurrenz. Ehemals sicher geglaubte Arbeitsplätze im Bank- und Versicherungsgewerbe wurden zu Tausenden abgebaut. Wenige Bereiche wie die Automobilindustrie und der Maschinenbau florieren. Prekäre Arbeitsbedingungen sind weit verbreitet und werden aus Angst und Scham nicht selten verschwiegen. Die Prognosen für die Entwicklung der Erwerbsarbeit verheißen eine Fortsetzung dieser Entwicklung. Allerorten wird über irrationale Arbeitsverdichtung geklagt, steigende Anforderungen, häufig gepaart mit Personalabbau. Vor allem dieser Trend prägt die gesellschaftliche Stimmung, Angst vor zunehmender Armut beziehungsweise der Aufweitung der Schere zwischen Armut und Reichtum. Kinder und alte Menschen sind besonders häufig von Armut betroffen. *Diese Unruhe, diffuse Ängstlichkeit, bei manchen sogar Statuspanik tragen die Familien in die Schulen und Kindergärten.*

Bildungseinrichtungen sollen die Gesellschaft zusammenhalten und zusammenführen. Politisch wird diese Integrationsleistung nicht konsequent gefördert. So wird akzeptiert, dass die Einkommen sich immer stärker unterscheiden und dass immer mehr Familien in prekären Verhältnissen leben. Dabei wird kritisiert, dass viele staatliche Aufgaben wie die Absicherung einer minimalen Ernährung durch private Initiativen aufrechterhalten werden muss (Hartmann).

Die Shell-Studie 2010 hat gezeigt, dass circa 10 bis 15 Prozent der Kinder und Jugendlichen schon früh – teilweise am Übertritt in die weiterführenden Schulen – den Mut verlieren, sich ausgeschlossen fühlen. Jutta Allmendinger, Präsidentin des Wissenschaftszentrums für Sozialforschung Berlin, argumentiert: „Wir können nicht leichtfertig sagen, jede Gesellschaft produziere ihre 15 Prozent, die nicht mitkommen, wenn andere Länder nur 3 oder 5 Prozent funktionale Analphabeten haben, während in Deutschland immer noch 24 Prozent der 15-jährigen Jungen in diese Kategorie fallen" (Allmendinger / Musall / Pieper 2011, 23) Diese Undurchlässigkeit ist maßgeblich auf die unterschiedliche Vermittlung von Sekundärtugenden wie Fleiß, Ehrgeiz, Ordnung, Anstrengungsbereitschaft, Frustrationstoleranz zurückzuführen. Die Vermittlung dieser Tugenden erfordert intensives familiäres Miteinander, Beziehungsarbeit als Basis für die gemeinsamen Anstrengungen. Damit sind familiäre Werte verbunden, die gemeinsame Orientierung auf Leistung, der Verzicht auf unmittelbare Bedürfnisbefriedigung etc. Auch die Organisation und Finanzierung von Nachhilfe sind die Wirkfaktoren schichtenspezifischer Förderung. Liessmann (2014, 123f.) stellt dem „Mythos von der Vererblichkeit der Bildung" den „Erwerb von Kulturtechniken, sprachlichen Fähigkeiten und basalem Wissen" entgegen, wozu er „Disziplin, Üben und Wiederholungen" zählt[41] (mehr dazu im Abschnitt über Sekundärtugenden).

Die folgende Übersicht stellt Aspekte dar, die zur viel beklagten Unruhe in Bildungseinrichtungen beitragen. Der Philosoph Christoph Türcke spricht vom „Zeitalter konzentrierter Zerstreuung" und einer „Aufmerksamkeitsdefizit-Kultur". Die Anforderungen an Bildungseinrichtungen sind stetig gestiegen, die Ausstattung mit entsprechendem Personal und Kompetenzen kaum. Die Gesellschaft befindet sich in einem rasanten Umbruch. **Bildung baut auf Konventionen, entwickelt diese. Einige Konventionen befinden sich in einer bröckelnden Auflösung, ohne dass neue Stabilität greifbar wäre.** Die Generation der Adoleszenten wird als „Generation Y" (lies „Why") und „Generation Maybe" bezeichnet; manche sind Teil der „Generation Praktikum". Sie hinterfragen, welche Lebensmodelle künftig taugen. Diese Unsicherheit zeigt sich an Bildungseinrichtungen besonders deutlich. Und: Unruhe ist ansteckend. Häufig berichten Schüler, dass sie sich wünschten, die Lehrer wären mehr in der Führungsrolle und würden unruhige Schüler disziplinieren. Immer wieder zeigt sich der Bedarf für mehr Personal, nicht unbedingt für mehr Lehrer. Durch einen höheren Praxisanteil beim Lehramtsstudium kann die Personalausstattung verbessert werden. Außerdem können Hilfskräfte die Pädagogen unterstützen. In Italien werden Lehrer von „Pedelli" unterstützt (Brenner 2006, 177), zum Beispiel bei Verwaltungs- und Organisationsaufgaben.

---

41 S. dazu Neubauer / Stern (2009)

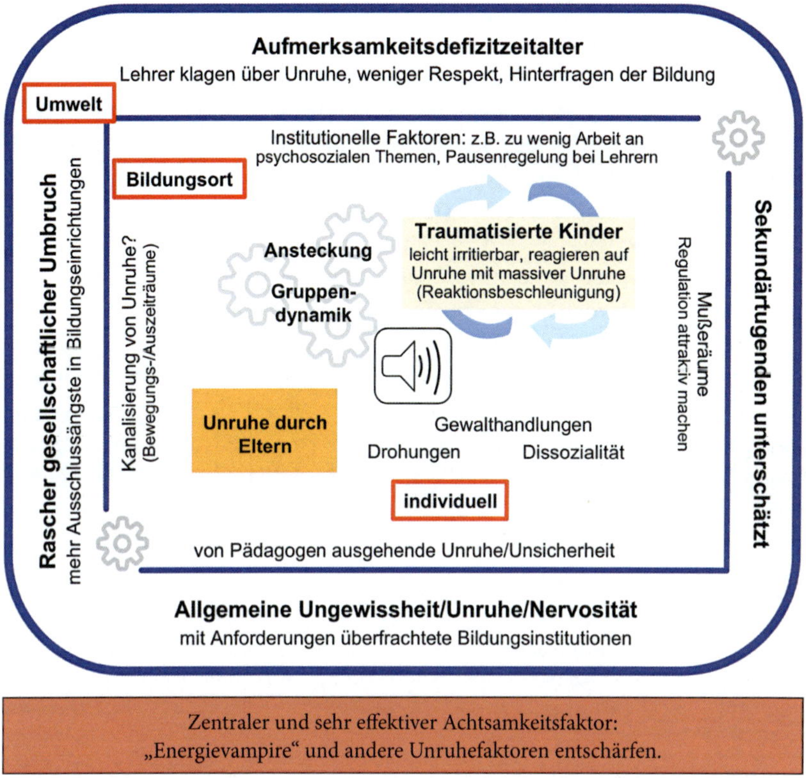

Abb. 9: Ökosystemische Aspekte der Unruhe/Unsicherheit im Bildungswesen

Die Übersicht stellt dar, wie gesellschaftliche, institutionelle und individuelle Faktoren der Ruhe und Unruhe ineinandergreifen. Das Klima an Bildungseinrichtungen sei von erheblicher Bedeutung für die individuelle Entwicklung von Lernenden (Achermann et al. 2006, 27). Zum Beispiel wurde in einer Untersuchung erwiesen, dass „ein Schulklima, welches von Vertrauen und Respekt in der Beziehung von Jugendlichen untereinander geprägt ist, in der Beziehung zur Lehrperson und der Zusammenarbeit mit den Eltern, selten zu psychischen Auffälligkeiten führt“ (Havlinova / Schneidrova in Achermann et al., 25; ähnlich Eder, zit. ebenda, 26) Umgekehrt wirke ein negatives Unterrichtsklima mit Leistungs- und Konkurrenzdruck, verbunden mit mangelnder sozialer Unterstützung, bedrohlich (Jerusalem / Schwarzer, zit. ebenda, 26).

Bildungseinrichtungen sind gesellschaftlich häufig in einer Position der Rechtfertigung. Es ist noch nicht so lange her, dass von Lehrern gegen Schüler körperliche Gewalt ausging und Eltern sich nicht einmischten. Mancherorts wird noch heute über solche Misshandlungen berichtet. Einige Lehrer plädieren offen, dass ihre eigenen Gewalterfahrungen ihnen „doch auch nicht" geschadet hätten. Viele Lehrer strengt es sehr an, ihre Führungsposition gegenüber manchen Schülern immer wieder neu durchsetzen zu müssen. Für viele war diese Herausforderung nicht absehbar, als sie sich für diesen Beruf entschieden. Durch eine konstruktive Kritikkultur, Organisationsentwicklung lassen sich auch Unruhefaktoren, die von Lehrern ausgehen, vor Ort verbessern. Es ist wichtig, Unruhe zu bearbeiten, Bewegungs- und Klärungsbedarf zu lenken. Störungen haben Vorrang. Unruhe ist anstrengend und meistens nicht lernförderlich.

Lehrer beklagen immer wieder, dass Eltern entweder zu wenig Interesse zeigten, kaum Gesprächseinladung annähmen. Andere Eltern seien hyperaktiv, würden respektlos sich in die Arbeit der Lehrer einmischen, zum Beispiel um bessere Zensuren für ihre Kinder zu erwirken. Der Übertritt in die weiterführende Schule schwingt für viele Kinder ab der ersten Klasse mit. Sie spüren, dass ihre Eltern spätestens jetzt ängstlich und angespannt werden, wenn mal etwas nicht zufriedenstellend verläuft. Lehrer empfinden den Druck teilweise als dramatisch und bedrohlich.

> „Die Selektion, die schon in der Grundschule greift, passt nicht in eine moderne Gesellschaft. [...] ein Jahr vor dem Wechsel in die weiterführenden Schulsysteme [...] weht der eisige Wind der Selektion. Nun geht es nicht mehr um Kinder, sondern um Notendurchschnitte [,...] Bewertung statt Bestärkung [...]. Kinder weinen, wenn sie eine Drei schreiben. Oft sehen sie sich dann als Versager. Kinder machen unter Druck anderen Kindern Druck. Wer eine schlechte Note hat, wird als Loser verlacht. Lehrer unter Druck, Eltern unter Druck, Kinder unter Druck – das kann nicht gesund sein. Und was machen wir in unserem Bewertungs- und Sortierwahn mit Kinderseelen? Die Atmosphäre des Besserseins bzw. des Besserseinmüssens vergiftet oft das soziale Miteinander. Kinder werden in ihrer individuellen Anstrengungsbereitschaft kaum gesehen, stattdessen müssen sie als Leistungslieferanten funktionieren. Seelische Verletzungen, psychosomatische Probleme und Angst sind die Folgen" (Rasfeld / Breidenbach 2014, 45).

Die Rektorin einer Grundschule schreibt:

> „Bereits in der 3. Klasse geraten eine Vielzahl von Schülern unter einen enormen Druck. Sie bauen Prüfungs- und Versagensängste auf: ‚Mein Papa sagt, dass ich keine Drei schreiben darf.' Immer häufiger weinen die Schüler bei der Rückgabe der Probearbeiten und trauen sich bereits bei einer Drei kaum mehr nach Hause. Sie werden dann nämlich mit Hausarrest, Freundeverbot, Freizeitverbot etc. belegt [...]. Diese Schul-Laufbahn ihrer Kinder wird als persönliche Prestigeangelegenheit betrachtet. Originalton Mütter: ‚Wir haben den Übertritt geschafft!'" (Hurrelmann / Timm 2011, 120)

Die Statuspanik ähnelt der aus Japan bekannten Situation, bei der Frühförderung nur ja nichts auszulassen, zu verpassen, optimal im Vorschulbereich sämtliche

Musik, Sport- und Sprachangebote für das *Projekt*[42] *Kind* wahrzunehmen. Es muss die „beste“ Grundschule ausgesucht werden. „Bildung scheint auf einer unteren Ebene zu einem Überlebenstraining, auf einer mittleren zu einem erbitterten Kampf um Chancen und Einkommen und auf einer höheren zu einer sich immer schneller drehenden Reformspirale geworden zu sein“ (Liessmann 2014, 17). Viele Familien unterstützen die Schullaufbahn massiv, sehen dies als gemeinsame Herausforderung, entbinden die Schüler entsprechend wegen Arbeitslast von anderen familiären Pflichten. Durchschnittlich talentierte Schüler benötigen nicht selten deutlich mehr Wochenstunden, um schulisch nicht ins Abseits zu geraten, als ihre Eltern der Erwerbsbeschäftigung nachgehen. „Wenn sich (trotz des materiellen Wohlergehens der meisten Mädchen und Jungen) viele Jugendliche als eher unglücklich einschätzen, so [ist] [...] Leistungsdruck [...] solch ein Faktor. [...] Die oftmals einseitige Konzentration auf Erfolg fordert ihren Tribut“ (Schiffer 2013, 58; ähnlich bei Rauschenbach 2013). Wenn Kinder und Jugendliche schulisch nicht den gewünschten Erfolg haben, leiden sie doppelt, persönlich und weil sie ihren Eltern keine Sorgen machen wollen. Andere sehen in der

> „Standarderklärung ‚steigender Leistungsdruck‘ [...] nicht mehr als eine Vermutung [...]. Sie wird seit Jahrzehnten immer wieder vorgebracht und nicht nur als Grund für Schul- und Studienunzufriedenheit angeführt, sondern auch für die (angebliche) Zunahme seelischer Erkrankungen bei Kindern, zunehmender Jugendgewalt, Alkoholkonsum, Computersucht etc.“ (Dornes 2012, 78).

Daneben gibt es nicht weniger begabte Kinder, die ihren Weg bis zur Schule ohne „Treibhauserziehung“ genossen haben. Und es gibt mehr Kinder, deren Eltern keine Zuversicht mehr haben, dass sie gesellschaftlich dazugehören.

Der Aspekt der Überforderung, der möglicherweise unpassenden Schulform, durch ängstliche Eltern, die ihre Kinder nicht verstehen wollen oder können, ist ein maßgeblicher Stressor für das Bildungswesen. Das Gymnasium als „begehrte Schulform wird so zur neuen ‚Gesamtschule der Mittelschicht‘ [...]. Das Leistungsniveau fächert sich stärker auf, die Vielfalt der Schüler nimmt weiter zu [...]. In manchen wohlhabenden Stadtteilen erreichen die Gymnasialquoten bereits heute Werte von mehr als 70 Prozent“ (Dräger 2014).

---

[42] Japan ist neben Korea und Taiwan bekannt für das doppelte Schulsystem, und zwar besuchen die Kinder häufig bis in den Abend zusätzlich Paukschulen, um Aufnahmeprüfungen zu bestehen. Betrieben wird diese Förderung vorrangig der Söhne vor allem durch die (Tiger-)Mütter. Möglicherweise ist diese Form der „Treibhauserziehung“ Folge eines Mangels der Frauen an gesellschaftlicher Gleichstellung, sich professionell zu verwirklichen. Mutterschaft und Beruf sind in Japan kaum vereinbar. Die Väter sind häufig im Beruf stark eingebunden, auch nach dem offiziellen Feierabend. (Struck (2008, 102) beschreibt weitere familiendynamische Hintergründe.)

> „Das wöchentliche Arbeitspensum eines heutigen Schülers mit achtjähriger Gymnasialzeit (G8) ist, wenn man die Hausarbeiten mitrechnet, nicht größer als das eines preußischen Gymnasiasten vor hundert Jahren. Zugleich sind die Anforderungen des Abiturs deutlich gesunken […]. Aber bei der *Bewertung der Überforderung zählen eben auch viele ganz neue Faktoren, die durch den gesellschaftlichen Wandel im Gymnasium bedingt sind: eine größere Konkurrenz der Inhalte, massive Konkurrenz auch durch die vielen Medien- und Freizeitangebote, eine Verflüssigung und Erweiterung des (angeblich) notwendigen Wissens; neue Schwierigkeiten mit Sprache, Mitarbeit und Konzentration, auch, aber nicht nur bei den Kindern aus Einwandererfamilien; veränderte Ansprüche der Eltern an die Karriereplanung, an die ‚Dienstleistung' der Schule, an das Verhältnis von Berufstätigkeit und Familienfreizeit (kein Samstagsunterricht!)* – denn wenn die Hälfte eines Jahrgangs Abitur macht, wächst die Angst der Mittelklasse-Eltern ins Unermessliche, dass ihre Kinder es möglicherweise nicht schaffen. Jeder Zweite, das heißt viel brutaler als früher: Du bist drin oder draußen" (Schloeman).

Bildung darf nicht länger Spielball von Politikern bleiben, denen ihre Wiederwahl wichtiger ist als langfristige Bildungsziele. „Deutschland ist kein Bildungsland, sondern ein Bildungsreformland: Irgendwo wird immer gerade reformiert, denn Bildung ist das Schlachtfeld der politischen Profilierung auf Landesebene. Und häufig zählen dabei Ideologien mehr als wissenschaftliche Erkenntnisse" (Dräger 2013, 16). Dabei seien „Wahlen … mit dem Thema Bildung kaum zu gewinnen, sehr wohl aber zu verlieren" (ebenda, 8f.) Viele Vertreter von Bildungseinrichtungen beklagen Aktionismus. „Eine Reform ist noch nicht ausgestanden, schon wird die nächste auf den Weg gebracht. Immer mehr Kontrollen, Qualitätsmanagement, Leitbild, Profile sollen zur Transparenz, Vergleichbarkeit und Effektivität objektive und objektivierende Daten produzieren." (Schiffer / Schiffer 2004, 16) Zum Beispiel konstatierte der internationale Leiter der Pisa-Studie, Manfred Prenzel, die Debatte über die Angleichung der Schuljahre an das europäische Ausland, also acht oder neun Jahre für das Gymnasium, „ist politisch instrumentalisiert worden, gerade in Wahlkämpfen. Das bringt die Qualität an Schulen sicher nicht voran. Der ständige, politisch motivierte Umbau ist fatal" (Preuß / Prenzel 2014). Medial wird dies gern angeheizt, polarisiert.[43]

Jenseits irrational geführter Debatten warnt der Berufsverband der Kinder- und Jugendärzte „Schule macht krank?!?", so die Botschaft des Kongresses der Kinderärzte 2014. Die sogenannten *neuen Kinderkrankheiten*, die Häufung von Kopfschmerzen und anderer Somatisierung, seien „ganz wesentlich vom Alltag in der Schule und Familie beeinflusst" (Schmid 2014).

Andererseits wird ein „offensichtlicher Niveauverlust des Abiturs" beklagt. „Die Zahl der Durchfaller im Abitur geht gleichzeitig überall zurück, obwohl

---

[43] So titelte zum Beispiel das Stern-Magazin populistisch „Scheiß Schule!" (27. März 2014).

immer mehr junge Menschen eine Schule besuchen, die zur Hochschulreife führt" (Vitzthum 2014). Die als Gründe für die „Noteninflation" angeführten Aspekte („zunehmende Heterogenität der Schülerschaft, die Einführung des Zentralabiturs, die offenbar zu einer Minderung der Anforderungen führt, sowie die Kompetenzorientierung des Unterrichts"; ebenda) sind ein Hinweis, dass Lehrer die Leistungen ihrer Schüler zunehmend als persönliche Rückmeldung ansehen. Noten wurden ursprünglich eingeführt, um die Qualität des Unterrichts zu bewerten, also für Lehrer, nicht für Schüler.

Will man die Qualität des deutschen Bildungssystems als Ganzes einschätzen, als Mischpaket aus im Durchschnitt mäßiger Kindergartenqualität, elitären Forschungseinrichtungen, reichhaltig, bisweilen üppig geförderter Grundlagenforschung, der international angesehenen dualen Ausbildung, sehr heterogenen Schulen, mit einer Quote von Schülern ohne Schulabschluss im Jahr 2015 von 5,9 Prozent („Schulversager"), dann muss es bedenklich stimmen, wenn 14,5 Prozent der erwachsenen Bevölkerung als „funktionelle Analphabeten" gelten.

Der Bundesverband Alphabetisierung und Grundbildung zitiert die Unesco-Definition von 1962: „Funktionaler Alphabet ist eine Person, die sich an all den zielgerichteten Aktivitäten ihrer Gruppe und Gemeinschaft, bei denen Lesen, Schreiben und Rechnen erforderlich sind, und ebenso an der weiteren Nutzung dieser Kulturtechnik für ihre eigene Entwicklung und die ihrer Gemeinschaft beteiligen kann."[44] Der funktionelle Analphabetismus ist der Unterschied zwischen den „individuellen Kenntnissen" und den „erforderlichen und als selbstverständlich vorausgesetzten Kenntnisse". Die Leo-Studie hat erstmals gezeigt, „dass 14 Prozent der Deutschen unter dem kulturellen Existenzminimum leben", was niemanden aufzuregen schien.

> „Nun droht selbst das Minimalprogramm der Kultusminister gegen den Analphabetismus zu scheitern: an der Knauserigkeit der Regierungen und den Selbstblockaden des deutschen Föderalismus. Denn in den Entwürfen zum ‚Nationalen Grundbildungspakt' finden sich bislang zwar viele schwammige Formulierungen (‚Transparenz', ‚Sensibilisierung', ‚Vernetzung'), aber keine konkreten Zahlen. Nur das Bundesbildungsministerium will weitere Forschungen zum Analphabetismus finanzieren. Die eigentlich Zuständigen dagegen, die Länder und Kommunen, beschränken sich auf Willensbekundungen. [...] *So kann jeder vierte Koch, Maler oder Lkw-Fahrer in Deutschland nur rudimentär lesen und schreiben. Unter den Hilfsarbeitern auf dem Bau ist es sogar im Schnitt jeder zweite*" (Spiewak 2011).

Wichtig sei deshalb die Unterstützung von Unternehmen, die sich mit der Problematik befassen.

---

[44] Vgl. http://www.alphabetisierung.de/fileadmin/files/Bilder/Bundesverband/Definitionen_FA.pdf, Zugriff 05.02.2018

2.10 Dramatisierung, Hysterie, Schlagzeilen

Medial wird gern dramatisiert, nach „Aufreißern" und Quote geschaut. Berichte über Kindheit und Jugend verkaufen sich besser, wenn vermeintliche Dramen als Empörungsszenerien taugen. Laut öffentlicher Meinung geht es seit den Überlieferungen aus dem Altertum häufig um den „Verfall der Jugend". „Bücher über die gewalttätige Jugend laufen gut. Doch sie verzerren das Bild. Nie waren Heranwachsende so friedfertig wie heute", so der Kriminologe Christian Pfeiffer (2013). Dies ist jedoch ein Durchschnittswert. Zum Beispiel gibt es mehr Gewalt von Mädchen, häufig als Gruppendelikte. Die „Katastrophenberichterstattung", „Alarmismus" und „mediale Artefakte" (Dornes 2012) absorbieren die Aufmerksamkeit, die den eigentlich bedürftigen Kindern dadurch nicht zukommt. „Nie wuchsen Kinder und Jugendliche in Deutschland so sicher und umsorgt, gesund und zufrieden, gebildet und wohlhabend auf wie heute." (Spiewak 2014a, 15). Spiewak kritisiert den Kinderpsychiater Michael Winterhoff, der mit Büchern wie „Warum unsere Kinder zu Tyrannen werden" seit dem Jahr 2008 mehrere Bestseller publizierte.

> „Wenn man Winterhoff reden hört, kann man live miterleben, wie sich die Lage des Nachwuchses verschlimmert. Zu Beginn des Gesprächs sind 50 Prozent der Schulabgänger ‚ausbildungsunfähig'. Eine halbe Stunde später sind es 50 bis 70 Prozent, am Ende mehr als 70 Prozent. ‚Es dauert nicht mehr lange, dann haben wir hier Ghettos', sagt Winterhoff" (ebenda).

> „Der *Angstblick auf die Kinder* hat die Sicht auf die Tatsachen längst vernebelt. *Bei wenigen anderen Themen fallen Wahrnehmung und Realität so sehr auseinander. Gute Botschaften bleiben ungehört, während jede (vermeintlich) schlechte Nachricht ein vielstimmiges Echo findet.* So wurde die große Gesundheitsstudie [KiGGS] […] fast völlig ignoriert. Kaum jemand erfuhr, dass sich die Quote der rauchenden Jugendlichen in den vergangenen sechs Jahren fast halbiert hat. Sie liegt jetzt bei rund zwölf Prozent" (Spiewak 2014a, 17).

> „Die Gründerin der Deutschen Kinder- und Jugendstiftung Heike Kahl hält es für bedenklich, dass das Alter zwischen 11 und 18 Jahren in den Medien oft geradezu als ‚Krankheit' verunglimpft werde. ‚Wenn Erwachsene bei Problemen die Schuld stets bei den Jugendlichen suchen, geben sie die Verantwortung an diejenigen ab, für die sie eigentlich verantwortlich sind'" (Sporer 2013, 48).

Das subjektive Wohlbefinden der Elf- bis Fünfzehnjährigen ist im internationalen Vergleich relativ hoch, was aus dem „UNICEF-Bericht zur Lage der Kinder in Industrieländern 2013" hervorgeht. Im Bereich Bildung hat Deutschland Rang 3 erreicht. Gewertet wurden in dieser Kategorie der Anteil der Kinder, die frühe Bildung erhalten, derjenigen, die mit fünfzehn bis neunzehn Jahren sich noch im Bildungssystem befinden und die Pisa-Ergebnisse. Medial hingegen, sogar in der Überschrift der deutschen Übersetzung dieses Berichts

(„Leistungsstark, aber unglücklich? Internationaler Vergleich zeigt Fortschritte, aber auch geringe Lebenszufriedenheit") wird gern Negatives aufgeblasen. „Womöglich passt es zu dem gelegentlich gepflegten Klischee der hart arbeitenden, aber humorlosen und unglücklichen Deutschen. Oder die in diesem Land offenbar erschreckende Bereitwilligkeit, Schreckensmeldungen über die Jugend aufzusaugen, zeugt von einem gewissen Hang zum Selbstmitleid" (Illinger 2013). Die Shell-Jugendstudie 2010 hat gezeigt, dass 82 Prozent der 12- bis 25-Jährigen aus der „oberen Mittelschicht" angaben: „Mit meinem Leben bin ich zufrieden oder sehr zufrieden", aber nur 40 Prozent aus der „untersten Herkunftsschicht".

Als Bias („Verzerrung") wird in Wissenschaftskreisen ein Fehler aufgrund selektiver Betrachtung oder wegen Einflussnahme bezeichnet. Der Wissenschaftsjournalist Patrick Illinger hat die inadäquate und tendenziöse Datenauswertung als „Mär vom großen Unglück" kritisiert (2013). Die genannte Unicef-Studie stellte zum Beispiel auch dar, dass deutsche Elf- bis Fünfzehnjährige im internationalen Vergleich seltener in Schlägereien verwickelt seien. Krasse Bilder von Jugendlichen, die auf einem U-Bahnsteig gegen den Kopf eines am Boden liegenden Opfers treten, prägen jedoch das Bild von „der Jugend" viel nachhaltiger.

> „Peter Sloterdijk hat dafür den Begriff der ‚*Erregungsdemokratie*' […] geprägt, denn schlagzeilenträchtig sind nicht positive, ‚erbauliche' Erfolgsmeldungen, sondern vielmehr Skandale wie (vermeintliches) Fehlverhalten von öffentlichen (Politiker/innen) oder […] tragische Verwahrlosungs- und Todesfälle von Kindern, deren Namen (‚Sophie' oder ‚Kevin') als Synonyme für verantwortungslose Eltern positioniert werden" (Geene et al. 2013, 392).

Der in Deutschland besonders erfolgreiche dänische Familientherapeut Jesper Juul hat einen „Schulinfarkt" (2013) diagnostiziert. Die Metapher, dass durch eine Mangelversorgung (mit Blut, also Ressourcen) das Absterben des davon betroffenen Gebietes drohe, mag punktuell der Bildungsrealität entsprechen; dort, wo Bildung draufsteht, aber bestenfalls Verwahrung läuft. Obwohl der Autor im Untertitel angekündigt hat: „was wir tun können, damit es Kindern, Eltern und Lehrern besser geht", bleiben die vielen guten laufenden Bewegungen weitestgehend unerwähnt. Wer den Infarkt konstruiert, kann keine gut versorgten Gebiete gebrauchen. Wie viele andere Autoren und Veranstalter fokussiert Juul auf eigene Interessengebiete, Bereiche, die er meint, mit seinen Kommunikationstrainings verbessern zu können. Andererseits ist die Metapher einer drohenden Gewebezerstörung durch eine immer mehr gestörte Versorgung durchaus berechtigt.

2.11 Integration, Inklusion

Integration und Inklusion beziehen sich im allgemeinen Sprachgebrauch im Bildungswesen auf Lernende mit besonderen Bedürfnissen. Dabei meint Integration als weiter verbreiteter Begriff, Personen, Gruppen oder Themen mit bestehenden Gruppen oder Systemen zusammenzuführen, zum Beispiel gemeinsames Lernen von verhaltensgestörten und unauffälligen Kindern zu ermöglichen. Inklusion kursiert im Bildungswesen als politisch geforderter Anspruch, allen Menschen mit Behinderungen jeder Art überall den Zugang zu ermöglichen. Dies taugt vor allem als Vision und ist nicht finanzierbar, nicht gereift und wird von den Familien mit der Herausforderung einer Behinderung häufig abgelehnt. Der Kinderpsychiater Martin Holtmann stellt fest, dass „die Debatte um die Inklusion von Kindern mit Verhaltensauffälligkeiten… vermintes Terrain“ sei (Holtmann 2015, 228). Die Perspektive der Betroffenen müsse in den Vordergrund gestellt werden, damit die Umsetzung nicht „unerbittlich“ verlaufe. „Den eigentlichen Preis für die aktuelle Form der Inklusion zahlen sonst die Kinder und Jugendlichen, die durch den Wegfall des bisherigen Fördersystems und die ‚Zwangsinklusion‘ in das Regelschulsystem eben gerade nicht mehr, sondern weniger Teilhabe erfahren werden“ (ebenda 230).

Seit Deutschland zu demjenigen Land wurde, das unvorbereitet mit Abstand weltweit die größte Menge an Migranten, Flüchtlingen und Asylsuchenden aufnahm, muss das Thema Integration neu gedacht werden. Der Psychiater und Philosoph Manfred Lütz (2015) betont zu Recht, dass dies der Gesellschaft vor allem auch abverlange, sich ihrer Werte bewusst zu werden. Wer anderen Integration abverlange, müsse klar benennen, welche gesellschaftlichen Ziele gemeinsam verfolgt würden.

Wer von Integration spricht, sollte sich vergegenwärtigen, dass das Bildungswesen grundsätzlich nicht darauf ausgerichtet ist, den individuellen Voraussetzungen gerecht zu werden. Dräger, Vorstand der Bertelsmann-Stiftung Bildung, betont, dass die von Humboldt „angestoßene Bildung für die Masse […] an der Vielfalt der Lernenden“ scheitere (Dräger 2015, 28). Bildung sei – wie 1780 vom ersten deutschen Pädagogikprofessor Ernst Christian Trapp beschrieben – bestenfalls für die „Mittelköpfe“ konzipiert (ebenda, 67). Die anderen könnten allenfalls teilweise profitieren.

> „Gleichaltrige Schulkinder unterscheiden sich interindividuell, von Kind zu Kind, nicht nur in Bezug auf ihren sozialen Hintergrund und die ökonomischen Ressourcen. Sie sind auch unterschiedlich groß, schwer, gescheit, temperamentvoll, selbstsicher, empathisch, resilient, emotional stabil und, wie gesagt, verschieden ‚reif‘. In ihrer Entwicklung haben sie entsprechend völlig verschiedene Ansprüche an die Schule. Statistisch ist zu erwarten, dass von 100 Kindern etwa 20 mehr Zeit zum Lernen brauchen, bei fünf

> sind unterdurchschnittliche kognitive Fähigkeiten vorhanden, bei fünf bis sechs liegen sogenannte Teilleistungsstörungen vor. Gleichzeitig fällt etwas 20 Kindern das Lernen besonders leicht. Etwa zwei bis fünf Kinder sind hochbegabt und in der Schule unterfordert. Letztlich eignet sich die ‚Nullachtfünfzehn-Schule' nur für die Hälfte der Kinder in einem Normalkollektiv" (Hunziker zit. nach Baumann / Alber 2015, 17).

Diese Integration, die also für die meisten Lernenden ständig erforderlich ist, wird beim landläufigen Modell der Integration ausgeblendet. Da die Lernenden jedoch zunehmend unterschiedlicher werden in ihren Lernvoraussetzungen, ist die Grundintegrationsleistung in Bildungseinrichtungen deutlich erhöht. Dies macht einen großen Teil des Stresses aus, der dort erlebt wird. Denn die Ressourcen sind nicht an diese höheren Anforderungen angepasst worden.

Die folgende Übersicht soll verdeutlichen, dass Integration und Inklusion auf Haltungen und Werten basiert. Man kann dem zwar einen rechtlichen Rahmen geben. Tatsächliche Inklusion und Integration gibt es nur, wenn die Beteiligten davon überzeugt sind. Nur so können sie sie als einen eigenen Werte verfolgen und sehen, wie sie selbst dadurch bereichert werden.

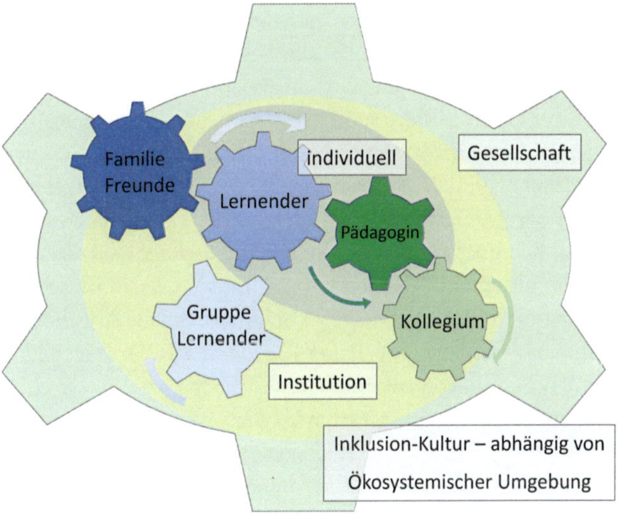

Abb. 10: Integration / Inklusion – am effektivsten als Teil einer Kultur

Das Potential der Bildungseinrichtungen für Integration und Inklusion ist bereits reichlich strapaziert. Gesellschaftlich erleben wir einen raschen, für viele beängstigenden Wandel (Arbeit / Teilhabe, finanzielle Ressourcen, Perspektiven etc.). Bildungsinstitutionen werden mit überbordenden Forderungen konfrontiert, den gesellschaftlichen Zusammenhalt (oder den Anschein dessen?) zu sichern, der zunehmenden gesellschaftlichen Kluft durch psychosoziale Integration entgegenzuwirken. Für diese traditionelle Funktion von Bildungsinstitutionen erhalten sie kaum Anerkennung. Diese Aufgabe hat über die Jahre stetig zugenommen. Das genaue Ausmaß wurde nicht erhoben, aus gutem Grund. Für die Arbeitssicherheit und Burnoutprophylaxe ist dies dringend nachzuholen. Die tatsächliche Arbeitslast muss erfasst werden.

Bildungsforscher weisen darauf hin, dass es historisch recht konstant circa 20 Prozent junge Erwachsene mit schwachen oder keinem Bildungsabschluss gegeben hat. Neu ist, dass es für dieses Fünftel (!) nun wesentlich weniger (berufliche) Perspektiven gibt. Die entsprechende Integrationsleistung kann nur gesamtgesellschaftlich gestemmt werden. Es ist weltfremd zu fordern, dass diese 20 Prozent im dafür kaum ausgestatteten Bildungssystem derartig gefördert werden, dass sie zu Recht einen Schulabschluss erhalten. Ein wünschenswertes Ziel ist es schon. Dafür müsste das Bildungssystem jedoch deutlich gestärkt und umgebaut werden, um diese Integration leisten zu können. Solchen Jugendlichen ist außerdem zu wünschen, dass Bildungseinrichtungen Zertifikate vergeben, die die tatsächlichen Leistungen abbilden. In jedem Einzelfall eines „Schulversagens" liegen andere Konstellationen vor. Da kann es für den weiteren Bildungsverlauf ermutigen, wenn aufgeschlüsselt wird, in welchen Bereichen bereits gute Voraussetzungen für einen Bildungsabschluss vorliegen. Über Folgeuntersuchungen sollte das Wissen von Schulversagern erhoben werden. Schulversagen ist als gesellschaftliches Versagen zu verstehen, als gescheiterte Integration. Jeder Hinweis, wie diese Problematik vermindert werden kann, ist wertvoll. Die Verhinderung von Schulversagen zeigt die Notwendigkeit, dass sich Bildungseinrichtungen früh öffnen, mit Betrieben verzahnt werden. Praktische Tätigkeiten sind in Angeboten für Schulverweigerer Standard. Solche Angebote sollten entsprechend interessierte Schüler erhalten, bevor sie zu „Verweigerern" werden.

Deutschland ist im internationalen Vergleich sozial undurchlässig, es ist das europäische Land mit den größten Gegensätzen zwischen Arm und Reich (monetär betrachtet). Armut ist in reichen Gesellschaften erwiesenermaßen ein psychischer Belastungsfaktor. Politiker behaupten häufig, eine Erhöhung der Investitionen in Bildung sei nicht möglich. Dabei nennen Nichtregierungsorganisationen diverse Einsparmöglichkeiten, zum Beispiel durch Verminderung von Lobbyismus, Erhöhung der Erbschafts- und Unternehmenssteuern. Laut OECD gehört Deutschland zu den Ländern, in denen sehr Wohlhabende wegen mangelnder Qualifikation der Finanzämter häufig nicht ausreichend besteuert werden. Der Bundesrechnungshof und der Bund der Steuerzahler listen jährlich große Sparpotentiale auf.

Politisch ist Integration und Inklusion also eine *double-bind*-Botschaft, formal wegen der internationalen Gesetzeslage gefordert, aber nicht ernsthaft als Ziel verfolgt. Integrationsleistungen sind häufig völlig insuffizient, Augenwischerei. Wenn Kindern wegen *sozioemotionaler Auffälligkeiten* zum Beispiel in Sachsen (einem Pisa-Musterbundesland) nach langer Prüfung ein Sonderförderbedarf von der Schulbehörde bescheinigt wird, dann zählt die Fahrzeit der Sonderpädagogin an die Schule des Kindes als Teil des Kontingents der häufig nur bewilligten ein bis zwei Stunden Förderbedarf pro Woche. Die Effekte derartiger homöopathisch dosierter Sonderförderung sollten wissenschaftlich untersucht werden. Kinder müssen schon sehr diszipliniert sein, um ihren Sonderförderbedarf für diesen Minimalzeitraum aufzusparen. Müssen derartige Notnägel nicht alle Beteiligten frustrieren? **Als-ob-Bildung wirkt kontraproduktiv.**

Zudem ist die Ausstattung für die offiziell deklarierten Integrations- und Inklusionsleistungen völlig insuffizient, ein Etikettenschwindel (u. a. Schuppener).[45] Wenn die Kinder immer unterschiedlicher werden, in ihrer Leistungsfähigkeit und psychischen Stabilität, und immer individueller gefördert werden sollen, dann braucht man dafür mehr Personal, jedoch nicht unbedingt mehr Lehrer. Es ist außerdem nicht zu erwarten, dass Pädagogen diese zusätzlichen Integrations- und Inklusionsanforderungen offen aufnehmen, als hätten sie auf neue Herausforderungen gewartet.

> „*Die Einstellungen der Lehrer* zur Integration werden insbesondere vom Gefühl, für das Unterrichten kompetent zu sein, von Erfahrungen mit den speziellen Herausforderungen sowie von Erfahrungen mit Behinderten beeinflusst. Überraschend ist, dass *Lehrer mit mehr als 20 Jahren Unterrichtspraxis im Vergleich zur jüngeren Generation dem integrierten Unterricht skeptischer gegenüberstehen.* Dies könnte vermutlich teilweise durch den größeren Enthusiasmus jüngerer Lehrer und / oder durch den Einfluss einer veränderten Lehrerbildung mit einer vermehrten Sensibilisierung für integrative Vorgehensweisen erklärt werden“ (Sermier Dessemontet et al. 2011).

Integration und Inklusion finden statt, wenn die zuständigen Pädagogen dahinterstehen und sich ausreichend unterstützt fühlen. Das Personal muss fortlaufend für diese neuen Herausforderungen qualifiziert werden.

> „Kleinere Klassen, Schulbegleiter und individuell ausgebildetes Lehrpersonal – all das kostet Geld, viel Geld. Doch mit dem Budget, das das Land Bayern (anderswo ist es vermutlich nicht anders) für die Integration von förderbedürftigen Schülern veranschlagt, lässt sich maximal eine *Schmalspurinklusion* umsetzen. Sagen wir es doch, wie es ist: Eine kleine Fortbildung bereitet keinen Lehrer adäquat auf den Alltag mit behinderten Kindern vor“ (Kurtz 2014).

---

45 Dies betonte u. a. die Pädagogin (Förderschwerpunkt geistige Entwicklung) Saskia Schuppener bei einer Fortbildung am Evangelischen Schulzentrum Leipzig (14.11.2014).

Auch sind zu wenig Sozialarbeiter angestellt (Rühle 2012). Dies wird vielerorts beklagt. Kurzfristig finanzierte Stellen werden wieder gestrichen. Die Bildungsforscherin Allmendinger fordert: „Wir müssen daher helfen [...] auch Sozialarbeiter und Psychologen wirken lassen, die Jugendhilfe [...]. Aber daran mangelt es in Deutschland so massiv" (Allmendinger / Musall / Pieper 2011, 23).

Wegen der unnötigen Eile werden vielerorts nicht geschulte fachfremde Schulbegleiter den zu inkludierenden Kindern an die Seite gestellt. Sie sollen ängstliche Schüler rasch „inkludieren", obwohl diese teilweise keinen Schulwechsel angestrebt haben. Dabei können Überforderungen entstehen, bis hin zu (anhaltender) körperlicher Gewalt.[46] Als „Inklusionsopfer" werden jene Kinder bezeichnet, bei denen

> „aufgrund von mangelnden inklusiven Strukturen in der Schullandschaft [...] das Ziel einer nicht-stigmatisierenden Behandlung bei weitem verfehlt wurde und damit oftmals große emotionale Probleme und Versagensgefühle bei den Betroffenen hervorgerufen werden [...]. Auch eine mangelnde Förderung innerhalb inklusiver Settings, z. B. wenn Inklusion ohne ausreichende finanzielle Mittel umgesetzt werden soll, ist kritisch zu betrachten und wird auch als ‚*kalte Inklusion*' bezeichnet [...]. Schulbegleiter bewegen sich auf einem schwierigen Terrain zwischen einer anspruchsvollen Tätigkeit einerseits, die eine weitergehende Qualifizierung voraussetzt, und fehlenden Arbeitsstrukturen andererseits" (Henn et al. 2014, 398).

Das Chaos im Bereich Integration und Inklusion, das auf dem Rücken der Kinder, Familien und Pädagogen ausgetragen wird, muss die Frage zulassen, ob da gezielt gezeigt werden soll, was nicht funktioniert: Eine nicht wirklich beabsichtigte undurchdachte Inklusion scheitert.[47]

2.12 Zu frühe Aufteilung der Schüler prägt Bildungsklima

Entsprechend dem Modell der ökologischen Umgebung stehen diese Integrationsbemühungen einem Bildungssystem gegenüber, das für seine (zu) frühe Trennung (Segregation als Gegenteil der Integration) kritisiert wird. Laut der Bildungsforscherin Stern täusche diese frühe Trennung individuelle Förderung nur vor und sei damit kontraproduktiv.

> *„Länder [...], die für Schüler ab 10 Jahren ein mehrgliedriges Schulsystem haben, machen es sich im Umgang mit individuellen Unterschieden zu leicht.* Sie gehen einerseits von der – ungeprüften – Annahme aus, das homogenere Lerngruppen besser seien als heterogene. Andererseits nehmen sie eine Aufteilung vor, die in keiner Weise zu homogenen Grup-

46 Diese anhaltende Gewalt hat ein Schulbegleiter einer meiner Patienten mir selbst geschildert.

47 Zum Weiterlesen: Felten, M: Die Inklusionsfalle.

> pen führt […]. Die Gefahr eines mehrgliedrigen Schulsystems besteht darin, dass die grobe Aufteilung der Schüler auf unterschiedliche Schultypen der Vielfalt der interindividuellen Unterschiede nicht gerecht wird“ (Neubauer / Stern 2009, 260f.).

„Bemerkenswert ist […], dass eine leistungsbezogene Einteilung der Schülerinnen und Schüler in feste Lerngruppen (‚tracking‘) ohne Wirkung auf Schülerleistungen ist“ (Rolff 2014, 69). Auch die Bildungsforscherin Allmendinger betont, dass die frühe Trennung nach der vierten Klasse auf die wissenschaftlich widerlegte Sorge zurückzuführen sei, „begabte Kinder würden im gemeinsamen Unterricht mit langsameren Mitschülern unterfordert“. Im Gegenteil, alle profitieren vom gemeinsamem Lernen (Allmendinger / Musall / Pieper 2011, 22). Besonders begabte Schüler sollten passende Anreize erhalten, ausgelastet werden. Auch sie gilt es zu integrieren!

Wie gestaltet sich die Integration der professionellen Pädagogen? Halten sie zusammen, sind alle im Kollegium integriert? Wer fühlt sich dafür verantwortlich? Wie kollegial verhalten sich Teams? Gibt es eine Kultur des Miteinanders, bei der auf Kollegen zugegangen wird, denen es nicht gut geht? Wo Menschen in Gruppen miteinander agieren, neigen sie dazu, Subgruppen zu bilden. Das stärkt den Einzelnen, bringt aber auch andere an den Rand oder grenzt aus der Gruppe aus. Im Bildungswesen gibt es auch komplett beratungsresistente Mitarbeiter, die sich keiner kritischen Auseinandersetzung mit Standards stellen wollen und sich dabei teilweise an der Grenze der Legalität bewegen. Solche Kollegen lassen sich manchmal kaum integrieren, sondern – im Gegenteil – sie destabilisieren weit über ihren direkten Einflussbereich. Letztlich ist die Kraft, die Pädagogen für Integration aufbringen, entsprechend des ökosystemischen Modells von Bronfenbrenner sehr davon abhängig, ob gesamtgesellschaftlich Integration tatsächlich gefördert wird. Inklusion ist ein gutes Beispiel, wie Schulen gesellschaftlich mit diffusem Auftrag und spärlichen Ressourcen vorangeschickt – und teilweise zermürbt – werden, eine sinnvolle Idee voranzubringen.

Ähnliches gilt für die Elternarbeit. Viele Familien agieren aus „Statuspanik“ oder Desinteresse derart auffällig, dass auch für sie zusätzliche Anstrengungen für die Integration erforderlich sind. Schule ist in vielem anachronistisch, was durchaus hilfreich sein kann. Schüler und Familien spüren dies („Generation Y“ (Why), „Generation Maybe“, „Generation Praktikum“), akzeptieren Traditionen weniger als selbstverständlich, hinterfragen oder verweigern. Der notwendige Schulterschluss von Familien und Bildungsinstitutionen ist vielerorts noch sehr dürftig. Vielmehr dominiert gegenseitiges kritisches Beäugen. Diese Unstimmigkeiten müssen im Bildungsalltag ebenfalls integriert werden.

Leistungen zur Integration und Inklusion sind aus Sicht der Bedürftigen ein Kontinuum. Schwer psychisch Kranke erhalten vielleicht zunächst

Integrationsleistung und später – ohne dass die Krankheitssymptome intensiver wären – Leistungen zur Inklusion. Der Alltag der Bedürftigen wird nicht selten durch formale Hindernisse erschwert. Zum Beispiel sind die Überprüfungen für sonderpädagogischen Förderbedarf ein solches Nadelöhr. Wird bei einem Kind der dringende Bedarf für eine solche Förderung kurz nach dem starren jährlichen Zeitraum der Überprüfung festgestellt, so vergeht vielleicht ein Jahr oder länger, bis entsprechende Maßnahmen beginnen. Das ist lange bekannt und wird gezielt in Kauf genommen. Es ist, als würden Rettungsschwimmer bewusst nicht eingestellt werden, und wenn, dann mit Bleiwesten als Dienstkleidung.

Viele Familien warten Jahre, bis sie einen ausreichend guten Schulplatz für ihr Kind finden. Viele Lernende und Familien erhalten zu keiner Zeit eine geeignete Hilfe. Bundesweit ist der Anteil der Schüler mit sonderpädagogischem Förderbedarf wie folgt verteilt: 40,7 Prozent haben eine Lernbehinderung, 16,7 Prozent sind in ihrer geistigen Entwicklung gehemmt (die Bezeichnung „geistige Behinderung" wird gemieden), 14,5 Prozent leiden unten sozioemotionalen Verhaltensauffälligkeiten, 11,3 Prozent unter einer Sprachstörung, 6,9 Prozent haben eine körperliche Behinderung, 5,1 Prozent sind blind oder taub, 5,1 Prozent werden unter

> „Sonstiges gefasst, zum Beispiel finden sich hier die chronisch körperlich Kranken wieder (Bertelsmann-Stiftung). Die größten Schwierigkeiten mit geeigneten Schulplätzen werden von den Familien berichtet, deren Kinder wegen einer sozioemotionalen Störung eine Förderbeschulung erhalten. „Blinde und Schwerhörige, Stumme und Rollstuhlfahrer […] geistig Behinderte, wie etwa junge Menschen mit Downsyndrom, fügen sich oftmals einfacher als bisher gedacht in einen normalen Klassenverband ein. Ungleich größere Schwierigkeiten bereiten den Regelschulen dagegen jene Schüler, die *schon heute der Albtraum vieler Lehrer sind: die schwer Verhaltensauffälligen,* die allein jede Stunde sprengen können; die Hyperaktiven, denen es nicht an Intelligenz mangelt, dafür aber an der Disziplin, zehn Minuten lang auf einem Stuhl zu sitzen; psychisch Kranke, die so sehr mit sich zu kämpfen haben, dass sie einem geregelten Unterricht kaum folgen können" (Spiewak zit. nach Hurrelmann / Timm 2011, 69).

Durch die Diskrepanz zwischen den Forderungen nach schulischer Integrationsleistung, dem enormen (und steigenden) Bedarf und dem Mangel an entsprechender Kompetenz, an Vernetzung, an Konzepten, kurz an Ressourcen, wird das Recht dieser Kinder mit sozioemotionalem Förderbedarf auf Bildung noch nicht einmal formal ernst genommen. Betroffene Familien erleben die Behörden als starr, das Schulsystem als viel zu unflexibel, als dass pragmatisch so viel Bildung wie möglich organisiert werden könnte.

Wenn Familien Pflegekinder aufnehmen oder Kinder adoptieren, sollte man hoffen, dass sie gesellschaftlich gut unterstützt werden. Zwar gibt es bei den Jugendämtern entsprechende Abteilungen. Der Alltag mit den häufig früh seelisch schwer irritierten oder gestörten Kindern kann Familien leicht überlasten. Wenn sich Anrufe aus der Schule häufen, dass die Kinder wegen Fehlverhaltens direkt abgeholt werden müssen, dann können Eltern sich schuldig fühlen und geraten in die Defensive. Dies belastet das Miteinander mit den Kindern. Viele Familien haben Angst, dass ihre Erziehungskompetenz in Frage gestellt wird, wenn sie um Hilfe bitten. Häufig ist es nicht leicht, passende Angebote im Hilfesystem zu finden. Nicht wenigen Eltern fehlt die Kraft und die Ausdrucksfähigkeit, wenn sie von einer Behörde zur nächsten geschickt werden und es lange dauert, bis geklärt ist, ob sie einen Anspruch auf Unterstützung haben und wer dies finanziert.

Manchen Kindern, die ihre Schwierigkeiten mit aggressivem Verhalten ausdrücken, kann durch das professionelle Helfersystem nur wenig geholfen werden. Ihr Anteil an den Schülern, die die Schule ohne Abschluss verlassen, ist besonders hoch. Ihre Wege im Bildungssystem sind häufig frustrierend für alle Beteiligten. Dabei kooperieren die verantwortlichen Stellen wie Schulbehörden und Jugendämter vielerorts nicht ausreichend, sondern haben vor allem ihre eigenen Belastungen und Kosten im Blick, ihre Reputation und die Absicherung gegen Kritik.

Auch **Länder wie Schweden mit hohen Inklusionsquoten unterrichten kleine Sondergruppen, jedoch fast immer an Regelschulen.** In Stockholm werden in 16 fest eingerichteten Spezialgruppen nur 225 der 60.000 Schüler des Bezirks beschult (Bigalke 2015). Aus Nutzersicht wären gemeinsame Teams der Schulen, medizinischen Einrichtungen und Träger der Jugendhilfe sinnvoll, um das Recht auf Schule tatsächlich umzusetzen. Gerade die verhaltensgestörten Kinder benötigen Helfersysteme, die gut kooperieren. Sie profitieren besonders von zuverlässigen Strukturen. Häufig werden schwer verhaltensgestörte Kinder für lange Zeit vermindert beschult oder sogar komplett vom Unterricht suspendiert. Die Angliederung der genannten Spezialgruppen an Regelschulen ist unbedingt anzustreben. Wer mit diesen Kindern arbeitet, weiß, wie sehr sie vom Alltag mit relativ unauffälligen Gleichaltrigen, von der normativen Kraft des Faktischen profitieren. Ihre Spezialförderung sollte stets nur solche Bereiche betreffen, in denen sie durch das Regelprogramm überfordert sind. Gerade labile Kinder dürfen nicht isoliert werden. Sie „infizieren" sich mit der Unruhe und den Problemen anderer.

Die Art, wie Inklusion in Deutschland verbreitet werden soll, ist ein Beispiel für den Aktionismus im Bildungssystem, der lokal chaotische Züge trägt. Volker Sauermann, von 1975 bis 2000 Landeskirchlicher Beauftragter für die Gehörlosenseelsorge der Evangelisch-Lutherischen Kirche in Bayern, verweist auf drei Ausnahmen der UN-Behindertenrechtskonvention: schwer geistig Behinderte, Blinde und Gehörlose. „Warum bei der Umsetzung ins deutsche Recht alles aufgenommen wurde, lässt auf Übereifer oder Fahrlässigkeit schließen. In einigen Bundesländern wie Niedersachsen, hat man Sprach- und auch andere Förderschulen abgeschafft ohne ähnliche Kompetenz andernorts zu bündeln“ (Sauermann 2014).

Die Bundestagsabgeordnete Karin Evers-Meyers, die die UN-Resolution zur Inklusion für Deutschland unterschrieb, hat seinerzeit gewusst, dass sich kaum jemand dies zur Kenntnis nahm, „aber ich wusste genau, was für eine Bombe ich mit nach Hause brachte“ (Reiter U). „Das Gesetz wurde am 4. Dezember 2008 nach 22 Uhr vor einem fast leeren Haus ohne Debatte durchgewunken. Jetzt zeigen sich langsam die Folgen – die gesellschaftlichen und finanziellen“. (ebenda) Zur Inklusion gab es also keinen nationalen Diskussionsprozess über Sinn, Möglichkeiten und Grenzen. Ist Deutschland ein Integrationsentwicklungsland? „In Deutschland sind gruppenbezogene Menschenfeindlichkeit und soziale Kälte, wie die Langzeitstudie Deutsche Zustände des Soziologen Wilhelm Heitmeyer zeigt, besorgniserregend verbreitet“ (Rasfeld / Spiegel 2013, 81). Entsprechend zeigen die „Ergebnisse der internationalen CIVIC-Studie der IEA“, dass „deutsche Achtklässler durch den höchsten Grand an Fremdenfeindlichkeit, Angst vor Fremden (Xenophobie) und der Ablehnung von Fremden“ auffielen (Helmke 2009, 231).

Vielleicht ist der Aktionismus bei den Inklusionsbemühungen auch mit den langjährigen Hinweisen der OECD zu erklären, Deutschland sei sozial besonders undurchlässig. Der Inspektor der UN-Menschenrechtskommission Vernor Muñoz Villalobos hatte ja seinerzeit die deutsche Bildungspolitik mit deutlichen Worten kommentiert, als „Politik der Absonderung“[48]. Der Soziologe Heinz Bude kritisiert die drei gegenwärtigen Funktionen von Bildung in unserer Gesellschaft als „Monopolisierungseffekt durch die Weitergabe von Startvorteilen“ (in Precht 2013, 48). **Bildung diene zum „Kapitalisieren“, mit einem qualifizierten Beruf und Status ein gutes Einkommen sicherzustellen. Bildung „legitimiere“ den Statusunterschied.** Die Elterngeneration versuche, diesen Status zu „zementieren“, an die Nachkommen weiterzureichen. Auch der Journalist und Schriftsteller Bruno Preisendörfer weist darauf hin, dass die gezielte „Reproduktion von Ungleichheit“ ein bewusstes Ziel des aktuellen Bildungssystems sei (Preisendörfer zit. nach Precht 2013, 65).

Jedes dritte Kind unter sechs Jahren hat einen Migrationshintergrund. „Der Schlüssel [zur Integration] liegt in der frühkindlichen Bildung“, so Marcus Hasselhorn[49] vom Deutschen Institut für Internationale Pädagogische Forschung.

---

[48] http://www.zeit.de/2007/35/Gefangen_im_Schonraum/seite-2, Zugriff 06.02.2018

[49] https://www.leibniz-gemeinschaft.de/fileadmin/user_upload/downloads/Presse/Publikationen/LeibnizJournal-3-2010.pdf, Zugriff 06.02.2018

Besonders erfolgversprechend scheint die Absicht, eine höhere Quote von Lehrern mit Migrationsbiographien anzustreben. „Es gibt Hinweise, dass die meisten Migranten sogar einen stärkeren Aufstiegswillen als Einheimische haben. Sie scheitern aber oft daran, dass eine Vielzahl kultureller Differenzen zusammenkommen", so der Familien- und Bildungsforscher Hans-Peter Blossfeld, Koordinator der Langzeitstudie zu Bildungslaufbahnen in Deutschland (Blossfeld zit. nach Hurrelmann / Timm 2011, 52).

Integration und Inklusion gelingen am besten, wenn pragmatisch, nicht dogmatisch lokale Erfordernisse und Ressourcen berücksichtigt werden. Ergänzende Module mit elektronischen Medien kommen aktuell noch nicht ausreichend zum Einsatz (Fletcher 2015).

Die Evangelische Schule Berlin Zentrum hält die folgenden Faktoren für das Gelingen von Inklusion für besonders wichtig: das Ethos der Schule, Zutrauen in alle Jugendlichen, Jahrgangsmischung, Teamstruktur, Tutorensystem, eine Lob- und Anerkennungskultur, Gelegenheitsstrukturen für zivilgesellschaftliches Engagement und Selbstwirksamkeitserfahrungen, die Mutkarte,[50] demokratische Strukturen (Lernbüro,[51] Klassenrat, Schulversammlung), Gemeinschaftserfahrungen (Schulversammlung, Klassenstunden, Lied der Woche), Rituale der gegenseitigen Achtung, gemeinsam erarbeitete Regeln und Sanktionen für Regelverletzungen" (Rasfeld / Spiegel 2013, 130).

Bildungseinrichtungen (Kindergärten, Schulen, Ausbildungsbetriebe, (Fach-)Hochschulen) werden als „Brunnen" und „Lagerfeuer" der Demokratie, als mögliche Generationenhäuser sehr unterschätzt, vernachlässigt. Ihr Potential wird noch nicht annähernd genutzt.

Damit Menschen sich für diese Ziele tatsächlich einsetzen, bedarf es einer entsprechenden Ausbildung und Ausstattung. Daran zeigt sich, wie ernsthaft diese Ziele verfolgt werden. Das Potential für Integration und Inklusion ist abhängig von der gesamten Arbeitslast und -lust.

Das **Problem mit „Schulversagern" – ein unsäglicher, falscher Terminus – überlappt sich mit der Inklusionsthematik.** Die Unterschiedlichkeit der Quoten von Schülern, die die Schule ohne Abschluss verlassen, ist enorm, zum

50 „Die Mutkarte ist die Visitenkarte unserer Schule, sie steht für Achtsamkeit und Zivilcourage, Entscheidungsfähigkeit und dafür, mit dem Herzen zu sehen, Ängste zu überwinden, der eigenen Neugierde und seinen Visionen zu folgen und Außergewöhnliches zu wagen. Sie soll jedes Kind daran erinnern, dass es etwas Besonderes ist und Vertrauen zu und in sich selbst haben soll" (Rasfeld / Spiegel 2013, 177).

51 Vorbildlich innovative Lernarrangements werden an der Evangelischen Schule Berlin Zentrum für die Jahrgangsstufen 7–9 angeboten, http://www.ev-schule-zentrum.de/lern-und-schulkultur/lernarrangements/, Zugriff 18.02.2018.

Beispiel in Heidelberg 1,7 Prozent und in Leipzig, der „Armutshauptstadt“, 12,3 Prozent. Dabei versagt das Bildungssystem, nicht die Schüler selbst. Ihnen ist in Zusammenhang mit der Inklusionsdebatte eine öffentliche Problematisierung dieser großen gesellschaftlichen Hypothek zu wünschen.

3 Bildung – was vermitteln? Was erfahren und erinnern? Was noch?

Bildungsinhalte und -formate sind maßgeblich für das Seelenleben des Einzelnen und die Kultur in Bildungsinstitutionen. Der Alltag und das Lebensgefühl von Lernenden und Pädagogen sind selbstverständlich abhängig von den Inhalten, mit denen sie sich auseinandersetzen können und müssen sowie den eigenen Gestaltungsmöglichkeiten. Wie und was also sollen Kinder und Erwachsene lernen? Die Frage nach dem Schatz der Bildungspotentiale wird auch international gestellt: „Die Delors-Kommission der UNESCO will 25 Jahre nach der Faure-Kommission konkretisieren, wie die brachliegenden Kompetenzpotentiale gehoben werden können. Daher der Titel ‚Learning: The Treasure Within'" (Rasfeld / Breidenbach 2014, 51f.). Demütig macht die Perspektive von Menschen, die – gemäß Artikel 26 der Allgemeinen Erklärung der Menschenrechte – für ihre Bildung kämpfen müssen. Hier zeigt sich das allzu selbstverständliche Potential von Bildung. Bildung verbessert die Chance, für weitere Menschenrechte einzutreten, auf Mitbestimmung und gesellschaftliche Teilhabe.

Die Friedensnobelpreisträgerin 2014 Malala Yousafzai fasste dies lakonisch zusammen: „Ein Kind, ein Lehrer, ein Buch und ein Stift können die Welt verändern."[52]

Kinderrechte sollten über die Jahre immer wieder bearbeitet werden, theoretisch und praktisch. Dies schult das Eintreten für die persönlichen Rechte und eignet sich für internationale Vergleiche. Wie sieht es zum Beispiel aus mit der Partizipation in der eigenen Schule und im Stadtrat am Wohnort? Welche politischen Entscheidungen wurden von beteiligten Kindern beeinflusst?

Diese Tragweite wird der Bildungsdebatte häufig zur Last. Im Gegensatz zu vielen anderen Bereichen der Gesellschaft wie der Arbeitswelt verdrängt die Frage nach dem großen Ganzen nicht selten die pragmatische Klärung von Details im Bildungsalltag. Vieles wird lebhaft diskutiert, nach Optimierung gestrebt, bisweilen ohne klare Zielgrößen. Welche Werte werden in der Gesellschaft gelebt? Und was wollen wir deshalb in den Bildungseinrichtungen vermitteln? Der Philosoph Liessmann warnt, diese Grundfragen gesellschaftlichen Zusammenlebens könnten nicht allein über Bildung geklärt werden. „Der Gedanke, dass Schulen auch Schutzräume darstellen können, die sich bewusst auf

---

52 Rede vor den Vereinten Nationen am 12. Juli 2013; https://www.bildungskampagne.org/malala-ein-kind-eine-lehrkraft-ein-stift-und-ein-buch-koennen-die-welt-veraendern, Zugriff 07.02.2018

wesentliche Fragen, Probleme und Inhalte konzentrieren und sich gegenüber den Zumutungen einer hysterisierten Öffentlichkeit auch abschotten können, ist uns sehr, sehr fremd geworden“[53] (Liessmann 2014, 24; ähnlich bei Dräger 2013). Noch lakonischer verkürzt es der Philosoph Brenner: „Die Schule ist die Schule.“ Er räumt ein: „Diese Einsicht ist wohl zu schlicht, als dass sie auf allzu großen Widerhall in der deutschen Bildungsdiskussion hoffen dürfte. Die Öffentlichkeit kann sich schwer damit abfinden, dass das alles gewesen sein soll: dass Schüler zur Schule gehen und dass sie dort etwas lernen, mal mehr, mal weniger“ (Brenner 2006, 7).

> „Schule als Erfüllungsgarant für alle Wünsche, die gesellschaftlicher Natur sind, hat zuerst einmal für die Durchsetzung gesellschaftlich relevanter Ziele zu sorgen. Sie soll zu Frieden, Freiheit und Gerechtigkeit erziehen, soll Allgemeinbildung vermitteln und Mündigkeit herstellen. Außerdem soll sie den Markt mit qualifiziertem Nachwuchs bedienen, und dies erfordert die Planung des Outputs. Es interessiert also in erster Linie, was am Ende dabei herauskommt. Das Augenmerk liegt auf den Zielen, die von den Schülern erreicht werden sollen. Traditionelle Motivationspsychologie hat dabei die Aufgabe, die Schüler dahin zu führen, freiwillig das zu tun, was sie tun sollen“ (Osterkamp aus Tschira 2005, 31).

Parallel zur Überfrachtung scheitern pragmatische Versuche, Bildung immer transparenter zu machen, um die Qualität zu standardisieren, an Eitelkeiten und politischen Winkelzügen.

> „In Fragen der Bildung gibt es zwei Gruppen. Die erste weiß ein bisschen Bescheid in der Welt, mal von Politik, mal von Thermodynamik. Vor allem aber ist sie sich ihrer Erkenntnislücken bewusst und auch bereit diese zuzugeben. Die zweite Gruppe weiß auch ein bisschen Bescheid, versucht ihre Mängel aber wo es nur geht zu kaschieren. Sie ist vielleicht nicht die größere, aber immer die lautere der beiden Gruppen. Ihr größtes Glück findet sie darin, andere beim Nichtbescheidwissen zu ertappen“ (Serrao 2015).

Liessmann dekliniert in der Streitschrift „Geisterstunde“ [54] Eckpunkte seines Konstrukts der „Unbildung“. Im Zentrum der Bildung stehen für ihn (klassische universitäre) Fächer und deren Methodik der wissenschaftlichen Erkenntnis

---

53 Schulen würden wie sonst wohl nur die katholische Kirche unter dem Generalverdacht stehen, „Veränderungen zu verweigern“ (Liesmann 2014, 118). Bildungsanstalten seien schon für Nietzsche „Stätten der Lebensnot“, die „Rüstzeug für den Überlebenskampf“ (ebenda 127) vermittelten, gewesen.

54 Besonders warnt er, dass die Ausrichtung auf viele angestrebte (Pseudo-)Kompetenzen, u. a. im Sinne der Ausrichtung auf die vermeintliche Verwertbarkeit, der Bildung zuwiderlaufe. Skeptisch an dieser anregenden Zusammenstellung macht, dass Liessmann eine Verbesserung der Bildung durch mehr Philosophie an der Universität in der Ausbildung der Lehrer anstrebt, also das eigene Fachgebiet an der eigenen Institution als Kern des Bildungswesens sieht. Seine Kapitel enden mit kurzen Abrissen „Dabei wäre alles so einfach…“.

mit ihren Möglichkeiten[55] und Grenzen (Liesmann 2014, 77, 70). Er zitiert den Berliner Philosoph Peter Bieri, dass zur Bildung außerdem Neugier, Leidenschaft, Reflexion, Selbstreflexion und Wagnis gehörten (ebenda 128f.) und laut der Philosophin Martha C. Nussbaum

> „die Fähigkeit, andere Menschen trotz aller ethnischen, religiösen, kulturellen und geschlechtsspezifischen Unterschiede als Personen mit gleichen Rechten und Bedürfnissen wahrzunehmen, die Fähigkeit, sich in die Lage und Situation anderer Menschen zu versetzen, die Fähigkeit, über Probleme der Kindheit und des Erwachsenwerdens, über Liebe, Krankheit, Armut und Tod denken und sprechen zu können" (zitiert ebenda 169f.).

Mit den gesellschaftlichen Erwartungen an Bildungseinrichtungen würden diese jedoch überfrachtet. *Bildung gelte „heute doch als jenes Gut, das – so wie früher der Glaube – für die – nun natürlich irdische – Glückseligkeit der Menschen zuständig ist"* (ebenda 43).

Andererseits würden bestehende Möglichkeiten, Bildung deutlich gezielter und individualisierter zu gestalten, nicht genutzt. „Das bestehende System bremst die natürliche menschliche Wissbegierde aus: durch zu wenig Aktivität, zu wenig Feedback und zu wenig Anwendungsbezug" (Dräger / Müller-Eiselt 2015, 80). Für den Pädagogen Burow bilden das Zusammenspiel der *Prinzipien „Salutogenese, Selbstbestimmungstheorie und Wertschätzender Schulentwicklung* [...] *die entscheidenden Gelingensfaktoren* [...] *auf dem Erfolgsweg* zum Aufbau guter und gesunder Schule [...]. Dabei erweist sich der wertschätzende Erfahrungsaustausch als ein entscheidender Schlüssel" (ebenda, 83). Lernende sollten im Zentrum jeglicher Überlegung und Handlung zur Bildung stehen, nicht Fächer.[56] Ernst gemeinte Bildung wird „personalisiert", stellt die Person ins Zentrum, mit ihren Möglichkeiten und Bedürfnissen. Sie bemüht sich um individuell passende Angebote, bezogen auf die Motivation, die Kompetenz etc. **Der Bildungsexperte Sir Ken Robinson fordert die Entwicklung „vom industriellen zum ökologischen Lernen".**[57]

---

[55] „[...] der Hunger nach Erkenntnis, der Wille zur Welt, die Konzentration auf eine Sache, die Neugier auf alles Mögliche und nicht nur auf das, was heute oder morgen nützen kann" (Liesmann 2014, 76).

[56] Dafür plädiert auch der Film „Alphabet – Angst oder Liebe" (DVD, 2013) von Erwin Wagenhofer.

[57] http://www.digitalcounterrevolution.co.uk/2012/ken-robinson-the-learning-revolution/; Zugriff 11.02.2018. Zum Weiterlesen: Christoph Keese argumentiert in „Silicon Valley" (2016) plausibel für die Ausbildung in Programmierung von Computern.

3.1 Konzentration auf das Wesentliche, Freiräume sichern

Der Bildungshistoriker Tenorth mahnt wie viele andere, dass die Lehrpläne mit Details überfrachtet seien. Hat sich Bildung dadurch ins Gegenteil gewendet? Ist sie destruktiv? Zermürbend? Bildungsdebatten werden von polarisierender Polemik überschattet. „Bildung ist, was übrigbleibt, wenn wir alles vergessen haben, was wir in der Schule gelernt haben […]. Die Schule hat Schülern Modi des Weltzugangs zu vermitteln, nicht in erster Linie Wissen" (Tenorth / Kerstan 2011). Interessant ist, dass häufig nur vermeintlich gelernt werde. „Wenn wir am Ende eines Schuljahres das behandelte Wissen abfragen, dann ist oft erschreckend wenig verfügbar" (Preuß / Prenzel 2014). Der Bildungsforscher Prenzel plädiert dafür, „weniger Stoff" zu „lehren, aber mehr darauf achten, was gelernt wurde" (Preuß / Prenzel 2014). „Alle Überprüfungen des Wissens, das junge Menschen fünft Jahre nach Schulabschluss noch besitzen, laufen darauf hinaus, dass das Schulsystem einen Wirkungsgrad besitzt, der gegen Null strebt", so der Neuroforscher Roth, ehemaliger Präsident der Studienstiftung des Deutschen Volkes (Voelchert zit. nach Juul 2013, 12).

> *„Der Grundsatz ‚weniger ist mehr' trifft auch hier in dem Sinne zu, dass ein Stoff begrenzten Umfangs, systematisch aufbereitet, vermittelt bzw. angeeignet und überprüft, einen wesentlich höheren Behaltensgrad besitzt* als ein immer umfangreicherer Stoff, der mit Hochdruck durch den kognitiv-emotionalen ‚Flaschenhals' des Schülers durchgepresst werden soll" (Roth G 2011, 30f.).

Überforderung und Diskriminierung führen zu Selbstschutz, Rückzug bis hin zur Schulvermeidung. Eigeninitiative werde dadurch ausgebremst. Der Pädagoge Andreas Gruschka sagt: „Es kommt nicht mehr Saft aus einer Zitrone, wenn man mehr presst." (Gruschka zit. nach Sußebach 2011) Er sei selbst zweimal sitzen geblieben und meint:

> „‚Ihr paukt zwar viel, aber Ihr habt nicht viel davon. Euch fehlt die Zeit, wirklich zu kapieren, was die Lehrer Euch erzählen. Und darüber eine eigene Meinung zu bilden. *Die Kinder heute lernen Organisation und Präsentation.' Referate, Wochenpläne – er hält das alles für eine Vorbereitung auf ein kritikloses Büroleben,* in dem der Chef in der Tür steht und sagt: ‚Frau Müller, stellen Sie mir bis Freitag bitte alles über die indischen Märkte zusammen!'" (ebenda)

„*Die Übungsphasen, die dazu da sind, Stoff zu vertiefen, sind nach Hause verlagert worden.* Kinder, die niemanden haben, der ihnen bei den Hausaufgaben hilft, kommen schlecht weg" sagt Heinz-Peter Meidinger, Vorsitzender des Deutschen Philologenverbandes (zit. nach Vitzthum 2014). „Der menschliche Geist entwickelt sich […], wenn er mit den Inhalten konfrontiert wird, die ihre Bedeutung in sich tragen und die es gilt sich verstehend zu erschließen" (Liessmann 2014, 56).

Entsprechend fordert der Erziehungswissenschaftler Michael Schratz, dass die Schüler „mehr als linearen Fachunterricht" benötigten. Er verweist auf die Planung in Finnland, in der Sekundarstufe II bis 2020 auf den „Phänomeneunterricht" umzustellen.

> „Statt traditioneller Wissensaneignung – dem ‚Lernen für das Fach' – geht es den Finnen um die Stärkung von Lebenskompetenz, die im Alltag mehr ist als das Anwenden von einmal gelernten Fachinhalten. Schülerinnen und Schüler müssen sich eine immer komplexere Welt erschließen, in der Wissen enorme Halbwertszeiten aufweist. Der finnische Ansatz könnte helfen, übergreifend zu denken, vernetzt zu arbeiten und zu handeln [...]. Der finnische Ansatz ist überlegenswert, da er transformatorisch ist, also an die Wurzeln der Fächer geht (‚Was kann ich mit dem, was ich lerne, überhaupt anfangen?'). Die Umsetzung einer solchen Reform ist anspruchsvoll, aber lohnenswert, da die Schülerinnen und Schüler lernen, den Sachen, das heißt ihrem künftigen Lebenswissen, auf den Grund zu gehen. Dies führt uns wieder in die humanistische Bildung zurück, die genau das zum Ziel hat, die Gegenstände der Welt, die uns begegnet, als Menschen zu beherrschen – und nicht, uns von ihnen beherrschen oder gar verführen zu lassen. Gerade in Zeiten von Suchmaschinen ist diese Grundkompetenz, das Verstehen von der Sache her, eminent wichtig, wollen wir uns in eine wirkliche Wissensgesellschaft und nicht in eine Google-Gesellschaft entwickeln" (Schratz 2017).

Wichtig bei derartigen Innovationen ist, Unterrichtsformate zu individualisieren und den Entwicklungsstand zu berücksichtigen, zu würdigen, dass frontal unterrichteter linearer Fachunterricht teilweise die effektivste Lehrform bleiben wird. Auch gilt es, die Grenzen der humanistischen Überzeugungen zu berücksichtigen. Harari (2017) stellt dezidiert dar, dass humanistische Überzeugungen teilweise wissenschaftlich nicht belastbar seien. Nicht jeder Schüler ist für kreative Projektarbeit aktivierbar. Ähnlich den Ergebnissen zur Effektivität von „Brainstorming" sind auch bei vielen anderen Gruppenaktivitäten nur Einzelne aktiv. Herausragende Impulse gehen teilweise in der Gruppendynamik verloren.

Die Bildungsforscherin Allmendinger plädiert für eine **breite Allgemeinbildung** an Schulen und Universitäten. Ihr persönliches Modell einer wünschenswerten Bildungslandschaft beginne mit

> „*hochwertigen Bildungsangeboten für Kleinkinder;* dann ein *altersvariables Einschulungsalter; eine gemeinsame Beschulung bis zum Altern von 17 mit einem breiten Fächerkanon auf unterschiedlichen Schwierigkeitslevels.* Bei den 17-Jährigen sollen Betriebe und Hochschulen eng mit den Schulen zusammenarbeiten, um die *Trennung der Sphären aufzulösen.* Ich würde Unterbrechungen während der Schul- und Studienzeit erlauben [...]. Ich würde Entschleunigung in die Schule tragen. Aber auch solche Kinder fördern, die mit 14 an die Uni gehen können" (Allmendinger / Musall / Pieper 2011, 25).

Die Gesamtschule Wuppertal-Barmen formulierte ihre Bildungsziele in der Bewerbung für den Deutschen Schulpreis vorbildlich ganzheitlich: „Leistung zeigt sich nach unserem Verständnis in vielen Bereichen menschlichen Lebens und Zusammenlebens, wo sich Schüler für ihre Mitschüler einsetzen, wo sie Verantwortung übernehmen, und zwar sowohl für sich selbst als auch für die anderen" (Deutscher Schulpreis 2015). Dies wurde adäquat gewürdigt:

> „Mit dem Leitsatz ‚SCHULe-MIT-WIR-KUNG' schafft die Gesamtschule Barmen einen lust- und leistungsorientierten Lern- und Lebensraum, in dem Partizipation und Teilhabe in exzellenter Weise praktiziert werden. Dies gelingt ihr über eine hohe Identifikation mit der Schule durch die Einbindung aller Beteiligten, was ihr hohe Resonanz im Stadtteil und einen herausragenden Ruf in der Bildungsregion Wuppertal verschafft" (ebenda).

Die renommierte Bildungsforscherin Elsbeth Stern kritisiert, dass „der Begriff [...] Wissen [...] in unserer Gesellschaft häufig einen negativen Beigeschmack" habe. *„In den letzten Jahrzehnten hat sich die absurde Auffassung gefestigt, dass es intelligente Schüler nicht nötig hätten, für die Schule zu lernen* [...] Neuere Ergebnisse der Kognitionsforschung zeigen denn auch auf drastische Weise, dass Wissen und nicht Intelligenz der Schlüssel zum Können ist." Sie fordert deshalb:

> „[W]ir müssen eine anspruchsvollere Vor- und Grundschulerziehung etablieren, weil in dieser Zeit mit dem Aufbau von Wissen begonnen werden muss. Der Aufbau einer intelligenten Wissensbasis benötigt Zeit, weil eben intelligentes Wissen nicht einfach aufgesogen werden kann, sondern in einem mühsamen Prozess der inneren Umstrukturierung entsteht" (Stern 2007, 22ff.).

Nicht wenige Erwachsene, wie der Journalist Uli Hauser, behaupten hingegen, alles, was sie bräuchten, um im Leben zurechtzukommen, hätten sie „nicht in der Schule gelernt: den *„Umgang mit dem Scheitern. Die Kunst seine Gefühle zu erkennen. Das Wissen, was einem wirklich guttut und was nicht. Die Fähigkeit, Verantwortung zu übernehmen und Haltung zu bewahren* – schwierig genug. Das *Leben, ein Geschenk, zu genießen*" (Hauser 2014, 42).

Der Bildungskanon ist in der öffentlichen Auseinandersetzung kein sonderlich präsentes Thema. Eltern sind froh, überhaupt einen Kindergartenplatz zu erhalten. Vieles wird als kaum veränderlich wahrgenommen. Missstände und Unsinniges wird gern damit verklärt, dass dies in früheren Generationen ähnlich gewesen und damit vermeintlich unveränderlich sei. In der öffentlichen Debatte werden gelegentlich schlagwortartig neue Schulfächer gefordert, meist ohne dies in das bestehende System einzuordnen (z. B. Ernährung, Programmieren, Benehmen, Glück, Yoga, Sexualität und Partnerschaft, Schach, Alltagswissen, Emotionen, Gesundheit, Leben, Berufsorientierung, Tanz, Selbstverteidigung, Internetbildung; Osel 2015b).

Der gesellschaftliche „Bildungskanon" wird vor allem akademisch diskutiert. Nicht selten geht es bei selbstreferentiellem Leer- / Lehrlauf „immer auch um die letzten Dinge. Wenn auch wohl eher in den Elfenbeintürmen [...] als auf offener Straße" (Bengel M 2014). Wer jedoch „wie Hegel, davon ausgeht, dass es Erkenntnisse und Werke gibt, die aufgrund ihres Eigenwerts vorrangig behandelt werden müssen, kann sich der Fragen nach einem Kanon, nach dem Rang und Stellenwert wissenschaftlicher Forschung und künstlerischer Produktionen nicht entziehen" (Liessmann 2014, 57).

Schon der Bildungsbegriff, so der Aktionsrat Bildung sei ein „Spezifikum der deutschen Sprache" (2015, 19ff.). *Education* sei als international verbreitetes englischsprachiges Pendant schon von der Wortbedeutung, „aus der Kindheit herausführen", ein offener Begriff. Bildung hingegen sei ein lebenslanges, komplexes, lebhaftes Wechselspiel des Einzelnen mit sich und der Gesellschaft, den Konventionen. Bildungsinhalte basieren auf einem Wertekanon, Traditionen, dem Menschenbild, lokalen Werten und Prioritäten, der Qualifikation der Pädagogen und Lernenden und vielem anderen. Was sollte Lernenden in Bildungseinrichtungen als Mindestanforderung vermittelt werden? Selbst bei einfach überprüfbaren Bildungsinhalten wie dem Dreisatz ist nicht klar beschrieben, wie viel Prozent der Schüler in welchem Alter diesen beherrschen sollten. Unklar ist außerdem, welche Nachhaltigkeit angestrebt wird, zum Beispiel was Erwachsene im welchem Alter von der Schulbildung anwenden können sollten.[58]

3.2 Pisa-Schulstudien

Solche Standards haben die Pisa-Schulstudien der OECD – als Zäsur in der Geschichte der Bildung – angeschoben. Seit dem vielzitierten „Pisa-Schock" ist klar, professionelle Pädagogen werden sich immer mehr an Standards orientieren müssen. Qualitätskontrollen werden in den Alltag von Bildungseinrichtungen einziehen. Die Qualitätsstandards aus Industrieunternehmen können meist nicht übertragen werden. An Kindergärten und Schulen wird wesentlich komplexer und variabler gearbeitet. Entwicklung verläuft nicht als Einbahnstraße, mit „Sender" und „Empfänger". Jedes Kind und jeder Erwachsene trägt individuell zur Gruppendynamik bei. Pisa als Qualitätsvergleich habe laut dem Pädagogen Zierer die „Hinwendung zum Empirischen [...] angeschoben, [...] eine gewisse Internationalisierung [...] und durch die Orientierung an Kompetenzen

58 Zwar helfen hier die internationalen Vergleichstests wie Pisa einerseits zur Objektivierung und als Ansporn, sich dem Vergleich und der Objektivierung nicht zu entziehen. Aber warum wird die Qualität von Bildung nicht noch viel standardisierter erhoben? Warum gelten für vergleichsweise weniger wichtige gesellschaftliche Aspekte (DIN, TÜV- und andere) Normen, während man sich im Bildungswesen mit Erhebungen von Stichproben und der Heterogenität der Qualität zufriedengibt? Will man hier zusätzliche Forderungen und Kosten vermeiden?

eine durchaus brauchbare Kategorie gefunden" (Nida-Rümelin / Zierer 2015, 93). Er und der Philosoph Nida-Rümelin warnen jedoch vor den – ökonomisch dominierten – Interessen der OECD, die die Pisa-Schulstudien seit dem Jahr 2000 alle drei Jahre – mit bezeichnend einseitigem Fokus – durchführen. „Ein Gutteil der Bildungsideologie, die von OECD bis Bertelsmann verkündet wird, ist von diesem falschen Globalisierungsverständnis getragen, in dem es die Vorstellung von einem globalen Markt und einer globalen Konsumentenschaft gibt" (ebenda, 182). Nida-Rümelin sieht als maßgebliche Ursache auf dem „Weg in die neue deutsche Bildungskatastrophe" eine fehlende „kulturelle Leitidee" (ebenda, 31). Dadurch werde der einseitigen Ausrichtung auf kurzfristige ökonomische Nutzbarkeit kaum etwas entgegengesetzt. Leider einseitig fordert er: „Bildung ist kein Instrument für externe Zwecke, sie ist intrinsisch wertvoll. Sie soll um ihrer selbst willen angestrebt werden" (ebenda, 31). Sein Credo, als zentrale Hypothese, dass *die humboldtsche Forschungsorientierung durch „Wahrheitssuche* [...] *eine Persönlichkeitsentwicklung" fördere,* und diese Gebildeten das „technisch und ökonomisch rückständige Deutschland durch genau diese Entzwecklichung der Bildung innerhalb von wenigen Jahrzehnten an die Spitze der weltweiten Industrieproduktion katapultierten" (ebenda, 32), belegt er leider nicht. Vielleicht ist es die Rolle von Philosophen, die Bildungsdebatte mit solchen hypothetischen Bögen aufzuspannen.

Nida-Rümelin betont, wie sehr Bildung die Demokratiefähigkeit und Persönlichkeitsentwicklung fördere. „Die Aufgabe von Bildungsangeboten besteht darin, Menschen ihren Weg finden zu lassen, einen Weg, der zu ihnen passt" (ebenda, 58), damit sie ihre „Fähigkeiten zur vollen Entfaltung bringen" (ebenda, 60) könnten, „Urteilskraft [...], Entscheidungs- und Kooperationsfähigkeit" (ebenda, 94) entwickelten. Wer die Pisa-Ergebnisse überinterpretiere, nationale Besonderheiten verkenne, begehe „Kulturkolonialismus" (ebenda, 96). Eindrucksvoll beschreiben er und Zierer, dass „ungefähr die Hälfte des OECD-Etats aus den USA stammt" (ebenda), und wie sehr Pisa – mangels Konkurrenz – über- und fehlinterpretiert werde. Sie befürchten, dass Bildung katastrophal der Ökonomie untergeordnet werde. **Weltweit bewunderte deutsche Spezialitäten wie die duale Ausbildung und die Qualifikation durch Diplomstudiengänge zum Beispiel für Ingenieure würden einer vermeintlichen internationalen Vergleichbarkeit untergeordnet.** „Die gewisse Einseitigkeit der ökonomischen Wissenschaft hat vor allen Dingen damit zu tun, wer gut bezahlte Gutachten in Auftrag gibt. Und wer nicht zum Mainstream dieser neoliberalen Ökonomie zählt, der erhält eben keine lukrativen Aufträge" (ebenda, 104).

Precht kritisiert die Überschätzung der Pisa-Ergebnisse. Es sei nicht „von einer knapp einstündigen Fragebogensitzung" abzuleiten, „wie gut oder schlecht es um das Bildungssystem bestellt ist" (Precht 2013, 91). Es ist jedoch kaum vorstellbar, dass sich Deutschland diesem Vergleich entzieht. Derartige Tests haben eine Vereinheitlichung zur Folge, was international bis zu welchem Alter an Kompetenzen vorhanden sein sollte. Die Stichprobe der Schüler, die in Deutschland am Pisa-Test teilnahm, gilt als nicht repräsentativ.

> „Pisa misst also in erster Linie den Glauben von Bildungspolitikern und Bildungsjournalisten an fragwürdige Statistiken. Pisa ist längst zu einer säkularen Religion geworden, die nur mehr Rechtgläubige und Ketzer kennt. Keine Frage, Pisa wirkt. Aber es wirkt als gigantomanisches bildungspolitisches Placebo, das von seiner Inszenierung ebenso lebt wie von der bis zur Veröffentlichung wie ein Staatsgeheimnis gehüteten Nationenwertung [...]. In Wirklichkeit gibt Pisa durch die Konstruktionen seiner Tests einen geheimen Lehrplan vor, der eine Norm darstellt, an der sich die Bildungsbemühungen auszurichten haben" (Liessmann 2014, 13f.).

Zu häufiges Vergleichen führe zu einer „permanenten Verunsicherung und Nervosität" (ebenda, 22). In einem offenen Brief wandten sich 83 internationale Bildungsexperten an Andreas Schleicher, den Pisa-Chefkoordinator: Eine Nebenwirkung der Vergleichsstudien und damit verbundenen stärkeren Ergebnisorientierung sei eine Entwicklung in Richtung Paukschule, die den Horizont einenge und unter anderem die Entfaltung der Persönlichkeit behindere. Dazu trügen nicht nur die ständig eingesetzten Multiple-Choice-Testbatterien bei, sondern auch entsprechend gefertigte und industriell vertriebene Unterrichtsmodule (vbw 2015, 85).

3.3 Bewegung

Bewegung ist nicht nur eines der biologischen Kennzeichen des Lebens. Bewegung ist vielleicht *dasjenige* Bedürfnis, bei dem der Mensch seine evolutionären Wurzeln am sträflichsten vernachlässigt. Der Preis für den verbreiteten Bewegungsmangel im modernen Leben ist eine verminderte Lebensqualität, häufig in Form von Erkrankungen. Einige nordeuropäische Länder haben diese gesellschaftliche Herausforderung angenommen. In Norwegen, Schweden, Dänemark und Finnland wird Bewegung staatlich gefördert.

> „Sie [die Schüler] schwimmen und springen über Seile in ehemaligen Luftschutzbunkern oder besuchen Aerobic-Kurse in einer Schokoladenfabrik – Finnen machen wirklich überall Sport. Grund dafür ist die staatliche Förderung körperlicher Bewegung. Seit 2013 setzt das finnische Gesundheitsministerium das Vorhaben ‚On the Move' um – Finnen haben demnach ein Recht darauf, sich körperlich zu bewegen. ‚Es ist fast ein Sozialrecht, Bürgern Sportmöglichkeiten anzubieten', sagt Hanna Vehmas, Sportwissenschaftlerin an der Universität Jyväskyla" (Reimann 2015).

Als Zielparameter eignet sich unter anderem der beklagte Rückgang des Anteils der tatsächlich schwimmfähigen Bevölkerung. Trug-Bildung kann hier schnell tödlich enden. Viele Eltern glauben, dass ihre Kinder schwimmen können, wenn sie einmal das „Seepferdchen" als Schwimmabzeichen erhalten haben. Seepferdchen schwimmen aber nicht über Wasser. Nicht regelmäßig genutzte oberflächliche Kompetenzen sind schlicht nicht zuverlässig abrufbar, verlernt.

Staatliche Förderungen der Bewegungskultur sind gleichzeitig Bildungsinvestitionen. Wie in der Einführung dargestellt, sind Körper und Psyche als Einheit zu verstehen. Das landläufige Verständnis des Konstrukts Seele beinhaltet den Körper. Er ist nicht nur Hülle der Seele. Menschen vernachlässigen ihren Körper, wenn es ihnen seelisch nicht gut geht und umgekehrt. Mit der Körperhaltung kann gezielt auf das seelische Befinden eingewirkt werden (Michalak et al. 2015). Immer neue Forschungsergebnisse belegen die Zusammenhänge der Seele und des Körpers (Psychosomatik), die aufgrund der Erfahrungen in der Allgemeinbevölkerung vermutet wurden.

Wegen dieser zeitlebens zentralen Bedeutung muss Bewegung und ein positiver Bezug zum eigenen Körper im Bildungswesen intensiver gefördert werden. Das kostengünstige und kurzweilige Programm „Mit Gleichgewichtstraining zu besseren Schulleistungen" konnte bei 500 hessischen Grundschülern aus 27 Klassen, die ab der 2. Klasse teilnahmen, eindrucksvoll belegen, „dass eine gezielte, in den Unterricht integrierte tägliche Förderung des Gleichgewichts, breit gefächerte signifikante positive Effekte auf die Leistungsfähigkeit der Schülerinnen / Schüler hat und eine gute Lernatmosphäre fördert" (Hoffmann et al. 2014, 205). „In den Interventionsklassen wurden täglich alternativ ein in den Unterricht gut integrierbares Gleichgewichtsprogramm mit Übungen aus dem Gleichgewichtskalender von D. Beigel[59] […], Übungen unter Nutzung des Nintendo Wii ‚Balance Boards' oder eines Minitrampolins, durchgeführt" (Hoffmann et al. 2014, 205). Besonders beeindruckend sind die Verlaufsuntersuchungen. „Wieder waren die Ergebnisse der Jungen noch intensiver, indem sich bei ihnen zusätzlich in den Teilbereichen ‚Schuleinstellung', ‚Anstrengungsbereitschaft' und ‚Gefühl des Angenommenseins' signifikante Verbesserungen durch die Trainingsmaßnahmen zeigten". Die Werte der Kontrollgruppe hingegen nahmen über den Zeitraum ab. „Wichtig erscheint dabei das gemeinsame Tun ohne Konkurrenzdruck" (Hoffmann et al. 2015, 211).

Der ehemalige Lehrer und Gründer von „Skate-Aid" Dittmann kritisiert: „Wenn Begeisterung dabei ist, bleiben die Inhalte besser hängen […]. Da fehlt es oft an Mut für neue Ansätze." Beispiel: Angehende Sportlehrer könnten jede

59 http://www.bildung-kommt-ins-gleichgewicht.de/anfang.htm, Zugriff 11.02.2018

antike Sportart wie Diskuswerfen intensiv studieren, hätten aber keine Möglichkeit, sich in zeitgeistigen Sportkulturen wie BMX oder Slackline zu bilden. So schlimm wie in den 1970er Jahren, so Dittmann, sei es aber nicht mehr – für den Einsatz von Skateboards im Unterricht sei ein Disziplinarverfahren eingeleitet worden (Osel 2015a).

Es ist gesellschaftlich wesentlich sinnvoller, an Bildungseinrichtungen individuellen Neigungssport zu unterstützen, Erholungsmöglichkeiten, ein gutes Körpergefühl, als im Sportunterricht möglichst viele Sportarten – teilweise unter militärisch anmutendem Druck – durcharbeiten zu lassen. Viele Schüler empfinden es als Nötigung, für Aktivitäten benotet zu werden, vor denen sie teilweise Angst haben. Sportunterricht führt nicht selten dazu, dass Kinder, die sich bereits zuvor am Rande der Gruppe befanden, noch mehr isoliert fühlen, ihren Körper anhaltend ablehnen und Bewegungsaktivitäten langfristig mit Scham und Diskriminierung verbinden. Der Schulalltag jenseits des Sportunterrichts ist häufig von Bewegungsmangel geprägt. Zum Beispiel wird in Bezug auf das Phänomen ADHS (s. Abschnitt 8.4) zu Recht hinterfragt, ob den Bildungseinrichtungen nicht ein Mangel an Freiräumen als krankmachend diagnostiziert werden müsse.

Die Studienlage zeigt, wie wichtig es ist, Bewegungsmöglichkeiten in einer Form zu fördern, so dass sie gern auf freiwilliger Basis fortgesetzt werden. Beim Schulsport werden nicht wenige Lernende beschämt. Bewegung ist dann häufig aversiv besetzt. Sportlehrer definieren sich nicht selten über ihre eigenen sportlichen Fähigkeiten, für die sie sich gern von Schülern bewundern lassen. Der Sportarzt Ingo Froböse plädiert in Bezug auf Bewegung und Sport für gezielte „subjektive Unterforderung". Das heißt für ihn: „Wow, war das schön, das mache ich morgen wieder […]! Körperliche Aktivität wirkt nur dann regenerierend und entspannend, wenn wir danach nicht vollkommen erledigt aufs Sofa fallen, sondern aufhören, solange wir gute Gefühle haben, und nicht erst, wenn wir nicht mehr können" (zit. nach Schönberger 2014).

Gesunde Bewegung ist häufig recht unspektakulär. Öffentlich ausgewalzt werden Extremleistungen zur Selbstinszenierung. „Der Sport wird zum Körperkult. Die Mädchen hecheln der Model-Manie hinterher, die Jungs definieren sich über Posen und Muskulatur[,…] ein Selbstentwurf von Leuten, deren körperliche Inszenierung für ihr Identitätsbewusstsein zentral ist" (Froböse / Ott / Weitz 2015, 26f.).

Die Förderung des Körpergefühls und der Bewegung im Bildungswesen muss sich hauptsächlich an seiner nachhaltigen Motivationswirkung messen lassen. Welcher Anteil Lernender fühlt sich durch die Impulse motiviert, wiederholt Anregungen in der Freizeit? Wer fühlt sich beschämt, ausgegrenzt – über den Sportunterricht hinaus? Wie viele „Bewegungsmuffel“ können aktiviert werden? Eine Untersuchung hat gezeigt, dass Lernende, denen das Lernen nicht unbedingt leichtfällt, ihre Leistungen mit einem moderaten Lauftraining von zwei bis drei Einheiten pro Woche verbessern könnten (Reinhardt RK 2009).

Bewegung, die der körperlichen Verfassung angepasst ist, stärkt die Gesundheit in vielfältiger Form, zum Beispiel auch durch eine Anregung des Stoffwechsels. Bewegung stärkt zudem seelisch, durch das Erleben von Selbstwirksamkeit, als erfolgreiches Selbstmanagement. Dies ist einer der Gründe, warum sportliche Fitness die Überwindung von Arbeitslosigkeit fördert. Zahlreiche Studien haben belegt, dass Breitensport ganzheitlich wirke, auf klassische Parameter wie körperliche Belastbarkeit, auf die kognitiven Fähigkeiten einschließlich sozialer Kompetenzen wie Teamwork, Selbstdisziplin, Ausdauer, Stressbewältigung und Selbstvertrauen. Eine Analyse des IZA World of Labor[60] legt nahe, dass die Förderung sportlicher Betätigung als Maßnahme der aktiven Arbeitsmarktpolitik die Wiederbeschäftigungschancen gerade von Langzeitarbeitslosen deutlich steigern könne.

In Familien und an Bildungseinrichtungen sollten ein positives Körpergefühl, Basisfertigkeiten wie sicheres Schwimmen, Unfallverhütung wie geschicktes Fallen, die Förderung von angenehmen Bewegungsaktivitäten und die Kooperation mit lokalen Vereinen gefördert werden. Am effektivsten kann das Format „Bewegung & Fitness“ für Lernende sein, die schon früh merken, dass sie bei spielerischer Bewegung darauf angewiesen sind, dass es nicht um „schneller, höher, weiter“, sondern vor allem um die Freude am Miteinander geht. Biofeedbackmethoden wie Pulsmesser sollten gezielt einsetzt werden. Daneben kann Sport kompetitiv gefördert werden, auf freiwilliger Basis.

Die Leiterin des Forschungszentrums für den Schulsport und den Sport von Kindern und Jugendlichen (FoSS) in Karlsruhe Swantje Scharenberg beklagt, dass die von der WHO geforderte mindestens eine Stunde Bewegung pro Tag in Deutschland nur von einen Viertel der Kinder zwischen drei und siebzehn Jahren umgesetzt werde. „Wenn die Kinder für zehn Minuten bewegungsaktiv ins Schwitzen und Schnaufen kommen, können sie sich besser konzentrieren und erreichen anschließend bessere Leistungen“, sagt Karin Adler vom Forschungszentrum in Karlsruhe (beide zit. nach Hauschild 2015a). „Tatsächlich schneiden übergewichtige Kinder bei Denk- und Merkaufgaben schlechter ab als normalgewichtige Gleichaltrige“, so die Ergebnisse einer Studie mit rund 120

[60] eine Online-Plattform des Instituts zur Zukunft der Arbeit (IZA); Untersuchung von Michael Lechner: https://wol.iza.org/articles/sports-exercise-and-labor-market-outcomes, Zugriff 11.02.2018

Grundschulen in ganz Deutschland des deutschen Forschungsprojekts „Klasse in Sport – Initiative für täglichen Schulsport" 2014 der Universität Hamburg. Gezielte Bewegungen unter anderem in Pausen, in sportfernen Unterrichtsfächern oder nach der Schule in Arbeitsgemeinschaften hatten dazu geführt, dass die Schüler, gleich, welches Gewicht sie hatten, bessere Ergebnisse in den kognitiven Tests erzielten als Grundschüler, die nicht an dem Programm teilnahmen. Viele Eltern und Lehrer seien der Meinung, zusätzliche Bewegungszeit sei verlorene Zeit, berichtet der Studienautor und Sportwissenschaftler Christian Buschmann.

> „‚*Bewegung macht Kinder nicht schlauer, jedoch im Sinn erfolgreicher Lernprozesse vielgestaltig aufnahme- und konzentrationsfähiger*', so sein Fazit. Eine Dissertation an der Universität Freiburg von 2010 verzeichnet ein ähnliches Ergebnis: Schüler, die 45 Minuten Sportunterricht hatten, lösten anschließend Denk- und Knobelaufgaben deutlich besser als Schüler, die vorher im Mathematikunterricht hockten. Die weit verbreitete Meinung, nach dem Sportunterricht seien Schüler weniger konzentriert und Klassenarbeiten sollte man keinesfalls nach einer Sportstunde schreiben, scheint unbegründet" (zit. nach Hauschild 2015a).

Immerhin treiben laut KiGGS-Studie drei Viertel der Kinder regelmäßig Sport.

> „Knapp 60 Prozent dieser Altersgruppe sind in einem Sportverein aktiv. [...] Jüngere Kinder erfüllen diese [WHO]Empfehlung eher als ältere Kinder und Jugendliche. Kinder und Jugendliche aus Familien mit niedrigem Sozialstatus sind seltener sportlich aktiv und auch weniger häufig in Sportvereinen als Kinder und Jugendliche mit mittlerem bzw. hohem Sozialstatus. Verbringen Kinder und Jugendliche der Altersgruppe von 11 bis 17 Jahre viel Zeit vor Fernseher, Spielkonsole oder Computer, sinkt die Chance, dass sie Sport treiben."[61]

Diese Daten sollten jedoch vorsichtig interpretiert werden. Sie basieren auf Selbstauskünften. Das tatsächliche Ausmaß an Bewegung wurde nicht erhoben. Die Auswerter der deutschen Health Behaviour in School-aged Children (HBSC)-Studie betonen, dass sich Jugendliche mit dem Alter zunehmend weniger bewegten. Dass dies die Prognose für die Bewegung im Erwachsenenalter verschlechtert, ist zusätzlich besorgniserregend.

> „Mehr als 80 Prozent der deutschen Jugendlichen bewegen sich zu wenig. Der Anteil körperlich inaktiver Jugendlicher sinkt zwischen dem 11. und 15. Lebensjahr drastisch. ‚Laut internationalen Empfehlungen sollten sich Jugendliche täglich 60 Minuten so bewegen, dass der Pulsschlag erhöht wird und sie ins Schwitzen kommen. Nur ein geringer Teil der deutschen Jugendlichen erreicht diesen Schwellenwert', sagt Gesundheitswissenschaftlerin Petra Kolip von der Universität Bielefeld. [...] Körperliche Aktivität – hiermit

[61] Vgl. https://www.kiggs-studie.de/fileadmin/KiGGS-Dokumente/kiggs_tn_broschuere_web.pdf, Zugriff 18.02.2018

ist nicht nur sportliche Bewegung gemeint – ist von hoher Bedeutung für die Gesundheit. Sie wirkt sich kurz- und langfristig positiv auf die physische und psychische Gesundheit aus. Zudem kann die schulische und kognitive Leistungsfähigkeit von körperlicher Aktivität profitieren. […] Während 20 Prozent der Jungen die Empfehlungen für körperliche Bewegung erreichen, trifft dies nur für 14 Prozent der Mädchen zu. Im europäischen Vergleich gehört Deutschland damit zu den Schlusslichtern […]. Körperlich aktive Jugendliche bewegen sich mit hoher Wahrscheinlichkeit auch im Erwachsenenalter. Auch deshalb ist es wichtig, Bewegung als Teil der Gesundheitsförderung im Jugendalter zu verankern", so Jens Bucksch.[62]

Am Bewegen und Musizieren ist eine Vielzahl neuronaler Gebiete (im Gehirn und übrigen Körper) und biochemischer Systeme beteiligt. Dies verlängert die Wirksamkeit solcher Aktivitäten deutlich über den aktiven Zeitraum hinaus. Beim Musizieren verbessere sich

„die Vernetzung der Gehirnhälften […], weil bei vielen Instrumenten beide Hände autonom arbeiten, was eine enorme Herausforderung für das Gehirn ist […]. Außerdem ist der durchschnittliche IQ bei musizierenden Kindern erhöht, selbst wenn man alle anderen Faktoren wie das Bildungsniveau der Eltern herausrechnet. Auch die soziale Intelligenz verbessert sich, ebenso die Fähigkeit, eigene Gefühle und die anderer einzuschätzen und zu kontrollieren. […] Es würde schon viel helfen, wen man diese Fächer nicht weiter als ‚weiche Fächer' abqualifizierte, die man nach Belieben kürzen kann. Das sind, wie die Hirnforschung gezeigt hat, richtig harte Fächer. Aber diese Erkenntnis ist bei den Schulbehörden leider noch nicht angekommen" (Korte / Simon 2009, 31).

Bewegung und Musizieren ist zudem gut geeignet, den Zeitgeist zu erfassen. Jugendliche, die schon in jungen Jahren Musikunterricht hatten, hätten bessere Schulnoten als andere. Darüber hinaus seien sie gewissenhafter, offener und ehrgeiziger. Das sind die zentralen Ergebnisse einer Untersuchung auf der Basis von Daten der Langzeitstudie Sozioökonomisches Panel (SOEP) im Deutschen Institut für Wirtschaftsforschung (DIW) Berlin. „Vor allem Jugendliche aus weniger gebildeten Familien profitieren vom Musikunterricht", sagt SOEP-Direktor Jürgen Schupp, der die Studie gemeinsam mit dem DIW-Ökonomen Adrian Hille erstellt hat.[63]

---

[62] https://idw-online.de/de/news522993, Informationsdienst der Wissenschaft, Zugriff 18.02.2018

[63] Die Studie ist online in der renommierten Fachzeitschrift „Economics of Education Review" erschienen. Zum Weiterlesen: Für die 1. bis 4. Klasse wurde im Auftrag der BzgA die Sammlung „Unterricht in Bewegung" (kostenfreier Download) unter Leitung von Kahlert und de Bruin zusammengestellt. Das Schulportal der Deutschen Gesetzlichen Unfallversicherung (www.dguv-lug.de) bietet zahlreiche Materialien, unterteilt nach Altersstufe. Die Broschüre „Bewegungsfreudige Schule. Mit Bewegung Schulqualität entwickeln" (Hundeloh / Kottmann / Pack) stellt einige Facetten der Schulentwicklung und konkrete Möglichkeiten im Schulalltag über die Schuljahre dar. Dorothea Beigel bietet mit „Beweg dich,

3.4 Entschleunigung

Die Soziologin Allmendinger empfindet die schulische Situation heute im Vergleich zu ihrer Schulzeit ab 1962 als „wesentlich stressiger". Die frühe Entscheidung für Profilfächer, die sie als berufliche Vorentscheidung ansieht, sei

> „eine Verengung des Schulsystems, die ich für die Entwicklung einer guten Bildung und kognitiver wie auch sozialer Kompetenzen für abträglich halte. Zusätzlich hat die Verkürzung der Schulzeit von G9 auf G8 viel Freiheit genommen. Für so etwas wie Geschichtswettbewerbe, Musik, Kunst, Auslandsaufenthalte, all das, was ich als Schülerin besonders genossen habe, ist heute keine Zeit mehr" (Allmendinger / Musall / Pieper 2011, 21).

Ähnlich verweist der Präsident des deutschen Philologenverbandes Meidinger auf hausgemachten Stress. Auf die Intervention zahlreicher Bildungsforscher im Sommer 2014, das G8 mit verkürzter Stundenzahl beizubehalten, um das Bildungssystem zur Ruhe kommen zu lassen, entgegnete er:

> „*Schon heute zähle Deutschland zu den Ländern unter den Industriestaaten der OECD, die ihren Schülern bis zum Abitur den wenigsten Unterricht böten, nämlich rund 9.400 Vollzeitstunden gegenüber einem OECD-Mittel von 11.500 Vollzeitstunden.* In den meisten OECD-Ländern ist Nachmittagsunterricht normal. Die Halbtagsschule, wie in Deutschland üblich, ist dort unbekannt. ‚Pisa-Begleituntersuchungen haben gezeigt, dass Beschulungsdauer und Kompetenzerwerb sehr wohl in einem Zusammenhang stehen', sagte Meidinger" (zit. nach Vitzthum 2014).

Dies steht in Zusammenhang mit der Verdichtung der Schulzeit, der allgemeinen Verkürzung der Gymnasialzeit auf acht Jahre. In Schleswig-Holstein, NRW und Bayern wird das G9 kurzfristig wieder eingeführt.

> „G8 habe ‚für 25 bis 30 Prozent der Gymnasiasten mehr gebracht – für die anderen wäre G9 vorteilhafter gewesen', sagt der Münchner Bildungsforscher Kurt Heller. Das ist besonders interessant, weil niemand in Deutschland so gründlich zu dem Thema geforscht hat wie er: In den neunziger Jahren hat Heller in ein paar baden-württembergischen Gymnasien G8 ausprobiert – mit durchschnittlich 16 Schülern pro Klasse. Am Ende empfahl er: Es sollte G8-Schulen und G9-Schulen geben. Aber dann, sagt Heller heute, habe die Politik überall das Turbo-Abi eingeführt. Der Professor hat sehr frustriert geklungen, als er mir gesagt hat: ‚Ist leider so gelaufen'" (zit. nach Sußebach 2011).[64]

Schule! Eine ‚Prise Bewegung' im täglichen Unterricht der Klassen 1 bis 13". Die erfahrene Lehrerin, Motopädagogin und Referentin legt eine Vielzahl kreativer Bewegungsangebote vor. (Unter anderem schlägt sie „Brain-Gym®"-Übungen vor. Wie beschrieben sind die „Brain-Gym"-Hypothesen wissenschaftlich nicht belegt.) Beigel, Dorothea: Beweg dich, Schule. Borgmann Media, 4. Aufl. 2012; Ratey J J, Hagerman E: Superfaktor Bewegung. VAK Verlag 2013. Jörg Blech hat die Studienlage zum unerschöpflichen Potential von Bewegungsaktivitäten in „Die Heilkraft der Bewegung" lesenswert zusammengestellt.

64 „Warum müssen Fünftklässler sonntags büffeln statt Freunde zu treffen? Weshalb dieser Unsinn?" Henning Sußebach (2011) versucht, es seiner Tochter in einem Brief zu erklären.

„Die Ganztagsschule wurde nicht parallel eingeführt, die Lehrpläne wurden nicht entrümpelt, die 265 Wochenstunden, die Schüler bis zum Abitur die Schulbank drücken müssen, behielt man trotz verkürzter Schulzeit bei […]. Die beste Lösung [in der G8 / G9-Debatte] hieße ‚Ganztag statt G9'" (Dräger 2014).

Der „Zeit"-Redakteur Martin Spiewak hinterfragt, ob die G8-Debatte zu einseitig geführt werde. „Die Schulzeit-Verkürzungs-und-retour-Posse zeigt die deutsche Bildungsrepublik von ihrer hässlichen Seite […]. Dabei gibt es keinen stichhaltigen Nachweis, dass das achtjährige Gymnasium Schülern schadet" (Spiewak 2014).

> „Ein G9 ist sinnvoll, wenn […] auch ‚unnütze', nicht sofort für die Praxis notwendige Bereiche unterrichtet oder erfahren werden: Geschichte, Philosophie, musische Fächer, Religion, solche Sachen […]. Der junge Mensch braucht Zutrauen, Anerkennung. Er braucht freie, nicht nur gegängelte Zeit, um sich zu entfalten, zum selbständigen (bewussten) Wesen. Zeit für Dinge, für die er sich selbst entscheidet; Hobby, Vereine, Abenteuer – Huck und Tom / Pippi Langstrumpf" (Hat-Mayr 2014).

Der Bildungsforscher Heinz-Elmar Tenorth unterschrieb den „Aufruf zur Versachlichung der Debatte um G8 / G9" nicht. Zur gymnasialen Ausbildung gehöre für ihn ausreichend Zeit, „alles Lernen müsse doch darauf zielen: auf den Flow, auf die selbstvergessenen Glücksmomente, wenn ein Mensch aufgeht im Erkennen, im Begreifen, mit allen Sinnen. Wo Gedanken über Resultate, also Zensuren zum Beispiel überhaupt keine Rolle spielten" (zit. nach Meinhof 2014).

3.5 Lernenden Verantwortung zutrauen

Wer Bildung nachhaltig organisiert, nimmt Lernende möglichst früh und umfangreich in die Verantwortung. Wenn Lernende nicht konsumieren, sondern eigene Fortschritte mit produzieren, sind sie deutlich zufriedener. Für den autodidaktischen Teil sind sie gleichzeitig auf der Metaebene, haben ständig im Blick, mit welchem Vorgehen sie am besten lernen. Sie bearbeiten ihre Lernziele damit mehrdimensional und verknüpfen sie somit entsprechend komplexer. Die Erinnerung und Anwendung wird dadurch begünstigt.

Wenn Lernende häufig hochtourig und nicht selten hinterherlaufen, bemühen sie sich um Schadensbegrenzung, um Strategien, die Anforderungen zu bewältigen und trotzdem noch Freizeit zu haben. Spielräume zur eigenen Gestaltung bleiben da kaum. Häufig steht die nächste Benotung an, Arbeiten, Tests, Prüfungen. Viele Lernende müssen die Sorgen ihrer Eltern aushalten, auffangen, geraten in die Defensive. Bildung wird so zur Belastung, die Lernende mit unterschiedlichen Strategien auf Distanz halten. Für die ruhige inhaltliche Auseinandersetzung mit eigenen Zielen bleibt da kaum Raum.

Wichtiger und aufwändig ist meist ohnehin erst einmal die Rolle in der Gruppe, Anerkennung zu erhalten, Abwertung zu vermeiden. Hier gilt: Learning by Doing und durch Orientierung an Vorbildern, der Peergruppe. Dieser Teil der Bildung wird bestenfalls von den Eltern unterstützt, erst bei Auffälligkeiten von Pädagogen. Bildungsinhalte können durch solche psychosozialen Themen in den Hintergrund geraten. Warum lerne ich, was ich lerne? Was muss ich wie gut behalten können? Wie fokussiere ich meine Aufmerksamkeit? An welches bestehende Wissen kann ich ankoppeln? Wo kann ich das Neue mit meinem Alltag verankern?

Wer Bildung ernsthaft ganzheitlich fördern möchte, keinen Lerndrill, kein „Bulimielernen", gelangt zu (philosophischen) Fragen der Erkenntnis: Was können wir wissen? Welche wissenschaftlichen Erkenntnisse überzeugen uns warum?

> „Schulen in Deutschland konzentrieren sich vor allem auf Wissensvermittlung, homogene Gruppen und die Förderung einseitig kognitiver Fähigkeiten. Die traditionellen Funktionen des gegenwärtigen Bildungssystems werden beschrieben mit den Stichworten Qualifikation, Selektion, Legitimation. Die Menschen werden von Anfang an und immerzu einem vorgegebenen Selektionssystem, das sich immerzu selbst zu legitimieren versucht, angepasst. Doch eine solche Bildung ist ausgerichtet auf arbeitsteilige Effizienzstrukturen in Wirtschaft und Gesellschaft, die den Vorgaben einer Industriegesellschaft entsprechen, welche im Verschwinden begriffen ist. Ihre Anschlussfähigkeit an die Herausforderungen des 21. Jahrhunderts ist nicht mehr gegeben […]. *Wir haben in der Bildung nicht nur ein quantitatives Problem (ca. 25 Prozent erreichen keine Ausbildungsreife), wir haben auch ein qualitatives Problem*" (Rasfeld / Spiegel 2013, 22f.).

Damit Bildung zum Selbstläufer werden kann, muss Begeisterung ermöglicht werden. Für welchen Anteil der Lernenden kann dieses Ziel erreicht werden? Dies ist von Natur aus angelegt, bei vielen Kindern jedoch bereits im Kindergarten in Vergessenheit geraten. Im vierten Kapitel „Ein Einmaleins der Seele" wird die Bedeutung der effektiven Motivierung beschrieben. Ehrenwerte, anspruchsvolle und eine der wichtigsten Aufgaben aller Pädagogen ist die Anbahnung von Erfolgen.

Eigenverantwortliches Lernen wird in pädagogischen Debatten gern idealisiert. Alle Kinder seien ständig naturgegeben offen für neue Lernerfahrungen. Und was ist mit der menschlichen Bequemlichkeit, der Anstrengungs- und Unlustvermeidung? Menschen, vor allem Kinder, benötigen klare Strukturen und eine Umgebung, die Vertrauen vermitteln kann. Motto: Es ist gut für dich, diese Anstrengung zu überwinden, auch wenn du das jetzt noch nicht selbst erkennen kannst.

3.6 Den Pädagogen mehr Verantwortung zutrauen

Dafür sollte Bildung möglichst dezentral effektiv organisiert, gestaltet und verantwortet werden. Das ist wissenschaftlich immer wieder erwiesen worden. Lernende können Eigenverantwortung und Selbstmanagement am besten am Modell lernen, wenn sie dies vor Ort erfahren und möglichst in Steuerungsgruppen gestalten und verantworten können. Der Bildungsexperte Jörg Dräger plädiert für größere Gestaltungsspielräume der einzelnen Schulen, wie es zum Beispiel in Dänemark üblich sei (zit. nach Kahl 1999). Angesichts der Unterschiede in den Regionen und Stadtteilen liegt es nahe, den vor Ort tätigen Pädagogen die Arbeit nicht zu sehr durch Regularien zu erschweren. Für die persönliche Haltung zur Bildung und das entsprechende Klima an der Bildungseinrichtung ist maßgeblich, ob sich Lernende und Pädagogen als kreative Gemeinschaft mit aktivem Bildungsstreben begreifen oder obrigkeitshörig sind, durch Lehrpläne emotional distanziert oder überlastet. Je größer die Verantwortung vor Ort ist, desto wichtiger ist die Kontrolle und Transparenz der Qualität. Wichtig ist dabei ein fairer Vergleich, der die Ressourcen und Herausforderungen berücksichtigt und nicht einseitig sich auf kurzfristige Lernerfolge beschränkt.

Zentral sollten Aspekte organisiert werden, die nicht jede Bildungseinrichtung selbst leisten kann, wie einen guten Zugang zu wichtigen Innovationen und den Vergleich von Modellen, die sich in der Praxis besonders bewährt haben. Die Qualität der Bildungsbehörden wie der Kultusministerien sollte ebenfalls von ihren Nutzern, den Bildungseinrichtungen, evaluiert werden.

Aber welche Spielräume lässt der Druck der Globalisierung?

Ähnlich wie bei vielen ökonomischen Prozessen werden auch Bildungsinhalte von internationalen Variablen beeinflusst. Doch wie kann diese Fremdbestimmung der Bildungsinhalte verändert werden? Vielleicht hilft eine kurze Zeitreise: Wir schreiben das Jahr 2022. Durch kollektive Sägearbeiten konnte ein gesellschaftliches „Brett vorm Kopf“ entfernt werden. Bildung ist jetzt nicht mehr nur in Sonntagsreden wichtig, sondern tatsächlich. Es gibt einen repräsentativen und mächtigen Nationalen Bildungsrat, in dem selbstverständlich auch Schüler und Eltern mitwirken. (Diese heißen Debatten haben im TV-Programm sogar eine ernstzunehmende Einschaltquote.) Die Mitglieder des Bildungsrates hatten im Jahr 2018 überlegt, wie es mit dem „Lernen für das Leben“ an Bildungseinrichtungen tatsächlich aussah. Was sollte man mit zwanzig, dreißig und auch noch mit fünfzig Jahren wissen? Was sollte jeder nach acht Jahren Schule beherrschen? Was in der Vorschule? Auf der Webseite des Nationalen Bildungsrates werden wertvolle Informationen wissenschaftlich gewichtet angeboten. Das Bildungswesen wurde personell massiv gestärkt, vor allem auch die Ausbildung der Pädagogen verbessert. Klassische Lehrtätigkeiten werden in vielen Fällen durch interaktive Computerprogramme unterstützt, so dass spürbar mehr Raum für die individuelle Förderung bleibt. „Warum können nicht Lernprogramme und per Video die besten Lehrer der Welt das Standardwissen vermitteln und die Lehrer vor Ort den Stoff mit den Schülern diskutieren und sich um deren persönliche Belange kümmern?", fragt Jörg Dräger (Preuß / Dräger 2015). Kurz: Bildung ist 2022 en vogue, zum Dauerbrenner geworden. Der Beruf der Pädagogin hat eine entsprechende Aufwertung erfahren. Bildung nimmt fast so viel Raum ein wie die Berichterstattung zum Fußball.

Doch halt. Ohne diese wünschenswerte Zukunftsmusik, im aktuellen Bildungsalltag gibt es häufig wenig Raum für die Metaebene, das Miteinander in Inhalt und Form zu hinterfragen. Kurzatmig wird auf Lehr- und Bildungsplänen, Wochenpläne hier, Leistungsüberprüfung dort verwiesen, Krankheitsvertretungen und vieles andere mehr im Blick. Was es jedoch gibt, sind Leuchttürme, viele und bunte Landschaften mit Blicken „über den Zaun", „Schulen im Aufbruch", „Treibhäuser der Zukunft", Vernetzungen von Innovationen mit gegenseitiger kollegialer Beratung etc. Kurz: lebhafte Veränderungen.

Prioritäten durch Zeit und Räume

Dabei fragen sich Rasfeld und Breidenbach:

> „Können wir uns überhaupt eine andere Schule vorstellen? Eine Schule, in der *Beziehung vor Vereinzelung steht, in der eine wertschätzende Haltung den gleichen Stellenwert hat wie die Vermittlung von Stoff und die Erziehung zu einem kritischen Geist und in der wir das Menschenbild,* das wir in uns tragen, auch mit unseren Kindern leben? Eine Schule, in der es selbstverständlich ist, sich eine Zukunft selbst zu gestalten? […] Denn was bleibt, ist die gesellschaftlich vorangetriebene Vision von Schule als Ort der Potentialentfaltung, der Herzensbildung, als großartigen Arbeitsplatz, als einen Ort der Gemeinschaft" (Rasfeld / Breidenbach 2014, 11).

„Die soziale Intelligenz der Zivilgesellschaft ist eine enorme Ressource […]. Wir brauchen *Wissen plus Gestaltungswillen, Kreativität, Mut zum Musterbruch, Neu- und Querdenken* – und das kann Schule leisten!" (ebenda, 32) *„Der Schlüssel dazu ist Lernfähigkeit.* Damit verändert sich unser Verständnis von Lernen und unsere Sicht auf die Schule im 21. Jahrhundert" (ebenda, 34). *„Die Schulstruktur der Schule des 20. Jahrhunderts erschwert Beziehungsbildung.* […] *Die fatale Botschaft dieses Systems lautet: für das was neben dem vermittelten Wissen auf Beziehungsebene so unschätzbar wichtig ist, bleibt keine Zeit"* (ebenda, 42). „Die Schule in Deutschland wird ihre inhumanen Wirkungen nicht wesentlich reduzieren, so lange das Diktat der frühen Selektion das Denken und Handeln bestimmt“ (ebenda, 47). Die Organisation von Bildung hat häufig nicht eine möglichst gute Bildung als Ziel, sondern basiert – wie die zeitliche Taktung – auf Konventionen: „Der Jahresrhythmus in der Schule kommt ursprünglich aus der Landwirtschaft, der 45-Minuten-Takt aus der Industrie“ (Preuß / Dräger 2015).

Berücksichtigung unterschiedlicher Entwicklungsgeschwindigkeit

Schon der Philosoph Rousseau warnte im 18. Jahrhundert, das Entwicklungstempo von Kindern zu respektieren, sonst „erzeugen wir frühreife Früchte, die weder Saft noch Kraft haben und bald verfault sein werden“ (Westerhoff 2011). Dieser Respekt vor natürlichen Abläufen, dem Temperament der Kinder und damit der eingeschränkten Möglichkeit, sie davon abweichend zu fördern, ist eines der Hauptthemen der Bücher des Schweizer Kinderarztes Remo Largo. Obwohl dies *öko*logisch plausibel klingt, ist auch die Sorge vieler Eltern nachzuvollziehen, den Kindern Wege zu verbauen, wenn man die Kindheit zu sehr romantisiert, Möglichkeiten der individualisierten Förderung bewusst meidet. Der Kinderpsychiater Klosinski hält das *Moratorium der Jugend* für künstlich in die Länge gezogen. Ein unnatürlicher Schutzraum schaffe durch die fehlende Erdung in der sozialen Realität unnötige Probleme. In der Menschheitsgeschichte lebten Teenager die längste Zeit nicht vorwiegend mit Gleichaltrigen separiert, sondern wurden unter Erwachsenen an Verantwortung herangeführt. Besonders verhaltensauffällige Jugendliche profitieren von gemeinsamen Aktivitäten mit Erwachsenen. Es ist noch nicht lange her, und heute in Deutschland nur noch vereinzelt Usus, dass Kinder früh in das Erwerbsleben der Familie involviert waren, zum Beispiel in der Landwirtschaft Tiere mit versorgten. (Im Abschnitt über die Sekundärtugenden, Kapitel 4.5, beschreibt der bekannte Koch Jamie Oliver seine frühe Berufstätigkeit in der Küche seines Vaters. Davon habe er bereits als Kind enorm profitiert.)

Wer mit Kindern arbeitet oder lebt, weiß, wie stolz sie sind, wenn sie Tätigkeiten, die sie für erwachsenentypisch halten, selbst ausführen können. Ihr stolzes Aufrichten lässt sich in solchen Situationen tatsächlich auch physisch wachsen. Praktische Tätigkeiten können den Bildungsalltag häufig bereichern. Anwendungsbeispiele wirken motivierend und helfen beim Erinnern, wenn an vorhandenes Wissen angeknüpft wird.

Lernen in Zusammenhängen

Rasfeld und Spiegel kritisieren die gängige Schulpraxis.

> „Dieses isolierte Als-ob-Lernen ohne Anbindung an authentische Aufgaben ist wenig nachhaltig. Lernen durch Engagement dagegen ist an konkrete Erfahrungen gekoppelt. Selbstorganisation, Selbststeuerung, die Entwicklung personaler Kompetenzen sind hier integral verankert. Hinzu kommt die wichtige ethische Dimension: Gemeinsinn, Verantwortungsbewusstsein, Werteorientierung lassen sich nicht unterrichten, genauso wenig komplexe Metakompetenzen[65] wie strategische Handlungsplanung, Folgenabschätzung, Problemlösungskompetenz, Flexibilität, Frustrationstoleranz, Impulskontrolle" (Rasfeld / Spiegel 2013, 46).

„Der Schulalltag ist geprägt durch eine zusammenhanglose Abfolge von Fächern, ähnlich einem Fernsehprogramm" (ebenda, 37). Auch Albert Einstein hat für die Verknüpfung von Wissensinhalten plädiert: „Jeder Idiot kann etwas wissen. Entscheidend ist das Verständnis."

Verwertbarkeit – Lernen für die berufliche Qualifikation?

Seit dem Altertum wird diskutiert, wie sehr schulisches Wissen für das Leben nützlich sei[66].

> „Eher geht es darum, dass jemand, der durch einen Prozess der Wissensaneignung gegangen ist, danach ein anderer ist, auch dann, wenn er das meiste, das er dabei definitiv erfahren und gelernt hat, wieder vergisst [...]. Aber all das wird Spuren hinterlassen und den Menschen in seinem Denken, Fühlen und Handeln prägen und verändern" (Liessmann 2014, 98f.).

Georg Kerschensteiner wird in den aktuellen Bildungsbeiträgen häufig zitiert. „Bildung ist das, was zurückbleibt, wenn man das Gelernte wieder vergessen hat" (zit. nach Precht 2013, 28).

Prechts – teilweise provokativ geschriebener – Aufruf zur Bildungsrevolution trägt den Untertitel „Der Verrat des Bildungssystems an unseren Kindern". Er kritisiert, „dass unser Bildungssystem seit den Neunzigern nach genau jenen halb verstandenen und flüchtigen Bedürfnissen von Konzernen umgebaut worden ist. Was die Wirtschaft in Zukunft brauchen soll und was nicht, ist nichts anderes als eine Hochrechnung des gegenwärtigen Zeitgeistes in die Zukunft"[67] (Precht 2013, 86f.).

---

[65] S. Zusammenstellung von Hüther (2016) im Anhang.

[66] *Non vitae, sed scholae discimus* („Nicht für das Leben, sondern für die Schule lernen wir"), Seneca.

[67] Im Weiteren wird es dann schwer nachvollziehbar, wenn Precht (2013) behauptet, die allermeisten Kinder würden gar nicht mit den Arbeitsbedingungen des Weltmarktes kon-

Am Streit um den Umfang und das Format zur Vermittlung ökonomischen Wissens zeigen sich die einzelnen Interessen. Ab 2016 führte die rot-grüne Regierung in Baden-Württemberg für alle weiterführenden Schulen das Pflichtfach Wirtschaft / Beruf ein. Laut Wirtschaftsminister Schmid solle Schülern „angesichts steigender Studentenzahlen die duale Ausbildung schmackhaft gemacht werden". In einem „Zeit"-Interview sagte Schmid: „Wir sind an einen Punkt gekommen, an dem wir nicht noch mehr Akademiker brauchen" (Schmid / Otto 2014). Liessmann sieht in der einseitigen – auch für ihn überholten – Konzentration sogar einen „Akademisierungswahn", weil „die Akademikerquote [...] dadurch zweifellos steigen" werde, „aber die immer zahlreicher werdenden Akademiker werden keine Akademiker mehr sein"[68] (Liesmann 2014, 20f.).

Der Soziologe Hedtke rechnet auf, dass „Wirtschaft [...] längst zum Pflichtpensum in Fächern wie Politik / Wirtschaft, Sozialkunde, Gemeinschaftskunde oder Politik" zähle.

> „Jugendliche wissen über Wirtschaft nicht weniger als über Politik oder Recht [...]. Schon in den letzten 15 Jahren haben Unterricht und Schule eine beispiellose Ökonomisierung erlebt, noch mehr Wirtschaft stärkt einseitig die ökonomische Sichtweise und treibt utilitaristisches Denken und Handeln weiter voran [...]. In Schule aber zerfallen die Zusammenhänge, wenn Schüler Wirtschaftsunterricht ohne Politik, Politikunterricht ohne Wirtschaft haben und Gesellschaft gänzlich fehlt. Komplexe Verhältnisse verlangen umfassend gebildete Bürger. Viele kleine Schubladenfächer verhindern das" (Hedtke 2015).

„Gründerkids"[69] ist ein Projekt in Sachsen-Anhalt zur Gründung und Entwicklung von Schülerfirmen. Derartige Initiativen könnten kritisiert werden als Bedrohung des Schutzraums Jugend durch eine zu frühe Orientierung am gesellschaftlichen „Primat der Ökonomie". Die Unternehmen der Kinder und Jugendlichen sind jedoch in der Regel nicht primär an der Erwirtschaftung von Gewinn ausgerichtet. Möglicherweise setzt der Traum davon Energie frei. An der Kreativität der Jungunternehmer, der sozialen und ökologischen Ausrichtung zeigt sich die Freude an der Entwicklung (Deutsche Kinder- und Jugendstiftung, 2014). Die Kinder scheinen zu spüren, was neurobiologisch

---

kurrieren. „Vom ‚Weltmarkt' ist hier die Rede und von der ‚Wettbewerbsfähigkeit' unserer Kinder – ein seltsames Phantasma. Denn 99 Prozent unserer Kinder konkurrieren auf gar keinem Weltmarkt miteinander. [...] Globalisiert ist nur der desolate Billiglohnsektor mit seinen Spargelstechern, Bauarbeitern und dem schlecht bezahlten Servicepersonal" (Precht 2013, 86f.).

68 Liessmann (2014) führt in seiner Streitschrift aus, dass Ausbildungsdienstleistungen schwer mit seinem Verständnis universitärer Identität vereinbar seien. Diese basiere auf der Freiheit von Forschung und Lehre, was mit der zunehmenden Outcome-Orientierung inkompatibel sei.

69 Gruenderkids.de

nachgewiesen werden konnte: das gemeinsame Übersichhinauswachsen macht Freude, gibt Zuversicht. „Wahrlich, es ist nicht das Wissen, sondern das Lernen, es ist nicht das Besitzen, sondern das Erwerben, es ist nicht das Dasein, sondern das Hinkommen, was den großen Genuss gewährt" (Carl Friedrich Gauß). Computergenies wie Bill Gates werden weltweit unter anderem bewundert, weil sie bereits im Jugendalter unternehmerisch aktiv waren.[70]

3.7 Praktische Fertigkeiten fördern, Service Learning

> „Wenn dem Lernen keine Reflexion und Praxis folgt, ist es kein wahres Lernen."
> Thich Nhat Hanh (Crum 2016)

Die Vermittlung von Alltagskompetenz, auch praktischer Fertigkeiten, sollte zum Selbstverständnis von Bildungseinrichtungen gehören. Was im Kindergarten noch selbstverständlich ist, wird später zur freiwilligen Teilnahme angeboten. Diese Kompetenz kann ebenfalls wieder in einen Standard- und einen Bonusanteil gegliedert werden. Standards ändern sich mit aktuellen Anforderungen, zum Beispiel der Nutzung elektronischer Medien (Kapitel 6.2). Offizielle Richtlinien sollte es ebenfalls zur Sexualaufklärung geben (Kapitel 6.3). Evaluation ist hier besonders wertvoll. Der Bonusanteil ist abhängig von den Interessen der Pädagogen und den lokalen Möglichkeiten in der Umgebung der Bildungseinrichtung.

Besonders gut können Lernende beim sogenannten *Service-Learning* praktisches Engagement im Umfeld der Bildungseinrichtung mit Lerninhalten verbinden, zum Beispiel indem sie Migranten die deutsche Sprache und Kultur vermitteln. In Nordrhein-Westfalen ist zum Beispiel *sozialgenial* (Aktive Bürgerschaft e. V.) weit verbreitet und im Frühjahr 2016 startete das Angebot „Schule der Zukunft – Bildung für Nachhaltigkeit", bei dem die Kooperation mit außerschulischen Bildungspartnern gefördert werden soll.[71] Die positiven Effekte sind vielschichtig: Erleben von Verantwortung für das Gemeinwesen, Erprobung sozialer und von Kommunikationskompetenz, fächerübergreifendes Lernen, Förderung der Einbindung von Schulen in der Umgebung etc. Solche Erfahrungen werden von ausbildenden Unternehmen geschätzt. Diese fordern: „Wir möchten, dass sie mit anderen kommunizieren können. Wir möchten, dass sie Probleme lösen können. Wir möchten, dass sie bereit sind, Risiken einzugehen" (Zientarski in Ratey / Hagerman 2013, 36). Bildungseinrichtungen sollten

---

70 Gates gründete mit vierzehn Jahren seine erste Firma „Traf-O-data", http://de.wikipedia.org/wiki/Bill_Gates, Zugriff 18.02.2018.

71 https://www.schule-der-zukunft.nrw.de/infos-zur-kampagne/, Zugriff 16.02.2018

ihre wirtschaftliche Bedeutung nutzen, um dauerhafte Kooperationen einzuleiten. „Die ‚Baupiloten' an der TU Berlin, Studierende und die Architekturdozentin Susanne Hofmann, erneuern nach den Ideen von Kindern, Jugendlichen und Pädagogen Schulen und Kitas. Sie kooperieren mit Firmen, aber auch mit Beschäftigungsträgern für arbeitslose Jugendliche oder Werkstätten im Strafvollzug" (Kahl 2009). Solche Initiativen führen zu der Frage, warum es noch eine einzige Baumaßnahme an einer staatlich geförderten Bildungseinrichtung gibt, die nicht diesen integrativen Anspruch hat.

Im Rahmen der Bewegungsangebote, die einen deutlich größeren Raum einnehmen sollten, können zum Beispiel Deeskalation, Erste Hilfe, Verhalten im Notfall und Selbstverteidigung trainiert werden. Solche Übungen und der Schutz der Gruppe sicherte vielen Kindern – im Vergleich zur erwachsenen Bevölkerung – beim Erdbeben in Japan 2011 das Überleben. In Island gehört zu jedem Studienabschluss eine Schwimmprüfung. In Deutschland, so beklagt die Deutsche Lebens-Rettungs-Gesellschaft (DLRG), stiegen der Anteil der Nichtschwimmer und die Zahl der Ertrunkenen. Schwimmbäder schließen. In „Spaßbädern" wird häufig kaum geschwommen. Demgegenüber sollte bei der Verkehrserziehung neben der Geschicklichkeit auf dem Rad auch darüber gesprochen werden, wie Verletzungen beim Fallen verhindert werden können. Ähnlich wie bei der Ersten Hilfe sollte man alltagspraktische Verhaltensweisen vermitteln, zum Beispiel die Autotür von innen mit der türfernen Hand zu öffnen, der sogenannte „Holländische Handgriff", um nach Radfahrern und anderen Verkehrsteilnehmern zu schauen.

Auch die Pisa-Schulstudie 2012 zeigte, dass Alltagsprobleme viele Schüler überforderten. 19,2 Prozent der Fünfzehnjährigen könnten nur „sehr einfache Probleme" bewältigen. Dabei geht es um die Bedienung des Fahrkartenautomaten, des Staubsaugers und einer Klimaanlage, laut diesem Pisa-Test „die grundlegenden Problemlösekompetenzen, die in der Welt von heute für ein erfolgreiches Leben unerlässlich sind".[72] Das Leibniz-Institut für Pädagogik der Naturwissenschaften und Mathematik hat 2013 ein „fundamentales Bildungsdefizit" vor allem bei Schülern beschrieben, die nicht ein Gymnasium besuchten (Osel 2014).

Die Pisa-Ergebnisse zeigten jedoch zudem, dass praktische Tätigkeiten nicht glorifiziert werden sollten. Sie ermöglichen vielleicht eine Abwechslung, sollten didaktisch jedoch kritisch geprüft werden. Ansonsten führen sie zur weiteren Verdichtung des vollgepackten Plans. Der Direktor des Max-Planck-Instituts für internationale Bildungsforschung Eckhard Klieme betont, dass selbst Ex-

72 Vgl. http://www.bildungsserver.de/innovationsportal/bildungplus.html?artid=916, Zugriff 18.02.2018

perimente in den naturwissenschaftlichen Fächern nur mittlere Effekte auf die Prüfungsleistungen hätten: „Praxis im Unterricht ist für die Schüler schön, aber die Forschung sagt ganz klar: Achtung! Es bringt nichts, viel zu experimentieren und anzuwenden, denn vor allem durch Reflektieren und Diskutieren verstehen Schüler Inhalte“ (zit. nach Hauschild 2014, 26).

Glücklicherweise sind Prüfungsleistungen nicht die einzige Zielvariable im Bildungswesen; zum Beispiel für die Resozialisationsarbeit mit Schülern, die aus unterschiedlichen Gründen die Schule meiden, sind praktische Tätigkeiten sehr bedeutend. Die Projekte für Schulverweigerer haben meist viele praktische Anteile. Leider müssen Schüler erst zu Verweigerern werden, bis akzeptiert wird, dass der theoretisch überlastete Schulalltag für viele ungeeignet ist.

Mit dem Bildungsmodell „Neue Lernkultur in Kommunen“ (Nelecom) wird in Thüringen das praktische kommunale Engagement der Schüler systematisch gefördert. „Ein wesentliches Motiv der Initiatoren, Entwickler und Berater [u. a. Gerald Hüther] des Vorhabens ist die Gestaltung von kommunalen Sozialräumen als entwicklungsfördernde Lern-Landschaften, die als Kerne regionaler Identität und Heimat-Verbundenheit fungieren.“[73] Schüler sollen ihre Umgebung als aktiv gestaltbar erkennen, sich in demokratische Prozesse einbringen, lebhafter mit der Kommune interagieren.[74]

Das bei Jugendlichen (und vielen Erwachsenen) allgegenwärtige Smartphone kann ein guter Aufhänger sein, die Alltagskompetenz im Umgang mit Lockangeboten zu trainieren. Privatinsolvenzen sind in der Gruppe der Adoleszenten, der 18- bis 25-Jährigen, ein großes Problem. Im digitalen Zeitalter sind die vielen möglichen Fallen versteckter Kosten durch elektronische Medien noch nicht einmal juristisch geklärt. Immer wieder wird ein eigenes Schulfach Wirtschaft gefordert. Möglicherweise können ökonomische Themen in Geschichte, Philosophie und anderen Fächern bearbeitet werden, vor allem zur Stärkung der Meinungsbildung für die demokratische Teilhabe. Zu Recht wird gewarnt, dass humboldtscher Purismus beim Bildungsideal Alltagskompetenzen sträflich vernachlässigen könne. Wenn ökonomische Themen sogar verachtet werden, „wird die Aufklärung des Nachwuchses gern Banken und Finanzdienstleistern überlassen“. Darunter leide die persönliche ökonomische Lebensführung deutlich, bis hin zur Altersvorsorge (Hoffmann 2015). „Unser Gesellschaftssystem lebt davon, dass die Bevölkerung nicht in der Lage ist, ei-

73 http://www.nelecom.de/

74 Z. B. Wettbewerb „Gemeinsam stark sein“ (netzwerk-laendlicher-raum.de), bei dem sich Jugendliche für ein besseres Wohnumfeld engagieren (Weidner I: Kleine Orte, großes Programm. Süddeutsche Zeitung, 24.01.2014).

nen Mietvertrag zu lesen. Wenn die arbeitende Bevölkerung begreift, was sie unterschreibt, wäre unser System am Ende“ (Rabe 2015). Weitere praktische Bildungsinhalte können Subsistenzwirtschaft, Ackerbau, Gärtnern, Brunnengraben, Handarbeit, ökologisches Wirtschaften oder Stadtplanung sein.[75]

3.8 Persönlichkeitsentwicklung

Sämtliche in diesem Abschnitt zu Bildungsinhalten dargestellten Aspekte beeinflussen die Persönlichkeitsentwicklung, die Auseinandersetzung mit Projekten und externen Personen in besonderem Maße. Ebenso profitiert die Organisationsentwicklung von Bildungseinrichtungen durch diese Interaktion und die Rückmeldung Außenstehender. Schulen laden gern Persönlichkeiten des öffentlichen Lebens ein, wie Harald Schmidt, die zum Beispiel unter dem Titel „Lebenskunde“ persönliche Denkanstöße geben. Mit „und du so?“ hat der Verein Irrsinnig Menschlich Filmbeiträge als Einstieg in das Thema psychische Gesundheit zusammengestellt, mit sehr authentischen Erzählungen, zum Beispiel von Justin & Jeremy von der Band Blue October, Jan Delay und Cem Özdemir. Nach Satre „*verstehen wir alles im menschlichen Leben durch Geschichten*“. „Die Grenzen meiner Sprache sind die Grenzen meiner Welt“ (Wittgenstein zit. nach Bengel 2014). Lernende können in ihrer Umgebung Berufsbilder und persönliche Überzeugungen kennenlernen, zum Beispiel Hinweise auf Zivilcourage.

Psychologische Kenntnisse gehören in die Ausbildung von Pädagogen und Lernenden. Wann geht Routine in Langeweile über? Welche Möglichkeiten ergeben sich? Zentral ist – für Lernende wie Pädagogen – die Erfahrung von Selbstkontrolle und Selbstwirksamkeit. Immer wieder fragen wir uns, was das Menschsein ausmacht. Wie sind wir? Mit welchen Handlungen können und müssen wir bei unseren Mitmenschen rechnen? Menschen fragen sich immer wieder nach dem Sinn ihres Seins und des Lebens. In seinem Memorandum „Psychische Ressourcen zur Förderung nachhaltiger Lebensstile“ schlägt Marcel Hunecke vor, „die psychischen Ressourcen Genussfähigkeit, Selbstakzeptanz, Selbstwirksamkeit, Achtsamkeit, Sinngebung und Solidarität“ entsprechend zu kultivieren (Hunecke 2015, 9).

Zur kontinuierlichen Entwicklung der Bildungsinhalte und der Didaktik kann eine Kultur der Selbstreflexion beitragen. Der regelmäßige selbstverständliche Perspektivwechsel kann im Alltag fortlaufend das eigene Vorgehen und die Bildungsinhalte spiegeln. Als Blick von der Metaebene, mit dem Schritt zur

[75] Zum Weiterlesen: Von MindMatters ist zur Öffnung der Schule und dem Profitieren von der Umgebung die Sammlung „CommunityMatters“ erhältlich. Schwerpunkt ist die Toleranz für kulturelle Vielfalt.

Seite, auf sich und sein Tun zu schauen, vielleicht dabei lächeln zu können, dies stärkt die Souveränität. So können die Erfahrungen und das Wissen der Lernenden und Pädagogen fortlaufend in den Verbesserungsprozess eingehen. In Steuerungsgruppen können sie die Bildungsinhalte mit bewerten oder – zum Beispiel als Abschlussarbeit – eigene Bildungspläne erstellen.

Zur Reifung der Persönlichkeit gehört zudem, Unsicherheit, Widersprüche und Unwissen auszuhalten.

> „Schon Piaget betrachtete kognitive Konflikte als den entscheidenden Motor für das Lernen: Das neu zu erwerbende Wissen wird zunächst in die vorhandene Wissensstruktur einzugliedern versucht (Assimilation). Wenn Elemente des neu zu erwerbenden Wissens mit dem vorhandenen Vorwissen unverträglich sind, kommen Korrekturprozesse in Gang: Die Wissensstrukturen selbst werden geändert (Akkomodation). […] Und der traditionelle Unterricht versucht immer Klarheit zu schaffen, was auch nicht ganz falsch ist, weil wir beides brauchen, wir Menschen. Wir brauchen Unklarheit, damit wir angeregt werden, aus dieser Unklarheit Klarheit zu machen. So sind wir strukturiert: dialektisch" (Martin zit. nach Helmke 2009, 219).

Bartens (2011, 185) fordert, dass wir uns an die Normalität von Krisen gewöhnten. „Die Deutschen sind nicht derart krisenerfahren. Zudem waren Krisen in Deutschland oft gleichbedeutend mit nationalen Katastrophen. Wir haben also kaum verinnerlichen können, dass Krisen zum Leben gehören". Dies erinnert an die Herkunft des Begriffs „Bildung". Der Theologe und Philosoph Meister Eckhart wollte bei der Einführung des Begriffs darunter das „Erlernen von Gelassenheit" verstanden wissen, um Gott ähnlicher zu werden.[76]

Schlüsselkompetenzen zur Förderung lebenslangen Lernens laut EU[77]

- Muttersprachliche Kompetenz
- Fremdsprachliche Kompetenz
- Mathematische Kompetenz und grundlegende naturwissenschaftlich-technische Kompetenz
- Lernkompetenz – „Lernen lernen"
- Soziale Kompetenz und Bürgerkompetenz
- Eigeninitiative und unternehmerische Kompetenz
- Kulturbewusstsein und kulturelle Ausdrucksfähigkeit

[76] http://www.bildungssymposium.de/bs/bs3/eckhart.htm, Zugriff 18.02.2018

[77] Empfehlung 2006/962/EG des Europäischen Parlaments und des Rates vom 18. Dezember 2006 zu Schlüsselkompetenzen für lebensbegleitendes Lernen [Amtsblatt L 394 vom 30.12.2006], http://eur-lex.europa.eu/legal-content/DE/ALL/?uri=CELEX%3A32006H0962, Zugriff 18.02.2018

3.9 To-do-Liste / Bildungsinhalte

1. „Weniger ist mehr“: Festlegung von Minimalstandards der Wissensvermittlung (Die Entrümplung der Lehrpläne, die Konzentration auf Wesentliches ist trotz stetiger Forderungen von vielen prominenten Wissenschaftlern und Praktikern bisher kläglich gescheitert. Im Gegenteil, durch die im Vergleich zu anderen OECD-Ländern kürzere Zeit bis zum Abitur hat sich eine deutliche Verdichtung ergeben.)
   Als-ob-Bildung, erwiesenermaßen unproduktive Pseudobildung wirkt kontraproduktiv.
   Basis-Bonus-Prinzip: Ein solides Basiswissen sollte für möglichst viele angestrebt werden. Die Möglichkeiten der Vertiefung und der Förderung persönlicher Neigungen sollte stark ausgebaut werden.
2. Festlegung eines verbindlichen nationalen Bildungskanons[79] mit entsprechenden Ruhephasen bis zur nächsten Überarbeitung. Betonung von Werten und Überzeugungen, zum Beispiel des Kategorischen Imperativs.
3. Eigenverantwortung der Lernenden stärken und Gestaltungsmöglichkeiten erweitern.
4. Wer Persönlichkeitsentwicklung ernst meint, schafft dafür Standards, zum Beispiel Freiräume für Entwicklungsgespräche.
5. Arbeitstechniken wie Motivierung, Offenheit bei Schwierigkeiten und ein konstruktiver Umgang mit eigenen Grenzen sind nicht von der inhaltlichen Auseinandersetzung trennbar (s. Kapitel 3).
6. Englischkenntnisse müssen im Sinne der internationalen Kommunikation verbessert werden.
7. Bewegung kann in den Alltag integriert werden, zum Beispiel als Koordinations- und Achtsamkeitsübungen; Neigungssport wie Artistik sollte gefördert werden.
8. Möglichkeiten der Individualisierung durch gezielte Nutzung elektronischer Medien
9. Bildungseinrichtungen müssen offen konzipiert sein und Engagement in mehreren Richtungen gefördert werden: Lernen vom Alltag und Erfahrungswissen der Umgebung; Unterstützung des Gemeinwesens durch Lernende; Unterstützung der Bildungseinrichtungen, ehrenamtlich und als Honorartätigkeit.

[78] Zum Beispiel in Schweden gibt es für jedes Schuljahr nationale Lernziele.

4 Ein kleines Einmaleins der Psyche

Psyche und Einmaleins – das klingt zunächst widersprüchlich. Psyche wird hier nahezu synonym mit dem Begriff Seele verwandt. Seelische Vorgänge sind in aller Regel wesentlich komplexer als Multiplikationsaufgaben, manche jedoch derart eindeutig, dass sie klar benannt werden können, als Basiswissen, wie das Einmaleins. Im Rauschen des Alltags geraten wichtige Grundsätze in den Hintergrund, zum Beispiel dass **häufig das Wichtigste für uns Menschen die menschliche Nähe ist.** Vermeintlich Selbstverständliches geht häufig unter: frische Luft, ausreichend Sonnenlicht und Schlaf, Schutz vor Lärm und jeglicher Form von Gewalt. Die wichtigen Faktoren seelischer Gesundheit sollten zum Allgemeinwissen der Bevölkerung gehören wie Hygienemaßnahmen und die Einhaltung der Impfempfehlungen.[79] In Bildungseinrichtungen und Familien sollte die Selbstfürsorge unterstützt werden.

(Seelische) Gesundheit ist kein originäres medizinisches Thema, weil Gesundheit mehr ist als die Abwesenheit von Krankheit (s. 7. Kapitel). Stark seelisch wirksame Faktoren stammen – auch bei Patienten – nicht primär aus dem Repertoire von Therapeuten, sondern sind von menschlichen Grundbedürfnissen abzuleiten. So beeindruckt bei Jugendlichen in Lebenskrisen, wenn sie wenig von psychosozialer Hilfe profitieren, nicht selten, dass neue Bekanntschaften und Freundschaften eine Verbesserung bewirken. Viele sehnen sich nach mehr Zuwendung durch die Familie. Manchmal kann dies erreicht werden, wenn Kinder nach einer Phase der Entbehrung wieder Kontakt mit einem vermissten Elternteil haben. **Wertschätzung** aus dem Freundes- und Bekanntenkreis sowie selbst Erfolge zu erreichen (Selbstwirksamkeit) können die seelische Gesundheit ähnlich stärken.

Bei der Annäherung an das Seelenleben ist Respekt vor der Beschränktheit des Menschen ein guter Begleiter. **Wir Menschen können uns und unsere Mitmenschen immer nur teilweise verstehen.** Das ist schwer auszuhalten und zugleich hochinteressant. Forscher betonen die Wahrscheinlichkeit, dass ihr Verständnis und ihre Hypothesen inkorrekt sein können, als „aktuellen Stand des Irrtums“. Menschen wollen jedoch klare Zusammenhänge. Da sind der Kreativität keine Grenzen gesetzt. Für die einen sind die frühen Erfahrungen von Geborgenheit ganz maßgeblich – für das ganze Leben. Andere betonen die Bedeutung der Mondstellung bei der Geburt („Mondknoten“, Roediger 2011, 202). Die Realität, warum wir sind, wie wir sind, ist komplex. Welche Eigenheiten sind

[79] Nach STIKO, der Ständigen Impfkommission, einer Einrichtung des Robert-Koch-Instituts, die Impfempfehlungen für die Bundesländer erarbeitet.

für Menschen charakteristisch? Wer bei Erklärungsmodellen Vorsicht walten lässt, interessiert sich mehr für die Zukunft, die man gestalten kann, als für die Vergangenheit, die im Zweifelsfall einseitig oder sogar falsch erinnert wird.

Landläufig wird bei der Frage nach seelischer Gesundheit häufig die Abwesenheit von (seelischen) Krankheiten genannt. Seelenwohl ist jedoch nur teilweise in Abgrenzung zu seelischen Erkrankungen zu verstehen. Im fünften Kapitel wird ein Verständnis von Gesundheit und ihrer Förderung beschrieben, das sich nicht als Pendant zur Krankheit versteht. Beides sind eigenständige Konstrukte mit Schnittmengen, nicht die beiden Enden derselben Achse. Die Abwesenheit von schweren Belastungsfaktoren ist keine Voraussetzung für seelisches Wohlbefinden. **Eine demütige Haltung kann jedoch durch die Würdigung von scheinbaren Selbstverständlichkeiten (Frieden, Freiheit, Demokratie, sauberes Trinkwasser, ausreichend Nahrungsmittel etc.) zur Aufwertung des Alltags beitragen.** Man kann Zufriedenheit, Ausgeglichenheit und Genugtuung als großes Glück erleben. Eine demütige Haltung im Sinne von Respekt vor der Begrenztheit des Menschseins und den Grenzen der Menschlichkeit sind Ausdruck der Einheit von Seele und Bildung. Menschen, die positive Aspekte ihrer Lebenssituation demütig – und nicht als selbstverständlich – würdigen können, wissen die Freuden des Alltags immer wieder neu zu schätzen. Für sie ist es ein Gewinn, nichts Gleichbleibendes, nichts Selbstverständliches. Durch diese Perspektive belohnt man sich selbst. Denn positive Neuigkeiten führen zur aktivierenden Ausschüttung von Hormonen. Diese führen zu entsprechenden Gefühlen von Genugtuung und Glück. Auch der Vergleich mit der Belastung anderer kann die Genugtuung auffrischen und das eigene Belohnungssystem aktivieren.

Gibt es überhaupt eindeutig günstige oder schädliche Faktoren für die Seele? Kann – trotz aller Individualität – zwischen Faktoren unterschieden werden, die die Seele stärken oder belasten? Grundsätzlich ja. Selbstvertrauen und Geborgenheit geben besondere Kraft. Jegliche Form von Gewalt stellt eine Belastung für die Seele dar. Und dennoch, selbst schwerste Belastungen wie Missbrauch werden von Opfern im Nachhinein teilweise als Erfahrungen gewertet, an denen sie gewachsen sind. Überlastungen, Schädigungen, Störungen entstehen subjektiv. Jeder hat da andere Grenzen, stärkende positive Einflüsse und „Bruchstellen".

Bei maßgeblichen Lebensfragen geht es um Werte. Für das Einmaleins der Seele ist dies zunächst die **Selbstfürsorge.** Es ist überhaupt nicht selbstverständlich, dass Menschen sich selbst fürsorglich behandeln (können). Zentral ist ein vorsichtiger und respektvoller Umgang mit sich selbst, inklusive der eigenen Grenzen. Das muss man sich erst einmal Wert sein. Die gesunde Haltung zu sich selbst ist eine achtsame. In der Menschheitsgeschichte war der Mensch für sein Überleben die meiste Zeit auf seine (körperliche) Leistungsfähigkeit angewiesen. Wer, wenn nicht er selbst, sollte dieses kostbare Gut am sinnvollsten hüten? Durch Irritationen kann dies rasch verlernt werden. Manche halten es für egoistisch, das eigene Wohlbefinden im Blick zu behalten oder die Genussfähigkeit zu kultivieren. Wie so häufig geht es um ein gutes Maß, die passende Dosierung. Menschen, die den eigenen Bauchnabel für das Zentrum der Welt halten, sind nicht unbedingt an Selbstfürsorge interessiert. Im Gegenteil, sie verschleißen sich – und nicht selten ihre Umgebung – durch ihr Geltungsbedürfnis. Zur Selbstfürsorge gehört ein gutes Körpergefühl, ein Gespür für Belastungen, Stress und Wohltuendes. Welche Nahrung ist wann bekömmlich? Welche Bewegung macht Freude? Kern der Selbstfürsorge ist immer wieder, das Gespür für die eigenen Bedürfnisse zu entwickeln. Wichtig ist die Überzeugung, selbst für sich sorgen zu können.

Ein Ansatz, menschliche Grundbedürfnisse einzuteilen, stellt die folgende Abwandlung der bekannten Bedürfnispyramide von Maslow (1981) dar. Sie stellt seelische Grundbedürfnisse dar. Dabei ist der soziale Anschluss als die eigentliche Basis zu verstehen. Das menschliche Miteinander ist zentral, überlebenswichtig. Kooperatives Verhalten hat uns Menschen entscheidende evolutionäre Vorteile beschert, in zentralen Fragen wie der Ernährung und der Unterstützung bei der Betreuung des Nachwuchses.

Abb. 11: Modifizierte Bedürfnispyramide, nach Maslow 1943

Die einzelnen Bereiche der Pyramide sind in der Regel kaum voneinander zu trennen, so dass die von Maslow mit der Metapher dargestellte Hierarchisierung von Bedürfnissen und der Motivation hier nicht weiter erörtert wird. Die Bedeutung basaler Bedürfnisse ist jedoch nicht zu unterschätzen. Ein Mangel an sauberem Wasser und sauberer Luft prägt die Lebenssituation von Milliarden Menschen weltweit. Die übersichtliche Bedürfnispyramide eignet sich als Orientierung. Nicht wenige Menschen überstrapazieren einzelne Bereiche als vermeintliche Heilsbringer. Ernährung und sportliche Aktivitäten sind in Wohlstandsgesellschaften solche Themen, die nicht selten egozentrisch einengen und als persönliche Glaubensüberzeugungen die seelische Situation stabilisieren sollen.

Die Bedürfnisse der Lernenden und Pädagogen, zum Beispiel Selbstwirksamkeit zu erfahren, Anerkennung, Ruhe, Bewegung etc. werden in den jeweiligen Kapiteln beschrieben.

Ebenfalls relevant für das Einmaleins der Psyche ist das „biopsychosoziale Modell" (George Engel, 1976). Für die Entstehung von Krankheiten sind demnach körperliche, psychische und soziale Faktoren der Umgebung relevant und vor allem deren Wechselwirkungen. Es ist das am weitesten verbreitete Modell zur Erklärung psychischer Erkrankungen und taugt analog zum Verständnis seelischer Gesundheit. „Aus den Ergebnissen des Kinder- und Jugendservices (KiGGS) ist bekannt, dass es in Deutschland eine immer größere Gruppe von Kindern und Jugendlichen gibt, die über geringe individuelle, familiäre und soziale Ressourcen verfügen und so gegenüber Stressoren und inneren Anspannungen anfälliger sind" (Rauschenbach 2013).

Das Salutogenesemodell konzentriert sich auf Faktoren, die die Gesundheit fördern. Antonovsky (1997) nutzte den Begriff Salutogenese, „Gesundheitsentstehung", ab den 1980er Jahren als Pendant zur Pathogenese, „Krankheitsentstehung". Das „Kohärenzgefühl"[80] als zentraler Aspekt des Modells stellt sich ein, wenn der Einzelne einen stimmigen Zusammenhalt mit seiner Umgebung erfährt, also zum Gemeinwohl beiträgt, durch eine ihm sinnvoll erscheinende Tätigkeit, die mit seinen Mitteln erreichbar ist. Jeder Einzelne kann den Bezug zu sich selbst verbessern, indem er positive Erfahrungen mit seinen Mitmenschen macht. Für den Arzt und Psychotherapeuten Eckard Schiffer kann „das Kohärenzgefühl [...] als Fortsetzung des Urvertrauens verstanden werden" (2013, 12). Die Untersuchungen der Psychologin Ryff in den USA an Erwachsenen, die älter als 25 Jahre waren, ergaben ähnliche Faktoren, die für das seelische Wohlbefinden maßgeblich sind.

---

[80] Lat. Zusammenhalt, Zusammenhang.

Maßgebliche Faktoren für seelisches Wohlbefinden (nach Carol Ryff 1995)

- Selbstakzeptanz,
- Autonomie,
- soziale Beziehungen,
- sinnvoller Lebenszweck,
- die Möglichkeit, die Umwelt aktiv zu gestalten,
- sich persönlich zu entwickeln.

Ryff betont, dass die Geschichte zahllose Beispiele liefere, dass auch Menschen mit schlimmen, ungerechten und aussichtslosen Lebensverläufen glücklich lebten (Ryff 1995, 725).

In Kindheit und Adoleszenz, an Bildungseinrichtungen müssen unterschiedlich sozial begabte Lernende mit nicht selbst wählbaren Gruppen zurechtkommen. Der Faktor „soziale Beziehungen" ist für das Wohlbefinden in dieser Zeit somit besonders relevant.

Im folgenden Kapitel sind wichtige Aspekte zum Verständnis und für die Prävention zusammengefasst, meist allgemeingültig und mit Bezug zum Bildungswesen. Zentral ist zunächst der sogenannte soziale Anschluss, als Sicherheit, Geborgenheit und Möglichkeit, Selbstwirksamkeit in der Gemeinschaft zu erleben. Das soziale Miteinander und ebenso die Bildung selbst sind maßgeblich für die Entwicklung der Persönlichkeit, besonders in der Kindheit und Adoleszenz. Die Tragweite der Kultur an Bildungseinrichtungen für das gesamte gesellschaftliche Miteinander ist enorm und wird meist unterschätzt. Hier kann gelernt werden, individuelle Lebenspläne zu entwerfen und auf ihre Umsetzbarkeit in der Gemeinschaft zu achten.

Die folgende Abbildung stellt schematisch allgemeingültige Einflussfaktoren für das Seelenleben über den Lebenslauf dar. Individuell kann die Bedeutung einzelner Lebensbereiche sich ganz anders darstellen, zum Beispiel für Menschen, für die Religiosität[81] oder Spiritualität im Zentrum steht. Das Schema soll verbreitete Einflüsse übersichtlich darstellen. So betonte der Soziologie und Psychiater Klaus Dörner, dass die Arbeitstätigkeit den Einzelnen mit der Gesellschaft verbinde. Die berufliche Identität, damit die werktäglichen Erfahrungen im professionellen Kollektiv, sind ab dem Schulalter zentral. Lernt man Menschen neu kennen und stellt sich ihnen vor, auch privat, wird der Beruf fast in einem Atemzug mit dem Namen und dem Alter genannt – Lisa Mustermann, 48 Jahre, Verkäuferin; Max Müller, 23 Jahre, ohne Schulabschluss, arbeitssuchend.

[81] *Religio,* lat. „Bindung".

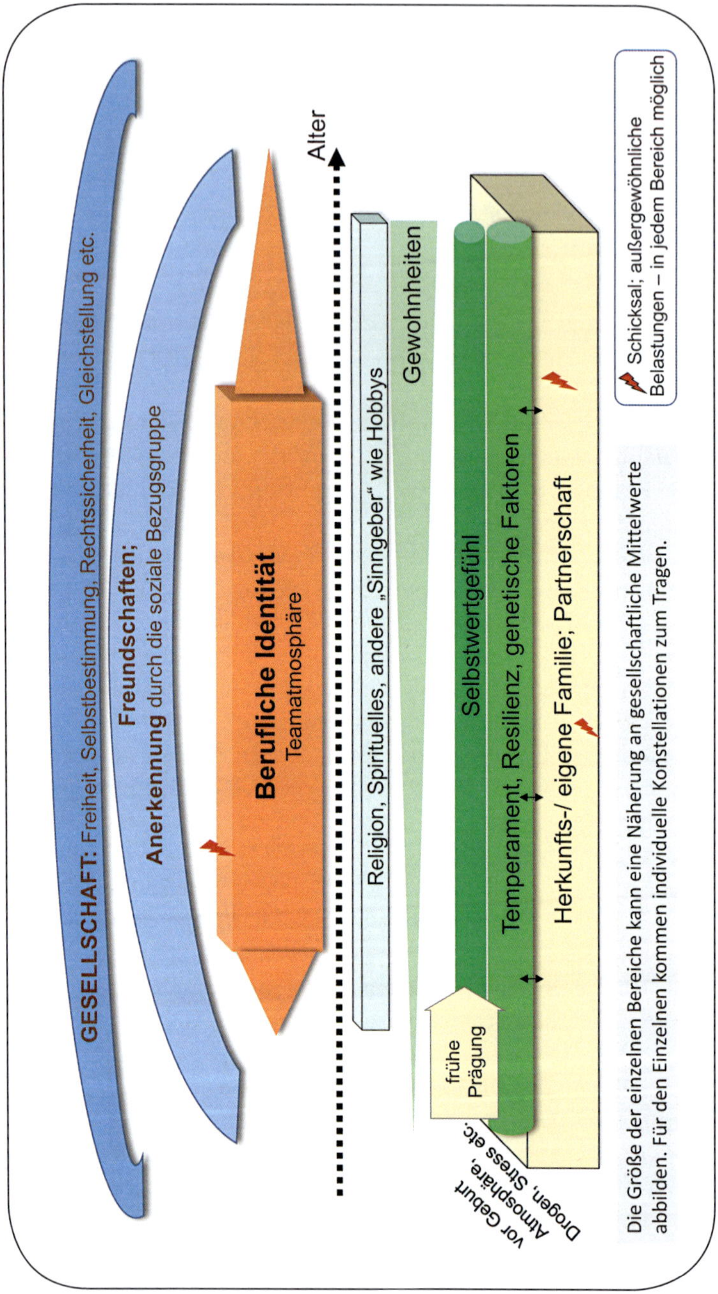

Abb. 12: Einige Faktoren sind für das Seelenleben zeitlebens relativ gleichbedeutend, andere altersabhängig

Es mag allzu selbstverständlich scheinen, dass die individuelle Lebenssituation von der Umgebung abhängig ist, von den wichtigsten Mitmenschen, den täglichen Aktivitäten wie Beruf, der familiären Situation, und auch von der gesellschaftlichen Lage (Gewalt, Rechtssicherheit etc.). Das bekannte ökosystemische Modell des Entwicklungspsychologen Urie Bronfenbrenner beschreibt diese Zusammenhänge, das Wechselspiel der Entwicklung des Einzelnen in Abgängigkeit von seiner Umgebung. Die Gefahr alkoholkrank zu werden, ist unter anderem abhängig davon, ob ein oder beide Elternteile abhängig sind oder waren, wie leicht Alkohol gesellschaftlich verfügbar ist, aber auch welche Stärken, als Resilienzfaktoren, zur Verfügung stehen.

Am Beispiel der Schädigungen, die von Alkoholkonsum in der Schwangerschaft verursacht werden, kann diese soziale Einbindung dargestellt werden. Zehntausend Kinder werden in Deutschland immer noch jedes Jahr mit einer Alkoholembryopathie (Fetales Alkoholsyndrom, FAS) geboren, mit deutlichen Schädigungen nach Alkoholkonsum während der Schwangerschaft. Der Schädigungsgrad hängt von der konsumierten Menge Alkohol und dem Zeitraum des Konsums ab. Es können unterschiedliche Schädigungsmuster vorliegen. Häufig treten Entwicklungsverzögerungen und Verhaltensstörungen auf, Störungen des Gehirns. Verschiedene Formen des Minderwuchses sind verbreitet, unter anderem der Muskulatur und des Kopfes. Wie bei den meisten psychischen Störungen sind die häufigsten Schädigungen durch Alkohol in der Schwangerschaft jedoch nicht so eindeutig wie bei einem Beinbruch. Die volle Ausprägung der Erkrankung ist wesentlich seltener als Teilausprägungen. Bei leichter bis mittelgradiger Ausprägung wird sie häufig nicht erkannt oder nur symptomatisch beschrieben, zum Beispiel als ADHS (Abschnitt 8.4).

Der gesellschaftliche Zusammenhang dieser verbreiteten und häufig verkannten Störung ist komplex. Zum Beispiel wird kritisiert, dass Frauenärzte die Nulltoleranz für den Alkoholkonsum bei der Schwangerschaftsberatung nicht immer ausreichend betonten. Alkoholmissbrauch in der Schwangerschaft ist in allen gesellschaftlichen Schichten verbreitet. Die Schwangerschaft wird gesellschaftlich häufig verklärt. Erst in jüngerer Vergangenheit beginnt man, ungewollte Elternschaft zu untersuchen. Allgemein präventiv gegen Missbrauch von Alkohol, nicht nur für Schwangere und ihre ungeborenen Kinder, wirkt ein hoher Preis für Alkoholika. Alkohol wird landläufig auch bei unproblematischem Konsum als Entspannungsdroge genutzt.[82] Bei psychischer Anspannung und psychischen Erkrankungen kommt es häufig zum übermäßigen Konsum und

[82] Die Deutsche Hauptstelle Suchtfragen empfiehlt, wenigstens an zwei bis drei Tagen in der Woche auf den Konsum von Alkohol zu verzichten.

zur Sucht. Damit kann an dieser Stelle nur schlaglichtartig nur auf einen kleinen Teil der kulturellen Faktoren im Umgang mit Alkohol hingewiesen werden.

Die seelische Situation eines jeden Einzelnen – deshalb dieses Beispiel – wird also bereits vor der Geburt gebahnt und in der Schwangerschaft und in der Phase der größten Bedürftigkeit, als Säugling und Kleinkind, intensiv beeinflusst. Besonders in dieser Zeit und häufig zeitlebens ist die psychosoziale Situation in der Herkunftsfamilie für die persönliche Situation maßgeblich. Dies betrifft zudem die Erblichkeit von Temperamentsfaktoren, das Selbstwertgefühl und die seelischen Abwehrkräfte (Resilienz). Mit den Jahren wird die Kraft der Gewohnheiten auf das seelische Befinden stärker. Spätestens mit Beginn der Schule wird der Einfluss der Peergruppe größer und bedeutend für das Selbstwertgefühl.

Dies setzt sich in der beruflichen Identität fort, die dann im Erwachsenenalter für seelisches Erleben maßgeblich ist. Menschen in prekären Beschäftigungsverhältnissen haben auch in anderen Bereichen eine entsprechend schlechtere Lebenszufriedenheit. Alle diese Faktoren sind in ihrem gesellschaftlichen Umfeld zu verstehen. Frieden, Freiheit, (angestrebte) Gleichberechtigung etc. sind für die seelische Situation des Einzelnen sehr wichtig. Bei volkswirtschaftlichen Untersuchungen zeigt sich immer wieder, dass die Gesamtheit einer Gesellschaft am besten profitiert, in Bezug auf die psychische Gesundheit, Zahl der Gewalttaten, Lebenserwartung oder die Bildungschancen, wenn die Besitzstands- und Einkommensunterschiede in einem maßvollen Bereich liegen.[83] Zu Recht wird darauf hingewiesen, dass „der Umkehrschluss, mit Gesellschaftsumbau die seelischen Leiden zu mindern", sehr fraglich sei (Weber C 2011).

4.1 Sozialer Anschluss, Bindung, (Zusammen-)Halt, Partizipation

Das Wichtigste für den Mensch ist der Mensch. Viele Menschen haben ein gutes Gespür dafür. Deshalb haben sie Angst, aus Gruppen ausgeschlossen zu werden. Der „soziale Anschluss" steht im Zentrum menschlicher Bedürfnisse. Im Extremfall, wenn es um Leben oder Tod geht, wenn Menschen erwägen, sich zu töten, ist meist ausschlaggebend, ob sie eine Person haben, für die sie weiterleben mögen. Kranke können großes Leid ertragen, wenn sie zuversichtlich sind, eine Perspektive und vor allem eine Person haben, als Bindung an die Zukunft, für die und mit der sie weiterleben wollen. Auch im weniger dramatischen Alltag geht es um die soziale Vernetzung. Welche Mitmenschen stehen einem nah? Wem vertraut man? An wen wendet man sich bei Sorgen? Mit

[83] 2009 publizierten Wilkinson und Pickett den umfangreichen Vergleich von 23 Nationen: „The Spirit Level: Why More Equal Societies Almost Always Do Better".

wem kann man ohne Worte lachen? Im dritten Jahrtausend gehört dazu auch die **digitale Identität**, Aktivitäten in sozialen Foren über elektronische Medien.

Kinder haben in der Regel ein feines Gespür, auf wen sie sich verlassen können. Der Neurobiologe Gerald Hüther wünscht jedem Kind: „Eigentlich braucht jedes Kind drei Dinge: Es braucht Aufgaben, an denen es wachsen kann, es braucht Vorbilder, an denen es sich orientieren kann, und es braucht Gemeinschaften, in denen es sich aufgehoben fühlt."[84] Kinder fühlen sich unwohl, wenn sie nie zu Geburtstagen anderer eingeladen werden, wenn sie beim Auswählen von Teams übrigbleiben. Die Einbindung von Kindern in ihre soziale Umgebung ist prognostisch aussagekräftig, zum Beispiel *ob Kinder einen Freund haben, dem sie vertrauen können.* Dies gibt nicht nur Kraft und Zuversicht, sondern schult zudem soziales Miteinander, die Empathie und Toleranz, für Kompromisse, andere Ansichten etc. Dadurch ergeben sich positive Effekte in der übrigen zwischenmenschlichen Gegenseitigkeit. „Kumpelhaftes" Verhalten von Eltern kann dies nicht ersetzen. Eltern sollten darauf achten, dass ihre Kinder positive soziale Erfahrungen machen können. Es sollte nicht zu sehr verunsichern, wenn Kinder keinen dauerhaften „besten" Freund haben.

> „Fend (2003) unterstreicht die Rolle von sozialen Stützsystemen, die generell als wichtig für die Lebensbewältigung in der Adoleszenz angesehen werden sollten […] wie Eltern, Gleichaltrige, Freunde, Verwandte und Schule, die in besonderem Maße vor Risikoentwicklung in der Jugendzeit schützen […]. So ist zum Beispiel die fehlende Beachtung in der Schulklasse durch eine enge Netzwerkeinbindung außerhalb der Schule kompensierbar" (zit. nach Achermann et al. 2006, 31).

Für den Hirnforscher Christian Keysers sind wir *Menschen „im Grunde gar keine einzelnen Individuen, sondern Bestandteile eines engvernetzten sozialen Gewebes".* (Keysers / Dworschak 2013). Gezieltes Miteinander hat dem Menschen evolutionär entscheidende Vorteile ermöglicht, unter anderem durch Sicherheit in Solidargemeinschaften.[85] „In der *Resilienzforschung* […] *im wissenschaftlichen Diskurs besteht Einigkeit darüber, dass der wichtigste Schutzfaktor eine stabile, wertschätzende, emotional warme Beziehung zu einer (erwachsenen) Bezugsperson ist*" (Fröhlich-Gildhoff 2014, 59). „Die Schlussfolgerung, dass soziale Unterstützung insgesamt mit einem deutlich verringerten Mortalitätsrisiko sowie psychischer Gesundheit assoziiert ist, ist empirisch gut abgesichert" (Bengel / Lyssenko 2012, 90). Die „Bildungspsychotherapeutin" Heather Geddes[86] verweist auf

---

84 Nelecom.de, Zugriff 11.03.2018, Thüringer Bildungsmodell Neue Lernkultur in Kommunen.

85 Ausführlich und aktuell von Yuval N. Harari in „Homo deus" (2017) dargestellt.

86 https://youngminds.org.uk/what-we-do/commission-us/, Zugriff 18.02.2018

> „die Fülle von Belegen dafür, dass die sichere Bindung eines Kindes mit dessen vergleichsweise größeren schulischen Einsatz und Erfolg einhergeht. Das bezieht sich auf seine Sozialkompetenz, seine Wissbegierde, sein effektives Spiel, sein Explorationsverhalten, sein teilnehmendes Interesse an anderen und seine kooperative Haltung gegenüber den Lehrern." (Geddes 2014, 170).

Andererseits können soziale Netzwerke „jedoch auch belastende Wirkungen entfalten [,...] zum Beispiel im Falle einer Trennung" (Achermann et al. 2006, 31).

Voraussetzung dafür ist die Sicherheit aus zuverlässigen Beziehungserfahrungen, zumal mit anleitenden Erwachsenen, vor allem den Eltern als ersten Pädagogen. Mit diesen lernen die Kinder, dass die Unsicherheit und manche Angst vor dem nächsten Entwicklungsschritt gemeinsam erträglich sind. Der kürzeste Abstand zwischen zwei Menschen ist bekanntlich häufig ein Lächeln.

Globale und nationale Entwicklungen der letzten Jahrzehnte erschweren vielen Eltern diese haltgebende, zuversichtliche Ausstrahlung. Gesellschaftliche Sozialverbände werden häufig kleiner, die soziale Perspektive national und international für viele unsicherer. Familien stehen pädagogisch vor manchen Herausforderungen der Moderne und haben (zu) große Erwartungen. Der ehemalige Generalsekretär der Vereinten Nationen (UN) Kofi Annan kritisiert als eine Ursache für die weltweite Zuspitzung von Krisen und Kriegen die zunehmende Ungleichverteilung von sozialer Sicherheit und Vermögen.

> „Wir leben in einer Welt, in der das Vertrauen ausgewaschen ist. Wir erleben eine Erosion von Vertrauen in Institutionen und Führungspersönlichkeiten, in Politiker aber auch Wirtschaftsführer. Das hat mit der Finanzkrise 2008 zu tun und vor allem mit der Arbeitslosigkeit. Es gab mal so etwas wie einen Sozialvertrag. Arbeiter durften im Glauben leben, dass sie einen Job haben, solange es ihrer Firma gut geht. Heute verlieren die Firmen zwar kein Geld, aber die Menschen verlieren ihre Arbeit" (Kornelius / Annan 2015).

Die Bertelsmann-Stiftung erfasst mit einem „Radar gesellschaftlichen Zusammenhalts Menschlichkeit in Zahlen" die emotionale Verbundenheit der Bürger mit dem Gemeinwesen.[87]

Am Anfang des 21. Jahrhunderts gehören zu den „Bildungskatastrophen" die „Wettbewerbsrhetorik" und die Überfrachtung des Bildungswesens mit Forderungen, „gesellschaftliche und soziale Probleme" dort anzugehen. „An solchen Ansprüchen gemessen, können Bildungseinrichtungen nur versagen, denn es gibt immer mehr ungelöste Fragen, als in einer Schule behandelt werden können" (Liessmann 2014, 23).

Die folgende Übersicht verdeutlicht weitverbreitete Einflüsse, die den Einzelnen mit seiner Umwelt – und dadurch mit sich selbst – in Beziehung bringen.

---

87 „Change", Magazin der Bertelsmann-Stiftung 3/2014, 68–70.

Kern des seelischen Gleichgewichts sind Zufriedenheit und Ausgeglichenheit, also persönliche Akzeptanz vor allem durch Stimmigkeit mit der Umgebung und entsprechende Anerkennung. Menschliche Regulationssysteme, wie der Säure-Basen-Haushalt als Puffersystem für den Stoffwechsel, haben einen gesunden Bereich, innerhalb dessen die Werte schwanken können (die sog. *Homöostase).* Seelisches Erleben bewegt sich ebenso in einem solchen Normbereich, so dass man von **psychischer Homöostase** („Gleichstand") sprechen kann.

Es gehört zum Allgemeinwissen, dass die frühe Kindheit dafür häufig besonders wichtig ist. Geborgenheit und Sicherheit basiert maßgeblich auf den Lebensumständen der Eltern, wenigstens anfangs vor allem der Mutter, mit ihrer eigenen Biographie und ihrem Bezug zu sich und der Welt. Wenn Eltern zum Beispiel selbst häusliche Gewalt, teilweise als „Erziehung" erfahren mussten, stehen sie vor der großen Herausforderung, dies nicht „transgenerational" fortzuführen. Wer selbst solche oder andere Misshandlung erfahren musste, ist nicht selten grundsätzlich gehemmt, sich bedingungslos auf Mitmenschen einzulassen, auch bei den eigenen Kindern.

Der Umkehrschluss gilt nicht. Auch sehr belastende Kindheitserfahrungen müssen nicht zu psychischen Auffälligkeiten oder Störungen führen.[88] Einige Wissenschaftler empfehlen, die ersten Lebensjahre im Vergleich nicht überzubewerten. So verweist die Bildungsforscherin Elsbeth Stern auf John Bruers Werk „Der Mythos der ersten drei Jahre", das aufräume „mit diesem Vorurteil […]. Natürlich sind die ersten Jahre des Kindes wichtig für seine Entwicklung, aber sie sind keineswegs entscheidend. Mit anderen Worten: Die Jahre zwischen 0 und 3 sind nicht zwangsläufig wichtiger als die zwischen 4 und 6 oder zwischen 7 und 9" (Neubauer / Stern 2009, 220). Manches spricht jedoch dafür, dass die Erfahrungen in der sehr abhängigen frühen Zeit, für die wenige Menschen maßgeblich sind, die spätere Beziehungsgestaltung prägt. Zumal in den ersten Jahren weder die Sprache oder andere Formen der Reflexion zur Verfügung stehen und auch keine Möglichkeit des Ausweichens auf Alternativen.

Die folgende Übersicht verdeutlicht die zentrale Bedeutung der Berufstätigkeit, Partnerschaft, Elternschaft, von Freundschaften, Überzeugungen, wie Religiosität und Hobbys etc. Halt und Orientierung sind durch Überzeugungen und persönliche Projekte möglich, für viele zum Beispiel kann dies die Freude am eigenen Garten sein. Bereits ein Ziel, ein geplantes Projekt, und sei es erst in Jahren realisierbar, eröffnet den geistigen Raum, die Schwierigkeiten des Alltags

[88] In vielen Psychokrimis haben die „Bösen" „schwere Kindheiten" aufzuweisen. Solche Schablonen taugen für Filme, weniger für die Realität.

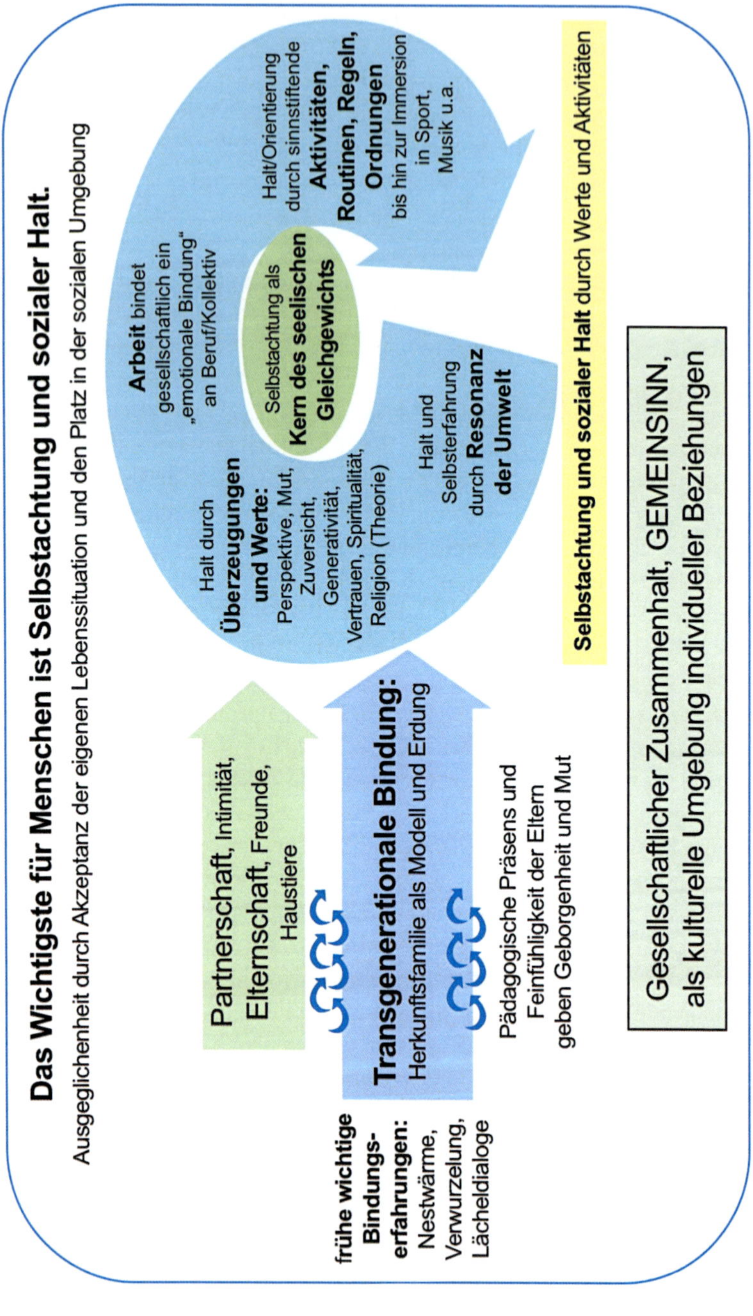

Abb. 13: Das Wichtigste für Menschen sind Selbstachtung und sozialer Halt.

besser aushalten zu können und auf das persönliche Ziel zu fokussieren, Wichtiges vom Rauschen des Alltags zu unterscheiden.[89]

Das angeborene Temperament und die Summe individuell gewichteter Erfahrungen mit den wichtigen Bezugspersonen entscheiden zeitlebens über den persönlichen Halt, Selbstsicherheit, Mut etc. Von der Wiege bis zum Grab gibt Mitmenschlichkeit Kraft, zum Beispiel die Gewissheit, dass es wenigstens einen Menschen gibt, der sich für einen interessiert (genau genommen bereits in der Schwangerschaft durch positive Einflüsse oder Gewalt, Nikotin, Alkohol, Stress u. a.). Das Bedürfnis nach diesem Anschluss, nach Zugehörigkeit und Orientierung kann dazu führen, dass moralische Überzeugungen vernachlässigt werden. Dies ist ein Grund für die Attraktivität gewalttätiger Organisationen.

Menschen werden im Vergleich zu anderen Säugetieren unreif geboren; die starke Abhängigkeit vom sozialen Miteinander ist angeboren. Die frühen Erfahrungen mit Bindung sind besonders prägend, weil Kinder hier völlig abhängig sind, nichts kompensieren können. Das früh erlernte Bindungsverhalten ist ausschlaggebend für die weitere seelische Entwicklung. War es von Sicherheit, Zuverlässigkeit und Liebkosungen geprägt oder von Entbehrungen? Durften Kinder erfahren, dass sie liebenswert sind, begeistern, ihre Umgebung erfreuen, in Lächeldialogen und Ähnlichem?

> „Gemäß der Bindungstheorie entwickeln Menschen auf der Grundlage ihrer Erfahrungen mit Bindungsfiguren mentale Repräsentationen – sogenannte innere Arbeitsmodelle […] – von sich selbst, von anderen Menschen und von nahen Beziehungen, die Annahmen und Erwartungen darüber beinhalten, ob bzw. inwiefern man selbst der Fürsorge und Liebe anderer wert ist, inwieweit andere Menschen vertrauenswürdig sind und wie nahe Beziehungen generell ablaufen“ (Strauß 2014, 28).

Bindung wird als „enge soziale Beziehung zu bestimmten Personen, die Schutz oder Unterstützung bieten können, bezeichnet“ (Jungmann / Reichenbach 2013, 15). Das individuell erfahrene Muster aus psychophysischer Nähe, die feinfühlige Befriedigung der Bedürfnisse prägt sowohl zukünftiges Bindungsverhalten als auch das Selbstbild. Aus diesen Erfahrungen wird ein (metapsychisches) Modell, eine grundsätzliche Ausrichtung von Verhalten und Erleben. Durch die Entwicklung einer zuverlässigen, sicheren Bindung zu Mutter und Vater als Hauptbezugspersonen bilden diese den „sicheren Hafen“,[90] als Basis für den

[89] Gläubige sehen ihren Lebenssinn häufig in der haltgebenden religiösen Ordnung. Als Einzelner Teil eines solchen Gefüges zu sein, kann ähnlich wirken wie selbstdefinierte nichtreligiöse Projekte. Alles hat dann Sinn und Rechtfertigung, unabhängig davon, ob es dem Einzelnen sinnvoll erscheint.

[90] Ein Begriff des Pioniers der Bindungsforschung John Bowlby.

Lebensmut der Kinder, die sich dadurch gestärkt fühlen, ihre Umgebung zu erkunden („Explorationsverhalten"). Schon hier zeigt sich: „Bindung vor Bildung".

Dabei wird der sichere Bindungstyp vom unsicheren und vom desorganisierten unterschieden. Bindungstypen sind nicht gleichbedeutend mit Störungsmustern. Das Bindungsmuster zeigte sich in Untersuchungen „von der frühen Kindheit bis zum Alter von sechs Jahren stabil, nicht aber bis in die späte Kindheit. Von der späten Kindheit bis zum Jugendalter ist jedoch eine Kontinuität auf der Ebene der Bindungsrepräsentation gut belegt" (Jungmann / Reichenbach 2013, 34).

Angesichts des Personalmangels – quantitativ und qualitativ – in vielen Kinderkrippen und Kindergärten wird zu Recht darauf hingewiesen, dass die Möglichkeiten für intensive Kontakte mit den Kindern dadurch begrenzt seien. Die Europäische Union hat entsprechende Personalschlüssel empfohlen.[91] Die Erzieher-Kind-Beziehung kann zum Beispiel über die Zuwendung, Sicherheit (im Sinne von Verfügbarkeit einer Person, bei der Trost gesucht werden kann), Explorationsunterstützung und Assistenz bewertet werden („Safe und Secure Scale"; Jungmann / Reichenbach 2013, 37). Große Studien wie das Perry Preschool Program[92] zeigten, wie wichtig und rentabel die Förderung im (frühen) Kindesalter sei. „Viele Evolutionsforscher glauben, dass die Komplexität des menschlichen Miteinanders die Entwicklung unseres Denkens maßgeblich vorantrieb… Lernen sei keineswegs ein rein kognitiver Vorgang – Aufmerksamkeit oder Motivation werde vielmehr stark von Gefühlen gesteuert" (Sporer 2013, 47). „Ohne Fürsorglichkeit, gepaart mit viel Körperkontakt, haben Kinder einen Startnachteil, der sich nicht nur in emotionalen Defiziten ausdrückt sondern auch im Intelligenzquotienten; das ist messbar" (Korte / Simon 2009, 29).

Fürsorge ist auch an Schulen zentral.

> „Fühlt sich der Schüler sicher und ‚aufgehoben' im Klassenverband? Bereits die Sitzordnung im Klassenraum hat eine große emotionale Wirkung auf den Lerneffekt. Entsprechend sollte der Lehrer viel Zeit und Mühe darauf verwenden, dass Gewalt, Unruhe, Konkurrenzkampf, Furcht, Ausgrenzung und Neid bearbeitet werden und jeder Schüler seinen ‚*emotionalen Platz*' sowohl im Klassenraum als auch im Beziehungsnetzwerk der Klasse findet" (Roth G 2011, 180).

In der systemischen Pädagogik drückt sich emotionale Bindung durch Fürsorge und Respekt unter anderem durch „elterliche Präsenz" aus. Wenn jemand aus

---

[91] Eine Fachkraft sollte nicht mehr als drei Kinder bis eineinhalb Jahre betreuen oder bis zu vier Kinder bis drei Jahre oder bis zu acht Kinder zwischen drei Jahren und Schuleintritt.

[92] Heckman, J. J., Moon, S. H., Pinto, R., Savelyev, P. A., & Yavitz, A. (2010). The Rate of Return to the High / Scope Perry Preschool Program. Journal of Public Economics, 94(1-2), 114–128. Zugriff 12.02.2018. James Heckman erhielt im Jahr 2000 den Nobelpreis für Ökonomie.

dem Leitungsteam einer Bildungseinrichtung morgens am Eingang fürsorgliche Präsenz zeigt, Kinder und Eltern willkommen heißt, wird die Verbindlichkeit ritualisiert. Dies vermittelt: „Wir wollen wissen, wie du morgens hier ankommst, und mit dir in den Tag starten". Blickkontakte und Lächeln können Momente besonderer zwischenmenschlicher Verbindlichkeit sein. Partizipation und die Übertragung von Verantwortung stärken die Bindung an die Schulen.

> „An der Gesamtschule Barmen ist jeder Schüler für irgendetwas verantwortlich: sei es als Pate, Medienscout oder Schulsanitäter. Es gibt zahlreiche Ordnungsdienste. Die Schüler treten offen und selbstbewusst auf. ‚Ohne uns läuft hier nichts', sagen die Mitglieder der Schülervertretung. ‚*SCHULe- MIT-WIR-KUNG*' steht in großen Buchstaben auf den Fenstern des Gebäudes, das Leitmotiv zieht sich wie ein roter Faden durch das Leben an der Schule. Für ihren Umgang mit Verantwortung bekommt die Gesamtschule von der Schulpreis-Jury deshalb sogar die absolute Höchstnote: eine Eins plus" (Deutscher Schulpreis 2015 / Gesamtschule Wuppertal Barmen).

Auf dieser Basis können schulische „Anstrengungen […] mit einer Atmosphäre der anregenden Herausforderung, des milden Stresses verbunden werden, allerdings individuell dosiert. Pädagogen finden für ihre Gruppe einen passenden Rhythmus von Spannung und Entspannung bei der gemeinsamen Arbeit" (Roth G 2011, 180).

> „Zu den wichtigen lernfördernden Faktoren gehört also die Vertrauenswürdigkeit des Lehrenden. Es ist absolut notwendig, dass der Lehrende ein Vertrauensverhältnis zu den Lernenden aufbaut, wie lange dies auch immer dauern mag, das von Sympathie, Kompetenz, Verlässlichkeit und Autorität gekennzeichnet ist. Das Gehirn des Lernenden fragt nämlich automatisch: ‚Kann ich dem trauen, was der da sagt? Ist der kompetent, verlässlich? Weiß er, was er will?' Diese Fragen werden vom Gehirn erst einmal unbewusst und vorbewusst – intuitiv anhand der emotional-kommunikativen Merkmale überprüft. Eine zynische Haltung gegenüber dem eigenen Tun und gegenüber den Schülern wirkt also ebenso zerstörerisch, wie ein unterwürfiges oder sich anbiederndes Auftreten" (ebenda, 195f.).

Schulmodelle, wie sie von Magret Rasfeld und anderen aus der Gruppe „Schulen im Aufbruch" entwickelt werden, setzen auf wesentlich intensivere persönliche Verbindlichkeit, unter anderem durch häufige Einzelgespräche der Schüler mit den Lehrern (Rasfeld / Breidenbach 2014, 89). Obwohl die Persönlichkeitsentwicklung vermeintlich zum Standard schulischer Bildung gehört, mangelt es häufig an konkreten Formaten, die diese Entwicklung begreifbar machen. Wenn Pädagogen kein klar geschütztes Zeitkontingent für persönliche Gespräche mit Schülern haben, zum Beispiel wenigstens dreimal pro Schulhalbjahr, kann kaum Vertrautheit entstehen.

Bildungseinrichtungen, die das Miteinander mit allen seinen positiven Effekten auf Gesundheit und Bildung ins Zentrum rücken, organisieren gemeinsame Rituale. Gemeinschaftsräume und -projekte gehören ebenso dazu wie Mentoren für neue Lernende und Kollegen, eine gesprächsbereite und offene Atmosphäre und Transparenz. Diese Werte können in allen Bereichen des Miteinanders verankert werden. Der in Gruppen häufig auftretenden Ausgrenzung wird entgegengewirkt. Toleranz und Ressourcenorientierung werden aktiv praktiziert. Häufig sind Pädagogen es nicht gewohnt, in Teams zu arbeiten. Viele Formate sind für Einzelgänger konstruiert, nicht für den lebhaften Austausch. In Weiterbildungen – wie nach dem Freiburger Modell[93] – können Pädagogen reflektieren, wie sie sich gegenseitig unterstützen. Der gesundheitsförderliche soziale Anschluss wird in allen Gruppen gefördert, bei den Lernenden, mit den Familien und allen, die Bildung ermöglichen, den Angestellten und dem sozialen Umfeld der Schule.

Der Schulpädagoge Ulrich Herrmann betont die „Kooperation beim Lernen in Gruppen". Sie erhöhe das Wohlbefinden, die Leistungsbereitschaft und -fähigkeit.

> „Beziehungen stiften muss daher ein Kerngeschäft des Lehrens sein, weil Beziehungslosigkeit und Nichtbeachtung als psychische Verletzung vom menschlichen Gehirn registriert werden – genau wie physischer Schmerz. […] Wenn eindeutig belegt ist, dass die Motoren unseres Motivationssystems positive Beziehungs- und Bindungserfahrungen sind – Zuwendung und Anerkennung, Lob und Unterstützung – und dass Leistungsbereitschaft und -fähigkeit von Vertrauen, Abwesenheit von Versagensangst sowie von Erfolgszuversicht abhängen: kann und darf dann das heutige Angst erzeugende Schul- und Unterrichtsbetriebssystem mit seinen massenhaften Erfahrungen des Scheiterns und der Demütigungen, der Entmutigungen und Versagensängste, der neugier- und motivationszerstörende Konzentration auf Leistungen und Noten statt der Förderung von Kreativität und Eigenständigkeit länger hingenommen werden?" (Herrmann)

Stehen diese Belastungen im Widerspruch zu Ergebnissen, laut denen „drei Viertel der Jugendlichen in Deutschland […] eine hohe Zufriedenheit mit ihrem Leben" angeben? (Herpertz-Dahlmann et al. 2013, 324) Oder verdrängen und leugnen viele Schüler solche Belastungen? Ist dies eine hilfreiche Strategie für das Erwerbsleben, wo sie ähnliche Bedingungen vorfinden?

Immer wieder wird die große Bedeutung der Beziehungskompetenz von Pädagogen betont. Bei einem Vergleich Deutschlands mit Ländern, die beim Pisa-Test deutlich besser abschnitten, „wurden die Schüler auch nach dem Verhältnis zu ihren Lehrern gefragt. ‚In keinem der anderen Vergleichsländer fühlen sich Schülerinnen und Schüler von ihren Lehrenden so wenig unterstützt wie in Deutschland'" (Gottschalk 2009, 147) Laut der Professorin für Schulpädagogik Barbara Drinck sei Schule

[93] http://www.psychotherapie-prof-bauer.de/coachinggrlehrerfreiburgermodellbaua07.pdf, Zugriff 06.02.2018

> „als Institution von Erziehung […] auf die Aneignung von Wissen und Fertigkeiten und nicht auf die Gestaltung von dauerhaften, affektiven und sozialen Beziehungsstrukturen ausgerichtet. […] Das Verhältnis der Lehrer und Schüler ist daher, anders als das Verhältnis von Eltern und ihren Kindern, immer eine nicht auf Dauer angelegte, formalisierte Beziehung" (Drinck 2012, 428).

Vor dieser Herausforderung stehen professionelle Pädagogen, mit ihrer persönlichen Gestaltung der Arbeitsbeziehungen möglichst vielen Lernenden eine intensive Einlassung auf die Bildungsinhalte zu ermöglichen. Obwohl sie betonen, dass dies die schwierigste berufliche Herausforderung sei, werden sie dafür zu wenig ausgebildet, und das unter zunehmend schwierigeren Voraussetzungen.

Abschließend sei zum sozialen Anschluss noch auf die umfangreiche Glücksforschung (Berndt 2016) verwiesen, die ebenfalls die zuverlässige Vertrautheit mit Mitmenschen als höchstes Gut in den Mittelpunkt rückt (s. Anhang).

Ausschluss durch Perspektiven ersetzen

Der Mensch als soziales Wesen strebt nach positiver Resonanz, wenigstens Anerkennung und Akzeptanz in seiner Umgebung. Der Neurobiologe Keysers (2014) sieht Menschen weniger als Individuen, sondern mehr als Teil ihres sozialen Gewebes. Kooperation sichert die Existenz und hat den Menschen evolutionär einzigartig gemacht.[94] Das Gefühl eines jeden für sich selbst basiert auf der Reflexion im Mitmenschen. Babys zeigen leidend Ganzkörperreaktionen, wenn ihnen die Rückmeldung verwehrt wird.[95] Motivationsforscher sprechen von der Suche nach „sozialem Anschluss", eng verbunden mit dem Motiv „Selbstwirksamkeit spüren".

In einer Gesellschaft mit vielen Privilegien und Privilegierten gehört Ausschluss jedoch zur sozialen Ordnung, zum Alltag. Eine zentrale Funktion von Schulen ist aktuell die Selektion: „Du kannst auf das Gymnasium gehen, du nicht." „Du erhältst kein Abschlusszertifikat, das eine direkte Fortsetzung deines geplanten Bildungsweges erlaubt." Zum Bildungshabitus, der von den Eltern vermittelt wird, gehört die Anleitung zum Erwerb von Privilegien. Kinder spüren diese Ordnung früh, vor allem durch die Anspannung und Ängste ihrer Eltern.

---

94 Siehe dazu die Videos auf der Webseite des Max-Planck-Instituts Anthropologie Leipzig. https://www.eva.mpg.de/german/psychologie/publikationen-und-videos/videomaterial.html?Fsize=0, Zugriff 12.02.2018.

95 Das „still face"-Experiment von Edward Tronick (1978) zeigt ein sechs Monate altes Kind. Nachdem es seine Mutter – entgegen seiner Erfahrungen – mit Gestik und Mimik nicht erreichen konnte, windet es sich mit dem gesamten Körper, eine sehr eindrucksvolle ergreifende psychische und dann psychosomatische Reaktion. https://www.youtube.com/watch?v=apzXGEbZht0, Zugriff 12.02.2018.

Ausschluss gehört bereits früh mit zum sozialen Lernen, zum Beispiel ob ein Kind zu einer Gruppe auf dem Spielplatz dazugesellen darf oder nicht. Gruppen bilden sich durch Ab- und Ausgrenzung. Wer sich zu sehr von den Gruppennormen unterscheidet, wird ausgegrenzt. Viele Bildungsstätten haben keinen Plan, wie sie mit systematischer Ausgrenzung unter den Lernenden und auch im Pädagogenkollegium umgehen. Eine Patientin mit einer Angststörung und ihre Familie berichteten glaubhaft, dass an einer kirchlichen Schule für sie gebetet worden sei, als sie sich von Mitschülern anhaltend massiv diskriminiert fühlte, als einzige Maßnahme. Die Familie war durch ihre Ohnmacht zu Recht wütend, weil es in der ländlichen Region keine alternative Schule gab. Sie beklagten, dass man sich bei blauen Flecken als Eltern vor dem Jugendamt rechtfertigen müsse. Bei der schweren seelischen Gewalt, die an Schulen geduldet werde, bei der gezielt weggeschaut werde, handle man jedoch nicht. Trotz einer Häufung solcher Probleme legte die Schule Wert darauf, dies nicht offen anzugehen und sich nicht mit Externen, wie dem erfolgreichen Anti-Mobbing-Projekt „No Blame Approach" auszutauschen. Solches „Mauern", Bemühungen nichts nach außen dringen zu lassen und Probleme zu kaschieren, ist Ausdruck eines Mangels an Qualitätsstandards im Bildungssystem, nicht nur der einzelnen Einrichtung.

Besonders anfällig für Ausgrenzungen aller Art sind psychisch Kranke. Dies wurde immer wieder nachgewiesen. Kampagnen zur Minderung des Stigmas verliefen meist nicht erfolgreich. Die Philosophin Susan Sonntag bezeichnet die Stigmatisierung infolge einer psychischen Erkrankung als zusätzliche Erkrankung. Suchtkranke sind von dieser Ausgrenzung besonders häufig betroffen. Sogar unter Medizinern, die überdurchschnittlich häufig selbst suchtkrank sind, wird hinterfragt, ob Sucht als Krankheit einzuschätzen sei.

Wie in Kapitel 4.3 über die Gruppendynamik beschrieben, fürchten sich manche Schüler davor, ausgeschlossen zu werden. Sie verwenden viel Kraft darauf, dies zu vermeiden. Manche Pädagogen intervenieren nicht, wenn Ausgrenzungen offensichtlich werden, aus Angst oder Führungsschwäche. Das stärkt die Täter. Nicht selten tragen Pädagogen sogar selbst zur Ausgrenzung einzelner Schüler bei. In Schulklassen wird sich darüber verständigt, welcher Lehrer welchen Schüler mag oder bevorzugt. Dabei wird fehlgeschlagener Anschluss, zum Beispiel als Zurückweisung, im Gehirn mit ähnlichen Aktivierungsmustern (der entsprechenden Areale) verarbeitet wie körperlicher Schmerz. Sich am Kopf zu stoßen wird somit im Gehirn ähnlich verarbeitet wie „sich vor den Kopf gestoßen fühlen" nach einer Enttäuschung.[96]

---

96 „Schneiden" ist eine weitere Metapher, die diese Ähnlichkeit im alltäglichen Sprachgebrauch darstellt, sich in den Finger schneiden oder in einer Interaktion geschnitten werden.

Ausschluss hat aber häufig auch subtilere Ursachen. Armut führt in reichen Gesellschaften zu Ausgrenzung. Eine Grundschuldirektorin suchte den Haushalt eines Kindes auf, das nicht in der Schule erschienen war. „Plötzlich standen sechs Kinder im Unterhemd vor ihr. Sechs Kinder von sechs Männern. ‚Heute ist Waschtag', erklärte die Mutter. Man habe nichts zum Wechseln" (Liesemer 2009, 55). Jugendliche schämen sich rasch, wenn sie die angesagten teuren Jeans nicht finanzieren können, mit ärmlicher Kleidung sich stigmatisiert fühlen. Ausschluss im Sinne von Vorenthalten von Bildungschancen wird im aktuellen Bildungssystem als gezieltes Mittel privilegierter Bürger verstanden, ihre Privilegien zu „vererben". Die Bildungsexpertin Allmendinger stellt fest: „Eltern mit einer langen Bildungstradition wollen ihre Kinder abgrenzen" (Allmendinger / Musall / Pieper 2011, 22). Durch professionelle Nachhilfe und enormes elterliches Engagement schützen viele Familien ihre Kinder vor dem frühzeitigen Ausschluss von Bildungsperspektiven. Das Gymnasium ist dadurch mehr und mehr zur Volksschule geworden. „Gut die Hälfte eines Jahrgangs erreicht inzwischen die Hochschulreife, der Hauptschulabschluss zählt immer weniger, die Mittlere Reife leidet schon im Ansehen" (Schwarze-Reiter 2014). Die logische Konsequenz, Schule für alle gemeinsam zu verbessern und zu öffnen, Probleme gemeinsam anzugehen, wird vor allem wegen Ängsten vor Veränderungen und vor der Bereinigung ungerechter Privilegien nicht umgesetzt. In Hamburg konnte im Jahr 2010 eine solche – von manchen als *demagogisch* bezeichnete – Kampagne „Wir wollen lernen" mit ihren Folgen beobachtet werden. „Die Zeit" bezeichnete dies als „Gucci-Aufstand" (Menke 2015).

„Unser großes Problem besteht darin, dass etwa 20 Prozent eines Jahrgangs das Mindestziel verfehlen: Sie verlassen die Schule ohne eine Basisausstattung für einen zukunftsfähigen Beruf" (Baumert 2010). Hilde Holtmanns, seit dreißig Jahren Lehrerin an der mittlerweile vielgelobten Neuköllner Rütli-Schule, die nach Überlastungsanzeige und medialem Hype als Vorzeigearmutszeugnis nun zur gut vernetzten dynamischen Vorzeigeschule wurde, betont: „Es sind die gleichen Kinder, aber sie haben jetzt eine Perspektive" (zit. nach Schneider 2014). Eben diese Perspektive fehlt vielen Kindern und ihren Familien, wenn ihnen durch Verhaltensauffälligkeiten schulisch der Ausschluss droht. Manfred Spitzer beschreibt dieses „Aussortieren" als „flächendeckende Demotivationskampagnen" mit der Botschaft „Du kannst nicht" (Spitzer 2010, 150).

Der Pädagoge Hans Brügelmann kritisiert „‚*Wir sind in Deutschland auf Noten fixiert, weil wir ständig Kinder aussortieren. Das ist in anderen Ländern anders.*' Zum Beispiel haben ‚starke Pisa-Länder wie Finnland und Schweden die Noten bis über die Grundschuljahre hinaus durch Lernberichte ersetzt'" (zit. nach Mens 2009). Obwohl die Gültigkeit der Ergebnisse der Hattie-Untersuchungen

(2014) für das deutsche Bildungswesen vorsichtig bewertet werden muss, ist bemerkenswert, „dass eine leistungsbezogene Einteilung der Schülerinnen und Schüler in feste Lerngruppen („tracking") ohne Wirkung auf Schülerleistungen ist" (Rolff 2014). Zudem gibt es einen großen Bereich relativ gleichtalentierter Schüler, bei denen hauptsächlich durch Elterneinsatz, finanziell, ideell oder unmittelbar, als (emotional aufgeladene) Nachhilfelehrer und vor allem über die Stärkung der Sekundärtugenden (Ordnung, Fleiß etc.) Unterschiede geschaffen werden.

Die zu frühe Aufteilung führt vielerorts zu einer stetigen Verschärfung psychosozialer Problemlagen. An Nichtgymnasien sammeln sich immer mehr Schüler mit Verhaltensauffälligkeiten und schwierigen Lernbiographien. „Die ausschließliche Fokussierung auf das Gymnasium, leider politisch ohne Wenn und Aber gewollt, erzeugt eine unsägliche Übertritts-Hysterie in der vierten Klasse. Das entwertet die Realschule. Die Hauptschule […] ist ohnehin schon aus dem Bildungsbewusstsein verschwunden" (Prochaska 2014). Die Übertrittshysterie beginnt jedoch nicht „erst" in der vierten Klasse. Manche Kinder sagen gleich zur Einschulung, dass sie dann bald auf das Gymnasium gehen. Viele Eltern bemühen sich – spätestens – zur Vorschulzeit um eine optimierte Förderung für diesen Weg. Kinder spüren diese Anspannung. Es kann Eltern und Kinder sehr voneinander distanzieren, wenn Kinder sich in ihrer Leistungsfähigkeit nicht akzeptiert fühlen, wenn die Ängste der Eltern wichtiger sind als das Wohlbefinden der Kinder.

Lehrer beobachten „immer wieder, dass die schulischen Leistungen von Kindern oft weniger mit ihren intellektuellen Fähigkeiten als ihrer emotionalen Grundstruktur zu tun haben. […] ‚Vor der Bildung, die ja derzeit überall hofiert wird, steht die Bindung'" so Karl-Heinz Brisch, Bindungsforscher an der Universität München. (zit. nach Ustorf 2008),

> „Wenn Kinder eine sichere Bindung haben, können sie viel besser lernen. Sie sind flexibler, kreativer, ausdauernder, haben eine bessere Gedächtnisleistung, können Lernstoff besser integrieren und sind prosozialer. Sie können ihr volles Potential in der Schule entfalten. Ein noch so intelligentes Kind mit einer Bindungsstörung hingegen wird seine Begabung kaum realisieren können, sondern höchstwahrscheinlich scheitern, in der Schule, später in der Partnerschaft und in den Beziehungen zu seinen Kindern großen Schwierigkeiten haben." (ebenda)

Finnland, als „Pisa-Musterland" gilt als vorbildlich bei der Berücksichtigung von bindungstheoretischen Gesichtspunkten im Bildungswesen, wobei es Hinweise gibt, dass dieses Image neu eingeschätzt werden könnte. „Die Welt" titelt „Finnlands Pisa-Wunder entpuppt sich als Irrtum" und zitiert eine Studie des Bildungsforschers Salgren, dass die guten Pisa-Ergebnisse in Zusammenhang mit „Autorität, Druck[97] und Frontalunterricht" gestanden hätten und nicht mit Bildungsreformen, die zwischen 2003 und 2012 zu einen „Niedergang" des finnischen „Bildungswunders" geführt hätten. „Historisch waren finnische Schulen vergleichsweise hierarchisch aufgebaute Institutionen, die eine Kultur des Gehorsams und der Autorität reflektierten, die in der finnischen Gesellschaft viel länger maßgeblich war als in anderen nordeuropäischen Ländern." Dies erkläre einen Unicef-Report von „Anfang 2007 - mitten in Finnlands Pisa-Hochphase", der darstelle, „dass in keinem anderen Land Kinder weniger gern zur Schule gehen" (Vitzthum 2015).

In diesem Zusammenhang wird das gemeinsame Lernen bis zur 9. Klasse hinterfragt. Bislang galt es als Teil des skandinavischen Bildungserfolgs. „Hochbegabte, normal begabte, körperlich behinderte Kinder und Kinder mit besonderem Förderbedarf werden gemeinsam in einer Klasse unterrichtet. Sitzen bleiben gibt es nicht. Und: In den ersten sechs Jahren werden die Schüler fast ausschließlich von ihrem Klassenlehrer unterrichtet" (ebenda). Die Angst vor dem Ausschluss aus der Gruppe aktiviert gerade bei unsicheren Kindern Ängste, die Störverhalten verursachen, „ein schrecklicher Kreislauf". „Die Lehrperson müsste per Definition die sichere emotionale Basis für die Kinder in der Schule sein." Dann kann der geschlossene Klassenverband die Kinder halten und tragen. „Man kann es leider nicht anders sagen: Was bindungsorientiertes Arbeiten und beziehungsorientiertes Lernen angeht, ist das Schulsystem in Deutschland teilweise in einem urzeitlichen Zustand" (Ustorf 2008). Andere Schulen berücksichtigen diese Bindungsaspekte vorbildlich. Die Jury hob beim Deutschen Schulpreis 2007 über das Schiller-Gymnasium Marbach hervor: „Diese Schule ist stolz auf jedes Kind, das sie behält"; „Der Geist der Schule, die Atmosphäre ist das Wichtigste. Alle kommen ans Ziel" so der Direktor der Schule (Offermann / von Korff 2011, 110).

4.2 Gewalt, Regelverstöße und dissoziale Handlungen erkennen und begrenzen

Gewalt ist ein weiteres Beispiel, warum die aktive Förderung der seelischen Gesundheit im Bildungswesen so wichtig ist. Gewalt gehört vor allem in Schulen, aber auch Kindergärten zur Normalität, jedoch auch in anderen

97 Diese Störung des Dialogs sieht der Kinder- und Jugendpsychiater Klosinski als Risikofaktor für die in Finnland hohe Jugendsuizidalität, https://www.medizin.uni-tuebingen.de/ppkj/Download/Suizidalit%E4t-Klosinski.pdf, Zugriff 05.08.2015. Wenn die Hypothese korrekt ist, könnte die Suizidrate in Zusammenhang mit den Bildungsreformen sinken. Suizidalität wird jedoch von vielen Faktoren beeinflusst.

Ausbildungseinrichtungen wie der Bundeswehr, in Sportvereinen etc. Damit Pädagogen und Ausbilder der normalen Bandbreite des Verhaltensrepertoires einen souveränen pädagogischen Rahmen, eine Grenze, setzen können, müssen sie sich über eigene Sorgen austauschen. Und entsprechende Projekte zeigen Erfolge:

> „Dem Bundesverband der Unfallkassen sind niemals weniger Verletzungen nach Prügeleien auf Schulfluren und Pausenhöfen gemeldet worden als heute. Antiaggressionstheater, Konfliktlotsen, Projekttage zum sozialen Lernen, Klassenräte: Mittlerweile gehören solche Initiativen auch in Schulen mit äußerst friedlichem Umfeld zur pädagogischen Grundversorgung“ (Spiewak 2014a, 16).

Pädagogen, die sich durch körperliche Gewalt oder systematische Diskriminierung bedroht fühlen, schweigen mitunter aus Scham. Nach eigener Erfahrung mit Bedrohung durch Gewalt wird die Auseinandersetzung gemieden. Jeder Pädagogin geht es anders, wenn sie als Aufsichtsperson spontan allein bei raufenden Kindern einschreiten muss. Wer für solche Handlungen nicht geschult ist, kann überreagieren und Kinder zum Beispiel beim Festhalten verletzen.

Obwohl statistisch die allgemeine Gewalt Jugendlicher nicht zugenommen hat, kommt es bei solchen körperlichen Auseinandersetzungen auch zu überschießender Gewalt. Bei Aggressivität und Gewalt benötigen pädagogische Einrichtungen klare Konzepte, auch die Grenzen, ab wann die Polizei hinzuzuziehen ist, und Offenheit. Über Ängste und Bedrohungsgefühle sollte gesprochen werden, auch wenn sie noch nicht eindeutig zugeordnet werden können.

Häusliche Gewalt als Mittel in der pädagogischen Auseinandersetzung ist weit verbreitet. Es gibt in der EU kein einheitliches Verbot, Kinder zu schlagen. In Frankreich zum Beispiel ist das Schlagen von Tieren verboten, nicht jedoch das der eigenen Kinder. Gewalt gegen Kinder bleibt – statistisch gesehen – auf einem erschreckend hohen Niveau. Täter stammen häufig aus dem Nahfeld der Opfer, aus der Familie, Verwandtschaft und der direkten Umgebung. Noch vor wenigen Jahren zeigten Untersuchungen, dass nur 60 Prozent der Kinder gewaltfrei erzogen werden und circa 11 Prozent Opfer schwerer Gewalt sind, mit entsprechend schädlichen Auswirkungen auf ihre Entwicklung. Auch Gewalt gegen Kinder durch dafür bereitliegende Gegenstände (wie Teppichklopfer) soll noch für circa 2 Prozent der Kinder Realität sein. „Der Mechanismus zur Entstehung von Aggression und Zerstörungswut ist zwar in jedem Menschen angelegt, gleichsam eine Konstante der Natur. Aktiviert wird er jedoch durch psychisches Leid“, durch Beschämung und Demütigung. „Gehen Vernachlässigung, körperlicher oder emotionaler Missbrauch gar auf die Eltern oder die Angehörigen zurück, ist das noch traumatisierender, als wenn Fremde die Täter sind oder ein Unfall oder ein Naturereignis das Trauma auslösen“ (Bartens 2011,

118). Selbsterlebte häusliche Gewalt, vor allem durch die Väter, ist ein Risikofaktor für Gewalttätigkeit. Der Leiter des Kriminologischen Forschungsinstituts Niedersachsen, Christian Pfeiffer, betont: „Je höher die innerfamiliäre Gewalt, desto schlechter die Schulnoten" (Pfeiffer 2007, 46). Regelmäßig zeigen Statistiken[98], dass nicht die Zahl jugendlicher Gewalttaten zunimmt, sondern dass sie wegen ihrer medialen Darstellung präsenter wirken.

In Bildungseinrichtungen treffen somit Menschen aufeinander, die mit Gewalt ganz unterschiedliche Erfahrungen haben. Hinzu kommt das Ausprobieren von Gewalthandlungen als Teil der Entwicklung. Bis zu welchem Punkt kann man dies der Selbstregulation überlassen, zum Beispiel beim Pausenfußball? Die noch nicht aufgearbeiteten jahrelangen Missbrauchsfälle an Schulen zeigen, dass Bildungseinrichtungen bei der Prävention von Gewalt und Übergriffen häufig nicht professionell aufgestellt sind. Dabei wirkt Gewalt schwerwiegend und langfristig. Aus Einrichtungen der Jugendhilfe wie Wohngruppen und Heimen weiß man, dass überforderte Pädagogen Bedrohungen der Jugendlichen untereinander als Teil der Hierarchie akzeptieren. Gewalt ist weit verbreitet und trotzdem häufig Tabuthema. Gewalt wird in ihrer Bedeutung für viele Erkrankungen häufig verkannt, geht mit Ohnmacht, Hilflosigkeit und diffuser Verunsicherung einher. Es gibt zwar Bemühungen (vor allem jedoch Bekundungen), besser vor sexueller Gewalt und Missbrauch schützen zu wollen. Andere körperliche Gewalt, sogenannte Misshandlungen, treten wesentlich häufiger auf. Meistens handelt es sich um Mischformen mit Vernachlässigung und seelischer Misshandlung, Herabwürdigung etc.

Der Kinderpsychiater Kirchner (2014) weist darauf hin, dass neben der Atmosphäre von Gewaltandrohungen und Pausenhofprügeleien auch die schwere Gewalt durch Amokläufe[99] in diesem Zusammenhang diskutiert werden müsse.

> „Es sollte uns erschrecken, dass die grauenvollen Schulamokläufe der letzten Jahre ausschließlich in typischen Mittelschichtschulen stattfanden und nicht in Schulen, wo Gewalt und Aggression täglich offen zutage treten. Ich vermute hier ganz klar, dass die Mittelschicht typische Aggressionshemmung an Schulen wie Gymnasien und Realschulen ein ausgeprägtes Klima von Mobbing fördern, also von subtiler psychischer Gewalt durch Demütigung. Was aber demütigt einen Heranwachsenden besonders stark? Wenn er nicht mitkommt, den Anschluss verliert, weil er keine Erfolge aufweisen kann, um sich bei den anderen zu positionieren. Wenn er sich machtlos und hilflos fühlt und auch bezüglich der eigenen Erwartungen an sich selbst ständig enttäuscht wird. […] Unsere Gymnasien hingegen sind immer mehr zu Orten der Anpassung und chronischen Über-

---

98 Wolfgang Heinz für bpb.de. http://www.bpb.de/politik/innenpolitik/gangsterlaeufer/203562/zahlen-und-fakten?p=all, Zugriff 11.02.2018

99 S. Anhang. Empfehlenswert zur Amokthematik ist die Arbeit von Ines Geipel: „Der Amok-Komplex" (2012).

> forderung geworden. Symptome wie Migräne bei Schülern nehmen nicht ohne Grund zu. Nach der psychischen Kraft schwindet die körperliche, und wehe diese Schwäche wird entdeckt. [...] Wäre es anders herum nicht möglich, das Prinzip Schule von der Maxime: ‚Du musst besser sein als die anderen!' zu dem Ziel zu entwickeln: ‚Wir lassen keinen zurück!'?" (Kirchner 2014, 78)

Auch Psychologen wie Elliot Aronson und Wolfgang Melzer weisen auf die Bedeutung des Klimas an Bildungseinrichtungen für die Interaktion der Lernenden untereinander hin. Besonders im Sportunterricht sollten Fairness und Anleitung anderer wenigstens so gewichtet werden wie die Wettkampfanteile.

Schülern Halt geben – Bindung vor Bildung

Maßnahmenpaket für Prävention von Regelverstößen und dissozialem Verhalten

Das Maßnahmenpaket für die Prävention gegen sexuelle Gewalt an Schulen (Schule-gegen-sexuelle-Gewalt.de) als länderübergreifende (!) Initiative eignet sich analog für die Prävention von Regelverstößen und dissozialer Handlungen im Allgemeinen.

Dabei werden die folgenden Maßnahmen zu einem Schutzkonzept zusammengeführt:

1. Leitbild: Der respektvolle Umgang miteinander und auch die konsequente Bearbeitung von Regelverstößen sollten im Leitbild beziehungsweise Schulprogramm erklärt werden.
2. Verhaltenskodex: Für das allgemeine Miteinander und besonders die schwierigen Situationen werden Regelungen diskutiert, veröffentlicht und verbreitet, zum Beispiel wie verfahren wird, wenn ein Schüler den Klassenraum verlassen soll.
3. Partizipation: Schüler und Eltern sollten stets involviert und in die Verantwortung genommen werden.
4. Der Interventionsplan stellt die Abläufe dar, wie bei einem definierten Regelübertritt zu verfahren ist. „Eine *fortlaufende Dokumentation* ist unerlässlich und ein *vorab gefertigter, transparenter Verfahrensgang* für alle Beteiligten von Vorteil" (Bomba 2015, 13).
5. Unterstützung durch externe Fachleute: Die Vernetzung der Schule, zum Beispiel der stetige Austausch mit Schulpsychologen und anderen Schulen, ist zentral. Programme gegen Dissozialität leben von gut tragfähigen Kooperationen, unter anderem mit der Polizei.

6. Die Verantwortung für ein sicheres Miteinander muss von den Führungspersonen und der Steuerungsgruppe übernommen werden.
7. Passende Fortbildungskurse müssen geschaffen werden, die unter anderem die Kritikfähigkeit der Pädagogen fördern, um selbst eine Kultur des respektvollen und fairen Umgangs zu pflegen.
8. Präventionsangebote: Wo kann Aggressivität konstruktiv gelebt werden? Dazu dienen Peerprojekte zur Deeskalation.
9. Ansprechstellen / Vorgehen bei Beschwerden: Neben den amtlichen Wegen kann vor Ort nach guten Kooperationspartnern Ausschau gehalten werden, zum Beispiel sozialen Beratungsangeboten.

Eine Gewährleistung von Sicherheit an Schulen bedeutet zunächst und immer wieder die Grundlagen hervorzuheben. Es ist eben nicht selbstverständlich, dass diese berücksichtigt werden. Schülern Halt geben heißt zunächst, sich selbst Halt zu geben.

Der autoritative Führungsstil

Obwohl an vielen Schulen über mehr Verhaltensauffälligkeiten bei Schülern geklagt wird, sind die Basics zum haltgebenden Führungsstil zu wenig bekannt. Der Führungsstil als maßgeblicher pädagogischer Wirkungsfaktor wird unterschätzt und deshalb zu wenig standardisiert. Wie bekannt sind die vier unterschiedlichen Erziehungsstile (autoritär, autoritativ, permissiv, laissez faire), die sich grob in ihrem Ausmaß an Zuwendung (Responsivität) und Kontrolle unterscheiden (autoritär: wenig Zuwendung, viel Kontrolle, autoritativ: viel Zuwendung, viel Kontrolle usw.)? Wer agiert autoritativ, also bewusst mit viel positiver Zuwendung und gleichzeitig klar verantwortlich für die Einhaltung der Regeln? Wie viele haben mit diesem Erziehungsstil große Probleme? Gibt es eine Kultur, die es erlaubt, offen über solche persönlichen Eigenheiten zu sprechen? Bei welcher Gelegenheit findet dies statt? Sind die Schulleitungen Führungskräfte (formal / real)? Wie bei allen Sicherheitsstandards sollte an Schulen und anderen Bildungseinrichtungen darauf geachtet werden, dass der autoritative Führungsstil als Standard gilt. Aus dieser haltgebenden Fürsorge kann jeder, wenn es die Situation erlaubt, auch mal permissiv sein. Manchmal erfordern die Situationen aber auch Strenge, die im besten Fall authentisch wirkt.

In aller Regel sind diejenigen Lehrer, die dies vorbildlich praktizieren, entweder gute Autodidakten, Naturtalente oder hatten das Glück einer entsprechenden Anleitung. Es ist nicht Standard, bei der Entwicklung des persönlichen pädagogischen Stils (von einem Mentor / Tutor) unterstützt zu werden. Die Notwendigkeit, Lehrer kompetent in ihrer Führungsstärke auszubilden, wird auch heute im Studium nicht ausreichend berücksichtigt. Menschen als Gewohnheitswesen sind – gerade was diese sehr persönlichen Identitätsmerkmale angeht – recht behäbig, wenn Änderungen angebracht sind. Deshalb ist es wichtig, Forderungen an Lehrkräfte vorsichtig mit Entwicklungsmöglichkeiten zu verknüpfen, sonst igeln Lehrer sich zurecht ein – „nicht schon wieder das nächste Projekt / die nächste Reform".

Matthias Bomba, Beratungslehrer und Klassenlehrer von Maßnahmenklassen am Kuniberg Berufskolleg in Recklinghausen, zertifizierter Antiaggressivitätstrainer und Coolnesstrainer empfiehlt für den Umgang mit schwierigen und aggressiven Schüler eindeutige Regeln und transparente Konsequenzen.

> „Ein lernfreundliches und angstfreies Klima kann eine Schule ausschließlich erreichen, wenn sie gemeinsam ein allgemeingültiges Leitbild für die Schule entwickelt und jeder Vertreter des Systems dieses Leitbild durch seine Haltung als Botschafter durchsetzt. Gezieltes ‚hinsehen und handeln' aller Beteiligten an Grenzverletzungen in der Schule sowie ein freundliches, wertschätzendes und konsequentes Verhalten von Lehrkräften und Schulleitung bilden das Fundament für eine ‚gute' und ‚gesunde' Schule. Nachhaltig kann dies nur gelingen, wenn sich alle aktiv und regelmäßig beteiligen sowie die Verfahrensweisen bei Konflikten und Störungen transparent sind. Dabei muss die ‚stille Mehrheit' der Schüler insbesondere von Schule und Lehrkräften miteinbezogen werden" (Bomba 2015, 16).

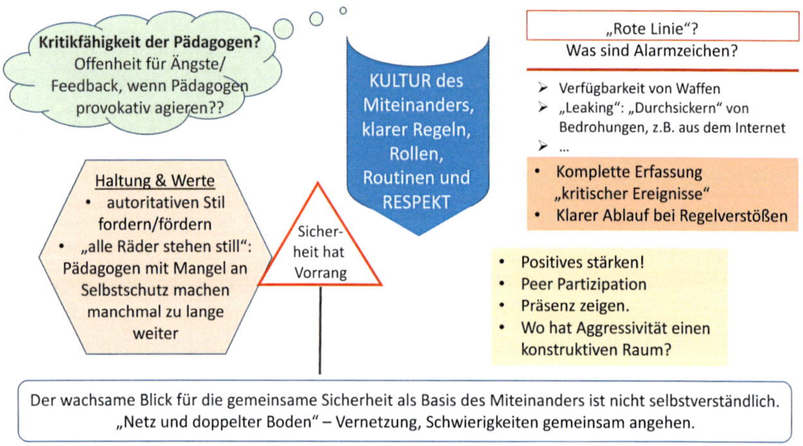

Abb. 14: Sicherheit an Schulen – eine komplexe Thematik

Der Antiaggressionstrainer empfiehlt das folgende Paket von Maßnahmen:

- *verbindliche (Schul-)Regeln,* die von allen Lehrkräften anerkannt und umgesetzt werden (Abweichungen entsprechend Alter, Jahrgangsstufe oder Bildungsgang);
- *regelmäßiger Austausch* zwischen Schulleitung, Klassenleitung, Schülern über Lernsituation in den Klassen und das Schulklima;
- Aufbau und Einsatz von *festen Lehrerteams* in den Klassen;
- Auf- und Ausbau eines *Schüler-Lehrer-Feedbacks,* in dem sich Schüler über Unterrichtsinhalte und -klima sowie Gruppenprozesse äußern können, die auf Grundlage gemeinsamer Zielvereinbarungen mit den Klassen und den Lehrkräften geschlossen werden;
- Auf- und Ausbau eines *Lehrer-Lehrer-Feedbacks,* in dem sich Lehrkräfte gegenseitig im Unterricht besuchen und gemeinsam den eigenen Unterricht reflektieren;
- *qualifizierte Aus- oder Weiterbildung* von Lehrkräften zu Beratungslehrern, um Fach- und Klassenlehrer in der Ursachenanalyse bei Problemlagen zu begleiten;
- Aufbau und Weiterentwicklung von *kollegialer Fachberatung* sowohl für die Psychohygiene als auch für die Vernetzung von Lehrkräften; daraus entwickeln sich häufig positive Akzente im Schulleben;
- *Doppelbesetzung* gerade am Anfang von schwierigen (Maßnahmen-) Klassen vereinfacht den Einstieg mit einer Lerngruppe;
- Entwicklung eines *Trainingsraumkonzeptes* an der eigenen Schule;
- Fortbildungen in Umgang mit Konflikt- und Krisenfällen, Klassenraummanagement, selbstorganisiertes Lernen, Umgang mit schwierigen und aggressiven Jugendlichen, Selbstbehauptungskurse für Lehrkräfte, Gesprächsführung in schwierigen Situationen;
- Aufbau und Fortsetzung von präventiven Projekten wie Teamtraining, Theatertanzprojekte, Sportveranstaltungen, Suchtprävention, soziale Trainings wie etwa das Coolnesstraining (Bomba 2015, 10f.).[100]

[100] S. 9. Kapitel: Fairplayer, No-Blame-Approach; Mobbingberatung Berlin-Brandenburg: mobbingberatung-bb.de.

4.2.1 Präventiv gegen sexuelle Gewalt an Bildungseinrichtungen

Der Direktor der Kinderpsychiatrischen Universitätsklinik Ulm Fegert hat die folgenden Hinweise zusammengestellt.[101] Die Ergebnisse von Fokusgruppenbefragungen und Interviews ergaben folgende Risikofaktoren / Gefährdungsaspekte: charismatische Persönlichkeiten und Machtkonzentration, fehlendes diagnostisches Fachwissen, Ignoranz gegenüber Risiken, Tabuisierung des Themas, Abschottung und Intransparenz der Institution, Fehlen verbindlicher Schutzkonzepte, Vertrauensvorschuss für bestimmte Personen, rückläufige Finanzierungen, Fachkräftemangel, Täter baut „besondere" Beziehung auf, oft durch Belohnungen, aber auch Bedrohung Ferienfreizeiten / Heim / Krankenhaus: Übergriffe bis hin zur Vergewaltigung nachts im Schlafraum / Zelt oder im Waschraum, Schule: Situation (oft arrangiert), in der Kind mit Lehrkraft allein ist / sein muss (teilweise auch bei der Lehrkraft zuhause).

„Wenigstens nicht aktiv schaden" gilt für das gesamte Betriebsklima, auch für die Gruppendynamik unter Pädagogen. Bildungseinrichtungen sind keine Schonräume. Mobbing und subtile Formen von Diskriminierung gehören wie sonst in der Arbeitswelt zum Alltag.

Das Fachportal „Schule gegen sexuelle Gewalt" ist ein Gemeinschaftsprojekt der Bundesländer. Auf Initiative des Unabhängigen Beauftragten der Bundesregierung zu Fragen des sexuellen Kindesmissbrauchs finden sich dort Materialien, Bildungseinrichtungen zu sensibilisieren und die Sicherheit zu verbessern (https://www.schule-gegen-sexuelle-gewalt.de/home/).

4.3 Gruppendynamik – immer einflussreich

Gruppendynamik wird öffentlich vor allem von ihrer dramatischsten Seite, als Mobbing diskutiert. Unter Gruppendynamik versteht man „im engeren Sinne […] die interdisziplinäre Betrachtung der Prozesse und Strukturen in geleiteten Kleingruppen […] mit dem Ziel, diese zu verstehen und adäquat auf sie einwirken zu können, […] um individuelles Wachstum zu ermöglichen" (Tschira 2005, 167f.). Gruppendynamik kann enormes konstruktives (Synergien) und destruktives Potential bewirken. Jeder unterliegt fast ständig gruppendynamischen Einflüssen, auch in Phasen des Alleinseins. Kinder und Jugendliche

101 Die hier genannten Aspekte wurden nach einer Tagung der Evangelischen Akademie Bad Boll „Sexuelle Gewalt an Schulen" 27. und 28. Juni 2011 erarbeitet, Vortrag, 20.08.2014. Online sind die Daten nicht mehr verfügbar. Ähnlich publiziert in Fegert JM, Wolff M (Hrsg.): Kompendium »Sexueller Missbrauch in Institutionen«: Entstehungsbedingungen, Prävention und Intervention. Beltz Juventa 2015.

sind besonders sensibel, ob sie in ihren Gruppen anerkannt sind. Dabei ist es ganz entscheidend, ob sie wenigstens mit einem anderen aus ihrer Gruppe gut zurechtkommen.

Das Bildungswesen ist kaum ohne gruppendynamische Einflüsse denkbar, zum Beispiel bei der Inklusion. Eine Studie mit 670 Vorschülern zeigte, dass die sprachlich schwächsten Kinder besonders von anderen Kindern mit guten Sprachkenntnissen profitierten (Justice et al. 2014). Kinder, die entweder noch nicht reif genug für die Schule sind oder eine grenzwertige ADHS-Problematik zeigen, können mit zu großen Klassen beziehungsweise dem Integrationsbedarf bei hohem Ausländeranteil überfordert sein.[102] Ebenfalls gruppendynamisch neuralgisch ist der Anteil von (älteren) Schülern, die eine Klasse wiederholen. Je höher dieser ist, desto häufiger lassen sich die anderen Schüler vom „negativen" Verhalten der älteren Schüler anstecken (Muschkin et al. 2014). Es wird also darum gehen, Scores für die Integrations- und Inklusionsfähigkeit von pädagogischen Gruppen zu finden, die sich aus der Kompetenz der Pädagogen, den Möglichkeiten der gesamten Einrichtungen und deren Erfahrungen mit der speziellen Problematik des einzelnen Lernenden, der Belastung des Kindes, der Aufgabenteilung etc. ergeben. Kein leichtes Thema; und nichts, was einfach per Anordnung umzusetzen ist.

Gruppendynamik unter Lernenden kann vor allem dann ungebremst wirken, wenn die Pädagogen sich nicht als Team verstehen, wenn die Kollegialität gering ausgeprägt ist. Bei Lehrern wird immer wieder kritisiert, dass sie zu sehr als Einzelkämpferinnen agierten, zu wenig im Team arbeiteten. „Das Rückgrat unserer Arbeit sind ganz klar wir, unser Team, der Zusammenhalt in unseren Jahrgangsteams, die Kleine Schule in der großen, die örtliche Zusammengehörigkeit" (aus einer Göttinger Gesamtschule, in Rasfeld / Breidenbach 2014, 15).

Wenn Lehrer eigene Wege gehen wollen wie „die Notenrebellin" Sabine Czerny, kann es sein, dass die Kollegien mit Ausgrenzung reagieren, Czerny hatte die Schule wechseln müssen. Czerny vertritt die Haltung, „eine schlechte Zensur entmutige Kinder und hindere sie daran, Neues unbekümmert aufzunehmen. So produziere die Schule schon früh Verlierer […]. Gute und schlechte Schüler […] unterschieden sich voneinander vor allem durch den Zeitraum, den sie brauchten, um etwas zu lernen" (Liesemer 2009, 59).

Beim Mobbing werden die Überlegenheit der Täter und die Hilflosigkeit des Opfers häufig erst durch den Gruppeneffekt erdrückend. Aber „wenige Pädagogen besitzen Kenntnisse über Gruppendynamik" (Tschira 2005, 16). Dies

102 http://www.uni-muenchen.de/forschung/news/2015/wuppermann_adhs_einschulung.html, Zugriff 18.02.2018

ist der Nährboden für Mobbing und andere pädagogische Fehlentwicklungen. Aus Sicht der Mobbingopfer werden untätige Pädagogen zu Zuschauern, die die aggressiven Akte billigend laufen lassen. „Geht in pädagogischen Situationen etwas schief, so werden Einzelpersonen oder Teilgruppen verantwortlich gemacht. […] individualisiert, pathologisiert, exemplarisch bestraft. Der ‚Störer' wird für das verantwortlich gemacht, was in der sozialen Gemeinschaft geschieht" (ebenda). Beim **Mobbing** werden direkte und indirekte Formen unterschieden. Zu den direkten Formen gehören wiederholte und gezielte systematische

> „physische Handlungen [,] die als aggressive Akte unverkennbar sind, aber häufiger noch Formen wie Festhalten, Beschmutzen, Bespritzen, Einsperren und bedrohende Annäherungen […]. Typische verbale Formen von Mobbing sind das Nachrufen von groben, gemeinen oder obszönen Namen, Auslachen und Bloßstellen etc. Weiter sind Drohungen und Erpressungen üblich" (Alsacker 2006, 38).

Aufklärungsarbeit ist erforderlich, weil viele Pädagogen die subtilen nonverbalen Akte der Diskriminierung, Demütigung und Ausgrenzung nicht als aggressive Akte verstehen. Auch die Rolle und der Anteil der Opfer – und der familiären Dynamik – an der belastenden Gruppendynamik sind wichtig. „Olweus hat auch zeigen können, dass der negative Effekt von Mobbing auf die Selbsteinschätzung bis ins Erwachsenenalter besteht, auch wenn Mobbingerfahrungen lange zurückliegen und kein Erwachsenenmobbing besteht" (zit. nach Alsacker 2006, 40). „Die negativen Folgen von depressiver Verstimmung, niedrigem Selbstwert und einer Neigung zur Somatisierung für die Entwicklung eines Kindes sind offensichtlich" (ebenda, 47).

Als Beispiel für belastende Gruppendynamik beklagt Joachim Bauer, der sich im Rahmen verschiedener Untersuchungen mit der Lehrergesundheit befasst hat: „10 bis 20 Prozent der Kinder haben schwere Defizite im Bereich der sozialen Kompetenz. Gerade diese Schüler geben in den Klassen oft den Ton an. Die Kinder leben, was sie in den Medien sehen: Zur Schau gestellte Dissozialität gilt als coole Leitkultur" (Bauer 2008, 86).

Die negativen Auswirkungen der Gruppendynamik können sehr stark belasten, spätere Erkrankungen fördern. Forscher aus Großbritannien verfolgten das Risiko von Kindern, die als dreizehnjährige vermehrt von Mitschülern drangsaliert wurden über fünf Jahre. Das Risiko für Depressionen stieg kurz und langfristig stark. Eine große Gruppe der Betroffenen teilte niemandem mit, was sie erlebte (Bowes et al., Avon Longitudinal Study of Parents and Children, ALSPAC). **Schüler können jedoch mit Außenseiterrollen gut umgehen, wenn sie ein paar zuverlässige Freunde haben.** Dies konnte anhand von Untersuchungen der Konzentration ihres Stresshormons Cortisol im Blut objektiviert werden. (Calhoun et al.) Mit diesem Schutz haben sie Anschluss, auch wenn sie vielleicht nicht beliebt sind. Schüler, die keine Freunde haben, sind rascher gestresst, bereits bei den unter Kindern üblichen Spielen. Außenseiter fühlen sich häufig derartig bedroht, dass sie kaum noch lernen können. Die Mischung aus Angst und Scham, nicht nur bei sexuellen Themen (s. dort), kann zu Schulvermeidung, sogar zu Einengungen in der Wahrnehmung und Perspektive bis hin zur Suizidalität führen.

> „Effiziente Prävention von Mobbing beginnt mit der Früherkennung des Musters und der eindeutigen Stellungnahme der Erwachsenen […]. Sowohl die Prävention als auch das Auflösen von vorhandenen Mobbingmustern geschieht am effizientesten unter Partizipation der Kinder und Jugendlichen an der Gestaltung eines positiven Verhaltenskodex" (Alsacker 2006, 47).

Auch die positiven Effekte von Gruppendynamik sollten nicht nur dem Zufall überlassen werden. Als Teil einer Gruppe spontan Neues zu erleben, über die Möglichkeiten des Einzelnen hinauszuwachsen, ein gemeinsames Gefühl, das Gruppen zusammenschweißt, wird als wesentliche salutogenetische Ressource eingeschätzt. Der Didaktiker Jean-Pol Martin schwärmt auf die Frage, was das Schönste an seinem Beruf sei: „der *Synergie-Rausch*, der entsteht, wenn alle gemeinsam einen neuen Gipfel des Wissens erklimmen" (Liesemer 2009, 57).

Gruppendynamik ist ein gutes Beispiel, dass Methoden zum einzelnen Pädagogen passen müssen. Zunächst sollte es selbstverständlich sein, dass Pädagogen sich (untereinander) schulen, die Kraft der Gruppendynamik zu erkennen und pädagogisch zu nutzen. Das ist nicht selbstverständlich. Pädagogen mit ganz unterschiedlichem Interesse für psychologische Themen beziehungsweise Vorkenntnissen können Herausforderungen in Gruppen auf ihre Art sinnvoll angehen. In einer schwierigen Klassensituation ließ eine Lehrerin die Gruppe sich so aufstellen, dass erkennbar wurde, wer mit wem gut konnte oder befreundet war. Sie hatte eine therapeutische Zusatzausbildung absolviert. Durch die Lehrerin moderiert ergab sich ein Austausch über die Wahrnehmungen. Sie konnte den Prozess und die aktuelle Position der Einzelnen sowie die Gruppenbildung erkennen. Jeder spürte, dass ihr dies wichtig war und sie die Konstellationen weiter beobachten würde. Die Gruppendynamik wurde etwas deutlicher. Ein anderer Lehrer war von dieser feinen detaillierten Wahrnehmung seiner Kollegin beeindruckt. Er habe dafür nicht so ein genaues Gespür. Von Dritten wurden beide, auf ihre eigene Art, als engagiert und effektiv in der Konfliktlösung erlebt. Gleich war bei beiden der Anspruch, dass kein Schüler zum Außenseiter werden sollte. Interessant war die Darstellung der Elternsprecherin, die beschrieb, wie labil – und teilweise peinlich – Eltern im Hintergrund über E-Mails versuchten, auf die Gruppendynamik der Kinder einzuwirken.

4.4 Lernen – physio*logisch* oder kopflos

Was ist Lernen? Wie funktioniert es? Wie besonders gut? Was ist allgemein gültig? Was muss individualisiert werden? Wie verbringen Menschen, die formal als Lernende Bildungseinrichtungen aufsuchen (Kindergartenkinder, Schüler, Auszubildende, Studenten u. a.), die Zeit vor Ort tatsächlich? Müde, sind sie abgelenkt durch Mitschüler oder elektronische Geräte, leiden sie unter Konzentrationsstörungen, sind sie unterfordert, täuschen sie Wissen vor, lernen sie tatsächlich, nachhaltig, sozial? „Lernen lernen" wird mittlerweile lebhaft vermittelt, zum Beispiel an „Methodentagen". In der Regel wird nicht fortlaufend an Lerntechniken gearbeitet, kaum individualisiert. Die „normative Kraft des Faktischen" wie schier unabänderliche Vorgaben über zu behandelnde Themen verdrängen im Schulalltag häufig rationale Erwägungen über das Lernen. Schüler sollten bereits ab dem Kindergartenalter mit Metalernen aufwachsen. Sie sollten immer wieder angeleitet werden, warum sie was wie am besten lernen, was sie stört, wo sie wohltuende Lernerfahrungen machen konnten. Würden Kindergärten entsprechend ausgestattet, könnten die ersten und längsten Lehrer im Leben der Kinder, die Eltern, bei der Anleitung zum Metalernen unterstützt werden.

Ein physio*logisches* Verständnis fragt nach den beteiligten psychosomatischen Faktoren. Physiologisch[103] sind die gesunden, regulären Abläufe des menschlichen Organismus, im Gegensatz zu pathologischen Prozessen.

Dabei seien

> „Kinder […] sehr unterschiedlich. Als Gesellschaft zwingen wir sie aber alle dazu, gleichermaßen die Schule zu besuchen. Damit unterliegt die Schule eigentlich der Verpflichtung, den Stoff so zu lehren, dass alle diese unterschiedlichen Kinder ihn sich auch aneignen können. Diese Verpflichtung erkennen viele Lehrer und die Bildungsadministrationen jedoch nicht. Man tut so, als ob die Schüler eine ‚Bringpflicht' hätten, so in die Schule zu kommen, wie die Pädagogen sie gern hätten. Wer am Ende nicht passt, wird als unbegabt abgeschrieben" (ziziert nach Wernicke 2015, 47).

Diese vom Mathematikdidaktiker Wolfram Meyerhöfer umrissene Grundhaltung stellt eine wünschenswerte Basis für jegliches pädagogisches Arbeiten dar. Bei allen wichtigen Dingen geht es um Werte und Haltungen. Pädagogen sollten derart ausgebildet und gestärkt werden, dass sie diese Haltung ermöglichen können. Wenn sie in Teams arbeiten, können sie sich dabei unterstützen. Viele Pädagogen haben zu hohe Anforderungen an sich. Sie sind es gewohnt, alles irgendwie zu ermöglichen. Wenn dieser Anspruch korrigiert wird, wenn sie

---

103 Altgriech., übersetzbar mit „Naturkunde" oder – *physis* und *logos* als Einzelbegriffe – „vernünftiger Umgang mit den natürlichen Gegebenheiten".

vorsichtiger mit sich umgehen, wird der achtsame Umgang mit den Lernenden gebahnt.

Individuelle Förderung wird zwar häufig betont. Konkret ist dies jedoch nicht nur sehr personalaufwändig, sondern auch didaktisch herausfordernd.

> „Ein Unterricht, der die Schüler je nach ihren Fähigkeiten unterschiedlich stark fordert. Und ein gegenseitiges Lehren und Lernen der Schüler untereinander – davon profitieren beide Seiten. Wir müssen mehr anleiten, wie die Schüler effektiv lernen sollen. Außerdem müssen wir die Lern- und Erholungsphasen nochmals überdenken. Es fehlt immer noch der richtige Tagesrhythmus" (Preuß, Prenzel 2014).

Gute Lehrer müssten

> „eigentliche den Lern- und Gedächtnisstil eines jeden seiner Schüler genau kennen [...] eine in der Schulrealität fast unlösbare Aufgabe. Immerhin wäre schon ein genaueres Wissen darüber, *wie stark Lern- und Gedächtnisstile interindividuell variieren,* sehr hilfreich. Viele scheinbare Lernschwierigkeiten von Schülern beruhen darauf, dass in der Schule in aller Regel ein bestimmter Wissensvermittlungstyp, nämlich derjenige des sprachlich vermittelten Lernens dominiert, der keineswegs allen Schülern ‚liegt'" (Roth G 2003, 24).

Der Pädagoge Herrmann fordert ein Umdenken der Lehrer, dass sie sich fragten: „Wie lernen meine Schüler gut?", anstatt: „Wie unterrichte ich gut?" (zit. nach Hanser 2011). „In drei Viertel aller europäischen Schulen, so schätzt der Bildungsforscher Ehrenhard Skiera von der Universität Flensburg, richtet sich der Unterricht noch immer nicht an den Impulsen und Bedürfnissen der Kinder aus – sondern am Lehrplan" (Sporer 2013, 48). Manche betonen in diesem Zusammenhang, dass Lernende und keine Fächer unterrichtet werden sollten: „anleitungsorientiertes, expositorisches, strukturiertes und kleinschrittiges Vorgehen im Unterricht mit vielen Übungsphasen, unmittelbaren Rückmeldungen und einer möglichst vollständigen Zielerreichung bei jedem Lernschritt" (Hasselhorn / Gold zit. nach Born / Oehler 2009,17).

> „Dass Schüler so wenig lernen, nämlich im Schnitt nur zwei von 45 Minuten etwas Neu es, liegt vor allem daran, dass sie im Schnitt pro Unterrichtsstunde in Deutschland nur eine Minute sprechen dürfen. Dort, wo Kinder im Rahmen einer Lernwerkstatt ständig bei der Partnerarbeit miteinander mit einem erträglichen Geräuschpegel reden dürfen, sich gegenseitig etwas fragen, es erklären, nachfragen und es wiederholen, wo sie also reichlich Anlässe haben, das zu Lernende auszusprechen, machen sie erheblich größere Lernfortschritte als in der alten lehrerzentrierten Schule" (Struck 2008, 81).

Wer Sport ernsthaft betreibt, führt Technik, Kraft, Ausdauer und Begeisterung zusammen. Es ist jedoch nicht Standard, Lernende anzuleiten und zu motivieren, ihren Lerntyp als technische Grundlage inklusive der psychischen Einflüsse zu begreifen. Nur wenige, die ernsthaft lernen wollen, verbessern ihre Lerntechnik und bemühen sich, ihre Wachheit, Aufnahmefähigkeit und entsprechende körperliche Verfassung auf diese Leistung einzustellen. „Ohrwürmer" inklusive dem häufig rhythmisch mitwippenden Bein lehren, dass es viele un- und willkürliche Formen des Lernens gibt. Das Profil dieser eigenen Kanäle ist wenigstens so wichtig wie die Kenntnis der eigenen Schlafgewohnheiten.[104]

> „Der Psychologe William James fand schon 1890, dass der Aufmerksamkeitsregulation mehr Raum in der Erziehung gebührt: „Das Vermögen, eine wandernde Aufmerksamkeit willentlich zurückzubringen, wieder und immer wieder, ist die eigentliche Wurzel von Urteilskraft, Charakter und Wille. Eine Erziehung, die dieses Vermögen ausbildet, wäre die Erziehung par excellence" (Rupprecht 2015, 38).

Das lernförderliche Potential von Wertschätzung, Motivierung und dem konstruktiven Umgang mit Schwierigkeiten wird in jeweils eigenen Kapiteln dargestellt. Die meisten Pädagogen kennen viele der im Folgenden aufgeführten Empfehlungen. Aufgrund häufig fehlender Standards und der undurchsichtigen Masse an entsprechenden Hinweisen werden hilfreiche Erkenntnisse jedoch oft nicht umgesetzt. Einige wichtige Faktoren für gelingendes Lernen wurden am Anfang des 2. Kapitels bereits beschrieben, in Anlehnung an die Bedürfnispyramide. Stets geht es um die Grundsicherheit. Dazu gehört der soziale Anschluss. Dieser *sichere Hafen*[105] ist die Basis für Selbstverwirklichung. Individualbedürfnisse wie Anerkennung, Status und das Erleben von Selbstwirksamkeit sind Motivationsfaktoren.

Laut Gerhard Roth spielten die folgenden Faktoren beim Lehren und Lernen eine wichtige Rolle:

> „1. Die Motiviertheit und Glaubhaftigkeit des Lehrenden
> 2. Die individuellen kognitiven und emotionalen Lernvoraussetzungen der Schüler
> 3. Die allgemeine Motiviertheit und Lernbereitschaft der Schüler
> 4. Die spezielle Motiviertheit der Schüler für einen bestimmten Stoff, Vorwissen und der aktuelle emotionale Zustand
> 5. Der spezifische Lehr- und Lernkontext" (Roth G 2003, 23).

Die Motiviertheit ist eng mit der zwischenmenschlichen Verbindlichkeit verknüpft.

> „Menschliches Lernen ist von der Affektdifferenzierung im Säuglingsalter bis zur ethischen Reflexion in der Adoleszenz an persönliche Beziehungen gebunden. Vielfältige neurobiologische Prozesse, die die körperliche Grundlage für dieses Lernen abgeben, können nur in der dialogischen Zwischenleiblichkeit von Lernenden und Lehrenden ausreichend aktiviert werden" (Schiffer / Schiffer 2004, 151).

104 In den nächsten Jahrzehnten werden elektrophysiologische Untersuchungen und die funktionelle Bildgebung des Gehirns dies immer besser unterstützen können.

105 Eine Metapher von John Bowlby, einem Pionier der Bindungsforschung.

Pestalozzi postulierte, Lernen erfolge von „Angesicht zu Angesicht, von Herz zu Herz". Es setze ein didaktisches Zwiegespräch zwischen Schüler und Lehrer voraus – mehr noch: ein auf Seelenverwandtschaft gegründetes Vertrauensverhältnis. Der Lehrer solle warten, bis ein lernendes Kind „jeden Gegenstand von allen Seiten und unter vielen Umständen ins Auge gefasst habe. Heute heißt das: Lernen soll eine Abenteuerreise sein, die alle Sinne anspricht" (zit. nach Westerhoff 2011).

In einer offenen, vertrauensvollen Lernatmosphäre ist die Wahrscheinlichkeit hoch, dass Lernende den Dialog mit den Pädagogen suchen. Dieses *reziproke Lernen* gehöre laut Hattie (2014) zur Rubrik der besonders erfolgreichen Lernstrategien. Dazu zählten außerdem die *metakognitiven Strategien* und das *Problemlösen.* Metakognitive Strategien, das Wissen über eigene Lernabläufe setzt ebenfalls den lebhaften Austausch der Lernenden und Pädagogen voraus und entsprechend didaktisch qualifizierte Pädagogen. Als *Problemlösen* wird die Anwendung des Erlernten in verschiedenen Bereichen bezeichnet. Wenn Neues in unterschiedlicher Form an Vorhandenes anknüpft, ist die Wahrscheinlichkeit größer, dass es behalten wird, leichter nutz- und abrufbar ist.

Lernen ist zum Beispiel kopflos, wenn man bei Schwierigkeiten einfach die Dosis erhöht, als könne Fleiß Verständnisschwierigkeiten wettmachen. „Nicht verstanden? Dann noch ein paar Aufgaben davon rechnen!" Physiologisches Lernen strebt eine **hohe Passgenauigkeit** an. Gute Pädagogen lernen, durch treffende Einschätzung der „impliziten Annahmen" (Stern / Ayan 2011) die „Zone des nächsten Entwicklungsschritts" (Vygotsky) individuell anzubieten. Effektive Lernstrategien drehen sich entsprechend um diese Passgenauigkeit, indem Gelerntes – anderen oder sich selbst – erklärt werden soll. Die Lerninhalte sollten hinterfragt werden, allgemein und für die eigene Lebenssituation. Sinnvolle Lerneinheiten sollten überschaubar sein. Und die Lernmethoden sollten variiert werden (Ayan 2015).

4.4.1 Die psychokognitive Komplexität des Lernens berücksichtigen

Die meisten Pädagogen wissen, dass die Verknüpfung von Wissen und Fertigkeiten mit positiven Gefühlen zu besonders guten Lernerfolgen führt. Noch besser ist es, wenn dies an der Lebens- und Erfahrungswelt der Lernenden anknüpft. Die Treffgenauigkeit didaktischer Angebote richtet sich nach der emotionalen Atmosphäre. „Wir wissen damit nicht nur, dass Lernen bei guter Laune am besten funktioniert, sondern vor allem, warum Lernen nur bei guter Laune erfolgen sollte. Nur dann nämlich kann das Gelernte später zum Problemlösen verwendet werden!" (Spitzer 2010, 141) Dies scheint eine überzogene Forderung zu sein. Man will weder den Schülern ein stetiges Streben nach guter Laune abverlangen noch den Pädagogen diesen Auftrag geben. Wahrscheinlich ist es realistischer, grobe Lernblockaden wie eine Bedrohungsatmosphäre zu verhindern oder die Angst davor, vom Lehrer erneut bloßgestellt zu werden? Lernen kann sogar von Problemen ablenken, zum Beispiel wenn Kinder Trennungsstreitigkeiten miterleben. Dann sind sie vielleicht nicht „guter Laune", aber froh über die schulische Normalität. „Die neurobiologischen Grundlagen, die den genannten fördernden und hemmenden Einflüssen von Emotion und Gedächtnisleistungen vor allem auf das episodische Gedächtnis zugrunde liegen, sind bisher nur ansatzweise bekannt" (Roth G 2011, 186). Bekannt ist jedoch, dass

> „Dinge umso besser erinnert werden [können], je deutlicher sie von emotionalen Zuständen begleitet werden. Dies trifft für das Erlernen sinnloser Silben ebenso zu wie für Wortlisten, Bildergeschichten und persönliche Erinnerungen [...]. Positive Inhalte [werden] im Durchschnitt besser erinnert als negative; bei Angst- und Depressionszuständen tritt oft eine Erinnerungsblockade auf [...]. Emotionale Zustände (wirken sich) eher auf episodisch-autobiografische Gedächtnisinhalte als auf Faktenwissen" aus (ebenda, 182).

Als Lernmotivation werden „expansive" und „defensive" Lerngründe (nach Holzkamp) unterschieden. Das expansive Lernen adressiert die eigenen Interessen. Beim defensiven Lernen geht es um „die Abwehr von Nachteilen und Bedrohungen, denen man durch das Nicht-Lernen ausgesetzt wäre". Ziel ist die Meidung negativer Konsequenzen, mit möglichst geringem Aufwand, „Situationsbewältigung ohne Lernen" (Tschira 2005, 56). Als „Sternstunden" des schulischen Alltags bezeichnet Holzkamp den Austausch der Lehrerin mit den Schülern, wenn die Lehrerin die Schüler über authentische Begeisterung gewinnt und nicht in ihrer Kontrollfunktion (ebenda, 57). Deshalb schaue der Rektor der Astrid-Lindgren-Förderschule in Osterburken nach den Neigungsthemen seiner Lehrerinnen. Dadurch erlange er eine „durch und durch positive Grundstimmung" (ebenda, 68).

Auch wenn nicht stets alle Schüler inhaltlich begeistert werden können, gehört die Motivation für ein Stoffgebiet zum pädagogischen Geschick.

> „Worauf es letztlich ankommt, ist dies: Lernende und Lehrende, Kinder und Eltern, Schüler und Pädagogen müssen sich aufeinander einstimmen. Wenn das Kind dafür nicht zugänglich ist, kann ich noch so oft die Augenbrauen heben oder meine Stimme modulieren. [...] Lernen ist in hohem Maße ein kommunikativer Akt. [...] Man sollte die Rollen von Lehrern und Schülern nicht immer strikt trennen. Viele Kinder profitieren davon, wenn sie einmal die Seiten wechseln und selbst erklären sollen. Das fördert die Fähigkeit zur Selbstreflexion unbewusst. Kinder sind außerdem oft viel eher bereit, von Altersgenossen zu lernen" (Frith / Ayan 2011).

> „Das Gehirn kann bei einem elektrochemischen Impuls Inhalt und Bedeutung nicht voneinander trennen – die Information ist auch immer zugleich ihre Bedeutung. Ein Erlebnis als bleibende Erfahrung ist durch eine besondere emotionale Weise ausgezeichnet.

> Nichts ist daher erfolgreicher als […] eine lust- und spaßbesetzte Leistungsherausforderung, die Erfolgserlebnisse vermittelt. […] Fakten werden eingebettet in einen Bedeutungsrahmen und in Verlaufsgeschichten mit emotional wirksamen Bedeutungsträgern" (Herrmann U 2011).

Dabei, und das ist die größere Herausforderung, gehört die Kultivierung von Frustrationstoleranz und Anstrengungsbereitschaft in widrigen Situationen zu den maßgeblichen Faktoren, die Erfolg in einigen Lebensbereichen ermöglichen. Häufig sind es mehr diese Sekundärtugenden als Talente, die über Bildungs- und beruflichen Erfolg entscheiden. Im Allgemeinen – so die Erkenntnisse der Lernpsychologie – wird schulisches Lernen durch leichten anregenden Stress gefördert (Roth G 2011, 25). „Starker Stress hingegen, verbunden mit Versagensangst und Bedrohlichkeitsgefühl gegenüber dem Lehrenden, führt zu starker Hemmung des Lernerfolges" (ebenda). „Die Stärke des emotionalen Zustandes, den der Schüler als Interesse, Begeisterung, Gefesseltsein empfindet", korreliert positiv mit der Gedächtnisleistung (ebenda, 26). Wer eine Fähigkeit gut beherrscht, zum Beispiel Mathematik oder Schachspielen, der erfreut sich daran. Spielzüge und Formeln werden dann als bekannte Muster wahrgenommen, eventuell mit eigener Ästhetik (Zeki 2014), offensichtlich ein Aspekt des Flowgefühls.

Eine Schülerin der Evangelischen Schule Berlin Zentrum freut über ihre komplexen (Lern-)Erfahrungen:

> „Ich lerne total viel, ich lerne hier für mich. Ich hab ein anderes *Selbstbild,* kann selbstkritisch sein, bin sehr selbständig. Ich weiß, wofür ich stehe und was ich will. Und hier kennen mich die Leute, sie sehen meine Entwicklung – das ist eine *zweite Familie* für mich. Das kann man nicht ersetzen (Martha, 9. Klasse; nach Rasfeld / Spiegel 2013, 42).

4.4.2 Fachdidaktik

Die Lernforscherin Stern fordert, dass Lehrer die „klassischen Wissenslücken und Missverständnisse pro Fach und Klassenstufe" kennten und gezielt ausräumten, methodisch geschickt an das individuelle Vorwissen anknüpfen sollten (Herrmann U zit. nach Hanser / Ayan 2011). „Genauer betrachtet geht es aber darum, individuelle Lernhemmnisse und Potenziale zu erkennen – und möglichst optimal darauf einzugehen" (Stern / Ayan 2011). Die Lernhemmnisse sollten also zuerst in den Blick genommen werden, die Fehlerkultur (mehr dazu im nächsten Kapitel). **Fachdidaktik** wird im Lehramtsstudium häufig vernachlässigt.

> „Andere Länder gehen andere Wege – und haben damit Erfolg. In Finnland etwa wird bei den Aufnahmeprüfungen zum Grundschullehrer-Studium weniger Wert auf Fachwissen als auf die Vermittlungskompetenz gelegt. Wer die Prüfung besteht, lernt vor allem das Lehren selbst – in den Hauptfächern Psychologie, Pädagogik und Didaktik. Und vom ersten Semester an stehen die Lehramtskandidaten vor einer Klasse."

Zu jeder Akademie gehörten Universitätsschulen – „auch, um dort neue Reformideen auszuprobieren“ (Thorbietz 2009, 65).

> „Am wichtigsten ist also das Gegenteil von Pauken, nämlich das selbständige Durchdringen des Stoffes. Dies bedeutet im Gedächtnis, dass bei der Konsolidierung der entsprechenden Gedächtnisinhalte Verbindungen zu anderen Wissensschubladen hergestellt und sogar neue Schubladen angelegt werden, in denen das Wissen abstrahiert, systematisiert und damit viel leichter auf andere Fälle übertragbar wird. [...] Lernen hängt nicht nur vom Grad des Vorwissens, der Aufmerksamkeit und des Interesses ab, sondern auch vom Kontext, in dem Lernen stattfindet [...]. Lerninhalte, die in schäbigen Klassenzimmern, in einer konfliktträchtigen und Furcht einflößenden Umgebung von lustlosen Lehrern vermittelt werden, haben deshalb eine geringe Chance, dauerhaft im Gedächtnis verankert zu werden“ (Roth G 2003, 27).

4.4.3 Ernährung

Zunächst einmal geht es darum, ausreichende Wachheit (Vigilanz) sicherzustellen und Störfaktoren so gering wie möglich zu halten. Es gehört zwar zum Allgemeinwissen, dass Ernährung, Luft und Bewegung die Gesundheit beeinflussen, und zwar entsprechend des landläufigen Verständnisses stets körperlich *und* seelisch. Im pädagogischen Alltag sind es jedoch eher rühmliche Einzelkämpfer, die sicherstellen, dass tatsächlich alle Schüler ein Frühstück erhalten können („Feeding our future“, Calonego 2012). Das Gehirn ist als erstes Organ von Energiemangel betroffen, hat im Alltag – auch ohne sonderliche Anstrengung – den höchsten Energieumsatz. Auch der Wärmeverlust ist relativ zur Körperoberfläche am Kopf am höchsten. Als Präsident der Gesellschaft für Psychiatrie, Psychotherapie und Nervenheilkunde (DGPPN) betonte Falkai: „Die Ernährung spielt gemeinsam mit Bewegung und sozialer Stimulierung eine wichtige Rolle für die psychische Gesundheit“. Wie sich dieses Potenzial nutzen lässt, müsse sich im Einzelnen noch erweisen (zit. nach Reinberger 2015, 54). Beachtlich ist der enorme Anteil des Gehirns – nicht des Denkens – am Gesamtenergieverbrauch des Körpers. Am extremsten ist dies in der Kindheit ausgeprägt. Da verbraucht das Gehirn im körperlichen Ruhezustand 66 Prozent der Energie und insgesamt am Tag 43 Prozent der Gesamtenergie (Kuzawa CW et al. 2014).

Siegfried Lehrl, Psychologe und Präsident der Gesellschaft für Gehirntraining,[106] plädiert für ein „flächendeckendes ernährungsphysiologisches und psychologisches Coaching für Schüler“ (Gaschler / Lehrl 2011, 27). Er benennt fünf Schritte zugunsten der mentalen Fitness:

---

106 Vgl. gfg-online.de.

- eine „gehirngerechte“ Ernährung (Unterzuckerung als „Feind des Arbeitsspeichers“),
- die besonderen Seh- und Hörbedürfnisse zu berücksichtigen,
- spielerische Aufgaben im Unterricht als mentales Aktivierungstraining zu nutzen, („Lernfördernde Bewegungen. Schüler ermuntern, während des Unterrichts mitzuschreiben, Begriffe zu unterstreichen, zu kritzeln, Kaugummi zu kauen oder Ähnliches“) sowie
- „Visual- und Motivationspädagogik. Verknüpfen von positiven Formulierungen und inneren Bildern mit Entspannungsübungen“.

Durch dieses „Lern- und Trainingsprogramm“ hätten mehr als fünfhundert Grundschülern, Gymnasiasten und Berufsschüler ihre „geistige Leistungsfähigkeit kurz- und mittelfristig um bis zu 52 Prozent erhöhen“ können. Die psychische Stabilität profitiere ebenfalls deutlich, „vermutlich als Folge des gestärkten Selbstvertrauens“ (Gaschler / Lehrl 2011, 26).

4.4.4 Bewegung II

Der Bedarf an mehr Bewegung wurde im Kapitel 3.3 bei den anstrebenden Bildungsinhalten dargestellt. Im Kapitel über das Lernen darf die Bewegung ebenso wenig fehlen. Während Bewegung in Kindergärten noch häufig im Alltag ritualisiert vorgesehen ist, wird in vielen Grundschulen die Verantwortung dafür allzu früh den Kindern überlassen. Die WHO empfiehlt, dass Kinder sich wenigstens eine Stunde pro Tag körperlich betätigen. In Deutschland ist das nur bei einem knappen Viertel der drei- bis Siebzehnjährigen der Fall (Hauschild 2015a, 21). Es wird davon ausgegangen, dass sie sich in den Unterrichtspausen aus eigenem Antrieb heraus ausreichend bewegten. Lehrl betont, dass viele Pädagogen unterschätzten, wie stark geistige „Leistungen mit dem Körperlichen verknüpft sind“ (Gaschler / Lehrl 2011, 26). 2014 zeigte das deutsche Forschungsprojekt „Klasse in Sport – Initiative für täglichen Schulsport“ der Universität Hamburg in einer Studie mit rund 120 Grundschulen, dass

> „gezielte Bewegungen unter anderem in Pausen, in sportfernen Unterrichtsfächern oder nach der Schule in Arbeitsgemeinschaften […] dazu geführt [haben], dass die Schüler jeden Gewichts bessere Ergebnisse in den kognitiven Tests erzielten als Grundschüler, die nicht an dem Programm teilnahmen. Viele Eltern und Lehrer seien der Meinung, zusätzliche Bewegungszeit sei verlorene Zeit, berichtet der Studienautor und Sportwissenschaftler Christian Buschmann“ (Hauschild 2015a, 22).

„Tatsächlich gibt es noch nicht genug Nachweise, dass Sport und Bewegung sich wirklich direkt auf die Schulnoten auswirken“, räumt die Sportwissenschaftlerin

Petra Jansen ein. „Wir wissen aber mit Sicherheit, dass körperliche Aktivität Denkprozesse fördert, die das Lernverhalten und somit auch die Schulleistungen beeinflussen können“ (zit. nach Hauschild 2015a, 24). Die Studie „Learning, Cognition and Motion (LCoMotion)“ (Bugge et al. 2014), an der sich knapp 760 dänische Schüler aus siebten und achten Klassen beteiligten, mit Durchschnittsalter von dreizehn Jahren, zeigte moderate Effekte der aeroben Fitness auf die kognitive Leistungsfähigkeit. Die Leistungsfähigkeit könne durch zusätzliche Bewegung nur gering verbessert werden (Müller T 2012).

Während des typischen **Frontalunterrichts** gerate „das Gehirn des Schülers fast unweigerlich in einen Erholungsmodus, in dem es nicht mehr aufnahmebereit ist“, so dass „schätzungsweise 20 Prozent der angebotenen Informationen beim Schüler ankommen“. Einfache automatisierte Bewegungen wie „Wippen, Kaugummikauen, Herumlaufen“ verlängerten die Konzentrationsfähigkeit (Gaschler / Lehrl 2011). „So konnte nachgewiesen werden, dass Kinder mit einer, durch ausreichend Bewegung erzielten, guten Körperkoordination sich besser konzentrieren können und somit leistungsfähiger sind“.[107] Zwei zusätzliche Stunden Schulsport führten in einer Untersuchung mit schwedischen Grundschülern zu nachhaltig besseren Schulleistungen (Käll et al. 2014). Vokabellernen funktioniert mit Gesten effektiver, wahrscheinlich weil dann mehr neuronale Gebiete aktiviert werden. Der Pädagoge Olaf-Axel Burow empfiehlt:

- auf längeres Sitzen zu verzichten und Bewegungsphasen in den Unterricht zu integrieren (z. B. Stationenlernen)
- „Aufsuchen alternativer und freier Lernorte
- Schaffung von Lerninseln (z. B. in den Gängen)
- Organisierung von Bewegungspausen
- Einrichtung eines bewegungsorientierten Schulhofes
- Bewegungsförderliches Mobiliar“
- Peer-to-Peer-Coaching, bei dem „rollierend“ ein „Bewegungscoach“ für ausreichend (interessante) Bewegung zuständig ist und dabei das eigene Repertoire ergänzt
- „Angebot entsprechender Neigungskurse
- Teilnahme am Programm ‚Gesunde Schule‘ der Unfallkassen
- Fortbildung zum Konzept der ‚Bewegten Schule‘“ (Burow 2014, 239).

107 Paulus P, Schumacher L, Sieland B, Burrows E, Rupprecht S, Schwarzenberg K: Evaluationsbericht „Gemeinsam gesunde Schule entwickeln“. https://www.dak.de/dak/download/evaluationsbericht-gemeinsam-gesunde-schule-entwickeln-1405112.pdf, Zugriff 12.02.2018.

Auch vermeintlich kleine Variationen, wie das Arbeiten mit der für gewöhnlich weniger eingesetzten Hand, erhöht das Bewusstsein für die achtsame Beteiligung des Körpers am Lernen.

Angesichts der Breite dessen, was wir bei Erwachsenen als Teil der Norm akzeptieren, hinsichtlich deren Bildung, körperlichen Fitness und dem seelischen Befinden, ist es frappierend, wie sehr in vielen Bildungseinrichtungen von Kindern und Jugendlichen eine Einheitlichkeit erwartet wird, zum Beispiel beim Bewegungsbedarf. Sportunterricht ist ein gutes Beispiel für die kontraproduktive Vereinheitlichung dessen, was an Schulen stattfindet. Die ohnehin umstrittene Vergabe von Schulnoten sollte im Sportunterricht allenfalls freiwillig erfolgen. Wenn Schüler sich nicht anstrengen, kann dies auch anders abgebildet und kommuniziert werden. Wer würde sich nach Abschluss des letzten Schulsports noch eine Note für seine Leistung geben (lassen)? Sportwissenschaftler regen an, dass Freizeitsportler besser motiviert werden könnten, wenn bewusst auf Maximalleistung verzichtet werde. Sportnoten sollten nur auf Wunsch der Schüler vergeben werden. Sport und Bewegung eigneten sich besonders gut für Textbeurteilungen. Dabei geht es doch darum, ob jemand für sich Bewegungsfreude kultivieren kann, einen achtsamen Umgang mit dem Körper und soziale Kompetenz bei Mannschaftssportarten zeigt.

Frische Luft ist nicht nur bei Bewegungsaktivitäten wichtig, sondern immer, besonders wenn geistig rege gearbeitet werden soll. „Dicke Luft“ kann als Sauerstoffmangel ebenso hinderlich sein wie in der Luft liegende schlechte Stimmung, Anspannung und Disput.[108]

4.4.5 Zeit, Rhythmus

Gemäß der europäischen Norm EN ISO 10075-1 führt psychische Beanspruchung (in Abgrenzung zur „psychischen Belastung“) zu „Aufwärmeffekt, Aktivierung, Übungseffekt, psychischer Ermüdung, Monotoniezustand, herabgesetzter Wachsamkeit und psychischer Sättigung“ (Wölk 2014, 53). Diese Abfolge ist nicht nur für Pädagogen relevant, sondern sollte den Lernenden vermittelt werden, zum Beispiel mittels Skalierung für sich zu sorgen, indem sie die Zahl nennen können, ob sie „null“ wach sind, mit offenen Augen wie schlafen oder übermäßig wach, wie aufgeputscht, zehn. Lernende sollten angehalten werden, ihren persönlichen Bereich, in dem sie am besten lernen können, im Blick zu haben. Das klingt sehr

108 Zum Weiterlesen: Beigel, D: Beweg dich, Schule! Eine „Prise Bewegung“ im täglichen Unterricht der Klassen 1 bis 13. Borgmann, 4. Auflage 2012. Sehr reichhaltige Ideensammlung, Bewegung, physisch und psychisch ins Lernumfeld zu bringen, eine Kultur des achtsamen Umgangs.

plausibel. Es gehört zudem zu den besonders erfolgreichen Strategien nach Hattie (2014). Entsprechende Fehleinschätzungen gehören jedoch zur verbreiteten Tagesordnung. In der Allgemeinbevölkerung verkennen zum Beispiel Autofahrer häufig ihre Ermüdung, mit teilweise dramatischen Folgen.[109] Zur Basis des Lernens gehört das Wissen, wann die Bearbeitung des Lernstoffs in welcher Form variiert werden muss. „Pause“ ist da vielleicht ein irreführender Begriff, weil es so passiv klingt, nach Müßiggang. Sinnvolle Wechsel der Lerntechnik, des Ortes usw. unterstützen die kognitive Verarbeitung des Gelernten.

Nicht nur von den dazu forschenden Chronobiologen wird immer wieder gefordert, die Schule wenigstens in der Pubertät später beginnen zu lassen. Der Schlaf-Wach-Rhythmus ist in dieser Zeit nach hinten verschoben, auch bei den Frühaufstehern. Zum Beispiel betont Till Roenneberg, dass Teenager nicht einfach früher einschlafen könnten. „Für Schüler, die um acht oder früher in der Schule sein müssen, startet der Unterricht biologisch gesehen mitten in der Nacht“, mit entsprechend weitreichenden Folgen für Lernerfolg und Gesundheit (zit. nach Reinberger 2015a, 5). Als sozialen Jetlag bezeichnet er die Lücke, die „zwischen dem gesellschaftlich erwarteten Verhalten und dem, was die innere Uhr vorgibt, klafft“ (ebenda, 7). Dies führe nicht nur in der Schule zu erheblichen Leistungsminderungen. Der chronische Schlafmangel begünstige Depressivität und Übergewicht. Einhundert Schulen in Großbritannien beteiligen sich bis 2018 an einem Experiment, den Schulstart auf 10 Uhr zu verlegen. Viele Schüler würden sich vielleicht 9 Uhr als Startzeit wünschen, so dass es am Nachmittag noch ausreichend freie Zeit zur eigenen Gestaltung nach der Schule gibt. Dies dürfte sogar für moderne Schulen gelten, in denen Schüler sich wohlfühlen und vieles selbst mitgestalten können. Als erste Schule in Deutschland gehe das Alsdorfer Gymnasium [bei Aachen] auf die innere Uhr von Jugendlichen ein, sagt der Chronobiologe Till Roenneberg von der Ludwig-Maximilians-Universität München. Bis zum zwanzigsten Lebensjahr schlafen die meisten Adoleszenten später ein. Bei verkürzter Nacht, so der Experte, entfalle der wichtige Anteil des Schlafs, die für die Konsolidierung des am Vortag erworbenen Wissens maßgeblich sei. Wissenschaftler fordern deshalb schon lange einen späteren Schulbeginn. In Alsdorf hat man begonnen, „Gleitzeit“ nach dem Dalton-Plan der US-Pädagogin Helen Parkhurst zu ermöglichen. Dabei können die Schüler – neben den herkömmlichen Stunden – pro Woche zehn Unterrichtsstunden selbst einteilen, um gestellte Aufgaben eigenständig zu lösen.[110]

109 Bastian (2010a) listet in „Seelenleben“ einige katastrophe Unfälle auf, die durch Übermüdung verursacht wurden.

110 http://www.spiegel.de/lebenundlernen/schule/alsdorf-gleitzeit-fuer-schueler-an-gymnasium-bleibt-a-1086483.html, Zugriff 12.02.2018

Übermüdung und Stress von Kindern und Jugendlichen können hausgemacht sein. Konsumismus und der dafür erforderliche Job, eine Überfrachtung mit Hobbys sowie der Zeitfresser, zu viel Zeit mit Bildschirmmedien zu verbringen, werden von einigen als selbstverständlich und unveränderlich angesehen. Grundsätzlich ist der Austausch mit den Peers über elektronische Medien als moderne Variante der von Hartmut Rosa geforderten „unvernutzten Zeit" sinnvoll. Die Zeiteinteilung erfordert jedoch viel Disziplin – oder entsprechende Regeln und Kontrolle, besonders am Abend, um den ohnehin kurzen Nachtschlaf nicht zu reduzieren.

Die Psychologin Leconte-Lambert (2011) betont, dass der kindliche Biorhythmus morgens langsamer in Gang komme als der der Erwachsenen. „Lehrer sollten daher in der ersten Schulstunde keine allzu hohen Konzentrationsleistungen verlangen." Sie empfiehlt eine „sanfte Begrüßung [,...] eine 20-minütige ‚Ankommenszeit', die man beispielsweise mit lockerem Geplauder füllt". Sie zeigt, dass mit Hilfe von **Ruheecken** schon Kleinkinder ein gutes Gespür für ihren Erholungsbedarf entwickeln könnten. Lehrer sollten lernen, „die begrenzte Konzentrationsfähigkeit dosiert in Anspruch zu nehmen", durch **Gestik, Stimme und Betonung von Wichtigem, verbal und als Merksätze an der Tafel.** Der mentale Fokus der Schüler könne gezielt gesteuert werden. Sie empfiehlt, dass Lehrer die Stimmung und den Grad der Erschöpfung im Blick haben und neuen Lernstoff mit Wiederholungen abwechseln sollten. Das klingt nach *Orchestrieren von Vielfalt,* einer Strategie von Strittmatter für den Umgang von Schulleitungen mit Kollegien (Strittmatter / Ender 2010).

Ebenfalls eine Frage von ausreichend Zeit, ist die **Reife der Lernenden.** Im Allgemeinen reifen Mädchen und weibliche Jugendliche bezüglich der sexuellen und auch kognitiven Entwicklung bis ins junge Erwachsenenalter zügiger als Jungen und männliche Jugendliche. Wer sich an seine eigene Zeit in der 4. bis 8. Klasse zurückerinnert oder es im persönlichen Umfeld beobachtet, weiß, wie sehr Jungen und Mädchen sich in dieser Phase unterscheiden. Die erste Gehirnreifung ist bei jungen Frauen circa mit 21 Jahren abgeschlossen, bei jungen Männern mit 23 bis 24 Jahren. In dieser Reifungsphase ist das Gehirn für schädliche Einflüsse empfindlicher als später. Eine beschleunigte Reifung (Akzeleration) wird gehäuft bei Kindern gesehen, die aufgrund mangelnder Fürsorge schon sehr früh selbst große Verantwortung für sich – und häufig ihr Umfeld – übernehmen müssen. Bei diesem Entwicklungsverlauf treten psychische Störungen überdurchschnittlich häufig auf und zum Beispiel auch Teenagerschwangerschaften.

Werden Namenslisten von Schülern in den ersten Klassen nicht alphabetisch, sondern nach Geburtsdatum sortiert, so ist der Nachteil der Jüngeren deutlich zu erkennen. „Die Lernvoraussetzungen bei der Einschulung variieren zwischen den Kindern um drei bis vier Jahre", so Susanne Peters, erfahrene Schulleiterin und ehemals Stellvertretende Vorsitzende des Grundschulverbands (Mohr 2011, 32). Im Kapitel 7.3 zu den Jungen wird die genderspezifische Reifungsproblematik dargestellt. Bei unklarer Schulreife sollten Jungen im Zweifelsfall besser ein Jahr länger in den Kindergarten gehen.

4.4.6 Schlaf

Bereits ein kurzer Schlaf von etwa einer Stunde kann die Gedächtnisleistung deutlich erhöhen. (Studte et al. 2015) In einer Studie mussten die Freiwilligen Wörter und Wortpaare lernen. „Nach dieser ersten Prüfung schlief etwa die Hälfte der Teilnehmer, die andere Hälfte schaute eine DVD. Die Hälfte der Teilnehmer, die ein Nickerchen gehalten hatte, hatte noch deutlich mehr Wortpaare im Gedächtnis als die Kontrollgruppe der DVD-Schauer".[111] Wie genau die Festigung (Konsolidierung) von Gelerntem aus dem Arbeitsspeicher in das Langzeitgedächtnis funktioniert und welche Rolle der Schlaf spielt, ist unklar. Möglicherweise ist die neurobiologische Veränderung ein „Aufräumen" durch selektive Erinnerungen, also Aktivierung entsprechender Nervenzellen, so dass solche Verbindungen (Dendriten) stärker verknüpft werden, bei denen Lernprozesse stattgefunden haben. Aktuelle Studien sehen mehr die verminderte Verwendung von Synapsen im Umfeld aktuell lebhaft genutzter Verbindungen, also eine nur relative Stärkung der neuen Lernverbindungen (Paulus / Born 2015). Nervenverbindungen, die das Gehirn seit einiger Zeit weniger aktiviert hat, werden schwächer. Tätigkeiten, die diese Nervenverbindungen nutzen, sind dann schwieriger zu aktivieren. Bei ungestörtem Tiefschlaf findet offensichtlich die Übertragung von Lernerfahrungen vom Hippocampus in den präfrontalen Cortex statt. Stress wiederum stört den Schlaf wesentlich stärker als legale Drogen wie Koffein und Tabak (Zunhammer et al. 2014).[112]

In manchen Situationen wird gelernt, ohne dass auch nur daran gedacht wird. Wenn Kinder mit ihrem (Computer-)Spiel „verschmelzen" (Immersion), eins werden, die Umwelt ausblenden, dann nehmen sie sehr intensiv wahr. Die verdrängende Kraft solcher Aktivitäten auf die Inhalte des Arbeitsspeichers konnte nachgewiesen werden.[113]

---

111 https://www.uni-saarland.de/nc/en/news/article/nr/12337.html, Zugriff 17.02.2018

112 Bei der Ableitung der elektrischen Aktivität der Hirnströme fällt dabei eine Verlangsamung auf. Die Gruppe um den Schlafforscher Matthew Walker stellte dar, dass schlechter Schlaf die Ablagerung toxischer Alzheimer-Proteine begünstige. http://news.berkeley.edu/2015/06/01/alzheimers-protein-memory-loss/, Zugriff 12.02.2018

113 Belastendes Filmmaterial wurde in einer Untersuchung deutlich schlechter erinnert, wenn

Die Neurodidaktik befasst sich mit der Optimierung des Lernens. Lernen solle „gehirngerecht" werden. Auf die Auseinandersetzung, welchen Mehrwert dies für den pädagogischen Alltag hat, wird in diesem Kapitel nicht eingegangen. Allzu häufig geht es mehr um Deutungshoheiten als um pragmatische Verbesserungen. Die Lernforscherin Stern kritisiert nicht nur den Begriff Neurodidaktik. Neurowissenschaftliche Untersuchungen zum Lernen seien häufig überbewertet. „Hirnforscher verpacken Trivialitäten und längst aus anderen Disziplinen Bekanntes in neurophysiologische Begriffe und behaupten, das sei besonders wissenschaftlich." Lehrer, die sich mit ihren Schülern schwertun, würden sich durch diese Befunde zu Unrecht entlastet sehen (zit. nach Hanser / Ayan 2011).

„Das Wichtigste ist die Förderung der *Eigenmotivation;* sie ist eine der stärksten Antriebe des Menschen" (Korte / Simon 2009, 30). Eigene Ziele sind Teil der eigenen Identität, also Persönlichkeit. Diese Entwicklungsziele, teilweise als Hobbys, schaffen eigene Welten im Sinne des Kohärenzgefühls, sich selbst gut zu fühlen, weil man im Interesse einer persönlichen Überzeugung handelt. Der Reiterhof, Fußballverein oder das Schwimmen sind dann feste Anker. Sie fördern die Lernfreude, auch wenn die Kinder dies nicht mit Lernen in Verbindung bringen.

Der stetige Druck hingegen – zum Beispiel bei Schulte-Markwort beschrieben („Burnout-Kids" 2015; „Superkids" 2016) – und der Lernstress zur Erlangung von Zertifikaten bremsen die Eigenmotivation aus. Chronischer Stress führt zum Absterben von Nervenzellen, vor allem im Hippocampus, so dass eine Abwärtsspirale entsteht (Spitzer 2010, 156). Umgekehrt vermindert Selbstbejahung – egal in welchem Bereich – Angst und erhöht die Leistungsbereitschaft (Spitzer 2010, 163).

Neben individuellen Faktoren wird Kindheit und Jugend am Beginn des dritten Jahrtausends von einer hohen Schlagzahl von Änderungen geprägt. Die Elterngeneration ist häufig verunsichert. Nicht selten dominiere eine Kultur „konzentrierter Zerstreuung", so der Philosoph und Theologe Christoph Türcke. Die vielen Umbrüche erschweren die Orientierung. Diese Orientierung ist jedoch maßgeblich für die Ausrichtung der Bildung. Wenn unsicher ist, auf welche Art von Erwerbsleben – und damit auch Privatleben – Bildung vorbereiten soll, kann zwar das „lebenslange Lernen" ausgerufen werden. Meist bleibt es bei Proklamationen, die als Sprechblasen die Unsicherheit eher noch verstärken.

---

anschließend am Computer Tetris gespielt wurde, möglicherweise eine Methode, traumatische Erfahrungen gar nicht erst intensiv zu speichern; und umgekehrt ein Hinweis, dass in Anschluss an Lerneinheiten der Arbeitsspeicher sehr sensibel für Löschungen ist. https://www.aerzteblatt.de/nachrichten/63427/Tetris-koennte-posttraumatische-Belastungsstoerung-lindern, Zugriff 12.02.2018

Die Erwachsenengeneration verliert dadurch an wegweisender Autorität. Die Unsicherheit der „Generation Praktikum" und das lange Ausharren in der Warteposition wird soziologisch als Verlängerung der Jugend beschrieben. Experten haben jedoch bereits vor der Phase der aktuellen Massenperspektivarmut von Adoleszenten in Europa gewarnt, dass das „Moratorium der Jugend" (Klosinski 2004) zu lang sei. Der artefizielle Raum der Postmoderne in der postindustriellen Wohlstandsgesellschaft, in dem Jugendliche trotz ihrer Möglichkeiten sich vor allem mit Gleichaltrigen befassen, unter Ausschluss fremder Erwachsener, und ohne Auslastung ausharren, überfordert vor allem bildungsschwache Jugendliche. Ihre Gefahr für dissoziale Fehlentwicklung steigt, wenn sie zu wenig Halt durch die soziale Umgebung erfahren. Zu wünschen ist ihnen eine körperliche Auslastung, eine Werktätigkeit, die sie praktisch bildet, mit der sie sich als wirksam erleben können.

Jugendliche spüren früh die Unsicherheit der Erwachsenen, eine klare Perspektive anzubieten. Sie halten diese Sorge dann mit den Erwachsenen gemeinsam aus, was eher zur Frühreifung führt. Weltweit steigt die Arbeitslosigkeit bei jungen Erwachsenen. „Generation Vielleicht" ist daher die passende Grundhaltung, sich nicht zu rasch zu intensiv einzulassen, sondern sich Möglichkeiten offenzuhalten.

4.4.7 Neuromythen

Abschließen möchte ich diese kurze Sammlung lernförderliche Faktoren mit dem Hinweis auf „Neuromythen". Stubenrauch et al. beschreiben, dass Lehrer teilweise beharrlich Neuromythen wie der populären Kinesiologie folgten, obwohl „positive Effekte […] auf das Lernen […] bisher in keiner wissenschaftlichen Studie gezeigt werden" konnten (Stubenrauch et al. 2014, 261). Bei Neuromythen geht es häufig um recht mechanisch anmutende Erklärungsmuster, häufig um motorische Unterstützung der Aktivität der Gehirnfunktion. *Edu-Kinestetik,* auf dem Modell von Paul Dennison beruhend wie „Brain-Gym habe einen eindeutig esoterischen Hintergrund". Gut am Konzept von „Brain-Gym" sind unspezifische Teile wie „regelmäßige Pausen, leichte gymnastische Übungen und Wassertrinken" (Goldacre 2010, 35). Das Bayrische Staatsinstitut für Schulqualität und Bildungsforschung fordert: „Die Verbreitung derartiger Denkmodelle darf nicht staatlich gefördert werden" (Kramer 2011). In „Die Wissenschaftslüge" führt der englische Psychiater Ben Goldacre aus, dass „Humbug" für die Allgemeinheit plausibel und populär werde, „wenn er mit ein paar technischen Begriffen aus der Welt der Neurowissenschaften aufgepeppt wurde" (Goldacre 2010, 32).

Roth und Spitzer beklagen gleichermaßen als ein **Hauptproblem im Bildungswesen, dass der pädagogische Alltag viel zu wenig von wissenschaftlichen Erkenntnissen profitiere.** Hier entziehen sich verantwortliche Stellen ihrer Verantwortung. Pädagogen haben im Alltag kaum Zeit und auch nicht das Expertenwissen, die Informationsflut zu sortieren. Spitzer fordert, dass entsprechend der medizinischen Leitlinien auch Pädagogen an der Umsetzung erwiesener Standards gemessen werden sollten. Vielerorts herrscht jedoch Personalmangel. Für Mediziner, die im Versorgungsalltag ebenfalls wenig Zeit haben, Publikationen auf Relevanz zu überprüfen, wurden entsprechende Institute wie das Deutsche Cochrane Zentrum[114] gegründet. Pädagogen benötigen etwas Vergleichbares. Das ist eine gute Aufgabe für das Bundesbildungsministerium, um beispielsweise E-Learning-Programme zu standardisieren.[115]

4.5 Sekundärtugenden – besser als ihr Ruf und Basis des Flows

Es scheint im Menschen angelegt zu sein, andere für Höchstleistungen zu bewundern. Ein wichtiger Teil dessen, worüber Menschen sich austauschen dreht sich um Bewunderung, zum Beispiel für Sportler, die durch jahrelange Arbeit außerordentlich erfolgreich sind. Neben dieser Ausdauer zählen Zuverlässigkeit, Fleiß, Anstrengungsbereitschaft und Frustrationstoleranz zu den Erfolgsfaktoren. Wer wagt und tüchtig ist, der erreicht was, so betonen es Redewendungen.[116] Dennoch haben Sekundärtugenden nicht den besten Ruf. Dazu gehören außerdem Ordnungsliebe, Gehorsam, Treue, Pflichtbewusstsein, Höflichkeit und Sauberkeit. Diese Tugenden machen Menschen nicht zu willigen Fleiß-Bienchen, die eigene Bedürfnisse vernachlässigen. Auch Achtsamkeit will im Alltag organisiert sein. Der Raum für Ruhe will organisiert und geschützt werden.

Als Primärtugenden werden Mut, Mäßigung, Tapferkeit, Gerechtigkeit und Weisheit bezeichnet. Sekundärtugenden sind die Enzyme von Bildung, wirken als Reaktionsbeschleuniger. Nur mittels Sekundärtugenden kann im Bildungswesen ein Grundhabitus der Lernbereitschaft „als Referenz- und Orientierungsrahmen im Denken" (Liessmann 2014, 92) sichergestellt werden. Diese Tugenden sowie Ehrgeiz, die Organisation und Finanzierung von Bildungsangeboten (Musik, Nachhilfe etc.) machen einen Großteil des sogenannten „vererbten" Bildungserfolgs aus. „Der Erwerb von Kulturtechniken, sprachlichen Fähigkeiten und basalem Wissen [ist] nicht ohne Disziplin, ohne Üben, ohne

114 Am Deutschen Institut für Medizinische Dokumentation und Information, DIMDI.

115 Zum Weiterlesen: Felten M, Stern E: Lernwirksam unterrichten. Cornelsen Scriptor 2014.

116 Und zwar bereits aus dem Altlateinischen: *Fortes fortuna adiuvat,* das Glück ist mit den Mutigen / Tüchtigen.

Wiederholungen zu haben" (ebenda, 123f.). **Diese Tugenden ermöglichen vor allem ein vertieftes Erleben der eigenen Möglichkeiten, eine Selbststärkung, die Erfahrung, immer wieder über sich hinauswachsen zu können.** Sie bahnen den Weg, der für einige zum Flow führt, dem Aufgehen in der eigenen Aktivität, dem Glücksgefühl durch Ausblendung von Außenreizen, sich auf das eigene Handeln zu konzentrieren und über die Erfolge einen vertieften Zugang zu sich zu erleben. Diese Verschmelzung von Handeln und Sein wird auch als Immersion bezeichnet. Sekundärtugenden wirken nach dem *Priming-Muster*, das heißt zum Beispiel, Erfolg durch Anstrengung wirkt motivierend, bahnt weitere Anstrengung. Diese Tugenden sind der Kern der *Selbstkontrolle*, die sich in vielen Studien als prognostisch sehr wertvoll für ganz unterschiedliche Entwicklungsbereiche gezeigt hat. Mit „exekutiven Funktionen" werden Handlungen und Strategien zusammengefasst, mit denen Menschen ihre Umwelt beeinflussen, zum Beispiel sich bewusst ein Ziel zu setzen, die Umsetzung zu planen und dies im Verlauf zu korrigieren, andere Ziele dafür zurückzustellen, die eigenen Impulse zu steuern. Die exekutiven Funktionen sind also eng mit den Sekundärtugenden verknüpft.

Wie häufig in Zusammenhang mit Leistung und Bildung irritieren polemische Beiträge die klare gesellschaftliche Ausrichtung. So diskreditierte der ehrgeizige ehemalige Bundesfinanzminister Oskar Lafontaine Sekundärtugenden öffentlich, weil man damit Konzentrationslager betreiben könne[117]. Nicht wenige Deutsche neigen dazu, per se kritisch zu sehen, was sie für „typisch deutsch" halten. Sekundärtugenden sind ihnen dann als „typisch deutsche Tugenden" suspekt. Disziplin und andere Sekundärtugenden gelten seit der 1968er-Zeit als suspekt, als Teil autoritärer Systeme. In Zusammenhang mit der öffentlichen Debatte ab 2008, die vom Kinderpsychiater Michael Winterhoff (Warum unsere Kinder Tyrannen werden. Oder: Eine Abschaffung der Kindheit, 2008) angestoßen wurde, veröffentlichte Bernhard Bueb, ehemaliger Direktor der Internatsschule Schloss Salem, eine Streitschrift „Lob der Disziplin" (2008). In der Emotionalität der anschließenden Debatte wurde Disziplin häufig mit schwarzer Pädagogik gleichgesetzt. Tatsächlich können Sekundärtugenden Lernende quälen, wenn die Ziele unpassend sind, wenn Lehrende nicht empathisch wohlwollend Disziplin dosieren, sehr ehrgeizige Kinder ausbremsen. Nicht wenige Pädagogen haben selbst solche Qualen erlitten und verklären ihre Vergangenheit, indem sie Ähnliches selbst weiterreichen wollen, teilweise im Sinne: „Das hat mir auch nicht geschadet, hat mich hart gemacht". Da viele Eltern die Inhalte und Strukturen des aktuellen Bildungssystems zu Recht in

117 http://www.spiegel.de/spiegel/print/d-80451070.html, Zugriff 12.02.2018

Frage stellen, ist die familiäre Ablehnung von Sekundärtugenden somit auch eine passive Form des Widerstandes.

Der ehemalige Präsident der Studienstiftung des Deutschen Volkes Roth beschreibt, dass sich beim Fleiß selbst in elitären Kreisen „eine besondere Problematik" ergebe, „dass er bei jungen Menschen meist kein hohes Ansehen genießt", bei Mädchen eher noch als bei Jungen. „So gestehen mir oft Stipendiaten der Studienstiftung, dass sie ihren Fleiß sorgfältig vor ihren Kommilitonen verbergen müssen, um nicht ausgegrenzt zu werden" (Roth G 2011, 206).

Erfolg, egal in welchem gesellschaftlichen Bereich, ist häufig verbunden mit vielen kleinen Schritten, Irrwegen, Frustrationstoleranz und immer wieder Anstrengungsbereitschaft.[118] Arbeitgeber legen viel Wert auf diese Tugenden, auf Teamfähigkeiten, soziale Kompetenzen – schlicht Umgänglichkeit. Der Notendurchschnitt von Bewerbern ist zweitrangig, mehr Ausdruck dieser grundsätzlichen Einsatzbereitschaft als objektiver Ausdruck von Leistungsfähigkeit. Arbeitgeber wissen, wie willkürlich Notengebung teilweise ist. Der bekannte TV-Koch und Unternehmer Jamie Oliver betont die Arbeitsmoral, die er von seinem Vater lernte. Dies sei die Quelle seines Erfolgs, weniger seine schulischen Leistungen. „Ich war eines dieser dicken, dummen Kinder. Ich musste auf die Förderschule und brauchte Nachhilfe, um die einfachsten Dinge zu lesen und zu schreiben." Auf die Frage, ob er sich als Versager fühlte, entgegnete er „Alle in meiner Klasse fühlten sich wie Versager. Ich nicht, ich hatte das Leben im Pub. Ich kochte und bekam dafür etwas Geld von meinem Vater"[119] (Fichter / Oliver 2010).

Der Entwicklungspsychologin Ahnert zufolge präge niemand die Anstrengungsbereitschaft und Motivation der Kinder so sehr wie die Erzieher im Kindergarten – und zwar weit über die Einschulung hinaus (zit. nach Schmeling 2014). Eine tragfähige Beziehung erlaube vor allem die Erfahrung: „Ich muss mich nicht schämen, wenn ich an meine Grenzen komme oder einen Fehler mache. Ich frage einfach nach" (Schmeling). Häufig wird genau das Gegenteil kultiviert: Vorwiegend werden diejenigen gelobt, die zuerst fertig sind und wenig zusätzliche Unterstützung benötigen.

Für den Neurowissenschaftler Roth sind die wichtigsten Faktoren für Bildungserfolg Intelligenz, Motivation und Fleiß. „Man kann vermuten, dass diese unterschiedliche Einstellung zum Fleiß einer der Gründe ist, warum inzwischen Mädchen und junge Frauen in ihren Schul- und Studienerfolgen besser

---

118 „Gehabte Schmerzen, die hab ich gern." Wilhelm Busch, gern zitiert von einem Lehrer des Autors.

119 Der in Island bekannte Journalist Egill Helgason berichtet über ähnliche Erfahrungen (Gehrmann A: Alles ganz isi 2011, 103f.).

abschneiden als Jungen und junge Männer" (Roth G 2011, 206). Der bemüht „coole" Habitus, den nicht nur viele Schüler ausstrahlen wollen, betont gerade, Erfolg ohne Anstrengung erreicht zu haben. Für die demonstrative Lässigkeit wird viel Energie aufgewandt, nach dem Motto: „Ich bin derart talentiert, mir fällt alles in den Schoß". Manche verpassen durch diese Selbstüberschätzung den Anschluss (s. Kapitel 6.6 zur Schulverweigerung). Maßgeblich sind häufig die fehlende Anstrengungsbereitschaft, Frustrationstoleranz und die Selbstkontrolle, die wiederum stark in der Familie sozialisiert wird.

Sekundärtugenden sollten in den Konzepten von Bildungseinrichtungen und der gelebten Kultur explizit genannt sein, als Anregung für einen offenen Umgang. Sonst wird Bildung unbeabsichtigt zum „Schauspielunterricht" (Regine Hildebrandt), wenn alle sich etwas vormachen. Diese Kultur ist zwar verbreitet. Leistungssportler aber brüsten sich öffentlich nicht damit, wie viel Zeit sie auf der Couch verbringen. Wenn Bildungseinrichtungen Leistungen in verschiedenen Bereichen würdigen, nicht nur die Spitzenleistungen beim Lernen und in Prüfungen, sondern zum Beispiel auch den Einsatz für das Gemeinwesen, werten sie den Leistungsbegriff und damit die Sekundärtugenden auf.[120]

4.6 Resilienz – Abwehrkräfte der Seele

Mit „Psycho"-Themen sind häufig Berührungsängste verbunden. Die hohen Ausfallszeiten wegen psychischer Erkrankungen haben die *Resilienz* hingegen in den Fokus gerückt. Darunter wird im psychologischen Kontext die *seelische Widerstandsfähigkeit* im Sinne der Belastbarkeit durch Nutzung der eigenen Stärken verstanden. Warum haben für manche Menschen schwere psychische Belastungen auch langfristig keine negativen Konsequenzen? Möglicherweise werden sie sogar, Glück im Unglück, gestärkt, weil sie ihre Widerstandskraft erlebt haben. Warum leiden andere bereits bei kleineren Belastungen dauerhaft? Wie funktioniert die „seelische Immunisierung"?

Der **wichtigste Resilienzfaktor ist „eine stabile, wertschätzende, emotional warme Beziehung zu einer (erwachsenen) Bezugsperson**" (Fröhlich-Gildhoff 2014, 59).

> „Widerstandsfähige Jungen kommen oft aus Haushalten mit klaren Strukturen und Regeln, in denen ein männliches Familienmitglied […] als Identifikationsmodell dient, und in denen Gefühle ausgedrückt werden. Demgegenüber kommen widerstandsfähige Mädchen oft aus Haushalten, in denen sich die Betonung von Unabhängigkeit mit der zuverlässigen Unterstützung einer weiblichen Fürsorgeperson verbindet" (Fuhrer 2006, 331).

[120] Zum Weiterlesen: Bauer J: Selbststeuerung. Die Wiederentdeckung des freien Willens. Karl Blessing Verlag 2015.

Die Bella-Studie des Robert-Koch-Instituts hat gezeigt, dass sich für Kinder und Jugendliche vor allem familiäre Schutzfaktoren auswirkten, hauptsächlich gegenseitige Fürsorge und gemeinsame Aktivitäten[121]. In Umfragen wie der World-Vision-Kinder-Studie betonen Kinder, dass sie gemeinsame Zeit mit den Eltern schätzten. Diese Resilienzfaktoren passen zu den stärksten Belastungsfaktoren, die die Bella-Studie ermittelt. Am meisten werden psychische Auffälligkeiten bei Kindern und Jugendlichen durch Familienkonflikte gefördert, durch eine psychische Erkrankung der Eltern, durch Unzufriedenheit oder eine fehlende Partnerschaft.

Wichtigster schulischer Resilienzfaktor ist das Schul- und Klassenklima (nach Bilz zit. nach Steinebach / Gharabaghi 2013, 88). Betont wird, dass „aus sozioökonomischer Perspektive [...] Resilienzförderung von Jugendlichen in Schulen dann eine effiziente Strategie [ist], wenn universelle Gesundheitsförderung im Bildungswesen frühzeitig beginnt" (ebenda, 86).

> „Zu den Kennzeichen einer resilienzfördernden Schule gehören:
> - die Vermittlung von physischer und psychischer Sicherheit
> - klare, konsistente Strukturen mit angemessener Kontrolle
> - unterstützende Beziehungen
>   - Bereitstellung von Gelegenheiten, sich zugehörig zu fühlen
> - positive soziale Normen
> - Unterstützung der Selbstwirksamkeit und des Engagements
> - Integration von Bemühungen der Familien, der Schule und der Gemeinde"
>
> (nach Larson et al. zit. nach Steinebach / Gharabaghi 2013, 88)

Individuell könne die Stärkung von Selbstvertrauen, Unabhängigkeit, Selbstbeherrschung, Beweglichkeit und Ausdauer laut der am weitesten verbreiteten Resilienzskala (Wagnild / Young[122]) die Resilienz steigern.

Zehn Möglichkeiten, die persönliche Resilienz zu stärken:
(nach der Amerikanischen Psychologischen Gesellschaft, APA)[124]

1. gute Beziehungen zur Familie und zu Freunden mit gegenseitiger Unterstützung;
2. in Krisensituationen aus der Einengung finden, indem kleine Schritte der Besserung gegangen werden;

[121] https://www.bella-study.org/deutsch/was-sind-die-hauptergebnisse-der-bella-studie/, Zugriff 12.02.2018

[122] http://www.mentalhealthpromotion.net/resources/resilienzskala2.pdf, Zugriff 10.02.2018

[123] Zusammenfassende, leicht modifizierte Übersetzung der Empfehlungen der American Psychological Association, http://www.apa.org/helpcenter/road-resilience.aspx; Zugriff 18.02.2018. Anregung aus Bengel / Lyssenko (2012), die in ihrer Übersetzung andere Schwerpunkte setzen.

3. Akzeptanz von Änderungen und Unveränderlichem kann den Blick frei machen für Dinge, die beeinflusst werden können;
4. es gibt Kraft, täglich an seinen Ziele und Perspektiven zu arbeiten, auch wenn es nur kleine Schritte sind;
5. sich gerade in schwierigen Situationen bemühen, beim aktiven Handeln zu bleiben, nicht auszuweichen;
6. Tragödien, wie der Verlust von Angehörigen, können im Sinne der Wortbedeutung von „Krise" entscheidende Wendungen sein, die wachrütteln oder neue Türen öffnen;
7. am positiven Selbstbild arbeiten;
8. eigene schmerzhafte Erfahrungen in Relation stellen [meine Ergänzung: „Keep calm and carry on"];
9. positive Erwartungshaltung durch Fokussierung auf Ziele statt Ängste;
10. achtsame Selbstfürsorge, zum Beispiel durch Bewegung.

Meine Ergänzung: Jeder sollte nach persönlich wirkungsvollen Möglichkeiten der Stärkung suchen, wie ein Tagebuch zu führen oder zu meditieren.

Ein Programm zur Vermittlung von Resilienz nennt die folgenden Kernfaktoren („resilience education" von Steinhardt und Dolbier zit. nach Bengel / Lyssenko 2012, 95).

1. bewusstes Wahrnehmen von Stressoren, real oder als Überbewertungen (kognitive Verzerrungen), um in die aktive Rolle zu gelangen („transforming stress into resilience");
2. Selbstwirksamkeit erfahren durch proaktive Problembewältigung;
3. soziale Unterstützung aufbauen und pflegen.

Als resilienzförderlich wird häufig das **Salutogenesemodell** von Antonovsky genannt. **Zentrale Faktoren für die Gesundheit sind laut diesem Modell die Verstehbarkeit, Handhabbarkeit und Sinnhaftigkeit von Erlebnissen.** Diese Trias ermögliche das Kohärenzgefühl. Die Haltung und Handlungsstrategien ermöglichen eine flexible Einstellung auf das eigene Schicksal, so dass Erlebnisse in den Lebenslauf integriert werden. Die Probleme des Alltags werden als sinnvolle Möglichkeit gesehen, eigene Bewältigungsstrategien zu trainieren. Dadurch wird die Verbundenheit zu sich selbst und dem sozialen Umfeld gestärkt. „In einer israelischen Studie konnte gezeigt werden, dass Kohärenzgefühl und psychische Gesundheit zwar hoch korrelieren, aber unabhängige Konstrukte darstellen" (Bengel / Lyssenko 2012, 21). Die bisher vorliegenden Studien hätten keine protektive Wirkung des Kohärenzgefühls bei kritischen

Lebensereignissen darstellen können (ebenda, 69). „Die Schlussfolgerung, dass das Gesamtkonzept Antonovskys in seiner Komplexität nicht empirisch bestätigt werden kann, ist heute weiterhin gültig" (ebenda, 7).

Risiken und Nebenwirkungen: Resilienz kann absurd ins Gegenteil verkehrt werden, wenn Arbeitgeber „perfide […] Menschen fürs Büro […] dressieren" (Berndt 2015), also für Effizienzzwecke die seelische Belastbarkeit maximal gesteigert werden soll.

4.7 Effektive Motivierung – Feedbackkultur – Wertschätzungsketten

Nun folgt ein Plädoyer[124] für die Verbesserung der Feedback- und Fehlerkompetenz, der Kritikkultur an Bildungseinrichtungen, in Familien und sonst wo. Im Feedback kommt die Wertschätzung für das Miteinander in Bildungseinrichtung in konzentrierter Form zum Ausdruck. **Feedback ist ein Kernthema von Bildung** und wirkt wenigstens so nachhaltig wie die Inhalte. Feedback steht für Rückmeldungen jeglicher Art, vor allem auch nonverbal oder als (ausbleibende) Resonanz. Es ist maßgeblich für die **ehrenwerte, anspruchsvolle und eine der wichtigsten Aufgaben aller Pädagogen, die Anbahnung von Erfolgen.** Wie viele Pädagogen würden diesen Aspekt auf die spontane Frage nach ihren Hauptaufgaben nennen? Maßgeblich ist die Grundhaltung der Pädagogen, ihr Selbstverständnis, der ressourcenorientierte Blick für die Potentiale der Lernenden und die individuelle Förderung. Für die Familienforscherin Andresen zählt zum Kerngeschäft von Schulen „Schüler motivieren, das Nachdenken fördern, anregen und Fähigkeiten ausbilden helfen" (Friedmann / Andresen 2014). Dazu gehörten für sie ein gutes Klassenklima und ein wertschätzender Umgang der Schüler und Lehrer miteinander und untereinander. Durch „Wert*schätzungs*ketten" – als Abwandlung der Wertschöpfungsketten – könnten Schulen zu „Bildungshäusern" werden, „zum Ort der Leidenschaft für eine Welt […], in der man leben will" (Kahl 2009).

Der Umgang mit Fehlern ist ein Teilbereich der Feedbackkultur, jedoch ein vermintes Feld, ein hochgradig sensibler Bereich, der deshalb später eigenständig abgehandelt wird. „Ein Problem des traditionellen Unterrichts besteht darin, dass Schüler/innen meist nur ein summatives Feedback bekommen, etwa, dass ihre Leistung ‚ausreichend' ist. Doch diese Form des Feedbacks sagt ihnen weder, wo genau ihre Schwierigkeiten liegen, noch, wie sie diese überwinden können" (Burow 2014, 133).

---

124 Gemeint als herzliche Einladung.

Die Feedbackkultur ist maßgeblich für die Arbeitsbasis, die Kultur von Offenheit, Vertrauen und Zutrauen. Feedback ist schwierig, (gruppen-)dynamisch und wirkt weitreichend. Viele Schüler sind froh, wenn sie nicht beschämt werden. Positives Feedback, das ihnen Stärken rückmeldet, kennen sie häufig nicht, auch nicht von zu Hause. Viele Eltern trimmen ihre Kinder ängstlich, damit sie gute Noten erhalten. Das Verständnis der Bildungsinhalte wird zweitrangig. Solche Kinder trauen sich teilweise nicht, Schwierigkeiten anzusprechen. Sie wollen ihren Eltern gefallen. Teilweise werden sie sich selbst durch die Täuschung zunehmend fremder. Manche Eltern reagieren schon bei der Note „gut" sehr angespannt, bedrängen Lehrerinnen. Solchen Eltern sollten – gegebenenfalls mit Hilfe von Schulleitung und Kollegen – Grenzen aufgezeigt werden. Elternarbeit wird von vielen Pädagogen als sehr schwierige Herausforderung angesehen. Trotz des zunehmenden Aufwands stehen dafür keine zusätzlichen Ressourcen zur Verfügung.

Bildungseinrichtungen sollten sich ihrer Feedbackkultur bewusst sein, als Teil und abhängig von der allgemeinen Teamkultur, der Arbeitsatmosphäre. Wie gehen die Pädagogen miteinander um, wie die Leitung der Einrichtung mit den Pädagogen und umgekehrt? Welche entsprechende Kultur wird von weisungsbefugten Behörden, Schulämtern, Trägern etc. praktiziert? Eine wertschätzende Grundhaltung ist die Basis für Offenheit.

> „Die Fähigkeit und Bereitschaft, den eigenen Unterricht regelmäßig selbstkritisch zu hinterfragen und verfügbare Methoden und Werkzeuge zur Selbstdiagnose und -verbesserung (beispielsweise Schülerfeedback oder kollegiale Rückmeldung und Supervision bezogen auf den Unterreicht oder Messung unterrichtlicher Wirkungen) einzusetzen, ist eine Schlüsselbedingung für die Verbesserung des eigenen Unterrichts und damit ein zentrales und für den nachhaltigen Unterrichtserfolg unabdingbares Merkmal der Lehrperson" (Helmke 2009, 118).

Die Sensibilisierung für Positives, für kleine Fortschritte, für Gelingendes, und sei es in einem Teilbereich, sowie die Würdigung von Stärken sind als Basis enorm wichtig. Diese Haltung gehört zu den Hauptbotschaften und Zielen beim international anerkannten und gut evaluierten Triple-P-Erziehungsprogramm.[125] Wie im Programm „Mehr Zeit für Kinder" wird auch bei Triple P das ungestörte Miteinander hervorgehoben, individuelle Zuwendung zur Pflege der haltgebenden Beziehung.

Das Potential echter Anerkennung für das menschliche Miteinander und speziell für Lernen ist kaum zu überschätzen. Das angeborene menschliche Belohnungssystem bewirkt Gefühle von Genugtuung und Glück, wenn Menschen

125 Positive Parenting Program

über sich hinauswachsen. Dies ist durch Reaktionen wichtiger Bezugspersonen besonders zu spüren. Deshalb können solche Erfolge in Gruppen besonders beflügeln. „Nichts ist so lern-förderlich wie der Stolz auf eine bewältigte Herausforderung […]. Ob Kinder bei der Sache bleiben, hängt wesentlich von der emotionalen Unterstützung ab", so der Hirnforscher Hüther (zit. nach Sporer 2013, 48).

Gesellschaftlich verbreitet ist hingegen die Haltung „Nichts gesagt ist genug gelobt", Schwieriges stärker zu betonen als Positives, teilweise derart auf Defizite zu fokussieren, dass – wie in einer Trance, wie mit Tunnelblick – nur noch Probleme gesehen werden. **Im Bildungswesen wird regelhaft das noch nicht Erreichte überbewertet.** Willkürliche Maximalziele können viele Lernende durch den Eindruck von Insuffizienz frustrieren und hemmen. Obwohl Pädagogen dies weitestgehend bekannt ist, dominiert im Alltag häufig die Defizitorientierung.

Bildungsorte können die Orientierung auf „Ressourcen", auf Gutes, auf die „Schätze des Alltags" als Leitmotiv formulieren. Lehrkräfte stellen immer wieder mit Erstaunen fest, dass Eltern sich schwertun, wenigstens drei Stärken ihres Kindes zu benennen. Dies gelingt umso besser, wenn Eltern und Pädagogen vorleben, eigene Stärken zu benennen; das muss weder aufdringlich noch prahlend sein. Aufgrund der Dominanz der Defizitorientierung sollte die Orientierung auf Stärken (Ressourcen) ritualisiert sein, am besten humorvoll. Für die Änderung solch kultureller Konventionen benötigen Familien und Kollegien Einvernehmen und Ausdauer.

Die Stärkung positiven Verhaltens durch ansprechende Anerkennung ist alles andere als trivial. Manche Lehrkräfte witzeln, wenn sie Vorgesetzte holprig loben hören: „Sie war wohl beim Motivationsseminar". Belobigung kann als Belohnung für Gehorsam das Gegenteil von Anerkennung und Würdigung sein. Lob kann erniedrigen, nicht nur die Reputation im Kreise der Peergruppe gefährden. Es erfordert ein gutes Gespür für Lehrkräfte, die Form und Dosis der Verstärkung förderlichen Verhaltens situativ korrekt einzusetzen. Tatsächlich überzeugend praktizieren Pädagogen die Wertschätzung ohnehin erst, wenn sie auch untereinander diese Haltung pflegen. In einer Göttinger Gesamtschule beginnt die wöchentliche Lehrerteamsitzung mit einer „Lobrunde" (wobei die Bezeichnung gewöhnungsbedürftig klingt, tatsächliche detaillierte Wertschätzung wird sich davon nicht abschrecken lassen; in Rasfeld / Breidenbach 2014, 15). Feedback will geübt sein, unter Pädagogen und Lernenden. Zur differenzierten „Leistungsdokumentation und -rückmeldung" gehören dort ein „Portfolio, Selbst- und Fremdeinschätzung, Entwicklungsgespräche, Feedbackkultur, persönliche Zertifikate und Lernberichte" (ebenda, 89). Diese

Detailorientierung ist einerseits für die Motivierung wichtig. Und es ist sehr wichtig zu betonen, dass es ohne Noten nicht um weniger, sondern um eine bessere Leistungsorientierung geht. Am Schiller-Gymnasium Marbach gibt es ein „Ruck-zuck-Feedback". Zwei Monate nach Schuljahresbeginn gibt jede Klasse ihren Lehrern eine Rückmeldung (Offermann / von Korff 2011, 110). Feedback kann und sollte man schulen.

Wer als Kind die Wärme und Geborgenheit von „Lächeldialogen" erfahren durfte, weiß sie zeitlebens zu schätzen. Als kooperative Wesen wollen Kinder gefallen, wollen Anerkennung ihrer Eltern. Manche mussten sich das schon früh abgewöhnen, um nicht am Mangel von Würdigung unterzugehen. Anerkennendes Lächeln verkürzt den Abstand zwischen Menschen enorm. Der anerkennende Blick für den anderen transportiert häufig mehr als Worte. Da kann ein „Zauber" entstehen, mehr als Worte fassen können. Entsprechende Untersuchungen belegten die besondere Verbindlichkeit von Blickkontakten. Eine würdigende Anerkennung kann enorm wirken, noch viel mehr anstoßen, als in diesem Moment absehbar ist. Entwicklungspsychologen sprechen dabei von „magischen Momenten". Echte Anerkennung wird häufig weitergereicht, als *Wertschätzungskette*. „Es sind magische Momente, in denen wir herausgefordert, ermutigt oder begeistert werden – oder einfach Raum für uns und unsere besonderen Talente erhalten" (Rasfeld / Breidenbach 2014, 68).

Pädagogen, die gezielt loben wollen, sollten einzelne Handlungen hervorheben, konkret beschreiben. Pauschale Lobe von Personen wirken deutlich weniger. Der Psychiater Bohus empfiehlt „Cheerleading", also Begeisterung durchaus großzügig zu dosieren, wenn es passe.[126] Je jünger die Lernenden sind, umso wichtiger ist die enge zeitliche Verknüpfung der positiven Rückmeldung (Kontingenz), ansonsten wirkt die Verstärkung nicht. Für das Kind fühlt es sich nicht authentisch an, wenn Erwachsene zu abstrahiert, zum Beispiel erst in einer Auswertungsrunde eines Tages, loben.

Risiken und Nebenwirkungen: Belohnungen

> „nutzen sich schnell ab. Letztlich kann eine Belohnung von außen kaum so stark sein, wie die eigene Belohnung des Gehirns nachdem es ein selbst gewähltes Ziel erreicht hat. Dann werden drogenähnliche Stoffe ausgeschüttet, körpereigene Endorphine und Opiate. Das kann geradezu süchtig machen nach Lernen, nach weiteren Erfolgserlebnissen. […] Gibt man dann plötzlich in der Schulzeit materielle Anreize für ein ganz natürliches Lernverhalten, kann die Motivation in die falsche Richtung gelenkt werden. Das Kind lernt dann womöglich nur noch für die Anerkennung von außen, nicht aber für innere Belohnung, den eigenen Wissensdrang" (Korte / Simon 2009, 30).

[126] Bohus et al. (2013, 102) übersetzen cheerleading mit „Ermunterung".

Am wirksamsten sind Belohnungen, die unabsehbar von Zeit zu Zeit erfolgen (intermittierende Verstärkung). Betreiber von Glücksspielen wissen und nutzen dies.

Wer Ressourcenorientierung ernst meint, kultiviert sie, durch Rituale, durch stetige Schärfung des Blicks für die eigenen Stärken und die der anderen. Das Bewusstsein für die eigenen Stärken dient Lernenden als Anker im Alltag. Pädagogen können mit entsprechend bedürftigen Kindern vertrauliche Rückmeldungen absprechen, zum Beispiel mit einem längeren Blick ausdrücken: „Prima, dass du so aufmerksam bist".

Die Wirkung von Wertschätzung zeigt zum Beispiel der Pygmalion- oder Rosenthal-Effekt,

> „schon die Erwartungen der Versuchsleiter [führen] zu einer scheinbar eindeutigen Leistungssteigerung […]. Lehrern wurde unter Vortäuschung eines wissenschaftlichen Tests erzählt, ein Teil der Schulkinder stünde unmittelbar vor einem intellektuellen Entwicklungsschub […]. Diese Voreingenommenheit der Lehrer führte nach der Studie bei knapp der Hälfte […] ohne jedes weitere Zutun zu einer enormen Steigerung des IQ um 20 bis 30 Punkte. Erklärt wurde und wird dieser Effekt dadurch, dass der Lehrer in subtiler und oft unbewusster Weise seine Einstellung und Erwartungen den Schülern übermittelt, zum Beispiel durch erhöhte persönliche Zuwendung, durch eine verlängerte Wartezeit auf eine Schülerantwort, durch Häufigkeit und Stärke von Lob und Tadel oder durch hohe Leistungsanforderungen" (Roth G 2011, 169f.).

4.7.1 Benotung, Sitzenbleiben, Zeugnisse

Noten und Zeugnisse sind zentrale Aspekte der Kritikkultur. Das schulische Notensystem gilt in vielen Bereichen als überholt und ist Ausdruck eines verbreiteten Mangels an sinnvolleren Bewertungssystemen beziehungsweise als Reduktionismus konstruiert, als eine ungerechte Vereinfachung, vermeintliche Objektivierung. Noten sind bei der Vergabe von Studienplätzen kostengünstiger vergleichbar als andere Verfahren. „Noten und Hausaufgaben sind typische Fälle, wie anfänglich sinnvolle Ideen zu zweifelhaften Instrumenten verkommen können. […] Sie erlauben Schülern einen Vergleich und vermitteln ihnen einen Orientierungsmaßstab. Aber es besteht eben die große Gefahr, dass nur noch die Leistung und nicht mehr das Lernen im Blick ist" (Stern / Hanser). In Dänemark gibt es bis zum siebten Schuljahr keine Noten (Kahl 1999). In Deutschland haben einige Bundesländer begonnen, es den Schulen bis zur 9. Klasse freizustellen, wie sie mit der Benotung verfahren. An der Lichtenberg-Gesamtschule Göttingen, Sieger beim Deutschen Schulpreis 2011, gibt es bis zum Ende der 8. Klasse keine Noten. „Mit Erfolg: Bei den zentralen Abiturprüfungen in Niedersachsen zählen die Schüler zu den besten fünf Prozent" (Hauschild

2014, 20). Verbalgutachten, die Textalternative zu Noten, sind jedoch sehr anspruchsvoll. Schon häufig gefordert und wichtig ist ohnehin, die Vermittlung und Überprüfung des Lern- und Vermittlungserfolgs durch unterschiedliche Personen durchführen zu lassen. Mit jedem Test bewertet ein Pädagoge ja auch die eigenen didaktischen Qualitäten, und die unterscheiden sich dramatisch. (Fast alle Familien kennen Lehrer, die sich bezüglich der Anforderungen und Benotung kaum an ihrem Kollegium orientieren.)

> „Ursprünglich sollten die Schulen sich darauf konzentrieren, die Schüler klüger zu machen und auszubilden, und Noten waren lediglich ein Mittel, um den Lernerfolg zu messen. Doch natürlich waren die Schulen schon bald darauf bedacht, gute Noten zu bekommen. Wie jedes Kind, jeder Lehrer und jeder Schulinspektor weiß, kann man dank bestimmter Fertigkeiten in einer Prüfung auch dann gut abschneiden, wenn man von Literatur, Biologie oder Mathematik nicht wirklich Ahnung hat. Jedes Kind, jeder Lehrer und jeder Schulinspektor weiß aber auch: Wenn Schulen vor der Wahl stehen – gute Noten oder solides Wissen –, werden sich die meisten für Ersteres entscheiden" (Harari 2017, 233f.).

Aufgrund der weitreichenden Auswirkungen kann man über Noten nicht einfach hinwegsehen. Der Bildungsforscher Hüther betont, es sei dramatisch, die Benotung ins Zentrum der Bildung zu rücken. Metakompetenzen wie strategisches Denken, Problemlösekompetenz, Handlungskompetenz / Umsicht, Einsichtsfähigkeit etc. würden nicht ausreichend kultiviert, weil sie nicht ins Notensystem passten (Hüther 2016, 201ff.). Daniel Kahneman, Nobelpreisgewinner und selbst als Professor mit Benotung befasst, hat bei sich Fehlerquellen entdeckt (sogenannte Verzerrungsfehler), die allgemein verbreitet sein dürften (2011). Noten seien abhängig von

> „Sympathien zwischen Schüler und Lehrer [...]. Selbst die Reihenfolge, in der ein Lehrer Klassenarbeiten korrigiert oder mündlich prüft, beeinflusst, wie ein Schüler dabei abschneidet. Eine Untersuchung mit Abiturienten, die mündlich geprüft wurden, bestätigen das. Schüler, die in ihren Abiturklausuren gut abschnitten, wurden in der mündlichen Prüfung noch besser benotet, wenn vor ihnen ein schlechter Abiturient vorsprach. Der schlechtere Schüler hingegen erhielt in der mündlichen Prüfung eine noch schlechtere Bewertung, wenn er nach dem guten drankam" (Hauschild 2014, 18).

Mehr als alles andere sind Schulnoten der Teil, auf dem das Elternfeedback an die Lernenden basiert. Zensuren sind exemplarisch für das Bildungswesen: Noten haben viele Funktionen (Anreiz, Druck, Selektion etc.). Deshalb stört es kaum, dass die Notengebung häufig nicht den Testgütekriterien genügt (Objektivität, Reliabilität, Validität; dazu auch Roth G 2011, 198). Laut Kritikern werden Noten zu wenig differenziert eingesetzt, zum Beispiel bei Bewegungsaktivitäten sollte mehr die Anstrengungsbereitschaft gewertet und Sport allenfalls fakultativ benotet werden (z. B. nur die Noten 1, 2, allenfalls 3 vergeben werden).

Effektives Motivieren arbeitet ressourcen-, nicht defizitorientiert und beschreibt möglichst genau die Stärken der Schüler und wie sie sich weiter verbessern können. Nicht wenige Schüler fühlen sich wie die Noten, die sie schulisch erhalten, vor allem wenn ihre Eltern den Zensuren zu große Bedeutung geben.

Viele kritisieren Schulnoten vor allem, weil sie irreführende Leistungsanreize bewirken, weil Kompetenzen und Verständnis in den Schatten von Noten geraten können. „Das Problem ist: Die fatale Gier nach guten Noten zieht sich durch das ganze Schülerleben" (Ulbricht 2014). Die permanente Benotung und Notenorientierung kann als *das* Kontinuum im Bildungssystem verstanden werden. Lehrer kommen und gehen, Mitschüler auch, das Notensystem mit seinen vielen Kritikpunkten bleibt, wie ein prägendes Koordinatensystem. Wie bezeichnend ist das Zensurensystem, das von vielen – auch Experten – als kontraproduktiv eingeschätzt wird und weithin als häufig unfaires, aber scheinbar alternativloses Übel angesehen wird, für die Bildungsqualität? Eine Untersuchung in Israel mit 132 Fünft- und Sechstklässlern hat gezeigt, dass Kommentare der Pädagogen mit konkreten Hinweisen zur Verbesserung motivierender wirken als Noten und motivierender als Kombinationen aus solchen Kommentaren und Noten. Noten verdrängen offensichtlich in der Erinnerung die Kommentare. Schüler, die ausschließlich die Kommentare erhielten, konnten diese Aspekte in der Folge verbessern (Hauschild 2015).

Der Mathematikdidaktiker Meyerhöfer kritisiert, Noten würden diskriminieren.

> „Wenn man Schulnoten dem Schüler und nicht dem Lehrer gibt, dann muss dieser auch eine faire Chance haben, die geforderte Leistung zu erbringen. Dazu bedarf es aber erst einmal einer von allen Schülern geteilten Basis, und das sind Lesen, Schreiben und die Grundrechenarten. Die Schulnote hat jedoch den Zweck, eine Rangordnung herzustellen. *Im Lehrer wird dadurch die Idee angelegt, dass es völlig in Ordnung ist, wenn manche Schüler eben schlechte Noten erhalten. Für die basalen Kulturtechniken darf das aber nicht gelten!*" (zit. nach Wernicke 2015, 47).

Als Sonderform schulischen Feedbacks sei auf die Untersuchungen zum „Sitzenbleiben" hingewiesen. Der Bildungsexperte Jörg Dräger führt in seiner lesenswerten Übersicht „Dichter, Denker, Schulversager" (2013) aus, dass die Wiederholung einer Klasse nur selten sinnvoll sei, und zwar individuell, prognostisch und ökonomisch. Die Studienlage führt bei diesem Thema zu einer für pädagogische Themen relativ einheitliche Haltung der publizierten Expertenmeinungen.

In den letzten Jahren entstand der Eindruck, dass schlechte oder fehlende Abschlüsse systematisch nach oben korrigiert worden seien, damit die Qualität der Bildungsinstitutionen nicht hinterfragt werde. Der Erziehungswissenschaftler Heinz-Elmar Tenorth kritisiert, dass im „Nationalen Bildungsbericht" 2014 nicht auf die Diskrepanz zwischen 18 Prozent „Risikoschülern“ laut Pisa und 5,9 Prozent Schülern ohne Abgangszeugnis eingegangen werde. Für ihn seien „Zertifizierung und Kompetenzdiagnose nicht identisch. Zeugnisse nehmen keineswegs die symbolische Garantiefunktion wahr […]. Das Misstrauen der einstellenden Betriebe gegen Schulzeugnisse und die Klagen über fehlende Kompetenzen der Bewerber haben also ihre Gründe, bezeichnen nicht etwa nur Ressentiments“ (Tenorth 2014).

Auch der AktionsratBILDUNG verweist auf diese Gefahr. „Darüber hinaus belegen Studien, dass Persönlichkeits, Leistungs- und Verhaltensaspekte bei der Notengebung von Lehrkräften häufig nicht ausreichend unterschieden werden, so dass schädliche Auswirkungen auf die weitere Entwicklung der Schülerinnen und Schüler zu befürchten sind“ (2015, 15).

4.8 Von Schwierigkeiten und aus Fehlern konstruktiv lernen

Abb. 15: Management von Konflikten und Kritikkultur als maßgebliche Präventionsfaktoren

„Was uns am Lernen hindert, ist das, was wir zu wissen glauben“ (Diem 2013). Ähnlich hindert uns, wenn wir anderen gegenüber Scheinwissen vortäuschen wollen.

Für professionelle Pädagogik gilt wie für menschliches Miteinander im Allgemeinen, dass sich die Qualität von Beziehungen bei Schwierigkeiten und Herausforderungen besonders bewähren kann. Die Verbesserung des Umgangs mit Schwierigkeiten und Fehlern ist für Kollegien von Pädagogen ebenso wichtig wie für die Interaktion von Lernenden mit Pädagogen – und für viele Neuland.

Es klingt für Bildungseinrichtungen selbstverständlich, Unfertiges als Teil von Entwicklung zu sehen. Alle haben Laufen mit vielen Versuchen und Stürzen erlernt. Das noch nicht Gelingende gibt dem Lehrenden seine berufliche Existenzberechtigung, meist auch die Möglichkeit, sich selbst als wirksam zu erleben. Für Lernende ist der wohlwollende Blick für die eigenen Grenzen, für das letzte verstandene Element einer Lernkette, der Anknüpfungspunkt für die eigene Entwicklung. Obwohl dies so selbstverständlich ist, geht es im betriebsamen Alltag zu oft unter. Es geht also um die konkrete Anregung zur Verbesserung, kombiniert mit einer detaillierten Beschreibung des Gelungenen.

Im Bildungswesen geht es viel häufiger um das Gegenteil: andere glauben zu lassen, dass man kompetent sei, um Täuschung. Dies gilt für die Lernenden und Pädagogen jeweils untereinander und natürlich in der Interaktion zwischen Lehrern und Schülern. In einem Bildungswesen, das mehr auf Zertifikate und Scheine ausgerichtet ist als auf fundierte Kompetenzen und Kenntnisse, verschwimmt Verständnis mit vorgetäuschter Fassade. Dadurch werden Defizite angehäuft. Die Bildung für den Anschein, den Schein, die Fassade wird dann zunehmend hohl – eine Pseudo-Bildung, Als-ob-Bildung. Ist dies die passende Antwort auf einen geblähten Forderungskatalog, Luft mit Luft zu begegnen? **Der verbreitete Umgang mit Schwierigkeiten und Fehlern kultiviert Überspielen, Kaschieren und das Pflegen von Lücken und Lügen.** Defizite werden ausgebaut. Dabei können Fehler als „Lernchance […] Fenster zu den Lern- und Denkprozessen von Schülerinnen und Schülern sein [,…] jedoch auch gravierende Lernbarrieren […]. *Irrige Konzepte, falsche Regeln und fehlerhafte Routinen sind nur schwer zu korrigieren, wenn sie erst einmal in den prozeduralen Wissenssystemen integriert sind*" (Weinert zit. nach Helmke 2009, 222). Dabei sollten Lernende möglichst früh beginnen, bei Unklarheit den Grad der Unsicherheit mit anzugeben. Wissenschaftliche Publikationen enden häufig mit Einschränkungen der Studie. Die begrenzte Aussagefähigkeit der Daten wird analysiert. Lernende, die sich um die Einschätzung ihrer Fehlerwahrscheinlichkeit bemühen, trainieren Plausibilitätskontrollen und sich selbst zu kontrollieren.

Bei Problemen wie Schulvermeidung wird häufig „nur starr und mechanisch reagiert. Was fehlt, ist das Instrumentarium, mittels dessen Lehrende eine differenzierte Ausgangslage erheben können, um dann individuell und flexibel zu reagieren" (Tschira 2005, 24f.). Für Schüler und Lehrer muss gleichermaßen der befürchtete Verlust des Ansehens und Peinlichkeit berücksichtigt werden. Gerade bei komplexen Herausforderungen wie der Reintegration von Schulvermeidern sollte selbstverständlich sein, dass es mehr um flexible Ansätze, „Versuch und Irrtum" geht als um fertige „Lösungen". Deshalb betont der Professor für Pädagogische Psychologie Dickhäuser:

„Wir müssen den künftigen Lehrern schon im Studium und im Referendariat die Angst davor nehmen, Fehler einzugestehen und um Unterstützung zu bitten. Nur dann werden sie die Lerngelegenheiten, die sich ihnen bieten, auch ergreifen – und nicht nur Strategien perfektionieren, um nach außen möglichst gut dazustehen. Eine Möglichkeit wäre es, Seminare einzurichten, in denen es am Ende keine Noten gibt, sondern die eher einen Supervisionscharakter haben“ (Dickhäuser / Wiarda 2012).

Bildungseinrichtungen können diesbezüglich gesellschaftliche Entwicklungen fördern beziehungsweise müssen gegen die Trägheit der Konventionen arbeiten. Nach Katastrophen, zum Beispiel wenn Turnhallen oder Straßen einstürzen, Lebensmittel giftig in Umlauf kommen, beteuern alle Architekten, Bauämter, Überprüfungsbehörden sofort, dass sie definitiv keinen Fehler gemacht haben. Die Gesellschaft könnte massiv profitieren, wenn immer mehr Mediziner, Kraftfahrer, Piloten, Eltern und andere ihre Grenzen erkennen (Kompetenz, Erschöpfung etc.) und entsprechend handeln.

Beim Leistungssport ist die dezidierte Analyse sämtlicher Abläufe selbstverständlich. Bei den meisten Sportarten kann man von typischen Verletzungsmustern lernen. Fallen muss man lernen. Manfred Spitzer verweist auf die Selbstverständlichkeit, mit der Kleinkinder das Laufen „von Fall zu Fall“ lernten (Spitzer 2016, 97). Dieses Erlernen motorischer Fähigkeiten ist ein gutes Beispiel, für eine stetige Verbesserung der dafür notwendigen Fähigkeiten wie Koordination oder Kraft. Geschicktes Fallen verhindert Verletzungen. Wer zum Beispiel als Kind Judo gelernt hat, wo das Fallen ständig trainiert wird, soll später bei anderen Sportarten weniger (schwere) Verletzungen davontragen. Wer mit Schutz(kleidung) lernt, traut sich mehr. All dies gilt real, metaphorisch und für Lernen jenseits des Sports ebenso. Die analoge Sicherheit im pädagogischen Alltag geht von Fürsorge, Respekt, gleicher Würde, Offenheit und Achtsamkeit aus. Wenn Fehler willkommen sind, entsteht eine offene Lernatmosphäre. An vielen Bildungsorten befürchten Lernende wegen schlechter Erfahrung, bei inkorrekten Antworten bloßgestellt zu werden. Diese Sorge kann viel Energie absorbieren, blockieren und zur Verweigerung führen, als (dysfunktionaler) Schutz der Persönlichkeit, der zu einem Strudel distanzierenden Verhaltens führen kann.

Das Kaschieren von Fehlern wird spätestens ab dem Kindergarten trainiert, wo kein Kind negativ auffallen mag, sondern unkompliziert oder sogar pfiffig um die besondere Zuneigung der Pädagogin buhlt: „Fertig! Erster!“ Der Gruppendruck wird nicht gebremst, so dass Lernen früh schon dem falschen Motto folgt „schneller, höher, weiter, besser“ anstatt „den eigenen Weg zu finden“. Und auch in der Schule werden die Zögerlichen, die etwas noch einmal erklärt bekommen müssen, für das Nachfragen kaum gelobt. Pädagogen sind froh für jeden, der keine besondere Unterstützung benötigt. Sie sind es gewohnt, sich selbst etwas vorzumachen. Häufig wäre der berufliche Alltag ansonsten schier unerträglich, zum Beispiel in Kindergärten, wo die Kluft zwischen Anspruch und Ausstattung enorm klafft.

> „Kein Kindergarten will mehr nur betreuen und aufbewahren; es gilt längst als selbstverständlich, die Kita als Bildungsort zu verstehen. Und doch können diesen Anspruch nur wenige Einrichtungen wirklich erfüllen. […] Diese Diskrepanz zwischen Anspruch und Wirklichkeit führt in vielen Kitas zu einer merkwürdigen Scheinpädagogisierung […]. *Schlichte Planlosigkeit kommt im Gewand wohlklingender Konzept-Namen daher.* Vom Situationsansatz ist da die Rede, von Freinet[127]- und Reggio[128]-Pädagogik, da wird das Fehlen von Angeboten mit dem Hinweis gerechtfertigt, man gehe ‚vom Kinde aus' und wolle den Kindern keine Themen ‚überstülpen'",

so die ehemalige Familienministerin von Rheinland-Pfalz Rose Götte.

Die meisten Eltern sind selbst gewöhnt, Fehler zu vermeiden, verschweigen und zu kaschieren. Sie vermitteln ihren Kindern, Fehler zu vermeiden, verschweigen und zu kaschieren. Für das Miteinander von Eltern und Kindern kommt es weniger auf eine möglichst reibungslose Pädagogik an. Maßgeblich – so die Studienlage – sind die Bemühungen der Eltern, ob und wie sie gegebenenfalls pädagogische Verfehlungen oder Mängel erkennen und bei Bedarf zu korrigieren versuchen. Der Philosoph Liessmann beklagt, dass das **sokratische Nichtwissen** leider kaum zur Bildung gehöre. „Die Vorsicht, Skepsis und Bescheidenheit eines in dieser Weise Gebildeten würde ihn in einer Welt der gnadenlosen Selbstdarsteller und zutiefst Überzeugten zu einer einsamen und verunsicherten Figur machen" (Liessmann 2014 9). Noch einmal: „Was uns am Lernen hindert, ist das, was wir zu wissen glauben" (Diem 2013). Die ehemalige Ministerin Regine Hildebrandt spottete, ob das dreizehnte Schuljahr in den Altbundesländern im Vergleich zu den zwölf Schuljahren in den neuen Bundesländern für Schauspielunterricht vorgesehen gewesen sei. Für den Erziehungswissenschaftler Jürgen Oelkers ist der systematische Missbrauch an den verschiedenen Wirkungsstätten durch den ehemaligen Schulleiter der Odenwaldschule Gerold Becker auch Ausdruck der Blenderei im Bildungswesen. Becker hatte weder ein Pädagogik- noch ein Lehramtsstudium abgeschlossen. Dies sei durch seine Förderer verschwiegen worden (Schultz 2016).

Umgekehrt können vorgetäuschte Kompetenzen und das Kaschieren eigener Lücken und Defizite durchaus sinnvoll sein, wenn die Fülle oder

---

[127] Reformpädagogigscher Ansatz

[128] Aus der italienischen Stadt Reggio nell'Emilia stammend. Die Eltern und soziale Umgebung des Kindergartens werden in die pädagogische Arbeit einbezogen.

Sinnarmut des Lernstoffs dies nahelegen. Wenn allgemein anerkannt ist, dass das Bildungswesen überfrachtet ist, müssen die Beteiligten ihre Ressourcen sinnvoll einteilen. Lernende können damit Prüfungen bestehen, ohne sich zu überlasten.

> „Was an jungen Menschen heute vorab verblüfft, [ist] … ihre […] Unverfrorenheit, mit der sie imstande sind, Defizite aller Art durch die Möglichkeiten der Selbstrepräsentation zu kompensieren. Zu verachten sind solche Strategien und Künste keineswegs, zeugen sie doch von einem wachen Bewusstsein davon, worauf es heute wirklich ankommt" (Liessmann 2014, 87).

Problematisch ist, dass das Vortäuschen von Qualifikation vielerorts im Bildungswesen nachhaltiges Lernen verdrängt,[129] wie die im Anhang dargestellte Auflistung von Metakompetenzen nach Hüther (2016).

> „Die Schule in Deutschland versuche, ein absurd hochgezüchtetes Ideal von Wissen und Bildung umzusetzen, findet der Psychologe Thomas Städtler: ‚Sie schafft das aber nur bei einigen wenigen Prozent, und bei einem großen Rest akzeptiert man, dass er im Wesentlichen mit Fleiß Leistungen gewissermaßen vortäuschen kann.' Bildung als großer Bluff. Die *Bildungshochstapler* heißt Städtlers Buch, in dem er seine Erfahrungen als Psychotherapeut von Kinder und Jugendlichen und als Supervisor in der Lehrerfortbildung verarbeitet. Seine plakative Forderung: Kürzt die Lehrpläne um 90 Prozent!" (Drösser 2011).

„Schein-Lernen" gibt es in zwei Varianten: als sinnvolles sowie sinnloses, scheinbares Lernen. Prüfungen und Ausbildungen sind zuweilen als Hindernisläufe konzipiert. Dabei geht es weniger um Inhalte als um die punktgenaue Abrufbarkeit von – teilweise enormen Mengen an – Wissen, um Stresstoleranz, um Gehorsamkeit, um Kooperationswillen. Hier tun sich diejenigen schwer, die inhaltlich lernen wollen. Und Schein-Lernen existiert in Form gefährlichen scheinbaren Lernens. Wer zum Beispiel beim Schwimmen gerade so eine Bahn über Wasser bleibt und sich dann unter Gruppendruck sieht, kann sein Leben riskieren. Laut DLRG sei jeder vierte Deutsche Nichtschwimmer und sogar jeder dritte Jugendliche.

Vielleicht wird das Wort „Fehler" erst in der Vorschule aversiv. Bis dahin wird nicht die genaue Anzahl der Fehler für irgendeine Leistung schriftlich bescheinigt. Fehler sind häufig das Einzige, was an Arbeiten stets hervorgehoben wird. Es ist keine neue Erkenntnis, dass jüngere Schüler kaum vom klassischen Rotmarkieren von Fehlern profitieren. Der Rotstift

[129] So auch im Medizinstudium, wo ich mich häufig ärgerte, wie viel Energie mit Prüfungslernen absorbiert wurde. Diese Energie stand nicht für nachhaltiges Lernen zur Verfügung. Auch heutige Medizinstudenten leiden unter ähnlichen Schwierigkeiten.

> „sollte zumindest ergänzt werden durch einen Grünstift, der markiert, was gut gemacht wurde. Je kleiner die Kinder sind, desto wichtiger ist so etwas. Erst ab dem elften bis 13. Lebensjahr lernen Kinder auch über ein negatives Feedback. Erst dann wird eine solche Rückmeldung nicht mehr ausschließlich in den Arealen im Gehirn verarbeitet, die für Emotionen zuständig sind, sondern auch in jenen, die eine Fehleranalyse des Verhaltens vornehmen" (Korte / Simon 2009, 30).

„Fehler" sind als Teil einer Defizitkultur schwerer auszuhalten, als wenn man gemeinsam nach „Herausforderungen" sucht, als Entwicklungspotential. Lernen wird nicht effektiver durch die Zahl der identifizierten Fehler (defizitorientiert), sondern die Genauigkeit, mit der man die eigene Kompetenz einzuschätzen lernt, also wann man sich Hilfe sucht. Effektives Lernen schult den vorsichtigen Umgang mit den eigenen Grenzen und die persönliche Irrtumswahrscheinlichkeit als wachsamen schützenden Begleiter.

> „Wir müssen schon in den Schulen etwas verändern. Die Kinder sollten nicht nur die Mathematik der Sicherheit, sondern auch die der Unsicherheit lernen [...]. Das Kernproblem ist, dass wir unserer Gesellschaft auf Krisen reagieren, indem wir nach besseren Gesetzen und besseren Technologien rufen, aber nicht nach besseren, also kompetenteren Bürgern" (Gigerenzer / Schramm 2011).

> „Fehler sind ... ein natürlicher Bestandteil des Lernens. Sie eröffnen die Chance, einen Blick auf Missverständnisse und fehlgeschlagene Verstehensprozesse auf Seiten der Schüler wie auf Mängel in der Vermittlung... werfen zu können. Für die Lernmotivation – und damit mittelbar für die Lern- und Leistungsentwicklung – ist es wichtig, dass Fehler in Lernsituationen nicht zu Beschämung führen, mit Tadel oder anderen negativen Konsequenzen verbunden sind, sondern als selbstverständlicher Teil des Lernprozesses angesehen werden" (Helmke 2009, 223).

Im Gegenteil, wer Exzellenz anstrebt, arbeitet gerade an den Schwierigkeiten. Oder nach Albert Einstein: „Inmitten der Schwierigkeiten liegt die Möglichkeit." Reinhard Kahl – bekannter Filmemacher, Autor und Journalist – spricht vom „Lob des Fehlers" (Kahl 1999a). Anne-Sophie Mutter hat Nachwuchsmusikern eine Begrenzung der täglichen Übungszeit auf 6-8 Stunden empfohlen. Viel wichtiger als die Gesamtübungsdauer sei die Konzentration auf Schwierigkeiten und Fehler(quellen).

Aber wie ist die Praxis in Bildungseinrichtungen? Das Wort „Fehler" verschreckt die meisten erst einmal, vor allem markant als einzelnes Wort, dürfte bei den meisten Lesern keine Neugier, sondern wenigstens Vorsicht auslösen, wenn nicht Anspannung, eine Abwehrhaltung, Rechtfertigung. Wenn korrekte Bezeichnungen nicht so wichtig wären, sollte das unbeliebte Wort *Fehler* vielleicht ersetzt werden durch: „danke, davon können wir lernen", „noch nicht richtig", „ansatzweise korrekt / richtige Richtung", „auch interessant", „erkläre mir bitte den Lösungsweg" etc. „Fehler" gibt es in unterschiedlichen Varianten:

„fast richtig“, „weit verfehlt“, „kreativ“, „schlecht geraten“, „wurde wohl schlecht erklärt“ etc. Für den kanadischen Pädagogen Norman Green seien „Fehler [...] unsere Freunde beim Lernen“ (zit. nach Struck 2008, 68). „Fehlerfreundlichkeit heißt immer, Fehler nicht zu vertuschen, sondern Verantwortung für sie zu übernehmen. Dies ist die Vertrauensgrundlage, auf der eine fehlerfreundliche Kultur möglich ist [...]. Scheitern produktiv zu wenden stärkt innere Kraft. Das bedeutet Begeisterung für Neues“ (Rasfeld / Breidenbach 2014, 73f.).

> „Natürlich soll ein Kind nicht durch Fehlermachen lernen, wie man eine vierspurige Straße überquert, aber beim Lesen-, Schreiben- und Rechnen Lernen ist es außerordentlich gut, wenn wir das Fehlermachen gelassen tolerieren, wenn wir das Zurückgehen, um einen neuen Anlauf zu wagen, mit Ermunterung begleiten, so wie es der Bildschirm des Lerncomputers stets tut, der immer moralisch neutral bleibt, auch wenn auf ihm ‚Fehler‘ oder ‚Error‘ erscheint“ (Struck 2008, 68).

Lehrkräfte können regelhaft Schüler, die etwas, wie den Dreisatz, grundsätzlich verstanden haben, beauftragen, sich wahrscheinliche Fehlerquellen auszudenken. Dies kennen viele Lernende von Onlinesuchmaschinen, die auf eine Reihe von kreativen Fehlern programmiert werden. Eine der häufigsten Anwendungen der Suchmaschine Google ist die Überprüfung der Rechtschreibung. Der Nutzer wird gefragt „Meinen Sie ...?“.

Ob Kinder Schwierigkeiten erkennen und offen benennen können, ist abhängig von ihrem Selbstvertrauen, ihrem Bewusstsein für das konstruktive Potential, an Schwierigem zu arbeiten. Maßgeblich ist die Führung durch die Pädagogin, mit deren Kontrolle der Gruppendynamik, dem sensiblen Blick für Beschämung und der aktiven Arbeit an diesem zentralen Aspekt der kontinuierlichen Entwicklung. Lernende mit ihren individuellen Lösungsansätzen zu würdigen ist enorm wichtig.

Bildungseinrichtungen fördern häufig unreflektiert Schnelligkeit, Oberflächlichkeit und das Kaschieren von Fehlern. Fehler in Leistungssituationen, in Abgrenzung zu Lernsituationen, gingen mit „Gefühlen subjektiver Beschämung, mit Zweifeln an der eigenen Tüchtigkeit und mit wachsender Furcht vor langfristigem Versagen“ einher (Weinert zit. nach Helmke 2009, 223).

Wenn Lehrkräfte sich neu vorstellen, sollten sie direkt sagen, dass sie davon ausgehen, Fehler zu machen – nicht als Floskel, sondern mit konkreten Beispielen für ihren Bildungskontext. Sie können sagen, dass der Umgang mit Fehlern ein wichtiger Teil gemeinsamen Lernens sei. Denn Schüler wissen, „auch Lehrer machen im Unterricht Fehler: sprachliche, fachliche, pädagogische. Zu einer positiven Fehlerkultur gehört auch, dass Lehrerfehler kein Tabu sind und kein Unfehlbarkeitsnimbus entsteht“ (Helmke 2009, 224). So vermitteln Pädagogenkollegien nach außen hin häufig, dass alle gleich gut seien. In der Regel gibt es keine Praxis, Schwierigkeiten wie deutliche Qualitätsunterschiede, Gereiztheit oder Motivationsdefizite aktiv zu bearbeiten. Wie bei Kritik an Polizei und Ärzten ergibt sich der Eindruck, dass die Kollegien übermäßig verschlossen sind, in den eigenen Reihen nichts hörend, nichts sehend, nicht sprechend, bei Fehltritten bewusst wegsehend. Dies fördert die Bildung von Fronten. Familien beschreiben zum Beispiel, dass schwache Lehrer die Auseinandersetzung mit offensichtlichem Mobbing unter Schülern scheuen. Teamarbeit und Qualitätskontrollen können Offenheit fördern. Ganz maßgeblich ist, dass Pädagogen ein regelmäßiges wertschätzendes und konstruktives Feedback erhalten. Die Verbeamtung gilt eher als kritikhemmend. Lehrer sind als Beamte zur nicht eindeutig definierten Loyalität gegenüber ihrem Arbeitgeber verpflichtet. Dazu gehört, dass ihre Meinungsfreiheit eingeschränkt ist. Von diesem Modell können Schüler somit die freie Meinungsbildung und -formulierung demzufolge auch nur eingeschränkt lernen. Wenn ich mit Lehrer im Rahmen von Fortbildungsveranstaltungen an Schwierigkeiten im Arbeitsalltag arbeite, wird immer wieder deutlich, dass auch Lehrer, die sehr frustriert über ihre Arbeitssituation sind, aus Angst vor Sanktionen nicht in Konflikt mit ihren Aufsichtsbehörden geraten wollen. Dies ist ein zentrales Dilemma im Bildungswesen: Der Beamtenstatus gilt als alternativlose Entschädigung für zahlreiche Härten und bremst Innovationspotential durch das verbundene Loyalitätsgebot aus.

Besonders schädlich sei die Angst von Lehramtsstudenten, bei psychischen Auffälligkeiten nicht mehr verbeamtet zu werden. Lehrkräfte sind häufiger von psychischen Störungen betroffen als die Allgemeinbevölkerung, haben bei solchen Erkrankungen längere Ausfallszeiten und gehen aufgrund psychischer und psychosomatischer Erkrankungen häufiger in die Frühberentung (Weber et al. 2004). Lehrkräfte benötigen also allgemein eine besonders gute professionelle Unterstützung zur Stärkung ihrer Resilienz (Scheuch et al. 2015). Prävention ist dann am effektivsten, wenn sie mit den Bedürftigsten durchgeführt wird. Die angestrebte Verbeamtung führt möglicherweise dazu, dass sich die psychisch bedürftigsten Pädagogen scheuen, sich notwendige professionelle Hilfe zu suchen und damit schädigendes Verhalten chronifizieren. Dies kann eine notwendige Frühberentung fördern, so der Vorsitzende des Deutschen Philologenverbandes Heinz-Peter Meidinger (zit. nach Burfeind 2015).

In Zusammenhang mit Kritikkultur kann das Stereotyp vom besserwissenden Oberstudienrat nicht unerwähnt bleiben.[130] Dessen Image basiert auf einem abgehobenen Selbstverständnis. Zum Beispiel erfreuen sich Zeitungsredaktionen der unangefragten Korrektur ihrer Beiträge solcher Leser, die auch

130 Manche gehen sogar davon aus, dass dieser Typus Lehrer unter Denkmalschutz stehe.

in der Freizeit mit ihrem didaktischen Anspruch ihr Umfeld traktieren, durch Hinweise auf orthographische oder grammatikalische Fehler. Für sie mögen solche Fehler Hinweise auf verminderte Intelligenz sein. Bei einer Fortbildung berichteten Lehrer, dass sich die neue Schulleiterin ihnen gegenüber in der Rolle der Deutschlehrerin gesehen habe. Schriftliche Ausarbeitungen erhielten sie von ihrer Vorgesetzten wie Klassenarbeiten korrigiert zurück, ohne dass auf ihre inhaltlichen Anliegen eingegangen worden sei. Das Stereotyp basiert somit tatsächlich noch auf real existenten derart agierenden Pädagogen.

Wünschenswerte Haltung der Pädagogen im Sinne Montessoris ist die Einladung an die Lernenden: „Du kannst ruhig zeigen, was du noch nicht kannst: Wie soll ich dir sonst helfen können?"; „Man kann nicht immer beim ersten Anlauf Erfolg haben"; „Lass dich nicht entmutigen! Du schaffst es schon!" (Herrmann U 2011). Der „Mut zur Lücke" im Sinne des Erkennens der eigenen Lücke und der Mut, dies offen zu benennen, sollte unbedingt als Leistung honoriert werden.

Alles Wissen kann als „aktueller Stand des Irrtums" gesehen werden. „Das heißt, selbst der vermeintlich objektiv forschende Wissenschaftler irrt" (Drinck 2012, 424). An der Anne-Frank-Realschule, die 2014 mit dem Deutschen Schulpreis ausgezeichnet wurde, schreibt „wer nicht weiterkommt [,...] sein Problem an die Tafel. Wer helfen will, trägt sich daneben ein. Wenn sich ein solches Lernpaar gefunden hat, gehen die beiden hinaus auf den Flur und versuchen, die Aufgabe gemeinsam zu lösen" (Preuß 2014a). Einfach und genial. Warum ist das nicht überall so, ab dem Kindergarten? Die Antwort ist genauso einfach. „Der Erfolg hat seinen Preis", so die Schulleiterin Espermüller-Jug, „sie brauche fast doppelt so viele Lehrer wie eine normale Realschule. Ohne zusätzliches Geld von der Stadt München wäre das nicht möglich" (ebenda). Angesichts des Mangels an Lehrern und wegen der langfristigen Finanzierung sollten Studierende und andere Hilfskräfte die Lehrer unterstützen.

Der offene und positive Umgang mit Schwierigkeiten und Fehlern kultiviert die konstruktive Auseinandersetzung als selbstverständlichen Teil menschlichen Miteinanders, als Teil der Streitkultur. Die Bedeutung dieser Kompetenz für das gesellschaftliche Miteinander ist enorm. „Schlechte Gewohnheiten sollte man nicht aus dem Fenster werfen, sondern die Treppe heruntertragen, wenn man sie wirklich loswerden will" (Mark Twain zit. nach Korte 2016).

4.9 Der populärste Psycho-Irrtum – exklusive Begründungen

Wir Menschen suchen Sicherheit. Dazu gehört die Überzeugung, die Welt zu verstehen, begründen („Bedürfnis nach Kausalität") und beeinflussen zu können. Dies steht in Zusammenhang mit dem Bedürfnis des Menschen, dass sein Leben und also auch der Alltag sinnvoll sind. Dabei verkennen wir häufig die Begrenztheit unseres Horizonts, unserer Möglichkeit, Komplexität zu erfassen und Dinge möglichst objektiv wahrzunehmen. Dies soll nicht heißen, dass es nicht manchmal auch eindeutige Zusammenhänge gibt und einfache Erklärungen, wie wenn ein Kind traurig ist, nachdem sein Spielzeug kaputtgegangen ist. Trauerreaktionen fallen jedoch ganz unterschiedlich aus. Hier können komplexe Zusammenhänge wirksam werden, die sich dann nicht ausschließlich auf den einen aktuellen Verlust beziehen. In psychologischen Fachkreisen wird aktuell lebhaft diskutiert, ab wann Trauerformen eindeutig als krankhaft einzustufen sind.

Das Problem mit exklusiven Begründungen zum Beispiel für Krankheiten ist, dass sie häufig in die Irre führen, weil sie exklusiv sind, also anderes ausschließen und weil sie vielleicht mehr Vermutungen sind, Hypothesen als Begründungen. Bei einem Fehl- oder Schicksalsschlag wie bei Krankheiten suchen wir nach schnellen Lösungen, wollen *den* Grund für die Schwierigkeiten als Ursache benennen können. Damit ist die Hoffnung verbunden, handeln zu können, keine Ohnmacht aushalten zu müssen, die Krankheit in den Griff zu bekommen, wenn dieser (vermeintliche) Auslöser ausgemerzt werden kann.

Viele Menschen haben zum Beispiel persönliche Erklärungsansätze, wenn sie eine Erkältung bekommen. Es ist jedoch auch wissenschaftlich nicht abschließend geklärt, wer warum (nicht) erkrankt. Wer zum Beispiel bei ADHS exklusive Gründe parat hat, also andere Ursachen ausschließt, erschwert wahrscheinlich die Besserung der Problematik. Sinnvoller ist es, die Schwierigkeiten genau zu beschreiben, um davon Lösungsansätze abzuleiten, und von Phasen zu lernen, in denen die Problematik geringer ausgeprägt war. Ein lösungsorientierter Ansatz schließt nicht aus, dass man über Schwierigkeiten aus der Vergangenheit nachdenkt.

Es ist eine weit verbreitete Vorstellung zur Arbeit von Psychotherapeuten, dass diese wie Detektive *Knackpunkte* aufspürten. Häufig heißt es, Therapeuten müssten Patienten „knacken“, wie eine Nuss, also einen harten Widerstand überwinden, um zum Kern durchzudringen. Es wird erwartet, dass erst und nur durch dieses „Knacken“ Probleme tatsächlich lösbar seien. Verbunden damit ist die Hoffnung, dass es einen ursächlichen Konflikt gebe, der durch diese Freilegung erfolgreich bearbeitet werden könne. Manche sagen, der „Knoten“ müsse „platzen“. Es werden mechanische Bilder genutzt, von „Verstrickungen“ und plötzlicher starker Energie, die zur Lösung führen sollen; wiederum verbunden mit der Auffassung, dass der „geplatzte Knoten“ dann die Lösung darstelle, wie auch immer er aussehen mag. (Wenn man sich bildlich tatsächlich einen geplatzten Knoten vorstellt, bekommt man eine Ahnung, dass man sich Lösungen wahrscheinlich anders vorstellt.)[131]

Leichtfertige Zuschreibungen können gravierende Folgen haben. Sie sind häufig nicht lösungsorientiert, sondern auf ein (vergangenes) Problem gerichtet. Der Blick kann dann nicht nur für weitere Ursachen eines Problems verstellt werden, sondern sich in die falsche Richtung wenden, möglicherweise auf ein Pseudothema der Vergangenheit. Dabei wissen nicht nur Richter, dass Menschen suggestibel sind. Sie sind sehr zurückhaltend mit Zeugenaussagen. Menschen konstruieren ihre eigene Vergangenheit entsprechend aktueller Eindrücke. Unbeabsichtigt dichten wir etwas dazu. Glücklicherweise neigen die meisten Menschen dazu, aus der Vergangenheit eher Positives zu erinnern. Die Theorie des *Konstruktivismus* erklärt, dass es meist nicht *die* einzige Wahrheit und Erklärung gibt. Wie wir Dinge verstehen, hängt stets von vielen Einflussfaktoren ab. Allzu häufig verbinden auch Wissenschaftler ihre Haltungen jedoch mit persönlicher Eitelkeit. Bei der menschlichen Kommunikation geht es fast regelhaft nicht um rationale Klärungen, sondern um mannigfaltig vermischte Befindlichkeiten.[132] In Fachkreisen geht es häufig zuerst um Macht und damit Deutungshoheit. Laien mit psychischen Belastungsfaktoren sollten sich davon nicht zu sehr beeindrucken lassen, sondern Experten für sich selbst bleiben. Belastungen gehören zum Leben. Therapeuten können Patienten sehr verunsichern, wenn sie einseitig defizitorientiert auf Biographien schauen. Sie können damit sogar Leid verursachen, als sich selbst erfüllende Prophezeiungen. Eine ehemals depressiv erkrankte Frau erinnerte:

> „Wissen Sie[,] ich hatte kaum über meine Kindheit in dem Heim nachgedacht, dass sie eine so große Bedeutung haben könnte, bis mein Therapeut mich nach meiner Kindheit fragte. Als ich ihm über mein Leben in der Anstalt berichtete, war er ganz schockiert und sagte, dass ich die pathologischste Kindheit gehabt hätte, von der er je gehört hat" (Furman 2008, 18).

Über viele Jahre waren auch für Fachleute an seelischen Krankheiten von Kindern meist die Mütter schuld, zum Beispiel bei der Magersucht und Schizophrenie. Entsprechende Informationsmaterialien, wie von der Bundeszentrale für gesundheitliche Aufklärung, beginnen deshalb mit dem Hinweis, dass dies ein Irrglaube sei. Dennoch suchen Angehörige nach eigener „Schuld", wenn die Angehörigen erkranken. Viele Familien erleben solche Zuweisungen aus dem privaten – aber teilweise auch professionellen – Umfeld. Wenn es einem Kind

131 Oder, Postkartenspruch: Wenn das die Lösung ist, will ich mein Problem zurück.

132 Sehr bekannt ist dazu die Publikation von Jonathan Haidt: „The Emotional Dog and its Rational Tail" (Social Intuitionist Model, zit. nach Kahneman 2011).

nicht gut geht, dann wird nach „Schuldigen" gesucht. Menschen wollen sich häufig schnell eine Meinung bilden. Da ist für komplexe Ursache-Wirkungs-Zusammenhänge kein Platz.[133]

Beliebt ist außerdem der Rückschluss auf eine „schwere Kindheit". Bei Schwierigkeiten jedweder Art wird gern geschaut – und irgendwas lässt sich meist finden – ob Schwieriges aus der Kindheit erinnert wird. Glücklicherweise gilt der Umkehrschluss nicht. Eine Vielzahl von Studien hat gezeigt, dass die meisten Kinder und Jugendlichen mit Risikoverhalten und Störungen als Erwachsene gut zurechtkommen. Für seelisch erkrankte Erwachsene gilt jedoch, dass circa 85 Prozent davon bereits vor der Volljährigkeit Symptome zeigten. Daraus werden Empfehlungen für Präventionsprogramme abgeleitet.

---

133 Joachim Bauer erläutert in „Selbststeuerung" (Karl Blessing Verlag, 2015) die Folgen des Determinismus vom vermeintlich nicht vorhandenen „freien Willen".

5 Die Pädagogen stärken

Die Qualität der professionellen Pädagogen ist für die Kultur und den Erfolg von Bildungsinstitutionen maßgeblich. Dies wurde durch die Metanalysen von John Hattie über Meta-Analysen (2014) eindrucksvoll bestätigt. Und auch „die UNESCO hat mit der ‚Dekade der Bildung' – bei der es ja auch um emotionale Lebenskompetenzen geht – ausdrücklich die Lehrer zu ‚Agenten des Wandels' erklärt" (Behr zit. nach Huber 2007, 65). Pädagogen in ihrer psychosozialen Kompetenz zu stärken heißt zuallererst, ihre Aus- und Weiterbildung in großen Teilen zu ändern und an den tatsächlichen Anforderungen auszurichten. Der Pädagoge Kurt Singer kritisiert,

> „dass **Lehrer auf ihren eigentlichen Beruf nicht vorbereitet und später nicht fortgebildet werden**: Kinder und Jugendliche zu unterrichten und zu erziehen. Besonders die Lehrer weiterführender Schulen lernen alles über ihr Fach, aber kaum etwas darüber, wie man sich auf Kinder lernend, konfliktbearbeitend und unterstützend einlässt. Es ist ein unverantwortliches Versäumnis, dass die Wissenschaften vom Menschen in der Lehrerausbildung kaum eine Rolle spielen oder gar keine: Psychologie, speziell Entwicklungspsychologie, Lernpsychologie, Tiefenpsychologie; Unterrichtslehre und Pädagogik der Schule, Geschichte der Pädagogik, Philosophie und Soziologie" (Singer 2007, 85).

Ebenso kritisiert der Pädagoge Zierer, die Lehrerbildung habe „total versagt" (Nida-Rümelin / Zierer 2015, 138), sich einseitig auf Fachkompetenzen ausgerichtet, „sehr isoliert, sehr separiert [...]. Pädagogische Kompetenzen, didaktische Kompetenzen, also all das, was auch wichtig ist, passiert eher nebenbei" (ebenda, 138). Er verweist auf Hattie, dass die Ausbildung in diesem Bereich nicht zu berufsspezifischer Entwicklung führe. Dabei ist „aus dem klassischen Lehrerberuf... ein Kultur-, Gesellschafts- und Sozialberuf mit bürokratischen Tätigkeiten" geworden.

> „Es ist durch soziale und interaktive Emotionsarbeit gekennzeichnet und geht zugleich mit hohen Anforderungen sowie Mehrfachbelastungen einher [...]. *Die Gesundheit der Lehrkräfte wirkt sich maßgeblich auf die Unterrichtsqualität und damit auf den Lernerfolg der Schüler aus. Insbesondere bei ‚ausgebrannten' Lehrkräften ist die Qualität des Unterrichts vermindert"* (Scheuch et al. 2015, 347).

Erst wenn Pädagogen vom Nutzen überzeugt sind, kann seelisches Erleben ein aktiver Teil der Bildungskultur werden. Besonders wirksam werden Überzeugungen, wenn Menschen sie auf sich selbst anwenden. Wer seelisches Erleben würdigt, geht eher achtsam mit sich um. „Eigenliebe ist Seelenstärke, wenn sie der Erhaltung des Eigenen dient, wenn sie hilft, seinem eigenen wahren Wesen gemäß zu handeln. Sie schließt die Liebe der anderen nicht aus, sondern ist geradezu Bedingung dafür (Buber, 1923)" (zit. nach Menning 2015, 71).

Wertschätzungsoffensive für Kindergärtnerin weiterhin ausstehend

Umfragen zeigen, dass das Ansehen der Pädagogen in der Bevölkerung steige[134]. Dies sollte von Gewerkschaften und jedem einzelnen Pädagogen aktiv gefördert werden, vor allem für Kindergärtner. Die Bedeutung der aktiven Förderung der seelischen Gesundheit ist von der Kinderkrippe bis zur Berufsausbildung ähnlich. Die Anerkennung der Lehrenden, die gesellschaftliche Wertschätzung ist es nicht. Erzieherin im Kindergarten dürfte zu den am stärksten unterschätzten Berufen gehören. Aktivitäten, die Personen auch privat kennen, wie Kinderbetreuung und -förderung/-erziehung, werden gern unterschätzt. Aus wissenschaftlicher Sicht sind (Kinder in) Kindergärten (schwerwiegend) unterversorgt, da sie mit zu wenig Personal zurechtkommen müssen, dass häufig nicht gut ausgebildet wird. Wie immer trifft es die Bedürftigsten am härtesten, zum Beispiel schwer verhaltensauffällige Kinder sowie Pädagogen mit besonderem Bedarf an Aus- und Weiterbildung.

Wichtiges immer wieder betonen: Investitionen in frühe Bildung sind sehr rentabel

Investitionen in die frühe Förderung – speziell bei den besonders Bedürftigen – sind nachweislich volkswirtschaftlich besonders effektiv („return on investment"). Um dies täglich ins Gewissen zu rufen, brauchen wir in den Nachrichten neben dem DAX einen BIX, einen Bildungsindex,[135] der die (unzureichenden) Maßnahmen in diesem Bereich, als Hypothek, objektiviert.

Mit Ausnahme von Deutschland, Malta und Österreich werden Erzieher in Europa an Hochschulen ausgebildet (Rühle 2014). Für deren Status, die

134 http://www.faz.net/aktuell/wirtschaft/wirtschaftspolitik/wie-sich-das-ansehen-verschiedener-berufe-aendert-13785696.html, Zugriff 13.02.2018

135 Für die Einheitlichkeit der Orientierung auf Schule brauchen wir etwas leicht Greifbares, Markantes, einen Index analog zum DAX. Nur über die stetige Beobachtung kann dem Bildungssystem die erforderliche Aufmerksamkeit gesichert werden. Die Medien können den Index mit unterschiedlichen Nuancen präsentieren, einmal aus Lehrersicht, einmal die Bedürfnisse der Arbeitgeber im Auge. Ähnlich verhält es sich mit dem DAX. Am Ende würden vielleicht sogar die Schüler befragt werden oder der vorgeschlagene Bildungsrat einigt sich auf einen Kanon als Basiswissen. Wie beim DAX kann die Gewichtung beim Schulindex aktuellen Änderungen angepasst werden. Dieser Schulindex sollte die Integrationskraft von Schulen würdigen, das betriebliche Gesundheitsmanagement: Wie gut achten die Lehrer auf Psychohygiene? Natürlich ist die originäre Aufgabe der Wissensvermittlung ein Teil des Indexes. Der Index würde sich aus allen Schulen zusammensetzen, weil nicht nur in Sonntagsreden „jedes Kind zählt". Er sollte den gesellschaftlichen Anschluss der Schulen darstellen, an die örtlichen Arbeitgeber, an Vereine, die Kooperation mit den Eltern etc.

Bezahlung und damit die Attraktivität des Berufs ist dies bedeutend. Ob Hochschulen für Erzieher, Lehrer, Ärzte und andere Berufsgruppen tatsächlich die am besten qualifizierenden Orte sind, ist ein anderes Thema. Der Direktor des Deutschen Jugendinstituts beklagt, dass Kindergärten nicht als Bildungsinstitutionen gälten. „Erzieherinnen wurden bei der Modernisierung der pädagogischen Berufsfelder lange übergangen und abgehängt. Die Erzieherinnen hatten das selbst so verinnerlicht, dass sie sich auch nicht organisiert und dagegen aufbegehrt haben“ (Rauschenbach zit. nach Rühle 2014). Eine zwischenzeitlich berentete Leiterin eines Kindergartens fordert:

> „[D]ie Ausbildung muss aufgewertet und angeglichen werden. Nur so ließe sich übrigens auch der Erziehermangel beheben. *Wer ergreift schon einen Beruf, in dem man nach fünf Jahren Ausbildung weniger verdient als die meisten Handwerksgesellen? Vielleicht würde dann auch die Verunsicherung verschwinden.* Wir sind eine kapitalistische Gesellschaft: Die Anerkennung kommt übers Geld. Eine Erzieherin, die das Gefühl hat, ihre Arbeit sei nichts wert, muss schon ein ordentliches Selbstbewusstsein haben, um hoch akademisierten und extrem selbstsicher auftretenden Eltern souverän zu begegnen“ (Latkovic / Rabe 2014).

Es ist ebenso unverständlich, warum Ober- beziehungsweise Realschullehrer und Grundschullehrer weniger verdienen als Gymnasiallehrer. Das ist überholt. Die Aufgabenprofile haben sich verändert.

Berufliche Selbstsicherheit durch klares Anforderungsprofil: Pädagogen müssen wissen, worauf sie stolz sein können, was ihre berufliche Identität umfasst. Welchen gesellschaftlichen Beitrag leistet eine Kindergärtnerin, ein Schuldirektor, eine Schulsozialarbeiterin? Die sehr heterogene Qualität im Bildungswesen ist maßgeblich auf die Unklarheit der beruflichen Identität zurückzuführen. Wofür steht man? Wo sind die Grenzen? Worauf kann man stolz sein? Wo darf man Lücken (in der Allgemeinbildung) haben? Wer mit Pädagogen arbeitet, spürt die wiederkehrende Unsicherheit. Sie wirken häufig in der Defensive, als müssten sie sich erneut rechtfertigen. Trotz zwischenzeitlich verbessertem Ansehen der Lehrer schwankt die öffentliche Anerkennung. Und weil die Belastung der Lehrer so wenig systematisch erfasst wird, gibt es tatsächlich nicht wenige darunter, die es sich sehr bequem eingerichtet haben. Das sollte die Masse der Lehrer nicht in Zugzwang bringen. Auch für subjektiven Rechtfertigungsdruck gilt: besser erst einmal kollegial auswerten, ob überhaupt eine Reaktion erforderlich ist.

Es ist nicht ohne Risiken und Nebenwirkungen, Pädagogen systematisch für die psychischen Aspekte ihrer Arbeit zu sensibilisieren. Viele Menschen leben zufrieden, ohne darüber sonderlich nachzudenken. Sie können (und wollen) anderen nicht erklären, warum sie zufrieden sind. Manche sehen ihr intuitiv erfolgreiches Handeln sogar durch die Reflexion gefährdet, so wie vermutet wird, dass Gesundheit gefährdet sei, wenn man zu sehr darüber nachdenke, ob man wirklich gesund sei.[136] Diese Menschen schreiben keine Ratgeberliteratur – und sind trotzdem ausgeglichen. Das bewusste Reflektieren der eigenen Lebenssituation ist im Allgemeinen keine Voraussetzung für ein zufriedenes Leben. **Wer sich selbst jedoch permanent als Arbeitsmittel persönlich (sehr) einsetzt, der muss über sich und seine Wirkung auf Lernende Bescheid wissen. Um Lernende zu verstehen, muss man wissen, durch welche Augen man schaut. Pädagogen sollten die Koordinatensysteme ihrer Wahrnehmung kennen.** Sie zeigen sich zudem aus arbeitsmedizinischer Sicht als psychisch deutlich mehr belastet als andere Berufsgruppen. Entsprechende Präventionsmaßnahmen sind somit im Sinne der Arbeitssicherheit unbedingt erforderlich.

Denn Pädagogen wirken ständig aktiv auf die psychische Situation der Lernenden ein, teilweise unbewusst und auch wenn sie passiv sind. Sie sind psychisch aktiv, selbst wenn sie vom „Psychogerede" gar nichts halten und für sich beanspruchen, dass es in der Schule um „Lernen und nicht um Psychozeugs geht". Im Kindergarten würde kaum eine Pädagogin ihren Einfluss auf die psychosoziale Entwicklung der Kinder in Frage stellen. Kinder und erst recht Jugendliche taxieren, in welcher Tagesform sie die Pädagogen antreffen. In der Gegenseitigkeit ist das entweder ansteckend, motiviert zur Provokation oder signalisiert Offenheit für Persönliches.

Die grundsätzliche Haltung jedes Lehrenden zu psychischen Themen ist maßgeblich für den Blick auf den einzelnen Lernenden, insbesondere solche mit besonderen Bedürfnissen. Ein wichtiger Teil der Identität von Schülern entwickelt sich aus der menschlichen Resonanz, die sie in der Interaktion mit den Lehrenden in ihren sensiblen Entwicklungsphasen erfahren. Daraus ergibt sich ein großes Potential und die entsprechende Verantwortung für die Lehrenden.

Pädagogen können jedoch nicht alle psychischen Bedürfnisse von Lernenden auffangen. Jede Einzelne und jede Bildungseinrichtung mit ihrer Kultur muss Grenzen kennen. Einige Pädagogen setzen sich sehr intensiv ein, wenn sie psychische Not erleben. Nicht immer ist das im Interesse der Betroffenen. Manchmal werden damit auch eigene Bedürfnisse der Pädagogen bearbeitet, zum Beispiel als „Helfersyndrom". Damit sind Helfer gemeint, die schier danach dursten, andere unterstützen zu können, weil damit eigene ungestillte Versorgungswünsche ausgeglichen werden sollen. Lehrkräfte sind ganz unterschiedlich geneigt und geeignet, psychische Auffälligkeiten wahrzunehmen und bei der

[136] „*Gesundheit* ist flüchtig und schwer greifbar wie *Glück* und *Liebe*. Zweifelt man daran, ob man gerade glücklich ist, verliebt oder eben gesund ist, ist man es meist schon nicht mehr" (Bartens 2009a, 165).

Klärung zu helfen. Jede Pädagogin sollte zwar wenigstens grundsätzlich offen für seelische Themen sein. Manche können sich im Kontakt mit Eltern jedoch schlechter ausdrücken als ihre Kollegen. Die vertiefte Auseinandersetzung mit psychischen Themen sollten Interessierte suchen. Aktuell gibt es dafür an Schulen Beratungslehrer, auch als Vertrauenslehrer bezeichnet. Manche Sozialarbeiter engagieren sich bei psychischen Auffälligkeiten von Schülern. Systematische Aufklärung über Krankheitsbilder bezeichnet man als „Psychoedukation". Eine allgemeine Psychoedukation über den Umgang mit beruflichen Belastungsfaktoren und zu den Auffälligkeiten der Altersstufen, für die die Pädagogen tätig sind, sollte in den Ausbildungen zum Pflichtprogramm gehören.

Die Förderung von Resilienz und Prävention seelischer Auffälligkeiten hängt maßgeblich von den zur Verfügung stehenden Ressourcen ab. Lehrer benötigen einen Überblick zu psychischen Themen, müssen aber nicht jede Anfrage selbst bearbeiten können. Die meisten Lehrenden wissen, welche psychischen Themen ihnen gut liegen. Der eine „hat die Ruhe weg", kann gut ausgleichend wirken bei impulsiven und emotional labilen Schülern. Die andere hat feine Antennen und baut Brücken, kann Schüler aktivieren, die sich zunehmend zurückziehen. Lehrende müssen psychische Auffälligkeiten ihrer Schüler nicht selbst bearbeiten. Wenn sie Sorgen ansprechen, Impulse geben, ist schon viel getan. Neben den vielen Ablenkungen des Alltags müssen schwierige Themen manchmal immer wieder vorsichtig benannt werden, bis sie gehört werden können. Pädagogen können sensibilisieren. Sie bringen den Schülern Interesse entgegen. Mit ihrer Erfahrung und ihrem Wissen können Pädagogen wie Lotsen vermitteln, was der nächste Schritt für ein Kind oder Jugendlichen sein kann. Gibt es ein passendes Peerangebot? Wie zuverlässig wirken die Eltern? Droht eine akute Gefährdung? Hat der betroffene Schüler Freunde?

Was kann Pädagogen stärken, diese Feinfühligkeit im stressigen Schulalltag zu fördern? Wie können sie achtsam die eigene Belastung würdigen, um ihre Ressourcen zu kultivieren? Wer sich gut kennt und ehrlich mit sich ist, hat einen sensiblen Blick für persönliche Stressoren und Entspannungsmöglichkeiten. Mancher überdeckt vielleicht mit einem „Keep-Smiling" seine permanente Unzufriedenheit, hält sich für ohnmächtig und zieht sich in den „geistigen Vorruhestand" zurück.

Aufgrund der komplexen professionellen Herausforderung müsste Psychohygiene und Selbstachtsamkeit (als Längsschnittcurriculum) die gesamte Aus- und Weiterbildung von Pädagogen flankieren. Sie benötigen fest eingeplante Intervisionszeiten. Wer die Art, wie Pädagogen mit sich und den Lernenden umgehen, professionell standardisieren möchte, muss den entsprechenden organisatorischen Rahmen gewährleisten.

Denn Pädagogen sind wie Therapeuten ihr eigenes Arbeits„gerät" (Medium). Das heißt, beide Professionen nutzen sich selbst mit ihrem gesamten Auftreten, ihrer Kompetenz, ihrer Persönlichkeit als Instrument, wie der Maler seine Pinsel. Empathie ist bei beiden Berufsgruppen der Schmierstoff des Arbeitens. Das menschlich-fachliche Spannungsfeld zwischen Lernenden und Pädagogen ähnelt dem zwischen Klient / Patient und Therapeut.

Deshalb benötigen Lehrende professionell organisierte Möglichkeiten, ähnlich der Selbsterfahrung der Therapeuten, ihr Wirken zu reflektieren (mehr dazu zum Abschluss dieses Kapitels).

Zwar mehren sich die Anzeichen, dass der Beruf des Lehrers im gesellschaftlichen Ansehen steigt. Dies ist jedoch ein (zu) langsamer Prozess. **Die hauptsächliche Anerkennung können Lehrer (wie alle anderen) von sich selbst erhalten, in ihren Kollegien kultivieren und damit in ihre Umgebung ausstrahlen. Stolze Kollegien sind nicht nur gegenüber Schülern und Eltern wertschätzend, sondern auch gegenüber sich selbst.**

> „Die überwiegende Mehrzahl der etablierten Präventionsprogramme für Erwachsene bezieht sich auf den Aufbau von Gesundheitsverhalten oder die Reduktion von Folgeproblemen bei bereits bestehenden körperlichen Erkrankungen wie zum Beispiel Asthma […]. Ein wesentlicher Grund für diese Fokussierung liegt nach Krampen […] darin, dass Erwachsene häufig wenig motiviert für Präventionsprogramme sind, solange kein Leidensdruck besteht oder ein kritisches Lebensereignis eingetreten ist" (Bengel / Lyssenko 2012, 93).

5.1 Selbstfürsorge

Für die meisten Menschen zählt Selbstfürsorge zum Privatbereich. Bei vielen Professionellen gehört der offene Umgang mit ihrer Selbstfürsorge zum Beruf. Wer Personen befördert (Taxi, Bus etc.) sollte ausgeschlafen sein, konzentriert, darf nicht durch gesundheitliche Probleme beeinträchtigt sein. Bei Leistungssportlern sind die Anforderungen noch viel höher. Sämtliche Gesundheitswerte werden fortlaufend kontrolliert. Zusätzlich erhalten sie psychologische Beratung. Es gibt keine professionelle Tätigkeit, die frei von den Einflüssen der Selbstfürsorge ist. Absurd ist ohnehin die grundsätzliche Haltung, dass man sich zwar überarbeiten darf, dass jedoch bei Selbstfürsorge, wenn man es sich bewusst gut gehen lässt, Rechtfertigungsdruck entsteht. Selbstfürsorge, der nachhaltige Umgang mit den eigenen Kräften, sollte etwas Selbstverständliches sein. Dies gehört ins Zentrum der Bildung. Pädagogen sollten diese Selbstfürsorge nicht nur vermitteln, sondern als Rollenvorbild vorleben. Mangelnde Selbstfürsorge ist nicht nur eine persönliche Priorität, sondern eine „Selbstentfremdung"

(Hoffmann / Hofmann 2012, 41). Die Ausbildung und Anleitung der Pädagogen sollte vorsichtig erfolgen. Es geht um Motivierung und Überzeugungsarbeit. Selbstfürsorge kann man kaum dienstlich anordnen. Es kann eine angenehme Pflicht werden, den Lernenden zu zeigen, dass man gut mit sich umgeht. Denn die meisten Menschen denken eher an die nächste Wartung des Autos beziehungsweise den Hausputz als über ihr Repertoire an Selbstfürsorge. Allzu häufig schleicht sich in der Freizeit unreflektierte Gewohnheit ein. Aber wie erholsam ist zum Beispiel Fernsehen tatsächlich?

Da Pädagogen nachweislich beruflich besonders gestresst werden und ihre seelische Gesundheit weitreichende Folgen hat, sollten sie bei der Selbstfürsorge besonders unterstützt werden. „Die Kunst, in einer stressreichen Lebenswelt zu leben, beinhaltet die Aneignung von Lebenskompetenzen, zu denen vor allem die Fähigkeit zur emotionalen Selbstwahrnehmung im Sinne einer „seelischen Klugheit" gehört […]. In Reflexionszeiten, etwa im Urlaub, sollte anstelle von Freizeitstress Zeit genommen werden für die Frage, wer oder was ist im Leben wirklich wichtig? Zu den gültigen Lebensweisheiten gehören die Kunst der Gelassenheit, das Leben in richtigem Maße genießen zu lernen und das Begreifen unserer Endlichkeit als wichtigste Anmahnung eines erfüllten Lebens" (Laux 2011).

Professionelle Selbstreflektion gehört aktuell noch nicht zu den Standards der Ausbildung und Berufspraxis. Die Anregungen des 2009 verstorbenen Pädagogen Kurt Singer von dessen Homepage[137] sind weiterhin aktuell und ähneln diesen: **Können Sie sich für Ihre pädagogische Tätigkeit (noch) begeistern?** Sind Sie sich der Vorteile Ihres Berufs bewusst? Im Interesse der Selbstfürsorge können Pädagogen ihre Motivation beobachten. Schwankt die Motivation in einem guten und bekömmlichen Bereich? Fühlen Sie sich wohl? Am Arbeitsplatz? Was läuft gut? Was bereitet Ihnen (besondere) Freude? „Außer dem Burnout-Syndrom scheint es auch Fälle von ‚Boreout' zu geben – krank durch Unterforderung und Resignation, einhergehend mit dem Verlust von Lebensfreude, mit Müdigkeit und Unzufriedenheit" (Laux 2011).

Persönliche Stressoren berücksichtigen: Unsere „soziale Vernetzung" ist der wichtigste Faktor für (seelisches) Wohlbefinden, von der Wiege bis zum Grab. Wer sind unsere Vertrauenspersonen, mit denen wir über Belastungen reden können?

Wer persönliche Stressoren kennt, kann mit ihnen arbeiten. In der Regel ähneln sich individuelle (Dys-)Stressmuster immer wieder. Man sollte seine Stressoren also nicht verdrängen, sondern (freundlich) begrüßen. Manche

137 http://www.prof-kurt-singer.de/lehrer3.htm, Zugriff 10.02.2018

geben dem Stress sogar Namen.[138] „Ah, hallo Elisabeth (Heinrich). Da bist du ja wieder. Stimmt, ja, du hast Recht. Ich muss mindestens diese Welt retten ... Und dafür die Ansprüche an mich auf wenigstens 260 Prozent setzen.“ Wer sein Stressprofil verstehen möchte, fragt sich nach typischen Themen wie Auseinandersetzungen mit Eltern, Kollegen oder Schülern / Kindern. Sind es organisatorische Schwierigkeiten? Hat sich die Arbeit so sehr verdichtet, dass die zur Verfügung stehende Zeit nicht ausreicht? Oder liegt es an überhöhten persönlichen Ansprüchen? Wichtig ist, wie sehr man im Prozess der Entstehung von belastendem Stress aktiv gegensteuern kann. Lässt man sich in Konflikte hineinziehen? (Wie) Reagiert man, wenn man sich inadäquat angesprochen fühlt? Sind es immer wieder die gleichen Situationen, in die man unreflektiert hineingerät? Wie sehr ist man an einer Änderung interessiert? Was könnte dafür ein erster kleiner erfolgversprechender Schritt sein? **Achtung, wenn Sie keine Kraft mehr haben, die Stressquellen zu erkennen!** Wenn Sie sich ohnmächtig im Hamsterrad fühlen, dann sollten Sie Hilfe in Anspruch nehmen, vom Partner, von Freunden oder auch Professionellen (Beratern, Psychologen, Ärzten).

Pädagogen, die eigene Erfahrung mit Lebenskrisen haben, können dadurch ein besonderes Gespür und Mitgefühl entwickelt haben. Es besteht jedoch ebenso die Gefahr eines „Helfersyndroms“, eines Überengagements, das auch als nachträgliche Selbstfürsorge den Pädagogen selbst dienen kann, nach dem Motto „wenn ich seinerzeit jemanden gehabt hätte, der mir so geholfen hätte, wie ich jetzt helfe“.[139]

Wie gut gelingt das Abgrenzen und Abschalten? „Die Partner von Lehrerinnen und Lehrern wissen ein (Klage-)Lied davon zu singen, wie sehr die Schule im Familienleben präsent ist“ (Schaarschmidt / Kieschke 2007). Welche Rolle spielen feste tägliche Erholungszeiten? Suchtmittel, auch das Glas Wein als Gewohnheit am Abend? Zur Selbstfürsorge gehört, dass berufliche Tätigkeiten in der Freizeit nur vereinzelt und bewusst Raum finden sollten. Die Grenze von Berufstätigkeit und Privatleben variiert, abhängig zum Beispiel davon, wie sehr sich die Berufstätigkeit und Hobbys ähneln, abhängig auch von der Kollegialität am Arbeitsplatz und der persönlichen Gewichtung, welche Bedeutung der soziale Austausch im professionellen Kontext individuell hat.

Auch die Intensität der persönlichen Belastung variiert. Wie zuvor ausgeführt, sagt diese Belastung nichts über das Engagement der einzelnen Pädagogin aus. Wer in einer kritischen seelischen Situation ist, dem kann jede Kleinigkeit

138 Methode aus der Arbeit mit dem „inneren Team“

139 Der deutsch-amerikanische klinische Psychologe und Psychoanalytiker Herbert Freudenberger (1974), auf den der Begriff zurückgeführt wird, sprach von „a need to give“.

zu viel sein. Im pädagogischen Arbeiten geht es häufig um **„Nähe-Distanz-Regulation“**, physisch und vor allem psychisch: Was lasse ich wie nah an mich heran? Wie grenze ich mich ab? Auch von Kollegen? In Zusammenhang mit den Skandalen an der Odenwaldschule wurde die unkritische Haltung der Reformpädagogik gegenüber inadäquater Nähe kritisiert, die der sexualisierten Gewalt den Weg gebahnt hat.

Wer seine Selbstfürsorge verbessern möchte, sollte sich realistische Ziele setzen: Wofür ist Zeit? Wo kann Überflüssiges Zeit frei machen? Welche Ziele sind attraktiv (weniger Rückenschmerzen, mehr mit Freunden lachen)? Als Gewohnheitswesen neigen wir dazu, immer wieder in bekannte Abläufe zurückzukehren. Das sollte uns nicht zu sehr frustrieren, wenn wir uns vornehmen, achtsamer leben zu wollen. Das kann mit bewusstem Atmen beginnen, zum Beispiel beim Telefonieren oder Zähneputzen. Ritualisieren ist zum Beispiel durch Schließen der Augen möglich. Wer dazu neigt, unter Anspannung flach zu atmen, kann sich spätestens zu den Mahlzeiten fragen: „Heute schon geatmet? Oder mehr gehechelt?“ Skalierungen helfen beim Konkretisieren und lassen Entwicklungen greifbar werden, zum Beispiel: Auf einer Skala von 1 bis 10 (maximal) – wie groß sind unsere Ängste und Sorgen? Wie wirken wir auf unsere Partner / Freunde?

5.1.1 Frustrationstoleranz und Strategien zur Deeskalation

Im aktuellen Bildungssystem sind verschiedene Frustformen eingeplant oder werden wenigstens billigend in Kauf genommen. Obwohl das eigene Temperament maßgeblich ist, wie sehr die einzelne Pädagogin sich von Stressoren reizen lässt, wie impulsiv sie reagiert, gehört der Grad ihrer Involviertheit zum professionellen pädagogischen Profil.

Zu den Frustfaktoren zählt die Chancenungleichheit der Lernenden. Die OECD kritisiert, dass die Herkunft in Deutschland vergleichsweise besonders über den Bildungserfolg entscheide und dass sich dies trotz entsprechender Daten über das letzte Jahrzehnt nicht verbessert habe. Laut Shell-Studie 2010 seien etwa 15 Prozent der Schüler bald nach dem Wechsel auf die weiterführende Schule frustriert. Ihnen fehle die Zuversicht, dass sie durch ihre Leistung Anschluss halten könnten. Sie verweigerten sich einem System, in dem sie keine Perspektive sähen.[140] Frust setzt sich zusammen aus schlechten Noten, Wie-

[140] Der Bildungsforscher Tenorth (2014) betont, dass dieser Anteil sich über die Jahrzehnte nicht sonderlich verändert habe. Arbeitsplätze für Ungelernte gibt es in Deutschland immer weniger.

derholungen von Klassenstufen, Konflikten etc. Margret Rasfeld, mehrfache Schulgründerin und wiederholt ausgezeichnet, sagt:

> „Unser *Schulsystem produziert 1/3 Verlierer,* die sitzenbleiben oder die Schule verlassen müssen. Die Erfahrung zu scheitern, geht gerade jungen Menschen sehr nahe. Sie speichern sie ab: *Ich bin zu blöd, ich kann nichts.* Das selektive Schulsystem trägt erheblich dazu bei, dass sich so wenig verändert. *Weil die Lehrer ihren Unterricht nicht auf das Kind ausrichten müssen.* Wer nicht passt, wird nach unten durchgereicht" (zit. nach Bastar 2010).

Die Shell-Studie 2010 hat, dass sich viele Schüler früh aufgäben. Die OECD kritisierte mehrfach die soziale Undurchlässigkeit. Viele Schüler und ihre Familien frustriere, dass sie mit ihren Mitteln gesellschaftlich nicht teilhaben könnten. Obwohl die OECD mit einer Anfang 2015 veröffentlichten Studie weiterhin die geringe Bildungsmobilität in Deutschland moniert, gehört Deutschland „zu den einzigen drei OECD-Ländern, in denen sich die [...] Indikatoren der Chancengerechtigkeit seit 2003 verbessert haben" (Preuß 2015). Die Ministerin für Schule und Weiterbildung in Nordrhein-Westfalen, Sylvia Löhrmann, hält es für „schwer auszuhalten, wenn man Jugendlichen nicht mehr helfen kann" (Preuß / Löhrmann 2014b). Im Zeitalter immer kleinerer und überlasteter Familien ändert sich die Erziehung. Das raue Umfeld lässt die Familien nach Harmonie streben. Frustrationstoleranz kann sich da schwer entwickeln. Schwierige Gefühle wie Frust werden dadurch teilweise in die Schulen ausgelagert.[141] Schulen dienen sogar teilweise als Projektionsfläche für Familienfrust, „wenn nur der Stress mit der Schule nicht wäre...".

Lehrende sollten deshalb gezielt im Umgang mit Frust geschult werden, mit eigenem Frust und in ihrem Umfeld diffus sich anhäufendem Frust. Was muss in welche Schublade? Was geht dem Einzelnen warum wie nah? Was hilft am besten? Frustrationstoleranz ist ein wichtiger Teil der Selbstkontrolle. Lehrende bringen Lernende gezielt an Grenzen und sind Rollenvorbilder, auch in ihrer Art Frust zu bearbeiten. „Der schulische Alltag [ist] von Ängsten, Aggressionen, Versagensvorwürfen und Krankheitssymptomen gekennzeichnet" (Schiffer / Schiffer 2004, 10). In Bildungseinrichtungen entlädt sich zusätzlich reichlich Frust, der nicht dort entstanden sein muss, zum einen schlicht weil die Kinder dort viel Zeit verbringen, zum anderen weil sie sich trauen, weil sie es dort rauslassen.

Neben Frust gehören intensive Auseinandersetzungen bis hin zum Streit zum Arbeitsalltag von Pädagogen. Es wird um Konzepte gerungen. Eltern wollen Ansichten durchsetzen, für ihr Kind kämpfen. Kinder streiten untereinander. Noch deutlich belastender können die Auseinandersetzungen im Kolle-

---

141 Ähnlich den Bad Banks, wenn es daheim nicht in die Gefühlsbilanz passt.

gium oder mit den Vorgesetzten sein. **Manche Pädagogin kämpft an einigen beruflichen Fronten, befindet sich fast permanent in Auseinandersetzungen.** Transparenz hilft. Wenn Streitereien zum Arbeitsalltag gehören, muss die Arbeitssicherheit fordern, dass wie für die Kinder gilt: nicht kratzen, beißen, spucken …[142]

Der Psychiater Andreas Hillert, Autor des Präventionsprogramms AGIL für Gesundheit im Lehrerberuf betont, dass „Lehrer ein Beruf [sei], der den ganzen Menschen" fordere (zit. nach Goos / Großekathöfer 2017). Vielen würden jedoch „wesentliche Kompetenzen" fehlen wie „sicheres Auftreten, der Umgang mit der Stimme, soziale Kompetenz" (ebenda). Ausgebrannte Lehrer seien häufig solche, die sich weder kritisch hinterfragen noch mit Kritik umgehen können. „Sie fragen sich nicht:

- Was ist mein Anteil am Konflikt mit den Schülern?
- Warum sollen andere meinen Erwartungen entsprechen?
- Warum will ich von allen gemocht werden?" (ebenda)

Deeskalation ist eine wichtige Aufgabe von Lehrenden an Schulen, im Kindergarten, häufig in Elterngesprächen und vor allem in Sonderschulen oder sogenannten besonderen Ausbildungsformen für Adoleszente mit Lernstörungen. Dazu gehört das Streitschlichten bei verbalen Auseinandersetzungen. Lehrende, die prügelnde Kinder auseinanderziehen, sind selbst gefährdet, physisch und rechtlich. Manche Schulen haben bezüglich ihres Bildungsauftrages resigniert, sondern erleben sich mehr als soziale Brennpunkte mit tagesstrukturierender Funktion. Wie werden die Lehrer in Deeskalation geschult? Wie nehmen sie sich untereinander im Kollegium wahr? Wie hoch ist die Grundanspannung und damit der Abstand bis zur Eskalation?

Der Begriff Nachhaltigkeit wird mittlerweile derartig inflationär ge- und häufig missbraucht, dass er schon Skepsis hervorruft. Für die eigenen Ressourcen empfiehlt sich trotz allem Streben nach dem Glück im Hier und Jetzt, die Kräfte nachhaltig einzuteilen. Mit der „Stein-Strategie – von der Kunst nicht zu handeln" beschreibt Holm Friebe (2015), wie Menschen bei Reizen meist eher zum Handeln als zum Innehalten neigten, und es werden Alternativen aufgezeigt. Rasches Handeln bewirkt nicht selten, dass spätere Korrekturen erforderlich sind, also erneutes Handeln. Innehalten, warten, nicht reagieren – wie beim Halten der Saite eines Bogens – kann mehr Aktivität bedeuten als spontanes Handeln, automatisiert ablaufend, reflektorisch, ohne Nutzung des Bewusstseins.

142 Hier gemeint in der meist metaphorischen Variante.

5.2 Arbeitsklima – Psychische Belastbarkeit als Teil des Berufsprofils

Mit zuverlässiger Regelmäßigkeit werden Studien zur besonderen psychischen Belastung von Pädagogen publiziert. So veröffentlichte der Aktionsrat Bildung 2014 die Metauntersuchung „Psychische Belastungen und Burnout beim Bildungspersonal". Die Ergebnisse dieser Untersuchungen weisen immer wieder auf ähnliche Herausforderungen hin. **Die psychische Belastung für Pädagogen sollte bei der Berufswahl berücksichtigt werden.** Die Potsdamer Schulstudie zeigte jedoch, dass bei Lehramtsstudenten der Anteil derjenigen mit hoher psychischer Empfindlichkeit im Vergleich zu Auszubildenden anderer Berufe deutlich höher sei. Spezifische Ausbildungsinhalte oder Intervisionen können den Umgang mit der Belastbarkeit und Selbstachtsamkeit fortlaufend professionell standardisieren.

Besonders belastend sei das eng getaktete Multitasking, sehr vielen Anforderungen parallel gerecht werden zu wollen und dabei gleichzeitig mit anderen Lehrern nicht ausreichend zu kooperieren. Auch der gestiegene Anspruch an Individualität bei ebenfalls größer werdenden Leistungsunterschieden in den Klassen stellt eine Burnout-Gefahr dar. Die Kombination aus mangelnder gesellschaftlicher Würdigung („Halbtagsjobber") und dem hohen Engagement frustriert viele Lehrer. Viele können ihren Privatraum schwer gegen Anforderungen schützen. Als weitere Belastungsfaktoren werden „Zeitdruck, Arbeitszeit, Schullärm, zu große Klassen, Probleme mit den Schulbehörden und mangelnde Autonomie, andererseits Leistungsschwäche, Verhaltensauffälligkeiten und mangelnde Motivation der Schüler, Problemverhalten der Eltern, geringes gesellschaftliches Ansehen" und die vor allem die psychoemotionale Belastung genannt (Scheuch et al. 2015, 347). „Für den Lehrerberuf gibt es allerdings weder eine verbindliche Arbeitsanalyse noch ein vereinbartes Anforderungsprofil. Insbesondere fehlen arbeitspsychologische Untersuchungen, aus denen sich eine ‚Normalisierung' und Anforderungsprofile für die verschiedenen Schularten ableiten ließen" (Heyse 2007, 321).

Pädagogen arbeiten in einem Spannungsfeld zwischen Vernachlässigung und „Bildungspanik", so der Soziologe Heinz Bude (2011). Dabei „wird zu viel über schlechte Pädagogik geredet, aber kaum über gute. Eltern müssen wieder hinter den Lehrern stehen. Die Pädagogen selbst sollten mehr Mut zeigen, die Larmoyanz gerade der vergangenen Jahre schadet. Einem meckernden Lehrer will kein Abiturient in den Beruf folgen" (Osel 2014a). Wenigstens für die Lehrer ist die Lage besser als landläufig verbreitet. „Basierend auf den repräsentativen Daten des Sozioökonomischen Panels (SOEP) kontrastierten" Johannes Schult Bildungswissenschaftler an der Universität des Saarlandes

> „die Arbeitszufriedenheit und -belastung von 425 Lehrkräften mit Vergleichsgruppen anderer Berufe (u. a. Erzieher, Ärzte) im Querschnitt (2006) und Längsschnitt (bis 2011). Querschnittlich war die Arbeitszufriedenheit in keiner Gruppe höher als bei den Lehrkräften; ihre berufliche Anerkennung differierte kaum von den Vergleichsgruppen. Über die Hälfte der Lehrkräfte bekundete Belastung durch Zeitdruck. Arbeitszufriedenheit, fehlende Anerkennung und empfundener Zeitdruck der Lehrkräfte veränderten sich im Längsschnitt nicht signifikant. Die längsschnittliche Veränderung dieser Variablen korrelierte nicht bedeutsam mit Persönlichkeitseigenschaften (Big Five), Geschlecht, Alter und Berufserfahrung. Die hohe Arbeitszufriedenheit spricht zusammen mit der überwiegend ausreichenden Anerkennung gegen eine massive Gratifikationskrise im Lehrerberuf (Schult et al. 2014, 61)."

> „Die SOEP-Daten verweisen folglich auf ein hohes Maß an beruflicher Zufriedenheit bei Lehrkräften trotz der erlebten Belastung [...]. Als Erklärungen für die Diskrepanzen zu anderen Lehrerstudien liegt nahe, dass nicht-repräsentative Umfragen besonders für belastete Personen salient sind (Stichprobenselektivität) und die Rahmung der Befragung zu verzerrten Antworten führen kann" (Schult et al. 2014, 65).

Je nach Studiendesign findet man meist konträre und verwirrende Ergebnisse, zum Beispiel die folgende Interpretation: „Viele Arbeitnehmer leiden unter Stress, darunter besonders viele Lehrer. Gut 2,1 Millionen Menschen in Deutschland arbeiteten im Jahr 2011 in Bildungseinrichtungen – ein Drittel von ihnen gab an, unter zu hohen Belastungen zu leiden" (Greiner 2014). Mancher fragt sich, wie repräsentativ solche Lehrerstudien sind. „Lehrerstudien sind für manche Lehrer wohl gute Gelegenheit, sich mal richtig den Frust von der Seele zu reden." Eine vergleichende Studie über 25.000 Arbeitnehmer mit dem Titel „Belastet, aber hochzufrieden? Arbeitsbelastung von Lehrkräften im Quer- und Längsschnitt" (Schult et al. 2014) wurde mit dem bezeichnenden Titel „Die Mär vom jammernden Lehrer" publiziert.

> „Die Lehrer waren nicht weniger zufrieden mit ihrer Arbeit als die Vergleichsgruppen. Aber gut 59 Prozent der Lehrer beklagten einen hohen Zeitdruck und eine daraus resultierende Belastung. Damit liegen sie im Schnitt zwar hinter der Belastung von Pflegern, Ärzten und Ingenieuren, aber die Quote lässt dennoch auf einen hohen Druck schließen. Eine Erklärung, warum bisherige Studien zum Teil andere Ergebnisse zeigten, liegt laut den Wissenschaftlern vermutlich an dem Umstand, dass vor allem unzufriedene und belastete Berufstätige an solchen nicht-repräsentativen Umfragen teilnehmen und damit das Ergebnis verzerrten. Diese Fehlerquelle haben die Bildungsforscher mit der nun vorgelegten bundesweiten Studie minimiert".[143]

[143] Informationsdienst Wissenschaft der Universität des Saarlandes, https://idw-online.de/de/news585528, Zugriff 18.02.2018, in: Zeitschrift für Gesundheitspsychologie 22(2), 2014, 61–67.

Lehrer sind insgesamt vergleichsweise gesund, jedoch stärker psychisch belastet als andere Berufsgruppen. Ihre Gesundheit beziehungsweise Symptombelastung von Lehrkräften zeichne sich durch die folgende besondere Kombination aus:

- „gegenüber der Allgemeinbevölkerung gesundheitsförderlicheres Verhalten" mit
- geringerem Krankenstand im Vergleich zum Durchschnitt der Versicherten,
- jedoch „in Fragebogenuntersuchungen häufiger psychosomatische Beschwerden wie Erschöpfung und Müdigkeit, Kopfschmerzen, Angespanntheit, Antriebslosigkeit, Schlaf- und Konzentrationsstörungen, innere Unruhe oder erhöhte Reizbarkeit".
- Psychische Gesundheitsstörungen seien bei Lehrkräften anteilig überdurchschnittlich relevant. Aber „klare Aussagen zur Burnout-Ausprägung" könnten auf der Basis der aktuellen Daten nicht gemacht werden (Scheuch et al. 2015, 355).

Eigene Gestaltungsmöglichkeiten wirken prophylaktisch gegen Überlastung, Burnout und Depression. Burnout ist in den letzten Jahren lebhaft diskutiert worden, besonders als Thema von Lehrern. Kohärenz, als Selbstvertrauen, Dinge im eigenen Interesse bewegen zu können und Sinnvolles zu tun, ist der zentrale Schutzfaktor gegen Burnout. „Es meint eine hoffnungs- und vertrauensvolle Grundsicherheit, inneren und äußeren Halt zu haben und sich in dieser Welt zurechtzufinden" (Schiffer 2013, 30). „Unser Kohärenzsinn [...] vermittelt uns, ob wir äußere Belastungen als bedrohlichen Stress, nervend, ermüdend, überflüssig und ärgerlich oder als Herausforderung ansehen, die wir glauben [...] durchstehen oder meistern zu können"[144] (Schiffer 2013, 32).

5.3 Anforderungsprofil

Dabei hat sich das Berufsbild von Pädagogen stark verändert. Pädagogen dürfen wesentlich stärker hinterfragt werden. Zunehmend mehr Lernende haben wenig oder keinen Respekt vor erwachsenen Bezugspersonen (erlernen dürfen). Pädagogen müssen die für das Lernen erforderliche Führungsrolle gegen mehr Widerstand behaupten.

> „*Hattie betont* [...] *die immense Bedeutung der Lehrkraft als ‚activator' für effektive Lernprozesse: Was Schülerinnen und Schüler lernen, bestimmt vorrangig die einzelne Lehrkraft, die strukturiert, disziplinbewusst, fachbezogen und effektiv die Lernzeit nutzt.* Die Lehr-

144 Zum Kohärenzgefühl tragen Verstehbarkeit, Handhabbarkeit und Sinnhaftigkeit bei. Das Zuversicht und Halt gebende Gefühl der Kohärenz wird gestärkt, wenn man Zusammenhänge in der eigenen Umwelt begreift, spürt und vertraut, dass man Einfluss auf sein Leben hat und sein Handeln in einen Sinnzusammenhang stellen kann.

kraft trägt im Kontext kooperativer Lernprozesse unter anderem durch den Aufbau von klaren Arbeits- und Lernstrukturen, durch die Vermittlung sozialer, kommunikativer und fachlicher Kompetenzen und durch die gezielte Förderung der Beziehungsstruktur zwischen Lehrkraft und Lerngruppe wesentlich zu einem effektiven Unterricht bei. [...] Dies bedeutet aber ebenso, dass eine Lehrkraft mit einem verkürzten Verständnis des kooperativen Lernens, in dem beispielsweise die Methodik im Vordergrund steht, nur geringere Effektstärken erreichen wird" (Kremers 2014, 87).

Auch Baumert und Köller betonen:

„Die Ergebnisse zeigen klar: Für das Anregungspotential des Unterrichts, die konstruktive Unterstützung bei Lernschwierigkeiten und den Leistungsfortschritt der Schüler sind spezifisches fachdidaktisches Wissen und Können verantwortlich" (Baumert 2010).

„Zur Klassenführung zählen Maße wie Time on Task, Störungsprävention, Klarheit der Instruktion, direkte Instruktion. Kognitive Aktivierung umfasst u. a. die Merkmale Concept Mapping, Peer-Tutoring, Reziprokes Lernen und kooperatives Lernen. Schließlich konstituiert Feedback die Kerndimension der konstruktiven Unterstützung" (Köller 2014, 35).

Auch andere Autoren betonen: *„Die entscheidende Botschaft von John Hattie lautet: Schüler-Feedback ist wichtig*"[145] (Posch zit. nach Meyer 2014, 120).

Vielleicht taugt „Patchworken" als Übergriff für die Vielschichtigkeit pädagogischen Wirkens? Es ist wichtig, die vielen scheinbar selbstverständlichen Tätigkeiten zu verstehen und zu würdigen. *Patchworker* halten die unterschiedlich qualifizierten Lernenden als Gemeinschaft zusammen, improvisieren kreativ (zur Not mit „Patches", Pflastern). Gute Pädagogen entwickeln sich mit ihrem wechselnden Anforderungsprofil. Die Lernforscherin Stern betont, dass es **zum Berufsprofil von Pädagogen gehöre, unklare Problemlagen zu sortieren. Unsicherheit gehöre zum Alltag.** Routinen müssten flexibler sein als in anderen Berufen. „Wenn Menschen Lehrer werden, obwohl sie von vielen Unwägbarkeiten geprägte Situationen nicht mögen, wird dies in vielen Fällen zum Problem" (Stern / Ayan 2011).

„Der heutige Lehrer hat die Aufgabe, eine Wandergruppe bestehend aus Spitzensportlern und Schwerstbehinderten bei Nebel durch unwegsames Gelände in nord-südlicher und west-östlicher Richtung zugleich zu führen, und zwar so, dass alle bei bester Laune und gleichzeitig an drei verschiedenen Zielorten von ihren Eltern, Ausbildungsleitern und Hochschullehrern empfangen werden können" (Struck 2008, 23).

Diese Integrationsarbeit ist wichtig und anstrengend. Sie wird jedoch nicht als solche anerkannt und berücksichtigt. Für die berufliche Belastung von Pädagogen ist die genaue Erfassung solcher zusätzlicher Anforderungen wichtig (mehr dazu im Kapitel 2.11 „Integration / Inklusion").

145 Kritisiert wird jedoch, dass die Daten der Hattie-Studie teilweise sehr entsprechend der Voannahmen der Autoren interpretiert würden, wie beim Rohschach-Test (Rolff 2014).

> „Unterricht war immer da, *aber heute kommt das Soziale dazu.* Das heißt, der Prozentsatz von Schülern, die mit sich, den Eltern oder der Welt Probleme haben, ist enorm gestiegen. [...] Das Schlimmste aber ist, wir haben keinerlei Erfahrungsaustausch dazu. Auch nicht darüber, dass wir viel mehr Mädchen am Gymnasium haben und gleichzeitig wissen, dass Jungs später kommen, sich später entwickeln. Das ist ein Konflikt [...] klar, es gibt viele gute Projekte und Initiativen – Faustlos, Demokratie jetzt, Papilio, Balu und du – aber nichts wird koordiniert oder vernetzt" (Geipel 2012, 156f.).

Dabei wachsen die Erwartungen an das sozial zusammenhaltende, zusammenführende, reparierende Potential professioneller Pädagogen, natürlich auch hier meist ohne entsprechende Stärkung der Ressourcen. Dabei betont Joachim Bauer: „Durch die Beziehung zu Lehrern und Lehrerinnen lernen Kinder und Jugendliche oft eine neue andere Art kennen, die Welt und das Leben zu sehen und sich Herausforderungen zu stellen. Insofern können Lehrerpersönlichkeiten für sie eine ‚zweite Chance' sein" (Bauer 2008, 139).

Die vielen Wünsche an Pädagogen wurden unter anderem im 2. Kapitel über die soziologischen Eckpunkte dargestellt. Gute Pädagogen haben schon immer auf die Verbindlichkeit gesetzt, auf die Tragfähigkeit ihrer Wirkung auf die Schüler. „Dort, wo der Beziehungsaspekt ausgeblendet ist, sind die Entwicklungen nicht leichter, sondern schwieriger, nicht problemloser, sondern konfliktreicher" (Schiffer / Schiffer 2004, 17). Aber „die zukünftigen Pädagogen erhalten keine psychologische Ausbildung, ganz zu schweigen von brauchbarer Lernpsychologie" (Herrmann zit nach Hanser / Ayan 2011).

Viele Pädagogen sind zusätzlich durch die Doppelbelastung gestresst. Rollenbilder ändern sich über die Generationen nur sehr langsam. Deshalb betrifft die Doppelbelastung, Beruf und Familie gerecht zu werden, Frauen mehr als Männer.

> „*Zudem zeigt sich, dass Lehrerinnen mehr als ihre männlichen Kollegen der Qualität der sozialen Beziehungen – vor allem im Verhältnis zu ihren Schülern – einen hohen Stellenwert einräumen.* Das ist einerseits eine Stärke, die viele Frauen in diesen Beruf einbringen. Andererseits macht sie dies auch verletzlicher gegenüber problematischem Schüler- und Elternverhalten. [...] Um den Belastungen entgegenzuwirken, sollten Pädagogen ihre berufliche Eignung ständig weiterentwickeln. Zudem gilt es, zahlreiche Arbeitsbedingungen an den Schulen zu verbessern" (Schaarschmidt 2017).

Emotionale Belastungen aus zwischenmenschlichen Beziehungen

> „sind häufig intensiver und nachhaltiger als solche, die sich beim Umgang mit Akten und Maschinen einstellen. Sie machen es schwerer, sich vom Berufsalltag zu distanzieren und in der Freizeit zur Ruhe zu kommen. Das gilt umso mehr, wenn – wie im Lehramt – oft negative Emotionen im Spiel sind: Ärger, Enttäuschung, Kränkungen und Angst (ebenda)".

Lehrer finden in den Pausen und häufig auch in der Freizeit keine ausreichende Entspannung. „Auf Dauer lässt die psychische Widerstandskraft vieler Lehrer nach, sie werden unausgeglichen und können die Arbeit kaum hinter sich lassen" (ebenda).

Belastend ist für viele Lehrer, dass sich das Anforderungsprofil verändert, weg von der stets ähnlichen Wissensvermittlung hin zur Anpassung an den unterschiedlichen Wissenstand und die unterschiedliche Bereitschaft der Schüler, die Grundvoraussetzungen wie Ruhe zu erfüllen.

> „Im täglichen Kampf mit den Schülern: Unterrichten ist für viele Lehrer in den vergangenen Jahren deutlich anstrengender geworden. Davon ist mehr als jeder zweite Pädagoge (57 Prozent) überzeugt, wie eine in Berlin veröffentlichte Allensbach-Studie (2012) zur Schul- und Bildungspolitik in Deutschland zeigt. Drei Viertel der befragten Lehrer beklagen bei ihren Schülern Konzentrationsprobleme sowie eine zu materialistische Einstellung. Die Studie wirft ein kritisches Bild auf das Lehrer-Schüler-Verhältnis. Lediglich acht Prozent der Lehrer sagen, dass ihr Einfluss auf die Schüler groß ist. Fast die Hälfte der Lehrer (48 Prozent) meint hingegen, dass sie nur wenig oder gar keinen Einfluss auf ihre Schüler hat. Aus ihrer Sicht haben die Medien und der Freundeskreis deutlich mehr Einfluss, auch mehr als die Eltern. Diese wiederum sollten manchmal mehr Engagement zeigen, fordern die Lehrer [...]. Lehrer und Bevölkerung sind sich einig, dass die Schule nicht nur Wissen, sondern auch Werte wie Pünktlichkeit und Hilfsbereitschaft sowie Leistungsbereitschaft vermitteln sollte. Allerdings meint nur etwa jeder dritte Lehrer (37 Prozent), dass ihm die Vermittlung von Werten tatsächlich gelingt. Bei Lehrern an Hauptschulen sind dies sogar nur 17 Prozent."[146]

(Für diese Allensbach-Umfrage (2012) im Auftrag der Vodafone Stiftung Deutschland wurden 2227 Bundesbürger und 536 Lehrer befragt.)

„Lehrer müssen ihre alte rollenbedingte Autorität durch eine neue persönliche Autorität ersetzen" (Juul 2013, 143).

> „Das Ende der alten Machthierarchie in der Schule sowie das allgemeine Misstrauen Autoritäten gegenüber hat sicher viel Gutes bewirkt, doch verschwand damit auch ein Teil des Fundaments, das die Lehrerrolle bisher gestützt hatte. Was wir jetzt brauchen, ist eine Kultur, in der sowohl die Lehrer als auch die Schüler als lebendige, irrationale Persönlichkeiten anerkannt werden, statt bloße Teilnehmer eines Rollenspiels zu sein" (ebenda, 152f.).

> „Und nachdem in den letzten zwanzig Jahren die alten Methoden wie Bestrafung und Gewalt verboten wurden, jedoch keine neuen Methoden hinzukamen, kann das Ganze ja auch nicht funktionieren. Außerdem ist es so, dass sich immer mehr junge Menschen der alten Gehorsamskultur verweigern: dieser Idee, dass man tun muss, was einem von erwachsenen Autoritäten vorgeschrieben wird, zumal von Erwachsenen, die sich nicht um Einzelne kümmern und keine Beziehung zu ihnen aufbauen. Immer mehr Kinder bringen dies mehr oder minder deutlich zum Ausdruck. Entweder tun sie es verbal oder durch verschiedene Symptome. Sie fühlen sich jedenfalls nicht wohl, und das ist für mich eine menschliche Katastrophe, auch für die Lehrer" (ebenda, 156).

[146] https://www.vodafone-stiftung.de/uploads/tx_newsjson/allensbach_04_2012.pdf, Zugriff 13.02.2018

Realistische Ziele setzen – Anforderungen erfassen: Wenn die Gruppe der Lernenden von ihrer Voraussetzung zunehmend heterogener wird und die Ansprüche an Individualisierung steigen, kann man auf innovative Lernformate zurückgreifen, wie sie beispielsweise an der Evangelischen Schule Berlin Zentrum[147] erprobt und erfolgreich umgesetzt werden. In bestehenden Systemen dürfte diese doppelte Anforderung eine Aufstockung der Ressourcen erfordern. Der Präsident des deutschen Lehrerverbandes Kraus hält die *„falsche" Schulwahl für eine bedeutende Ursache für Frust.* „Wenn Gymnasien Schüler aus dem gesamten Leistungsspektrum aufnehmen, ist der gymnasiale Bildungsanspruch nicht mehr bei allen realisierbar" (Preuß/Kraus 2014a). *Innerhalb der Klassen steigt der Integrationsbedarf wegen größer werdender Leistungsunterschiede, ein unterschätzter Stressor.*

> „Ungeachtet dieser wachsenden Unterschiede arbeiten Lehrkräfte am Gymnasium häufig noch so, wie sie ursprünglich ausgebildet wurden. Sie haben gelernt, homogene Lerngruppen zu unterrichten, ihre Devise heißt: gleiches Pensum und Ziel für alle. Das führt dazu, dass immer mehr Kinder unter- oder überfordert sind und ihr Potenzial nicht ausschöpfen. Sie sind gestresst und unzufrieden […]. Das Gymnasium […] muss sich daher – egal ob acht- oder neunjährig – dringend pädagogisch weiterentwickeln und viel stärker auf die wachsende Vielfalt in den Klassen eingehen" (Dräger 2014).

Die stetige Erhöhung der Komplexität und Anforderungen wird von vielen Pädagogen beklagt.

> „Mangelnde Durchschaubarkeit und Vorhersehbarkeit von Situationen […] eingeschränkte Erholungszeiten während des Unterrichtstags, unterschiedliche Bewertungskriterien durch Schüler, Eltern, Schulleitung, Schulbehörde und Öffentlichkeit, Einzelkämpfer im (bürokratischen) System, Vermischung von Arbeit und Freizeit" (Scheuch et al. 2015, 348f.).

In ihrer Zeit als Vorsitzende der Kultusministerkonferenz (KMK) und Kultusministerin von Nordrhein-Westfalen hat Sylvia Löhrmann den „Umgang mit heterogener, vielfältiger Schülerschaft" als Kerngeschäft der Lehrenden beschrieben und kündigte „verbindliche Module für die Lehrerbildung" an. „Darin soll stehen, was jede Lehrerin und jeder Lehrer können muss, um inklusives Lernen erfolgreich zu gestalten" (zit. nach Füller 2014).

Ein Physiker, dem der Quereinstieg in den Schuldienst gelungen ist, beschreibt Facetten des komplexen Belastungsmusters.

> *„Es ist eine ganz spezielle Form von Stress, die einen erwartet. Wie immer es Ihnen geht, Sie müssen drei bis sechs Shows am Tag abliefern – und die Schüler sehen Ihnen schon am Gang an, wie Sie drauf sind und spiegeln das. Und ich habe zuvor nie erlebt, dass Dinge*

[147] S. u. a. Kapitel 2.12

> *wirklich keinen Aufschub dulden, ob man krank ist oder nicht.* Oder haben Sie schon mal gehört, dass Zeugnisse nicht fertig werden?“ (Bulicke / Goddar 2014)

Gerade beim stetigen Sichbehaupten vor den Klassen wird deutlich, dass Stress vor allem für solche Lehrer entstehen muss, für die dies immer wieder eine Herausforderung ist, die hier keine Routine entwickeln, die sie selbst zufriedenstellt. „Erfolgreiche Lehrer unterscheiden sich in vielem nicht von anderen Erfolgreichen: Wer selbstsicher, sprachgewandt und kommunikativ ist, hat viel gewonnen“, so meint der Schulpädagoge Ewald Terhart (zit. nach Goddar 2014).

Mit der Checkliste „Merkmalsbereiche und Inhalte der Gefährdungsbeurteilung“ der Leitlinie Beratung und Überwachung am Arbeitsplatz der Gemeinsamen Deutschen Arbeitsschutzstrategie (GDA)[148] können psychische Belastungen erhoben werden. Diese sind nach DIN EN ISO 10075-1 definiert als, „die Gesamtheit aller erfassbaren Einflüsse, die von außen auf den Menschen zukommen und psychisch auf ihn einwirken“ (GDA (Hrsg.), 26).[149] Psychische Belastungen ergeben sich stets einerseits aus den Einwirkungen, wie Lärm, Zeitdruck etc., und andererseits der individuellen Gewichtung dieser Einflüsse, dem persönlichen Profil von Stressoren. „Stress kann definiert werden als „das Ergebnis eines Ungleichgewichts zwischen äußeren Anforderungen und den zur Verfügung stehenden Möglichkeiten, diese zu bewältigen“ (Lohmann-Haislah 2014). „Stress ist insofern nicht mit einer Belastung gleichzusetzen, sondern tritt als dessen Folge auf“ (Wölk 2014, 53). Bei dem genannten Erhebungsbogen liegen mit den Faktoren „hohe Arbeitsintensität“, „geringer Handlungsspielraum“, (relativ) „geringer sozialer Unterstützung“ sowie „überlangen Arbeitszeiten / fehlenden Pausen“ für viele Lehrende mehrere Einzelrisikofaktoren vor, die nicht erst in Kombination das Risiko für psychische Erkrankungen erhöhen.

Viele Situationen an Schulen und in Kindergärten stellen Prototypen von Multi-Tasking-Stresstests dar. „Erzieher sind heute Katastrophenmanager und Seelenstreichler für die Kinder, Ansprechpartner für die Eltern und Verwaltungsmanager […]. Das Berufsbild hat sich dramatisch gewandelt“ (Rühle 2014).

---

148 Gemeinsame Trägerschaft des Bundesministeriums für Arbeit und Soziales (BMAS), Länderausschuss für Arbeitsschutz und Sicherheitstechnik (LASI), Deutsche Gesetzliche Unfallversicherung (DGUV), Bundesanstalt für Arbeitsschutz und Arbeitsmedizin (BAuA).

149 http://www.gda-portal.de/de/pdf/Leitlinie-Psych-Belastung.pdf?__blob=publicationFile&v=9, Zugriff 18.02.2018.

Abb. 16: Effektiver Arbeitsschutz für Pädagogen konzentriert sich auf die stärksten Belastungen – Störungen / Konflikte

Durch die diffuse Unruhe im Bildungssystem und die Erfahrung mit starren Regularien haben viele Pädagogen eine Abwehrhaltung gegenüber der „nächsten Änderung" angenommen. Im Widerspruch zu seiner propagierten wertschätzenden Grundhaltung formuliert der bekannte dänische Familientherapeut und Publizist Jesper Juul:

> „Und die Wertvorstellungen innerhalb unseres Schulsystems sind zu neunzig Prozent bürokratisch und nur zu zehn Prozent professionell geprägt. *Demzufolge benehmen sich Lehrer und Schulleiter wie Bürokraten, was wiederum dazu führt, dass zwischen dem, was korrekt, und dem, was richtig ist, eine große Lücke klafft. Doch wenn die Schule vor allem darauf aus ist, sich korrekt zu verhalten, verfehlt sie ihre eigentlichen Aufgaben*" (Juul 2013, 80).

Neuerungen sind für viele Pädagogen mit zusätzlicher Arbeit verbunden. Wenn sie ohnehin bereits am Limit arbeiten, kann das suspekt oder bedrohlich wirken. Ein ablehnender Reflex ist verständlich, wenn neue Anforderungen, die Zeit kosten, nicht von entsprechenden Maßnahmen begleitet sind, diese Zeit an anderer Stelle einzusparen.

Die Wünsche und Forderungen an Pädagogen, sich leistungsbereit und flexibel einzusetzen, sollten durch besondere Anreize gefördert werden. Der Beamtenstatus ist hier eher hinderlich. „Denn nach fünf Jahren Verbeamtung denkt man nicht mehr wie ein Pädagoge, sondern wie ein Bürokrat" (Juul 2013, 150f.).

> „Um angemessen auf gesellschaftliche Entwicklungen reagieren zu können, so die Autoren der OECD-Studie über Deutschland, habe sich das Rollenbild des Lehrers grundlegend zu ändern. *An die Stelle der starren Beamtenlaufbahn müsse eine flexible Karriere- und Anreizstruktur treten.* So gibt es beispielsweise keinerlei materielle Belohnung für Pädagogen, die ihren Unterricht verbessern [,…] Schulmanagement und -leitung sind vielleicht der Bereich, der am eindrucksvollsten veranschaulicht, wie sehr das deutsche Bildungssystem Veränderungen bislang widerstanden hat“ (Thorbietz 2009, 66f.).

Die Bezahlung von Pädagogen sollte sich unter anderem nach ihrem Belastungsprofil richten. Besondere didaktische Erfolge und die Einschätzung der Lernenden sollten berücksichtigt werden.

5.4 Ausbildung der Pädagogen

Das vorliegende Buch ist in weiten Teilen ein Plädoyer dafür, die Ausbildung der Pädagogen zu verbessern. Trotz langjähriger Forderungen von renommierten Bildungsforschern und vielen anderen verwundert, wie wenig Pädagogen immer noch auf ihre berufliche Praxis vorbereitet werden. Es scheint, als befänden sich die dafür Verantwortlichen in einer ängstlich-unsicheren Starrheit, nach dem Motto „Die Büchse der Pandora nicht öffnen, sonst wird alles anders. Wir verlieren die (Deutungs-)Hoheit“. Dies steht in Zusammenhang mit einer komplexen Unterversorgung der pädagogischen Lehre.

> „Im internationalen Vergleich ist unser Bildungssystem insgesamt unterfinanziert. Aber auch im verfügbaren Rahmen muss man sich fragen, ob die Kosten und Lasten angemessen verteilt sind. Hier haben wir sicherlich eine Schieflage: Selbst das Studium in einem teuren Fach ist bei den niedrigen Studiengebühren fast kostenlos. Prestigereichere und sozial selektive Einrichtungen werden tendenziell besser bedient als die Institutionen, in denen die Entstehung von Risikogruppen verhindert werden könnte. Das ist eine Umverteilung von richtig viel Geld“ (Baumert 2010).

Wichtige Initiativen hingegen leiden unter Kürzungen; so das Seminar „Was den Lehrerberuf leicht(er) macht“. Dies hatte laut der Leiterin Barbara Bittner bis zur Einsparung 2013 stetigen Zulauf gehabt. Themen waren unter anderem „Kann ich eine Schwäche eingestehen – um Hilfe bitten?“; „Kann ich einen Konflikt offen ansprechen?“; „Kann ich einer Inspiration vertrauensvoll folgen?“ oder „Kann ich Grenzen setzen – Nein sagen?“ (Bittner 2015). Jeder kennt Pädagogen, die die eigene Unsicherheit zum Beispiel mit Disziplinproblemen versuchen mit übermäßiger Autorität zu kaschieren. Begleitet wird dies mitunter unter der Androhung schlechter Noten.

Wichtige Eckpunkte beruflicher Zufriedenheit sind der Zusammenhalt im Kollegium, die gegenseitige Unterstützung, besonders durch die Schulleitung. Bei der Vorstellung einer Studie mit diesen Ergebnissen hat Bauer kritisiert, dass von Kultusministerien durchgeführte „Untersuchungen zur gesundheitlichen Situation von Lehrern das Thema der im Unterricht erlebten Aggressivität und Gewalt ausklammerten“.[150] Zu den Kernkompetenzen zählen Lehrer die eigene Sicherheit im Umgang mit schwierigen Schülern, besonders mit Aggressivität.

5.5 Kollegialität

Vor allem die Ergebnisse der Potsdamer Lehrerstudie zeigten:

> „Wenn die Beziehungen im Kollegium durch Offenheit, Interesse füreinander und gegenseitige Unterstützung gekennzeichnet sind und eine Schulkultur besteht, die ein hohes Maß an Gemeinsamkeit bei der Durchsetzung schulischer Normen und Ziele aufweist, funktionieren auch die übrigen Arbeitsabläufe besser, und es wird die Wirkung belastender Faktoren des Arbeitsalltags spürbar abgepuffert“ („Denkanstöße!“ Schaarschmidt 2017).

Diese Kultur wird dringend benötigt. **Kollegialität ist ein starker Faktor für die Zufriedenheit am Arbeitsplatz und die Lebensqualität.** Ein gutes Miteinander am Arbeitsplatz, als Ort, an dem Beschäftigte die meiste Zeit verbringen, gibt Halt und Zufriedenheit. Trotz aller Belastungen gehören pädagogische Berufe zu denjenigen mit einer guten Arbeitsplatzsicherheit. Das gilt für wenige andere Bereiche.

Teilweise sind die Kollegien sehr heterogen zusammengesetzt, mit einem hohen Anteil im („geistigen“) Vorruhestand und starker Divergenz bei pädagogischen Überzeugungen.

> „Unterstützung durch die Schulverwaltung verringert die Häufigkeit des Ausscheidens aus dem Beruf und die berufliche Belastung […]. George et al. (1995) haben außerdem festgestellt, dass Lehrer, die ihren Beruf aufgegeben haben, weitaus weniger wahrgenommene Unterstützung seitens der Eltern und der Gemeindeeinrichtungen erhielten“ (Rogers et al. 2011, 297).

Als weitere entscheidungsrelevante Faktoren stellten sich heraus: „Disziplinprobleme der Schüler, begrenzter Einfluss auf Entscheidungen und, in geringerem Maße, zu geringe Vergütung“ (ebenda) genannt.

Woran würde ein Außenstehender, zum Beispiel ein neuer Referendar, erkennen, inwiefern an seinem Arbeitsplatz Kollegialität herrscht?

---

[150] „Schwierige Schüler in Beziehung zu bringen als Kernkompetenz“, aerzteblatt.de 10.07.2008. https://www.aerzteblatt.de/nachrichten/33005/Studie-Aggressive-Schueler-und-Eltern-machen-viele-Lehrer-krank, Zugriff 13.02.2018

5.6 Die berufliche Identität des einzelnen Pädagogen

Bezeichnenderweise antworten Pädagogen aus demselben Kollegium mit gleichen Aufgaben auf die Frage nach ihrer beruflichen Identität häufig sehr unterschiedlich. Bis zu einem gewissen Grad kann dies eine bereichernde Vielfalt darstellen. Eckpfeiler müssen jedoch einheitlich sein. Viele Lehrer sind auch nach längerer Zeit in der Praxis noch unsicher, worin ihre berufliche Identität besteht, was sie gestalten wollen.

Spitzer sieht Ähnlichkeiten im Lehramtsstudium und dem Schulalltag, unter anderem „sinnloses Auswendiglernen, nicht-selbstbestimmtes Lernen" und Abwertung, weil Lehramtsstudenten sich weniger intensiv auf die einzelnen Fächer einlassen würden (Spitzer 2010, 210). Er stellt zudem dar, dass Lehramtsstudenten an den Universitäten teilweise als „Studenten light" gesehen würden, die sich mit der Materie weniger intensiv befassten. Selbstbewusste Lehrer können dies als akademische Überheblichkeit identifizieren. Lehrer sind eben keine verkappten Professoren. Ihre berufliche Aufgabe ist vor allem die Vermittlung, die Fachdidaktik, die auf Wissen und psychologischer Kompetenz basiert. Die pädagogische Qualifikation zeichnet sich ja gerade durch die Komplexität aus.

Viele Lehrer wollen nicht als „lehrerhaft" gelten, was laut einer Befragung unter Lehrern assoziiert wird mit „besserwisserisch, belehrend, pedantisch, penibel, humorlos, erhobener Zeigefinger, viel reden, laut reden, rechthaberisch, dozierend, eigensinnig, starr, abgehoben, […] jammert über Arbeitsbedingungen" (Helmke 2009, 109), was weder aus anderen Kulturen für den Berufsstand noch von anderen einheimischen Professionen ähnlich bekannt ist. Tatsächlich genießen Lehrer ein hohes Ansehen in der Bevölkerung (Institut für Demoskopie Allensbach 2012). „Im konfuzianisch geprägten Südostasien ist es beispielsweise im Gegenteil so, dass das Wort ‚wie ein Lehrer' Ausdruck von Wertschätzung, Kompetenz und Respekt ist" (Helmke 2009, 109).

Der ehemalige Schulleiter des Schiller-Gymnasiums Marbach Offermann (Gewinner des deutschen Schulpreises 2007) benannte als Anforderungsprofil die kurze Formel:

> „Ein Lehrer muss gescheit sein, das heißt Leidenschaft für sein Fach und Ahnung von Pädagogik haben. Er muss gut ausgebildet sein, hier gilt: Das Beste ist gerade gut genug. Und er muss Kinder und Jugendliche mögen. Ganz wichtig ist es, dass er Zeit hat, um sich mit den Schülern zusammenzusetzen und zu reden" (Offermann / von Korff 2011, 110).

John Hattie (2014) betont, dass Lehrer „Wegweiser für Exzellenz im Bildungsbereich" sind. Denn „nicht das Wissen oder die Ideen, sondern die Konstruktion dieses Wissens durch die Lernenden sind entscheidend" (zit. nach Beywl / Zierer 2013, 280f.). Als „anpassungsfähige Lernexperten" (ebenda, 290) bemühen sich Lehrpersonen, die Perspektive der Lernenden empathisch einzunehmen. Abbildung 17 verdeutlicht die Bedeutung der psychosozialen Kompetenz für Pädagogen als Kernkompetenz. Diese Kompetenz ist für die Vermittlung der Fachkompetenz und die berufliche Zufriedenheit sehr wichtig.

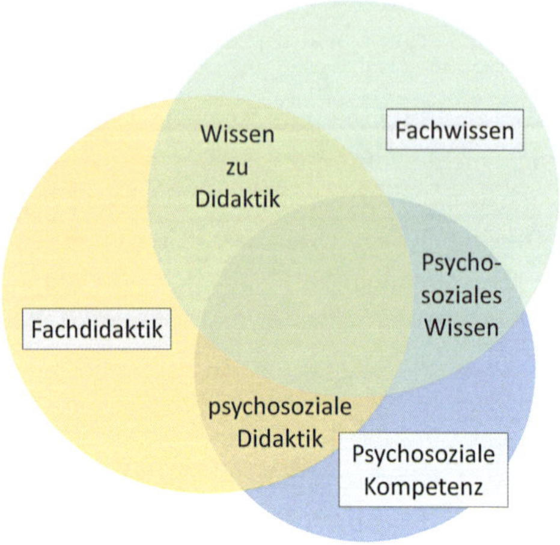

Abb. 17: Die psychosoziale Kompetenz gehört zu den Kernkompetenzen von Pädagogen.

Wenn für einen Vergleich alle Pädagogen einer Bildungseinrichtung aufschreiben sollten, wie Lernen am effektivsten gelingt, was die wichtigsten Eckpunkte sind, wie sie Intelligenz definieren und wie sie mit Lernschwierigkeiten umgehen, erhält man eine beeindruckende Breite an Antworten. Es ist davon auszugehen, dass ein relevanter Anteil der Antworten außerhalb des Bereichs liegt, der mit aktuellen wissenschaftlichen Erkenntnissen übereinstimmt. Immer wieder wird kritisiert, dass zu wenige wissenschaftliche Erkenntnisse im pädagogischen Alltag umgesetzt würden.

> „*Für knapp die Hälfte der Lehrer* [hat] *die im Studium empfohlene pädagogisch-didaktische Literatur keinerlei Bedeutung für ihren Schulalltag* […], *weil sie in praktischer Hinsicht als irrelevant betrachtet werde.* Anders sehe es mit didaktischen ‚Rezeptologien' aus, die sich bei Lehrern großer Beliebtheit erfreuen, ohne dass sie jedoch eine theoretische oder empirische Fundierung besäßen" (Roth G 2011, 253).

Dies wird als Kritik an den Pädagogen dargestellt. Eigentlich richtet sich diese Forderung an die Bildungsbehörden. Diese sind für Pfade und Formate verantwortlich, für Personal und die Kultur der stetigen Verbesserung, inklusive der Einarbeitung hilfreicher wissenschaftlicher Neuerungen.

Obwohl Kollegien häufig – wie Schulklassen – das Leistungs- und Persönlichkeitsprofil einzelner Mitarbeiter recht ähnlich einschätzen, vor allem welche

Kolleginnen nicht ausreichend kompetent oder motiviert sind, wird die Auseinandersetzung gemieden. Außer den Schulleitungen, mit ihrer sehr heterogenen Führungskompetenz und ihren vielfältigen Anforderungen, ist niemand unmittelbar zuständig. Die Kontrollen von Schulaufsichtsbehörden sind meist punktuell. Um Bildungseinrichtungen und -systeme zu verstehen, benötigt man meist wenigstens einen kürzeren Zeitraum (nicht nur punktuelle Eindrücke), um an der Art des Miteinanders, am Umgang mit Schwierigkeiten, anhand der üblichen Rituale die Kultur der Einrichtung zu erleben.

Zum Beispiel ist es erschreckend, wie unterschiedlich die Qualität eines Fachs wie Mathematik an derselben Schule, auf demselben Gang, in derselben Jahrgangsstufe von zwei Lehrern unterrichtet wird. Hinter zwei benachbarten Türen sind trotz all dieser gleichen Eckpunkte sehr unterschiedliche Lernszenarien Alltag. Dabei geht es nicht um banale Kritik am weniger guten Lehrer. In den meisten Bildungssettings ist der gute kollegiale Austausch, das Voneinander-Lernen unter Pädagogen längst nicht Standard. Dabei ist „selbst Experten weitgehend unklar, was den Erfolg guten Unterrichts ausmacht. ‚Es gibt so gut wie keine vernünftige empirische Forschung dazu', so Jürgen Baumert" (zit. nach Thorbietz 2009, 66).

Von Pädagogen wird gern gefordert, dass sie ihren Beruf als Berufung sehen. Entsprechend wird kritisiert, dass Probleme im Bildungssystem schon bei der Berufswahl begännen. „50 Prozent gaben zudem an, sie seien nicht etwa aus pädagogischem Ideal Lehrer geworden, sondern weil das Studium ‚überschaubar' war oder ihr Arbeitsplatz ‚sicher und familienfreundlich' – oder weil er in der Nähe des Heimatortes lag" (ebenda). Von Pädagogen wird häufig mehr erwartet als von anderen Berufsgruppen, ohne eine Erläuterung für diese Forderung oder konkrete Pläne, die Anreize dafür zu verbessern. Kann ein persönliches, über das fachliche hinausgehende Engagement von Pädagogen gefordert werden? Oder ist man auf deren eigene Überzeugung angewiesen? Wie kann man den Pädagogen die Begeisterung für ihre Tätigkeit, die gern gefordert wird, vermitteln? Wie sollen die Pädagogen diese Begeisterung nach fünf, zehn, zwanzig und mehr Jahren authentisch aufrechterhalten?

Aufgrund des immer unschärfer werdenden Anforderungsprofils muss für die durchschnittlich selbstsichere Lehrerin unklar bleiben, wie zufrieden sie mit ihrer Arbeit sein kann. Die berufliche Zufriedenheit hängt dann mehr von Persönlichkeitsvariablen ab. Entsprechende Hinweise finden sich in der Potsdamer Lehrerstudie von Schaarschmidt et al..[151]

---

151 https://www.bllv.de/fileadmin/Dateien/Land-PDF/Gesundheit/Die_Potsdamer_Lehrerstudie.pdf, Zugriff 10.02.2018

Die Pisa-Ergebnisse haben gezeigt, dass teilweise in kompletten Klassen über ein Schuljahr in einzelnen Fächern kein Lernzuwachs stattfinde. Schule hat dann offensichtlich mehr eine Verwahrfunktion mit „Pseudolernen". Auch die Untersuchungen, was von den Bildungsinhalten einige Zeit nach dem Schulabschluss noch verfügbar ist, sind ernüchternd. Daniel Kahneman beschreibt in seinem lesenswerten Buch „Schnelles Denken, langsames Denken" (2011) die *Kompetenzillusion.* Bis zum Beweis des Gegenteils geht man davon aus, dass wenn eine Lehrerin sich an die Konventionen hält, sie ausreichend kompetent ist. Die Erfolge guter Schüler werden gern auf gute Pädagogik zurückgeführt, bei schlechten Leistungen ist es jedoch nicht umkehrt. Die didaktische Qualität, kognitive Flexibilität und Integrationsfähigkeit einer Lehrerin, ihre Teamqualitäten, all dies wird in der Regel nicht erhoben, obwohl Noten seinerzeit eingeführt wurden, um Lehrer, nicht Schüler zu bewerten.

Selbstbild: Nicht wenige Lehrer betonen gern ihre akademische Ausrichtung, dass sie auch an der Universität hätten Karriere machen können. „Viele, vor allem männliche Gymnasiallehrer" betrachteten sich „weniger als Pädagogen […] denn als Experten für das jeweilige Fachgebiet" (Herrmann zit. nach Hanser / Ayan 2011). Implizit klingt dabei heraus, dass sie den Wissenszuwachs für attraktiver halten als die Auseinandersetzung mit dem pädagogischen „Kleinkram" des Alltags. Manche verstehen sich als Dienstleister, Wissen und Persönlichkeitsentwicklung technisch sauber bei möglichst vielen Kindern gut zu fördern. Um der Sache willen wollen sie attraktiven Unterricht anbieten.

Wer als Pädagoge den Wissensvorsprung, das fachliche „Bessersein" zu stark gewichtet, wer dies zur persönlichen Absicherung unbedingt benötigt, der setzt sich selbst unnötig unter Druck. Dadurch können unnötige Hierarchiekämpfe entstehen. Mancherorts messen sich die Pädagogen fortlaufend aneinander, wer sich für wie kompetent hält und die Kollegen eben weniger. Man kann dies auch als inoffizielle Theater-AG ansehen. Hoheitswissen, also Eingeweihten vorbehaltenes Wissen, wird in manchen Berufen ebenso wie der damit häufig verbundene elaborierte Sprachstil als Alleinstellungsmerkmal gepflegt. Fehlerfreies Beherrschen der Rechtschreibung wird von manchen Lehrern mit Intelligenz oder Bildung gleichgesetzt. Dies ist natürlich wissenschaftlich unsauber und drückt die kognitive Dissonanz aus, dass Pädagogen mit dieser Haltung sich vielleicht selbst überschätzen. Es gehört für einige mehr zum Lehrerberuf, als mit didaktischer Vielfalt möglichst vielen Schülern ihren Stoff zu vermitteln.

Pädagogen, die sich wie an der Evangelischen Schule Berlin Zentrum als Tutoren bezeichnen, sind nicht weniger schlau und kompetent als ihre Kollegen anderswo. Sie sehen sich in der Rolle des Bildungsvermittlers und machen Angebote, von denen die Schüler unterschiedlich profitieren. Zusätzlich verstehen sie sich als Mentoren für die persönliche Entwicklung. Der sehr persönliche Kontakt zu den Schülern kann Offenheit ermöglichen, mit wenig Scham für die eigenen Stärken und Schwächen zu reden. Pädagogen, deren Selbstbild wankt, wenn Schüler fachlich (in Teilbereichen) besser sind, kultivieren eine Kultur des Kaschierens eigener Wissenslücken. Pädagogen an Schulen, die sich in Konkurrenz zu Universitätsmitarbeitern sehen, meiden häufig die Herausforderungen der Fachdidaktik und der einhergehenden psychologischen Kompetenz.

Je nach selbstkritischem Bewusstsein kann von den Erlebnissen des Alltags gelernt werden. Nicht wenige sind kritisch gegenüber – subjektiv als häufig erlebten – Änderungen, fühlen sich möglicherweise sogar persönlich hinterfragt, wenn es um formale oder inhaltliche Änderungen geht. Fast reflexhaft kann es dann heißen: „Wie wir es bisher gemacht haben, das war doch auch nicht schlecht …". Viele haben Vorbehalte, sich selbst als Arbeitsinstrument zu verstehen, ihre persönlichen Anteile als Teil ihrer professionellen Grundhaltung zu verstehen. Hinzu kommt, dass mehr als 99 Prozent unserer Wahrnehmungen nicht bewusst verarbeitet werden, das heißt, die Wahrnehmungen wirken auf uns ein, ohne dass wir dies mitbekommen. „Die Lebendigkeit des Erziehers strahlt auf seine Mitmenschen aus und beeinflusst sie gerade dann am stärksten und reinsten, wenn er gar nicht daran denkt, sie beeinflussen zu wollen" (Martin Buber zit. nach Muth / Nauerth 2007, 26). Auch die Bildungsforscherin Allmendinger fordert „kantige" Pädagogen mit individuellen Unterrichtsmethoden, die „nicht ständig observiert und evaluiert" werden und dadurch methodisch gleich unterrichten. (Allmendinger / Musall / Pieper 2011, 22). Der Pädagoge kann mit seiner Persönlichkeit und seinem Auftreten überzeugen. Trotz aller modernen Pluralität sei ein seriöses professionelles Auftreten schwer mit nachlässiger Kleidung vereinbar (Liessmann 2014, 119). Nur wenn ein Lehrer „vertrauenswürdig selbst von Wichtigkeit des Unterrichtsgegenstandes überzeugt ist, kann er Schüler motivieren" (Roth zit. nach Hubrig / Herrmann 2014, 93).

5.6.1 Die pädagogische Grundhaltung

Zum Selbstverständnis jeder Pädagogin gehört ihre pädagogische Grundhaltung. Diese ist Ausdruck ihres Menschenbildes und Selbstbildes. Wie bin ich als Kindergärtnerin? Warum bin ich Oberschullehrer oder Berufsschullehrerin geworden? Was traue ich mir und anderen zu?

Für die professionelle Ausstrahlung seien eine starke Eigenmotivation (Schaarschmidt 2011), ein selbstsicheres Auftreten, keine Scheu vor Konflikten zu haben, kommunikative Fähigkeiten, Flexibilität und Begeisterungsfähigkeit wünschenswert (Stern / Ayan 2011). „Vor allem müssen die Schüler spüren, dass der Lehrperson der Unterrichtsstoff und die Lernenden wichtig sind" (ebenda). „Die Schüler müssen mich mögen. Dann mögen sie auch das Fach, das ich mag. Und sie wollen mich nicht traurig machen" – diesen Anspruch formulierte Stavros Louca, der Mathematiklehrer der schwedischen Schul-Doku-Soap „Superlehrer" (Herrmann G 2008). Hurrelmann fordert von Pädagogen eine „angemessene Dosis von Autorität", nur dadurch erhalte das Kind einen Hinweis, „welches Lebenskonzept und welche Werte der Pädagoge selbst vertritt" (Hurrelmann zit. nach Mertes / Siebner 2010, 109). Vielen Lehrern falle das Setzen von Grenzen „nicht leicht, weil sie das Gefühl haben, sich von einem Ideal zu entfernen: der liberalen Schule. Mit einem Mal sehen sie sich gezwungen, autoritär zu werden, um ihren Ort der Freiheit zu verteidigen" (Lebert 2008). Wichtig ist dabei der Unterschied zwischen gleicher Würde und Gleichberechtigung.

Pädagogen müssen sich ihrer Verantwortung bewusst sein. „Der einzelne Lehrer hat es in der Hand, zur Potentialentfaltung der Schüler einen wesentlichen Beitrag zu leisten. In seiner Verantwortung liegt es, welches Selbstkonzept der Schüler entwickelt" (Günther 2017, 154).

Die Führungsrolle müssen Pädagoginnen sich häufig erst erarbeiten, wenn Kinder dies aus der heimischen Interaktion nicht gewohnt sind. „Wenn es früher hieß ‚Ruhe jetzt, wir lesen vor', gab es keine Diskussion", so die ehemalige Kindergartenleiterin Rabe. „Heute kommt als Antwort: ‚Ich hab' aber keine Lust.' Und das klärt man dann mit dem Kind, vorausgesetzt, man ist dazu in der Lage. Nicht alle Erzieherinnen, vor allem die älteren, kommen mit diesen kompetenten und selbstbewussten Kids klar" (Latkovic / Rabe 2014). Bildungseinrichtungen sollten sich bemühen, Kinder und ihre Familien auch bei der Bearbeitung der Regeln des Miteinanders partizipieren zu lassen. Dadurch können Verantwortungsgemeinschaften entstehen.

> „Die klassisch bewährte Arbeitsteilung zwischen der Familie, die erzieht, und der Schule, die bildet, funktioniert bei immer mehr Schülern nicht mehr, so dass der schulische Bildungsauftrag in einen stärkeren erzieherischen Rahmen (leibliche Versorgung, Prävention gegen Angst, Krankheit, Sucht und Gewalt, Medienerziehung, Auslebenkönnen von Kindheit, kritische Distanz gegenüber Trends und Sogwirkungen von Jugendkultszenerie, Materialismus und Konsum, Stärkung der Erziehungskompetenz der Eltern) eingebettet werden muss" (Struck 2008, 47).

Zwar gibt es allgemeingültige Richtwerte, wie die Empfehlung des autoritativen Erziehungsstils. Im Alltag ist aber ein Vorgehen gefragt, dass zur Pädagogin passt, zur Situation und zum Lernenden. Manche Pädagogen wirken durch ihr Auftreten und ihre Reputation bereits autoritativ, ohne dafür sonderlich aktiv werden zu müssen. Kinder können irritiert sein, wenn Pädagogen Techniken ausprobieren, aber dabei nicht authentisch wirken. Pädagogen, die sich mit anderen offen austauschen, können eigene blinde Flecken achtsam betrachten. Zunächst geht es um die Haltung, ob Pädagoginnen überhaupt an ihrer didaktischen Technik und ihrem Stil arbeiten wollen. Viele benennen Konfliktgespräche mit Schülern und Eltern sowie ihre Reaktionen auf Unterrichtsstörungen als besonders belastend.

Der Grad der Involviertheit, wie sehr sich Pädagoginnen emotional einbringen beziehungsweise provozieren lassen, ist ein wichtiger Faktor der beruflichen Belastung. Die gesamte Bandbreite zwischen Überengagement und innerer Kündigung findet sich dabei in vielen Kollegien. Immer wieder wird zu Recht gefordert, dass Pädagogen sich gegenseitig unterstützen sollten. Zur Psychohygiene, zum persönlichen Rhythmus, gehört ein Gespür für die eigene „Schlagzahl". Ist man zufrieden mit der eigenen Reaktionsgeschwindigkeit? Oder beißt man sich manchmal auf die Lippe, ärgert sich über die eigene Spontaneität? Aus systemischer Sicht kann man den didaktischen Alltag durch Variabilität des Tempos bereichern; einen Unterschied machen, der einen Unterschied bewirkt. Wenn Lernende eher hastig erscheinen, kann bewusst eingesetztes Entschleunigen Inhalte hervorheben. Zum Lernen gehört auch, das eigene Tempo dem Inhalt anzupassen. In Lernkontexten driften nicht selten Einzelne ab, weil es ihnen zu langsam oder zu schnell geht.

Pädagogen leiden häufig unter der Masse der Anforderungen. Nicht selten führt dies zum Selbstschutz durch Dienst nach Vorschrift beziehungsweise dem (vermeintlichen) Abarbeiten von Lehrplänen. Dies kann dazu führen, dass sie kreative, stark individualisierte Herausforderungen wie die Förderung der Persönlichkeitsentwicklung meiden. Meist wird im Bildungswesen zu wenig standardisiert gearbeitet, häufig im Modus Einzelkämpfer. Pädagogen sind oft besser geübt, sich gegen Kritik zu verteidigen, als sich mit Hilfe von Intervision zu öffnen. Andere Pädagogen kehren die Prioritäten scheinbar um, bearbeiten die Lehrpläne minimalistisch und rechtfertigen dies möglicherweise, sie würden sich der Persönlichkeitsentwicklung der Lernenden widmen, ohne dies einer objektivierbaren Evaluation zu unterziehen.

Lehrer könnten „neugierig auf ihre Schüler" sein,

> „anstatt sie danach zu beurteilen, inwiefern diese sich als Objekte im Sinne des Lehrerkalküls verhalten. Lehrer sollten gespannt darauf sein, wie Schüler Lehrerfragen aufnehmen und welche Vorschläge sie dazu äußern. Lehrer sollten auf ungewöhnliche Schülerideen ‚lauern', statt ungeduldig darauf zu drängeln, dass endlich die einzig erwünschte Antwort kommt" (Mühlhausen zit. nach Helmke 2009, 226).

> „Es ist wichtig zu erkennen, wie unsere Erwartungen und die Erwartungen anderer unsere Interaktionen beeinflussen können. Wenn Menschen entsprechend den negativen und positiven Erwartungen an sie behandelt werden, reagieren sie tendenziell so, dass sie diese Erwartungen bestätigen [...]. Diese *Erwartungseffekte* wurden in mehr als 400 Studien in zahlreichen Settings, im Bildungsbereich und außerhalb, bei Erwachsenen

und Kindern nachgewiesen… Studien im Bildungsbereich haben gezeigt, dass sich die Erwartungen der Lehrer an die Schüler im Unterricht auf die Schülerleistungen auswirken […]. Wenn in der Schule ein Lehrer erwartet, dass ein Kind erfolgreich ist, lächelt er häufiger, interagiert enger und lobt das Kind für seine Leistungen“ (Rogers et al. 2011, 295f.).

Umgekehrt bedienen Menschen, „die als leistungsschwach, böse, voreingenommen oder unwichtig behandelt wurden“, diese Vorannahmen (Rogers et al. 2011, 284). Die Haltung einer Pädagogin ist für die Lernenden meist rasch greifbar.

> „Nehmen wir an, wir sind als Lehrende abgekämpft und ausgelaugt, verstehen den Sinn unserer Tätigkeit nicht mehr und sind auch nicht mehr so recht davon überzeugt, dass das, was wir den Lernenden an Wissensinhalten vermitteln, überhaupt noch halbwegs richtig ist. Dann können wir uns mit einiger Anstrengung ‚aufrecht‘ halten und versuchen, einen selbstsicheren Eindruck zu machen. Dies erfordert jedoch eine ständige willentliche Kontrolle und sobald wir stark abgelenkt sind, verfallen wir in diejenige Körperhaltung, die unserer Gemütslage am meisten entspricht – wir verraten uns, und die Lernenden nehmen dies bewusst oder vor- bzw. unbewusst war. Dasselbe gilt für unsere Gestik (wir unterdrücken das nervöse Zittern und die Fahrigkeit unserer Handbewegung), unsere Stimmführung (wir versuchen, fest und klar zu sprechen, doch unsere Stimme ist dennoch brüchig) und insbesondere unsere Mimik, die ‚entgleist‘“ (Roth G 2011, 191).

5.7 Wenigstens nicht (aktiv) schaden

Primum non nocere – „wenigstens nicht schaden“ ist einer, wenn nicht *der wichtigste* Grundsatz der Mediziner, der jedoch nicht selten missachtet, zum Beispiel von monetären Prioritäten verdrängt werden kann. **Bei der Prävention seelischer Gesundheit ist die Minderung schädlicher Einflüsse häufig eindeutiger nachvollziehbar als Maßnahmen, die allgemein stärken sollen.** Das Ziel, im Bildungswesen aktive Schädigung zu vermindern, ist nicht selbstverständlich. Bei vielen Einflüssen im Bildungswesen ist die Schädlichkeit lange bekannt.

Dabei geht es in diesem Kapitel nicht um die Attraktivität von Bildung beziehungsweise das nachhaltige Verleiden durch die in den vorherigen Kapiteln dargestellten Missstände. Ohne pauschale Kritik an Pädagoginnen sollen hier Diskriminierungen und andere massive Schädigungen durch Professionelle zur Sprache kommen. Mit „iatrogen“ werden speziell durch Ärzte verursachte Schädigungen bezeichnet. Bei Pädagogen gibt es keinen entsprechenden Begriff. Der Berufsstand sollte jedoch nüchtern auf seine Professionalität hin untersucht werden, auch wenn vielerorts händeringend Personal gesucht wird. Wichtig ist ein konstruktiver Ansatz. Pädagoginnen sollte begegnet werden, wie sie den Lernenden begegnen sollen. Wer Schwierigkeiten hat, sollte Entwicklungsperspektiven erhalten.

Nach dem Bekanntwerden der Übergriffe in kirchlichen Einrichtungen, von denen es schon lange eine entsprechende Vorahnung gab, und der Odenwaldschule sollte selbstverständlich sein, dass ähnlicher Missbrauch an jeder pädagogischen Einrichtung auftreten kann. Erweiterte Führungszeugnisse zum Ausschluss einschlägiger Vorstrafen sind da nur ein kleiner formaler Beitrag zur Sicherung des Arbeitsklimas.

Immer wieder wird für Pädagoginnen mehr Teamarbeit gefordert. Genauso wie in anderen Berufsgruppen (wie Polizei, Piloten) kann man auch bei den Pädagogen nicht davon ausgehen, dass alle grundsätzlich positive Absichten verfolgen. Wer seelische Gesundheit in Bildungsstätten stärken möchte, muss sich den

> „schlechten Pädagogen [widmen]. Die betroffenen Schüler, Eltern, Kollegen, Vorgesetzten wissen ein entsprechendes Lied zu singen. Und es sind immer die gleichen Elemente […]: *fehlendes oder veraltetes Fachwissen; nicht vorhandene didaktisch-methodische Fähigkeit; unzusammenhängendes und unverständliches Unterrichten; Ignoranz gegenüber Lehrplanvorgaben; unberechenbares, unverständliches und unzuverlässiges Zensieren; völlige Unfähigkeit, auf Kinder und Jugendliche eingehen zu können; bizarre Unterrichtsmethoden; strafbare Disziplinierungstechniken; offen zur Schau gestellte Verachtung von kollegialem Miteinander; eisige Herablassung (oder völlige Distanzlosigkeit) zu Schülern, Eltern, Kollegen; Intrigantentum; perfekte Minimalisierung des Arbeitseinsatzes; Verbreitung von allgemeinem Zynismus*" (Terhart zit. nach Helmke 2009, 110).

„Bei Lehrern ist ‚Unfähigkeit im Beruf' jedoch kein Entlassungsgrund, wie Arbeitsgerichte festgestellt haben" (Spitzer 2010, 36). Neben den vielen motivierten Pädagogen gebe es „flächendeckende Demotivationskampagnen […] von schlechten Noten bis zur Aussortierung der Hauptschüler im 3. und 4. Schuljahr. […] ‚Du kannst nicht' erstickt die kindliche Neugier" (Spitzer 2010, 150). Der Aktionsrat Bildung warnt, dass die stark rückläufige Frühberentung bei den Lehrern auch bedeuten könne, dass Bildungseinrichtungen einen höheren Anteil von Mitarbeitern hätten, die eigentlich nicht mehr dort sein wollten, den früheren Ausstieg jedoch nicht finanzieren könnten (Aktionsrat Bildung 2014). *80 Prozent der Lehrer kennen Kollegen, die sich aus ihrer Sicht „gegenüber Schülern pädagogisch inakzeptabel verhielten* […]. Gutes Beschwerdemanagement hebt die Qualität und das Ansehen – wie in jedem anderen erfolgreichen Betrieb auch" (Unverzagt 2007, 83).

Lehrer würden manchmal „in ihrer Verzweiflung […] geradezu ‚Krieg' gegen Kinder, in dem Schüler wie Lehrer Verlierer sind", führen (Singer / Unverzagt 2007, 85).

> „Manche Lehrer zeigen gegenüber ihren Schülern eine offene Verachtung und glauben in ihrem Unterricht ‚Perlen vor die Säue zu werfen'. Andere versuchen, diese Verachtung zu verbergen, aber eine hochmütige oder abfällige Einstellung dringt oft über die Mikro-

> expression (z. B. das kurzzeitige Hochziehen der Oberlippe und das ‚Rümpfen' der Nase) zu den Schülern durch. Ähnliches gilt für das ‚Anbiedern' an die Schüler, dass eine tiefe Verunsicherung der Lehrer verrät, die durch eine Furchtmimik deutlich zum Ausdruck kommt" (Roth G 2011, 191).

Dass Pädagogen sadistisch, zynisch, böse sein können, haben viele an Bildungsinstitutionen selbst erlebt. **Wichtig ist dabei, trotz aller Verärgerung, das Organisationsverschulden in den Vordergrund zu stellen, nicht die Abstrafung einzelner Pädagogen.** Das heißt, das Bildungswesen sollte so organisiert werden, dass Aus- und Fortbildung tatsächlich auf die Herausforderungen vorbereiten. Man möchte mit Spitzer davon ausgehen, „kein Lehrender trifft morgens in seiner Institution die ihm anvertrauten Lernende, um zu scheitern oder absichtlich Schlechtes zu bewirken" (Spitzer 2010, 6), oder wenigstens kaum einer. Jeder (ehemalige) Schüler weiß, wie unterschiedlich die Qualität der Lehrer ist, auch in ihrer Bemühung, den Schülern empathisch und fair zu begegnen.

> „Der Lehrerjob ist ein Beruf, in dem man seine eigenen Kindheitsverletzungen, Kränkungen und Konflikte ungebremst und unkontrolliert mit einer Gruppe abhängiger junger Menschen in Szene setzen kann. Dass manche Lehrer dies tun, ist hinreichend bekannt […]. Nur gibt es in unserem Beamtensystem kaum Möglichkeiten, sich von diesen Lehrern zu trennen" (Brisch in Ustorf 2008).

> „Dies liegt oft der bedauerlichen Tatsache zugrunde, dass ein Lehrer eventuell einen Schüler ‚auf dem Kieker' hat und nicht mehr in der Lage ist, die Leistungen dieses Schülers objektiv zu beurteilen. Dies kann sich dann sehr negativ auf die Schulleistungen dieses Schülers auswirken und das Vorurteil des Lehrers nachträglich legitimieren. Bekannt ist, dass ein Lehrerwechsel hier oft dramatische Verbesserungen in den Schulleistungen nach sich zieht. Ein Lehrer muss sich gegenüber den Schülern also stets der ‚Falle des ersten Eindrucks' bewusst sein" (Roth G 2011, 196).

Manche halten derartig bedrückende und destruktive Zustände sogar für den Normalfall. Riedle zitiert aus einer Broschüre der Stadt Herten zu Pflegekindern: „Wer hat schon seine eigene Schulzeit als eine befriedigende und glückliche Zeit erfahren? Wer hat sich nicht als Kind einer schrecklichen Übermacht ausgesetzt erlebt? Wer hat nicht die Zwänge und Einschränkungen, dies das schulische Lernen mit sich bringt, als Zwang und Bedrohung erfahren?" (Riedle et al. 2008, 79) Wenn ein Schüler sich von einem Lehrer anhaltend schlecht und unfair behandelt fühle, steige sein Risiko, drei Jahre später psychisch krank zu sein, auf das Doppelte, und das Risiko, dass er dann eine Verhaltensstörung habe, sogar auf das Dreifache (Lang et al. 2013). Jesper Juul weist auf die norwegische Pädagogin Berit Bae hin. „Die Definitionsmacht der Erwachsenen" sei in ihrer Wirkkraft nicht zu überschätzen, wenn Kinder von Erwachsenen als „dumm, kindisch, unhöflich" (Juul 2013, 52) abgewertet würden. „Diese Behauptungen hatten von jeher den Rang inoffizieller Diagnosen" (ebenda).

> „Ein deutscher Amokläufer hat geschrieben, dass er Tausende von Tagen in der Schule verbracht habe, wo ihm ein ums andere Mal gesagt worden war, dass er ein Verlierer sei – davon habe er genug gehabt. Das ist so traurig und frustriert auch die Lehrer, die teils ebenfalls gewalttätig sind. Da sie ihre Schüler jedoch nicht mehr schlagen dürfen, müssen sie ihre Aggression verbal oder nonverbal zum Ausdruck bringen. Es gibt nicht wenige Lehrer, die dasselbe Problem haben wie ihre Schüler“ (ebenda, 73).

Nach schwerer Gewalt an Schulen kommt regelmäßig die Frage nach dem Zusammenhang mit Beschämungen auf.

> „Nach dem Amoklauf am Gutenberg-Gymnasium „Erfurt hat es viel Aufregung, Streit und Nachdenken gegeben […]. Wir brauchten mehr Professionalität im Umgang. Struktur schafft Sicherheit. *Doch die echten Knackpunkte – Schulqualität, selbstständige Lernatmosphäre, die Kultur der Beschämung* an den Thüringer Ausbildungseinrichtungen und die *notwendige Personalentwicklung von Führungskräften* – sind beharrlich umgangen worden“ (Christina K. zit. nach Geipel 2012, 159).

Wie bereits dargestellt ist der Verzicht auf häusliche Gewalt gegen Kinder zwar seit dem Jahr 2000 endlich gesetzlich vorgeschrieben, aber noch nicht selbstverständlich. Gewalt gegen Kinder ist weit verbreitet. Ein Leipziger Direktor einer Oberschule[152] berichtete, dass ein Elternpaar ihn in ihrer Ohnmacht aufforderte, er und sein Kollegium könnten durchaus Gewalt anwenden, wenn es helfe, ihren Sohn wieder besser „beschulbar“ zu machen. Bei Lehrerfortbildungen habe ich es mehrfach miterlebt, dass Lehrer recht offen, meist jedoch humorvoll verpackt, für Gewalt als pädagogisches Mittel plädierten. Dies wird gern ergänzt durch den Satz: „Das hat uns doch auch nicht geschadet“. Im Jahr 2008 wies die BBC auf eine Studie aus dem „Times Educational Supplement“ hin, gemäß der von mehr als sechstausend befragten Lehrern mehr als ein Fünftel sich die Möglichkeit der körperlichen Züchtigung zurückwünsche, um der dramatischen Disziplinlosigkeit der Schüler Herr zu werden.[153] Wenn einzelne Lehrer „Kopfnüsse“ verteilen oder im Sportunterricht immer wieder „nervige“ Kinder zu hart festhalten, ansatzweise schütteln, wird im Kollegium häufig lange geschwiegen. Whistleblowing liegt nur wenigen.

In den letzten Jahren wurde zudem viel über Missbrauch an Schulen berichtet. Misshandlung und vor allem Abwertung, Herabwürdigung (bis hin zu seelischer Misshandlung) sowie Vernachlässigung treten an Bildungseinrichtungen noch deutlich häufiger auf. Die Kultur des Wegsehens ist weit verbreitet. Die Opfer beklagen, dass aus der Arbeit am Runden Tisch nach den Missbrauchsskandalen an der Odenwaldschule und anderswo viel zu wenig konkrete

---

[152] 56. Schule – Oberschule der Stadt Leipzig.

[153] Vgl. http://news.bbc.co.uk/2/hi/uk_news/education/7649308.stm, Zugriff 18.02.2018

Maßnahmen in den einzelnen Institutionen hervorgegangen seien. Sie fühlen sich verhöhnt, weil man aus ihrem Leid kaum wirkliche Konsequenzen gezogen habe.[154]

Neben anderen beschreibt die „Gewaltstudie 2013", dass sich immer noch viele Schüler im Vergleich zu Mitschülern unfair behandelt sähen, teilweise aktiv diskriminiert würden. Wie in den meisten Berufen, so gibt es auch bei Lehrern einen Anteil, die ihre Verantwortung gegenüber den Schülern missbrauchen und mehr oder weniger bewusst Freude empfinden, diese abzuwerten.

Viele Kliniken arbeiten mit einem System, das Qualität zu verbessern sucht, indem „kritische Ereignisse" gemeldet werden und dadurch in einen Verbesserungsprozess eingehen (CIRS, Critical Incident Reporting System). Ein ähnliches Instrument sollte es für Bildungseinrichtungen geben.

5.8 Ähnlichkeiten von Psychotherapie und pädagogischem Alltag

Die vorangegangenen Kapitel zur Bindung, Gruppendynamik, Wertschätzung und dem konstruktiven Umgang mit Schwierigkeiten enthielten bereits wichtige Teile der Schnittmenge des psychotherapeutischen und pädagogischen Alltags. Bei der aktiven Stärkung der seelischen Gesundheit geht es nicht um eine (überzogene) Psychologisierung von Bildungseinrichtungen im Sinne einer „Psychotherapie light". Wie Heinrich Roth sind jedoch viele Pädagogen überzeugt, dass es keine Pädagogik ohne Psychologie gibt.

Am wichtigsten in der Pädagogik wie der Therapie – und überhaupt für uns Menschen – ist ein konstruktives Miteinander, wohlwollende Verbindlichkeit, sind **tragfähige (Arbeits-)Beziehungen.** Die Autoren von Studien zur Wirksamkeit von Psychotherapie stellen seit Jahrzehnten immer wieder fest, dass diese Arbeitsbeziehung letztlich über den Erfolg viel mehr entscheide als die Spezialisierung des Therapeuten. Ähnlich dem Placeboeffekt kann im Bildungswesen das Zutrauen in die Lernenden als Optimismus Energie bei den Lernenden freisetzen. Professionelle Pädagogen können solche Arbeitsbeziehungen für viele unterschiedliche Lernende herstellen, die ihnen nicht alle gleichermaßen sympathisch sein müssen. Ihr Repertoire erlaubt ihnen die Toleranz, sich professionell empathisch individuell einzulassen. Analog zur Arbeit der Psychotherapeuten bezeichnet der Erziehungswissenschaftler Schratz auch die Pädagogen als „Resonanzkörper". In der psychotherapeutischen Arbeit ist die Analyse der „Gegenübertragung", also was der Klient oder Patient im Therapeuten auslöst,

[154] https://www.abendblatt.de/vermischtes/article107748646/Verein-empoert-Odenwald-schule-verhoehnt-Missbrauchsopfer.html, Zugriff 13.02.2108

ein wichtiger Teil der Diagnostik, weil dies den Experten teilweise wertvollere Hinweise gibt als das gesprochene Wort. Laut Schratz spüren die Pädagogen, „,was ihre Schüler brauchen. In ihrem Unterricht fordern sie die Kinder und Jugendlichen heraus, sie führen sie gezielt an ihre Leistungsgrenzen – und darüber hinaus'." Dazu setzen sie verschiedene Methoden des individuellen Lernens ein: Wochenplan- und Portfolioarbeit, Präsentationen, Partner- und Gruppenarbeit" (Schratz für Deutscher Schulpreis 2017).

Wie im Einmaleins der Psyche (4. Kapitel) und dem 7. Kapitel über Gesund- und Krankheit dargestellt, sind Heilkraft und Gesundheit nicht unbedingt mit Medizin verbunden. Positive Beziehungserfahrungen können viele Widrigkeiten ausgleichen, heilsam wirken. Viele Menschen berichten über besonders wertvolle Erfahrungen mit Pädagogen, die ihnen besonders geholfen hätten, teilweise in schwierigen Zeiten einzige zuverlässige Vertrauenspersonen gewesen seien.

Zu therapeutischen Ausbildungen gehören Selbsterfahrungen. In Therapie und im Bildungswesen fragen sich die Professionellen: „Durch welche Augen sieht man selbst die Kinder / Lernenden / Klienten / Patienten?" Bei Pädagogen ist dies leider nicht als Standard erforderlich. In Selbsterfahrungen wird zum Beispiel geschult, eigene Bedürfnisse von denen des Klienten / Patienten zu unterscheiden. Wer selbst schwierige Lebensphasen hatte, was der Volksmund den „Psycho"-Profis gern pauschal unterstellt, der muss aufpassen, den Klienten / Patienten nicht vertretend – als gefühlte Kompensation für sich selbst – „Gutes" zukommen zu lassen. Psychologen in einem Schulprojekt beschrieben Folgendes: „Wir kümmerten uns stattdessen um unsere eigenen unerwünschten Gedanken und Gefühle und versuchten, sie zu lindern anstatt die Klienten zu behandeln" (Rogers et al. 2011, 283).

Mit *Übertragung* wird im therapeutischen Alltag bezeichnet, wenn der Therapeut im Klienten / Patienten (unbewusst) Erinnerungen an andere Interaktionspartner aktiviert. Wenn zum Beispiel Jungen früh parentifiziert wurden, eine Rollenumkehr mit ihren alleinerziehenden Müttern erlebten, kann es sein, dass sie weibliche Autorität, zum Beispiel die der Kindergärtnerin oder Lehrerin schwer akzeptieren können. *Gegenübertragung* ist das gleiche Phänomen durch den Therapeuten. Teil ihrer Professionalität ist das bewusste Arbeiten mit diesen Wahrnehmungen.

> „Anstatt […] Zeit damit zu vertun, dass wir über jede Person, mit der wir zu tun haben, genau nachzudenken, füllen wir die Lücken in Bezug auf ihren Charakter mit Informationen aus unserer Lerngeschichte, unseren sozialen Rollenvorstellungen und unseren Erwartungen. Diese Erwartungen an Menschen, Situationen und Dinge bestimmen unser Verhalten im Alltag. Infolgedessen entgehen uns wertvolle Informationen über andere Menschen, Orte oder Dinge, und entsprechend behandeln wir sie" (Rogers et al. 2011, 295).

Das Verständnis von Übertragung und Gegenübertragung kann mit Ultraschallgeräten verglichen werden, die viele von medizinischen Untersuchungen kennen. Diese Geräte senden Schwingungen (Schall) aus und berechnen anhand der von der Dichte des Gewebes abhängigen Reflektion, wie das untersuchte Gewebe aufgebaut ist. Therapeuten, und ähnlich auch Pädagogen, können sich ihrer Eigenarten bewusst sein, wofür sie besondere Antennen haben, wo sie (un-)sensibel, wo (über-)empfindlich sind. Ebenfalls ähnlich wie in der Therapie geht es bei Pädagogen darum, manche Gefühle erst einmal wahrzunehmen und auszuhalten. Therapeuten nehmen diese in der Zusammenarbeit mit dem Patienten wahrgenommenen Gefühle auf und lagern sie wie in Container ein (Containment). Diese möglicherweise überlastenden Inhalte bietet der Therapeut an, wenn der Klient dafür ausreichend stabil ist.

6 Lernende in ihrer seelischen Entwicklung aktiv fördern

Die Unterstützung der Persönlichkeitsentwicklung Lernender gehört zum Selbstverständnis von Pädagogen. Aber wie genau funktioniert dies? Gibt es Minimalstandards? Welche Effekte können Bildungseinrichtungen erreichen, anstreben, besonders wenn die Eltern sich nicht sonderlich engagieren, nur spontan bei Unsicherheit in Erscheinung treten? Die Förderung der sozialen Kompetenz / Intelligenz und der Teamfähigkeit gehört zum pädagogischen Alltag. Individuelle Förderung ist in aller Munde. Zu welchem Ausmaß ist sie – außer bei sehr naturtalentierten Pädagogen – möglich? „Wer nach dem Motto verfährt, ich behandle alle meine Schüler gleich, der hat die eigentliche Herausforderung dieses Berufs nicht verstanden! Das wäre ungefähr so, als würde ein Arzt denken, Medizin ist ja spannend – aber mit Kranken möchte ich nicht so viel zu tun haben"[155] (Stern / Ayan 2011).

Maßgebliche Faktoren für das Seelenleben von Kindern, Jugendlichen und Heranwachsenden setzen sich jeweils ganz unterschiedlich zusammen. Was gibt und was kostet Kraft? Der „ökosystemische Ansatz" von Bronfenbrenner bietet ein Modell, diese Faktoren zu erfassen und zu gewichten.[156] Bei dem einen Kind prägt ein vererbter Interaktionsstil von Anfang an die Art, wie es die Welt erlebt, welche Gegenseitigkeit es mit seinen Eltern und anderen hervorruft und erfährt. Ein anderes Kind befindet sich mit sechzehn Jahren immer noch mitten im Trennungskonflikt seiner Eltern, die sich vor acht Jahren haben scheiden lassen. Und der zwanzigjährige Heranwachsende ohne Schulabschluss kommt nicht aus seinem Zimmer im Haushalt seiner alleinerziehenden Mutter: Nachdem er sich in der siebten Klasse zunehmend gemobbt gefühlt hatte, war es zu immer längeren Fehlzeiten gekommen, anfänglich wegen unklarer Bauchschmerzen. Später sprachen die Ärzte von einer Somatisierungsstörung. Jedenfalls fand die Mutter immer weniger Zugang zu ihm. Er wirkte traurig, lag im Bett oder verbrachte die Zeit am Computer, er machte die Nacht zum Tag.

Welche Umgebungseinflüsse mit welcher Kraft psychogen[157] wirken, ist schwer zu erfassen, objektiv und subjektiv. Wenn die Eltern streiten, kann sich

155 Tatsächlich gibt es auch in den Fachbereichen, die den Patientenkontakt nicht meiden, Ärzte, die unsicher oder desinteressiert sind und sich wenig um eine professionelle Vertraulichkeit bemühen; dies nur als Hinweis, dass nicht nur Pädagogen vor der Herausforderung stehen, Anforderungsprofile und Minimalstandards zu professionalisieren.

156 Schon 1965 beteiligte er sich als Folge dieser Erkenntnisse am Frühförderprogramm „Head Start".

157 „Psychogen": auf die Psyche einwirkend, geläufig z. B. als „psychogene Substanzen" wie Alkohol etc.

die Lebenssituation für die Kinder spontan drastisch verändern. Solche Stressoren werden gern ausgeblendet. Auch wenn sich Kinder dann diffus angespannt fühlen, können sie nicht unbedingt zuordnen, dass sie vielleicht Angst haben, ihre Eltern könnten sich trennen.

> „Nicht die objektive Schwere der einzelnen Belastung entscheidet über die Konsequenzen, sondern ein Zusammenwirken aus subjektiver Schwere, Dauer und Anzahl der Belastungen, vorhandenen Schutzfaktoren (Resilienzfaktoren) und anderen Risikofaktoren für eine psychische Erkrankung (z. B. genetische Disposition) [,…] z. B. bedingen Kindheitsbelastungen den frühen Beginn von Cannabiskonsum, beide Faktoren erhöhen das Risiko für eine psychotische Störung" (Lambert et al. 2013).

Die Arbeitsbeziehung einer Pädagogin mit einem Kind wird schon vor dem ersten verbalen Austausch von vielen Signalen und Erinnerungen eingeleitet, auf beiden Seiten. Wie offen ist die Pädagogin gegenüber lebhaften Jungen? Gegenüber Kindern, die für sie äußerlich nicht attraktiv sind? Die Bildungsforscherin Sabine Andresen betont, dass Kinder ihre Sorgen nicht am Eingang der Bildungseinrichtung ablegten.

> „Wenn sich eine Lehrkraft darauf zurückzieht, allein Wissen zu vermitteln, dann wird sie Frustrationen erleben und wahrscheinlich in ihrem Beruf scheitern. Deshalb sollten wir schon während der Lehrerausbildung Erziehung und Bildung zusammen denken und die strikte Trennung nach Laufbahnen und Schulformen überwinden" (Andresen / Friedmann 2014).

Persönlichkeitsentwicklung kann heißen, Stärken zu fördern und / oder Bereiche, in denen die Entwicklungspotentiale am größten sind, also auch Schwächen. Je nach Ausprägung, zum Beispiel bei großer sozialer Unsicherheit, Schüchternheit, hat dies Priorität. Im dialektischen Sinn kann hinsichtlich des eigenen Persönlichkeitsprofils das Pendant als Anregung erwogen werden. So können laute Menschen sich fragen, wann dieses Auftreten hilfreich ist und ob sie gelegentlich variieren möchten. *„Die ‚Atmosphäre', die an einer Schule herrscht und oft mit Händen zu greifen ist"*, könne „von Anordnung, Reglementierung, Schikanen oder gar Gewalt geprägt" sein, was „eine äußerst ungünstige Wirkung auf die allgemeine Lernbereitschaft" habe (Roth G 2011, 180).

Die Arbeitsbeziehung zwischen Pädagogen und Lernenden wird durch die jeweiligen subjektiven Erwartungen – häufig unbewusst und unreflektiert – dominiert. Der „Pygmalion-Effekt" beschreibt zum Beispiel, dass hübsche Kinder es im Allgemeinen leichter hätten. Sie erhielten mehr positive Zuwendung, was wiederum motivierend wirke. Ihnen werden in höherem Maße Intelligenz und gute Eigenschaften zugeschrieben. Die Leistungen der Schüler entwickeln sich häufig so, wie von der Pädagogin erwartet (Riedle et al. 2008, 83). Christian Pfeiffer, ehemaliger Leiter des Kriminologischen Forschungsinstituts Niedersachsen veranschaulichte dies bei Vorträgen am Beispiel seiner für ihn attraktiven Englischlehrerin, wie stark solche Motivation inspirieren könne. Umgekehrt übertrage sich bei manchen „die Angst oder Antipathie gegenüber einem Lehrer oder einer Lehrerin auf den Lerngegenstand, das Schulfach oder sogar auf die Schule überhaupt. Auch die Klassenkameraden spielen eine große Rolle für das Wohlbefinden in der Schule und damit für den Lernerfolg“ (Raufelder 2011).

Pädagogen beeinflussten laut Jungmann und Reichenbach die Eingewöhnung der Kinder in ihre Einrichtung, ihre Leistungen, sozio-emotionalen Lernfortschritte, das Selbstkonzept, die Resilienz, die Entwicklung von Freundschaftsbeziehungen, das Gruppenklima und die eigene Arbeits- und Leistungszufriedenheit (Jungmann / Reichenbach 2013, 125). Patentrezepte gibt es jedoch auch hier nicht. Eine „optimale Klimakonstellation für alle Lern- und Leistungsmerkmale der Klassenmitglieder“ gebe es nicht noch sei „für das Sozialverhalten das gleiche Klima förderlich wie für das Leistungsverhalten“ (ebenda, 124).

Pädagogen entwickeln meist ein Gespür für die Lernenden, erkennen wenigstens Veränderungen, wenn ein Kind auf einmal „anders tickt“, schweigsam wird, plötzlich aggressiv ist. Lernende bemühen sich oft zu verstecken, wenn es ihnen nicht gut geht. Das kann daran liegen, dass sie sich selbst eine „heile Welt“ vortäuschen. Andere wissen selbst nicht, wie es ihnen geht, denn sie haben gelernt, Gefühle zu verdrängen, zu „funktionieren“.

6.1 Leistungsdruck und Unterforderung

Das gesellschaftliche Verständnis von Leistung[158] ist im Allgemeinen relativ diffus, obwohl das Gemeinwesen häufig als „Leistungsgesellschaft“ bezeichnet wird. Im alltäglichen Sprachgebrauch ist der Begriff als Marketingaspekt für Superlative stark verbreitet, kaum für unspektakuläre persönliche Leistungen unter erschwerten Bedingungen, für Courage etc. Das Thema Leistungsorientierung ist besonders geeignet, die Lebenswelt von Kindern und ihren Familien vor aktuellen Herausforderungen zu verstehen. Welches Verständnis und welche Haltung haben die Familien diesbezüglich? Schon allein das enorme Interesse am Bildungserfolg ist Ausdruck der Konsequenzen, die damit einhergehen. Für viele Familien scheint es einer von wenigen Faktoren zu sein, überhaupt auf das familiäre Schicksal im Strudel der globalen Einwirkungen Einfluss zu nehmen; ein Ventil, die Ängste vor dem sozialen Abstieg auszuleben. Im Zeitalter der Globalisierung

158 Zum Thema „Leistungsorientierung bei Kindern und Jugendlichen – zwischen Flow und Burnout“ wurde die Thematik auf der Tagung der Kinderstimme 2015 und im entsprechenden Tagungsband in ähnlicher Form dargestellt.

spüren Kinder in ihren häufig verunsicherten Familien, in den zunehmend kleineren Sozialverbänden Verarmungsängste, „Statuspanik“ (Bude), „Abstiegsangst“ (Hurrelmann), Verdichtung der Arbeit (Vitzthum 2014), Burnouthäufung. Die 1980 bis 2000 Geborenen fragen als „Generation Y und als „Generation Maybe“ nach dem Sinn und der Attraktivität gesellschaftlicher Werte. Mit seiner lesenswerten Monographie „Burnout-Kids“ fordert der Experte für Depression im Kindesalter Schulte-Markwort: „Das Fieber steigt, und wir haben lediglich Wadenwickel zur Hand. Wir müssen besser verstehen, warum unsere Kinder von dem Virus der Anstrengung immer häufiger infiziert werden“ (Schulte-Markwort 2015, 132). „Von klein auf erleben Kinder heute schließlich diese alle Lebensbereiche durchdringende Ökonomisierung, in der alles gemessen und bewertet wird“ (ebenda, 147). Der Philosoph Nida-Rümelin kritisiert solche fehlgeleitete „Selbstinstrumentalisierung“ (Nida-Rümelin / Zierer 2015, 157). „Man interessiert sich nicht mehr für etwas, weil es spannend oder interessant ist oder weil es mit dem eigenen Leben zu tun hat, sondern nur noch als Instrument für externe Zwecke“ (ebenda, 156). Grundsätzlich betont er, „dass Kindern Leistung Spaß macht [,…] sie mögen auch Leistungsvergleiche“ (ebenda, 119).

Im Zentrum der gesellschaftlichen Wahrnehmung von Leistungsanforderungen im Kindes- und Jugendalter steht die **schulische Bildung.** Dornes bietet unter Berücksichtigung von Studien, die bis 2011 publiziert wurden, ein differenziertes Bild der Studienergebnisse zum Leistungsdruck und der Leistungsfähigkeit. Dabei gebe es keine eindeutigen Zahlen zu Zu- oder Abnahmen über die letzten Jahrzehnte (Dornes 2012, 80). Angesichts der Änderungen im Schulsystem, dass zwischen 40 und 50 Prozent auf das Gymnasium wechselten, die moderne Volksschule, wird die – in den Bundesländern ganz unterschiedlich bezeichnete – andere Schule vielerorts als „Resteschule“ gesehen. Unsichere Familien versuchen, durch den Übertritt auf das Gymnasium das „Grundschulabitur“ zu sichern, als drohe ansonsten der unmittelbare soziale Absturz der gesamten Familie.

> „Familie wird in der Wahrnehmung der Eltern durch den gestiegenen Leistungsdruck nachhaltig geprägt […]. Angesichts zunehmender Leistungsanforderungen im G8-Gymnasium besteht bei vielen Eltern eine große Verunsicherung darüber, ob sie ihren Kindern überhaupt noch Werte wie ‚Leistung‘, ‚Anstrengung‘ und ‚Ehrgeiz‘ vermitteln sollen“ (Rasfeld / Breidenbach 2014, 9).

Die familiäre Haltung kann Gelassenheit vermitteln, gegenüber dem Druck, den viele Kinder bereits in der Grundschule erleben. „Ganz allgemein stellt sich eine lange, vielfältige und durchlässige Schulbildung mit später Trennung unterschiedlicher Leistungsträger als die beste Förderung von Intelligenz und Begabung heraus“ (Rost 2009 zit. nach Roth G 2011, 169).

In dieser Atmosphäre sind Leistungsaspekte im Alltag von Kindern und Jugendlichen grob von drei Faktoren abhängig:

1. ihrem eigenen persönlichen Potential, das sie in Beziehungen einbringen, ihrem Selbstbild und -vertrauen,[159] das meist eng verbunden ist mit
2. ihren Erfahrungen und dem Halt, den sie von ihrer Familie erfahren, der Lebenssituation ihrer wichtigsten Bezugspersonen (Eltern, Pädagogen, Peers) und
3. der Interaktion mit ihren wichtigsten sozialen Bezugspersonen, den Pädagogen und der Peergruppe. Die Affinität zu besonderen Leistungen entwickelt sich besonders in dieser Gegenseitigkeit. Orientierung für das Miteinander in diesem Interaktionsraum geben das gelebte Leitbild, die Kultur der Bildungseinrichtungen (wie Schule oder Verein) beziehungsweise der Institution / des Unternehmens.

Die individuelle Leistungsfähigkeit kann als Produkt von Talent, Förderung inklusive der Entwicklung von Sekundärtugenden (Fleiß, Ordnung, Anstrengungsbereitschaft) verstanden werden, eingeschränkt durch leistungsmindernde Faktoren.

Persönliche Fähigkeiten treffen an Bildungseinrichtungen, in Vereinen, Förderzentren auf die wahrgenommenen Anforderungen. Das seelische Grundbedürfnis der Akzeptanz von den wichtigsten Bezugspersonen und sich selbst sollte dabei stets berücksichtigt werden. „Ein Leben verläuft nur dann subjektiv befriedigend [Anmerkung: Wortfolge geändert], wenn die unbewussten und bewussten Ziele motiv-kongruent sind, d. h. wenn man das, was das unbewusste Selbst will, bewusst und aus vollem Herzen tun kann, und umgekehrt" (Roth G 2011, 90; kurz „Konsistenzerleben").

Dramatische Überlastung wird von Kinderärzten als Ursache für „die neuen Kinderkrankheiten" beklagt (z. B. Jahrestagung 2014). Alarmierend sei, dass

> „immer häufiger Kinder und Jugendliche mit massiven Kopf- oder Bauchschmerzen oder auch Essstörungen, Ängsten, emotionalen Problemen oder depressiven Erscheinungen vorgestellt werden. Ursache für diese Überforderung sei unter anderem, dass der Druck auf die Schüler durch die übereilte Verkürzung der Gymnasialzeit auf acht Jahre, die schleppende Umsetzung der Inklusion und auch durch die oftmals übersteigerte Erwartungshaltung der Eltern zuletzt spürbar zugenommen hat. Die Medizin laufe daher nun zunehmend Gefahr, in den bloßen Reparaturbetrieb einer verfehlten Schulpolitik abzugleiten. Dies spiegle sich insbesondere darin, dass der Druck von Eltern und von Pädagogen auch auf die Ärzte zunehme, mehr Heilmittel für Kinder und Jugendliche zu verordnen" (Schmid 2014).

[159] Die OECD stellte durch die Auswertung der Pisa-Daten von 2012 die große Bedeutung des Selbstvertrauens für schulischen Erfolg erneut dar.

> „Während die Ergebnisse von Pisa Sofortmaßnahmen nach sich zogen, blieben die Reaktionen auf Untersuchungen, in denen über die seelischen Belastungen von Kindern, ihre Gesundheit, ihre Schulängste, über psychosomatische und seelische Störungen sowie über abnehmendes Lerninteresse berichtet wurde, weitgehend aus" (Rasfeld / Breidenbach 2014, 82).

In Zusammenhang mit Überforderung (selten Unterforderung) treten Angststörungen, teilweise als Schulängste, Störungen des Sozialverhaltens, das Aufmerksamkeits-Defizit-Hyperaktivitäts-Syndrom (ADHS) und Suchtverhalten gehäuft auf. Manche Eltern wollen selbst bei ihren Kindern gesehene Potentiale optimal nutzen, stilisieren Unruhe zu Hyperaktivität und fordern Methylphenidat (wie Ritalin) als Neurodoping.

Besonders kontraproduktiv wird Leistung aversiv besetzt, wenn Kinder spüren, dass sie vor allem für Erfolge oder Gehorsam gewürdigt werden. Unabhängig, ob es um schulische oder besondere Leistungen in Sport oder Musik geht, ist für die maßgebliche seelische Stabilität die ganzheitliche Würdigung des Kindes bedeutend, nach dem Motto „Wir, als Familie, unterstützen dich auf deinem Weg, egal wie er verläuft". Diese Haltung ist umso schwieriger, je weniger die Eltern und professionellen Pädagogen sie selbst erfahren durften.

Kindergärtnerinnen und Lehrer klagen gleichermaßen, dass ihr Arbeitsklima deutlich unruhiger geworden sei. Viele Lehrer werten die nicht ausreichende Einlassung von Schülern auf ihre Angebote als passive Verweigerung. Schüler würden damit zum Ausdruck bringen, dass sie die Anforderungen ihrer Eltern nicht erfüllen möchten oder können. Manche Eltern mit „Statuspanik" wollen zwar nicht das Beste für, aber von ihren Kindern. Kinder, die den Eindruck haben, dass es den Eltern hauptsächlich um Leistung gehe, übernehmen diese Anforderungen bald selbst. Sie fühlen sich als „Versager", wenn sie ihren Anforderungen nicht gerecht werden, so Klaus Hurrelmann (zit. nach Alwardt 2014). „Übertrittshysterie", also die Sorge, dass das eigene Kind die Zulassung zum Gymnasium nicht erhält, setzt in manchen Familien schon vor Schulbeginn ein. Dann wird aufwändig gecheckt, welche Grundschule „Garant für das Grundschulabitur" sein kann?

Das folgende **Leistungs-Stress-Modell** (Abb. 18) soll darstellen, dass Stress für Kinder vor allem daraus resultiert, dass Überforderung nicht akzeptiert wird. Fehlende Akzeptanz kann sich vielfältig ausdrücken, zum Beispiel dass Kinder spüren, dass die Eltern nicht akzeptieren können, wenn sie keine Gymnasialempfehlung erhalten, auch wenn diese verbal das Gegenteil beteuern. „Mehr denn je sind Kinder (besonders das Einzelkind) das narzisstische Objekt der Eltern – auf solchen Kindern lastet ein hoher Erwartungsdruck" (Laux 2011). Diesen Druck beklagt vertretend die Schülerin Yakamoz Karakurt: „Mein Kopf ist voll!“[160] „Die in schulischen Institutionen verbrachte Zeit hat in den letzten Jahrzehnten stetig zugenommen“, und „das Streben nach einem hochqualifizierten Bildungsabschluss“ führe zu „einer Verstärkung des Leistungs- und Konkurrenzdrucks“ (Seiffge-Krenke 2011).

Kinder, die besonders gern solchen Druck suchen, die Herausforderung, sollten ihr Potential nutzen können und nicht ausgebremst werden. Mit dem Programm „Leistung macht Schule“ wollen Bund und Länder besonders leistungsbereite Schüler besser erkennen und den zuständigen Lehrer Möglichkeiten der Förderung aufzeigen.[161] Als positives Beispiel für den unkomplizierten – und gesellschaftlich hofierten – Umgang mit Elite wird die Nachwuchsförderung im Fußball genannt:

> „Im Fußball geht man unbefangen mit dem Begriff ‚Elite‘ um, während er im Bildungssystem verpönt ist. Und die Förderung von Talenten beginnt im Kindergarten. Im Ergebnis haben wir [beim DFB] Spitzenteams, wie wir sie uns in Unternehmen und Hochschulen erträumen: Nicht die soziale Herkunft oder der sogenannte Migrationshintergrund spielt eine Rolle, sondern allein die Leistung. […] Weshalb gibt es in allen Bundesländern zwar ‚Eliteschulen des Fußballs‘, aber keine Spezialschulen für Mathematik-Asse, Englisch-Talente oder smarte Jungforscher? Der Fußball beweist, dass die Förderung der Besten nicht auf Kosten der breiten Masse gehen muss. Zeit also für ein paar Lockerungsübungen in der Bildungsdebatte“ (Kerstan 2014).

Fehlende Akzeptanz für eigene Grenzen kann auch von den Lernenden selbst ausgehen, ohne dass tatsächlich eine entsprechende Erwartungshaltung der wichtigen sozialen Bezugspersonen vorliegt. Subjektiv kann der Leistungsstress entstehen, wenn befürchtet wird, ohne die erhoffte Leistung aus dem sozialen Kontext ausscheiden zu müssen, zum Beispiel in einer Fußballmannschaft nicht mehr zur Startelf zu gehören. Ein zu großes Spannungsfeld, eine fehlende Akzeptanz für diese Herausforderungen – als Überlastung – erhöht die Gefahr für die Entwicklung von Psychopathologie jeglicher Art. Somatisierungsstörungen wie Kopf- und Bauchschmerzen und Anorexia nervosa, landläufig Magersucht, werden in den letzten Jahren häufiger diagnostiziert.

Maßgebliche Faktoren im persönlichen Spannungsfeld von Leistung und Stress

Lernen und Leistungssteigerung kann als Spanne zwischen Fähigkeiten und (empfundenen) Anforderungen verstanden werden (Abb. 18). Gute Pädagogik strebt eine passende „Zone der nächsten Entwicklung“ (Vygotsky) für das

160 http://www.zeit.de/2011/34/P-Schule, Zugriff 13.02.2018

161 https://www.bmbf.de/de/leistung-macht-schule-3641.html, Zugriff 14.02.2018

Potential des Lernenden an. Für die Zufriedenheit und Motivation ist die Akzeptanz der Lernenden und ihrer Bezugspersonen für ihre Fähigkeiten und auch für die Anforderungen wichtig.

Das angedeutete Vorsicht-Zeichen verdeutlicht, dass eine zu große Fläche als Spannungsfeld infolge einer überstrapazierten Diskrepanz zwischen den Faktoren demotivieren kann.

Abb. 18: Leistung-Stress-Modell

Menschen, die sich nicht akzeptieren oder akzeptiert fühlen, sind psychisch belastet. Für Kinder gilt dies besonders, weil sie die (nicht ausreichende) Akzeptanz durch die Eltern oder andere Pädagogen nicht als Einzelmeinung verstehen. Je jünger Kinder sind, desto mehr hängt ihr gesamtes Selbst- und Weltbild von der Reflexion, von der Wertschätzung ihrer wichtigsten Bezugspersonen ab. Wenn Eltern ihrem Kind also Druck machen, schulische Leistungen zu erbringen, die es zu diesem Zeitpunkt nicht in dieser Form geben kann, können schwere psychische Belastungen entstehen. Dieses Insuffizienzerleben kann die Persönlichkeitsentwicklung maßgeblich prägen.

Die siebzehnjährige Schülerin Julia Mächler klagt:

> „Ich war ein Jahr in England im Internat. Da werden die Lehrer evaluiert und können entlassen werden. Sie haben eher eine beschützende Aufgabe, haben uns mehr beruhigt, während die meisten Lehrer hier den Stress noch verstärken […]. Bei manchen [Schülern] hat der Stress bedrohliche Ausmaße angenommen. Eine Klassenkameradin ist neulich in der Schule in Tränen ausgebrochen […]. Sie saß da und hat nur gezittert, diese Verzweiflung ist schlimm. Bei den Jungens ist es dann auch Alkohol, das kann man schönreden, von wegen es macht Spaß, aber oft ist es der letzte Ausweg, nicht mal ein Bierchen, sondern allein eine halbe Flasche Wodka zu trinken, um die Schule einfach zu vergessen" (Musall / Mächler 2012).

Für den Psychiater Gerhard Laux sind „Kinder und Jugendliche […] überbehütete, überforderte oder vernachlässigte Hoffnungsträger zwischen Markt, Medien, Milieu und Eltern". Der Soziologie Klaus Hurrelmann (Hurrelmann et al. 2011) weist auf ein typisches Muster hin: Dieser Druck wird von den Kindern internalisiert. Sie entwickeln Versagensängste und sind zunehmend psychisch überfordert. Die Leistungsfähigkeit wird dadurch vermindert, der Druck noch größer. In dieser dramatischen Abwärtsspirale entwickeln sich psychosomatische und psychische Krankheitssymptome (Resch / Schulte-Markwort 2009).

> „Schulischer Stress als auch hohes Erwartungsniveau der Eltern sind Risikofaktoren für vermehrte Kopfschmerzen. Zwei Studien geben Hinweise, dass bei Kindern und Jugendlichen regelmäßige Freizeit (als tatsächlich freie Zeit verstanden) das Risiko reduziert, Kopfschmerzen zu bekommen. In einer Befragung an Gymnasien berichteten über 80% der Schüler über Kopfschmerzen, und über 40% von ihnen hatten regelmäßig weniger als zwei Stunden nicht fest verplante Zeit pro Tag […]. Die Schule ist wesentlicher Teil der Umwelt von Kindern. Einen besonderen Platz in der Forschung nimmt der Einfluss von Mobbing und persönlichen Verletzungen auf die Entwicklung von körperlichen und psychischen Beschwerden ein. So erhöht sich das Risiko an wiederholten Kopfschmerzen zu leiden, wenn sich Schulkindern vom Lehrer ungerecht behandelt fühlen um etwa 25%. Umgekehrt reduziert das Gefühl einer fairen Behandlung das Risiko um mehr als 40%. Mobbing erhöht ebenfalls das Risiko Kopfschmerzen zu entwickeln und Schmerzmittel einzunehmen. Dabei gibt es eine enge Korrelation zwischen dem subjektiv erlebten Ausmaß des Mobbings und der Häufigkeit der Kopfschmerzen. In einer Querschnittstudie in 28 Ländern zeigte sich, dass vereinzeltes Mobbing das Risiko um etwa 40%, wöchentliches Zurücksetzen aber um 80–90% erhöht" (Straube 2013).

Die deutliche Zunahme psychosomatischer Beschwerden ist beachtlich. Wie im Kapitel 8.1 dargestellt sind die Ursachen unklar. Zu berücksichtigen ist jedoch, dass den Schülern außer der unmittelbaren Schulverweigerung ansonsten kaum Ausdrucksformen bleiben, ihre subjektive Überlastung mit der Gesamtsituation auszudrücken, aber auch der die Symptomatik verstärkende „Krankheitsgewinn", also die positiven Folgen der Beschwerden wie Auszeiten, die dann häufig mit der Nutzung digitaler Medien verbracht werden. Zu klären ist somit nicht nur, welchen Druck Schüler erleben, sondern auch ob sie regenerieren, wenn sie dies vorgeben.

> „Die Mühe. Die Zeitnot. Das ständige Fragen nach Verwertbarkeit, Leistung und Wachstum, nach der Arbeitsmarkteffizienz. Es ist ein erstaunliches Maß an, ja, Kapitalismuskritik, die einem begegnet, wenn man durch Deutschland reist, mit Müttern und Vätern, mit Lehrern und Erziehungswissenschaftlern und Psychiatern spricht, um diesen Umschwung zu verstehen, der sich gerade andeutet: bloß wieder weg von der einst gepriesenen G8-Reform, zurück zum 9-jährigen Gymnasium (G9 – oder zur Möglichkeit des Wählens) […]. Joachim Bauer, der Neurobiologe, wird sagen: ‚Der Stress durch den Leistungsdruck ist das eine. Das andere aber ist der Multitaskingstress, das Gehetze von einem Reiz zum anderen, durch die großen und kleinen Bildschirme.' […] Das berühmte

> Flow-Erlebnis, wie der Psychologe Mihaly Csikszentmihalyi es beschrieben hat. Alles Lernen müsse doch darauf zielen, auf den Flow, auf die selbstvergessenen Glücksmomente, wenn ein Mensch aufgeht im Erkennen, im Begreifen, mit allen Sinnen. Wo Gedanken über Resultate, also Zensuren z. B. überhaupt keine Rolle spielten […] Bauer und sein Kollege, Stefan Schmidt, leiten ein Projekt, das sehr direkt etwas mit der Debatte um die verkürzte Gymnasialzeit zu tun hat, denn für die beiden Professoren ist G8 ‚ein Zerstörungsprogramm von Museräumen'. Aber geht auch weit darüber hinaus. ‚Muse im schulischen Kontext' heißt dieses Projekt und ist Teil des großen Sonderforschungsbereiches ‚Muse. Konzepte, Räume, Figuren', der für 4 Jahre an der Albert-Ludwigs-Universität eingerichtet wurde. […] Schulen, von denen Joachim Bauer sagt, sie seien zu ‚Trimm-Einrichtungen' verkommen. […] ‚Im Grunde müssen wir die Schule gegen den Druck des kapitalistischen Verwertungsgeschäftes verteidigen.' […] ‚Eigentlich geht es um viel mehr als nur um das eine Schuljahr', sagt er: ‚Es geht um den Takt einer ganzen Gesellschaft'" (zit. nach Meinhof 2014).

Zur subjektiven Überlastung trägt häufig „moderner Stress" bei: angesichts der Vielzahl der Möglichkeiten den Blick für das Wesentliche zu verlieren und zu hohe Ansprüche an Freizeitaktivitäten zu haben (bis hin zu Kauf- oder Sportsucht). Entwicklung an sich ist eine positive Form von Stress. Es geht um die genau passende Dosierung, um die Belastbarkeit zu trainieren und plötzliche Herausforderungen gut abfangen zu können. „Stress hat eine schier unglaubliche Karriere gemacht. Ständig wähnen sich die Menschen im Stress […]. Je mehr der Stress als die moderne Ausformung des Teuflischen zum Thema wird, desto mehr suchen die Menschen in ihrem Alltag verschreckt nach Stress" (Berndt 2014). Wer überall dabei sein will, auch im virtuellen Raum des digitalen Zeitalters („Präsentismus") und die angesagten Markenartikel haben muss („Konsumismus") setzt sich selbst unter Druck, zum Beispiel durch einen Nebenjob. Hinzu kommen zahlreiche Freizeitaktivitäten, Fördermaßnahmen und die damit einhergehenden Fahrten. **Die fremdorganisierte Zeit von Grundschulkindern sei häufig doppelt so lang wie vor zwanzig Jahren** (Albert, einer der Autoren der Shell-Studie[162] 2010, zit. nach Michler 2014).

Als einen modernen Belastungsfaktor macht der Schweizer Psychiater und Publizist Daniel Hell (2009) den von manchen empfundenen erhöhten Druck zur Selbstoptimierung aus. Zum Beispiel würden (sehr) schüchterne Menschen, die sich vor wenigen Jahrzehnten eine entsprechende gesellschaftliche Aufgabe oder Nische gesucht hätten, heute zur Veränderung gedrängt. Zufriedenheit und Ausgeglichenheit, auch als Ziele von Psychotherapie, sind häufig mit Selbstakzeptanz und Achtsamkeit verbunden. Eine psychische Homogenisierung der Bevölkerung, eine Normierung, eine Pathologisierung von Normvarianten, trägt mit Sicherheit zu erheblichen Risiken und Nebenwirkungen bei.

162 https://www.shell.de/ueber-uns/die-shell-jugendstudie.html, Zugriff 10.02.2018

Der international erfolgreiche Koch Jamie Oliver betont die Vorteile seiner besonderen Persönlichkeitsstruktur. Seine frühe Leistungsorientierung habe ihm viel Struktur gegeben. Seine Beschäftigung als Kind in der Küche seines Vaters habe ihn gestärkt, durch Selbstwirksamkeitserleben. Durch die Einbindung in die beruflichen Aktivitäten seines Vaters habe Oliver mit neun Jahren bereits gut kochen können und dadurch trotz seiner Lese-Rechtschreib-Störung und schulischen Misserfolge sich – im Gegensatz zu vergleichbaren Kindern – nicht entmutigen lassen: „Ich war eines dieser dicken, dummen Kinder. Ich musste auf die Förderschule und brauchte Nachhilfe, um die einfachsten Dinge zu lesen und zu schreiben. [...] Alle in meiner Klasse fühlten sich wie Versager. Ich nicht, ich hatte das Leben im Pub. Ich kochte und bekam dafür etwas Geld von meinem Vater". Er beschreibt zudem, dass psychische Auffälligkeiten von Vorteil sein könnten: „Gestresst bin ich nie. Der Grund dafür ist, dass ich nicht nur Legastheniker bin, ich habe auch autistische Züge. Ich arbeite in einer Blase. Um mich kann die Welt zusammenbrechen, ich hüpfe einfach in die nächste Blase. [Ich arbeite] jeden Tag 16 bis 18 Stunden" (Fichter / Oliver 2010). **Entwicklungspsychologisch kann das kulturelle Gut „Moratorium der Kindheit / Jugend" besonders für labile Jugendliche irritierend lang dauern.** (Klosinski 2004) Eine starke Orientierung auf praktische Tätigkeiten mit Übernahme von Verantwortung kann ebenso hilfreich sein wie die Förderung reifer Anteile im Kreise von mehr erwachsenen Personen. Bei ungünstigen Konstellationen können Jugendliche, die sich dem Korrektiv der Erwachsenen entziehen oder die entzogen wurden, sich mit Destruktivität gegenseitig übertrumpfen.

Amy Chua plädierte in ihrer Darstellung „Die Mutter des Erfolgs" (2011) für eine strenge, liebevolle Erziehung anhand ihrer unterschiedlichen Erfahrungen mit ihren beiden Töchtern. Sie schildert Erziehungsmethoden, die in Deutschland als kritisch für das Kindeswohl eingeschätzt werden. Ihrer Tochter Sophia veröffentlichte dazu einen Brief, in dem sie ihrer Mutter vor allem für die Möglichkeit dankte, durch ihre Erziehung überhaupt erst einen Zugang zu ihrem eigenen Potential erhalten zu haben.

> „Was bedeutet es wirklich das Leben voll auszukosten? [...] das Wissen, dass man mit Leib und Seele an seine eigenen Grenzen gegangen ist. Man spürt es, wenn man sprintet und wenn das Klavierstück, das man stundenlang geübt hat, endlich unter den Finger zum Leben erwacht. Man spürt es, wenn man einer Idee begegnet, die das Leben verändert, oder wenn man etwas schafft, das man sich niemals zugetraut hätte. Wenn ich morgen sterben müsste, hätte ich das Gefühl, dass ich mein Leben zu 110 Prozent gelebt habe" (Chua 2011, 262).

Diese treffliche Beschreibung ihres **Flows,** der „Lernlust" (Menning 2015), die als Leistungslust imponiert, hat Csíkszentmihályi als „optimale Erfahrung" beschrieben – einen „Zustand, bei dem man in eine Tätigkeit so vertieft ist, dass nichts anderes eine Rolle zu spielen scheint; die Erfahrung an sich ist so erfreulich, dass man sie selbst um einen hohen Preis machen möchte" (1990 zit. nach Menning 2015, 81). Das Flowgefühl ist ein

> „glücksähnlicher Zustand[163] hochselektiver Aufmerksamkeit auf eine Tätigkeit, die ans Limit der eigenen Handlungsmöglichkeiten geht, ein Zustand der zielgerichteten Selbstkontrolle: Kontrolle über den eigenen Geisteszustand, [...] ein Gefühl der Harmonie, des ‚Eins'-Seins[164] mit sich selbst und der Welt, des Kohärenzsinns [,...] eine Selbstregulation des Belohnungssystems[,] [...] Belohnung im Tun, in den Ereignissen des Augenblicks zu finden. Es ist ein Zustand der Synchronizität von Geist, Körper und Seele" (Menning 2015, 86).

Mit einer Untersuchung durch funktionelle Magnetresonanz-Tomographie, ein Bildgebungsverfahren, das den Stoffwechsel des Gehirns untersucht, konnte eine erhöhte Aufmerksamkeitssteuerung und Emotionsregulation sowie eine verminderte Selbstreferentialität in Flowphasen dargestellt werden (ebenda).

6.2 Die digitale Identität von Kindern und Jugendlichen

Überwiegend schädlich – aktuell stören sich die meisten Lernenden mit E-Medien

Im Zusammenhang mit der Schulzeitverkürzung beschrieb die Schülerin Yakamoz Karakurt bereits 2011 in der „Zeit", dass bei vielen Schülern „der Kopf voll" sei[165]. Sie betont, dass neben der ausufernden Schulvor- und -nachbereitung nur noch die digitalen Medien blieben. Der Aufenthalt in den digitalen sozialen Netzwerken oder die Beschäftigung mit Onlinespielen wird häufig nicht als Freizeit gewertet, weil viele keine smartphonefreien Zeiten kennen. Der Kinderpsychiater Michael Schulte-Markwort (2014) beklagt einen starken Anstieg von „Burnout-Depressionen" bei Kindern und Jugendlichen. Er empfiehlt neben der herkömmlichen Depression eine neue eigenständige Diagnose, um das Massenphänomen besser zu erfassen und gegen die Überforderung anzugehen. Manche Jugendliche übernehmen sich mit Hobbies und Nebenjobs. Die subjektive Belastung vieler Schüler ist tatsächlich gestiegen. Lehrpläne wurden nicht entrümpelt.

Mitarbeiter von Universitäten und Ausbildungsbetriebe klagen, dass die Qualität der Bildungsabschlüsse, die Ausbildungsreife, in der Breite deutlich schlechter

163 nicht peak, sondern submaximal, damit haltbar

164 Insofern erinnernd an Glücksgefühle des Säuglingsalters.

165 https://www.youtube.com/watch?v=r9xJlkKdx3M, Zugriff 06.02.2018

geworden sei. Wegen zahlreicher Missstände fehlten vielen Schülern die notwendigen Grundlagen. Da es kaum noch Arbeitsplätze für Schüler ohne oder mit geringen Abschlüssen gibt, fällt die (wahrscheinlich unveränderte) mäßige Effektivität des Bildungswesens nun auf. 14,5 Prozent der erwachsenen Bevölkerung sind funktionelle Analphabeten.[166] Die Demokratiefähigkeit der Bevölkerung, als Anspruch und Ziel des Bildungswesens, wird in der aktuellen politischen Debatte hinterfragt. Da die „Bildungsrepublik" (Angela Merkel 2008) nicht ausreichend finanziell und inhaltlich gestärkt wird, schließt sich hier der Kreis.

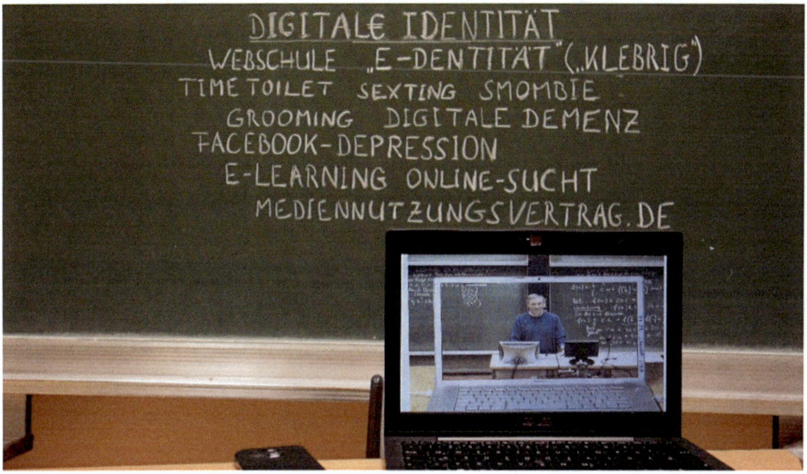

Abb. 19: Phänomene und Begriffe zum E-Learning und der digitalen Identität

Obwohl digitale Medien Bildung gut unterstützen können, lassen sich die meisten Lernenden (und die Erwachsenen) vor allem davon ablenken. Der Philosoph Christoph Türcke spricht vom „Zeitalter konzentrierter Zerstreuung" beziehungsweise der „Aufmerksamkeitsdefizitkultur". Die Raten der Onlineabhängigen sind erschreckend: 4 Prozent der Vierzehn- bis Sechzehnjährigen Jungen und 5 Prozent der Mädchen erfüllen die Suchtkriterien[167]. Von der Gesamtanzahl der Betroffenen ist die Onlinesucht als Massenphänomen die mit Abstand am weitesten verbreitete Sucht des Kindes- und Jugendalters (Orth 2015).

166 http://www.bpb.de/apuz/179347/funktionaler-analphabetismus?p=all, Zugriff 14.02.2018

167 Drogenbeauftragte (Hrsg.): Drogen- und Suchtbericht 2016. https://www.drogenbeauftragte.de/fileadmin/dateien-dba/Drogenbeauftragte/4_Presse/1_Pressemitteilungen/2016/2016_2/160928_Drogenbericht-2016_NEU_Sept.2016.pdf. Zugriff 18.02.2018

Neben dem ständigen digitalen Störrauschen, den WhatsApp-Nachrichten und anderen sozialen Netzwerken, dem Posen für und Posten von Selfies, das Precht (2013) als „digitales Hamsterrad“ bezeichnet, ist es die „Fear of Missing out“ (FOMO), die Angst etwas zu verpassen, die viele Nutzer von Facebook und anderer sozialen Netzwerke betrübt, vom Wesentlichen abhält und überfordert.

„Eckige“ Augen durch Mattscheiben

In China und Südkorea zeigt sich außerdem die Gefahr der massenhaften extremen Kurzsichtigkeit durch übermäßigen Gebrauch von Smartphones. Unsere Eltern hatten uns somit zu Recht vor „eckigen Augen“ durch übermäßiges Fern- (eigentlich Nah-)Sehen gewarnt. Der genaue Mechanismus der Schädigung ist noch unklar. Durch zu wenig Sonnenlicht wird zu wenig Dopamin produziert. Dieser Botenstoff soll das Längenwachstum des Auges bremsen. Zu wenig Fern-Sehen durch zu viel Fernsehen: Virulent wirkt wahrscheinlich, wenn hauptsächlich im

> „Nahbereich [fokussiert wird], bei der Betrachtung des kleinen Bildschirms vom Smartphone mit kurzem Abstand […]. Auch das Lesen von Büchern führt zu diesem Effekt, fällt jedoch bei durchschnittlich etwa 15 Minuten pro Tag bei Jugendlichen in Deutschland kaum ins Gewicht. Da aber 85% aller jungen Menschen mehrere Stunden am Tag das Smartphone nutzen, könnte dies zu einer *Kurzsichtigkeitsepidemie* führen. Schon heute ist der Anteil der Kurzsichtigen bei den 15- bis 19-Jährigen höher als bei allen älteren Altersgruppen und liegt in Europa bei etwa 30%; in China schon bei etwa 80% und in Süd-Korea, dem Land mit der weltweit besten digitalen Infrastruktur, bei über 90%“ (Spitzer 2016b).

Deshalb lautet die klare Empfehlung: „Less screen – more green“ (Geisler / Muttenhammer 2016). Auch für die deutliche Steigerung des Auftretens von Kopfschmerzen bei Jugendlichen wird der übermäßige Gebrauch digitaler Medien mit verantwortlich gemacht (Straube 2013).

Die Publikationen von Manfred Spitzer (wie „Digitale Demenz“), Leiter des TransferZentrums für Neurowissenschaften und Lernen, analysieren tiefgründig die zahlreichen anderen Fertig- und Fähigkeiten (im Bildungskontext Kompetenzen genannt), die nicht ausreichend kultiviert werden (können), wenn digitale Medien den Alltag dominieren. Insbesondere zu frühe und / oder zu lange Nutzung kann notwendige Entwicklungen beeinträchtigen. Es sind als Folge dessen zum Beispiel erhebliche Störungen im Spracherwerbsprozess zu beobachten.

Einordnung der digitalen Identität in das ökosystemische Entwicklungsmodell

Die digitale Identität der Kinder ist nur im ökosystemischen Kontext zu verstehen. Kinder lernen hauptsächlich von Vorbildern. In der Interaktion mit den Angehörigen lernen sie zwischenmenschliche Verbindlichkeit, Respekt als Basis des Lernens in allen Lebensbereichen. Oder sie lernen es nicht. Menschliches Miteinander und das Seelenleben ändern sich unter dem Einfluss elektronischer Medien rasant und teilweise grundlegend, zum Beispiel die Arbeitswelt, das übrige Sozialleben, inklusive Partnerschaft / Sexualität, die politische Meinungsbildung sowie kognitive Verarbeitungsmuster. E-Medien sind in kurzer Zeit zum selbstverständlichen Teil des Alltags geworden (digitale Durchdringung). Dieses Tempo und die Verbreitung verunsichern Eltern und Pädagogen. Sie sind selbst noch mit ihrem eigenen Nutzungsverhalten befasst und müssen trotzdem bereits die Verantwortung im Sinne des Kindeswohls übernehmen, müssen regulieren, dosieren, überzeugen etc. Nicht neu, jedoch weiterhin dringend erwähnenswert ist, dass Kinder Grenzen benötigen und auch selbst zu schätzen wissen, nicht zuletzt als Ausdruck der Beachtung und Verbindlichkeit. Grenzen sind also wesentlicher Bestandteil der – im besten Falle respekt- und liebevollen – pädagogischen Auseinandersetzung.

Aufgrund der unsicheren gesellschaftlichen Situation und kleinerer Familienstrukturen haben Kinder immer häufiger die Aufgabe, wichtige psychologische Stützen ihrer Eltern zu sein. Aus Angst, diese Stützen zu verprellen, wird oft konfliktvermeidend erzogen. Das gipfelt in der Rollenumkehr, die Kindern eine freundschaftliche Beratungsrolle überträgt, die hinsichtlich kindlicher Entwicklungsprozesse weder angemessen noch förderlich ist. Die Thematik „Umgang mit dem Einfluss elektronischer Medien" ist wenigstens hälftig eine Auseinandersetzung mit der Situation der Erwachsenen als Rollenvorbilder, die häufig diesbezüglich selbst „entwicklungsverzögert" sind. Daher sind zum Beispiel Gesetzesbemühungen lobenswert, besondere Auswüchse von sozialen Foren wie Facebook zu regulieren. Die Kinder nutzen diesen rechtsarmen Raum bereits seit Jahren, überwiegend ohne Kontrolle der Erwachsenen. Elektronische Medien sind eine gute, zeitgemäße Möglichkeit des gemeinsamen Lernens und Wachsens von Kindern und ihren Familien, Angebote gemeinsam auszuprobieren und sich über die Möglichkeiten und Gefahren des Internets auszutauschen. Nicht wenige Patienten in der Jugendpsychiatrie berichten, dass ihre Eltern sich mehr für das Internet als für sie interessieren. Sie nehmen ihre Eltern als „Smombies" wahr. Dies sind laut Jugendsprache entrückt wirkende Passanten, die „wie gebannt" auf ihr Smartphone schauen und dadurch wie „Zombies" wirkten (Jugendwort des Jahres 2015).

Erwachsene müssen sich auf diese Änderungen einstellen. Für die „Digital Natives", die Generation, die mit dem Internet groß wurde, ist all dies die einzig bekannte Normalität. Zur selbstverständlichen Lebenswelt von Kindern im digitalen Zeitalter gehören elektronische Medien sowie Bildschirmmedien jeglicher Art. Die Vernetzung kann als zeitgemäße Anpassung an Forderungen nach Mobilität und Flexibilität verstanden werden. Sämtliche Entwicklungsaufgaben (nach Havighurst)[168] können davon beeinflusst werden – teilweise massiv. Jugendliche, die sich zum Beispiel zu dick fühlen, finden eine Vielzahl von Foren, die die Entwicklung von Magersucht fördern.

Die sexuelle Entwicklung wird durch das leicht verfügbare digitale Material verändert. Formate mit sexuellen Inhalten sollen etwa ein Drittel des gesamten Internetdatenverkehrs ausmachen. Die ausgerufene „Generation Porno" gibt es nicht, wohl aber Kinder, die als Teil ihrer allgemeinen Verwahrlosung auch im digitalen Raum auf sich allein gestellt sind. Der Austausch von Sexvideos mit gewaltsamen, teilweise auch illegalen Inhalten ist schon unter Kindern weit verbreitet, so berichtete Beat Döbeli Honegger („Mehr als Null und Eins", 2016) von einer eigenen Untersuchung.[169]

Die Schonzeit „Kindheit und Jugend", als zivilisatorische Errungenschaft, kann immer weniger geschützt werden. Elektronische Medien verlocken gerade in dieser Phase als exklusiver Raum, als erwachsenenfreie Zone. Durch das Internet werden Altersbeschränkungen häufig unterlaufen, so dass Kinder dadurch mit möglicherweise sehr belastenden Bildern und Inhalten konfrontiert werden, die bereits nach einmaligem Konsum langfristig wirken können. Der Schutzraum wird kleiner, umkämpfter. Das Marketing zielt auf immer jüngere Kinder. Nicht wenige Eltern erlitten vor Gerichten eine Niederlage und mussten Tausende Euro für illegale Musikdownloads ihrer Kinder zahlen. (Eine Geschäftsmodell darauf spezialisierter Anwälte, die sich über „fliegende Gerichtsstände" solche Gerichte aussuchen, wo denen eine Entscheidung zu ihren Gunsten bekannt ist.) Die Gesetzgebung hinkt (inter-)national dem digitalen Zeitalter hinterher. Dies betrifft auch die Besteuerung der digital agierenden Unternehmen. Dadurch wird das Gemeinwesen ausgehöhlt.

Das Hauptgeschäftsmodell für Kinder im Internet ist der Handel mit persönlichen Daten, meist für Marketingzwecke. Der Nutzer, zum Beispiel von „kostenlosen" E-Mail-Providern und von sozialen Foren, handelt mit seinen

---

[168] http://www.spektrum.de/lexikon/psychologie/entwicklungsaufgaben/4174, Zugriff 14.02.2018

[169] https://beat.doebe.li/talks/bak16/index.html, 28.09.2016 50. Bak-Tagung, Zugriff 14.02.2108

Daten. Als möglicher Konsument wird das Nutzerverhalten des Kindes hauptsächlich für individuelle Werbung gesammelt und gehandelt. Pop-ups und automatische Weiterleitungen führen ihn virtuell und personalisiert zu realem Konsum. Wie klebrig die digitale Identität ist, stellen viele zu spät fest.

Kinder argumentieren zu Recht, dass ihr sozialer Anschluss gefährdet sei, wenn sie nicht ausreichend im Internet präsent seien. Aber wie schützt man sie vor „Grooming", „Sexting" und anderen altersinadäquaten Inhalten? Pädagogisch sinnvoll ist ein gemeinsames, dem Alter entsprechendes Aushandeln und die Vermittlung eines verantwortlichen Umgangs mit digitalen Medien, mit Datenschutz, Persönlichkeitsrechten, der Balance von On- und Offlinezeit, unter anderem um den Nachtschlaf zu schützen. Nicht wenige Kinder berichten, dass ihre Eltern sich ständig von den digitalen Medien ablenken lassen. Wie immer lernen Kinder vor allem von Vorbildern. In den Kinderpsychiatrien zeigt sich die häufigste Form der Gefährdung des Kindeswohls, die Vernachlässigung, die sich im digitalen Zeitalter dramatisch zuspitzt. Viele Eltern befassen sich lieber mit ihrem Smartphone und überlassen ihre Kinder den digitalen Medien. Dieses Phänomen tritt in allen gesellschaftlichen Schichten auf.

Als pädagogische Haltung im Umgang mit digitalen Medien wird im Allgemeinen eine gelassene Achtsamkeit empfohlen. Viele Kinder und Jugendlichen nehmen tatsächlich keinen besonderen Schaden, sondern erlernen ein modernes Kulturgut, das in vielerlei Hinsicht bereichert. Die durchschnittliche Nutzungsdauer ist jedoch besorgniserregend, vor allem weil Lernende die elektronischen Medien weitestgehend zur Unterhaltung nutzen. Die E-Medien verdrängen andere Beschäftigungen und lenken vom Lernen ab. Das Nutzerprofil der meisten Kinder und Jugendlichen konzentriert sich in der Regel auf wenige Anwendungen (WhatsApp, Onlinespiele, oberflächliche Recherche etc.). Meist findet kein sonderlicher Kompetenzerwerb statt, sondern eher eine Gewöhnung an ein wenig reflektiertes Gehopse zwischen YouTube, Pop-Ups, wenig Neuem und einigen sozialen Aktivitäten wie Teilnahme an Chats in Foren, die häufig parallel mit Musik etc. konsumiert werden. Der übermäßige Konsum ist verlockend und wird als „time toilet" bezeichnet. Wenn diese Zeit vertrödelt wird, ohne Druck als „unvernutzte Zeit" (Hartmut Rosa), so kann sie als zeitgemäßes Privileg der Kindheit und Jugend gesehen werden. Im „digitalen Hamsterrad" und mit „Facebook-Depression" sind viele Jugendliche jedoch unzufrieden und unsicher. Sie wollen nichts verpassen und versuchen, sich günstig im digitalen Raum zu präsentieren, um in ihrer Peergruppe nicht in eine Außenseiterposition zu kommen.

Elektronische Medien verlocken, Prioritäten zu den eigenen Ungunsten zu verschieben, zum Beispiel durch Schlafentzug. Unsere Gehirne versuchen, sich auf die wichtigsten Reize zu konzentrieren. Im Allgemeinen wird nicht parallel verarbeitet, so dass „Multitasking“ kein Lernziel sein kann. Unternehmen haben begonnen, E-Mail-freie Zeiten einzuführen. Viele Arbeitnehmer sind am Arbeitsplatz privat aktiv und umgekehrt. Der „Präsentismus“ verdrängt den Ruhe- und Privatraum, wenn viele Arbeitnehmer zuhause berufliche E-Mails bearbeiten.

Wie gefährden elektronische Medien die Entwicklung und wen hauptsächlich?

Die Gehirne von Kindern und Jugendlichen sind besonders sensibel und lernfähig. Die neuronale Struktur unserer Gehirne wandelt sich zeitlebens, abhängig von jeder Aktivität und Passivität. Die sensible Phase der primären Reifung des Gehirns dauert bei Frauen bis zum 21. Lebensjahr, bei Männern bis zum 23. Lebensjahr.

Am stärksten belastet sind Kinder, die unkritisch den Bildschirmen überlassen werden. Die klare Empfehlung des Kriminologischen Forschungsinstituts Niedersachsen (KFN) lautet: „Keine Bildschirme in Kinderzimmern“[170]. Diese Empfehlung war zwar ursprünglich auf TV-Geräte bezogen, gilt jedoch genauso für Smartphones, Tablets etc. Das Institut weist auf den eindeutigen Zusammenhang von langer täglicher Konsumdauer mit schlechteren Schulabschlüssen hin. Die durch exzessive Nutzung elektronischer Medien vernachlässigten Kinder erhalten häufig insgesamt wenig Zuwendung von Erwachsenen. Hier kann die beschleunigende Wirkung der elektronischen Medien die größten Schäden anrichten. Aber auch die landläufige mediale Dauerberieselung stört die Konzentrationsfähigkeit, die Regulationsfähigkeit und verdrängt Ruhephasen. Permanent auf neue (mediale) Reize achtende Gehirne werden auf oberflächliche Verarbeitung geschult. Bei der Immersion, dem „Verschmelzen“ zum Beispiel mit einem Strategiespiel, wenn im Flow die Umgebung ausgeblendet wird, wird jedoch auch vertieftes Konzentrieren geübt. Digitale Medien können zur Verbesserung der geübten Formate führen, zum Beispiel wirken sie sich günstig auf das strategische oder räumliche Denken aus.

Die Wirkungen elektronischer Medien können den Übergang vom Kurzzeit- in das Langzeitgedächtnis hemmen oder sogar blockieren. Studien zeigen, dass dieses Vergessen derart zuverlässig ablaufe, dass es therapeutisch nutzbar sei, zum Beispiel um Erlebnisse zu vergessen, die potentiell traumatisieren könnten.[171]

---

170 http://www.biberach.de/aktuelles/presse/pressearchiv2009/pressearchiv-2009-detailansicht/article/keine-bildschirme-in-kinderzimmern.html, Zugriff 10.02.2018

171 S. Kapitel 4.4.6 – Hinweis auf „Tetris“

Psychische Störungen mit besonderem Risiko

Depressive, ausgegrenzte und ängstliche Jugendliche leben ihren Rückzug mitunter im Internet aus, isolieren sich dadurch noch mehr. Foren mit Anleitungen für suizidale oder selbstverletzende Handlungen können gefährlich enthemmen. Manche Erfahrung am Computer kann bereits nach kurzer Zeit intensiv und nachhaltig irritieren. Bildschirme in Kinderzimmern führen zu längerem Medienkonsum. Meta-Analysen von Studien verdeutlichen, dass aggressive Spiele die Aggressivität steigern können. Die Effekte ist jedoch moderat.[172]

> „Insgesamt lässt sich sagen, dass nach bisherigem Forschungsstand – und nach Meinung der Mehrzahl von Medienforschern – Gewaltdarstellungen in Unterhaltungsmedien die Entstehung aggressiver Gedanken, Gefühle und Handlungen begünstigen können. Welche Rolle dieser Effekt für die Entstehung von Gewalt im echten Leben spielt, bleibt allerdings noch unklar“[173].

Der besondere Reiz gehe bei Gewalthandlungen in Computerspielen vom Spannungserleben aus, auch als „suspense“ bezeichnet, bei dem Körper und Psyche aktiviert werden. Allein schon die Gewaltdarstellungen in den Fernsehprogrammen führen dazu, dass Kinder bis zur Volljährigkeit circa 18.000 Morde sehen, mit dem Resultat, dass manche von ihnen dies für den „normalen“ Grund des Sterbens halten.

Circa 10 Prozent vor allem der fünfzehnjährigen Jungen verbringen über sieben Stunden pro Tag am Computer. Mädchen verlieren sich häufiger bei Chats in Foren. Solche Onlineforen überfordern Jugendliche, indem sie eine familiär-freundschaftliche Atmosphäre suggerieren, in der vermeintliche Individualität gesucht wird. Diese besteht häufig daraus, andere in ihrer Offenheit und Präsentation zu überbieten. Kinder sind kognitiv in der Regel nicht in der Lage, die Tragweite zum Beispiel von potentiell schädlichen Fotos, die sie im Internet veröffentlichen, zu überblicken, sind entsprechend als „nicht geschäftsfähig“ einzustufen. Pubertierende in ihrer Identitätssuche sind sehr empfänglich, sich zu exhibitionistischen Handlungen verführen zu lassen, die sie später bereuen. Mit wird der Versand von SMS oder Bildern mit sexuellen Inhalten verstanden. Etwa ein Viertel der Adoleszenten versendet Nacktfotos („Sexting“). Eigentlich unspektakuläres pubertäres Ausprobieren erhält durch die klebrige Identität eine große Wucht, das heißt „Das Internet vergisst nicht!“ Was einmal eingestellt wurde, ist häufig so schnell kopiert, dass eine komplette

---

[172] https://www.news.iastate.edu/news/2010/mar/vvgeffects, Meta-Analyse von Craig Anderson, Iowa State University, Zugriff 14.02.2018

[173] http://www.spektrum.de/news/macht-gewalt-in-unterhaltungsmedien-aggressiv/1360548, Zugriff 10.02.2018

Löschung der Daten unmöglich ist. In sozialen Netzwerken eingestellte Fotos entziehen sich rasch der Kontrolle.

Meinungsbildung erschwert

Elektronische Medien fördern den „Konsumismus". Zielgerichtet dringt man mit allen möglichen Marketingmethoden immer weiter in die Kindheit ein, um schon die Kleinsten zu fleißigen Konsumenten zu verwandeln. Manfred Spitzer betont, dass für die Lobbyarbeit unter anderem „Kaufmäuler" eingesetzt würden. Das können beispielsweise Professoren sein, die wissenschaftliche Untersuchungen so anlegen, dass Unbedenklichkeit bescheinigt werden kann. Ben Goldacre („Die Wissenschaftslüge", 2010) beschreibt, wie systematisch Unternehmen mit solchen Fehlinformationen Störfeuer als Marketingmethode nutzen. Eltern sind mit der Bewertung der massenhaften widersprüchlichen Informationen zumeist überfordert. So kann es dann heißen: „Genaues über mögliche Schädigungen ist ohnehin nicht bekannt. […] So schlimm ist es nicht, […] sonst würde der Staat [dessen Teil wir sind!] einschreiten". Unsicherheit kann zu Bequemlichkeit und Beliebigkeit führen: „Dann sollen die Kinder eben am Fernsehen schauen, am Computer spielen, sonst sind sie ja auch Außenseiter, sonst machen sie es woanders."

Finanzstarke Lobbyisten erwirken liberale Regelungen, zum Beispiel die sogenannte Freiwillige Selbstkontrolle (FSK), die häufig fragwürdige Altersangaben festlegt, Kinder systematisch überfordert. Angesichts des Milliardenmarktes wundert dies kaum. Als Beispiel führt Manfred Spitzer (2015) eine Kampagne in New York an, die Schüler mit Tablets auszustatten. Letztlich konnten diese nicht in der geplanten Form zum Einsatz kommen, weil sie für schädigende Inhalte nicht zu sperren waren.

Wer hat welche Verantwortung?

Medienerziehung ist selbstverständlich immer Teil der Gesamterziehung. Bildungseinrichtungen sind in der Pflicht, der „konzentrierten Zerstreuung" entgegenzuwirken. Hier kann und sollte die Basis für einen kritischen gesellschaftlichen Umgang mit elektronischen Medien entwickelt und kultiviert werden, unter anderem indem Funktelefone nur gezielt didaktisch eingesetzt werden, ansonsten während der Schulzeit ausbleiben. In Steuerungsgruppen unter Beteiligung von Schülern und Eltern kann eine gemeinsame digitale Kultur entwickelt werden. Diese sollte nicht ängstlich sein, sondern die Chancen digitaler Formate nutzen. So können Lernende Wissenswertes so aufbereiten, dass sie selbst zu Anbietern werden und damit ihre didaktischen Fähigkeiten schulen.

Einsatz von Smartphones in der Schule?

Die Nutzung elektronischer Medien ist innerhalb kurzer Zeit zu einem wichtigen Aspekt der Schulkultur geworden. Bis zur Verbreitung der Smartphones wurde die Nutzung von E-Medien an Schulen selbstverständlich reguliert und dosiert. TV und die Computer werden im Unterricht sehr unterschiedlich eingesetzt, weil es kaum wissenschaftlich belastbare Belege gibt, dass sie als Lernmedien pauschal effektiver seien als herkömmlicher Unterricht in seiner Bandbreite. Bei Eltern entsteht häufig der Eindruck, dass Lehrer Filme zeigten, wenn sie es sich leichtmachen wollten. Für viele Lehrbereiche stehen kaum sinnvolle elektronische Formate zur Verfügung. Dies kann eine Einladung für die Lehrer als Fachleute sein, selbst solche Formate mit den Schülern zu produzieren und stets zu verbessern. Begreift man dies als Potential und Chance des digitalen Zeitalters, können Bildung und Didaktik bei gleichzeitiger Kompetenzentwicklung deutlich verbessert werden. Die Hard- und Softwarekomponenten der E-Medien sind – gemessen an den Erfordernissen für effektiven Einsatz im Unterricht – noch stark entwicklungsbedürftig, zum Beispiel die elektronischen Tafeln, die mit kostspieliger Abhängigkeit einhergehen. Lernbar ist manchmal eher Frustrationstoleranz als klassischer Schulstoff.

Mit Massive Open Online Courses (MOOC) wird das Bildungswesen zunehmend digitalisiert. Diese kostenlosen Onlinekurse sind auf Hochschulniveau und erfreuen sich großer Beliebtheit. Das im Hörsaal Präsentierte muss sich an dem messen, was Studierende online an Lernmöglichkeiten zusammenstellen können. Traditionelle Lernmöglichkeiten wie Videos werden dabei mit modernen Kommunikationsmöglichkeiten wie Foren und Onlinelerngruppen kombiniert. In den USA ist die Anwendung von E-Learning-Programmen in den Schulen regional bereits stark verbreitet.

Die Dosierung der E-Medien an Schulen ist komplex diskutierbar:

1. Ändern sich die **Aufgaben von Schulen im „digitalen Zeitalter“**? Wie systematisieren Schulen die Medienpädagogik: zum Beispiel als Blockveranstaltungen zur Sicherstellung gemeinsamer Grundlagen mit anschließendem fächer, lehrer- und schülerabhängigem Einsatz der E-Medien in den einzelnen Lernkontexten? Wo findet man effektiv pädagogisch wertvolle E-Medien-Beiträge? Wer ist an der Schule personell zuständig? Wie kann man die divergierenden Publikationen zum Thema gewichten?

Schulen bewegen sich im dynamischen gesellschaftlichen Umfeld, werden gern mit neuen Forderungen und Tests konfrontiert und sind – gemessen an den Erwartungen an sie – personell chronisch unterversorgt und zeitlich überstrapaziert. Nun könnte argumentiert werden, dass versierte Schüler den

Mangel an Lehrpersonal durch E-Medien-Tutoren ausgleichen und also mit permanent verfügbaren E-Medien effektiver lernen könnten. Es ist fraglich, wie viele Schüler dafür selbstkritisch und kompetent genug sind. Umgekehrt könnte es didaktisch sehr wertvoll sein, wenn Schüler selbst kreative Lernclips produzierten. Beispiele wie der YouTube-Beitrag des Dresdner „Mathe-Rappers" (Jung 2011) als Lernhilfe für die Binomischen Formeln etc. sind zwar öffentlichkeitswirksam, jedoch aktuell noch Ausnahmeerscheinungen. Die Nutzung der E-Medien kann auch selektiv als Belohnung für die Vertiefung bei Schülern genutzt werden, die ein Lernziel bereits erreicht haben, an Vertiefung interessiert sind und ansonsten unterfordert wären.

2. Die klassische Rollenverteilung beim Lernen, das Erwachsene Kinder anleiten, wird bei den E-Medien erweitert. Das digitale Zeitalter unterstützt partnerschaftliches Lernen, wie am Otto-Nagel-Gymnasium in Berlin, wo Lehrer bei den E-Medien auch von Schülern lernten (Janke 2016). Sinnvolle Medienpädagogik kann am besten in enger Kooperation der Eltern mit den Schulen gelingen. Kinder und Jugendliche, die allgemein pädagogisch unterversorgt sind, verlieren sich in den Weiten des Internets, der Computerspiele rascher und intensiver.

3. Schulen haben als Institutionen auch im digitalen Zeitalter eine **pädagogische Leitfunktion** für die Familien, trotz aller Pluralität der Lebensentwürfe und Individualität der privaten pädagogischen Ansätze. Die Mediennutzungszeit pro Tag kann am ehesten in der Schule begrenzt werden. Ein restriktiver Konsum von E-Medien an Schulen schützt somit die pädagogisch auch in anderen Bereichen unterversorgten Kinder am stärksten. E-Medien wirken für diese Kinder häufig wie Enzyme, die als Reaktionsbeschleuniger den Weg zu Vernachlässigung und hinein in einen Abwärtssog ebnen.

4. Wie verändern E-Medien die **Schulkultur,** das schulische Miteinander?

Eine unkritische Freigabe von E-Medien-Nutzung während der Schulzeit als Laissez-faire würde die Notwendigkeit reduzieren, sich an Schulen auseinandersetzen zu müssen, Kompromisse zu finden, Frust auszuhalten, Bedürfnisse aufzuschieben und viele andere wichtige Reifungsaufgaben in der Interaktion zu üben. Die an Schulen miteinander agierenden Kollektive praktizieren und kultivieren trotz aller Heterogenität Gemeinschaft, die weiterhin als ein wichtiger Teil des pädagogischen Auftrages verstanden werden muss. Der klar abgegrenzte schulische Raum ist nicht nur Schutz, sondern ermöglicht auch, Außenseiter im Blick zu behalten. Dies wäre schwieriger, wenn sie sich jederzeit per Email oder Telefonat an einen außerschulischen Kontakt wenden können. (Spitzer beschreibt, dass in Schweden Schüler, wenn sie während des Unterrichts angerufen werden, dafür den Klassenraum verlassen.) Wo, wenn nicht an Schulen können die „Digital Natives", für die der E-Medien-Konsum selbstverständlich und teilweise alternativlos ist, die Vorteile nichtvirtuellen Miteinanders erleben? **Alle Erwachsenen haben solch einen Umgang in ihrer Kindheit und Jugend nicht erlebt, sie konnten mit diesem Erfahrungsschatz in die exklusiven und möglicherweise verwirrenden Räume virtueller Communitys gehen.** Viele Jugendliche ziehen das Telefonieren dem persönlichen Kontakt vor, üben sich daher weniger in den persönlichen Umgangsformen. Jungen ziehen häufig das meist sprachlich äußerst verknappte Simsen dem Telefonieren vor. Verbalisieren ist jedoch ein zentraler Bestandteil der Gefühlsverarbeitung.

Viele Schüler sehen die E-Medien als förderlich für das schulische Miteinander, weil sie zum Beispiel das gegenseitige Helfen bei den Hausaufgaben erleichtern würden. Der didaktische Wert ist dabei unklar.

5. Fertigkeiten, die durch E-Medien gehemmt und gefördert werden

Für die meisten Kinder liegt die Störung durch E-Medien vor allem in der Verdrängung wichtigerer Aktivitäten. Viele Jugendliche verbringen mehr Zeit mit E-Medien als mit schulischen Inhalten und Schlafen. Welche Tätigkeiten werden dadurch im Einzelfall weniger ausgeübt? Oder werden Aktivitäten dadurch erst ermöglicht, zum Beispiel durch die vereinfachte Möglichkeit, sich zu gemeinsamen Aktivitäten wie Sport zu verabreden? Unbestritten wird die kognitive Leistungsfähigkeit durch E-Medien-Hintergrundrauschen und Schlafentzug vermindert. Die psychologisch versierten Programmierer von Onlinespielen wie „World of Warcraft" bemühen sich bewusst, von suchtfördernden Elementen monetär zu profitieren, also von längeren Nutzungs- also Onlinespielzeiten, wodurch andere Aktivitäten verdrängt werden.

Weit verbreitet ist, dass übermäßiger TV-Konsum die Schlafdauer verkürzt, also die Erholungsphasen, in denen das am Tag Erlebte neuronal verarbeitet wird. Jugendliche behaupten jedoch oft vehement, dass sie sich gerade erst durch Abschirmung mit E-Medien erholen könnten, dass dadurch keine Ruhezeiten verdrängt würden.

6. Die „Wächterfunktion des Staates" / Kindeswohlfragen

Bezogen auf das „digitale Zeitalter" ist der Anfang des dritten Jahrtausends eine **Pionierzeit,** die zum Beispiel mit dem Beginn des Eisenbahnzeitalters verglichen wird (Steingart 2012). Wer nicht weiß, welche Gefahren (Betrug, Datenklau, Grooming, Sexting etc.) bestehen, kann Kinder schwer schützen. Schulen können sich nicht auf Konventionen oder Gesetze verlassen, sondern suchen nach Regeln für ein unterreguliertes System. Fast im Wochentakt ist den Nachrichten zu entnehmen, wie zum Beispiel auf rechtlichem Wege versucht wird, bewährte gesellschaftliche Konventionen (wie Datenschutz) trotz der vermeintlichen Grenzenlosigkeit zu wahren. Ohnmacht bezüglich des Einflusses auf im Internet Publiziertes wird darauf zurückgeführt, dass die dazugehörigen Server und Unternehmen im Ausland juristisch nicht greifbar seien. Die finanzielle Macht solcher Konzerne, über Lobbyismus Publikationen und Meinungsführer zu beeinflussen, ist nicht zu unterschätzen.

7. Wirkungen der E-Medien auf kognitive Funktionen und Persönlichkeitsentwicklung

Das Gehirn ist bis zur primären Ausreifung mit circa 22 bis 25 Jahren besonders empfindlich. Bei Erwachsenen dagegen treffen die Einflüsse der E-Medien in der Regel auf die stabile Verarbeitungsstruktur einer reifen Psyche. Sämtliche Entwicklungsaufgaben von Kindern können durch E-Medien (massiv) beeinflusst werden, zum Beispiel Pläne nicht sofort umzusetzen, Anspannung auszuhalten und Bedürfnisse, wie sich mitzuteilen, aufzuschieben. Ein jederzeit verfügbares Handy kultiviert häufiges und unmittelbares Kommunizieren und Handeln. Es ist zum Beispiel zur Kultur bei Verabredungen von Jugendlichen geworden, dass diese kurzfristig noch umorganisiert werden, weil man an anderer Stelle etwas verpassen könnte. Das Handy fungiert sowohl als Hoffnung und Helfer gegen die permanente Sorge, nicht präsent zu sein, und als auch als Manager für das Bedürfnis, möglichst viel in jeden Tag zu packen.

Beim Einsatz der E-Medien ist die Kritik- und Steuerungsfähigkeit der Kinder zu berücksichtigen. Ab welchem Alter können Kinder Geräte nicht nur an, sondern auch wieder ausschalten, also bewusst über eine Abstinenz von E-Medien entscheiden? Am Modell ihrer erwachsenen Bezugspersonen können sie dies häufig kaum lernen. Viele Erwachsene konsumieren E-Medien derart unkritisch, dass Arbeitgeber Regeln oder entsprechende elektronische Sperren eingeführt haben, wie zum Beispiel Zeiten, während derer keine E-Mails beantwortet werden können. Dadurch soll konzentriertes Arbeiten gefördert werden[174].

Bei den meisten Schülern ist nicht davon auszugehen, dass sie die Nutzung eines Multifunktionstelefons am Hauptziel der Schule, dem Wissenserwerb und der Persönlichkeitsreifung, ausrichten.

Pädagogen können sich fragen, ob die Entwicklung einer selbstkritischen Mediennutzung Aufgabe der Schule ist und, wenn ja, wie dies ermöglicht wird. Denkbar sind altersabhängige Regeln und / oder Medientage beziehungsweise situatives Integrieren von E-Medien, wenn sie eine didaktische Bereicherung, und sei es als didaktisch eindrucksvolle Luftnummer, darstellen. Peer-to-Peer-Ansätze mit Supervision durch Lehrer oder Studenten können dabei unterstützend wirken (z. B. „Computerspielschule Leipzig").[175]

---

[174] http://www.spiegel.de/karriere/erreichbar-nach-dienstschluss-massnahmen-der-konzerne-a-954029.html, Zugriff 15.02.2018

[175] Vgl. http://www.computerspielschule-leipzig.de/, Zugriff 15.02.2018

Kinder, die die Kulturtechnik des Schreibens nicht mehr als klassisches Handwerk erlernen, sondern tippen, haben Nachteile beim Spracherwerb. „Das Erkennen von Buchstaben, die durch Schreiben mit einem Stift gelernt wurden, führt zu einer verstärkten Aktivität in motorischen Hirnregionen" (Spitzer 2012). Dieses Beispiel taugt, die Schwierigkeit eines sich über die Evolution langsam adaptierenden Gehirns mit den neuen Inputs zu verstehen. Das Gehirn arbeitet sehr komplex. Einzelne Tätigkeiten wie Schreiben sind mit Aktivierungen in verschiedenen Hirnregionen verbunden. Erinnerungen und Fertigkeiten, die mehrere Sinne betreffen oder mehrere Kanäle befahren, lassen sich besser speichern, verankern und damit auch abrufen; eine Tatsache, die Pädagogen lange bekannt ist. Menschen können ihre Gedächtnisleistung eindrucksvoll steigern, indem sie Einzelfakten kognitiv mit Orten verbinden, die sie gesehen haben, mit denen sie einen Spaziergang verbinden, vielleicht einen Geruch, ein Lachen. Wichtig ist, das Gehirn nicht als „Festplatte" abzuqualifizieren, sondern als selbstständig sendendes Organ, das nicht vorwiegend empfängt und speichert. Wenn man berücksichtigt, dass 99 Prozent unserer Wahrnehmungen nicht bewusst verarbeitet werden, kann mediales Dauerrauschen als potentiell schädliche Lernerfahrung verstanden werden. Eine wichtige Aufgabe der Medienpädagogik könnte sein, die Schüler in „Stresstests" ihre unterschiedliche Leistungsfähigkeit und Störbarkeit erfahrbar zu machen. Wer würde sich freiwillig bei einer schweren Klausur Kopfhörer mit lauter Beschallung aufsetzen?

„Multitasking", als vielgepriesene geteilte Aufmerksamkeit, entspricht nicht der neuronalen Verarbeitungsform, die nacheinander, nicht parallel prozessiert. Häufiges Multitasking kann diesen kognitiven Modus zwar trainieren und beschleunigen, führt jedoch zu einer oberflächlicheren Bearbeitung. Obwohl dieser Modus im digitalen Zeitalter seine Berechtigung hat, kann ein ständiges Multitasking kein Lernziel sein. In der Praxis erlebt man dann, dass auf dem Bildschirm immer möglichst viele Fenster geöffnet sind und eventuell noch gleichzeitig der Fernseher und Musik laufen. Dies ist eine Reizüberflutung, die als „Summe von Hintergrundrauschen" das Gehirn genau dies lernen lässt: rauschen.

Der Konsum – vor allem emotionaler – Inhalte von E-Medien unmittelbar nach einer Lerneinheit kann den Übergang vom Kurzzeit- in das Langzeitgedächtnis hemmen oder sogar blockieren.

Die meisten Lehrer beklagen, dass sie heute wesentlich mehr Energie benötigen, eine halbwegs ruhige Lernatmosphäre in den Klassen immer wieder neu herzustellen. Wie die meisten Verhaltensweisen ist auch die beklagte Unruhe komplex bedingt. Der Leipziger Philosoph Christoph Türcke (2012) plädiert dafür, die vertiefte Konzentrationsfähigkeit als kulturelles Gut zu erhalten beziehungsweise wieder mehr zu fördern. Wo, wenn nicht an Schulen, kann neben dem lustbetonten „Textgehoppel" (Nicolas Carr) die vertiefte Einlassung auf Lerninhalte gefordert und gefördert werden?

8. Führt die Verfügbarkeit von Minicomputern wie Smartphones zu effektiverem Lernen?

Die Möglichkeiten der individuellen Lernförderung durch entsprechende Computerprogramme sind von der Idee her vielversprechend. Da Lernen vor allem das treffgenaue Andocken an vorhandenes Wissen bedeutet, setzt die Bearbeitung der heute verfügbaren Lernprogramme eine gute Lernmotivation voraus und die Fähigkeit, den eigenen Wissensstand korrekt und ehrlich einzuschätzen.

Wichtiger als E-Medien: Die wichtigsten Wirkfaktoren der Bildung verbessern

Es ist angesichts der Vielzahl von Publikationen dringend erforderlich, Pädagogen klare Hinweise zum Einsatz von E-Medien und digitalen Formaten anzubieten. Das deutsche Bildungswesen hat jedoch derartig riesige Defizite, dass häufig die Basis fehlt, sich mit solchen wichtigen Innovationen effektiv zu befassen. Den meisten Bildungseinrichtungen mangelt es an sächlichen und personellen Ressourcen und sind täglich bemüht, mit dieser Basis die hohe gesellschaftliche Erwartungshaltung zu bedienen oder zu erfüllen. In dieser Mangelverwaltung gelingt die Konzentration auf das Gelingende, die positive Verstärkung im Sinne von „Wertschätzungsketten" (Kahle) nur teilweise. Der Mangel lässt zudem die Frage nach der Qualität einzelner Pädagogen in den Hintergrund treten.

Vielerorts wird dennoch das Beste aus dieser Ausgangslage herausgeholt. Mit der Digitalisierung der Schulen kann sich die Rolle der Lehrer ändern. Sie können sich ihrer Kernkompetenz widmen, der Didaktik. Als Lehr-Manager können sie für die heterogenen Kompetenzprofile der Schüler die passende individuelle Unterstützung koordinieren und sichtbare Lernschwierigkeiten ausgleichen.

6.3 Die sexuelle Entwicklung

Die gesellschaftliche Debatte über eine fragliche „Sexualisierung" der Kindheit und Jugend steht repräsentativ für die Art, wie Kindheit, Jugend und Bildung gesellschaftlich immer wieder kurz unsachlich einseitig diskutiert werden. Durch die frühe Verfügbarkeit von Informationen und weil relativ unreguliert versucht wird, dass schon Kinder Kaufinteressen entwickeln, wird die Kindheit immer kürzer und die Jugend länger. Zum Beispiel werden Kinder in

Werbungen teilweise wie kleine Erwachsene dargestellt. Als Folge der Lebensbedingungen in den industrialisierten Ländern tritt die „Geschlechtsreife" (lat. *pubertas)* früher ein. Dadurch vergrößert sich die Entwicklungslücke zwischen körperlicher und geistiger Reifung. Manche Beiträge von Erwachsenen zur Sexualität Jugendlicher sind undurchdacht. „Die Wucht des Katastrophismus" vieler Erwachsener (Heidenreich / Herrmann 2014) erschwert sinnvolle Debatten. Erwachsene missverstehen Kinder häufig als asexuelle Personen, die dann ganz plötzlich – und dadurch vermeintlich dramatisch – von Sexualität und sprachlosen Eltern überfordert werden könnten. Sexuelle Handlungen von Kindern werden häufig missverstanden, wenn sie nicht aus der Perspektive der Kinder, in ihrer Entwicklungsphase, mit ihren Umwelterfahrungen, gedacht werden, sondern als wären die Kinder kleine Erwachsene, als hätten kleine Erwachsene, vollverantwortliche Personen, diese sexuellen Handlungen durchgeführt.

> „Die zyklisch auftretenden Diskussionen über jugendsexuelle Katastrophen spiegeln eher Ängste der Erwachsenen als reale Verhältnisse bei den Jugendlichen wider […]. Die Angst vor den Folgen der Onanie und die Kampagnen gegen Masturbation im 18. Jahrhundert sind Vorläufer aller moralischen Paniken der Jugendsexualität" (Matthiesen[176] zit. nach Heidenreich / Herrmann).

Wie schon seit Jahrtausenden beklagt, sei die Jugend schlimm und schlechter als „früher".[177]

Der Pädagoge Uwe Sielert kritisiert die fehlende Standardisierung im schulischen Kontext. „Lesen, Schreiben, Rechnen werden rauf und runter getestet – die sexuelle Bildung interessiert nicht." Das Angebot an guter Sexualpädagogik sei „ausgesprochen dürftig […]. Die Schäden einer unzureichenden sexuellen Bildung werden nicht sofort offenbar, sie verstecken sich in persönlicher Unzufriedenheit mit dem Lebenslauf, privaten Identitätskrisen, gescheiterten Beziehungen, sexueller Gewalt und Depressionen" (Sielert / Otto 2014). Der Biologielehrer und Referent für Sexualerziehung Christian Scheidt schreibt:

> „Bei keinem Thema herrscht unter Lehrern so viel Unsicherheit wie bei der Sexualaufklärung – erst recht, wenn es um Pornographie geht […]. Häufig […] kämen die Lehrer mit dem Vorurteil zu ihm: ‚Die Jugend ist total versaut, wir müssen etwas dagegen tun, Sexualpädagogen fordern […], Schülern müsse eine „Pornokompetenz" vermittelt werden, damit sie all die Bilder, die aus der virtuellen Welt auf sie einströme, verkraften könnten.' Nur 10 Prozent der Lehrer fühlten sich selbst ausreichend ausgebildet" (Zeibig / Sievert 2015).

---

176 Silja Matthiesen, Institut für Sexualforschung des Universitätsklinikums Hamburg-Eppendorf

177 „Früher war alles früher", mehr nicht, so der Kabarettist Jochen Malmsheimer. „Heute sind die guten alten Zeiten von Morgen", brachte es Karl Valentin treffend auf den Punkt.

Sexualpädagogik sei an den Universitäten ein Randthema. Wenn das leicht verfügbare „explizite Material" nicht an Schulen behandelt werde, dann überlasse man die „Aufklärung" der Pornoindustrie. Der Hamburger Lehrerin Meike Ludzay sei es „wichtig, dass wir die Jugendlichen nicht so übersexualisieren" (zit. nach Zeibig / Sievert 2015). Schon im Kindergarten solle mit altersgerechten Angeboten begonnen werden. Dabei gehe es unter anderem um Schutz. Der Forscher Ulrich Klocke plädiert: „Kindern soziale Vielfalt als etwas Selbstverständliches nahezubringen ist einfacher, als Vorurteile bei Jugendlichen abzubauen" (zit. nach Zeibig / Sievert 2015, 18).

Manche Lehrer versuchen den Mangel an Sexualkundeunterricht mit externen Angeboten zu kompensieren, zum Beispiel bei pro familia (Otto / Schoener 2014). Angesichts der vielen Aufgaben von Lehrern scheint dies sinnvoll. An einem externen Ort kann vielleicht offener gesprochen werden. Sexualität zu vermitteln ist ein intimes Thema. Scham bei Pädagogen und Lernenden kann eine effektive Bearbeitung ausbremsen. Jungen und Mädchen sollten bei solchen Angeboten teilweise getrennt voneinander Angebote erhalten. Jugendliche und Pädagogen sollten wissen, dass die meisten sexuellen Übergriffe von Vertrauten, innerhalb der Peergruppe (Bühring 2015) oder in der Verwandtschaft erfolgen.

Wissenschaftlich wird mehr über auffälliges Verhalten berichtet als die Masse des Gewöhnlichen. Der einzelnen Familie bleibt somit nichts anderes übrig, als selbst aktiv zu werden. Im besten Fall erinnern sich Eltern, wie es ihnen in der Pubertät ging, mit wem sie über sexuelle Themen gesprochen hatten. „Die Angst ist groß, das Problem ist klein [...]. Scheinbar lässt die Sexualität Heranwachsender die Öffentlichkeit zuverlässig verkrampfen" (Heidenreich / Herrmann 2014).

Die Unsicherheit der Eltern von „Digital Natives", von Kindern, die sich ein Leben vor dem Zeitalter elektronischer Medien nicht mehr vorstellen können, ist nachvollziehbar. „Grooming" und „Sexting" sind nur zwei von diversen modernen Gefahren. Grooming ist die Anbahnung von sexuellen Kontakten mit Kindern, zum Beispiel in sozialen Foren. Dabei geben sich Erwachsene als etwa gleichaltrig aus und stellen Geschenke oder anderes in Aussicht, wenn die Kinder sich mit ihnen treffen. Sexting ist das Versenden von Bildmaterial aus dem Intimbereich. Kinder und Jugendliche sind sich der Folgen, der klebrigen Identität im Internet, nicht bewusst; Erwachsene jedoch häufig auch nicht, oder sie können exhibitionistische Wünsche schwer kontrollieren.

Die elektronischen Medien erleichtern den Konsum pornographischen Materials erheblich. Sexuelle Inhalte machen wenigstens ein Drittel des Internetdatenverkehrs aus (Gaddam / Ogas 2011). Die Sexualität Erwachsener ist im digitalen Zeitalter ebenfalls im Wandel. Obwohl „90 Prozent der 16-jährigen [Jungen…] Erfahrungen mit Pornofilmen gemacht" hätten, seien die Auswirkungen weniger gravierend als häufig vermutet (Steinberger 2014). Die meisten Jugendlichen können gut zwischen dieser Form von Sexualität und ihrem persönlichen Sexualleben unterscheiden. Viele Eltern versäumen es, den Zugang zu altersinadäquaten Internetinhalten zu erschweren. Der Sexualtherapeut Christoph Ahlers hält die zugangsunbeschränkte Internetpornographie für einen „globalen Feldversuch" mit offenem Ausgang (zit. nach Steinberger 2014). Das Alter des ersten Geschlechtsverkehrs ist seit Jahren konstant (Heidenreich / Herrmann 2014). Andere Autoren warnen, „dass Jugendliche pornografische Inhalte umso mehr für realistisch halten, je öfter sie solche Inhalte sehen. Jugendlicher Pornographiekonsum erwies sich zudem als eindeutiger Prädiktor für Einstellungen, die Sexualität von jedem Beziehungskontext trennen und Frauen als Sexualobjekte betrachten" (Freitag 2012).[178] Die Genitalien der Pornodarsteller würden als vorbildlich angesehen.

> „Pornografie macht mich unglücklich mit meinem Körper [,…] Pornografie ist kein Konsummittel wie Schokolade und Alkohol, sondern hat immer eine ethische Dimension, weil es dabei um Menschen geht, denen vielfach schwerste körperliche und seelische Schäden zugefügt werden […]. Die bisher in der Auseinandersetzung mit Pornografie vernachlässigte Frage nach der Würde jedes Menschen muss eine zentrale Rolle einnehmen, wenn wir als Erwachsene den Anspruch aufrechterhalten wollen, einer nachfolgenden Generation, die pornografischen Inhalten massenhaft ausgesetzt ist, hilfreiche Begleiter zu sein" (Freitag 2012).

Der Theologe Peter Dabrock fordert: „Wir müssen vor allem die Mädchen stärken und ihnen sagen: Ihr müsst nicht mitmachen, was ihr aus Pornos kennt!" (zit. nach Fallet / Ott 2015, 24). Als hilfreich dafür habe sich „Peer-Education" erwiesen. Dabei beraten Mädchen andere Mädchen (Bühring 2009).[179]

Am gesellschaftlichen Umgang mit Prostitution zeigt sich für Heranwachsende, wie nachlässig Menschenrechte in zentralen Fragen vernachlässigt werden. In zentralen Fragen des Umgangs mit sexuellen Trieben muss die gelebte gesellschaftliche Praxis also für Heranwachsende dubios bleiben.

Zu den wichtigsten Entwicklungsaufgaben der Lernenden gehört, ihre natürliche, sich lebhaft entwickelnde Sexualität in ihre Identität zu integrieren. Für die meisten verläuft dies recht unspektakulär. Aktuelle wissenschaftliche Befunde gehen davon aus, dass die sexuelle Orientierung schon früh determiniert

---

178 Die Psychotherapeutin Tabea Freitag verweist auf große Längsschnittuntersuchungen in den Niederlanden 2006–2010 (Freitag T 2014).

179 Dort wird verwiesen auf „sexualpädagogische Mädchenarbeit". BZgA, Reihe: Forschung und Praxis der Sexualaufklärung und Familienplanung, Band 17.

sei, weitestgehend biologisch angelegt sei (als „Skripte“ oder „Landkarten“). Die Veränderungen in Zusammenhang mit der Pubertät verunsichern. Viele Schüler versuchen, dabei nicht besonders aufzufallen, zum Mainstream zu gehören.

Gruppen definieren und stärken sich häufig durch Ausgrenzung.

> „Homosexuelle Jugendliche [sind] zu 30 Prozent häufiger von Mobbing betroffen als andere Jugendliche [...]. Je mehr Jugendliche über das Leben von lesbischen, schwulen, bisexuellen, trans- und intersexuellen Menschen (LSBTI) wüssten, desto eher könne ein demokratisches Bewusstsein geschult und Homophobie entgegengewirkt werden [...]. Das Thema komme bislang in den Schulbüchern nicht vor, werde im Unterricht kaum angesprochen“ (Bühring 2008).

Nur wenige Lehrkräfte würden bei homophobem Verhalten von Schülern intervenieren (ebenda). Schule sei der Ort,

> „an dem Schülerinnen und Schüler die Gelegenheit bekommen müssen, Stereotype, Vorurteile und Ressentiments zu überdenken [...]. Einer Phase, in der sie vielfachen Klischees, Erwartungen und Rollenzwängen ausgesetzt sind. Es ist ureigene Aufgabe von Fürsorge- und Bildungseinrichtungen, Schülerinnen und Schüler Akzeptanz zu vermitteln“ (Lüders 2014).

Hans-Jürgen Voß, der an der Hochschule Merseburg über sexuelle Bildung forscht, fordert „an jeder Schule einen Ansprechpartner für Sexualkultur [,...] etwa für Fälle sexueller Gewalt [,] aber auch für Sexualpädagogik [...]. Sexualität muss ein Querschnittsthema werden und nicht nur in Biologie behandelt werden“ (zit. nach Preuß 2014).

Wegen der Omnipräsenz von Sexualität im medialen Alltag wird das Wissen der Jugendlichen diesbezüglich häufig überschätzt. Der Wissensstand zum Beispiel über sexuell übertragbare Erkrankungen wurde wiederholt als nicht ausreichend ermittelt. Neben der sozialen Benachteiligung trügen „Anwendungsfehler bei Kondom und Pille sind eine unerwartet häufige Ursache“ von Teenagerschwangerschaften (Schmidt 2006).

6.4 Eltern – engagiert, verunsichert, überengagiert, vernachlässigend

In Zusammenhang mit den aktuellen Eckpunkten im Bildungswesen wurde im zweiten Kapitel bereits auf die diffusen Ängste in Familien und auf den (subjektiven) Leistungsdruck hingewiesen. Die Bedeutung der Eltern für die Stabilität der Kinder ist eigentlich selbstverständlich. Eigentlich.

Viele Pädagogen sind mit den Eltern unzufrieden. Man kann dies als Umleitung der auf den Pädagogen lastenden Erwartungen verstehen. Die Befragung

„Hindernis Herkunft“[180] hat die Haltung vieler Pädagogen dargestellt, wie man sie häufig antrifft und publiziert findet. Eine große Mehrheit beklagt „mangelndes Interesse“ der Eltern, eine mangelhafte Vorbildfunktion und „mangelnde Erziehung“. Dazu interviewt, fordert Hurrelmann „Man muss die Kinder deshalb so früh wie möglich außerhalb des Elternhauses unterstützen“ (zit. nach Preuß 2013). Bezeichnend ist, dass diese Befragung gleichzeitig auch sehr engagierte Eltern als schwierig beschreibt. „Nicht jeder Lehrer ist indes von mehr Interesse der Eltern begeistert [...]. Fast zwei Drittel von ihnen gaben an, dass Eltern mehr Einfluss nehmen wollen, vor allem an Grundschulen. Den meisten Lehrern bereitet das Schwierigkeiten. Zu viel Interesse ist dann offenbar doch lästig“ (ebenda). Wenn auch vorsichtig, so ist der Unterton in Drägers „Dichter, Denker, Schulversager“ (2013) ebenfalls, dass ein beträchtlicher Teil der Eltern mehr Verantwortung vor allem an die Ganztagsschulen abgebe. Es wird jedoch ebenso diskutiert, ob sich das Verhältnis von Einsatzbereitschaft und Forderungshaltung über die Generation von Pädagogen verändert hat.

Wissenschaftlich belegt wurde diese selbstverständliche Bedeutung familiären Zusammenhalts und des ausreichend harmonischen Miteinanders immer wieder. Die letzten Shell-Jugendstudien haben einheitlich festgestellt, dass sich die 12- bis 25-Jährigen ein wirkliches Glück nur mit Familie vorstellen könnten. Ein Großteil gab an, dass sie selbst ihre Kinder so erziehen wollten, wie sie selbst erzogen worden seien. Das Wissen um die Bedeutung familiären Zusammenhalts zeigte sich in Studien immer wieder, so auch in der 17. Shell-Jugendstudie von 2015, wo „Freundschaft, Partnerschaft und Familie“ bei den Werte erneut an erster Stelle stand[181].

Elternschaft ändert sich ständig. Die Minimalforderungen am Anfang des dritten Jahrtausends werden gesellschaftlich intensiver diskutiert als je zuvor. In Deutschland, das international nicht umsonst für seine vielen Regularien bekannt ist, verkaufen sich Erziehungsratgeber international agierenden Publizisten wie von Jesper Juul am besten. Viele Eltern suchen nach stetiger Optimierung oder Bestätigung. Der Chef des Deutschen Jugendinstituts Rauschenbach empfiehlt mehr Gelassenheit:

> „Eltern befinden sich heute in einer Situation geringerer Unschuld. Früher hat man sich um das Elternsein nicht so einen Kopf gemacht. Heute bedeutet es, mit einer Flut an Erwartungen konfrontiert zu sein. Dadurch entstehen Zweifel, Versagensängste, Erzie-

---

180 https://www.vodafone-stiftung.de/uploads/tx_newsjson/81160_allensbach_web_korr.pdf, Zugriff 15.02.2108

181 https://www.shell.de/ueber-uns/die-shell-jugendstudie/werte-der-jugend.html, Zugriff 15.02.2018

> hungsunsicherheit. Inzwischen gibt es einen fast unüberschaubaren Markt an pädagogischen Angeboten. Junge Menschen kommen daher auch gar nicht mehr ins Erwachsenenalter ohne dutzende von pädagogischen Fachkräften um sich zu haben. Das macht erziehende Eltern unsicher. Im Alltag erleben sie sich plötzlich als Laien im Vergleich zu den vielen Experten um sich herum. Das erhöht bei Müttern und Vätern die Sorge, sich zu blamieren" (Rauschenbach 2013).

Eltern prägen in ihrer Rolle als erste Lehrer im Leben ihrer Kinder die „inneren Arbeitsmodelle", die Erwartungshaltung von Kindern an die folgenden Interaktionen mit Erwachsenen. Im wünschenswerten Fall einer „ausreichend guten"[182] Elternschaft erfahren Kinder „Wurzeln und Flügel"[183], also Geborgenheit, Halt und ausreichend Zutrauen für ihre Exploration. Menschen sind im Vergleich zu anderen Säugertieren nach der Geburt lange abhängig, sie lernen von Anfang an und vergleichsweise lang bis zur Entfaltung ihres Potentials. Die meisten Säuglinge dürfen sich zunächst als Einheit mit ihrer Mutter erleben und dort über „positive Gegenseitigkeit".[184] Bindungssicherheit prägend erfahren, als „sicherer Hafen"[185] ihres Explorationsverhaltens.

Erziehung wirkt größtenteils durch Lernen am Modell wichtiger Bezugspersonen. Kinder orientieren sich an der gelebten Kultur der Familie. Sie nehmen fein wahr, wenn Eltern versuchen, eine gelassene Grundatmosphäre zu vermitteln, sich selbst jedoch sehr in die Pflicht nehmen, stets leistungsorientiert wirken. Kinder spüren, inwieweit die Familie ein eigenes Wertesystem hat, welche gesellschaftlichen Konventionen wie Noten, gewonnene Wettbewerbe, Wertungen für das familiäre Miteinander relevant werden. Sie spüren, ob Eltern selbstsicher einen Schutzraum bieten, Kindern Zuversicht vermitteln können, dass man als Familie Herausforderungen gemeinsam angeht.

Gesellschaftliche Bildung findet zunächst im nahen sozialen Umfeld, in Familien statt und hat dort ihre Basis, auch wenn professionelle Institutionen (wie Kindergärten oder Schulen) maßgeblich beteiligt sind. Die Leiterin des Wissenschaftszentrums Berlin für Sozialforschung Allmendinger beschreibt, wie maßgeblich der **„Bildungshabitus"** (Allmendinger / Leibfried 2002) für die Entwicklung der Kinder sei, als Gesamtheit der heimischen tradierten Bildungserfahrungen. Die familiäre Haltung diene „als Referenz- und Orientierungsrahmen im Denken" (Liessmann 2014, 92).

> „Bestimmte Faktoren [beeinflussen] die Lernbereitschaft einer Person, insbesondere eines Kindes [...] *der wichtigste Faktor ist das Ansehen, das Lernen in der Schule, bei den*

182 Donald Winnicott

183 JW v. Goethe

184 Hanus und Metchhild Papoušek

185 John Bowlby

> *Eltern und der weiteren Familie (Geschwister, Großeltern, Onkel, Tanten) genießt* bzw. die Art [,] wie diese selbst mit Lernen und Bildung umgehen. Kinder erfahren von früher Jugend an durch ihre Familie, ob Lernen, zur Schule gehen, sich anstrengen, fleißig und strebsam und zugleich kooperativ zu sein, etwas Schönes oder etwas Negatives ist“ (Roth G 2011, 178f.).

Maßgeblich sind die Förderung von Sekundärtugenden wie Fleiß, Anstrengungsbereitschaft und ein vertrauensvolles Kooperieren mit Erwachsenen, zum Beispiel um zu sehen, ob der Schulstoff verstanden wurde.

> „Die Fähigkeit von Vorschulkindern, einer Versuchung zu widerstehen, ist ein viel besserer Indikator für späteren schulischen Erfolg, als ihre IQ-Werte. […] Bei einer Studie mit Achtklässlern war die Korrelation der Fähigkeit […] sich zu beherrschen, mit den schulischen Ergebnissen doppelt so hoch wie die ihrer Werte bei IQ-Tests“ (Amondt/Wang 2012, 152).

Alle diesen Erfahrungen mit Lernen, Misserfolgen, gemeinsamer Freude am Erreichten prägen das Explorationsverhalten, die Lust, über sich hinauszuwachsen.

Der Hinweis, dass man sich wahlweise seine Eltern beziehungsweise seine Kinder nicht vorsichtig genug aussuchen kann, wird verschiedenen Autoren zugeschrieben. Gern werden Eltern in Zusammenhang mit Bildung als Problemgruppe dargestellt. Nach Rousseau hätten „viele Kinder schwer erziehbare Eltern“. Eltern-Bashing ist verbreitet, nicht nur in Kreisen genervter professioneller Pädagogen. So klagen „18 Prozent der Kinder von berufstätigen Eltern […] über die unzureichende Zuwendung von Mutter und Vater“ (Hurrelmann/Timm 2011, 110). Wer hätte 1960 oder zuvor solche Fragen an Jugendliche gestellt? Führen derartige Fragen an Jugendliche zu einem defizitorientierten Blick, zum Beispiel nicht auf die durch solche Freiräume entstehenden Möglichkeiten zu schauen? Verstehen Jugendliche, dass sie im Vergleich zu Jugendlichen aus anderen Ländern privilegiert leben, wenn sie nicht mit ihren Eltern zusammen für den Grunderwerb arbeiten müssen, sondern zur Schule gehen? „Viel problematischer ist die Situation in der Einschätzung der Kinder bei Alleinerziehenden, die berufstätig sind. Hier schnellt der Wert der Unzufriedenheit auf 30 Prozent in die Höhe.“ Dies werde noch übertroffen von der Situation, wenn die Eltern arbeitslos seien. „Diese Kinder sind am wenigsten zufrieden mit der Zuwendung ihrer Eltern. 32 Prozent […] äußern Enttäuschung und Kritik“ (Hurrelmann/Timm 2011, 110). Viele Eltern durften selbst kaum Fürsorge genießen. Manchmal fehlt ihnen der gesellschaftliche Anschluss, auch bei der Erziehung.

Besonders belastend für Kinder ist meist die Trennung der Eltern. Wenn zwischen den Eltern keine Ruhe einkehrt, manchmal die Kinder als Streitmasse misshandelt werden, steigt die Wahrscheinlichkeit einer psychischen Erkrankung stark. Laut Statistischem Bundesamt lebten 2010 17 Prozent der

Kinder mit nur einem Elternteil. Weitere Belastungsfaktoren, die ähnlich in der KIGGS-Studie des Robert-Koch-Instituts und dem LBS-Kinderbarometer 2007 dargestellt worden sind, seien häufige familiäre Konflikte, stark verwickelte oder emotional distanzierte familiäre Beziehungen, schwere körperliche und psychische Erkrankungen der Eltern, eine soziale Isolation der Familie, ein niedriger sozioökonomischer Status, Arbeitslosigkeit, häufige Umzüge und geringe elterliche Kontrolle.

Im Laufe der letzten Jahrzehnte sind gesellschaftlich immer mehr Anforderungen an Eltern hinzugekommen. Die Masse an Informationen, wie man *gut* erziehen sollte, kann verwirren. Wer sozial nicht gut eingebunden ist, vielleicht selbst in einer schwierigen Lebenssituation steckt (wie Trennung oder Arbeitslosigkeit), kann sich unsicher und orientierungslos fühlen. Viele Eltern setzen sich unter einen Druck, (wenigstens) alles für ihre Kinder zu optimieren („Projekt Kinder" mit „Treibhauserziehung"). Die Psychologin Hagemeyer sieht die Gefahr des Projektes „‚Glückliches Kind' [darin], dass das Kind nicht mehr die Möglichkeit […] habe, unbeschwert traurig zu sein. Alle Emotionen, die wir Menschen mit auf die Welt bringen, sind wichtig und wertvoll für unsere Persönlichkeit. Wirklich hilfreiche Eltern sind diejenigen, die das Kind anerkennen, so wie es ist" (Hagemeyer 2013). „Helikoptereltern" kreisen bei diesen Bemühungen ständig über ihren Kindern und verbreiten dabei Unruhe. Hinter diesen Bemühungen wird „Statuspanik" vermutet, die Befürchtung, dass die Familie mit den Kindern sozial abrutscht, wenn Bildungsabschlüsse nicht erreicht werden. Elternschaft steht vor dieser neuen Herausforderung, Unruhe und Sorgen aushalten zu müssen, ohne sie (direkt) an die Kinder weiterzureichen.[186]

> „Wird das Kind dagegen überwiegend kühl-intellektuell gefordert und muss verfrüht ein ‚vernünftiges' Verhalten zeigen, treten diese kindhaft-unbefangenen Erlebnisfähigkeiten in den Hintergrund und es bildet sich ein ‚innerer Manager' aus, der zwar in seinen sozialen Rollen gut funktioniert, aber dessen inneres Erleben zu verkümmern droht" (Roediger 2011, 193).

Andere Eltern belasten Kinder durch *Parentifizierung,* also eine Rollenumkehr, die die Kinder quasi zu Eltern *(parents)* macht. Dabei werden Kinder als gleichberechtigte kleine Erwachsene verkannt. Für dieses Phänomen gibt es einige Gründe. Manche halten Disharmonie als Teil des (pädagogischen) Alltags schwer aus. Manche suchen – in Ermangelung an Alternativen – mit ihren Kindern einen freundschaftlichen Austausch.

---

186 Gleich zwei jüngere Publikationen führen die „entspannten Eltern" im (Unter-)Titel: „Entspannte Eltern, starke Kinder" (Spiegel Wissen Nr. 1, 2014) und „Glückliche Kinder" mit „Entspannte Eltern haben starke Kinder" auf dem Rückumschlag (Werner Bartens 2013).

Daneben gibt ein Großteil der Eltern ihren Kindern geschickt und herzlich Halt und Orientierung in modernen Familien, die sich dem Wandel recht gelassen stellen. Sie taugen nicht für Katastrophenmeldungen. Aber auch sie sind für Schulen eine Herausforderung. Manche von ihnen wollen mitreden, wollen Schule verstehen. Sie spüren, dass sie für ihre Kinder nur glaubwürdig sein können, wenn sie schulische Anforderungen nicht erzwingen. Häufig klagen Lehrkräfte über zu geringes Interesse oder Zeitmangel von Eltern, zum Beispiel an Elternabenden teilzunehmen. Andere beklagen zu viel elterliche Einmischung. Das Miteinander von Eltern und professionellen Pädagogen sollte im Konzept jeder pädagogischen Einrichtung beschrieben werden. Nicht wenige Pädagogen haben hinsichtlich der Elternarbeit resigniert, nachdem sie mehrfach respektlos und unfair behandelt wurden. Pädagogen werden für diese Auseinandersetzung kaum geschult.

Die psychische Gesundheit von Kindern und Jugendlichen ist jedenfalls maßgeblich davon abhängig, wie es ihren Eltern geht, wie es den Kindern mit den Eltern geht.[187] Schlecht geht es Kindern häufig, wenn sie im Streit mit ihren Eltern leben, wenn ihre Eltern sich streiten oder trennen, wenn die Eltern allein erziehen oder wenn die Eltern psychisch krank sind.

Ein Präventionsmitarbeiter der Polizei berichtete, dass er bei Vernehmungen nach Gewalttaten nicht selten von den Opfern gehört habe, diese hätten sich zuvor an ihre Väter gewandt. Die Väter hätten sie jedoch nicht beschützt oder beraten, sondern beschimpft und ihnen Vorwürfe gemacht, warum sie sich nicht gewehrt hätten. Solche Reaktionen lassen Kinder verstummen, treiben sie in den Rückzug und machen einsam, ratlos.

6.4.1 Psychisch kranke Eltern

Durch psychische Erkrankungen von Eltern können ganz unterschiedliche Konstellationen entstehen. Dies betrifft circa drei Millionen Kinder in Deutschland. Meistens ist damit verbunden, dass die Eltern den Kindern in Krankheitsphasen weniger Aufmerksamkeit und Halt geben können, als sie gern würden. Häufig müssen die Kinder viel Eigenverantwortung übernehmen. Kinder werden entwicklungspsychologisch heute von Geburt an als „sozial kompetent“ angesehen. Sie pflegen den Ast, auf dem sie sitzen, den Stamm, an dem sie reifen. Sind Eltern zum Beispiel depressiv, versuchen Kinder, sie aufzuhellen. Häufig suchen Kinder dann bei sich die Schuld, um etwas verändern zu können, das

187 U. a. objektiviert durch die Bella-Studie, 2003–2007 des KiGGS (Kinder- und Jugendgesundheitssurvey) des Robert-Koch-Instituts.

erkrankte Elternteil aufzumuntern; als hätten sie sich mit deren Schuldgefühlen, die häufig als Symptom depressiver Krankheiten auftreten, angesteckt. Eines der Hauptsymptome der Depression, die Freud- und Interesselosigkeit, bedeutet jedoch gerade, dass diese kindlichen Bemühungen nicht fruchten. In der diffusen Ohnmacht, der Sorge um die Mutter oder den Vater, wollen sie, dass „alles gut wird", wollen helfen.

Laut der Selbsthilfeorganisation Nacoa lebe jedes fünfte bis sechste Kind in einem Suchthaushalt. Dort müssen Kinder häufig mit fehlender Zuwendung und Angst leben. Dabei kommt es nicht nur zu psychischen Einschränkungen der Eltern durch den Suchtstoff, meistens Alkohol. Scham, Fremdscham, Vertuschung, Lügen, Konflikte führen zu einer sehr belastenden Mischung, in der Kinder meist angespannt sind. Sie tarieren ständig aus, in welchem Zustand sie ihre Eltern vorfinden, sind stets angespannt, vorsichtig. Eigene Bedürfnisse müssen sie dadurch vernachlässigen. Laut Nacoa, einer Organisation, die sich für Kinder aus Suchtfamilien einsetzt, verdränge die Suchterkrankung eines Elternteils das Familienleben wie ein Elch im Wohnzimmer[188]. Alles ist anders und muss verschwiegen werden. Nicht selten geht mit Sucht auch häusliche Gewalt einher. Sucht führt mehr noch als andere psychische Erkrankungen zur Stigmatisierung und Ausgrenzung. Umgekehrt belügen sich die Betroffenen lange und auch ihre Angehörigen. Kinder sind dann nicht nur in Sorge. Sie sind zudem unsicher, ob sie ihren eigenen Sinnen glauben können oder der verqueren Konstruktion ihrer Eltern, die ihr Suchtproblem verdrängen wollen. 2003 hat das Bundesministerium für Gesundheit und Soziale Sicherung festgestellt: „Schule und Kindertagesstätte sind zentrale Lebensräume für Kinder aus suchtbelasteten Familien. Sie müssen dort mit der erforderlichen Aufmerksamkeit frühzeitig erkannt werden. Gemeinsam mit den Eltern müssen Hilfsangebote vermittelt werden" (Klein 2005).

Professionelle Helfer der Suchtkranken (über-)sehen die Bedürfnisse der Kinder häufig. Ärzte bemühen sich, die suchtkranke Mutter zu stabilisieren. Wie es den Kindern dabei geht, wird nicht routinemäßig erhoben. Psychiater für Erwachsene lernen in ihrer Ausbildung kaum etwas über die Bedürfnisse von Kindern beziehungsweise kinderpsychiatrische Krankheiten. Nicht selten wissen Psychiater gar nicht, wie viele Kinder in welchem Alter ihre Patienten haben. Anfang 2014 schlossen sich viele Verbände der Kinder- und Jugendhilfe, der Gesundheitsförderung und der Angehörigen psychisch Kranker sowie psychiatrische Fachgesellschaften zusammen, um beim Deutschen Bundestag die

188 Die Metapher soll zum Ausdruck bringen, dass es in beiden Fällen streng rieche. Beides verdränge das übrige Familienleben. Man müsse beides verheimlichen etc.

Einsetzung einer Expertenkommission „Hilfen für Kinder und Familien mit psychisch kranken Eltern" zu fordern.[189]

> „Untersuchungen haben gezeigt, dass psychisch kranke Eltern sich große Sorgen um ihre Kinder machen, oftmals Beratungsangebote nicht kennen oder diese aus Sorge vor Stigmatisierung und Bevormundung nicht wahrnehmen und sich zum Beispiel eine niedrigschwellige Beratung und auch Betreuung durch die Fachexpertise der Kinder- und Jugendpsychiatrie wünschen" (Kölch 2008).

Bereits in der Schwangerschaft kann eine schwere depressive Symptomatik unter anderem über die Ernährung die kognitive Entwicklung der Kinder stören (Barker et al. 2013).

6.5 Elternarbeit

Elternarbeit ist für Pädagogen häufig belastend, nicht selten anstrengender als die Arbeit mit den Lernenden. Meist werden die Pädagogen dafür kaum geschult. Die gewachsenen Anforderungen der Eltern sind im Zeitkontingent der Pädagogen nicht vorgesehen. Manche Pädagogen sind leidgeprüft. Andere pflegen jedoch ihre Vorbehalte gegen Eltern fast genussvoll. Sie lehnen es ab, Eltern auf Augenhöhe zu involvieren. Viele Lehrer gehen „nicht gut vorbereitet in Elterngespräche [..., obwohl] es an ihnen als Vertreter der Institution Schule ist, auch einmal auf die Eltern zuzugehen und präventiv Gesprächsangebote zu machen" (Gaschke 2015, 13). Der „Kampf ums Klassenzimmer" war der „Welt am Sonntag" eine Titelseite wert beziehungsweise das Thema derart populär, dass man sich dadurch entsprechende Verkaufszahlen erhoffte. Mit der Überschrift „Missbrauchte Lehrer – Pädagogen klagen über Eltern, die ihre Kinder überbehüten, auf alles Einfluss nehmen wollen und die Schule als Dienstleistungsbetrieb sehen" (ebenda, 12) wird die fordernde Haltung vieler Eltern beschrieben, die sich „inzwischen als Kunden und die Schule als Dienstleister" sähen, „der gefälligst zu liefern hat, Anforderung: ein perfektes Kind-Produkt" (ebenda).

Als größere Herausforderung der Elternarbeit wird die große Gruppe der Eltern angesehen, die sich nicht für die Bildung ihrer Kinder engagieren. Dies betreffe alle sozialen Schichten.

> „Die in Magdeburg von Meinrad Armbruster, Professor für pädagogische Psychologie, gegründete Bildungsinitiative ‚Eltern-AG' fand einen innovativen Weg, um Eltern aus besonders schwierigen sozialen Verhältnissen bei der Erziehung ihrer Klein- und

[189] Vgl. http://www.afet-ev.de/aktuell/AFET_intern/2014/2014-01-Antrag-SV-Kommission.php, Zugriff 15.02.2018.

> Vorschulkinder zu unterstützen. In diesem Projekt werden Eltern aus sozialen Brennpunkten darin ausgebildet, andere Eltern in vergleichbaren Lebenssituationen bei der Bewältigung ihrer Erziehungsaufgaben und der Vorbereitung ihrer Kinder auf einen erfolgreichen Schuleinstieg zu begleiten" (Rasfeld / Spiegel 2013, 225).

Der ehemalige Schulleiter Adolf Timm hat gemeinsam mit dem Soziologen Klaus Hurrelmann das Programm „Gesetze des Schulerfolgs" (2011) gestartet, um Eltern als „Lernbegleiter kompetent und entspannt" zu machen. Eltern und Lehrer seien bei der Bildung und Erziehung Partner. „Wenn Eltern bei uns im Grundgesetz eine derartige Schlüsselrolle eingeräumt bekommen, dann müssen sie auch in die Lage versetzt werden, die kompetent auszufüllen" (Hurrelmann / Timm 2011, 25). In Dänemark kämen die Eltern und Verwandte gelegentlich samstags in die Schule. „Alle paar Wochen gibt es solche Treffen am Wochenende. Mal wird der Garten aufgeräumt, dann muss das Dach repariert werden" (Kahl 1999).

An der Nikolaus-August-Otto-Hauptschule in Berlin-Lichterfelde sind Elternseminare seit 2003 als Aufnahmebedingung Pflicht. Sigrid Tschöpe-Scheffler, Leiterin des Instituts für Kindheit, Jugend und Familie an der Fachhochschule Köln fordert, alle „Väter und Mütter mit ihren Aufgaben nicht allein zu lassen". Sie „sieht heutige Eltern, anders als frühere Generationen, unter einem großen Erziehungsdruck […]. Eltern müssen also lernen, entspannter an die Sache heranzugehen und eine dem Alter des Kindes angemessene Haltung zum Lernen aufzubauen" (zit. nach Hurrelmann / Timm 2011, 38f.).

Wichtig für erfolgreiche Kooperationen mit den Eltern sind der gegenseitige Respekt und die Klarheit über die Aufgabenverteilung. Dabei helfen **konkrete schriftliche Entwicklungspläne,** die nach einem vereinbarten Zeitraum überprüft werden. Das gesprochene Wort ist flüchtig und interpretierbar. Ziel muss sein, das **Selbstmanagement der Eltern und Schüler zu stärken.** Jugendliche hören oft lieber auf andere Jugendliche (Peer-to-Peer-Ansätze). Eltern systematisch ins Schulleben zu integrieren ist eine wichtige kulturelle Aufgabe. Sie können Arbeitsgruppen oder Blockseminare leiten, als Ansprechpartner für einzelne Themen zur Verfügung stehen etc. Der mit Abstand stärkste Einfluss auf die (seelische) Gesundheit der Kinder geht von den Eltern aus.

6.6 Schulmeidung kooperativ angehen

An der Integrierten Gesamtschule am Sportpark im hessischen Erbach konnte gezeigt werden, dass „auch Jugendliche, die bislang eher wenig für die Berufswahl zu motivieren waren", sich durch das Arbeiten mit Fischertechnikrobotern hätten motivieren lassen. Die Quote der Schüler, die unmittelbar nach dem

Schulabschluss eine Ausbildung begonnen habe, sei seit Projektbeginn bei den Hauptschülern von 14 Prozent auf mehr als 40 Prozent, bei den Realschülern von 40 auf 60 Prozent gestiegen (Bettzieche 2015). Im Kapitel 3.7 wird der Ausbau des Praxisanteils als wichtiger Bestandteil der Bildung dargestellt. Speziell für bindungsunsichere oder desorganisiert gebundene Kinder und Jugendliche helfen „Aufgaben, die ausführbar, konkret und auf die Koordination von Hand und Auge abgestimmt sind. [Sie] können beruhigend wirken, wenn Angst aufkommt […]. Ein hohes Maß an Beaufsichtigung auch außerhalb des Klassenzimmers […] kann Unsicherheiten und reaktives Verhalten reduzieren" (Geddes 2014, 184). Ein Mangel an Struktur im Tagesplan, bei einzelnen Aufgaben und interpersonal kann diese Schüler rasch überfordern. Artistische Angebote wie Jonglieren, wie in der Zirkusschule, können mehrere Lernaspekte fördern: Bewegung und Koordination als solche, Sekundärtugenden, den gezielten Mix aus kognitiver Anforderung und dem achtsamen Einsatz von Bewegung und die Resonanz in der Peergruppe.

Individuelle Bildungsangebote können im digitalen Zeitalter mit elektronischen Medien Lernende mit belasteten Bildungsbiographien begeistern. Schwer verhaltensauffälligen Schülern, die im sächsischen Schulsystem, das für seine Exklusivität kritisiert wird, suspendiert werden, kann durch kreative Onlinelernangebote geholfen werden. Ähnlich wie in der „School of One" kann die Herausforderung der Gruppendynamik durch Angebote am Computer teilweise umgangen werden (z. B. webindividualschule.de/Bochum; Tois-online.de, Therapieorientierter internetbasierter Sonderunterricht des Schlupfwinkels Leipzig, Leipziger Interventionszentrum, LIZ).

Bertelsmann agiert auf diesem sich entwickelnden Markt der E-Bildung aktuell sehr rege und fördert entsprechend positive Mediendarstellung der elektronischen Formate im digitalen Zeitalter. Traumatisierte und andere hypersensible Schüler empfinden die durchschnittliche Klassenatmosphäre, das heißt den Lärmpegel und die Unübersichtlichkeit häufig als gefährlich, überlastend. Bereits 2008 wurde das Programm „PC-gestützten Unterricht für langzeiterkrankte Schüler" (P.U.L.S.) gestartet. „Das mobile Konferenzsystem besteht aus zwei Einheiten: Im Klassenraum werden Monitor, Kamera, Lautsprecher und ein Computer aufgestellt. Dazu kommen zwei Raummikrofone und eins für den Lehrer. Der Schüler zu Hause kann sich über einen Laptop mit der entsprechenden Software zum Unterricht dazu schalten. Optional sind Webcam und ein Headset für eine Konferenzschaltung. […] Finanziert wird die Technik aus Spendengeldern. Jeder Koffer kostet 5000 Euro" (Smith 2014).

6.7 Gefahr für das Kindeswohl – aus pädagogischer Sicht

Der Begriff Kindeswohl wird unterschiedlich genutzt, in professionellen Kreisen zum Beispiel wenn das Wohl des Kindes gefährdet erscheint, wie bei Auseinandersetzungen sich trennender, gemeinsam sorgeberechtigter Eltern. Zum Kindeswohl gehören Minimalstandards an Fürsorge und Förderung und der Schutz vor nicht kindgerechten Handlungen und Einflüssen. Beim wichtigen Thema häuslicher Gewalt gibt es keine einheitlichen Standards in Europa.

Der Bundesgerichtshof definierte Kindeswohlgefährdung als „eine gegenwärtige, in einem solchen Maße vorhandene Gefahr, dass sich bei der weiteren Entwicklung eine erhebliche Schädigung mit ziemlicher Sicherheit voraussagen lässt".[190]

Körperliche Gewalt gegen Kinder ist erniedrigend. Noch häufiger kommt es zu passiver und aktiver Vernachlässigung. Sexueller Missbrauch tritt seltener auf als körperliche Misshandlung, kann jedoch besonders drastisch die Entwicklung langfristig stören. Häufig kommt es zu Mischformen dieser Missachtung und Gewalt. „In der Bremer Jugendstudie berichteten 62% der Jungen über einen körperlichen Angriff oder eine Verletzung und 28% über einen schweren Unfall im Vergleich zu 41% beziehungsweise 24% der Mädchen; hingegen erlebten 9,7% der Mädchen einen sexuellen Missbrauch im Vergleich zu 1,7% der Jungen" (Herpertz-Dahlmann et al. 2013, 325). Die KiGGS-Studie identifizierte Haupt- und Gesamtschüler sowie Jugendliche mit Migrationshintergrund als Risikogruppe für Gewalthandlungen, als Opfer und Täter[191] (Schlack / Hölling 2007).

Auch beim Kindesschutz ist das Vorgehen föderal angelegt. So heißt es im Thüringer Schulgesetz, § 55a Abs. 2:

> „Werden in der Schule Anzeichen für Vernachlässigung, Misshandlung, sexueller Missbrauch oder eine sonstige ernsthafte Gefährdung des Wohls eines Schülers wahrgenommen, so hat die Schule dem nachzugehen. […] Bei Vorliegen gewichtiger Anhaltspunkte für eine Gefährdung des Wohls des Schülers informiert die Schule das Jugendamt. Die Schule unterstützt im Rahmen ihres Bildungs- und Erziehungsauftrages die vom Jugendamt oder anderen Stellen angebotenen Hilfen."[192]

Im Jahr 2011 sagte die damalige Bildungsministerin Schavan, dass statistisch gesehen deutschlandweit in jeder Klasse mindestens ein Kind mit Missbrauchserfahrungen sitze.[193]

---

190 In einer Entscheidung vom 14. Juli 1956, BGH FamRZ 1956, 350.

191 Vgl. http://edoc.rki.de/oa/articles/reuPv4KL2czE/PDF/25G5WVP6gV7AU.pdf, Zugriff 15.02.2018.

192 S. Gemeinsame Empfehlung zur Verbesserung der ressortübergreifenden Kooperation beim Kinderschutz in Thüringen des Ministeriums für Soziales, Familie und Gesundheit.

193 Vgl. http://www.zeit.de/2012/05/C-Psychotherapie-Interview, Zugriff 25.01.2018.

Laut aktuellen Studien wird nur in 60 Prozent aller Familien ohne körperliche Gewalt erzogen. In 12 Prozent der Familien kommt es zu schwerer Gewalt. Die Opfer sind entsprechend selbst sechsmal häufiger gewalttätig, häufiger kriminell, drogenabhängig (v. a. Cannabis) und Schulschwänzer. Laut Kriminologischem Forschungsinstitut Niedersachsen sind türkische Jungen und Kinder von extremen religiösen Gruppierungen häufiger betroffen. Die Untersuchungen des Kriminologischen Instituts Niedersachsen und vieler anderer haben immer wieder gezeigt, dass häusliche Gewalt gegen Kinder, als Erziehungsmethode verklärt, zur Häufung von Gewaltanwendung durch die Opfer führt. Für geschlagene Kinder ist Gewalt ein Teil der Normalität. Sie forderten zum Beispiel auch härtere Strafen bei Delikten (Pfeiffer 2015). In 2–3 Prozent der Haushalte liegen Gegenstände bereit, mit denen Kinder geschlagen werden. Körperliche Gewalt gegen Kinder ist in Deutschland erst seit dem Jahr 2000 illegal. Die Haltung der Bevölkerung dazu ist noch sehr unterschiedlich. Ein Schuldirektor berichtete, dass Eltern in ihrer Ohnmacht gegenüber ihrem Sohn, einem Achtklässler, ihm gesagt hätten, „sie können ihn auch schlagen, wenn's hilft".

Erfahrungen von Schlägen, sexueller Gewalt und Vernachlässigung führen zur Störung des körpereigenen Stressregulationssystems – je früher desto gravierender. Die „Stressachse" besteht aus dem Hypothalamus, der mit seinen Signalen die Hypophyse steuert, und diese wiederum die Nebennierenrinde, die die Reagibilität auf Stress jeglicher Art regelt. Bei dauerhafter Stressüberlastung verkleinert sich der Hippocampus, ein maßgeblicher Teil des Limbischen Systems mit hoher Dichte von Glukokortikoid-Rezeptoren. Die Regulationsmöglichkeiten für normalen Alltagsstress sind dadurch vermindert. Dies macht anfällig für seelische Krankheiten. Betroffene sind dann empfindlicher für Depressionen, Posttraumatische Belastungsstörungen oder Suchterkrankungen (Müller T 2012).

Pädagogen tragen besondere Verantwortung. Möglicherweise fallen ihnen deutliche Verhaltensänderungen bei einem Kind auf. Für manche Kinder sind Pädagogen die einzige Ansprechpartner. Erfahrung, Professionalität und Teamarbeit können die einzelne Pädagogin bei der Abklärung von Verdachtssituationen stärken.

> „Signale, die auf eine Gefährdung hindeuten, werden in der Schule häufig zuerst wahrgenommen. Nach den gesetzlichen Regelungen sollen Lehrkräfte sowie weitere Fachkräfte Hinweise auf Vernachlässigung und Misshandlung (z. B. auffällige Fehlzeiten oder Verhaltensweisen) aufnehmen, angemessen hinterfragen und auf eine Klärung hinwirken. Hierzu gehört die Information des Jugendamtes und – je nach Fallkonstellation – auch die Einschaltung von Polizei, Gesundheitsamt oder anderen Institutionen."[194]

---

[194] Vgl. https://www.schulministerium.nrw.de/docs/FamilieBildung/Kinderschutz/index.html, Zugriff 15.02.2018.

Beim Jugendamt gibt es „Insofern geschulte Fachkräfte" (Insofas), mit denen Verdachtsfälle von Kindeswohlgefährdung in anonymisierter Form besprochen und das weitere Vorgehen beraten werden kann. Zum Beispiel stellt der Praxisleitfaden „Kinderschutz in Thüringer Schulen" die relevanten Begriffe und Abläufe übersichtlich dar.[195]

195 Vgl. https://www.tk.de/centaurus/servlet/contentblob/461228/Datei/4340/Leitfaden%20f%C3%BCr%20Lehrer: %20Kinderschutz%20in%20Th%C3%BCringer%20Schulen.pdf, Zugriff 15.02.2018.

7 Gesund oder krank? Die Normbreite psychischer Gesundheit

Manchmal ist es recht eindeutig: Bei stark untergewichtigen Mädchen sind häufig die Blickdiagnose und Vorgeschichte schon deutliche Hinweise auf eine Magersucht. Man schließt einige andere Gründe für das Untergewicht aus. Die Eltern berichten, dass die Problematik mit einer Diät begonnen habe, dass sich die Tochter nun stets bewege, um noch mehr Kalorien zu verbrauchen. Solche Mädchen halten sich oft hartnäckig für gesund und sind trotzdem sehr krank. Gerade solche eindeutigen schweren psychiatrischen Erkrankungen werden jedoch bisweilen über Jahre verschleppt, damit chronifiziert. In der Regel ist eine Diagnose weniger eindeutig. Häufig werden Kinder zur Untersuchung vorgestellt, bei denen es *Hinweise* auf mehrere Störungen gibt, ohne dass sich eine Diagnose sofort aufdrängt. Sie sind zum Beispiel manchmal unruhig, haben auch Phasen, in denen sie sich gut konzentrieren können. Sie sind vielleicht im Umgang mit anderen Kindern ungeschickt und manchmal überschießend aggressiv. Im besseren Fall können die Eltern dann auf Nachfrage auch Stärken ihrer Kinder benennen, wie ein gutes Einfühlungsvermögen, sportlichen Ehrgeiz etc. Die Professionellen lernen solche Kinder und ihre Familien dann kennen und klären den Grund der Vorstellung, den Untersuchungsbedarf. Häufig wirkt das auffällige Verhalten der Kinder aufgrund der Umgebungsbedingungen nachvollziehbar. Professionelle gehen davon aus, dass Kinder sich weitestgehend nicht absichtlich auffällig verhalten, sondern dass sie damit ihren sinnvollsten Lösungsansatz für ihre Lebenssituation suchen. Das sichtbare und berichtete Verhalten wird dann mit einem Fotonegativ verglichen. Die Aufgabe besteht darin, das Bild dahinter zu verstehen.

Als Kinderpsychiater werde ich von Schulen häufig mit der Frage eingeladen: „Werden die Kinder denn immer verrückter / kränker?“ Entsprechend der wissenschaftlichen Erkenntnisse ist die eindeutige Antwort: „nicht im Sinne einer psychischen Störung“, außer einem Anstieg bei der Anorexia nervosa (Magersucht), den Selbstverletzungen wie „Ritzen“ (beides durch „Anregungen“ und Konkurrenz in den sozialen Foren unterstützt), dem übermäßigen Gebrauch elektronischer Medien („Missbrauch nichtstoffgebundener Substanzen“) und den Änderungen im Drogenkonsum (Crystal Meth als aktuelle Herausforderung). Diese vier Störungen beziehungsweise Symptome sind im Einzelfall möglicherweise dramatisch, machen jedoch nicht die große Masse der psychisch Kranken aus. **Grob kann man davon ausgehen, dass psychische Krankheiten in den letzten Jahren und Jahrzehnten nicht deutlich häufiger auftreten.** Für einige seelische Störungen wie Depressionen und Autismus gibt es eine sensiblere Wahrnehmung und dadurch auch mehr Diagnostizierte. Nun kann man fragen, ob die Betroffenen weniger krank waren, als sie noch nicht diagnostiziert waren. Und man kann fragen, welche Krankheiten aktuell verkannt werden. Im Sinne des medizinischen Grundsatzes *primum non nocere,* „wenigstens nicht schaden", und des Rechts auf Nichtwissen sollte Diagnostik als Instrument durch Fachleute verantwortungsvoll erfolgen.

Warum sind Kinderärzte und Pädagogen gleichermaßen überzeugt, dass immer mehr Kinder und Jugendliche *krank* seien? **Vielleicht kann man „krank" durch „psychosozial besonders bedürftig" ersetzen?** Viele Pädagogen beklagen, dass Eltern ihre Kinder „nicht" erziehen würden, wobei es meist um *nicht ausreichende* Erziehung geht, glücklicherweise seltener um schwere Vernachlässigung. Eine Mehrheit der Kinderärzte ging laut einer Forsa-Umfrage im Auftrag der DAK[196] bereits im Jahr 2011 davon aus, dass die psychischen Probleme und Verhaltensauffälligkeiten bei Kindern deutlich zugenommen hätten. 42 Prozent gingen wenigstens von einer leichten Zunahme aus. Deshalb gelten psychische Störungen mittlerweile als „neue Kinderkrankheiten". Sie sind zwischenzeitlich aufwändiger in der Behandlung geworden als die Infektionskrankheiten.

Recht eindeutig zeigen sich die Störungen der Entwicklung bei den motorischen Fähigkeiten und der Koordination:

> „Sensomotorische Unreifen zeigen sich in der ärztlichen und pädagogischen Praxis immer häufiger, beispielsweise in Verbindung mit Hyperakusis (Anmerkung: Empfindlichkeit gegenüber Lautstärke), Koordinationsschwierigkeiten, Sprachauffälligkeiten, Aufmerksamkeitsstörungen, Lernschwierigkeiten, Schulversagen, Schulangst […]. Deutliche Zeichen von minimierter Gleichgewichtsfähigkeit sind zum Beispiel Schwierigkeiten auf einem Bein zu stehen, den Hampelmann-Sprung auszuführen oder problemlos auf einer Bank oder einem Schwebebalken zu laufen" (Hoffmann et al. 2014, 205).

Man kann sich fragen, ob die Pädagogen tatsächlich immer mehr ausgleichen müssen, was Kinder zu Hause nicht erfahren. Wahrscheinlich sind moderne Kinder in mancher Hinsicht anspruchsvoller, teilweise fehlt ihnen der Respekt vor den Mitmenschen. Untersuchungen haben gezeigt, dass egoistische Einstellungen durch die Elternhäuser häufiger vermittelt werden. Für Familien gibt es deutlich mehr Ablenkungsmöglichkeiten als vor Jahrzehnten. Die Lebensentwürfe der Familien unterscheiden sich stärker und damit auch die Bildungsfähigkeit der Kinder. Erziehende müssen häufiger mit weniger sozialer Unterstützung auskommen. Parallel sind die Ansprüche an Erziehung allgemein deutlich gestiegen. Zum Beispiel hätte in den 1970er Jahren kaum je-

---

196 http://www.germanroadraces.de/24-0-23894-dakstudie-gesundheit-von-kindern-wird-schlechter-.html, Zugriff 07.02.2018

mand kritisiert, wenn Eltern in Haushalten mit (Klein-)Kindern stark rauchten. Durch verschiedene gesellschaftliche Entwicklungen, zum Beispiel zugunsten von Kinderrechten, gibt es stärkere Bemühungen, Kinder gleichwertig zu behandeln. Die Öffentlichkeit ist für seelische Störungen im Allgemeinen und auch bei Kindern sensibler geworden. Es gibt mehr Untersuchungen dazu, mehr Beiträge im Fernsehen und in den Zeitungen.

In dieser Gesamtlage wird kritisiert, dass die Pädagogen den Druck weiterreichten. Sie würden als Teil einer Gruppe der **„Kinderkrankmacher" nach Diagnosen für auffällige Kinder suchen,** so die Autorinnen des gleichnamigen Buchs, Frenkel und Randerath (2015). Ziel dieser überlasteten Pädagogen sei es, dass störende Kinder Medikation erhalten. Da die Unruhe in den Klassen größer geworden sei, würden die Pädagogen medizinische Antworten suchen, um wenigstens die Lautesten regulieren zu können. Diagnosen von seelischen Erkrankungen werden mitunter leichtfertig geäußert, wenn etwas unverständlich oder auffällig erscheint. Eltern von Kindern mit hohem Bewegungsdrang erhalten mitunter auch ungefragt von Laien aus ihrer Umgebung die ADHS-Diagnose, als **Ausdruck von Genervtheit.** Die Abbildung 20 stellt einige Gründe dar, die Pädagogen nach Lösungen suchen lassen, teilweise in Form von Diagnosen. Ein anderes Ventil objektiv oder subjektiv überlasteter Pädagogen ist die Unzufriedenheit mit dem Beitrag der Eltern.

Gerade die Dauerdebatte um ADHS (s. Kapitel 8.4) eignet sich für den Hinweis, dass die meisten seelischen Erkrankungen kulturellen Einflüssen und Wertungen unterliegen. Je weniger Toleranz allgemein für abweichendes Verhalten vorhanden ist, desto rascher wird dieses als krankhaft bezeichnet. Die aktuellste Einteilung psychischer Erkrankungen, der US-amerikanische „Diagnostische und statistische Leitfaden psychischer Störungen"[197] (DSM V) wurde in Fachkreisen intensiv kritisiert, weil durch neue Diagnosen und neue Einteilungen zu häufig Dinge als krankhaft bezeichnet würden, die es laut vorheriger Klassifikation nicht gewesen wären. Was gesellschaftlich als seelisch krank eingestuft wird, ändert sich im Laufe der Zeit. 2014 wurde der entsprechende Katalog der US-amerikanischen Klassifikation neu publiziert. Der international verbreitete sogenannte ICD[198]-Krankheitskatalog ähnelt dieser Klassifikation, ist teilweise daran angelehnt. Diese Einteilungen haben den Anspruch, den aktuellen Stand der Forschung zu berücksichtigen, zum Beispiel bei der Frage, ob und wie man

197 DSM, Diagnostical and Statistical Manual, in der 5. Auflage erschienen, v. a. in den USA verbreitet. Häufig orientiert sich die Einteilung der WHO, die ICD, International Classifikation of Diseases, am DSM.

198 International Statistical Classification of Diseases and Related Health Problems.

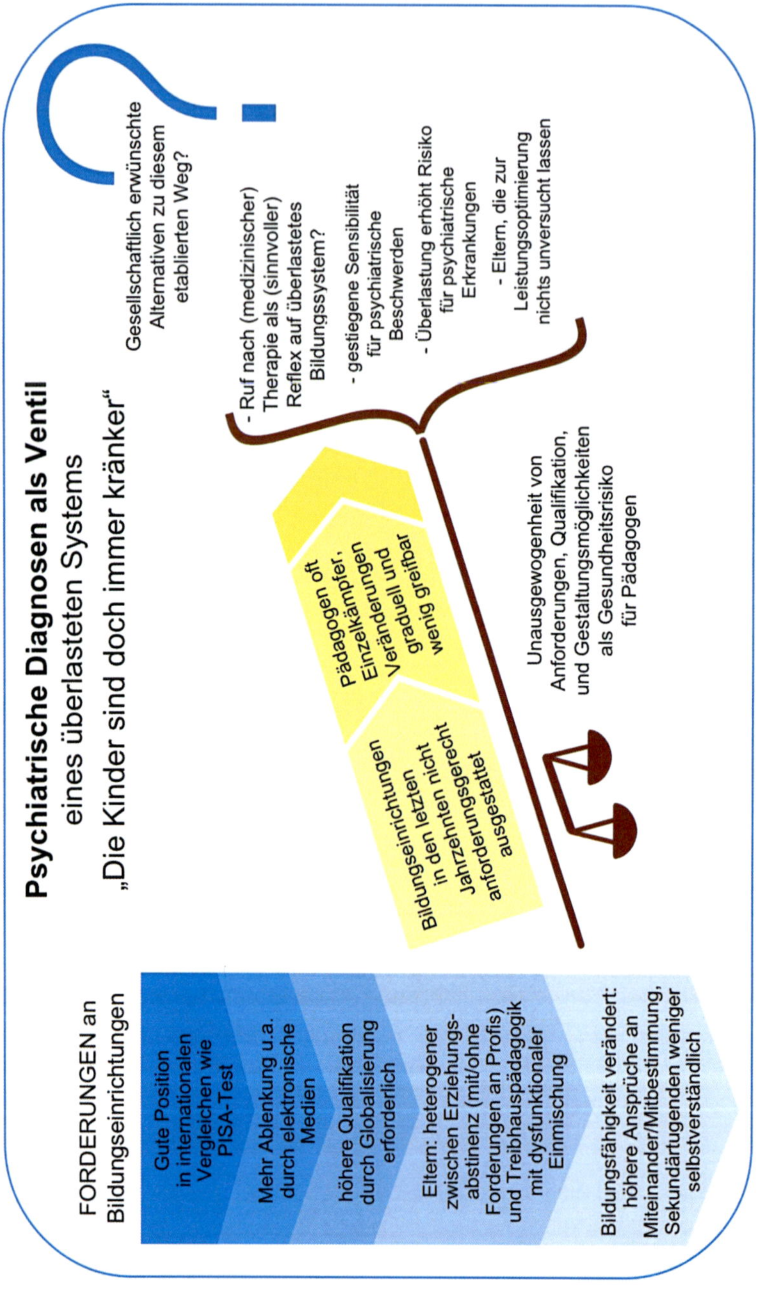

Abb. 20: Wie der falsche Eindruck entsteht, dass immer mehr Kinder psychiatrisch krank seien

Depressivität im Kindes- und Erwachsenenalter miteinander vergleichen kann (mehr zur Klassifikation findet sich im Anhang unter „Krankheitsklassifikation“). Diagnosen und Krankheitskonstrukte haben sich historisch und kulturell stetig verändert, zum Beispiel die Haltung zu sexuellen Abweichungen (Deviationen), also von der sogenannten Norm abweichendem Verhalten. In toleranteren Gesellschaften können Auffälligkeiten als noch normal gewertet werden, die anderswo schon als krankhaft (pathologisch) bezeichnet würden. Bei vielen psychiatrischen Diagnosen stellt sich somit die Frage, welche Krankheitskonzepte und Bezeichnungen es dafür in zehn, fünfzig oder einhundert Jahren geben wird.

> „Das gegenwärtige diagnostische System weist zahlreiche Mängel auf […]. Die Rate an Begleiterkrankungen […] bei Störungen sind so hoch, dass sie die grundlegende Definitionsintegrität des gesamten Systems infrage stellen. […] Die treatment utility, die Brauchbarkeit dieser Kategorien in der Behandlungspraxis […] ist außerdem bemerkenswert gering, weil dieselben Behandlungen bei zahlreichen Syndromen angewandt werden […]. Das System übergeht Schlüsselausprägungen psychischen Leidens (Beziehungsprobleme, Existenzkrisen, Suchtverhalten und so weiter), und selbst seine Befürworter stimmen zu, dass es solche normalen Lebensprozesse wie Kummer, Furcht oder Traurigkeit pathologisiert“ (Hayes et al. 2014, 24).

Der nun aktuelle US-amerikanische Krankheitskatalog betont die Einteilung von Krankheiten nach Ausprägung, nicht nach Kategorie. Zum Beispiel gehört Rückzug zum normalen seelischen Erleben. Die meisten Menschen ziehen sich gern einmal zurück, abhängig von ihrem Temperament, der Kultur etc. Bei vielen Krankheitszeichen geht es also mehr um die Dimension, die Intensität der Ausprägung als um ein völlig außergewöhnliches Phänomen, eine neue Kategorie (denkbares Beispiel für ein neues Phänomen wäre ein unwillkürliches Rollen der Augäpfel). Wer sich jedoch dauerhaft zurückzieht, ist möglicherweise angstkrank, depressiv oder leidet an Verfolgungsängsten. Oder er ist gesund und hat diesen Rückzug sehr aktiv, zum Beispiel als besinnliche Phase, für sich entschieden.

Unter Medizinern gibt es die saloppe Redewendung, dass Menschen nur gesund seien, weil sie noch nicht intensiv untersucht worden seien. Irgendwelche Auffälligkeiten lassen sich bei den meisten Menschen finden. Wenn Mediziner konsultiert werden, und dafür gibt es viele Gründe, müssen sie gut begründen können, wenn sie eine (gewünschte) Untersuchung nicht durchführen. Leichte Auffälligkeiten können dann zum Selbstläufer werden, also die nächste Untersuchung nach sich ziehen.

Auch die Überzeugungskraft der Mediziner hat eine starke Wirkung. Nicht nur bei Placobopräparaten, sondern ähnlich bei Untersuchungen wollen viele

Patienten der Empfehlung ihres vertrauten Arztes folgen. Deshalb wird kritisiert, dass Ärzte in ein Dilemma kommen können, wenn sie an Untersuchungen zum Beispiel mit Geräten besser Geld verdienen können als mit der kritischen Überprüfung der Notwendigkeit solcher Maßnahmen. Es wird hinterfragt, ob das Gesundheitssystem zu sehr auf die Erkennung und Behandlung von Krankheiten orientiert sei, vor allem finanziell. „Über der Krankheit haben die Mediziner weitgehend die Gesundheit vergessen [...]. Für Krankheit gibt es demnach Experten ihres jeweiligen Faches, wohingegen wir für Gesundheit offensichtlich alle selbst zuständig sind" (Schiffer 2013). „Medizinische Expansion ist [...] kein ‚Auswuchs' des Systems, sondern eine immanente Grundbedingung eines ökonomisierten Gesundheitswesens" (Geene et al. 2013, 391). „Die Helferindustrie" schaut häufig durch die ihr bekannte Symptombrille und kaum ressourcenorientiert. Psychologen und Fachärzte für Psychiatrie / Psychotherapie / Psychosomatik lernen in ihren Ausbildungen viel über Symptome und Krankheiten, aber kaum systematisch etwas über Prävention und Gesundheit.

Die irreführende einseitige Orientierung auf medizinische Symptome kritisiert der Pädagoge Brenner. Die „Medizinisierung der Pädagogik" steht für ihn in Zusammenhang mit der „Medizinisierung der Sozialen Frage" (nach Klaus Dörner).

> „Der Schüler wird damit von einem pädagogischen Problem zu einem klinischen Fall. Denn im Streitfall und am Ende sind es medizinische Stellungnahmen, die den Pädagogen die Entscheidung darüber abnehmen, wohin ein Schüler gehört, und durch die ein Schüler nicht nur aus der Unterrichtssystematik, sondern auch aus der Rechtssystematik der Schule herausgenommen wird" (Brenner 2006, 146).

Viele Studien zeigen, wie schwierig es ist, Menschen zu gesundheitsbewusstem Verhalten zu motivieren. Laut der Weltgesundheitsorganisation sei Gesundheit das *vollständige körperliche, geistige und soziale Wohlergeben, nicht nur das Fehlen von Krankheiten und Gebrechen.* Das Wohlergehen öffnet diese Definition der subjektiven Auslegung. „Gesundheit ist flüchtig und schwer greifbar wie Glück und Liebe. Zweifelt man daran, ob man gerade glücklich ist, verliebt oder eben gesund ist, ist man es meist schon nicht mehr" (Bartens 2009, 165). Ist die bewusste Förderung von Gesundheit damit paradox, ein Widerspruch in sich? Wäre somit ausschließlich die Abwendung von Schäden – wie ein süchtiges Verhalten – sinnvoll? Muss Gesundheit ein sehr individueller Weg bleiben? Die Optimierung von subjektiv als gesundheitsrelevant angesehenen Faktoren – wie der Ernährung – hat für viele eine spirituelle Qualität angenommen. Die Orthorexie, also das Bemühen um eine möglichst gesunde Ernährung, wird jedoch nicht als eigenständige Erkrankung angesehen.

Menschen mit Hypochondrie sind häufig derartig auf diese Selbstbeobachtung eingeengt, auf sehr sensibles Wahrnehmen von Auffälligkeiten, dass sie sich häufig in medizinischen Abklärungsprozessen befinden. Zum Beispiel ist es völlig normal, dass man seinen Herzschlag beziehungsweise den Puls gelegentlich spürt, spätestens nach dem Sprint zur Straßenbahn. Entsprechend übermäßig sensible Menschen neigen dann dazu, sich zu fragen, ob der Puls tatsächlich rhythmisch war, ob es nicht doch gerade außergewöhnlich stark im Brustkorb gezogen hat. Übersieht man vielleicht gerade Hinweise auf einen drohenden Herzinfarkt? Ähnliche Wahrnehmungen können bei der Somatisierung relevant werden (s. Kapitel 8.1). Je nach Krankheits- beziehungsweise Gesundheitsvorgeschichte – zumal im persönlichen Umfeld – kann also die feine Wahrnehmung oder Verkennung körperlicher Empfindungen gesund oder krank sein.

Menschen streben jedoch nach der Sicherheit und Überzeugung, dass sie selbst, ihre Familien, Bekannten und Freunde „normal" sind. Abgelehnte Verhaltensweisen werden gern Fremden zugeschrieben. Nach einem brutalen Verbrechen werden meist – entgegen der wissenschaftlichen Erkenntnisse – zunächst Fremde verdächtigt, nicht die Leute aus dem Dorf, in dem man lebt. Die „operative Fallanalyse" nennt dieses Phänomen „no monsters here" (Horn 2014). Gewalt wird zudem häufig in Verbindung mit seelischen Erkrankungen gebracht (s. das Kapitel 7.2 zu Stigmatisierung). **„Das ist doch krank!" ist ein häufig gehörter Reflex bei befremdlichen Verhalten.** Statistisch belastbar ist das nicht. Psychisch Kranke sind im Allgemeinen nicht gewalttätiger als die Durchschnittsbevölkerung. Es gibt einzelne Krankheiten, bei denen es gehäuft zu Gewalttaten kommt. Zum Beispiel kann Verfolgungserleben zu entsprechenden subjektiven Abwehrmaßnahmen krimineller Art führen. Keinesfalls kann man jedoch den Schluss ziehen, dass besonders widerwärtige Taten durch besonders schlimme Krankheiten verursacht würden.

Simon (und andere) empfehlen, „gesund" und „krank" nicht als Gegenteile, als zwei Extrempunkte derselben Skala zu verstehen. „Es scheint günstiger, Gesundheit und Krankheit als zwei voneinander unabhängige Faktoren zu konzipieren" (Bengel / Lyssenko 2012, 23). Wenn man Rationalität unterstellt, erklären diese unterschiedlichen Konzepte vielleicht, warum Mediziner sich häufig nicht um ein sonderlich gesundheitsförderndes Verhalten bemühen. Andreas Heinz, Psychiater, Philosoph und Anthropologe, verweist auf die Komplexität des Krankheitsbegriffs.

> „Die Diskussion über den Begriff psychischer Krankheit muss … die verschiedenen Ebenen und Aspekte berücksichtigen, die jede Krankheitsdefinition mit sich bringt: die klinische Brauchbarkeit, die Auswirkungen auf das individuelle Wohlbefinden, die

> Gefahr der Stigmatisierung und Ausgrenzung der Erkrankten ebenso wie die der unzureichenden Versorgung und die Auswirkungen auf die soziale Teilhabe. Hinzu kommt, dass jedes Krankheitskonzept – gerade im Bereich der komplexen psychischen Funktionen – auf minimale anthropologische Grundannahmen verweist, die menschliche Fähigkeiten definieren, deren Funktionsbeeinträchtigung als krankheitswertig gelten kann. Hier sind über die Medizin hinaus natur- wie geisteswissenschaftliche Disziplinen gefragt, die von der Neurowissenschaft bis zur philosophischen Anthropologie reichen" (Heinz 2014).

„Krank" kann nicht als Abweichung einer wie auch immer beschriebenen Norm definiert werden, sondern beschreibt in einem engen Verständnis einen Zustand, bei dem eine Person durch einen Organschaden in der Lebensführung (inklusive der sozialen Teilhabe) beeinträchtigt ist. Minderschwere Beeinträchtigungen können als „Störungen" bezeichnet werden (Heinz 2015). Für den Theologen Graf ist Gesundheit „der gelingende Umgang mit kleinen Störungen" (Graf / Ott / Weitz 2015).

Akzeptanz für kranke Anteile – eine gesunde Art der Verarbeitung: Menschen mit chronischen (psychischen) Krankheiten wollen oft auch nach langer Krankheitsdauer die Krankheit nicht als Teil ihres Schicksals akzeptieren. Krankheit kann den Blick auf gesunde Anteile derselben Person erschweren. Die gefühlte Krankheitslast vergrößert sich dadurch und verdrängt womöglich den haltgebenden routinierten Alltag. Menschen mit Tic-Störungen zum Beispiel legen sich Strategien für unterschiedliche Situationen zurecht, in denen die Problematik auftreten könnte. Wer als chronisch Kranker seine kranken Anteile überhaupt nicht akzeptieren kann, wie viele seelisch Erkrankte, befindet sich in einer intensiven, energiezehrenden Auseinandersetzung mit sich selbst.

Hinzu kommt, dass Teile der Öffentlichkeit die Krankheitswertigkeit zum Beispiel von Depressionen in Frage stellen. Wer schon krankheitsbedingt antriebsgemindert, selbstwertschwach, unsicher und labil ist, muss sich dann teilweise noch rechtfertigen, dass seine verminderte Leistungsfähigkeit keine Simulation ist. Depressive bemühen sich teilweise um eine unauffällige Fassade, ein „Keep-Smiling".

Außerdem fällt es allgemein schwer, gesundheitliche Einschränkungen nachzuvollziehen, wenn sie äußerlich nicht erkennbar sind. In der Regel sind sich die Erkrankten selbst unsicher, wie offen sie mit ihren Einschränkungen umgehen sollen. Wer eine besondere neurobiologische Verschaltung hat wie bei ADHS, bei der Impulse schwerer regulierbar sind, fühlt sich doppelt belastet, wenn er zum Beispiel nicht ruhig sitzen kann und ihm vorgehalten wird, dass dies bewusstes Provozieren sei. Wer ADHS hat, kann oft selbst nicht ganz genau sagen, an welchen Tagen und in welchen Situationen die eigene Konzentration und Steuerungsfähigkeit wie zuverlässig ist. Das erzeugt Stress, Stress mit den Eltern, mit Lehrern und manchmal steigt sogar die Unfallgefahr. Ein

Nachteilsausgleich wird häufig auch bei schweren Formen dieser Funktionsstörung von Teilbereichen des Gehirns nicht gewährt.

In diesem Zusammenhang irritieren Meinungen von Autoren, die als Fachärzte entsprechendes Ansehen genießen. Für den Kinder- und Jugendpsychiater Kirchner (2014, 177) ist ADHS „keine Erkrankung, sondern ein etwas anderes Betriebssystem" und Autismus ebenfalls „keine Erkrankung, sondern ein weiteres sinnvolles Betriebssystem" (ebenda, 189). Nur für den flüchtigen Leser sei der Vollständigkeit halber darauf hingewiesen, dass diese Meinung nicht nur im Widerspruch zu den Leitlinien der Fachgesellschaft steht. Betroffene Familien könnten diese Haltung als inadäquate Verklärung ihrer sehr belasteten Lebenssituation ansehen. Wer mit dem professionellen Hilfesystem zu tun hat, vor allem Familien, klagt häufig, dass von drei Experten vier Einschätzungen zu hören seien. Das verwirrt.

Dabei kann jede Form von Erklärung von einer als kompetent eingeschätzten Person im systemischen Sinn Realität konstruieren. Würde zum Beispiel ein Nobelpreisträger einen Zusammenhang zwischen elektromagnetischer Strahlung (z. B. von Mikrowellen oder Handys) und ADHS beschreiben, mit der entsprechenden medialen Verbreitung, dann konstruieren Menschen die Vergangenheit ihrer Kinder um und schauen auf die Quellen solcher Strahlung in der Umgebung der Kinder. Goldacre (2010, 113) bezeichnet derartige Modelle als „Placeboerklärungen". Einige werden froh sein, wenn das, was sie für ADHS halten, sich somit endlich zu lösen zu sein scheint. Solche Erklärungen werden gern angenommen, besonders wenn es um Nahrungsmittel geht. Sie verbreiten Zuversicht, einen Blick für positive Veränderungen. Kinder sind sogar noch leichter zu beeindrucken. Deshalb warnt Goldacre vor Zuschreibungen. „Jemandem ausdrücklich und autoritär die Rolle des Kranken zuzuweisen, kann auch destruktive Krankheitsüberzeugungen und -verhaltensweisen verstärken" (Goldacre 2010, 114).

Welche Diagnose man gegebenenfalls im professionellen Hilfesystem erhält, hängt auch davon ab, wen man fragt. Objektivität ist auch unter Professionellen nicht unbedingt Standard. Maßgeblich sind Interessenschwerpunkte, die monetäre Ausrichtung vieler Akteure im „Gesundheitssystem", Berufspolitik, die insuffiziente Qualitätssicherung (aus Nutzersicht) und viele andere Gründe. Bei pädagogischen Profis ist es kaum anders. Wie die Entwicklung von Kindern eingeschätzt wird, deren Persönlichkeit und die Notwendigkeit von Therapien, ob und welche psychischen Auffälligkeiten ein Pädagoge erkennt, ist von der entsprechenden Sensibilität abhängig. Ein zur Depressivität neigender Lehrer hat für Rückzug und Interessenverlust vielleicht eine andere Norm. Wenn Pädagogen sich für seelische Abwehrkräfte interessieren, erkennen sie vielleicht, was manche Kinder seelisch robuster macht. „Mangelndes Fachwissen und

Kapazität zur Früherkennung psychischer Erkrankungen“ sowie nicht implementierte „Maßnahmen zur Reduktion von Belastungsfaktoren“ im Schulsystem, Beratungsstellen, der Jugendhilfe und bei Kinder- und Hausärzten verschlechterten nach Laux (2011) den Krankheitsverlauf.

Als die Frühverrentung für Lehrer weniger attraktiv wurde, verminderte sich die Zahl sehr eindrucksvoll. Der Aktionsrat Bildung weist kritisch darauf hin, dass dies nicht nur von Vorteil sei, sondern auch Pädagogen zum Dienst verpflichte, die kaum noch motiviert seien. Wer krank ist oder zu sein vorgibt, hat (kurzfristige) Vorteile. Krankschreibungen wegen Simulation oder Befunden, die nicht arbeitsunfähig machen, sind ein großes gesellschaftliches Thema. Solche Vorteile werden dem *sekundären*[199] *Krankheitsgewinn* zugerechnet.

Viele Jugendliche liebäugeln während ihrer Identitätsentwicklung mit Krankheitssymptomen. So hat die KiGGS-Bella-Studie[200] den hohen Anteil von Jugendlichen mit Symptomen einer Essstörung offenbart. Es ist ein verbreitetes Massenphänomen, dass Jugendliche sich gegenseitig bewundern, wenn jemand nun die nächst kleinere Hosengröße tragen kann. Auch Phänomene wie das Selbstverletzen durch Ritzen der Haut werden gruppendynamisch beeinflusst. Unsichere Jugendliche finden Zuwendung und Halt in Krankheitsbildern, wie der emotional instabilen Persönlichkeitsstörung (Borderline-Störung). Viele belesen sich zur Symptomatik im Internet.

Weder gesund noch krank – die vielen Schieflagen des Bildungssystems:

1. Vom Bildungswesen wird – gemessen an den zur Verfügung gestellten Ressourcen – viel zu viel erwartet.
2. Trotz der weitreichenden Auswirkungen wird eine große Unterschiedlichkeit an didaktischer und psycho-sozialer Kompetenz bei Lehrern akzeptiert. Lehrer werden nicht ausreichend auf ihre vielen Herausforderungen vorbereitet und nicht ausreichend weitergebildet. Standardisierte Qualitätskontrollen sollten – wie für die Schüler – normal sein. (Noten wurden zunächst für die Lehrerbeurteilung eingeführt.)
   Was als Bildung ausgewiesen ist, hat für eine erhebliche Gruppe gegenteilige Effekte, zum Beispiel wenn Lese-Rechtschreibung-Störungen zu spät erkannt werden. Viele Bildungsangebote sind unpassend. Vielen Schülern wird das Lernen verleidet und ihr Selbstvertrauen gestört. Die Qualität der Didaktik

199 Als „primärer Krankheitsgewinn“ wird nach tiefenpsychologischer Vorstellung bezeichnet, dass durch das Krankheitssymptom, zum Beispiel das zwanghafte Händewaschen, die Auseinandersetzung mit dem unterstellten zugrundeliegenden Konflikt gemieden werden kann.

200 https://www.KiGGS-studie.de/deutsch/home.html, Zugriff 06.02.2018

einzelner Lehrer wird stark dem Zufall überlassen. Eine Umkehrung der Verantwortlichkeit beschreibt der Mathematikdidaktiker Meyerhöfer: „Kinder sind sehr unterschiedlich. Als Gesellschaft zwingen wir sie aber alle dazu, gleichermaßen die Schule zu besuchen. Damit unterliegt die Schule eigentlich der Verpflichtung, den Stoff so zu lehren, dass alle diese unterschiedlichen Kinder ihn sich auch aneignen können. Diese Verpflichtung erkennen viele Lehrer und die Bildungsadministrationen jedoch nicht. Man tut so, als ob die Schüler eine ‚Bringpflicht' hätten, so in die Schule zu kommen, wie die Pädagogen sie gern hätten. Wer am Ende nicht passt, wird als unbegabt abgeschrieben"[204] (zit. nach Wernicke 2015, 47).
Das aktuelle Bildungssystem führt dazu, dass 14,5 Prozent der Erwachsenen funktionelle Analphabeten sind. Ein Teil davon kommt zudem mit Rechenoperationen ebenso schwer zurecht.

3. Die meisten Pädagogen sehen die Persönlichkeitsentwicklung als Teil ihres Bildungsauftrages. Es gibt jedoch kaum Anleitung, Raum und Evaluation dafür.
4. Lehrer machen häufig keine tatsächlichen Pausen, schon allein weil Räume dafür fehlen und die Aufsichtsaufgaben dies nicht zulassen. In anderen Berufen würde dies direkt zu Konsequenzen z. B. durch das Gewerbeaufsichtsamt, führen.

7.1 Was ist eine Diagnose (und was nicht)?

Bei Fortbildungen an Bildungseinrichtungen und in Zusammenarbeit mit den Ämtern sowie dem Jugendhilfesystem habe ich häufig überhöhten Respekt vor (psychiatrischen) „Diagnosen" erlebt. Wenn Phänomene eine medizinische Bezeichnung erhalten, hält die Umwelt häufig ehrfürchtig inne. Dies macht einen Gutteil der Placebowirkung aus. Wer in der Praxis erlebt, wie willkürlich und austauschbar Diagnosen teilweise konstruiert werden, wird vorsichtig.

Landläufig wird unter „Diagnose" eine zusammenfassende medizinische Beurteilung und damit Entscheidung verstanden, ob untersuchte Symptome als Krankheit anzusehen sind. „Unter diagnostischer Kompetenz wird im schulischen Kontext heute meistens die Fähigkeit verstanden, Personen oder Personengruppen (z. B. Schulklassen) zutreffend zu beurteilen bzw. genaue diagnostische Urteile abzugeben" (Helmke 2009 121).

> „Diese diagnostischen Fertigkeiten werden in der Lehreraus- und -weiterbildung kaum vermittelt, wobei es nicht etwa um ein Wissen über psychologische Tests geht, sondern um die fortlaufende Registrierung der Lern- und Leistungsfortschritte, aber auch der Lernschwierigkeiten und Leistungsmängel der einzelnen Schüler innerhalb einer Klasse" (Weinert zit. nach Helmke 2009, 121).

---

[201] Dieses Zitat findet sich noch an einer weiteren Stelle im Buch; aus qualifiziertem Munde, treffend formuliert. Wichtiges sollte wiederholt werden.

Zur diagnostischen Kompetenz gehöre die „Kenntnis typischer und häufiger Fehler und Verzerrungen des Lehrerurteils" (Helmke 2009 122).

Bei Auffälligkeiten und Störungen in der Kindheit und Jugend ist die Zuordnung zu Krankheitsbildern weniger eindeutig als in der Inneren Medizin und Chirurgie. Zum Beispiel sei die Rechenschwäche als Entwicklungsauffälligkeit für Meyerhöfer keine Erkrankung.

> „*Menschen sind verschieden. Doch in unserer Kultur hat sich die seltsame Tendenz durchgesetzt, Abweichungen als Krankheit anzusehen.* Ich verstehe das bei ADHS, da hat die Pharmaindustrie zu einem vorhandenen Wirkstoff eine passende Krankheit erfunden. Man kann Menschen dann einreden, solche Konstrukte wären wirklich existent [...]. Die Medizin erfindet Krankheiten wie Rechenschwäche, Legasthenie oder ADHS, die ganz offen unterstellen, dass das Problem im Kind liegt. *Das hilft Lehrern, Schulbehörden und Eltern, sich ihrem eigenen Versagen nicht stellen zu müssen*" (zit. nach Wernicke 2015 44f.).

> „Kritiker beklagen die Propagierung ‚erfundener Krankheiten', sprechen von ‚*Disease Mongering*', *dem Erfinden und Verkaufen von Krankheiten,* einer Pathologisierung von nur grenzwertig krankhaften Symptomen. Die Erweiterung der psychosomatisch-psychiatrischen Diagnosepalette [...] birgt die Gefahr unrealistischer Behandlungsbedürftigkeit und des Verlustes der Glaubwürdigkeit psychiatrischer Diagnosen" (Laux 2011).

„Längst floriert eine regelrechte *Gesundheitsindustrie des Seelenglücks.* Oft reicht dabei eine überzeugende Inszenierung, um einer Seuche zum Ausbruch zu verhelfen" (Blech 2014).

Wenn auffällige Kinder nach einem Arztbesuch die medizinische Diagnose „Störung des Sozialverhaltens" erhalten, kann der Eindruck entstehen, dass es sich um eine Krankheit wie Halsschmerzen oder einen Knochenbruch handle. Dies kann dazu führen, dass alle Beteiligten darauf warten, dass Mediziner die richtige Therapie einleiten. Diagnosen sind häufig Ausdruck des Schwerpunktes und der Kompetenz der Untersuchenden.[202] Aus systemischer Perspektive ist die Folge dieser Fokussierung der Aufmerksamkeit eindeutig: „Energy flows where attention goes". Paul Watzlawick erläutert dies anhand des Beispiels eines Betrunkenen, der seinen Schlüssel nachts unter einer Laterne sucht. Ein helfender Passant fragt, ob er einen Anhalt habe, den Schlüssel dort verloren zu haben. Der Betrunkene verneint dies, aber unter der Laterne sei es leichter zu suchen.

Die Dominanz der Psychologen und Mediziner für die Vergabe (psychiatrischer) Diagnosen ist im Bildungswesen nicht alternativlos. Durch diese wenig

---

[202] Belletristisch hat dies zum Beispiel Eingang in die internationalen Bestseller „House of God" und „Mount Misery" von Samuel Shem (ein Pseudonym des Psychiaters Stephen Bergman) gefunden. Zynisch, aber nicht unrealistisch, wird dort u.a. beschrieben, wie unliebsame Patienten durch das Finden neuer Diagnosen weitergereicht werden.

hinterfragte Aufteilung meinen aber viele Lehrkräfte, dass sie selbst für diagnostische Einschätzungen nicht kompetent seien. Dabei basiert ja zum Beispiel gerade die zu Recht anhaltend umstrittene Diagnostik der ADHS auf dem Urteil der Pädagogen. Pädagogen sollten ihr Erfahrungswissen nicht unterschätzen. Gerade bei dieser Diagnose wird kritisiert, dass manche Eltern bei unklarer Problemlage so lange den Arzt wechselten *(doctor hopping)*, bis ihre Verdachtsdiagnose medizinisch bestätigt werde. Vielfach gehe es dabei um Medikation, keine Möglichkeit zur Leistungsoptimierung auszulassen. Apropos Leistungsoptimierung: Eltern von Kindern mit Hochbegabung suchen häufig lange vergeblich nach guten Unterstützungsmöglichkeiten für ihre Kinder. Einige hochbegabte Kinder fühlen sich von ihrer Umgebung ständig missverstanden und ausgegrenzt. Daraus können sich (schwere) Verhaltensauffälligkeiten entwickeln, bis hin zur Schulvermeidung. Das Phänomen der sogenannten *Underachiever* (Kinder, die ihr Leistungspotential überhaupt nicht umsetzen können) zeigt, welches Potential wir als Gesellschaft bei diesen und allen anderen Kindern verschenken, wenn nicht ausreichend individuell gefördert wird, sondern umgekehrt das nicht durchschnittliche Verhalten zu Ausgrenzung führt.

Einige normale Verhaltensweisen von Kindern und vor allem Teenagern können bei starker Ausprägung Hinweise auf psychische Erkrankungen sein, zum Beispiel Gereiztheit, Dünnhäutigkeit, wechselhafte Stimmungen, eigenweltliches Erleben, Antriebsminderung, Antriebssteigerung, Schlaf- und Körperschemastörungen.

Systemdiagnosen: Wegen der Bedeutung der Umgebungsbedingungen für Kinder und Jugendliche wird bei psychiatrischen Untersuchungen die Situation auf sechs Achsen abgebildet, dem Multi-Axialen-Klassifikationssystem (MAS). Die erste Achse benennt gegebenenfalls eine psychiatrische Störung, wie eine depressive Episode. Auf der zweiten Achse werden bei Bedarf Entwicklungsstörungen diagnostiziert. Zum Beispiel führt die häufig lange Zeit übersehene Lese-Rechtschreib-Störung nicht selten wegen der fehlenden individuellen Förderung zu einer Depression. „Legasthenie ist eine der häufigsten Lernstörungen, an der nicht nur Kinder und Jugendliche, sondern auch Erwachsene leiden. Oft wird die Legasthenie erst spät erkannt. ‚Bis zu 40 Prozent der Kinder mit einer Legasthenie haben psychische Probleme, oft als Folgen der Diskriminierung'", erläutert der Kinderpsychiater Schulte-Körne. „Die Kinder würden mit Aussagen konfrontiert wie ‚Du bist zu faul!' oder ‚Du musst dich halt mehr anstrengen!'".[203] Die dritte Achse stellt das Intelligenzniveau dar. Dabei sollte

203 Vgl. https://www.uni-muenchen.de/informationen_fuer/presse/presseinformationen/2014/schulte_koerne_legasthenie.html, Zugriff 15.02.2018.

berücksichtigt werden, dass noch in der Jugend über die Jahre der Intelligenzquotient um bis zu 20 Punkte in beide Richtungen schwanken kann. Es sollte außerdem berücksichtigt werden, dass die meisten Menschen gut zurechtkommen, ohne ihren IQ zu kennen, auch die meisten Untersuchenden selbst. Die vierte Achse bildet körperliche Erkrankungen ab. Zum Beispiel erkranken Kinder mit Diabetes mellitus überdurchschnittlich häufig zusätzlich an Depressivität. Die fünfte Achse stellt die familiäre Situation dar, zum Beispiel ob die Eltern getrennt leben, ob ein Elternteil psychisch krank ist etc. Die letzte, die sechste Achse benennt die durch diese Gesamtsituation entstehende Beeinträchtigung im Alltag. „Aus den Ergebnissen des Kinder- und Jugendsurveys (KiGGS) ist bekannt, dass es in Deutschland eine immer größere Gruppe von Kindern und Jugendlichen gibt, die über geringe individuelle, familiäre und soziale Ressourcen verfügen und so gegenüber Stressoren und inneren Anspannungen anfälliger sind" (Rauschenbach 2013).

Weitere Funktionen von Diagnosen: Diagnosen haben viele Funktionen. Sie dienen Ärzten, ihre Leistungen gegenüber den Krankenkassen abzurechnen. Diese Diagnosen genügen wissenschaftlichen Kriterien jedoch häufig nicht, weil sie als Gesamteindruck vergeben werden. Dies wird als „klinische Diagnose" bezeichnet. Sie erfüllt nicht immer wissenschaftliche (Reinheits-)Kriterien. Im Alltag der psychiatrischen Versorgung wird bei der Wahl der Diagnosen häufig nicht mit standardisierten Tests / Instrumenten gearbeitet. Für Forschungszwecke sind entsprechende Diagnosetests erforderlich, so dass die Diagnosen – im besten Fall – nicht davon abhängen, wer mit welchem Interesse und Erfahrungswissen untersucht. Nur wer diese Instrumente anwendet, wird für eine Publikation in einem Fachmagazin berücksichtigt, und nur solche Publikationen werden in Kreisen seriöser Wissenschaftler ernst genommen, weil die Untersuchungen zuvor ein sogenanntes Peer-Review-Verfahren durchlaufen haben. Das heißt, die Studien werden von Experten auf ihren Gehalt untersucht.

Wenn Eltern Lehrern eine Diagnose mitteilen, erhoffen sie sich häufig eine entsprechende Rücksicht des Kollegiums für ihr Kind. Manche wollen auch einen **„Nachteilsausgleich"** erwirken, der sich jedoch nicht an der Krankheitsintensität, sondern wiederum an lokalen Konventionen orientiert. Ob und welche Form von Förderung Kinder erhalten, hängt in Deutschland stark vom Wohnort ab, von den zuständigen Jugendämtern und den entsprechenden Jugendhilfebudgets. In Thüringen unterscheidet sich z. B. die Gewährung von Hilfen für Kinder mit Autismus teilweise abhängig vom Wohnsitz (Landkreis / zuständigen Amt).

Wenn Eltern Lehrern tatsächlich eine Diagnose nur mitteilen und Lehrer kein klärendes Gespräch erwirken (können), verwirrt es die Beteiligten mehr, als dass es einen Erkenntnisgewinn darstellt. Lehrer können sich dadurch ausgebremst fühlen und denken: „Aha, die Schwierigkeit des Kindes, sich zu konzentrieren, wird jetzt anderswo behandelt. Dann warte ich ab." Wenn Lernende Diagnosekriterien erfüllen, tatsächlich krank sind, entsteht häufig Unsicherheit, welche Verhaltensweisen als Teil der Erkrankung für den Betroffenen unveränderlich sind und vom Umfeld ge- und ertragen werden sollten. Erkrankte Kinder und Jugendliche spüren häufig große Verunsicherung, wie sie möchten, dass man ihnen begegnet.

7.2 Stigma als Zusatzdiagnose: „verrückt", „Klapse", Jugendamt

„Ich bin doch nicht verrückt, muss doch nicht in die Klapse!" Abwertende Beschreibungen über psychische Störungen und Einrichtungen gibt es viele. In den Medien wird überwiegend unsachlich über seelische Störungen berichtet, oft in Zusammenhang mit Kriminalität. Psychische Störungen verunsichern den Betroffenen und sein Umfeld. Womit muss man rechnen? Wie „verrückt" und gefährlich sind Menschen, die eine Depression, Angst- oder Zwangsstörung haben? Ist ihre Persönlichkeit dadurch verändert? Kranke grenzen sich zudem selbst aus, schämen sich. Sie wollen ihr Image durch ihr Krankheitsverhalten nicht gefährden. So lange wie möglich wollen sie die Krankheit verheimlichen, leugnen sie oft sich selbst gegenüber.

Arbeitgeber reagieren kritisch, wenn sich Ausfallszeiten wegen psychischer Erkrankungen im Lebenslauf finden. Sie befürchten, dass sich solche Phasen wiederholen. Betroffene geraten in ein Dilemma, entweder zu lügen oder benachteiligt zu werden. Stigmatisiert, also wie mit einem „Brandmal" gekennzeichnet, fühlen sich psychisch Erkrankte, wenn sie sozial ausgegrenzt werden, man sie nicht als Nachbar haben möchte, als Freund, als Kollege.

Die Angst vor diesem Stigma trägt zusätzlich dazu bei, dass Betroffene seelische Symptome häufig lange Zeit leugnen, nicht wahrhaben wollen. Dadurch wird über psychische Probleme häufig erst viel zu spät geredet, lange Zeit keine professionelle Hilfe gesucht. Störungen chronifizieren. Die amerikanische Philosophin Susan Sonntag hat treffend beschrieben, dass man mit einer psychischen Erkrankung zugleich direkt noch am Stigma erkranke, dass man dadurch wie an zwei Krankheiten leide. Betroffene fühlten sich abgestempelt (daher die Bezeichnung „Labeling", „Etikettierung"), in Schubladen gepackt, aus denen kaum ein Entkommen denkbar sei. Diese Problematik hat sich über die letzten Jahrzehnte trotz aufwändiger Antistigmakampagnen kaum verbessert.

Zudem gibt es in der Bevölkerung auch Ängste, durch eine psychische Erkrankung zunehmend die Kontrolle über sich zu verlieren. Diffuse Ängste drehen sich um Veränderungen der Persönlichkeit, Zwangseinweisungen etc. Meist wird über psychiatrische Kliniken anders gesprochen als über chirurgische und andere Kliniken. Unsicherheit führt zu Distanz in der Bevölkerung. Gegen neu zu erbauenden Einrichtungen für psychisch kranke Straftäter bilden sich regelmäßig Bürgerinitiativen.

Wenn das *Jugendamt* genannt wird, zucken viele auch erst einmal zusammen. Häufig werden Hilfeleistungen vom Allgemeinen Sozialen Dienst des Jugendamtes mit schwierigen sozialen Verhältnissen in Zusammenhang gebracht, mit drohender Herausnahme der Kinder, Trennung von den Eltern.

Pädagogen können Ängste abbauen, zugunsten professioneller Hilfe. Wer selbst offen ist, im besten Fall gute Erfahrungen gemacht hat, kann helfen, die Vorbehalte gegen die Inanspruchnahme professioneller Hilfe zu reduzieren (Psychologen, Psychiater, Jugendamt u. a.), auch im Kreise der eigenen Kollegen.

7.3 „Junge“ ist keine Diagnose

Über die Frage, wer „das starke Geschlecht“ ist, wird gesellschaftlich anhaltend lebhaft debattiert – abhängig davon, was als *stark* gilt. Im Kindes- und Jugendalter ist die Lage recht eindeutig. „Die schulischen Leistungen liegen unter denen der Mädchen, die Unfallgefährdung ist bei Jungen höher, und mehr Jungen leiden unter Depressionen und Verhaltensauffälligkeiten“ (Kamrth / Zimmer 2013). Zwei Drittel aller Förder- und Sonderschüler sind Jungen. „Die Kosten für die Behandlung von psychischen Erkrankungen bei Jungen sind fast doppelt so hoch wie bei Mädchen. Peter Lehndorfer, Vorstandsmitglied der Bundespsychotherapeutenkammer, warnt bereits vor der ‚*Pathologisierung eines Geschlechts*‘“. Es gelte, die Lebensbedingungen, unter denen Jungen aufwachsen, zu verändern – genau wie die gesellschaftlichen Einstellungen, Werte und Strukturen, „damit Jungen in einer Welt leben können, die besser zu ihnen passt und die sie weniger gefährdet“ (zit. nach Michler 2010, 32). „Die Jungen werden als Jungen nicht wertgeschätzt“, so Matthias Stiehler, Mitherausgeber des „Männergesundheitsberichts“ 2013 der Stiftung Männergesundheit (zit. nach Frenkel / Randerath 2015, 31f.). Der Vollständigkeit halber muss betont werden, dass weiterhin auch Mädchen in Bildungseinrichtungen bisweilen pauschal diskriminiert werden. Die unterschiedliche Entwicklungsgeschwindigkeit ist ein Dilemma für Jungen und Mädchen. Der Didaktiker Heiner Böttger betont: „‚Wir dürfen die Mädchen nicht kleinhalten.‘ Er befürchtet ‚Decken-Effekte‘, wenn Mädchen im jungen Alter im gleichen Tempo wie männliche Klassenkameraden unterrichtet werden – obwohl sie aufgrund ihres bereits weiter entwickelten Gehirns viel mehr Möglichkeiten hätten“ (zit. nach Kohlmaier 2015).

In Bezug auf die Schulabschlüsse begann in den frühen 1970er Jahren eine Entwicklung zuungunsten der Jungen. Zum Beispiel schlossen vom Geburtsjahrgang 1992 51 Prozent der Mädchen im Vergleich zu nur 41 Prozent der Jungen die Schule mit der Hochschulreife ab (Zeibig 2015).

Die gesellschaftliche Haltung gegenüber Jungen beschreibt der Psychosomatiker Franz als „kollektives Empathieversagen“ (Franz zit. nach Räther / Stelzer 2014). Als dramatisches Beispiel dafür sieht er, dass es keine spezifischen Bemühungen gibt der schon bei Jungen erhöhten Suizidrate entgegenzuwirken. „Schon Jungen im Alter von zwölf Jahren haben eine dreimal so hohe Suizidrate wie Mädchen“ (ebenda). „In Deutschland sind die Jungen in der Schule von den Mädchen überholt worden. 37,8 Prozent aller Schülerinnen machten 2012 das Abitur, aber nur 29,4 Prozent der Schüler. In einer Zeit, in der es psychologische Hilfsangebote für aggressive Hunde gibt, werden psychische Probleme von Männern kaum ernst genommen“ (Räther / Stelzer 2014). Die Initiative „Schulerfolg sichern“ in Sachsen-Anhalt empfiehlt „Jungenstunden“. Durch diese spezifische Zuwendung sollen Ressourcen und die positive Geschlechtsidentität gestärkt werden.

Durch eine Verbesserung der Kommunikations- und Konfliktfähigkeit soll das Klassenklima verbessert werden.

> „So stellte Seiffge-Krenke (1995) fest, dass Mädchen in ihrer Problembewältigung aktiver und sozialer sind als Jungen. Sie reden zudem häufiger über ihre Probleme, gehen zu Freundinnen oder wenden sich an Vertrauenspersonen. Jungen hingegen zeigen eher passive Formen der Problembewältigung, lenken sich durch Sport ab oder versuchen, das Problem mit Alkohol zu vergessen“ (Achermann et al. 2006, 33).

Studien haben gezeigt, dass mit Mädchen mehr gesprochen wird, vor allem über Gefühle und die Stimmung, dass Mädchen somit häufig einen besseren Zugang zu sich erlernen (Aznar / Tennenbaum 2015). Mädchen aktivieren ihre Umgebung zu diesem Austausch. Wenn Jungen deutlich weniger lernen, ihre Gefühle in Worte zu fassen, dann werden sie weniger sensibilisiert, Gefühle überhaupt erst einmal bewusst wahrzunehmen. Dazu müssen sie danach gefragt werden, Worte und damit Konzepte erhalten. Diffuse Gefühlslagen führen zu unklaren Anspannungszuständen, die dann eher als Taten ausgelebt werden. Wildes Aufdrehen wird kleinen Jungen – entsprechend klassischer Rollenklischees – weniger abtrainiert als Mädchen.

Viele werden aus der eigenen Schulzeit – vor allem im Alter zwischen neun und fünfzehn Jahren – erinnern, dass die Mädchen sich zügiger pubertär entwickeln. Über mehrere Schuljahre können Mädchen und Jungen dann meist in den Klassen wenig miteinander anfangen. Bereits für die Einschulung zeigen Untersuchungen, dass wenn man die Schüler nicht alphabetisch, sondern nach Geburtsdaten ordnet, sich dann die entsprechenden Notenunterschiede zeigen, abhängig vom Alter. Ähnliches gibt im Durchschnitt für das biologische Entwicklungsalter.

> „Geschlechtsspezifische Unterschiede beim Verhalten verschaffen Mädchen einen mittleren Vorteil gegenüber Jungen im Klassenzimmer, wo Mädchen in der weiterführenden Schule insgesamt bessere Noten bekommen. Die Gehirne von Mädchen reifen früher aus als die von Jungen, d. h. dass das maximale Volumen der meisten Hirnstrukturen bei Mädchen ein bis drei Jahre früher erreicht wird. [...] Sie können besser still sitzen und sich auf ihre Aufgabe konzentrieren und kommen folglich besser mit der Situation im Klassenzimmer zurecht als Jungen" (Aamondt / Wang 2012, 100).

Bei unklarer Eignung (Reife) sollten Jungen im Zweifelsfall ein Jahr länger im Kindergarten gefördert werden, so die einheitliche Empfehlung der Fachleute.

Das „kollektive Empathieversagen" betrifft auch Erwachsene:

> „Das Problem des 21. Jahrhunderts sind die ungebildeten Männer und Jungen – ob Einwanderer oder Deutsche [...] überflüssig geworden, Armee, Fabrik, Gewerkschaft, Kirche – dort sind sie früher untergekommen und haben gelernt, sich im Griff zu haben. Aber die Orte der Disziplin fallen heute weg. Es gibt kein gesellschaftliches Korsett mehr. Für die Jungs ist das Problem, dass keiner sie erzieht. Die Kinder hier wachsen praktisch vaterlos auf, was für die Jungs fatal ist [...]. Die Jungs kommen in die Schule und haben noch nie in ihrem Leben ein Bilderbuch angeguckt. [...] Und dann sollen die plötzlich mit Streit zurechtkommen. Gespräche führen, Konflikte besprechen, Gefühle benennen und kontrollieren, sich in unserer zivilisierten, feminisierten Welt zurechtfinden. Sie werden fast ausschließlich von Frauen unterrichtet, von Frauen 50plus. [...] Die Jungs katapultieren sich schnell ins Aus: Aggressionen gegen Lehrerinnen, Schulverweis, erste kleine Delikte. Das geht ganz schnell. Die Jungs haben hohe Ansprüche, die sie von den vorangegangenen Generationen geerbt haben – der Mann war schließlich immer der Boss" (Duhem zit. nach Räther / Stelzer 2014).

Die BZgA bemüht sich um eine „geschlechtssensible Prävention",[204] da die Männer „ihre psychischen, aber auch somatischen, Beschwerden häufiger" ignorierten oder „mit Alkohol, Zigaretten, illegalen Drogen und zunehmend auch Glücksspiel" kompensierten (Bühring 2015a).

Die Kriminologen Beier und Pfeiffer fordern: „Um zu verhindern, dass die Jungen zum „abgehängten" Geschlecht werden, erscheint eine verstärkte Investition in das vermeintlich starke Geschlecht angemessen" (Beier / Pfeiffer 2013, 226). Denn die Jungen spüren einen diffusen Druck, vor allem im Vergleich zu den Mädchen, die vom Gesamthabitus besser schulkompatibel agieren. „Aus Untersuchungen mit Grundschülerinnen und Grundschülern wissen wir, dass schon Kinder zum Teil massiv unter Leistungsdruck leiden. Gerade Jungen im Grundschulalter sind überdurchschnittlich häufig betroffen" (Rauschenbach

---

[204] So deren Leiterin Gudrun Thaiss, www.maennergesundheitsportal.de.

2013). Schon Grundschulkinder sehen den Zusammenhang zwischen ihren Leistungen und ihren späteren beruflichen Aussichten (Metzke et al. 2006, 112). Die Förderung der Jungen ist jedoch nicht einfach durch mehr männliche Pädagogen zu erreichen. Diese legen bisweilen besonderen Wert darauf, den Jungen Härte und nicht Empathie zu vermitteln und vorzuleben. **Die Verbesserung der Selbstachtsamkeit von Jungen und damit der künftigen Männer, deren Möglichkeit, die eigenen Gefühle wahrzunehmen, in Worte zu fassen und zu beeinflussen, stellt das enorme Potential dar, das von der aktiven Förderung seelischer Gesundheit an Bildungseinrichtungen ausgehen kann.**

8 Psychische Auffälligkeiten im Bildungsalltag – Hinweise und Möglichkeiten

Entwicklungspsychologie und damit einhergehend Abweichungen von der Norm gehören zum professionellen pädagogischen Basiswissen. Bildung und seelisches Befinden sind eng verknüpft. Unsicherheit bei diesem Thema ist für Pädagogen und Lernende gleichermaßen unbefriedigend. Dabei geht es nicht um Diagnosen, sondern um Bedürfnisse. Wenn Pädagogen den Eindruck haben, dass es einem Kind schlecht geht, kann es – bis hin zur Kindeswohlgefährdung – wichtig sein, eine Abklärung zu fordern. Wenn Eltern Symptomatik schönreden oder ausblenden, können entsprechende Eindrücke von Pädagogen als Warnzeichen die Sicherheit von Kindergärten und Schulen garantieren. Intuitive Sorge kann möglicherweise auf drohende Gewalttaten hinweisen. Wer fordert, dass Pädagogen sich da „nicht einmischen", verkennt, dass sie sich sogar einmischen müssen, weil es zu ihrem Verantwortungsbereich gehört. Dies sollte in Konzepten von Bildungseinrichtungen klar benannt sein. Pädagogen fragen sich, ob sie seelische Themen in Bildungseinrichtungen thematisieren dürfen, ob sie damit nicht zu sehr in die (familiäre) Intimität einwirken, ob sie kompetent genug sind, ob sie Prozesse initiieren, die dann eventuell heftige Eigendynamik zur Folge haben.

Die Haltung der Pädagogen zu psychologischen Themen ist ganz unterschiedlich. Das betrifft den Umgang mit sich selbst, im Team und auch mit den Lernenden und ihren Familien. Exemplarisch zeigt die Abbildung 21 einzelne Haltungen, die bei Fortbildungen häufiger zu hören sind.

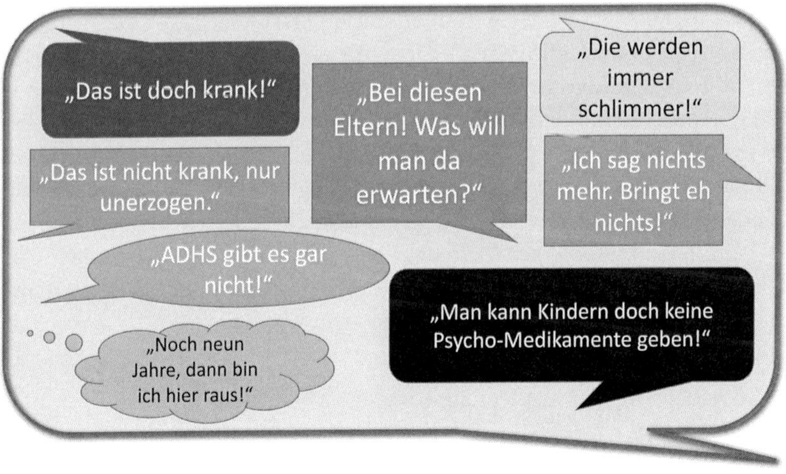

Abb. 21: Reaktionen von Pädagogen bei Verhaltensauffälligkeiten von Schülern

Bildungseinrichtungen könnten einen dringend benötigten Beitrag zur Früherkennung leisten. Die OECD fordert, dass Lehrende ausreichend ausgebildet werden und Zeit haben sollen, psychische Erkrankungen zu erkennen und Hilfen in die Wege zu leiten (OECD 2015, 41). Im 9. Kapitel, bei den vorgeschlagenen konkreten Maßnahmen ist beschrieben, dass an Bildungseinrichtungen entsprechend des Profils der Lernenden (Alter, besondere Bedürfnisse und Kompetenzen etc.) die entsprechende Diagnostik wenigstens begonnen werden sollte, nicht nur von Experten, wie zum Beispiel Schulpsychologen.

Einteilung seelischer Auffälligkeiten und Krankheiten

Wer sich näher mit psychischen Auffälligkeiten befassen mag, sucht nach Einteilungen, Kategorien, einem Überblick, einer übergeordneten Sinneinheit. Das ist verständlich, birgt jedoch gleichzeitig die Gefahr einer Begrenzung des Verständnisses durch diese Kategorien. Manche Einteilungen können Konsequenzen nahelegen, zum Beispiel zu welchem Ausmaß Erkrankungen genetisch vorbestimmt sind. Krankheiten, die zu einer hohen Wahrscheinlichkeit vererbt werden, wie bei Autismus und Schizophrenie, bewirken teilweise Resignation, dass man dem ohnehin kaum etwas entgegenhalten könne.

Einige Kategorien basieren auf einem theoretischen Hintergrund. Angesichts all dessen, was über die Psyche der Menschen noch unverstanden ist, sollte stets klar sein, dass es sich um den aktuellen Stand der wissenschaftlichen Näherung handelt. Wie die Modelle vorheriger Jahrzehnte, so werden auch heutige Ansätze irgendwann überholt sein.

Psychische Auffälligkeiten können mit unterschiedlichen Kategorien eingeteilt werden; mal geht es um die Quantität eines Merkmals, zum Beispiel ob jemand weit unterdurchschnittlich am sozialen Miteinander teilnimmt oder weit überdurchschnittlich mitteilungsbedürftig ist. Zum Beispiel wird bei Psychosen in Plus- und Minussymptomatik eingeteilt. Wenn Betroffene wahnhaft mehr als die Umgebung erleben, haben sie häufig eine jahrelang fortschreitende Minderung ihrer kognitiven Fähigkeiten und ihrer sozialen Teilhabe hinter sich. Bei der Einteilung seelischer Auffälligkeiten kann es um Prioritäten gehen. Zum Beispiel bei laufendem unkritischen Konsum von Suchtmitteln lässt sich schwer an der Stimmungsstabilisierung arbeiten.

Krankheitshäufigkeit und Verläufe

Pädagogen berichten bei Fortbildungen häufig, dass sie mit derart vielen psychischen Auffälligkeiten bei den Kindern konfrontiert würden, dass sie

Prioritäten setzen müssten. Worauf können sie achten und was müssen sie (aktiv / passiv) übersehen? Vielleicht können herkömmliche Bildungsformate nur absolviert werden, wenn die Pädagogen manches ausblenden. Nur sehr selektiv können sie auf psychische Auffälligkeiten und Nöte eingehen beziehungsweise müssen es, um unterrichten zu können. Je größer der Bedarf ist, desto mehr muss häufig außen vor bleiben.

Viel Energie wird von Unsicherheit absorbiert. Es gibt meist keine etablierten Pfade. Jede erarbeitet sich eigene Vorgehensweisen, wenn Kinder mit Hyperaktivität oder Dissozialität auffallen. Für einen Einstieg werden im Folgenden die häufigsten psychischen Auffälligkeiten und Störungen kurz dargestellt. Grundsätzlich kann zwischen Diagnosen unterschieden werden, die leicht erkannt werden können, und solchen, die eher zu Passivität führen oder kaschiert werden. Von seelischen Problemen betroffene Kinder versuchen häufig unauffällig zu wirken. Sie haben Sorge, sich erklären zu müssen, und befürchten, dass damit weitere Last verbunden ist.

Die große Langzeituntersuchung des Robert-Koch-Instituts zur Gesundheit von Kindern und Jugendlichen in Deutschland läuft seit 2003 (KiGGS). Ein Teil dieser Untersuchung befasst sich mit psychischen Auffälligkeiten und Störungen sowie der Lebensqualität der Kinder (Bella-Studie). Die bisher vorliegenden Verlaufsuntersuchungen ergaben recht konstante Ergebnisse. Es ist davon auszugehen, dass circa 20 Prozent der sieben- bis siebzehnjährigen Kinder psychische Auffälligkeiten zeigen. Circa 10 Prozent werden als psychisch krank eingestuft, das heißt, zu jeder Zeit erfüllt etwa ein Zehntel in dieser Altersgruppe die Kriterien für wenigstens eine psychische Störung. Die aktuellen Folgeuntersuchungen ergaben – wie andere Untersuchungen – allgemein keine deutliche Zunahme an psychischen Erkrankungen in der Allgemeinbevölkerung.

Die massenmediale Berichterstattung und Daten einzelner Krankenkassen hingegen künden von einer Zunahme psychischer Störungen oder wenigstens der Inanspruchnahme professioneller Hilfe. Die stetig steigenden Kosten wegen Ausfallzeiten in Zusammenhang mit psychischen Störungen finden sich in der Tagespresse.

> „Die Gesamthäufigkeit seelischer Erkrankungen in der Erwachsenenbevölkerung ([sog.] Einjahresprävalenz) liegt […] im Durchschnitt aller Studien bei knapp 27% – und das seit 30 Jahren. Die psychische Gesundheit der Bevölkerung hat sich also insgesamt nicht verändert, auch wenn die Lasten von Modernisierungsprozessen sowohl bei Kindern wie bei Erwachsenen schichtspezifisch zuungunsten der Unterschicht verteilt sind“ (Dornes 2012, 351f.).

Gestiegen ist eine diffuse Stimmung hoher Belastung bei unsicherer gesellschaftlicher Perspektive und sozialen Abstiegssorgen. Arbeitsprozesse verdichten sich allerorten. Wie ein modernes alternativloses Naturgesetz sind viele Menschen vom „Primat der Ökonomie“ irritiert, als sei es die Diktatur der Globalisierung. Dies führt umgekehrt zur stetigen Forderung an die arbeitende Bevölkerung, ihre Effektivität zu steigern, dem vielzitierten „Hamsterrad“. Privat haben sich die sozialen Erwartungen an Elternschaft erhöht. Erschöpfungssyndrome (Burnout) und Depressivität werden mittlerweile gesellschaftlich besser akzeptiert.

Nur bei wenigen psychiatrischen Erkrankungen (bzw. Symptomen) sind Steigerungsraten bei Kindern und Jugendlichen zu erkennen, wie bei der Abhängigkeit von Crystal, der Anorexia nervosa (Magersucht) und dem Missbrauch elektronischer Medien (Computer u. a.). Autismus und Störungen im Kleinkindalter werden häufiger diagnostiziert, wobei unklar ist, ob dies schlicht auf eine Sensibilisierung dafür zurückzuführen ist. Die Autismusdiagnose wird in der Bevölkerung besser akzeptiert. Dabei muss immer hinterfragt werden, wer warum Diagnosen stellt. Die Aussagekraft vieler Untersuchungsmethoden – so eine statistische Grundregel – ist groß, wenn sie nicht flächendeckend eingesetzt werden, sondern bei qualifiziert eingeschätztem Untersuchungsbedarf.

Laut der Bella-Studie sind die häufigsten Erkrankungen bei Kindern und Jugendlichen (sieben bis siebzehn Jahre, gemessen über den Eindruck der Eltern in Bezug auf Einschränkungen im Alltag): 10 Prozent Ängste, 8 Prozent Störungen des Sozialverhaltens, 5,5 Prozent Depressionen und 2,2 Prozent ADHS. Einschränkend kann für die Ängste berücksichtigt werden, dass viele Kinder an sogenannten spezifischen Phobien leiden, wie der Angst vor Hunden, oder Spinnen, ohne dadurch im Alltag besonders beeinträchtigt zu sein.

Das Risiko für Kinder, psychisch zu erkranken, ist bei Alleinerziehenden doppelt so groß, ähnlich bei anhaltenden Konflikten in der Familie der Eltern[205] (Ravens-Sieberer et al. 2007). Bei aktuellen schweren, anhaltenden Familienkonflikten ist dieses Risiko sogar um den Faktor 5 erhöht, bei Konflikten in der Familie der Eltern etwa um den Faktor 3, bei für das Kind offensichtlich belastender Paarbeziehung um den Faktor 2,75, bei psychischer Erkrankung eines Elternteils um den Faktor 2,4 (s. Kapitel 6.4.1 „Kinder psychisch Kranker“). Wenn drei der genannten Risikofaktoren erfüllt sind, erkranken 30,7 Prozent davon Betroffener, bei vier dieser außergewöhnlichen Faktoren erkrankt fast die Hälfte der Kinder (ebenda). Umgekehrt beeindruckt bei derartig komplex

[205] Die genannten Faktoren, um die sich das Erkrankungsrisiko erhöht finden sich nicht in der genannten Publikation, sondern in einem veröffentlichten Vortrag: KiGGS-Symposium 25.09.2006, Ravens-Sieberer, Wille, Bettge, Erhart: http://www.kinderumweltgesundheit.de/index2/pdf/gbe/6301_1.pdf, Zugriff 15.02.2018

belasteten Kindern das Potential seelischer Widerstandskraft (s. Kapitel 4.6 zu Resilienz). Zusätzlich ergeben sich schichtspezifische Risiken. Kinder aus der untersten sozialen Schicht haben für Hyperaktivität im Vergleich zu Kindern aus der obersten Sozialschicht ein um das 3,2-fache erhöhtes Risiko, für Dissozialität sogar um 4,7 und für Ängste um 1,7 (Ravens-Sieberer et al. 2007).

Die frühe Erkennung psychischer Störungen ist sehr wichtig. „Verschiedene Studien zeigen [,…] dass die Hälfte aller Lebenszeitfälle psychischer Erkrankungen bereits im Alter von 14 Jahren manifest ist" und knapp 80 Prozent mit 17 Jahren. **Wer irgendwann im Leben psychisch krank wird, hatte also meist bereits in seiner Kindheit und Jugend eine psychische Erkrankung.** ADHS, Verhaltensstörungen im Kindes- und Jugendalter, Zwangs- und Angststörungen, bipolare Störungen, Schizophrenie, Essstörungen, Autismus oder Schmerzstörung persistierten häufig (Lambert et al. 2013, 616). Die häufige Hoffnung, dass sich „das" auswachse, ist unrealistisch für psychische Störungen im Kindes- und Jugendalter. Mit „Priming" beschreibt man das Phänomen, dass durch eine Krankheitsepisode ein erneutes Erkranken wahrscheinlicher wird. Dies gilt für die meisten psychischen Störungen.

Häufige Irrtümer zu psychischen Auffälligkeiten und Störungen

1. „Psychische Krankheiten sind keine richtigen Krankheiten. Die Leute müssen sich nur mal zusammenreißen": Aus der Sicht Betroffener und von Angehörigen von Patienten sind solche Kommentare und Haltungen verstörend. Wer seelisch erkrankt, muss sich häufig noch zusätzlich abwertende Kommentare anhören (s. Kapitel 7.2 zur Stigmatisierung). Wer nicht selbst betroffen ist, kann sich möglicherweise tatsächlich nicht vorstellen, dass seelische Erkrankungen nicht mit Armbrüchen oder Blinddarmentzündungen vergleichbar sind. Die Erkrankten sind häufig von ihren Denk- und Wahrnehmungsmöglichkeiten (kognitiv) deutlich beeinträchtigt. Wenn sie könnten, würden sie sich auf jeden Fall „zusammenreißen", um ihr Leid nicht ertragen zu müssen.
2. „Das wächst sich aus." – Bei circa 70 Prozent derjenigen, die im Kindes- und Jugendalter psychisch krank waren, kommt es im Erwachsenenalter wenigstens einmalig erneut zu einer psychischen Störung oder zum chronischen Verlauf (Lambert et al. 2013).
3. Große Probleme und schwere Störungen werden ausschließlich durch lange, intensive Therapien besser.
4. Schuldzuschreibungen: „Mit diesen Eltern (diesem Lehrer) – das war ja nicht anders zu erwarten" (s. Kapitel 4.9 „Der populärste Psychoirrtum").
5. Kleine Kinder können noch keine schweren psychischen Krankheiten haben.

„Viele der gesundheitlichen Störungen von Schülern, vor allem solche psychischer oder psychosomatischer Art, hängen eng mit dem System Schule zusammen", so der Bildungs- und Gesundheitswissenschaftler Hurrelmann (zit. nach Alwardt 2014). Das Thema des Berufsverbandes der Kinder- und Jugendärzte im März 2014 lautete „Schule macht krank?!?".

Grundlegende Kenntnisse zu seelischen Auffälligkeiten sind für sämtliche pädagogische Bereiche bedeutend.

Im Rahmen des vorliegenden Gesamtüberblicks kann die folgende Auflistung der relevantesten psychischen Störungen keinen Anspruch auf Vollständigkeit haben.[206] Wichtig ist, wie in den Kapiteln 7 und 8 dargestellt, Lernende auch nach Feststellung einer psychischen Auffälligkeit nicht vornehmlich als eingeschränkt anzusehen. Auch in solchen Phasen steht der auf Ressourcen orientierte Blick im Vordergrund. Beeinträchtigungen durch Krankheiten schwanken. Betroffene können häufig selbst am besten einschätzen, wann sie Unterstützung benötigen, um ihr Leistungspotential abrufen zu können. Psychische Veränderungen können sogar positive Nebeneffekte haben, wie mehr Ruhe.

8.1 Psychosomatische Beschwerden

Obwohl psychosomatische Beschwerden in der gesamten Bevölkerung sehr weit verbreitet sind, wird ihr Anteil an allen Beschwerden, Störungen und Erkrankungen immer noch deutlich unterschätzt. An die Beteiligung seelischer Ursachen möchten viele erst denken, wenn sich im Körper, den sie als separates Objekt verstehen wollen, keine erklärenden krankhaften Befunde zu ihren Beschwerden finden lassen (mehr dazu im Kapitel 7.2 über die Stigmatisierung, die mit seelischen Erkrankungen einhergeht).

Im Alltag sind psychosomatische Beschwerden allgegenwärtig. Der Bauch drückt, oder der Kopf schmerzt. Die Neurodermitis „blüht auf" oder das Asthma. Unwohlsein drücken Kinder häufig als körperliches Symptom aus. Bei Männern verhält es sich ähnlich. Sie haben häufig weder Wahrnehmung noch Worte für seelische Beschwerden. Rückenschmerzen erscheinen da möglicherweise salonfähiger.[207] Nur selten läuft dies bewusst ab. Unwohlsein drücken Kin-

---

206 Kostenfrei und qualitativ hochwertig ist zum Beispiel die Sammlung des Instituts für Qualität und Wirtschaftlichkeit im Gesundheitswesen, unter www.gesundheitsinformation.de einsehbar. Umfangreich zu psychischen Themen ist zum Beispiel die Onlinesammlung von Volker Faust, vgl. www.psychosoziale-gesundheit.net/.

207 „‚Faszinierend ist jedoch die Fähigkeit vieler Menschen, die mit der ständigen Überforderung auch einhergehende Angst zu verleugnen' und sich einzubilden, sie hätten alles

der häufig als körperliches Symptom aus. Je kleiner Kinder sind, desto weniger können sie sich mit Worten verständlich machen, desto mehr nehmen sie sich ganzheitlich wahr. Kinderärzte klagen:

> „[U]nser Problem ist die zunehmende Zahl der sogenannten neuen Kinderkrankheiten. Nicht mehr […] Masern, Röteln und Mumps seien heute das Problem, sondern die steigende Zahl an Depressionen, Angst- und Schlafstörungen sowie psychosomatische Störungen. Das achtjährige Gymnasium G8, Inklusion, Lehrermangel – all das ist in den Augen der Ärzte ein Grund dafür, dass das seelische Leid der Schüler zunimmt" (Alwardt 2014).

„Die hohe Prävalenz von Schmerzen und Beschwerden sowie von chronischem Stresserleben lassen auf eine große allgemeine gesundheitliche Belastung bei Gymnasiasten schließen", gleichermaßen bei G8 und G9 unter 1260 Münchner Schülern (Milde-Busch 2010). Dabei sind „Schulstress, insbesondere bei Schulanfang oder Schulwechsel, sowie schlechte Schulleistungen […] stark mit dem Auftreten körperlicher Beschwerden assoziiert" (Göttken 2009). „In Zürich konnte die Zahl der psychosomatischen Beschwerden von Schülern allein schon durch ein ‚gesundes Schulklima' und eine verbesserte ‚Teamkultur' um 36 Prozent reduziert werden."[208] Fast immer finden sich psychosomatische Beschwerden im Rahmen schulvermeidenden Verhaltens.

Über alle Altersgruppen hinweg wurde in den letzten Jahren international eine Zunahme von Kopfschmerzen im Kindes- und Jugendalter festgestellt.

> „Verschiedene Studien identifizieren folgende Risikofaktoren (bis zu 5,8-fache Risikoerhöhung) für Kopfschmerzen oder ihrer Chronifizierung: dysfunktionale [also belastende, nicht förderliche] familiäre Situation, regelmäßiger Alkohol, Koffein- und Nikotingenuss, geringe körperliche Aktivität, physische / psychische Misshandlungen, Mobbing im sozialen Umfeld, unfaire Behandlung" (Straube 2013).

Eine Umfrage der Krankenkasse DAK ergab, dass 40 Prozent der Mädchen mehrfach pro Woche psychosomatische Beschwerden hätten. Eine andere Untersuchung zeigte eine Verdopplung der Asthmaerkrankungen bei Achtklässlern über die letzten sechs Jahre (Alwardt 2014).

---

im Griff […]. ‚Es ist auffällig, dass besonders Männer die Fähigkeit Nichtwahrnehmung ihrer Ängste bis zur Perfektion entwickelt haben'" (Schiffer, Hüther in Schiffer 2013). Bartens' Buch „Körperglück" (1.Aufl. 2010) ist eine empfehlenswerte Zusammenstellung vieler psychosomatischer Studien und Alltagsthemen.

208 https://www.presseportal.de/pm/55202/678191, Zugriff 15.02.2018., Deutsche Gesellschaft für Sozialpädiatrie und Jugendmedizin.Thyen, Universität Lübeck: „Von „Gesunder Schule" hierzulande noch meilenweit entfernt Gerade chronisch kranke und entwicklungsgestörte Kinder bleiben auf der Strecke. Sozialpädiater sehen akuten Handlungsbedarf.", 11.05.2005.

Häufige Symptome von Somatisierung im Kindes- und Jugendalter sind: Bauchschmerzen, Kopfschmerzen, Kloßgefühl im Hals, Müdigkeit, Schwindel und Übelkeit. Auch Kinder, die häufig somatisieren, können plötzlich akut erkranken. Im Zweifelsfall kann die Verantwortung, unklare Symptome ohne Intervention auszuhalten, nur von Medizinern übernommen werden.

„*Kopfschmerzen* stellen die häufigste Schmerzlokalisation im Kindes- und Jugendalter dar – dennoch bereiten sie nicht nur dem Patienten und seiner Familie, sondern nicht selten auch dem behandelnden Arzt Kopfzerbrechen. […] Die Stärkung der Person des Kindes, die Unterstützung bei der Entwicklung von Coping-Strategien [also Möglichkeiten, Stress und Kopfschmerzen zu mindern], die Schulung der sozialen Kompetenz von Mitschülern und Lehrern zum Beispiel über sonderpädagogische Projekte zur Konfliktbewältigung im Schulalltag als systembezogene Intervention oder über die Information der Lehrpersonen über die Erkrankungssituation des Schülers und den möglichen Zusammenhang zu Faktoren des Schulalltages als individuelle Intervention erscheinen relevant, möglich und indiziert zur Reduktion psychosozialer Stressoren. Aber auch die Sensibilität für innerfamiliäre Stressoren und die Überorganisation des kindlichen Alltags scheint angezeigt zu sein: Die Frage nach der individuellen Reizüberflutung und nach Erholungszeiten im kindlichen Alltag ist diagnostischer und therapeutischer Teil des ärztlichen Gesprächs. Die Betonung von persönlichen Ressourcen und Stärkung von Coping-Kompetenzen hat eine nachgewiesene Bedeutung für die Behandlung von chronischen Schmerzen im Schulalter, dies gilt für Kopfschmerzen, wie für andere Schmerzen" (Weber P 2013).

Handlungsmöglichkeiten und Grenzen von Pädagogen

- Pädagogen haben häufig aufgrund ihrer Erfahrung, der Kenntnisse über die Gruppendynamik und der Entwicklung der Kinder einen treffsicheren Blick, welche Beschwerden als psychosomatisch zu verstehen sind.
- Sie wollen jedoch keine schweren Erkrankungen übersehen.
- Ein einvernehmliches Vorgehen mit den Eltern ist unbedingt anzustreben, zum Beispiel: „Bei Bauchschmerzen ruhst du dich zehn Minuten aus und dann schauen wir, ob es weitergehen kann."
- Wichtig ist, nicht in eine Diskussion zu geraten, die dem Kind eine Fehlwahrnehmung unterstellt. Bei Bauchschmerzen gehen Mediziner zum Beispiel davon aus, dass Kinder aus unterschiedlichen Gründen Empfindungen aus dem Bauchraum intensiver als andere wahrnehmen (**Modell der Hypersensibilität**).
- Wenn Mediziner beteiligt sind können Pädagogen sich nach entsprechender Information darauf konzentrieren, dass selbst bei Auftreten psychosomatischer Beschwerden so viel Alltag wie möglich ein Gegengewicht darstellt. Herumtoben kann ablenken vom vorsichtigen Hineinhorchen.

8.2 Depressivität

Depressionen – und nicht selten damit verbundene Suchtkrankheiten – sind die häufigsten psychischen Erkrankungen, wenn alle Altersgruppen berücksichtigt werden. Die Sterblichkeit ist hoch. Bis zu 15 Prozent der Betroffenen suizidieren sich. Dies kann schon im Kindesalter gefährlich werden. Depressivität drückt sich im Kindes- und Jugendalter vielfältiger aus als im Erwachsenenalter. Die Krankheit kann in allen Altersgruppen auftreten und in sehr unterschiedlicher Ausprägung. Manche haben nur eine depressive Phase, andere erkranken immer wieder, manche werden sogar depressiv-psychotisch. Aus den USA wurde eine neue Krankheitsdefinition der manisch-depressiven Störung im Kindes- und Jugendalter vorgeschlagen. Bei Anwendung dieses neuen Verständnisses von gesund und krank werden viel mehr Jugendliche als gestört eingestuft und damit medikamentös behandlungsbedürftig.

Die folgende Abbildung 22 stellt den klassischen Symptomen die in Kindheit und Jugend häufiger zu sehenden Symptome gegenüber.

Abb. 22: Symptome depressiver Störungen

In der Jugendpsychiatrie werden häufig Mädchen behandelt, die Depressivität benennen können. Manche davon fügen sich selbst Verletzungen zu oder sind an Magersucht (Anorexia nervosa) erkrankt. Jungen, die häufig weniger angeleitet werden, Gefühle auszudrücken, und damit weniger angeleitet werden, Empfindungen für sich erst einmal zu benennen, können durch dissoziales Verhalten auffallen. Jungen und Männern verkennen Depressivität nicht nur selbst häufig, ignorieren und verleugnen Symptome. Auch das professionelle Hilfesystem verkennt sie beim vermeintlich „starken“ Geschlecht häufiger.

> „Vor zwei Jahren haben vier Schauspieler – zwei Frauen und zwei Männer – für eine Studie Hausärzte besucht. Mit der gleichen, vorher einstudierten Wortwahl, Mimik und Gestik haben sie angebliche psychische Beschwerden vorgetragen. Egal, ob die falschen Patienten leger gekleidet waren oder ob sie in Business-Garderobe kamen, egal, ob sie auf männliche oder weibliche Ärzte trafen: Bei den Schauspielern wurden dreimal seltener depressive Verstimmungen diagnostiziert als bei den Schauspielerinnen“ (Räther / Stelzer 2014).

Wahrscheinlich gibt es unterschiedliche Formen depressiver Phasen, die sich zum Beispiel hinsichtlich ihres Grades der Vererbung und der Verlaufsform unterscheiden.

> „Zu den spezifischen Risikofaktoren gehören [...] ein negativer kognitiver Stil sowie bedeutende Verlusterfahrungen wie der Tod eines Elternteils, Trennung der Eltern oder Umzug. Unter einem negativen kognitiven Stil werden unter anderem Hoffnungslosigkeit, ein vermindertes Selbstwertgefühl sowie pessimistische Attributionen (‚mir gelingt nie etwas', ‚mich mag niemand') verstanden. Zu den unspezifischen Risikofaktoren gehören Armut, Gewalt- und negative Lebenserfahrungen (z. B. erhebliche Konflikte zu Hause, Vernachlässigung) sowie soziale Isolation“ (Herpertz-Dahlmann et al. 2013, 326).

Handlungsmöglichkeiten und Grenzen von Pädagogen

- Wegen des häufig schleichenden Beginns ist viel gewonnen, wenn die Schwierigkeiten erkannt und benannt werden.
- Wenn Betroffene den Bedarf an Hilfe nicht wahrhaben wollen, kann der Eindruck von anderen Lernenden, die Rückmeldung der Gruppe helfen.
- Ängstlichkeit tritt häufig in Verbindung mit Depressivität auf. Mit dem Akzeptieren von Hilfsbedürftigkeit gehen Ängste einher. Pädagogen können bei schweigsamen Lernenden laut denken, mögliche Befürchtungen und Auswege benennen.
- Leider nicht selbstverständlich: Die Aufforderung, sich „zusammenzureißen“, hilft bei Depressiven nicht.
- Lebensmüdigkeit und suizidale Hinweise sollten bei Unsicherheit angesprochen werden. Die Abklärung ist immer Aufgabe von professionellen Psychologen oder Ärzten.

8.2.1 Burnout

Burnout ist keine Erkrankung, tritt aber häufig vor einer Depression auf und kann einige Symptome davon aufweisen. Für das Kindes- und Jugendalter plädiert der Kinderpsychiater Schulte-Markwort dafür, Burnout als

Erschöpfungsdepression nun als eigenständige Erkrankung anzuerkennen. Er stellt in seiner Sammlung der „Burnout-Kids" (2015) dar, dass das Burnout-Syndrom nicht klar definiert ist und auch die Behandlungsansätze kaum erforscht sind. Über die Jahre hat er eine deutliche Steigerung des Burnouts bei Kindern und Jugendlichen registriert. Es wird

> „ein aktives von einem passiven Burnout unterschieden [...], womit disponierende Persönlichkeitsfaktoren von überfordernden äußeren Bedingungen differenziert werden. [...] Eine Schulstudie der LMU [Ludwigs-Maximilians-Universität ...] an 1260 Schülern im Alter zwischen 14 und 20 Jahren zeigt auf, dass
>
> - 83,1% monatlich Kopfschmerzen und 50 Prozent Rückenschmerzen haben,
> - 45% ein Gefühl der Überforderung angeben,
> - 20,4% unter chronischem Stress leiden und sich
> - 22,5% überlastet fühlen.
>
> Es gibt viele andere Studien [...], die ähnliche Ergebnisse aufzeigen. In der klinischen Praxis häufen sich in den letzten fünf Jahren Patienten, auf die eine Diagnose oder Zustandsbeschreibung einer Erschöpfungsdepression zutrifft. Mehrheitlich handelt es sich um leistungsorientierte Mädchen der 9. bis 12. Klasse, die neben einer Erschöpfung und depressiven Verstimmung Symptome wie Schlafstörungen, Gewichtsverlust und völligem Verlust der Freizeit klagen" (Schulte-Markwort 2015, 209f.).

Außer den schulischen Anforderungen würden sich keine Belastungsfaktoren finden. Der Leistungsdruck gehe in der Regel nicht von den Eltern aus. (ebenda) Kritiker können die mit dieser Schulstudie erfassten Symptome und Gefühle als Ausdruck von falscher Schulwahl und die Schmerzen möglicherweise als Ausdruck der Sensibilisierung für das Thema interpretieren.

> „Dass der Begriff Burnout sich solcher Popularität erfreut, dürfte auch damit zusammenhängen, dass er für die Betroffenen eine sie letztlich entlastende subjektive Ätiologie impliziert, was das Selbstwertgefühl stärkt: Das eigene Leid scheint vorwiegend durch besonders hohes eigenes Engagement und hohe berufliche Anforderungen bedingt, nicht durch eigene Schwächen, unbewältigte innere Konflikte, Fehlverhalten oder schicksalhafte, kaum zu begreifende biologische Veränderungen. So kann in der Patientenperspektive Burnout zum Leid- und Leitmotiv werden" (Berger 2014).

Lehrkräfte litten „im Vergleich zu anderen Erwerbstätigen häufiger unter Symptomen wie Erschöpfung, Nervosität, Reizbarkeit und Schlafstörungen" (Lehr 2011 zit. nach Paulus/Born 2015). Der im Vergleich zu anderen Berufsgruppen[209] besonders hohe Anteil mit Burnoutmuster ist bei Lehrern beachtlich (Schaarschmidt 2007). Dies unterscheidet sich regional und bezüglich der Schulformen nicht sonderlich. Die Situation verschlechtert sich mit zunehmendem

209 Strafvollzugsbeamte, Polizisten, Feuerwehrleute, Pflegepersonal, Existenzgründer.

Alter. Betroffene beklagen sowohl Kommunikationsdefizite mit Schülern und Eltern als auch fachliche und didaktische Mängel.

Symptome eines Überlastungssyndroms (landläufig „Burnoutsyndrom", nach Laux (2011))

Emotionale Symptome: Reizbarkeit, Depressivität, Angst, Unruhe, Schuldgefühle, Hilflosigkeit

Kognitive Symptome: Selbstzweifel, Gedächtnis- und Konzentrationsstörungen, Leistungsabfall

Körperliche Symptome: Neigung zu Infektanfälligkeit, Schlafstörungen, körperliche Erschöpfung, Müdigkeit

Verhaltensänderungen: abwertende, zynische Äußerungen, sozialer Rückzug, kaum noch Freizeitaktivitäten, vermehrter Konsum von Nikotin, Alkohol, Medikamenten

8.3 Ängste

Ängste gehören zum gesunden seelischen Erleben und stehen häufig in Zusammenhang mit Entwicklungsaufgaben und Umbruchphasen. Im Kleinkindes- und Grundschulalter fällt manchen Kindern die Trennung von den Eltern besonders schwer. Mit der Abfolge von Einschulung, dem Übergang auf die weiterführenden Schulen, Änderungen in der Familie, der Pubertät und der Vorbereitung auf die Berufsausbildung stellt fast die gesamte Vor- und Schulzeit ein Kontinuum von Umbruchphasen dar. **Ängste als Begleiter von Entwicklungsherausforderungen gehören somit zu Bildungseinrichtungen wie Lachen, Lautstärke, Trubel** und schmutzige Toiletten. Als Teil der Normalität sollten sie vielleicht einen festen Platz erhalten, eine Hitliste oder Pinnwand.

Krankmachende und krankhafte Angst kann sich besonders im Leben von Kindern einnisten, wenn es niemand merkt. Manche können Ängste schwierig als solche benennen. Andere überspielen ihre Sorgen. Wenn Eltern selbst besonders ängstlich sind, vermitteln sie diese Haltung den Kindern.[210] Sie können möglicherweise schlechter beraten. Vielleicht sind sie unkritisch und erkennen nicht, dass ihre Kinder durch die Ängste in der Entwicklung gehemmt sind.

[210] Das Experiment „Visual cliff", als optische Illusion einer Gefahr für ein Baby, zeigt, wie sehr das Explorationsverhalten von Kindern von der Ausstrahlung der Eltern abhängt (YouTube): https://www.youtube.com/watch?v=p6cqNhHrMJA, Zugriff 15.02.2018.

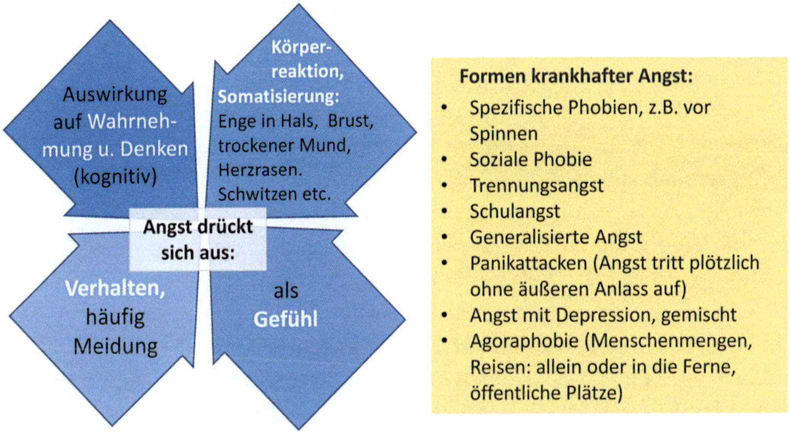

Abb. 23: Symptome und Formen von Angststörungen

Die Erkennung und Bearbeitung von Ängsten und Angststörungen verhindert Folgeerkrankungen. „So erhöht sich das Risiko für einen Adoleszenten mit einer sozialen Phobie, später an einer Depression zu erkranken, um das 2–3-Fache, das Risiko für Alkoholabhängigkeit um das 4–5-Fache“ (Herpertz-Dahlmann et al. 2013, 435).

Im digitalen Zeitalter können Erfahrungen mit elektronischen Medien überfordern und verängstigen. Häufig trauen sich Kinder nicht, dies mit Erwachsenen zu besprechen, aus Angst, dass ihnen der Computer künftig verwehrt wird. Elektronische Medien sind zudem ein beliebter Rückzugsort, wenn Kinder und Jugendliche an Ängsten und Depressionen leiden. Dort können sie aussuchen, mit wem sie in Kontakt kommen wollen. Manche im Alltag ängstlichen Jugendlichen sind im virtuellen Raum mutige Superhelden und lassen sich von unterlegenen Mitspielern entsprechend anreden. Auch ohne besondere Ängste verbringen Jugendliche viel Zeit in sozialen Netzwerken, um im Kreis ihrer Mitschüler und Freunde nichts zu verpassen, um ihre Position in der Gruppe zu sichern.

Am stärksten können Kinder laut Bella-Studie durch heimischen Stress belastet sein, zum Beispiel wenn sie eine Trennung ihrer Eltern befürchten, andauernden Streit miterleben, wenn die Eltern unglücklich oder krank wirken. Kinder können sich dann schwer auf andere Dinge außer Haus einlassen. Wenn Kinder sich sorgen, ob die Eltern zu Hause ohne sie klarkommen, können Trennungsängste entstehen. Die meisten Kinder wollen, dass es ihren Eltern gut geht, als „sicherer Hafen“. Kinder bemühen sich um den sprichwörtlichen

Ast, auf dem sie sitzen. Manche Kinder fühlen sich schon früh für ihre Eltern verantwortlich, zum Beispiel wenn die Eltern suchtkrank sind.

Bildungseinrichtungen, vor allem Schulen, sind heute Projektionskörper gesellschaftlicher Ängste. Wenn man die Verunsicherung vieler (Helikopter-) Eltern spürt, wie sie ihren Kindern Halt geben können und auf welche Zukunft sie vorbereiten sollen, dann ist die Ausgeglichenheit vieler Schüler umso beeindruckender. Der mit diesen Sorgen der Eltern einhergehende Förderwahn kann für die Kinder zu Ängsten führen, nur geliebt zu werden, wenn sie diese Leistungen erbringen. Viele Familien, vor allem Mütter, fühlen sich gestresst. Die schulische Förderung ihrer Kinder kostet erhebliche Zeit und Nerven. Besonders sensible Kinder können schwer aushalten, wenn sie ihren Eltern Sorgen machen, und fühlen sich dadurch möglicherweise schuldig. Solche Sorgen und Ängste können sich verselbständigen und viel Kraft kosten.

Angst vor Bedrohung ist heute an Schulen vor allem eine Angst vor bedrohlichen Mitschülern bzw. Gruppen, aber immer auch noch vor einzelnen Lehrern, die ihre Macht missbrauchen. Angst vor Lehrern gehörte an Bildungseinrichtungen lange Zeit zur alltäglichen Normalität. Juul zitiert einen Lehrer aus Österreich: „Früher gab es auch nicht mehr Respekt für die Lehrer, nur noch mehr Angst" (zit. nach Juul 2013, 42). „Früher haben die Schulen viele Kinder kaputt gemacht und deren Lebensqualität zerstört, heute werden ebenso viele Lehrer kaputt gemacht" (vgl. ebenda, 45). An vielen Schulen fehlt eine tragfähige verbindliche Orientierung auf gemeinsame Werte, bei denen gegenseitiger Respekt ebenso wichtig ist wie das Bemühen um gewaltfreies Vorgehen. In neunzehn Bundesstaaten der USA ist es weiterhin legal, wenn Lehrer körperlich gegen Kinder gewalttätig sind – und dies als pädagogisches Mittel verklären (Pfeiffer 2015).

Schon Erasmus von Rotterdam behauptete im Jahre 1502: „Nur wer ohne Angst lernt, lernt erfolgreich" (zit. nach Westerhoff 2011). An solchen humanistisch wohlklingenden Sätzen mangelt es bei didaktischen Fragen nie. Ängste gehören jedoch zum normalen Leben und damit auch zur Bildung. Es ist – wie meist – die Dosis, die Angst giftig machen kann. Gute Bildung kann den Umgang mit den persönlichen Ängsten trainieren. Zu viel Angst blockiert jeden. Für Lernen ist ein leicht überdurchschnittlicher Grad an Wachheit optimal (Vigilanz). Manche nutzen die kurz vor Prüfungen aufkommende Angst, wenn sie sich anders schwer motivieren können, sei es die Angst vor dem Versagen oder die Scham gegenüber den Mitschülern.

Zu den am weitesten verbreiteten Ängsten gehört die Sorge, vom eigenen Umfeld nicht akzeptiert und geschätzt zu werden. Unbeabsichtigt zum Außenseiter zu werden oder von den wichtigsten Bezugspersonen, zumal den eigenen Eltern abgelehnt zu werden gehört zu den seelischen Grausamkeiten, die viele Kinder kennen. Je jünger und abhängiger sie sind, umso gravierender kann die Entwicklung dadurch beeinträchtigt werden. Für alle, die zwangsläufig in Gruppen zurechtkommen müssen, geht es um Akzeptanz und Anerkennung. Im Jugendalter, wenn sich die Identität entwickelt, tarieren Jugendliche permanent ihre Stellung in der Gruppe aus, verbringen Stunden und Tage mit Sozialkontakten, um ihre Position zu sichern. Fest integrierte Konzepte zum sozialen Lernen im schulischen Bereich können besonders für ängstliche Kinder gut präventiv wirken.

Eine besondere Form, die häufig zum Gefühl führt, Außenseiter zu sein und nicht zu genügen, sind die Teilleistungsstörungen, vor allem die Lese-Rechtschreib-Störung und Dyskalkulie. Betroffene Kinder entwickeln häufig Angststörungen, Depressionen und schulvermeidendes Verhalten (Schulte-Körne 2016, 186). Das Bildungssystem ist meist nicht gut auf ihre Bedürfnisse eingestellt.

Leistungsangst wirke sich „sowohl auf das Lernen (Enkodieren von Informationen) als auch auf die Leistung und den dafür nötigen Abruf von Informationen“ aus.

> „Beide Effekte der Leistungsangst können theoretisch sowohl positiv (förderlich) als auch negativ (leistungsbeeinträchtigend) sein. Angst kann die Informationsaufnahme fördern, indem sie zur Mobilisierung aller Ressourcen, zu maximaler Anstrengung und starkem Engagement führt. Andererseits wissen wir aus der Gedächtnisforschung, dass Stoff, der unter starkem Stress gelernt wurde, oberflächlicher verarbeitet und gespeichert wird als Stoff, der unter affektiv neutralen oder positiven Bedingungen gelernt wurde […]. Der springende Punkt ist, dass im Kontext der Schule die leistungsbeeinträchtigenden Wirkungen der Leistungsangst die leistungsförderlichen Effekte klar dominieren“ (Helmke 2009, 226).

Handlungsmöglichkeiten und Grenzen von Pädagogen

- Bei Kinderängsten neigen viele Erwachsene reflexhaft zu der Reaktion: „Du brauchst keine Angst zu haben“. Für viele Kinder dürfte es hilfreicher sein, wenn ihre Eltern und andere wichtige Bezugspersonen ihre Ängste zunächst einmal akzeptieren und zu verstehen versuchen, mit den Kindern in Ruhe nach Wegen suchen.
- Ängste leben von Ohnmachtsgefühlen, zum Beispiel auch Prüfungsangst, die ganz unterschiedliche Formen haben kann. Angst kann am besten durch ein gutes Verständnis (detailliertes Erfassen der Zusammenhänge) und – bei entsprechender Motivation – Auseinandersetzung (Exposition) bearbeitet werden. Wer Ängste detailliert beschreibt, benennt dabei meist bereits Lösungsansätze. Bildungseinrichtungen können mit kreativen Ideen wie Skulpturen oder Plakaten optische Möglichkeiten bieten, ins Gespräch zu kommen. Die aktive Auseinandersetzung wird dadurch gefördert.

- Auf die Umfrage von Furman, wie Menschen eine schwere Kindheit bewältigten, nannte eine Frau die Förderung durch eine Lehrerin: „Ich hatte eine sehr kluge Grundschullehrerin [,...] sie hat mich dazu gebracht, von der ersten Weihnachtsfeier an Gedichte vorzutragen - und ich tat es - mit Tränen in den Augen, bei jedem Frühjahrsfest, am Muttertag, bei der Unabhängigkeitsfeier [...]. Erst vor einigen Jahren habe ich begriffen, dass meine Schüchternheit sich auf diese Weise nach und nach in Mut verwandelte, meine Introvertiertheit sich in eine positive und auf die Zukunft gerichtete Haltung änderte" (Furman 2008, 24).
- Angst kann in Zusammenhang mit Aspekten bearbeitet werden, die im Umfeld tatsächlich beängstigen sollten, als Kehrseite von Sicherheitsmaßnahmen. Körperliche (auch sexuelle) Übergriffe gehen häufig vom engeren sozialen Umfeld aus.

8.3.1 Posttraumatische Belastungsstörung

Traumatische Erlebnisse sind von der subjektiven Verarbeitung abhängig, nicht von der Dramatik und der allgemeinen Einschätzung. Wenn Kinder Schlimmes erleben oder erlebt haben (z. B. heftige Auseinandersetzungen, wenn ihre Eltern sich trennen, Todesfälle in der Familie), ist ihre Umgebung häufig verunsichert. Man möchte sie schonen und weiß vielleicht nicht, welche Form von Unterstützung sie brauchen. Vielleicht stellt sich die Frage, ob sie auf Schwierigkeiten angesprochen werden möchten oder lieber in Ruhe gelassen werden wollen. Jeder reagiert anders auf schwere Belastungen wie zum Beispiel häusliche Gewalt, Unfälle oder den Verlust von Angehörigen. Untersuchungen haben gezeigt, dass es nicht sinnvoll ist, jeden potentiell Traumatisierten psychologisch zu betreuen, sondern – nach dem Motto *screen and treat* – dass nur bei entsprechenden Auffälligkeiten weiter diagnostiziert und gegebenenfalls behandelt wird.

Typische Symptome nach Traumata sind:

- sich aufdrängende Erinnerungen an das Trauma, die auch im Schlaf und unbewusst auftreten können,
- Übererregbarkeit bei Reizen, die diese Erinnerungen auslösen, aber auch
- allgemein erhöhte Anspannung und Verstimmung sowie
- Vermeidungsverhalten, das sich zu einem immer intensiveren Rückzug entwickeln kann.

Im Kindes- und Jugendalter wird die mögliche Symptomatik nach Traumata als „chamäleonartig" bezeichnet. Damit ist gemeint, dass die typische Symptomatik nicht unbedingt vorliegen muss, sondern dass sich die psychische

Dekompensation in vielfältiger Symptomatik ausdrücken kann, die sich teilweise – ähnlich dem Chamäleon – der Umwelt anpassen kann.

Handlungsmöglichkeiten und Grenzen von Pädagogen

- Bei aller Empathie profitieren Kinder nach belastenden Ereignissen an Bildungseinrichtungen häufig von der „normativen Kraft des Faktischen", von Ablenkung und Routinen. Bildungseinrichtungen können – sogar bei nicht abgeschlossener Belastung – als „sicherer Ort" empfunden werden.
- Kollegiale Fallbesprechungen können hier besonders wichtig sein, um das richtige Maß zu finden, das Leid des Lernenden zu kennen, Halt zu geben und dennoch die professionelle Förderung und Forderung als Struktur aufrechtzuerhalten (Jungmann / Reichenbach 2013, 159).

8.4 Aufmerksamkeits-Defizit-(Hyperaktivitäts)-Störung (AD(H)S)

Keine andere kinderpsychiatrische Diagnose wird ähnlich häufig, hochemotional und dogmatisch in der Öffentlichkeit diskutiert wie ADHS, das Aufmerksamkeits-Defizit-Hyperaktivitäts-Syndrom. ADHS ist *die* kinderpsychiatrische Diagnose, für viele die einzige bekannte, auch für manche Mediziner. Wenn Kinder psychisch krank wirken, wird deshalb gern unspezifisch erst einmal diese Diagnose in den Raum gestellt. „‚*ADHS ist eine argumentative Missbrauchsplattform*', sagt Florian Heinen, Leiter der Kinderneurologie am Haunerschen Kinderspital der Universität München. ‚*Jeder instrumentalisiert das Leiden für seine Interessen.*" Lehrer, Ärzte und Psychologen fordern mehr Stellen, Eltern mehr Entlastung, Pharmafirmen wollen mehr Medikamente verkaufen [...]. *Weil sich die Kinder aber in einem immer engeren Leistungskorridor bewegen, werden viele von ihnen behandelt, die nicht krank sind, sondern sich nur besonders verhalten*'" (zit. nach Bartens 2011, 196). Auch Yuval Harari (2017) verweist auf den Missbrauch von Ritalin und ähnlichen „Aufputschmitteln".

> „Ziel war ursprünglich gewesen Aufmerksamkeitsstörungen zu behandeln, aber heute nehmen auch völlig gesunde Kinder solche Medikamente, um ihre Leistung zu steigern und den wachsenden Erwartungen von Lehrern und Eltern gerecht zu werden. Nicht wenige widersprechen und behaupten, das Problem liege eher beim Bildungssystem als bei den Kindern. Wenn Schüler unter Aufmerksamkeitsstörungen, Stress und schlechten Noten leiden, dann sollten wir dafür womöglich veraltete Unterrichtsmethoden, überfüllte Klassen und ein unnatürlich schnelles Lebenstempo verantwortlich machen [,...] bislang waren sich alle einig: Für eine bessere Bildung müssen wir die Schule verändern. Heute glauben zum ersten Mal in der Geschichte zumindest einige Menschen, dass es wirkungsvoller wäre, die Biochemie der Schüler zu verändern" (Harari 2017, 58f.).

Nicht wenige sehen wie der Philosoph Christoph Türcke (2012) einen Zusammenhang mit der „Aufmerksamkeitsdefizitkultur im Zeitalter der konzentrierten Zerstreuung". Dornes ruft jedoch Harnacks Studie von 1958 in Erinnerung, die Hypermotorik und Konzentrationsschwäche schon seinerzeit als „zentrale Probleme ‚des Schulkindes unserer Zeit'" genannt hätten (Dornes 2012, 420). Viele Lehrer beklagen, dass allgemein im digitalen Zeitalter die Lernbereitschaft durch die Erfahrungen mit den Bildschirmmedien gestört werde. „Alles muss immer nur Spaß machen, auch der Unterricht", so zitiert Bigalke (2014) eine schwedische Lehrerin.

Die tatsächlichen Diagnosekriterien setzen sich aus den Bereichen Aufmerksamkeitsstörung, Hyperaktivität und Impulsivität zusammen. Diese müssen schon vor dem sechsten Lebensjahr begonnen haben und in mehreren Lebensbereichen über wenigstens sechs Monate belastend auftreten. Zum Beispiel durch unvorsichtiges Klettern oder plötzliches Losrennen auf der Straße drohen schwere Unfälle. Deshalb ist es unverantwortlich, wenn sogar Wissenschaftler wie Gerald Hüther[211] behaupten, dass es ADHS nicht gebe.

ADHS – Kernsymptome und Beispiele

Aufmerksamkeitsdefizit

- Unaufmerksamkeit bei Details führt zu Sorgfältigkeitsfehlern
- durch Reize leicht ablenkbar
- kann Aufmerksamkeit häufig nicht aufrechterhalten
- beschäftigt sich nur widerwillig mit Aufgaben, die längere Anstrengung erfordern
- kann Aufgaben kaum organisieren
- führt Aufgaben nicht vollständig / zu Ende durch
- verliert häufig Dinge
- scheint nicht zu hören, wenn andere rufen

Hyperaktivität

- innere und motorische Unruhe z. B. im Unterricht
- verlässt Platz unerlaubt
- unkontrollierbar: selbst und durch Umgebung, wie getrieben
- Schwierigkeiten, sich ruhig zu beschäftigen

Impulsivität

- unterbricht und stört andere häufig, z. B. platzt in Unterhaltung
- platzt mit Antworten heraus, bevor Frage zu Ende gestellt ist
- kann häufig bei Spielen oder in Gruppensituationen nicht warten, bis er / sie an der Reihe ist
- redet übermäßig viel, ohne angemessen auf soziale Beschränkung zu reagieren

Abb. 24: Symptome des Aufmerksamkeit-Defizit-Hyperaktivität-Syndroms

211 „AD(H)S ist keine Krankheit, sondern ein Sozialisationsdefizit". http://www.gerald-huether.de/Mediathek/ADHS/Interview_Silke_Steffen.pdf, Zugriff 16.02.2018

Immer wieder geht es um Extrempositionen, die die Gabe von Stimulantien wie Ritalin® grundsätzlich ablehnen beziehungsweise gänzlich unkritisch sehen. Im Jahr 2014 stagnierte die Verschreibung der ADHS-Medikation erstmals (öffentlich zusammengefasst mit dem Begriff Ritalin). Bis dahin war es zu stetigen Steigerungen der Verschreibungszahlen gekommen. Nicht wenige Eltern wechseln Ärzte, bis sie solche Präparate zur erhofften Leistungssteigerung ihrer Kinder erhalten, auch wenn die Kinder die Diagnosekriterien nicht eindeutig erfüllen.

Zu Recht wird der unkritische Gebrauch der Diagnose ADHS kritisiert. Bei 60 bis 80 Prozent der diagnostizierten Kinder sind die Kriterien für wenigstens eine weitere psychiatrische Störung erfüllt. Diese Unschärfe mit großen Überlappungen der Symptome ist bei kinderpsychiatrischer Symptomatik nicht selten.

Kinder mit Verhaltensauffälligkeiten werden häufiger ausgegrenzt, zum Beispiel nicht zu Geburtstagen eingeladen. Dadurch entstehen Selbstwertprobleme bis hin zu depressiver Symptomatik. Impulsiven ADHS-Kindern mangelt es an Selbstkontrolle, die für viele Entwicklungen förderlich ist.

> „Bei früh eingeschulten Kindern, […] die kurz vor dem Stichtag für das Einschulungsalter Geburtstag haben, [wird] besonders häufig fälschlicherweise eine ADHS diagnostiziert, da ihr im Verhältnis zu den älteren Klassenkameraden unreifes Verhalten irrtümlich als krankhaft und nicht als alterstypisch interpretiert wird“ (Stubenrauch et al. 2014, 256).

Auch andere Autoren betonen, dass Unreife nicht als ADHS verkannt werden sollte. „Die Ergebnisse zeigen einen robusten Zusammenhang zwischen der ADHS-Diagnose und Medikationshäufigkeit und der durch den Geburtsmonat bestimmten relativen Altersposition von Kindern in der Klasse“, erklärt Amelie Wuppermann die Ergebnisse einer 2015 publizierten Studie (Wuppermann et al. 2015). „Bei größeren Klassen und einem höheren Anteil ausländischer Schüler – was die Unterrichtsbedingungen wahrscheinlich erschwert – [ist] der Zusammenhang zwischen relativem Alter und ADHS-Diagnose stärker“ (ebenda). Dem könnte mit einer Flexibilisierung der Schuleingangsphase begegnet werden. Teilweise wird dies bereits umgesetzt.

Aufgrund der langsamen Hirnreifung sind Jungen davon deutlich häufiger betroffen. Kritiker hinterfragen zu Recht, ob die Verhältnisse für die Kinder oder deren Verhalten krankhaft oder krankmachend sind, ob die Kinder zu wenig Freiräume und Bewegungsmöglichkeiten haben. Jungentypisches Verhalten, mit dem sie sich von Mädchen abgrenzen, wie Kämpfe und Raufereien, werde allzu schnell pathologisiert, weil es in Bildungseinrichtungen störe. Die Diskrepanz, dass 8 Prozent der Jungen im Vergleich zu 1,8 Prozent der Mädchen von der Krankheit betroffen seien (Bella-Studie des Robert-Koch-Instituts), zeige, dass geschlechtertypisches Verhalten allzu leicht pathologisiert werde (Frenkel/Randerath 2015, 32). In sechs Längsschnittuntersuchungen habe festgestellt werden können, „dass neben Vorläuferkompetenzen zur Mathematik und zum Lesen im Schulstarteralter Aufmerksamkeitsfähigkeiten […] prädiktiv für späteren Schulerfolg waren" (vbw 2015, 38).

> „Da für Kinder mit ADHS das Abwarten mit negativen Emotionen verbunden ist, versuchen sie Verzögerungen möglichst zu entfliehen oder zu vermeiden. Bei der Wahl zwischen unmittelbaren und verzögerten Belohnungen ziehen sie folglich immer die unmittelbare vor. Besteht keine Wahlmöglichkeit versuchen sie – aufgrund ihres Unwillens zu warten – die Wahrnehmung ihrer unmittelbaren Umgebung so zu gestalten, dass die als aversiv erlebte passive Wartezeit durch andere Reize ausgefüllt wird" (Gawrilow 2011, 43f.).

Ausgrenzte Kinder sind empfänglicher für Drogenkonsum und dissoziale Fehlentwicklung. Die sozialen Schwierigkeiten und die Traurigkeit über das Anecken sind häufig der Hauptgrund, Kinder mit grenzwertiger ADHS-Symptomatik zu behandeln. Gerade Jungen werden häufig zusätzlich noch aggressiv, wenn sie im Alltag immer wieder kritisiert werden.

Die Geschichte der Psychiatrie zeigt, dass sich Krankheitskonzepte immer wieder ändern. Wie werden wir im Jahr 2025 über die heutigen ADHS-Konzepte denken? Bis heute sind sieben neuronale Netzwerke identifiziert, die an der Störung beteiligt sein sollen. Die Breite dessen, was heute unter ADHS verstanden wird, legt nahe, dass es im Jahr 2025 verschiedene Diagnosen dazu geben könnte. Schon heute hat die Diagnose, die Kinder bei entsprechenden Störungen erhalten, viel mit der lokalen Versorgungsstruktur zu tun. In Würzburg, als „Welthauptstadt der ADHS", ist es viel wahrscheinlicher, dass Kinder mit der Diagnose ADHS aus einer Praxis eines Kinderpsychiaters gehen als anderswo. Und auch innerhalb einzelner Städte hat es mit der Ausrichtung von Praxen, mit Ausbildungsschwerpunkten von Psychologen und Ärzten zu tun, welche Diagnosen vergeben werden.

Aufmerksamkeitsdefizite, die Impulsivität und die motorische Unruhe lassen sich gleichermaßen auf eine Störung der selbstregulativen Fähigkeiten zurückführen. Das Modell von Barkley geht davon aus, dass die aus dem Stirnhirn (Präfrontalen Cortex) kommende Hemmung zu gering sei. Dadurch würden „(1) Arbeitsgedächtnis, (2) Selbstregulation von Affekt, Motivation und Erregung, (3) Internalisierung von Sprache sowie (4) Rekonstitution (Wiederherstellung, d. h. Analyse von Informationen und Verhalten und anschließende Synthese)" gestört (Gawrilow et al. 2011, 43). Wenn man davon ausgeht, dass ADHS ein Syndrom (also eine Ansammlung unterschiedlicher Symptome) ist wie Rückenbeschwerden, dann haben solche Modelle nicht den Anspruch, bei allen Kindern die komplette Symptomatik zu erklären. Letztlich wird ADHS als Sammelbegriff für ganz unterschiedliche Phänomene genutzt, in der Spannbreite von extrem krankhaft bis nicht krank.

Bei Vorliegen eines ADHS, also einer relevanten Störung im Alltag, ist in der Regel eine Kombination aus kognitiver Verhaltenstherapie und der Gabe eines Medikaments erforderlich. Neurofeedback ist ein vielversprechendes Verfahren, mit dem die Selbstregulationsfähigkeit der Betroffenen durch Biofeedback geübt wird, während sie angeleitet Übungen am Computer ausführen.

Medikation bei ADHS?

Wenn kinder- und jugendpsychiatrische Themen öffentlich debattiert werden, dann geht es häufig um ADHS und speziell um die Frage nach der Notwendigkeit der Einnahme von Medikation, oft verkürzt als Ritalin, dem Namen eines dieser Stimulantienpräparate. Fachärzte treffen in diesem Zusammenhang auf ganz unterschiedliche Konstellationen: Kinder, die dringend Medikation erhalten sollten, bei denen die Eltern es jedoch kategorisch ablehnen. Bei anderen Kindern ist die Notwendigkeit fraglich, aber ihre Eltern wollen keine Möglichkeit unversucht lassen, die Leistung zu optimieren. Teilweise kann dies dem sogenannten Neuro-Enhancement, landläufig auch als „Neurodoping" bezeichnet, zugerechnet werden. Eine gute Kooperation der Kinder, Eltern und professionellen Pädagogen ist die Voraussetzung, überschaubare Ziele zu erreichen und sich über die Wirksamkeit der Maßnahmen und Medikation zu verständigen.

Grundsätzlich besteht die Behandlung – laut Leitlinie der Fachgesellschaft – bei einer korrekt gestellten ADHS-Diagnose aus einer Kombination von Elternberatung, Elterntraining, kognitiver Verhaltenstherapie der Kinder zur Verbesserung des Selbstmanagements und der Selbststeuerung sowie der Erwägung der Gabe von Medikation. Für nicht wenige Kinder und Familien ist von diesen Maßnahmen die Einnahme der Medikation der am leichtesten und zuverlässigsten abzusichernde Faktor. Wer miterlebt, wie Kinder häufig unter der Ausgrenzung und ihren Misserfolgen leiden, die sie aufgrund ihres auffälligen Verhaltens erfahren, kann pragmatisches Vorgehen nachvollziehen.

Die Leitlinien halten einen zügigen Beginn mit der Gabe von Stimulantien (wie Ritalin®) für erforderlich,

> „wenn eine stark ausgeprägte, situationsübergreifende hyperkinetische Symptomatik mit einer erheblichen Beeinträchtigung des Patienten oder seines Umfeldes und einer ausgeprägten Einschränkung der psychosozialen Anpassung (z. B. drohende Umschulung in Sonderschule, massive Belastung der Eltern-Kind-Beziehung) vorliegt" (AWMF-Leitlinie der DGKJP, 3. Aufl., 2007)[212].

212 http://www.awmf.org/uploads/tx_szleitlinien/028-019l_S1_Hyperkinetische_Stoerungen_ADHS_01.pdf, Zugriff 16.02.2018

„Der ‚wissenschaftliche Vater' von ADHS, Leon Eisenberg" habe „in einem seiner letzten Interviews [...gefordert,] statt schnell zur Pille zu greifen, sollten Kinderpsychiater viel gründlicher die psychosozialen Gründe, die zu Verhaltensauffälligkeiten führen können, ermitteln" (Frenkel / Randerath 2015, 129).

An Nebenwirkungen bei Einnahmen dieses Wirkstoffs ist vor allem zu beachten, dass bei Hinweisen auf eine Herzerkrankung des Kindes beziehungsweise eine Herzerkrankung in der Familie Voruntersuchungen die Verträglichkeit überprüfen sollten. Kinder, die Stimulantien einnehmen, fühlen sich nicht selten emotional eingeschränkt, als wären sie vermindert ausdrucksfähig. Die Tabletten „machen mich lieb", wie ein Jugendlicher es beschreibt. Die Medikation würde jedoch nicht nur das Fehlverhalten ausbremsen, sondern auch Wohlgefühle und Lachen (Schmitz 2011). Eine im Herbst 2015 veröffentlichte große Metaanalyse stellt die vorliegenden Daten zur Medikation mit Methylphenidat in Frage. So wurden 72 der 185 Studien von Pharmafirmen unterstützt. Die Rate an Nebenwirkungen, vor allem Schlafstörungen und Appetitminderung werde unterschätzt (Storebo et al.).

Handlungsmöglichkeiten und Grenzen von Pädagogen

- Zunächst muss es um ein gemeinsames Verständnis von Stärken und Schwierigkeiten gehen. Die alleinige Nennung der Diagnose ADHS hilft kaum, den individuellen Hilfsbedarf für den schulischen Alltag zu verstehen.
- In schriftlichen Vereinbarungen kann dokumentiert werden, welche aktuellen Bemühungen der Familie schulisch unterstützt werden können. Der Zeitpunkt zur Absprache über die Wirksamkeit dieser Kooperation sollte festgelegt werden, zum Beispiel nach einem Monat.
- Pädagogen sollten sich Hilfe im Team holen, wenn sie sich von betroffenen Kindern überstrapaziert fühlen. Gemeinsam kann ein Verständnis entstehen, was das Kind beeinflussen kann, und was nicht. „Verhaltensauffällige Kinder und insbesondere Kinder mit [...] ADHS stellen häufig besondere Herausforderungen im schulischen Alltag dar. Sie stehen fast jede Unterrichtsstunde im Mittelpunkt und so manchem Lehrer graut es vor der Stunde mit so einem Kind. Die Kinder verhalten sich unruhig, überschreiten häufig Grenzen und machen vieles falsch. Dies hat zur Folge, dass sie häufig ermahnt und kritisiert werden. Ihr Verhalten aber verbessert sich dadurch nicht."[216]

[213] Egger-Agbonlahor I, Schulpsychologin aus Wien-Umgebung hat dazu „Verhaltensauffällige Kinder –Anregungen zum Umgang im Unterricht" als pdf zur Verfügung gestellt: schulpsychologie.lsr-noe.gv.at/downloads/wenn_lob_allein_nicht_reicht.pdf , Zugriff 16.02.2018

- Bei Kindern mit ADHS ist die Konzentration auf das erwünschte Verhalten und die positive Verstärkung durch Lob besonders wichtig. Auch kleine Fortschritte sollten unmittelbar durch Anerkennung verstärkt werden.
- Je nach Ausmaß der Störung und Gruppenkonstellation kann es wichtig sein, nur gravierende Fehlverhaltensweisen zu ahnden und Kleinigkeiten gezielt zu übergehen.
- Die meisten Pädagogen achten bei diesen Kindern auf die Sitzordnung. Eventuell gibt es Möglichkeiten der Reizreduktion, wie eine spanische Wand, oder von Bewegungsbereichen in einem Teil des Klassenzimmers.
- Spätestens in den Pausen sollten Bewegungsaktivitäten gefördert werden.
- „Geben Sie klare und kurze Arbeitsanweisungen. Wiederholen Sie diese gegebenenfalls oder fordern Sie das Kind auf, diese zu wiederholen.
- Gliedern Sie den Lehr-Lern-Prozess in kurze und überschaubare Arbeitsschritte mit Verschnaufpausen dazwischen.
- Unterbrechen Sie Störverhalten ruhig und klar durch kurze verbale Botschaften (‚Stopp Steffen') und nonverbale Signale (z. B. Blickkontakt, Signalkarten)" (Keller 2011, 77).

8.5 Süchtiges Verhalten, Suchtmittel

Suchtprävention in Familie und Schule

Schon kleine Kinder erleben Suchtstoffe wie Alkohol meist als selbstverständlichen Teil des gesellschaftlichen Alltags. Problematisches Konsumverhalten ist unter Erwachsenen weit verbreitet. Circa jedes fünfte bis sechste Kind lebt in einem Suchthaushalt[214]. Länder und Kulturen unterscheiden sich politisch, welchen Stellenwert sie der Prävention beimessen, was wo beworben werden darf, welche Steuern es gibt etc. Über die letzten Jahrzehnte wurden in den Drogenberatungsstellen zunehmend jüngere Patienten vorstellig.

Bei der Suchtprävention stehen die Stärkung der Ressourcen, das allgemeine seelische Wohlbefinden im Vordergrund und dann im Bedarfsfall konkrete Maßnahmen zum Umgang mit einzelnen Suchtmitteln. Neben besonders schädlichen Drogen wie Crystal sollte die große Bedeutung von Alkohol nicht verkannt werden. Das Gehirn ist in seiner ersten Reifungsphase, die erst mit 21 bis 24 Jahren abgeschlossen ist, besonders vulnerabel. „Die große Plastizität des adoleszenten Gehirns ermöglicht es, dass sich Umwelteinflüsse in besonderer Weise prägend auf kortikale Schaltkreise auswirken können. Dies eröffnet Chancen zum einen für Bildung und Erziehung, jedoch auch für schädliche Umwelteinflüsse" (Konrad 2013).

[214] http://nacoa.de/fakten/zahlen, Zugriff 11.02.2018

Die übermäßige Nutzung elektronischer Medien (inklusive Handy und TV) ist weit verbreitet. Es verwundert kaum, dass dies häufig gemeinsam mit Angststörungen und Depression auftritt. Forscher gehen davon aus, dass die (Online-)Glücksspielsucht weiter zunehmen wird. Unter anderem empfiehlt Pfeiffer:[215] „keine Bildschirme in Kinderzimmern". Zu den „nichtstoffgebundenen" Süchten gehört des Weiteren (Glücks-)Spielsucht, übergeordnet auch die Geltungssucht. Esssucht und Magersucht gehören zum erweiterten Spektrum der Suchterkrankungen. Der Missbrauch von (Schmerz- u.a.)Medikamenten ist im Jugendalter verbreitet. Wer süchtiges Verhalten verstehen will, sollte die gesellschaftlich akzeptierten Auswüchse des Konsumismus, das „Shoppen" im Blick haben, mit der Kaufsucht als Extremform. Die Arbeitssucht ist nicht an eine Erwerbstätigkeit gebunden, kann bereits im Jugendalter beginnen; ebenso die Sportsucht.

Laut Thomasius träten **Suchterkrankungen häufig in Verbindung mit anderen psychiatrischen Erkrankungen auf** (Thomasius / Küstner 2005). Die KiGGS-Bella-Studie fand bei wenigstens 60 Prozent der untersuchten Kinder und Jugendlichen, dass Missbrauch von Substanzen und Verhaltenssüchte gemeinsam mit anderen psychiatrischen Störungen sichtbar würden, zum Beispiel Angststörungen und Depression. Substanzmissbrauch als gescheitertes Coping bei Schulproblemen sei ebenfalls nicht selten (Stolle et al. 2007).

Umgekehrt wirkt die Stärkung der allgemeinen seelischen Widerstandskraft (Resilienz) präventiv gegen Sucht. An Bildungseinrichtungen sollten gemeinsam (Eltern, Lehrer, Kinder, Externe) regelmäßig wichtige Informationen passend verbreitet werden, zum Beispiel zur Gefährlichkeit von Cannabis, und welche Substanzen an der Schule aktuell gehandelt werden. Durch die große Dynamik der pubertären Entwicklung in Kombination mit dem hohen Suchtpotential einzelner Substanzen sind Drogen grundsätzlich für alle Adoleszenten gefährlich.

Suchtkriterien

1. Das Verlangen nach der Substanz / Nutzung tritt immer stärker und häufiger auf.
2. Die Kontrolle über den Konsum wird zunehmend geringer.
3. Der Konsum wird gesteigert, ist jedoch weniger freudvoll.
4. Bei Entzug des Suchtmittels entsteht Unruhe und Nervosität. Die Konsumenten haben kaum Handlungsalternativen.
5. Das mit der Sucht in Zusammenhang stehende Verhalten wird sozial kritisiert.

---

[215] Kriminologisches Forschungsinstitut Niedersachsen

Familien als Basis – und ab der Pubertät zunehmend die soziale Bezugsgruppe: Maßgeblich für das Wohlergehen von Kindern ist das Wohlergehen ihrer Eltern, als Basis familiären Miteinanders, zum Beispiel in Form gemeinsamer Zeit. Die wenigstens eine gemeinsame ungestörte Mahlzeit ist klassische Familienzeit. Anhaltender Streit in der Familie, vor allem der Eltern untereinander und der Kinder mit ihren Eltern, ist ein stark wirksamer Belastungsfaktor (Ravens-Sieberer et al. 2007). Kinder teilen ihre Sorgen häufig erst, wenn sie ihre Eltern für kompetent und belastbar halten. Wichtige Gespräche entstehen häufig bei gemeinsamen Alltagsaktivitäten. Der „soziale Anschluss" über Freunde und andere Bezugspersonen wird im Laufe der Kindheit und Jugend immer wichtiger.

Tabak

Bei den Elf- bis Siebzehnjährigen hat sich der Anteil der Raucher innerhalb von etwa sechs Jahren von rund 20 auf 12 Prozent stark vermindert.[216]

> „Als Erklärung sind hier die verstärkten politischen Bemühungen zur Eindämmung des Rauchens und zur Förderung des Nichtraucherschutzes zu sehen. Zu den wichtigsten Maßnahmen zählen mehrere Tabaksteuererhöhungen, das Heraufsetzen der Altersgrenze für den Kauf von Tabakprodukten, das Verbot von Werbung für Tabak sowie die erlassenen Nichtraucherschutzgesetze […]. Jugendliche aus Familien mit einem niedrigen sozioökonomischen Status rauchen häufiger regelmäßig und täglich als Gleichaltrige mit hohem sozioökonomischen Status".[217]

Alkohol

Alkohol ist global mit Abstand die am weitesten verbreitete Droge. Die Erschwerung des Zugangs, besonders der leichten Verfügbarkeit, ist wichtig, um Kinder und Jugendliche vor einem zu frühen und intensiven Alkoholkonsum zu schützen. Internationale Vergleichsstudien zeigen, dass die „Topsuchtkiller" Alkohol und Nikotin zu billig erhältlich seien, dass höhere Preise zu einem geringen Konsum führten. Viel verfügbares Geld („Liquidität") ist ein Risikofaktor für Suchtmittelkonsum durch Jugendliche. Flatratepartys sind besonders abzulehnen. Der Alkoholausschank bei Schulfeierlichkeiten sollte gut abgewogen werden. Je früher mit dem Konsum begonnen wird, umso wahrscheinlicher ist die spätere Entwicklung einer Abhängigkeit.

216 Vergleich der KiGGS-Basiserhebung 2003–2006 und der 1. Folgeuntersuchung 2009–2012. https://www.kiggs-studie.de/fileadmin/KiGGS-Dokumente/KiGGS1_Zusammenfassung_20140623.pdf, Zugriff 16.02.2018

217 https://www.kiggs-studie.de/fileadmin/KiGGS-Dokumente/KiGGS1_Zusammenfassung_20140623.pdf, Zugriff 16.02.2018

Die Studie der BZgA zur Drogenaffinität von Jugendlichen im Jahr 2011 ergab, dass 42 Prozent der Zwölf- bis Siebzehnjährigen im Monat vor der Befragung Alkohol tranken, davon gut 14 Prozent regelmäßig, mindestens wöchentlich. 15,2 Prozent der Jugendlichen hatten im Monat zuvor bei einer Gelegenheit mehr als fünf Gläser Alkohol getrunken. „Glas" ist hier normiert als 0,12 Liter Wein, 0,36 Liter Bier oder 0,04 Liter Spirituosen. Trotz Präventionsmaßnahmen konnte die Zahl der Alkoholvergiftungen („Komasaufen") nicht deutlich reduziert werden. Im Jahr 2012 wurden 26.673 Kinder und Jugendliche zwischen zehn und neunzehn Jahren mit akuten Alkoholvergiftungen stationär behandelt. Vor allem bei den Mädchen und jungen Frauen kam es dabei um eine Zunahme von 5 Prozent.[218]

Personen mit exzessiven Trinkgewohnheiten in der Jugend hätten später einen niedrigeren sozialen Status.[219] Die Wahrscheinlichkeit für einen Substanzmissbrauch sowie für psychiatrische Erkrankungen, Obdachlosigkeit, Straffälligkeiten, Schulausschlüsse sowie für Unfälle und geringere berufliche Qualifikation steige.

Cannabis

Etwa 10% der 12- bis 17-Jährigen haben in den letzten 12 Monaten und 2,5 Prozent in den letzten 30 Tagen illegale Drogen konsumiert (Stolle et al. 2008), meist Cannabis (80 Prozent) und Crystal. Über die Risiken und (Neben-)Wirkungen der Substanzen sind sie häufig schlecht informiert. Viele Jugendliche klagen über hohe Anforderungen und Versagensängste. Cannabis und Komasaufen wirken da entspannend. Wer als Jugendlicher beim Cannabis landet, hat meist vorher Tabak und Alkohol als Einstiegsdrogen regelmäßig konsumiert.

Crystal

Crystal macht subjektiv wach, aktiv, belastbar, selbstbewusst, kann sich wie „Doping" anfühlen. Neben dem Einsatz als Partydroge kann auch das sogenannte „Coping", also Drogenkonsum als Bemühung, mit Belastungen zurechtzukommen, eine Motivation für den Konsum sein. Auch die Appetitminderung bei Crystalkonsum wird gezielt genutzt. Die Wirkung führt zu gesteigertem

---

218 Vgl. http://www.aerzteblatt.de/nachrichten/56952/Weiterhin-viele-Alkoholintoxikationen-bei-Kindern-und-Jugendlichen, Zugriff 18.02.2018. 2015 war die Zahl rückläufig: https://www.drogenbeauftragte.de/presse/pressekontakt-und-mitteilungen/2016/2016/bundesweit-weniger-jugendliche-wegen-alkoholrausch-im-krankenhaus-behandelt.html. Zugriff 18.02.2018

219 J Epidemiol Community Health 2007 Oct., 61(10), 902–907

Lustempfinden einhergehend mit Kritikminderung bezüglich ansteckender Erkrankungen (sogenannter Chemsex, also Geschlechtsverkehr unter Drogeneinfluss). Als Folge von Crystalkonsum, aber auch nach längerem intensiven Cannabiskonsum[220] sind Gehirnschädigungen nachgewiesen worden.

Risikofaktoren für Suchtverhalten sind Verhaltensauffälligkeiten in der frühen Kindheit (häufig als Ausdruck von Belastungsfaktoren), psychische Störungen, häufig Depression, ungünstiges Erziehungsverhalten (zu wenig Aufsicht oder Überbehütung, zu hoher Druck), familiäre Konflikte, soziale Isolation, Armut, soziale Ausgrenzung, der Einfluss von Peers, *high sensation seeking*[221], Liebeskummer, die Qualität der Schule und die Verfügbarkeit der Drogen.

Handlungsmöglichkeiten und Grenzen von Pädagogen

Für Suchtmittel gelten die allgemeinen pädagogischen Hinweise. Kinder sollten früh lernen, Nein zu sagen, sich abzugrenzen, kritisch zu hinterfragen und den Umgang mit Krisen üben (Coping). Kinder, die sich überfordert fühlen in ihrer familiären Situation, mit Leistungsanforderungen, sozialer Ausgrenzung, verschließen sich häufig. Es geht um eine gute Mischung aus wohlwollender Zuwendung, elterlicher Präsenz, Greifbarkeit, aus Gelassenheit und einem konsequenten Vorgehen in schwierigen Situationen.

Pädagogische Haltung: Ein vertrauensvolles, offenes familiäres Miteinander ist eine gute Basis für viele Lebenslagen. Besonders in Krisen geht es mehr darum, mit dem Kind in Kontakt zu bleiben, als um die konkrete Dosierung von Suchtmitteln. Wenn das familiäre Miteinander so vertrauensvoll ist, dass Kinder das „Elterntaxi" auch in Anspruch nehmen, nachdem sie bei einer Party zu viel getrunken haben, reduziert sich zum Beispiel die Wahrscheinlichkeit von Unfällen.

Ein verantwortungsvoller Umgang mit legalen Substanzen gehört zu den pubertären Entwicklungsaufgaben. Besser als „normative Erwartungen der Gesellschaft in Bezug auf Enthaltsamkeit, Abstinenz und Mäßigung" ist die Erziehung zu „selbstbestimmtem, eigenverantwortlichem Substanzkonsum".[222] Aber „das erste Bier prägt".[223] Zu früher Konsum (vor dem 16. Geburtstag) steigert die Gefahr späteren Missbrauchs oder der Abhängigkeit.

Goldene Regel für den Konsum von Suchtmitteln sollte sein, sie nicht als Stimmungsaufheller zu missbrauchen, also am besten gemeinsam mit anderen einzunehmen und nur, wenn es einem gut geht. Mädchen sollten für die Gefahr sexueller Übergriffe

[220] https://www.aerztezeitung.de/medizin/krankheiten/neuro-psychiatrische_krankheiten/suchtkrankheiten/ article/497997/missbrauch-cannabis-neurotoxisch.html, Zugriff 16.02.2018

[221] Ständige Suche nach neuen intensiven Reizen

[222] Gundula Barsch: Lehrbuch Suchtprävention – Von Drogennaivität zur Drogenmündigkeit 2008

[223] Miriam Schneider / Rainer Spanagel, Alcoholism: Clinical & Experimental Research, 10/2013

unter Einfluss von Alkohol und anderen Drogen sensibilisiert werden. **Selbstfürsorge** kann in Familien und Bildungseinrichtungen aktiv gefördert werden. Zu dieser komplexen Thematik gehören persönlich begeisternde Aktivitäten, als Alternative zu Suchtmitteln, zum Beispiel Bewegung, Musik, Projekte, Feiern etc., wie in der BZgA-Kampagne „Bluprevent“[224] dargestellt.

Kinder lernen am Modell. Der Konsum von Alkohol und Tabak ist in Europa bei fast sämtlichen Formen geselligen Miteinanders stark verbreitet („gestörte gesellschaftliche Trinkkultur“, Lindenmeyer / Lindenmeyer 2014). Jedes fünfte bis sechste Kind lebt laut Nacoa[225] in einem Suchthaushalt, und viele andere erleben Missbrauch von Substanzen oder anderweitig stark belastetes Familienleben.

Verfügbarkeit von Suchtstoffen beziehungsweise finanzielle Mittel dafür steigern den Konsum.

Der Peereinfluss kann unter betroffenen Jugendlichen präventiv genutzt werden. Und auch betroffene Eltern können sich gegenseitig unterstützen, wie das Sucht- und Alkoholpräventionsprojekt „PEaS – Peer Eltern an Schule“ in Berlin zeigt.

Elterntipps im Überblick

- beim Thema Drogen Relevanz von Alkohol kennen;
- Trinkexzesse als besondere Herausforderung sehen;
    - Unfall- und Verletzungsrisiko, besonders für Mädchen, beachten,
    - Konsum als „Anfängerfehler“ verstehen und nicht überreagieren,
- eine gestörte gesellschaftliche Trinkkultur irritiert;
    - eigenen Gebrauch kritisch überprüfen,
- in der Regel sind Alkoholexzesse bei Jugendlichen vorübergehend;
- gezielt risikoarmen Konsum in Elternnähe unterstützen; nur vor Gefahren warnen hilft wenig;
    - maximal eine Trinkeinheit bei Mädchen, maximal zwei bei Jungen,
        - maximal einmal pro Woche,
- einen sicheren Heimweg schaffen (Lindenmeyer / Lindenmeyer 2014, 11–14).

Wie spricht man Kinder an, wenn man sich Sorgen wegen eines vermuteten Drogenproblems macht?

– Eine vertrauensvolle und ruhige Atmosphäre schaffen und den dafür geeigneten Zeitpunkt und Ort suchen (Erfahrungswissen: Wo geht es Ihnen am besten miteinander? Einstieg zum Beispiel nebenher, wie beim „Chauffieren“, besser als konfrontativ?).

224 https://bluprevent.de/, Zugriff 10.02.2018

225 S. nacoa.de: Interessenvertretung für Kinder aus Suchtfamilien

- Konfrontative Unterstellungen vermeiden, wie zum Beispiel: „Du kiffst doch!". Dann besteht die Gefahr, dass es sich schnell zurückzieht (Systemisches Vorgehen mit „elterlicher Präsenz": Wer hat den besten Draht zum Kind? Wer kann die Kommunikation verbessern?).
- Offen ansprechen, was aufgefallen ist und warum man sich Sorgen macht („Ich-Botschaften").
- Anbieten, gemeinsam herauszufinden, was eigentlich los ist.
- Falls das Kind tatsächlich zu viel trinken oder Cannabis konsumieren sollte, klare Position beziehen..
- Vorwürfe und Drohungen vermeiden. Das schafft Distanz. Dann ziehen sich die Kinder zurück.

(Abschnitt modifiziert aus: www.kinderstarkmachen.de, Alkohol – reden wir drüber!)

8.6 Störung des Sozialverhaltens, Gewalt, Dissozialität

Störungen des Sozialverhaltens können sich in ganz unterschiedlicher Form zeigen, zum Beispiel als Aggressionen und Destruktivität, krasse Wutausbrüche, anhaltend grobe Verletzungen sozialer Normen, Streiten, Schuleschwänzen, Weglaufen und Stehlen. Bei fast allen Kindern treten einzelne dieser Verhaltensweisen als Teil ihrer normalen Entwicklung sporadisch auf. „Störung des Sozialverhaltens" klingt für die Allgemeinbevölkerung nicht wie eine Diagnose der Kinder- und Jugendpsychiatrie. Sie ist jedoch eine der häufigsten, besonders bei den („stationären") Behandlungen im Krankenhaus.

Aus Ermangelung an Alternativen werden Kinder und Jugendliche häufig in Kliniken eingewiesen, wenn sie ihre Umgebung besonders aggressiv und gewalttätig überfordern. Viele Polizeidienststellen haben keine Räumlichkeiten, um Kinder und Jugendliche in Gewahrsam nehmen zu können. Es gibt zwar sogenannte Jugendnotdienste der Jugendämter als Inobhutnahmestellen, für Kinder, die akut zum Beispiel wegen solcher Gewalt nicht mehr im Haushalt ihrer Eltern haltbar sind. Pädagogische Akutdienste, die in Krisensituationen wie Notärzte in die Haushalte fahren, gibt es nicht. Obwohl der Bedarf für Kinder mit dissozialen Fehlentwicklungen seit langem bekannt ist, erhalten die Betroffenen nur sporadisch Unterstützung, häufig zu spät. Die komplexen Probleme werden verwaltet und akkumulieren häufig als gesellschaftliche Hypothek. Die Jugendämter sind vielerorts mit der Masse an Anforderungen überlastet beziehungsweise mit dem Ungleichgewicht an Anforderungen und Ausstattung. Auch für die unbedingt notwendigen Kooperationen der Beteiligten aus den Schulen, dem Jugendhilfesystem und den Therapeuten / Ärzten ist häufig kaum Finanzierung vorgesehen. Angesichts der Auslastung der Beteiligten können solche weitreichenden Herausforderungen nicht vornehmlich auf ehrenamtlicher Tätigkeit basieren. Bestrafungen im Kindes- und Jugendalter können pädagogisch nur wirken, wenn sie zeitnah nach der Tat erfolgen. Viele Gerichte sind dafür personell nicht ausreichend ausgestattet.

Im Gegensatz zu dieser Unterversorgung reagiert die Öffentlichkeit empört und heftig, wenn Kinder und Jugendliche durch (Banden-)Kriminalität oder schwere Gewalttaten auffallen. Dann werden harte Erziehungsmaßnahmen oder Inhaftierung gefordert. Unter „schwarzer Pädagogik“ wird ein repressives Vorgehen verstanden, wobei Gewalt und Einschüchterung bewusst und routinemäßig eingesetzt werden. Die Übergänge zum autoritären Stil und der Forderung nach Gehorsam von „Tyrannenkindern“[226] sind fließend.

Landläufig werden Delikte und Dissozialität von Kindern und Jugendlichen gewertet, als seien sie von frei entscheidungsfähigen Erwachsenen durchgeführt worden. Diebstähle, Gewalt, Schulschwänzen sind jedoch häufig Ausdruck von Entwicklungsstörungen und psychiatrischen Erkrankungen.

Für das Verständnis und die Verbesserung des Verhaltens ist dann eine professionelle Abklärung erforderlich. Weltweit erfüllen etwa 5 bis 10 Prozent der Jugendlichen die Kriterien dieser sogenannten *extroversiven Störungen,* bei denen andere beeinträchtigt werden. „Adoleszentenkrisen können sich als Störung der Sexualentwicklung, Autoritäts-, Identitätskrisen, narzisstische Krisen, aber auch als Depersonalisations- und Derealisationserscheinungen[227] äußern und sind als Überspitzung normaler Entwicklungsvorgänge zu erklären“ (Herpertz-Dahlmann et al. 2013, 437). In den USA wurden extreme Verhaltensweisen zunehmend als krankhaft missverstanden.

> „Kindliche Wutausbrüche zum Beispiel sind mehrheitlich nicht Ausdruck einer bipolaren Störung (Carlson et al. 2010), deren Häufigkeit bei Kindern und Jugendlichen in den USA vierzigfach zugenommen haben soll. Die Einführung der schnell zurechtgezimmerten Diagnose DMDD (Disruptive Mood Dysregulation Control) in der Neuauflage des amerikanischen Diagnosemanual DSM-5 wird freilich die Situation über die Fehlverordnung von Psychopharmaka bei Kindern und Jugendlichen kaum verbessern“ (Lohse / Müller-Oerlinghausen 2014, 922).

Die „Störungen des Sozialverhaltens“ sind medizinisch definiert als ein „Muster dissozialen, aggressiven oder aufsässigen Verhaltens mit Verletzungen

226 Der Kinderpsychiater Michael Winterhoff publizierte ab 2009 mehrere Bücher, die diesen Begriff im Titel enthalten, z. B. „Warum unsere Kinder Tyrannen werden: Oder: Die Abschaffung der Kindheit“.

227 Dabei wird die Umwelt bzw. die eigene Person als fremd wahrgenommen. Solche „Ich-Störungen“ betreffen die Integrität der Personen und die Abgrenzung zur Umwelt.

altersentsprechender sozialer Erwartungen".[228] Als Diagnose sind Störungen des Sozialverhaltens *das* Beispiel, wie eng die pädagogische Umgebung der Kinder mit ihrer seelischen Situation in Zusammenhang steht. Eine große Untersuchung hat gezeigt, dass nur ein Drittel der Kinder, die die Kriterien für die Diagnose erfüllten, in Behandlung seien.[229] Entsprechend ungünstig ist die Prognose.

> „Für das Auftreten von Suchterkrankungen, Suizidalität und Delinquenz im Erwachsenenalter stellen insbesondere aggressiv-dissoziale oder andere externalisierende Störungen einen bedeutenden Risikofaktor dar. Die psychische Gesundheit allgemein ist in der Gruppe der ‚erwachsen gewordenen Problemkids' im Vergleich zur Kontrollgruppe deutlich herabgesetzt. Dieser Befund ist durch eine Reihe von Kohortenstudien mit großen Fallzahlen und langen Beobachtungszeiträumen abgesichert" (Fuchs 2013).

Vielerorts wird zu Recht beklagt, dass Kindergärten und Schulen mit den an sie gerichteten Erwartungen an ihre Integrationskraft überfordert seien. In einer immer offeneren Gesellschaft, mit immer weniger tradierten Fixpunkten und immer verschiedeneren Lebensentwürfen fehlt es vielerorts an Halt und Grenzen. Es ist gut, dass Pädagogen mit weniger Angst begegnet wird, „auf Augenhöhe". Pädagogische Milieus profitieren von Ruhe und Berechenbarkeit. Wenn die Rahmenbedingungen stimmen, braucht man diese nicht stetig zu klären. Vernachlässigte, unerzogene und teilweise auch traumatisierte Kinder stellen Rahmenbedingungen häufig in Frage, entweder weil sie erleben mussten, dass scheinbare Sicherheit nicht viel Wert war oder weil sie nicht ausreichend erfahren durften, dass gemeinschaftliche Konventionen auch individuell begeistern.

Der Psychosomatiker Joachim Bauer kritisiert, dass alle derzeit von Kultusministerien durchgeführten Untersuchungen zur gesundheitlichen Situation von Lehrern das Thema der im Unterricht erlebten Aggressivität und Gewalt ausklammerten. „Für die Freiburger Mediziner zähle die Fähigkeit, auch mit schwierigen Schülern gelingende Beziehungen zu gestalten, mittlerweile zu einer Kernkompetenz des Lehrerberufs".[230] Das Schulsystem ist mit schwer verhaltensauffälligen Kindern vielerorts massiv überfordert. Dabei fehlt es an vielem, an qualifiziertem Personal, an Sozialarbeitern, an Kooperation mit den Eltern und der sozialen Umgebung der Schulen. Aggressive, kaum erreichbare Kinder, die häufig beleidigend die Klassen- oder sogar Schulatmosphäre prägen, stellen für viele Pädagogen stark wirksame Stressoren dar, die ihnen das

228 http://www.awmf.org/uploads/tx_szleitlinien/028-020_S1_Stoerungen_des_Sozialverhaltens__F91__F92__ 11-2006_11-2011_01.pdf, Zugriff 16.02.2018

229 KiGGS-Bella-Studie des Robert-Koch-Instituts

230 https://www.aerzteblatt.de/nachrichten/33005/Studie-Aggressive-Schueler-und-Eltern-machen-viele-Lehrer-krankZugriff 16.02.2018

Berufsleben verleiden können. Die Zusammensetzung der Gruppe und die entsprechende Dynamik müssen unbedingt berücksichtigt werden. Viele Kinder sind mit herkömmlichen schulischen Angeboten nicht mehr erreichbar. Zu einseitig wird deren schuldistanziertes Verhalten dann oft über Jahre verfestigt, anstatt früh nach Alternativen zu suchen, mehr praktische Tätigkeiten in kleineren Gruppen vorzusehen, mit einem stärkeren Anschluss an die Berufswelt. Wenn aggressive Verhaltensauffälligkeiten die Atmosphäre an der Schule belasten, ist Angst von Lehrenden vor plötzlicher Gewalt verständlich. Als Gesellschaft vernachlässigen wir solche Kinder und Jugendlichen. Schulen werden mit aggressiven Kindern oft allein gelassen. „Lernunwilligkeit eines Schülers ist […] nicht in erster Linie das Ergebnis bösen Willens, sondern das Resultat von Lernhemmnissen, auf die der Schüler selbst keinen aktuellen Einfluss hat, die aber mittel- und langfristig geändert werden können“ (Roth G 2003, 27). Es ist wichtig, rechtzeitig zu intervenieren, damit Schüler gar nicht erst „dysfunktionales“ Verhalten chronifizieren und eine „negative Identität“ annehmen, also es vorziehen, in der Rolle des Störenden sich einzurichten.

> „Gelingt es frühzeitig, ein negatives Selbstbild durch aktive Selbstbejahung zu durchbrechen, kommt es zu besseren Leistungen und damit zu einer Minderung der Vorurteile, was sich wiederum günstig auf weitere Leistungen auswirkt[,…] ganz allgemein im Sinne einer Verminderung von Angst und Stress, aber auch im Sinne positiver Erwartungen und einer damit erhöhten Leistungsbereitschaft […]. Dabei muss die Selbstbejahung nicht einmal den Bereich betreffen, um den es leistungsmäßig geht. Vielmehr ist darauf zu achten, dass sie einen Bereich betrifft, welcher der betreffenden Person wichtig ist“ (Spitzer 2010, 162f.).

Laut dem Konflikttrainer Rudi Rhode haben Lehrer kaum Probleme mit Gewalt, jedoch Schwierigkeiten mit der Durchsetzungsfähigkeit, vor allem „wenn Lehrerkollegien sich nicht auf verbindliche, transparente Hausregeln einigen und auf deren Einhaltung bestehen“ (Koch 2007, 55). „‚Lehrer müssen auf Regelverstöße reagieren, sonst verlieren sie Autorität und Status‘“, sagt Rhode.

> „Deeskalation und Konfrontation: Das sind Rhodes zwei Bausteine der Konfliktlösung, die er den Lehrern beibringen möchte. In erster Linie sollten sie versuchen, Situationen zu deeskalieren. Das funktioniere über persönliche Ansprache und Freundlichkeit, über Zulächeln oder Zwinkern. Soziale Schmiermittel sagt Rhode dazu. Aber auch über Humor und die Körpersprache. Lehrer sollten sich nicht frontal vor den Schüler stellen, sondern von der Seite zu ihm sprechen. Auch zu langer Blickkontakt übe zu viel Druck aus.“ (Haug K 2015).

Wenn sich ein Schüler aber im Ton vergreife, müsse man ihn damit konfrontieren. Als Lehrer brauche man dann einen langen Atem. „Stopp. Nicht in diesem Ton!“, könne man sagen. Und auch Konsequenzen, wie etwa ein Gespräch mit dem Direktor, müsse man ankündigen.

Was wurde von Amokläufen gelernt?

Die Amokläufe von Schülern in Deutschland haben zur systematischen Auseinandersetzung über die jeweiligen Ursachen und begünstigenden Faktoren geführt. Entsprechende Schulen und Sicherheitsmaßnahmen wurden organisiert. Unklar bleibt, warum es in Deutschland eine Häufung dieser Katastrophen gab. Ines Geipel hat mit „Amokkomplex“ (2012) einige Perspektiven auf den Amoklauf in Erfurt eindrucksvoll zusammengestellt.

Als präventiv stellte Fegert, langjähriger Vorsitzender der Kinder- und Jugendpsychiatrischen Fachgesellschaft (DGKJP), die folgenden Aspekte für einen Bericht an die Landesregierung in Baden-Württemberg aus dem „Expertenkreis Amok“ zusammen:[231]

- Ganztagesbetreuung an Schulen,
- Stärkung außerschulischer Aktivitäten,
- Schaffung eines positiven Schulklimas,
- angemessene Sanktionierung von Fehlverhalten,
- verstärkte Einbindung von Bezugspersonen,
- verstärkte Kooperation von Institutionen,
- Erhöhung der Sicherheit an Schulen.

Ähnliche Ergebnisse stellt der Psychologe Jeffrey Daniels dar (2013). Er verglich Schulen, an denen ein Amoklauf verhindert werden konnte, mit 36 Amokläufen. Dabei betont er, dass Schulen statistisch gesehen der sicherste Ort für Kinder seien. Protektiv gegen Gewalt wirke eine Kultur, die von gegenseitigem Respekt geprägt sei. Schulen, die sich als Teil der Gemeinde verstünden und flexibel auf aktuelle Anforderungen eingingen, in denen Sanktionen gerecht und transparent eingesetzt würden, förderten die Kultur des Miteinanders. Dadurch werden die vor Gewalttaten durchsickernden Informationen besser ausgetauscht.

> „Präventionsmaßnahmen und ihre Wirkungen [sind] interkulturell nicht ohne weiteres übertragbar […]. Besonders eindrucksvoll wurde dieser Tatbestand bei international verbreiteten Programmen wie etwa dem Gewaltpräventionsprogramm von Olweus demonstriert. Hier konnten die hohen Effekte, die in Pilotuntersuchungen der Autoren ursprünglich erzielt wurden, international nur sehr eingeschränkt repliziert werden“ (Beelmann et al. 2014).[232]

231 https://www.lmz-bw.de/fileadmin/user_upload/Medienbildung_MCO/fileadmin/bibliothek/expertenkreis_ amok/ Expertenkreis_Amok.pdf, Zugriff 16.02.2018

232 Zum Weiterlesen: Rhode R., Meis MS: Regelverstöße – stopp! (Cornelsen, 2. Aufl.).

8.7 Bindungsstörungen – emotional instabile Störungen

Im zweiten Kapitel wurde die zentrale Bedeutung des sozialen Anschlusses, zwischenmenschlicher Bindungen für die seelische Stabilität beschrieben. Umgekehrt gehören die *Bindungsstörungen* zu den schwersten Störungen im Kindesalter. Betroffene Kinder sind durch gewöhnliche Zuwendung ihrer Pädagogen kaum zu erreichen. Sie kommen auch mit Gleichaltrigen nur kurzzeitig in ein konstruktives Miteinander, wirken für ihr Umfeld häufig unberechenbar, labil, wechselhaft, sind aggressiv. Die enthemmte Form der Bindungsstörungen ist zusätzlich mit der Gefahr verbunden, dass diese Kinder unkritisch und ungeschützt mit Fremden in Kontakt treten.

In ihrer Vorgeschichte haben sie meist belastende Phasen von Vernachlässigung erlebt, teilweise kombiniert mit Misshandlung und Missbrauch. Viele sind traumatisiert. Schwere Formen dieser Krankheit sind mit Krebserkrankungen vergleichbar, (lebens-)bedrohlichem „psychischen Krebs", der sämtliches Denken, Fühlen und Erleben wie Metastasen durchsetzen kann. Die Angst vor einem erneuten Auftreten der Symptome bleibt auch nach stabileren Phasen.

Verbindliche tragfähige Beziehungen, als Voraussetzung für Lernen („Bindung vor Bildung"), sind mit Betroffenen bestenfalls unter hohem Aufwand nach längerer Zeit aufzubauen. Der Regelbetrieb an Bildungseinrichtungen kann diesem Bedarf kaum gerecht werden. Das (Aus-)Gehaltenwerden in der Gemeinschaft kann für Betroffene eine zentrale heilsame Erfahrung sein. Nicht wenige betroffene Kinder werden jedoch vor allem wegen aggressiver Handlungen aus den Bildungseinrichtungen verwiesen. Damit wiederholen sich für sie Beziehungsabbrüche. Weil die Arbeit mit ihnen so anstrengend ist und die Ressourcen im Bildungs-, Jugendhilfe- und Medizinsystem jeweils limitiert, entsteht unter den beteiligten Helfern nicht selten eine Auseinandersetzung über die Verantwortlichkeit. Supervision für die Pädagogen ist ein wichtiger Teil, Lernende mit derartigen schweren psychischen Störungen halten zu können (Geddes 2014, 184).

Hauptsymptom der Bindungsstörungen ist – wie bei den sich teilweise daraus entwickelnden emotional instabilen Entwicklungsstörungen – die Angst, sich erneut verlassen zu fühlen, die Angst vor Ablehnung. Da im Bildungskontext Gruppen immer wieder neu zusammengesetzt werden und Bildung stets die Gefahr des Nichtgelingens mit sich bringt, sind solche Betroffenen in ständiger Alarmbereitschaft. Ihre Aufmerksamkeit gilt der Gefahrenabwehr. Wer Traumatisierendes erlebt hat, kann im Alltag unvermittelt von Gedanken und Gefühlen überrollt werden. Kinder mit Bindungsstörungen, die nicht wissen, wie sie mit diesen befremdlichen Gefühlen wie Wut und Traurigkeit umgehen sollen, reagieren in Überforderung teilweise mit plötzlicher verbaler oder körperlicher Gewalt oder Verweigerung (als „Freezing-Zustand"). Einige Handlungen sind schlicht Reinszenierungen von eigenen (bewussten oder unbewussten) Erfahrungen, das heißt, der eigene Alltag wird so beeinflusst, dass ähnliche Situationen wie bei überfordernden Erlebnissen entstehen. Vermeidendes Bindungsverhalten kann eine zur Schau getragene „Egal"-Haltung (Indifferenz) bewirken. Die folgende Abbildung 25 verdeutlicht das Dilemma von Kindern mit großer Bindungsunsicherheit. Sie haben ein großes – teilweise schier unstillbares – Bedürfnis, sich akzeptiert und angenommen zu fühlen. Sie suchen (häufig inadäquat) nach Nähe. Und gleichzeitig sind sie in ihrer Angst gefangen, hypersensibel. Bei der kleinsten Unsicherheit können sie sich abgelehnt fühlen und sich zurückziehen. Das kann ihre Umgebung befremden. Die befürchtete Ablehnung tritt dann tatsächlich ein.

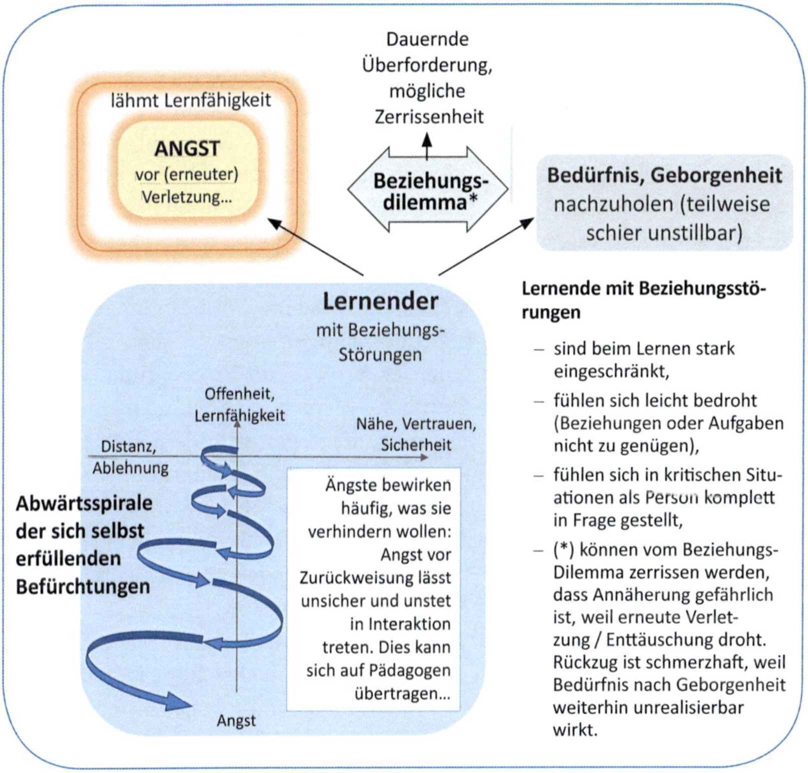

Abb. 25: Von den Schwierigkeiten, Lernenden mit Beziehungsstörungen an Bildungseinrichtungen Halt zu geben

Kinder mit desorganisiertem Bindungsverhalten „werden oft in sonderpädagogische Programme einbezogen oder überhaupt ganz von der Schule verwiesen. Unter Umständen suchen sie auch den relativen ‚Schutz' von Peergruppen und Gangs" (Geddes 2014, 80f.). Zu den typischen Verhaltensweisen gehören: Misstrauen gegenüber anderen, überhöhte Alarmbereitschaft (Hypersensibilität), die zu Fehlhandlung bei unspezifischen Reizen führen kann (durch Generalisierung bei Traumatisierung), Handeln statt Klären (als scheinbare Gefahrenabwehr), Fehleinschätzung eigener Affekte und der Umgebung, Mangel an Frustrationstoleranz, zum Beispiel unklare Situationen auszuhalten, Anstrengungsmeidung, Meidung von Situationen, die zu subjektiver Abwertung führen könnten, Kontrollbedürfnis, Überspielen von Unsicherheit durch Überheblichkeit (modifiziert und ergänzt von Geddes 2014, 181f.).

Unsicherheit und Selbstzweifel in zwischenmenschlichen Beziehungen gehört zum normalen Verlauf der Pubertät. Erste Liebeserfahrungen und Stress mit den Eltern führen nicht selten zum Rückzug von Jugendlichen. Sie können sich in eigenen Vorstellungswelten verlaufen und verweigern sich bisweilen der Kommunikation, machen ihre Bezugspersonen dadurch ohnmächtig.

Emotionale Instabilität tritt häufig in krankhafter Form auf, als Fehlentwicklung, Entwicklungsstörung. Eine große Gruppe derer, die intensiv jugendpsychiatrische Hilfe in Anspruch nehmen, leidet an emotionaler Instabilität, häufig mit selbstschädigendem Verhalten, Depressivität und hoher Dynamik für ihr soziales Umfeld. Wenn Schüler extreme Stimmungsschwankungen haben, unter starker Anspannung stehen, teilweise mit Wutausbrüchen, wirken sie befremdlich. Dies verstärkt die (übermäßige) Angst der Betroffenen vor Ablehnung. Durch extreme Turbulenzen kann es zur Erschöpfung kommen, zur Depressivität. Nicht wenige Betroffene versuchen, diese Anspannung und Unruhe mit Alkohol, Cannabis oder anderen Drogen zu lindern. Extreme Ausprägungen können zu emotional instabilen Persönlichkeitsstörungen, häufig „Borderline" genannt, führen. Diese sollten in der Regel frühestens ab dem achtzehnten Lebensjahr diagnostiziert werden, weil die Persönlichkeit vorher häufig noch unreif ist. Einerseits will man die Entwicklung als offen ansehen, andererseits Betroffenen rechtzeitig helfen.

Extreme Labilität kann zum Beispiel durch anhaltende Vernachlässigung, Misshandlung oder Missbrauch entstehen. Ein Umkehrschluss ist nicht sinnvoll. Das heißt, nicht alle Betroffenen krankhafter emotionaler Instabilität sind traumatisiert.

Wichtig für Pädagogen bei Kindern mit Bindungsstörungen und Jugendlichen mit emotional instabiler Entwicklungsstörung ist, sich nicht zu sehr aus dem Konzept bringen zu lassen. Zum Störungsbild gehört, zwischenmenschliche

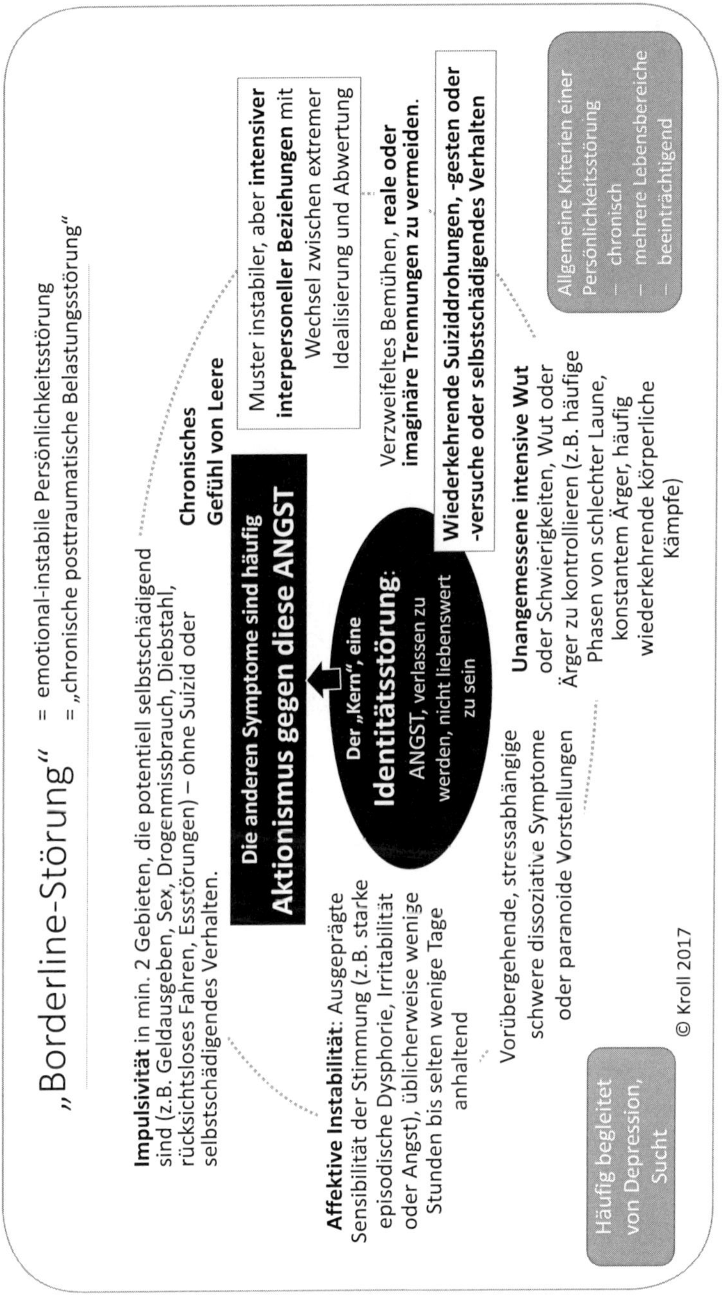

Abb. 26: Symptome der emotional-instabilen Persönlichkeitsstörung

Beziehungen zu testen, aus Angst vor Ablehnung wird besondere Zuwendung gefordert, teilweise provoziert. Manche von ihnen werden dadurch zu „Energievampiren" (Schoppmann et al. 2015, 39). Schwer Betroffene sind im Regelbereich von Bildungseinrichtungen möglicherweise überfordert. Schwere Bindungsstörungen führen häufig zu Anstrengungsverweigerung und Frustrationsintoleranz. Emotional instabile Störungen können die kognitive Leistungsfähigkeit ebenso beeinträchtigen. Im besten Fall schaffen es Betroffene, durch Erleben ihrer Erfolge, der Selbstwirksamkeit, durch die Kraft der normativen Praxis des Bildungsalltags, die Rituale, die Gemeinschaft nachzureifen und von der Tagesstruktur zu profitieren, ihre Probleme dadurch in den Hintergrund treten zu lassen.

8.8 Schulangst, Schulschwänzen

Ähnlich vielschichtig wie die Bildungsbiographien von schulmeidenden Kindern sind die diversen Bezeichnungen wie Schulabsentismus, Schul(ver)meidung etc.

Kinder mit Schulangst befürchten (subjektives) Versagen, Beschämung oder soziale Schwierigkeiten wie Ausgrenzung. „Mobbing" als gezieltes, häufiges Schikanieren (Bedrohen etc.) entsteht nicht selten durch sozial ungünstiges Auftreten der späteren Opfer. Davon abzugrenzen sind Trennungsängste (auch als „Schulphobie" bezeichnet). Betroffene Kinder machen sich Sorgen um ihre – möglicherweise kranken – Eltern oder suchen Schutz, der für sie von der Nähe ihrer Angehörigen ausgeht.

Schulschwänzen ist landläufig bekannt. Betroffene meiden die Anstrengung, Langeweile etc. des Bildungsalltags. Sie folgen ihren Neigungen wie einem Kaufhausbummel oder dem Konsum von Bildschirmmedien. Nicht selten kommt es zu Mischformen aus Schulangst und Schulschwänzen. Bei dissozialem Auftreten der Schüler kann übersehen werden, dass deren schulvermeidendes Verhalten sich aus der traurigen Gewissheit entwickelt hat, dass sie den schulischen Anschluss kaum bewältigen können und damit ihre gesellschaftliche Teilhabe gefährdet ist. Für solche Schüler kann das dissoziale Image leichter zu ertragen sein als Unsicherheit, Perspektivlosigkeit und Zukunftsangst. Ja, sie können sogar Ehrgeiz entwickeln, ihre Dissozialität ausbauen, um sich den Respekt ihrer Umgebung zu sichern.

Die Ursachen schulvermeidenden Verhaltens beruhen auf komplexen individuellen (kognitiven Leistungsfähigkeit, Teilleistungsstörungen, psychiatrischen und / oder körperlichen Erkrankungen etc.), familiären (z. B. Erziehungsstil, relative Armut, sozial benachteiligte Wohngegenden, Haltung zu Schule) und gesellschaftlichen Bedingungen (z. B. Schulsystem). Das Schulklima wird nicht selten vom entsprechenden Verhältnis zwischen Lehrpersonen und Schülern belastet, einhergehend mit einer schwierigen Kooperation von Eltern und Schule. Unübersichtliche Klassen ohne ausreichende Kontrolle der Fehlzeiten begünstigen Schulvermeidung.

Insgesamt etwa 5 bis 10 Prozent „der Schüler in Deutschland bleiben öfter als fünf Mal pro Jahr der Schule unentschuldigt fern" (Reissner et al., 655). Hauptsächlich Jungen, vor allem an Haupt- und Sonderschulen verweigern die Schule erheblich, dies häufig nach einer Serie von Misserfolgen in der Bildungslaufbahn. Schulverweigerung stellt eine massive Bedrohung der Entwicklung von Kindern und Jugendlichen dar. Betroffene Schüler können oft der Wahrheit nicht ins Gesicht sehen. Sie spüren, dass sie den Anschluss verlieren, bezüglich der Leistungen und vor allem auch an den Lebensrhythmus ihrer Peergruppe. Manche Betroffene entwickeln darüber hinaus zusätzlich Symptome von Angst, Depression und Drogenabusus. Elektronische Medien werden von dieser Gruppe sehr häufig missbraucht.

Wenn Lernende nicht oder nur zeitweilig in Bildungsstätten ankommen, muss es um pragmatische Lösungen gehen, damit sich die Schwierigkeiten nicht chronifizieren und ausweiten. Wie bei jedem auffälligen Verhalten kann die Verweigerung der Teilnahme am vorgesehenen Bildungskontext Ausdruck eines unpassenden Angebots sein. Lernende können sich über- oder unterfordert fühlen oder diskriminiert, bedroht. Sie können Sorge um ihre Angehörigen haben oder schlicht zu wenig Halt, wenn sie denken, dass ihnen wegen der Verweigerung von Anstrengung keine relevanten Sanktionen drohen. Das kann wiederum Ausdruck einer chronischen pädagogischen Unterversorgung sein. Deshalb sollte zunächst die Verantwortlichkeit geklärt werden. Sind die Sorgeberechtigten ausreichend in der Lage, den Kindern genügend Halt zu geben, an der gesellschaftlich vorgesehenen Bildung teilzuhaben? Diese Basis wird häufig zu wenig abgeklärt. Hier sind die Jugendämter und Gerichte in der Pflicht. Wenn Eltern zum Beispiel aufgrund eigener psychischer Erkrankung ihren Kindern gegenüber nicht ausreichend klar wirken, wenn die Kinder sogar dominant sind, kann ein gerichtlich bestellter Ergänzungspfleger für einzelne Sorgerechtsbereiche unterstützend eingreifen.

Pragmatisches Ziel muss es sein, tragfähige Motivationsfaktoren zu identifizieren und die Belastungsfaktoren möglichst klar zu erkennen. Wenn man davon ausgeht, dass Menschen leiden, wenn sie abgewertet werden, nicht dazugehören, weiß man, dass dissoziale Entwicklungen mit gesellschaftlichem Halt oder Perspektivlosigkeit in Zusammenhang stehen. Wenn die Gesellschaft keine Hypotheken missachteter Verantwortung („Bildungsschulden") ansammeln will, sollten die Maßnahmen zur Reintegration bei bildungsfernem Verhalten frühzeitig und intensiv erfolgen (wie in Kapitel 6.6 dargestellt). Zum Beispiel hat in Sachsen-Anhalt, im Vergleich der Bundesländer bei der Quote der Schulabbrecher auf einem hinteren Platz, ein „Qualitätszirkel" der Initiative „Schulerfolg sichern" wichtige Themenfelder zusammengefasst:

- „Selbstorganisiert lernen durch gestärkte Sozial- und Selbstkompetenzen,
- FAIR-Ordnungen – Regeln gestalten und einhalten",
- Gruppenfindungstage und soziales Kompetenztraining zur Stärkung des Klassenklimas,
- „Mediation – Stärkung der Konfliktbewältigung",
- „Förderung realistischer Berufsperspektiven und entsprechender Kompetenzen",
- „‚Jungenstunden' in der Schule – geschlechtliche Orientierung" (Zentrale Koordinierungsstelle Schulerfolg 2011, 4).

Schulvermeidendes Verhalten geht häufig mit Delinquenz einher.[233] Auch bezüglich Gewaltanwendung hat jeder eine Lernbiographie. „Die Schwierigkeiten der Täter [sind] innerhalb ihres Lebenslaufes meistens früh angelegt". Darauf, so die verstorbene Richterin Kirsten Hessig, werde jedoch nicht nachhaltig reagiert. „Es ist offensichtlich, dass die mangelnde Bildung eine der Hauptursachen für die Entstehung von Jugendkriminalität darstellt und die Schuldistanz konsequent zu bekämpfen ist" (Heisig 2010, 100). Heisig forderte eine enge Kooperation der Schulen, Gerichte und Polizei (ebenda, 183).

Handlungsmöglichkeiten und Grenzen von Pädagogen

Am wichtigsten für systematische Reintegrationsversuche ist die gute Kooperation vor allem zwischen den Eltern (Betreuungspersonen) und den Vertretern der Schule, um dem Schüler Halt zu geben (und ggf. den Therapeuten / der Klinik / Jugendhilfe). In der Regel schauen alle Beteiligten kritisch aufeinander, anstatt zügig und pragmatisch zu handeln.

Vorrangig muss die **Zeit der Schulabwesenheit möglichst kurz** gehalten werden. Krankschreibungen wegen psychosomatischer Beschwerden (s. Kapitel 8.1) sollten vermieden werden. Konkret geht es darum, die maßgeblichen Faktoren des Absentismus individuell zu erfassen, um dezidiert die nächsten Schritte planen zu können.

[233] Heinrich Ricking, Phänomene und Formen des Schulabsentismus, http://www.jugendsozialarbeit.de/media/raw/11_05_11Vortrag_Phaenomene_Formen_Schulabsentusmus_Ricking.pdf, Zugriff 16.02.2018

Ressourcenorientiert rückt ins Zentrum, was noch (relativ) gut läuft, was Freude bereitet. Wie kann dies gestärkt werden? Wer kann hilfreich sein, positive Lernerfahrungen zu ermöglichen (Mentorschüler; Schulsozialarbeiter; Angehörige, die den Schulbesuch befördern; Kontakt zum Jugendamt bis hin zur Einrichtung einer Schulbegleitung)? Welche Faktoren verstärken das schulvermeidende Verhalten? Finden bei außerschulischen Aktivitäten positive Lernerfahrungen statt? Die professionelle Haltung der Lehrenden unterstützt die Eltern, erfasst die Komplexität des schulvermeidenden Verhaltens und unterlässt unreflektierte Schuldzuweisungen an die Eltern.

Tragfähige Klärungen benennen die Aufgabenverteilung schriftlich und basieren auf gegenseitiger Wertschätzung: Vor dem Schulversuch ist die Organisation einer Helferkonferenz obligatorisch (mindestens: Lehrperson, Schüler, Elternteil, ggf. Therapeut), um den Schulversuch gut vorzubereiten. Gerade ängstliche Schüler sind von der Empathie ihrer Lehrer, von deren Wertschätzung und einem freundlichen Klassenklima abhängig. „Früher aufgetretene internalisierende und externalisierende Störungen in Zusammenhang mit dem erlebten Klassenklima (sind) gute Indikatoren für spätere Probleme" (Metzke et al. 2006, 112). Schüler mit Schulabsentismus zeigen häufig eine geringe Frustrationstoleranz. Schule kann als Ort so gestaltet werden, dass unnötige Frustrationen keinen Platz haben (Limbourg / Steins, 2011).

Für **Schulverweigerer** gelten die Empfehlungen zur Steigerung der Resilienz durch Schulinterventionen (nach Brooks und Goldstein) besonders: „1. Praktizieren Sie Empathie. 2. Ändern Sie negative Skripts, wenn Sie das von den Schülern ebenfalls erwarten. 3. Sorgen Sie dafür, dass alle Schüler sich willkommen und wertgeschätzt fühlen. 4. Formulieren Sie realistische Erwartungen, die auf das individuelle Kind zugeschnitten sind, und nehmen Sie gegebenenfalls Änderungen daran vor. 5. Sprechen Sie über die Bedeutung von Fehlern im Lernprozess. 6. Fördern sie Verantwortungsbereitschaft und Mitgefühl. 7. Vermitteln Sie Problemlösefähigkeit und Entscheidungskompetenz. 8. Setzen Sie disziplinarische Maßnahmen ein, um die Selbstdisziplin zu fördern" (Brooks / Goldstein 2007, 269f.).

2006 initiierte die Bundesregierung das Programm „Schulverweigerung – Die 2. Chance" (www.zweite-chance.eu), in dessen Rahmen an mehr als 190 Standorten Anlauf- und Beratungseinrichtungen eingerichtet wurden. Experimentell kommen in Pionierklassen starke Ausrichtungen auf elektronische Medien und Elemente aus Onlinespielen zum Einsatz, zum Beispiel „World of Classcraft" durch den Lehrer Daniel Jurgeleit, der dies als „Gamifikation" bezeichnet (Janke 2014). Wer Lernen resozialisieren möchte, will erst einmal überhaupt wieder Erfolge ermöglichen. Die Attraktivität von Lernen – inklusive der erforderlichen Sekundärtugenden – kann für Schulvermeider durch alltagspraktische Tätigkeiten angestrebt werden. Dabei kann auch das Ansehen in der Peergruppe genutzt werden, zum Beispiel durch Förderungen von Fähigkeiten mit elektronischen Medien oder von akrobatischen Fähigkeiten wie Skateboard- oder BMX-Radfahren. Durch das individuelle Andocken an Tätigkeiten, die Schulvermeidern am ehesten Erfolge ermöglichen, kann die Bindungskraft der Bildung steigen.

8.9 Selbstverletzendes Verhalten

Zum selbstverletzenden Verhalten gehören selbst zugefügte Verletzungen, ohne die Absicht, dadurch zu sterben (ohne suizidale Absicht. In Fachkreisen als „nicht-suizidales selbstverletzendes Verhalten, NSSV" bezeichnet). Am häufigsten sind Verletzungen durch Ritzen und Schneiden am Unterarm der nichthändigen Seite. Alle anderen Körperregionen können ebenso betroffen sein. Weitere Formen von Selbstverletzungen sind das Schlagen mit dem Kopf und der Hand gegen Gegenstände, Nadelstichverletzungen, gezielte Verbrennungen und viele andere.

> „5% der Jugendlichen gaben an, sich wiederholt selbst zu verletzen. Selbstverletzendes Verhalten wird nicht nur bei der Borderline-Persönlichkeitsstörung, sondern auch bei Depressionen, Adoleszentenkrisen, etc. beobachtet. Es hat vielfach eine affekt- und spannungsregulierende Funktion, kann aber auch Ausdruck von Selbstbestrafung oder vermehrtem Wunsch nach Zuwendung sein"[234] (Herpertz-Dahlmann et al. 2013, 437).

Weitere Erkrankungen, die vermehrt mit selbstverletzendem Verhalten einhergehen, sind Essstörungen, Angststörungen, Suchterkrankungen und Störungen des Sozialverhaltens (Kaess et al. 2010, 91). Betroffene geben als Motivation häufig hochgradige Anspannungszustände an, ohne dass sie konkrete Auslöser benennen können. Dies fühlt sich für sie diffus an. Sie sind verunsichert, beunruhigt, fühlen sich ohnmächtig. Die gezielte Suche von mit den Verletzungen verbunden Hochgefühlen kann ebenfalls Ursache für selbstverletzendes Verhalten sein (ebenda, 90).

In Phasen hoher Anspannung sehen die Kinder keine Alternativen zur Selbstverletzung. Manche geben als Gründe innere Leere oder ein „Gefühlschaos" an. „Auch wenn viele Individuen mit selbstverletzendem Verhalten niemals einen Suizidversuch unternehmen, muss diese Symptomatik als möglicher Prädiktor für Suizidversuche gewertet werden, sodass der / die Jugendliche einem Kinder- und Jugendpsychiater vorgestellt werden sollte" (Herpertz-Dahlmann et al. 2013, 437). Mehrfache Selbstverletzungen erhöhen, statistisch gesehen, eindeutig die Wahrscheinlichkeit von Suizidversuchen. Manche Betroffene empfinden ihre Selbstverletzung als Schutz vor noch ernsthafterer Schädigung wie Suizidversuchen. Das in der Abbildung 27 dargestellte Muster gilt vorwiegend für Betroffene mit häufigem und schwerwiegendem selbstverletzenden Verhalten. „Dissoziation" ist ein Bewusstseinszustand, bei dem Betroffene wie träumend wirken können. Sie wirken unaufmerksam und nehmen Umweltreize zwar noch teilweise wahr, jedoch mehr passiv, unbewusst, so dass diese häufig nicht erinnert werden können.

---

234 Laut Heidelberger Schulstudie verletzen sich 10,9 Prozent „gelegentlich" und 4 Prozent „repetitiv" / häufiger. https://www.aerzteblatt.de/archiv/46625/Heidelberger-Schulstudie-Risikoverhalten-14-Jaehriger, Zugriff 16.02.2018

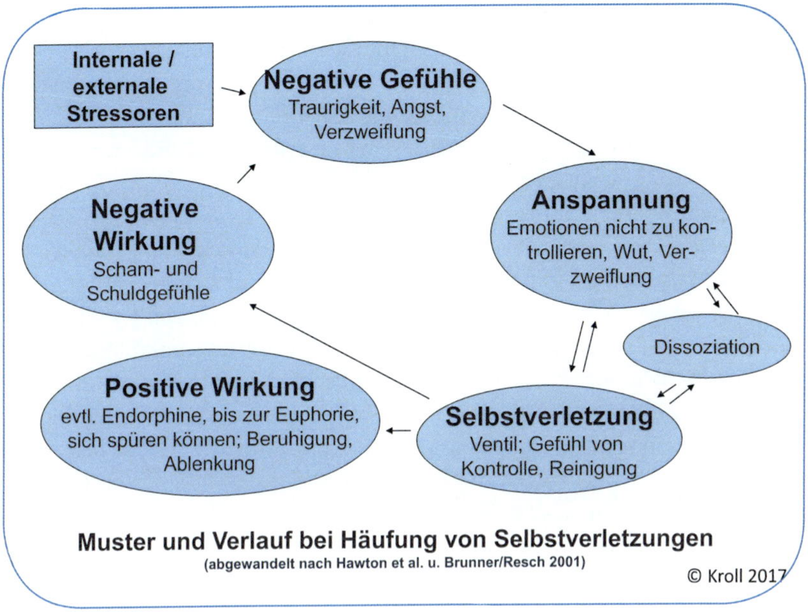

Abb. 27: Mögliche Dynamik bei gehäuftem Selbstverletzendem Verhalten

Imitation, demonstratives und Ausprobierverhalten können ebenfalls Ursachen von Selbstschädigungen sein. Im Internet finden sich eindrucksvolle Bilder, die als Anregung – oder sogar als Anreiz, dies dramatisch zu überbieten – missverstanden werden können. Die Zunahme selbstverletzenden Verhaltens wird durch den Austausch im digitalen Raum eindeutig gefördert. Es ist also wichtig, die digitale Identität von Jugendlichen mit solchem Verhalten zu berücksichtigen.

Für den professionellen Umgang mit solchen Personen wird eine Mischung aus Bearbeitung solcher Verletzungen und gleichzeitig dem Meiden einer missverständlichen Zuwendung empfohlen. Viele Jugendliche, die sich selbst verletzen, sind in ihrer Persönlichkeitsentwicklung verunsichert. Ziel ist, dass sie sich nicht zu einseitig mit ihrem „dysfunktionalen" Verhalten, also einem Verhalten, das ihren Zielen eigentlich nicht dienlich ist, „identifizieren". Sie sollen sich nicht darüber definieren. Manche belesen sich im Internet, geben sich selbst eine Diagnose und behaupten dann von sich: „Ich bin Borderline". Wenn die Bezugspersonen in der Umgebung dieser Jugendlichen dann ehrfürchtig, und möglicherweise einseitig, auf die Selbstverletzung schauen, kann dies verstärkend wirken.

In der Dialektisch-Behavioralen Therapie (DBT) ist vorgesehen, dass Jugendliche nach Selbstverletzungen entweder selbst unter Aufsicht ihre Wunden versorgen oder ausschließlich eine medizinische Wundversorgung erhalten, jedoch – soweit vertretbar – keine intensivere persönliche Zuwendung. Sie werden angehalten, ihr Verhalten zunächst selbst zu reflektieren und anschließend mit ihren Bezugspersonen zu bearbeiten.

Für den Bildungskontext kann daraus abgeleitet werden, dass Jugendliche einerseits ihre Wunden nicht zur Schau tragen sollten. Soweit möglich sollten Eltern informiert werden, wenn Selbstverletzungen erstmals auffallen. Ein gemeinsam ausgearbeiteter Plan antizipiert das Vorgehen bei künftigen Krisen. Nicht selten treten Selbstverletzungen im Bildungswesen als „dysfunktionale" Form der Kommunikation auf, als ambivalenter Hilferuf; nach dem Motto: „Mir geht es nicht gut. Hilf mir, aber ich weiß nicht wie." Auch wenn viele Lehrer mittlerweile bereits mit selbstverletzendem Verhalten konfrontiert waren, so befremdet es doch weiterhin. Pädagogen sollten dabei ihre eigenen Gefühle von Überforderung, möglicherweise auch Ekel nicht vernachlässigen. Besonders emotional instabile Jugendliche, die häufiger von selbstverletzendem Verhalten betroffen sind, haben feine Antennen, spüren die Schwingungen ihrer Umgebung. (Sie missinterpretieren diese jedoch auch lebhaft.) Es geht darum, „echt" zu bleiben. Stets geht es darum, ein für sich selbst passendes Vorgehen zu finden.[235]

Handlungsmöglichkeiten und Grenzen von Pädagogen_

– Obwohl Pädagogen im Leben der Adoleszenten die wichtigsten Vertrauenspersonen sein können, sollten sie sich nicht verlocken lassen, zu Laientherapeuten zu werden. Wenn Adoleszente tatsächlich eine emotional instabile Akzentuierung oder sogar Störung aufweisen, gehören intensive Beziehungen, die sie fortlaufend testen, zu ihrem Verhaltensrepertoire. Pädagogen sollten sich besonders davor schützen, die „einzigen Heilsbringer", die einzigen Vertrauten zu sein. Dies schlägt fast immer ins Gegenteil um, in Überforderung und Enttäuschung. Übrigens: Eine der wichtigsten Aufgaben von Therapeuten ist die professionelle Regulation von Nähe und Distanz, von professioneller Empathie, von Engagement für die Klienten und Patienten, ohne Übertreibung und Vernachlässigung eigener Bedürfnisse.

– Entsprechend der Bezeichnung eines Ratgebers für Angehörige („Schluss mit dem Eiertanz", Mason / Kreger 2009) sollte die professionelle Umgebung nach Selbst-

235 Zum Weiterlesen: http://www.projekt-4s.de/fileadmin/downloads/Projekt4S_-_Blaumer_-_UmgangMitSchuelernMitSuizidalemUndSelbstverletzendemVerhalten.pdf, Zugriff 16.02.2018; MindMatters bietet mit LifeMatters ein Leitfadenheft „zur Prävention von Selbstverletzungen und Suizid in der Schule" an. http://nrw.ganztaegig-lernen.de/sites/default/files/HA2010-MindMatters.pdf, Zugriff 11.02.2018; http://www.projekt-4s.de/downloads-links/, Zugriff 16.02.2018

verletzungen nicht zu sehr aus der Ruhe geraten. Dies ist kein Plädoyer für Unterkühlung oder Zynismus. Es hilft solchen Jugendlichen jedoch nicht, wenn sie ihre wichtigen Bezugspersonen deutlich verunsichern. Die Betroffenen können dadurch noch stärker verunsichert sein, möglicherweise durch Schuldgefühle.

– In Gesprächen mit den Eltern kann der „Krisen-Ausweg-Weiser“[239] bearbeitet werden. Was sind konkrete Möglichkeiten, mit überbordender Anspannung im Bildungskontext umzugehen? Pragmatisch können in der empfohlenen Vereinbarung zur Vermeidung von Selbstverletzungen konkrete Schritte vereinbart werden. Diese sollten im Bildungskontext realisierbar sein. Therapeuten sprechen dabei von „Skills“, also Instrumenten / Handlungsoptionen gegen Selbstschädigung.

– Aufgrund der großen Verunsicherung und der möglichen Problematik, Vertrauen aufzubauen, ist es bei diesem Störungsmuster vielleicht besonders hilfreich, wenn Pädagogen professionelle Hilfe anbahnen, wenn sie entsprechende Ängste lindern und von positiven Erfahrungen berichten können.

– Auch wenn manche Pädagogen vieles ermöglichen wollen: Wundversorgung gehört nicht zu ihrem Aufgabenbereich. Von Adoleszenten kann es zudem missverstanden werden, als körperliche Zuwendung. Wunden sollten von Medizinern versorgt werden beziehungsweise von den Betroffenen und ihren Familien. Im Akutfall kann eine Vorstellung bei einer Notärztin erforderlich sein. Diese eindeutige Vorgehensweise ist eine „Erdung“, eine konsequente Sorge und Haltung, dass Selbstverletzungen nicht akzeptiert werden. Betroffene reagieren darauf teilweise sehr ablehnend.

8.10 Suizidalität

Suizidale Erwägungen sind weit verbreitet und stellen an sich noch keine Erkrankung dar. Viele Jugendliche haben im Laufe ihrer Entwicklung Krisen mit suizidalen Gedanken, ohne dass daraus eine konkrete Gefährdung entsteht. Man geht davon aus, dass Kinder circa ab neun Jahren ein Verständnis von der Endgültigkeit des Todes haben. Für 2013 gibt das Statistische Bundesamt 18 Suizide in der Gruppe der Zehn- bis Vierzehnjährigen an (6 männlich, 12 weiblich) und 165 in der Gruppe der Fünfzehn- bis Neunzehnjährigen (119 männlich, 46 weiblich). Suizidversuche treten bei Mädchen deutlich häufiger auf, laut unterschiedlicher Studien um den Faktor 3 bis 9 zu 1. Vollendete Suizide gibt es bei Jungen häufiger, umgesetzt durch sogenannte harte Methoden wie Springen aus großer Höhe, Erhängen etc. Eine zusätzliche Dunkelziffer setzt sich aus unklaren Todesfällen durch Unfälle und Drogen zusammen.

Suizidale Handlungen treten im Kindes- und Jugendalter in der Regel wesentlich spontaner auf als bei Erwachsenen.

---

236 Bezeichnung von Irrsinnig Menschlich übernommen. Krisen-Auswegweiser und andere hilfreiche Materialien können über die Webseite bestellt werden.

> „Jugendliche nach Suizidversuchen berichten häufig, dass sie nicht wussten, ob sie sich das Leben nehmen sollten oder nicht. Wichtig war die Flucht, ohne Berücksichtigung aller damit verbundener Konsequenzen. […] Immer wieder überraschend ist die scheinbare Leichtigkeit, mit der Jugendliche ihr Leben beenden wollen" (Kuchenbecker 2007, 188).

Häufig vergeht nur wenig Zeit von der ersten Idee, sich etwas Gefährliches anzutun, bis zur Umsetzung. Bei Suizidversuchen sind Vergiftungen mit – im Haushalt meist in gefährlicher Menge und leicht verfügbaren – Medikamenten häufig. Es wurden Suizide beschrieben als Reaktion, dass Jugendliche von anderen online als „homosexuell" beschrieben wurden. Wegen der damit verbundenen öffentlichen Wucht sei es zu suizidalen Handlungen gekommen. Da online – ohne persönlichen Kontakt – teilweise enthemmt kommuniziert wird, können entsprechende Inhalte, möglicherweise sogar als *flames* oder in größerer Menge als *storm*, überwältigen. Subjektive Überforderungen als Auslöser suizidaler Handlungen setzen sich im Einzelfall ganz unterschiedlich zusammen:

Faktoren zur Einschätzung des Risikos einer suizidalen Handlung

- Äußerungen über suizidale Absichten oder Suizidideen, Verschenken persönlicher Gegenstände, Abschiedsbrief;
- vorherige suizidale Handlungen (selbst oder in der Familie);
- gehäuftes selbstverletzendes Verhalten;
- parasuizidale Handlungen (Handlungen, die mit Suizidalität in Zusammenhang stehen);
- starke Depressivität, Suchterkrankung, Schizophrenie, schwere Borderline-Erkrankung;
- akute und wiederkehrende Krisenzustände
  - wie Verlust einer wichtigen Bezugsperson, zum Beispiel einer wichtigen Freundin;
  - hohe narzisstische Kränkbarkeit;
  - hohe Impulsivität, Agitiertheit (große psychomotorische Unruhe);
- Hoffnungslosigkeit, fehlende Zukunftsperspektive;
- Einsamkeit;
- starke Verleugnungstendenz und mangelndes Hilfesuchverhalten („Mir geht es gut"; „Ich brauche keine Hilfe");
- akute oder chronische Überforderung (z. B. in Ausbildung / Beruf oder Familie / Beziehung);
  - Liebeskummer;
  - Schulleistungen;
- reale oder antizipierte Bedrohung wie Mobbing;
- Gewalt, physisch und seelisch, besonders wenn diese von Eltern ausgeht beziehungsweise
  - Vernachlässigung durch Eltern;

- *bei sexuellem Missbrauch kommt es häufig zur Mehrfachbelastung, bestehend aus dem Missbrauch mit Traumatisierung, verbunden mit Stigmatisierung und Scham*; (Turner et al. 2012)
- sexuelle Störungen, unter anderem hinsichtlich der Akzeptanz der sexuellen Identität;
- Verfügbarkeit von Hilfsmitteln für ein konkretes Suizidarrangement (Medikamente, Waffen etc.).

(modifiziertes und ergänztes „Risikoblatt Suizidalität" aus Borg-Laufs et al. / Rheinische Akademie für Psychotherapie und Verhaltensmedizin)

Die Bella-Studie[237] hat gezeigt, dass weniger als ein Drittel der Jugendlichen, die Suizidgedanken angaben, von ihren Eltern als behandlungsbedürftig identifiziert worden seien. Etwa 75 Prozent der gefährdeten Jugendlichen kündigten spätere suizidale Handlungen an. Circa 10 bis 15 Prozent davon töteten sich später. „Die Rolle von Freunden und Gleichaltrigen in der Früherkennung von suizidalem Verhalten und in der Suizidprävention kann nicht genug hervorgehoben werden" (Hawton et al. 2008, 123). Untersuchungen zur Effektivität empfehlen für die Suizidprävention eine

> „Abkehr von einseitigen Programmen, die Suizid und Suizidgefährdung in den Mittelpunkt stellen, und Hinwendung zu Programmen, die das gesamte Lebensumfeld der Schülerinnen und Schüler in den Blick nehmen und deren Lebensfreude und Wohlbefinden stärken. Die Tendenz schulischer suizidpräventiver Maßnahmen sollte in Richtung Lebenskompetenzprogramme gehen, die das Thema ‚Suizid' in die Förderung der psychischen Gesundheit einbetten" (Bründel 2015, 168).

Handlungsmöglichkeiten und Grenzen von Pädagogen

In unklaren Situationen wie **plötzlichem deutlichen Rückzug** oder nach **unklaren Überforderungen** wie massiven Kränkungen sollten Pädagogen das Gespräch suchen. Suizidale vermitteln häufig, dass sie gerade nicht angesprochen werden wollen.

„Die Angst, ein Ansprechen der Suizidalität könne erst recht eine Suizidhandlung auslösen, ist unbegründet. Im Gegenteil – es ist wichtig, Kinder und Jugendliche bei Verdacht auf ein Suizidrisiko etwa folgendermaßen anzusprechen: ‚Ich mache mir Sorgen, weil ich den Eindruck habe, es gehe Dir schlecht, und du könntest auch solche Gedanken wie […] haben. Ich möchte mit Dir darüber reden'" (Richtlinien für das Verhalten in der Schule nach einem Suizid (Michel et al.).[241]

Auch bei Adoleszenten, die Suizidalität relativ offensichtlich manipulativ einsetzen, ist Bagatellisieren ungeeignet. Betroffene benötigen dann die Orientierung, dass sie

237 https://www.KiGGS-studie.de/modulstudien/bella-studie.html, Zugriff 06.02.2018

238 http://realschule-recke.de/frs/fileadmin/pdf/suizid_Richtlinien.pdf, Zugriff 06.02.2018

Beachtung auch ohne Dramatisierung erhalten. Ihre suizidalen Äußerungen werden wörtlich genommen bearbeitet. Eine professionelle Abklärung ist unbedingt erforderlich.

Der wichtigste Schutzfaktor gegen suizidale Handlungen ist wenigstens eine tragfähige verbindliche Beziehung zu einem Mitmenschen.

Bei einem **akuten Verdacht, dass eine suizidale Handlung droht, muss der Notarzt** gerufen werden oder anderweitig eine sofortige Einschätzung durch eine fachlich kompetente Person erfolgen. Betroffene versuchen dies häufig abzuwenden. Es gibt sogar Konstellationen, dass mit suizidalen Handlungen gedroht wird, für den Fall dass der Notarzt involviert wird. Die Not in Zusammenhang mit Perspektiv- und Hoffnungslosigkeit lässt vor manipulativen Handlungen nicht zurückschrecken.

Einerseits gehört die Abklärung von Suizidalität in die Hände von Fachleuten. Manchmal ist das aber zunächst nicht möglich. Möglicherweise gibt es diffuse Hinweise auf drohende Handlungen. Da das Thema sehr schambesetzt ist, kann man sich im Gespräch nur vorsichtig nähern, „Brücken bauen". „In jedem Fall ist aber unverzichtbar, den Jugendlichen in seiner Verzweiflung anzunehmen und ihm zu vermitteln, dass sein Gegenüber da ist, um ihn in seiner jetzigen Situation zu halten und ihn an einer vielleicht unwiderruflichen Entscheidung und Handlung zu hindern" (Kuchenbecker 2007, 197).

Sind im Umfeld der Schule suizidale Handlungen aufgetreten, muss mit **Nachahmern** (**„Werther-Effekt"**) gerechnet werden. Journalisten halten sich häufig nicht an die Empfehlungen über eine adäquate und präventive Berichterstattung. Suizide können lähmend wirken: überall Ohnmacht und Schuldgefühle, Verwirrung. Schüler benötigen die Möglichkeit, diese Gefühle ausdrücken zu können. Wegen der Breitenwirkung sollten nach einem Suizid Interventionen für alle Schülergruppen angeboten werden. Das Lehrerkollegium sollte sich auf eine einheitliche Darstellung einigen. Dabei geht es stets um den Respekt vor dem Leben und dem Tod. Immer muss aber auch das Leid gewürdigt werden, dass Suizidierende in ihrem Umfeld hinterlassen, damit es nicht zur Glorifizierung kommt.

Präventionsmaßnahmen sollten sich für die meisten auf die Stärkung der seelischen Gesundheit konzentrieren und nicht auf Suizidalität fokussieren. Suizidale Themen können faszinieren und sollten deshalb diskret bearbeitet werden..

8.11 Magersucht (Anorexia nervosa)

Zu den Essstörungen gehören die Magersucht (Anorexia nervosa), die Ess-Brech-Sucht (Bulimie) und „Essattacken bei anderen psychischen Störungen", zum Beispiel Frustessen bei Depressivität. Die Fettleibigkeit (Adipositas) gilt nicht als reine Ess-, sondern als Ernährungs- und Stoffwechselstörung. „In der BELLA-Studie gaben 23% der 14- bis 17-Jährigen ein gestörtes Essverhalten an, welches aber nicht mit Essstörungen im engeren Sinne gleichgesetzt werden darf" (Herpertz-Dahlmann et al. 2013, 437). Hier sollen einige Aspekte der gefährlichen und häufig verschleppten (chronifizierten) Magersucht dargestellt werden.

Als Richtwert für die Magersucht wird ein Body-Mass-Index von 17,5 oder weniger angesehen. („BMI", errechnet aus: Körpergewicht (Kilogramm) geteilt durch das Quadrat der Körperlänge (Meter); Beispiel: Länge 1,7 m, BMI 17,5 entspricht 50,6 kg). Dabei wird der (familiäre) Körperbau („Konstitution") berücksichtigt. Als krank wird angesehen, wenn das Gewicht 15 Prozent unter dem erwarteten Gewicht liegt. Die Gewichtsentwicklung seit der Kindheit dient als Orientierung. Unterschieden wird passives Hungern und aktives Herbeiführen von Gewichtsverlust mit Erbrechen, der Einnahme von Abführmitteln oder Appetitzüglern sowie übertriebenen körperlichen Aktivitäten. Im Kindes- und Jugendalter kann dringender Handlungsbedarf bestehen, auch wenn noch nicht alle Krankheitskriterien erfüllt sind.

Das Wichtigste in Kürze:

- Magersucht wird von den Betroffenen häufig lange Zeit geleugnet. Aufgrund ihrer *Körperschemastörung* empfinden sie ihr *absichtlich restriktives Ernährungsverhalten* als adäquat, nicht krankhaft.
- (Wiederholte) Diäten bahnen häufig späteres magersüchtiges Verhalten.[239]
- Die Minderversorgung des Gehirns mit Nährstoffen kann nicht nur bleibende Schäden verursachen. Schwer Erkrankte sind durch Argumente kaum noch erreichbar. Andere müssen deshalb die Verantwortung übernehmen.
- Nicht selten lassen sich Eltern lange Zeit täuschen. Wegen des häufig dramatischen Verlaufs sollten Pädagogen (wenn notwendig mehrfach) den Eltern professionelle Hilfe nahelegen.
- 8 Prozent der Erkrankten versterben an Komplikationen wie schweren Infekten oder Suizid.

Die Magersucht tritt hauptsächlich bei Mädchen und Frauen auf, mit einem Geschlechterverhältnis von etwa 10 zu 1. Zunehmend tritt die Anorexia nervosa bereits sehr früh, mit zehn bis zwölf Jahren auf. Durch die Mangelernährung kommt es zu hormonellen Veränderungen, bei Mädchen eventuell zum Ausbleiben der Regelblutung. Die pubertäre Entwicklungsverzögerung ist als Teil der Erkrankung Ausdruck der Angst vor den Veränderungen. Die Magersucht ist häufig von Depressivität begleitet.[240]

---

239 Diäten sind ohnehin vor allem für Illustrierte von Interesse, um die Verkaufszahlen zu steigern. Die Allgemeinbevölkerung erreicht mittelfristig durch Diäten meist keine Gewichtsminderung.

240 Angst (bei Magersucht vor der Gewichtszunahme) und Depression sind allgemein häufig „vergesellschaftet". Die beteiligten Botenstoffe und Aktivierung der Hirnareale sind sehr ähnlich.

Von Magersucht betroffene Familien suchen häufig nach einem Hauptgrund, mit dem Ziel durch die Lösung dieses Problems die Erkrankung komplett zu kurieren. Vor allem Mütter sind häufig durch Schuldgefühle stark beeinträchtigt. In der Regel liegt eine Kombination von Ursachen vor. In der Therapie wird versucht zu verstehen, warum Betroffene die Essstörung für sich als „Lösungsversuch" gewählt haben, versucht, die „Funktion" der Erkrankung zu verstehen. Betroffene sind von der Persönlichkeit her häufig sehr empfindlich, wenig kritikfähig, häufig deutlich leistungsorientiert, perfektionistisch. Betroffene Familien leiden häufig an einer Pseudoharmonie, ohne belastbare Streit- und Kritikkultur. Familientherapie zeigt bei wissenschaftlichen Vergleichen verschiedener Therapien die beste Wirksamkeit. Nicht selten lernen später Erkrankte schon als kleine Kinder, dass mit dem Essen Macht verbunden ist, zum Beispiel wenn sie als kleine Kinder gezwungen werden, „den Teller leer" zu essen.[241]

Die Entwicklung von Individualität kann mit Angst verbunden sein, wenn dadurch der familiäre Zusammenhang (vermeintlich) gefährdet wird. Weitere Belastungsfaktoren können ein rigider Umgang sein, der keinen Platz für eigene Ideen lässt, übermäßig kontrollierende Eltern, eine unterkühlte Familienatmosphäre, möglicherweise mit belastenden Familiengeheimnissen. Eine Betroffene beschrieb es folgendermaßen: „Magersucht ist die Krankheit der Isolation und der Einsamkeit, man findet sie schrecklich und sucht sie zugleich, weil sie einen Sicherheitsraum bietet. Magersucht ist die Krankheit der Widersprüche, die nur die verstehen, die diese Krankheit kennen" (Liechti 2007, 15).

Handlungsmöglichkeiten und Grenzen von Pädagogen

– Pädagogen sehen – im Vergleich zu den Eltern – Entwicklungsverläufe etwas distanzierter. Sie erleben die Gruppendynamik, zum Beispiel wenn Schülerinnen für die nächste kleinere Jeansgröße bewundert werden. Neben dem äußeren Erscheinungsbild ist auffälliges Essverhalten rasch Gruppenthema.

– „Während sich die Risikoverhaltensweisen bzw. die Symptome einer Essstörung der direkten Beeinflussung durch Lehrer/innen entziehen, ist es möglich im Unterricht, insbesondere auch im Sportunterricht, […] Persönlichkeitsmerkmale in ihren Äußerungsformen zu beobachten und durch Lernprozesse zu beeinflussen" (Knobloch et al. 2014) . Häufig wird versucht, ein geringes Selbstwertgefühl durch ein perfektionistisches Leistungsideal auszugleichen.

241 Ein zentraler Grundsatz der Behandlung kindlicher Essstörungen ist deshalb: „Kein Zwang beim Essen!" An Magersucht Erkrankte müssen jedoch teilweise (mit einer Sonde) zwangsernährt werden, weil sie sonst sterben.

– Sorgen wegen der Gewichtsentwicklung müssen von den Pädagogen häufig recht stoisch wiederholt werden. Es gehört zur Erkrankung, dass die Betroffenen ihr Umfeld, vor allem ihre Familien täuschen.

– Wegen der **Gefahr der „Ansteckung“ sind ausgewogene Präventionsmaßnahmen anspruchsvoll.** Dem bekannten, medial geförderten Schlankheitsideal können die häufigen Langzeitfolgen der Magersucht, vor allem auch die Gefährdung der Attraktivität und ein langer Krankenhausaufenthalt gegenübergestellt werden. Dies kann möglicherweise von (ehemaligen) Betroffenen authentisch vermittelt werden, wenn sie nicht als Schönheitsvorbilder gelten. Für krankes Verhalten empfängliche Jugendliche finden in der digitalen Welt viele Anregungen und Möglichkeiten, sich mit Gleichgesinnten zu verbünden.

– Jugendliche, die mit ihrem Körper über das pubertäre Maß hinaus unzufrieden sind, sollten über Ernährungsberatung und Bewegungsangebote im Selbstmanagement unterstützt werden, möglicherweise über die Kinder- und Hausärzte.

9 Konkrete Schritte zur Förderung seelischer Gesundheit

Wie im dritten Kapitel dargestellt, sind die Bildungsinhalte und -formate, das tägliche Miteinander maßgeblich, auch für die seelische Gesundheit. Der Pädagoge Olaf-Axel Burow fordert, die Grundsätze der Salutogenese auch für den Unterricht anzuwenden. „Unterricht muss demnach jederzeit verstehbar, persönlich bedeutsam und handhabbar sein" (Burow 2014, 133). Große Schritte zugunsten einer besser motivierenden individualisierten Didaktik sind durch Änderung der Strukturen, Gruppengröße und das Rollenverständnis zu erlangen, zum Beispiel an der Evangelischen Schule Berlin Zentrum. „Khan fordert dazu auf, die Wände der Klassenzimmer einzureißen, um Platz für Lernlandschaften zu schaffen, in denen zum Beispiel vier Lehrer/innen im Team mit etwa 100 Schüler/innen arbeiten" (ebenda, 134). An der Oskar-von-Miller-Berufsoberschule in Kassel wurde dies umgesetzt.

Effektiv kann seelische Gesundheit an möglichst vielen Bildungseinrichtungen mit entsprechenden Gesetzen gefördert werden. Diese regeln die Finanzierung, Evaluation, Qualitätsstandards etc. Obwohl vielerorts aus gutem Grund immer aktiver – und teilweise systematisch – an der Thematik gearbeitet wird, sollten gerade die Einrichtungen besonders in die Pflicht genommen werden, die – aus unterschiedlichen Gründen – der Prävention für die seelische Gesundheit kaum Raum geben.

Wichtig ist die Verbindlichkeit der Einrichtung, zum Beispiel der Schule gegenüber ihrer Aufsichtsbehörde. Es sollte objektiviert werden, welche Maßnahmen in welcher Intensität und mit welchem Erfolg durchgeführt wurden. Dies sollte nicht nur durch eine Auflistung der Pädagogen erfolgen, sondern von den Lernenden und Familien mit eingeschätzt werden. Zum Beispiel werden an der Winterhuder Gesamtschule in Hamburg die Zusammenhänge seelischen Befindens und schulischer Leistungsfähigkeit im Alltag berücksichtigt.

> „Der Austausch zwischen Pädagogen, Schülern und Eltern nimmt an der Gesamtschule viel Platz ein: In der morgendlichen Gruppenzeit wird Organisatorisches geklärt und über anstehende und vergangene Ereignisse geplaudert. Einmal pro Woche hat jeder Schüler ein ‚Planungsgespräch'. Thema: die persönlichen Lernfortschritte. Grundlage dafür ist das ‚Logbuch', eine Art Tagebuch, in welches das Kind einträgt, was es in den einzelnen Phasen des Tages getan hat. ‚*In der Unterhaltung komme ich nah an die Gefühls- und Gedankenwelt der Schüler heran. Das hilft mir, ihre Lern- und Arbeitsprozesse zu verstehen*', erklärt Holger Butt. Wie jemand lernt und welche Hilfestellung er benötigt, hängt maßgeblich vom Charakter und den persönlichen Lebensumständen ab, davon sind im Kollegium alle überzeugt. Auch deshalb finden zweimal im Jahr ‚Bilanz- und Zielgespräche' zwischen Schüler, Lehrer und Eltern statt. ‚Dabei geht es sowohl um die Fortschritte in Mathe als auch um übertriebenen Ehrgeiz oder wiederkehrende Kopfschmerzen'" (Helle 2015).

Ähnliche Instrumente werden an der Evangelischen Schule Berlin Zentrum genutzt.

Mit dem Präventionsgesetz ist eine normative Basis zur systematischen Förderung seelischer Gesundheit gegeben. Bildungsinstitutionen können sich organisatorisch entsprechend ausrichten und „Überzeugungstäter" gewinnen, seelische Gesundheit als „Herzensangelegenheit" verankern. Was ist der erste Schritt? Energie entsteht aus Überzeugungen von Menschen. Wenn Pädagogen etwas bewegen wollen, andere motivieren, begeistern, kann sich die Kultur in Bildungseinrichtungen zügig verändern. Die vielen Variationen rund um die Initiative „Schulen im Aufbruch" verdeutlichen dies eindrucksvoll. Sie werben für Vernetzung (Rasfeld / Breidenbach 2014). Jesper Juul betont: „Ich habe Schulen erlebt, deren gesamter Charakter sich innerhalb eines Jahres vollkommen verändert hat, weil die Lehrer diese Veränderung vorangetrieben haben" (Juul 2013, 150). Lokal kann dann am besten entschieden werden, welche organisatorischen Möglichkeiten am besten passen, womit man gute Erfahrungen gemacht hat, was mit realistischen Mitteln umsetzbar ist. Was zeigt tatsächlich Effekte? Womit kann man weitere Mitstreiter gewinnen? Deshalb werden im vorliegenden Buch zum achtsamen Lernen keine Empfehlungen für einzelne Projekte genannt.

Das folgende Schema verdeutlicht, dass sich Bildungseinrichtungen in unterschiedlicher Intensität mit der Förderung seelischer Gesundheit befassen.

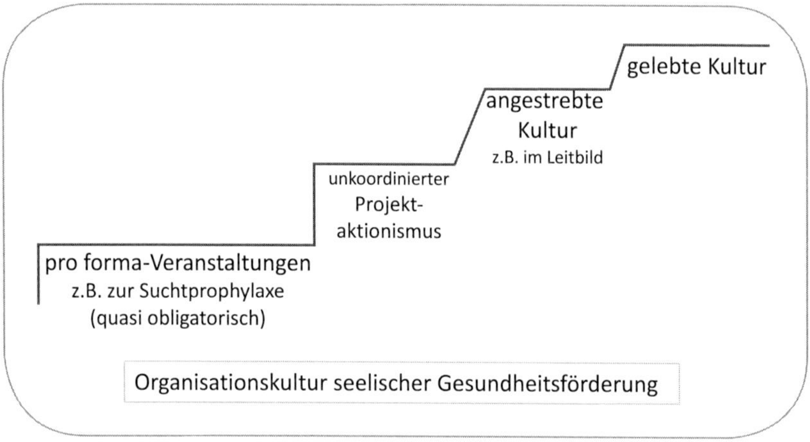

Abb. 28: Organisationskultur ganzheitlicher Gesundheitsförderung

Ein erster wichtiger – alles andere als selbstverständlicher – Schritt ist Sicherheit für alle Beteiligten, dass ihre Würde geschützt wird. Dazu gehören ein respektvoller Umgang, Offenheit und erprobte Abläufe für den Umgang mit überschießender Aggression, verbal und körperlich, durch alle Beteiligten. Dies ist ein immer wieder zu sicherndes Gut, als Teil der Basis des Leitbildes, der Kultur einer Einrichtung.

Auch Angebote für die Prävention seelischer Gesundheit können als bedrohliche Einmischung erlebt werden.

Besonders effektive Maßnahmen zur Belastungsreduktion laut Aktionsrat Bildung:

- „effektive ‚Coping'-Kompetenzen zur Prävention und Bewältigung von Belastungserleben in der Schule (angemessene Selbstregulationsmodi, angemessene Verhaltens- und Erlebensstile und
- eine hohe schulbezogene Selbstwirksamkeit) sowie Kompetenzen zum effektiven Klassenmanagement" (vbw 2014 132).

Die folgende Übersicht verdeutlicht, wie bei der **Organisationsentwicklung an Bildungseinrichtungen** die einzelnen Bereiche ineinandergreifen:

(1) Im Kern geht es um Werte, Überzeugungen und Vertrauen in die Selbstkontrolle. Dies gilt gleichermaßen für einzelne Beteiligte wie für die gesamte Institution. Diese Werte bilden die Basis für Selbstfürsorge und Bildung. Obwohl dies nicht unbekannt ist, werden solche Faktoren im Bildungsalltag häufig nicht ausreichend kultiviert. Wertearbeit findet vor allem im gelebten Alltag statt. Die verbale Ausgestaltung und die Veröffentlichung sollten ansprechend und begeisternd organisiert werden. Derartige Aufgaben eignen sich als fächerübergreifende, fortlaufende Bildungsthemen.

(2) Das aktive Bemühen um (seelische) Gesundheit gehört ins Leitbild jeder Bildungseinrichtung. Im Alltag gehören zu dieser Kultur Gemeinschaftsrituale, die Orientierung auf Ressourcen etc. Die soziale Öffnung und Vernetzung mit externen Projekten (wie zum Beispiel Kooperationen mit Seniorenwohnanlagen, Gärten, Tierpflegeheimen etc.) bietet eine Vielzahl von Bildungsthemen und stets die zusätzlichen Perspektiven anderer Lebensbereiche sowie des Austauschs.

(3) Lernende und Pädagogen suchen den Anschluss an die Gemeinschaft. Freundschaften und wohlwollende Kollegialität geben Sicherheit und Flexibilität. Die Regulation von Be- und Entlastung sind ebenso zentral wie die Würde des Einzelnen, der Schutz vor psychischen und physischen Verletzungen.

Die Abbildung 29 verdeutlicht das Miteinander, das diese Kultur stetig entwickelt.

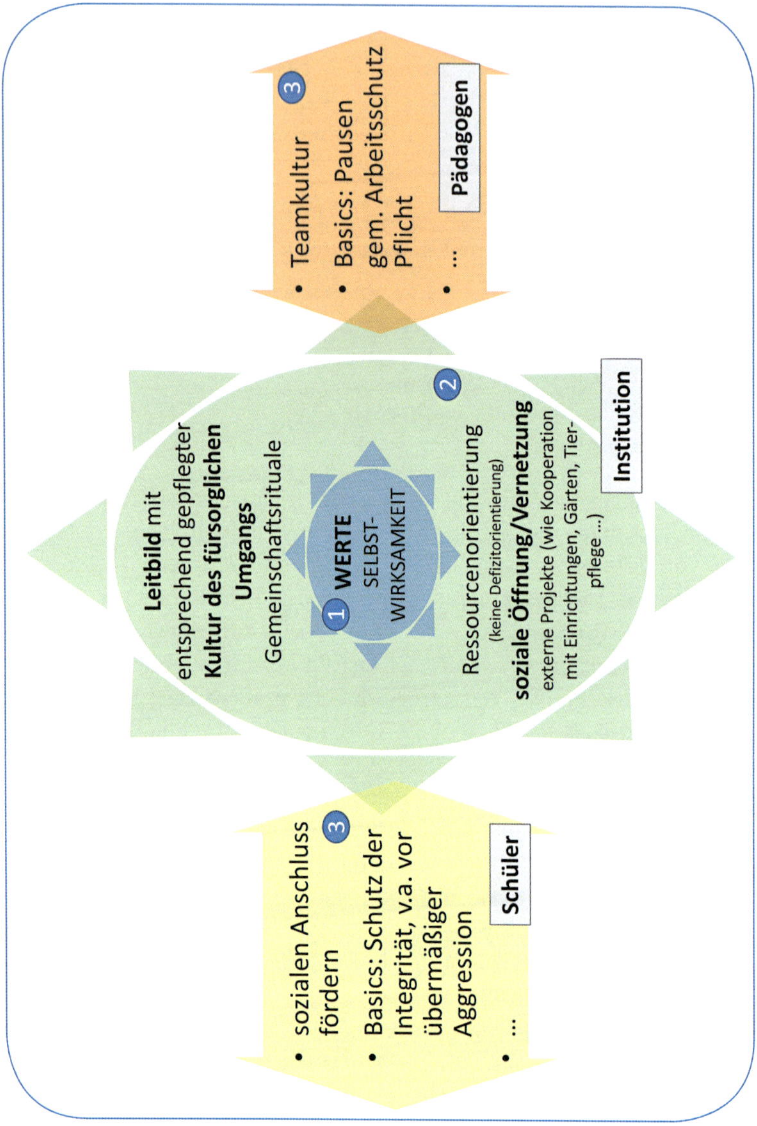

Abb. 29: Bedingungsgefüge effektiver Faktoren, seelische Gesundheit an Bildungseinrichtungen zu stärken

Manche Beschäftigte im Bildungswesen haben eine Ablehnung gegen Neuerungen entwickelt, vor allem Neuerungen, die sie nicht selbst entwickelt haben. Maßnahmen zur aktiven Förderung der seelischen Gesundheit sind kaum durch Dienstanweisung einzufordern. Effektivität ist hier sehr mit Authentizität verbunden. Deshalb ist es maßgeblich, dass nicht nur die Pädagogen als Kollegium mit den Lernenden, sondern auch die Eltern und Kooperationspartner einbezogen werden. Neuerungen können bis zur Verängstigung befremden, speziell wenn es um derartig persönliche Themen geht. In pädagogischen Teams sollten diejenigen Mitarbeiter Angebote für die seelische Gesundheit durchführen, die selbst davon überzeugt sind.

Nicht selten werden Präventionsmaßnahmen durchgeführt, von denen die Ausführenden überzeugt sind, die jedoch aktuell nicht passend sind. „Man muss an das Gute im Alten anknüpfen und klar benennen, was im Alten nicht funktioniert. Zu viel Veränderungseuphorie bleibt schnell auf der Strecke. Also: ein Schritt nach dem anderen. Es gärt doch jetzt, die Unzufriedenheit mit der alten Schule ist auf dem Tisch", so Thomas Sattelberger, ehemaliger Personalvorstand der Telekom, die verschiedene Projekte zur Integration von Adoleszenten in das Ausbildungssystem unterstützt hat (zit. nach Ott 2013). Das psychische Potential für Bildung kann vor Ort am ehesten pragmatisch gefördert werden. Wenn Externe involviert werden, sollten Mitarbeiter die Passung mit der Kultur ihrer Einrichtung klären. Was ist etabliert? Was leicht umsetzbar? Welche Kooperationen sind möglich?

Zwei Anbieterinnen von **Achtsamkeitstraining** schildern ihre Erfahrungen:

> „Einige unbedachte Fehltritte haben uns gelehrt, dass unser *Achtsamkeitstraining in der Schule nur möglich ist, wenn zuvor eindeutig klargestellt wurde, dass es sich um eine weltanschaulich neutrale und universelle Methode handelt, und wenn gezielt die Unterstützung der Schulverwaltung, der Lehrer und der Eltern eingeworben wurde.* Ein oder zwei irritierte oder verängstigte Eltern können das Ende eines Programms bedeuten, und ein unzugänglicher Lehrer kann die Erfahrung der Kinder erheblich beeinträchtigen" (Saltzman / Goldwin 2011, 176).

Eine Lehrerin, der das Achtsamkeitstraining aufgezwungen worden sei, „fand außerdem, dass die Schule insgesamt die Kommunikation und den Stress der Schüler überbewerte. Sie meinte, als sie jung gewesen sei, seien Kinder mit Stress einfach irgendwie klargekommen, und die Schule bausche das Ganze zu sehr auf" (ebenda).

Die folgenden Anregungen, das psychische Potential zu fördern, können meist unabhängig voneinander eingesetzt werden. Achtsamkeit kann sofort beginnen, jeder für sich und zusätzlich in und für die Gemeinschaft.[242] Sie sind

242 Psychoaktivität bedeutet Eigeninitiative. Das liegt manchen nicht. Sie wollen gern Vor-

nicht vollständig, bauen nicht aufeinander auf, können meist variiert und angepasst werden. In der jeweiligen Situation können ganz andere Maßnahmen sinnvoller sein. Effektive Maßnahmen knüpfen häufig an Vorhandenem an.

Schritt für Schritt, Bildung und Seele immer besser zusammenführen

1. Bedeutung der Verknüpfung von Bildung und seelischem Erleben in seiner Tragweite erkennen;
2. die Zusammenführung von beidem als Ziel benennen, individuell oder für die Bildungseinrichtung;
3. mit den Pädagogen / Professionellen als Multiplikatoren starten;
4. an vorhandene Strukturen anknüpfen;
5. mit anderen Interessenten vernetzen / austauschen;
6. konkrete Ziele nach definierten Zeiträumen überprüfen (Entwicklungsschleifen: Maßnahmen planen, einführen, Wirksamkeit prüfen, neu planen / aktualisieren).

Der Einzelne muss das Recht haben, belastende Dinge nicht mit anderen zu teilen. Zum Beispiel wird bei Trauerreaktionen zu Recht kritisiert, dass das neue Diagnosesystem (DSM V) zu rasch von krankhafter Verarbeitung spreche, zu sehr normiere. Bei der Prävention zugunsten seelischer Gesundheit geht es nicht um eine „schöne neue saubere Psychowelt". Krisen, Leiden und auch Krankheiten gehören zum Leben, aber Krise ist auch übersetzbar als „entscheidende Wendung". Krankheiten entstünden laut aktuellem Modell meist aus einer Mischung biologischer (z. B. vererbter Eigenheiten im Hirnstoffwechsel), psychologischer (z. B. überfordernde Eltern) und sozialer Faktoren (z. B. ist Armut in wohlhabenden Gesellschaften ein Risikofaktor für psychische Erkrankungen).

Wer selbst psychisch krank war oder zum Beispiel einen Angehörigen durch Suizid verloren hat, wird kritisieren, wenn psychische Krankheiten allzu nihilistisch als Teil des menschlichen Seins verklärt werden. Seelische Gesundheit zu stärken heißt nicht, Krankheiten vermeiden zu können, möglicherweise aber Chronizität und Krankheitsschwere zu lindern. Die Förderung seelischer Gesundheit heißt auch nicht, dass es ein Optimum gäbe, das zum Beispiel durch

gaben umsetzen und fordern, dass für eine Kultur der Achtsamkeit erst einmal Voraussetzungen erfüllt sein müssten „von oben", womit sie die Leitung ihrer Einrichtungen, den Träger oder das Kultusministerium meinen. Verbreitet ist zudem eine Neigung zur Larmoyanz. Änderungen laufen dann zäh an. Deshalb ist es wichtig, dass jeder Interessierte seine persönliche Achtsamkeit entwickelt (Motto: „create your own calm!"). Dies kann ansteckend wirken..

besonders gute medizinische Maßnahmen erreichbar wäre. Seelische Gesundheit kann man anstreben wie das Verhindern von Infektionskrankheiten. Beides ist sinnvoll, und beides wird absehbar nur teilweise erfolgreich sein.

Der Kinder- und Jugendpsychiater Gerd Schulte-Körne stellt nach einer systematischen Untersuchung der Publikationen zur Prävention heraus, dass es „keine Empfehlung für ausschließlich informationsbasierte Methoden" (Schulte-Körne 2016, 187) gebe. „Mental Health-Programme in der Schule zeigen bisher geringe oder keine Effekte" (ebenda 189). Er empfiehlt „eine qualifizierte Fortbildung von Lehrkräften aller Schularten zu psychischen Belastungen und Störungen bei Kindern sowie Jugendlichen mit psychischen Störungen" (ebenda). Je spezifischer die Präventionsmaßnahmen sind, also je besser die Ziele definiert und die Durchführenden geschult sind, desto höher ist die Effektivität.

9.1 Basis- und Bonusbausteine aktiver Förderung der psychischen Gesundheit

Die aktive Förderung der seelischen Gesundheit kann in Basis- und Bonusanteile gegliedert haben. Die Untergliederung in solche Einheiten erleichtert die Qualitätskontrolle. Die Grundelemente seelischer Gesundheit an Bildungseinrichtungen müssen überall zum Standard werden (Basis). Abhängig von aktuellen Herausforderungen, bewährten Maßnahmen und lokalen Möglichkeiten wird dies durch passende Bonusbausteine ergänzt. Nach der Häufung von (sexuellem) Missbrauch an Schulen und in Einrichtungen der Kirche sowie anderer Träger ist offensichtlich, dass selbst Grundrechte wie körperliche Unversehrtheit an Bildungseinrichtungen immer wieder überprüft und gesichert werden müssen. Kriminologisch ist eindeutig, dass es am häufigsten durch das nahe soziale Umfeld zu aggressiven und sexuellen Übergriffen kommt, also auch unter den Lernenden. Niedrigschwellige Beschwerdesysteme, inklusive externer Kontrolle, sollte für Bildungseinrichtungen ebenso gefordert werden wie für Kliniken und oben genannte Einrichtungen. Selbst in gut organisierten Einrichtungen wird es zu Übergriffen kommen. Wenn Kinder und Jugendliche darauf vorbereitet werden, ihre Rechte zu verteidigen, wenn Abläufe etabliert sind, Hilfe zu suchen, wenn Offenheit gefördert wird, dann wird die Wahrscheinlichkeit von Missbrauch, Misshandlungen und Herabwürdigungen vermindert.

(1) **Aggressionen gehören zum Leben an Bildungsstätten:** Sie sind Teil des normalen menschlichen Handlungsrepertoires. Aggressionen haben keinen guten Ruf, obwohl sie zum normalen menschlichen Handlungsrepertoire gehören und zum Beispiel bei Sportveranstaltungen den eigentlichen Unterhaltungswert darstellen. (Man stelle sich vor, die Fußballer der Bundesliga würden sich

vorsichtig die Bälle zurollen, um dem anderen nur ja nicht weh zu tun. Und die Fans der ehemals gegnerischen Mannschaften würden bei friedvollen Liedtexten mit Grüntee anstoßen.) Aggressionen treten sehr vielgestaltig auf, auch im virtuellen Raum der digitalen Medien. Das Vorgehen bei Auftreten aggressiver Handlungen an Bildungsstätten ist nur teilweise planbar. Diese Herausforderung, zum Beispiel die Reaktion auf plötzliche Übergriffe bis hin zu schweren Gewalthandlungen, ist ein Beispiel für Prävention, die vor allem durch indirekte Beeinflussung wirksam sein kann. Der dadurch unterstützte Schutz muss – auch bei friedvollem, offenem Miteinander – lückenhaft bleiben.

Neben offensichtlichen körperlichen Übergriffen gibt es viele verdeckte Formen von Aggressivität. Raufen und kleine Prügeleien sind im Kindergarten und der Grundschule an der Tagesordnung. Leider sind Kinder durch Vernachlässigung über den Konsum von Gewalthandlungen in Filmen etc. häufig schon früh enthemmt. Teilweise treten schon Grundschulkinder anderen gegen den Kopf, wenn sie bei einem Streit am Boden liegen. Wenn Pädagogen sich bedroht fühlen, sich zum Beispiel in der Klassendynamik nicht mehr trauen, effektiv zu intervenieren, schämen sie sich oft und schweigen. Dadurch verschlechtern sie ihre Position, ein Abwärtsstrudel droht, denn Gewalttäter spüren häufig die Unsicherheit ihrer Umgebung.

Die Sicherstellung körperlicher Integrität an Bildungsstätten ist hochkomplex. Dabei geht es um Grundrechte, Kinderrechte, Meldemöglichkeiten für Übergriffe jeglicher Art, Mobbing und viele andere Aspekte. Es geht um Sicherheitsmaßnahmen, wie sie der „Runde Tisch gegen sexuellen Kindesmissbrauch“ empfohlen hat. Gleichwürdigkeit ist zentral. Und, genauso wie die Hygieneregeln für das Händewaschen und Zähneputzen, wie die Laufwege bei Feuer, muss auch der Umgang mit Aggressionen immer wieder aktualisiert werden, als Antiaggressionskultur. Es geht um das Kanalisieren von Aggressivität, zum Beispiel durch Bewegung und kreativen (künstlerischen) Ausdruck. Die Angst vor Aggressivität, sei es als harsche Kritik von Vorgesetzten, Diffamierung durch Pädagogen vor der Klasse, Ausstoßung aus der Gruppe mit verschiedenen Aggressionsformen, wirkt lähmend und krankmachend. Umgekehrt ist die Verhinderung solcher destruktiven Aggressionsformen eines der Hauptziele der aktiven Förderung der seelischen Gesundheit. Nicht umsonst ist „Faustlos“ eines der bekanntesten Präventionsprogramme für die seelische Gesundheit.

Die letzten Jahre haben gezeigt, wie schwer es ist, Missbrauch in Bildungsinstitutionen aufzuarbeiten. Opfer beklagen, dass im Alltag noch wenige Konsequenzen erfolgt seien. Wir sind also noch weit davon entfernt, dass es selbstverständlich ist, Kinder und Jugendliche nicht zu misshandeln und zu missbrauchen. Seelische Vernachlässigung und Misshandlung sind sogar noch schwieriger zu erfassen. Die volkswirtschaftlichen Kosten und umgekehrt Potentiale zeigen, dass die Stärkung der seelischen Fitness und entsprechende Prävention nicht nur ethisch, sondern auch finanziell ohne Alternative sind. Die Digitalisierung der Bildung wird die Individualisierung auch in diesem Bereich unterstützen.

(2) Sozialer Anschluss – institutionell und individuell: Sozialer Anschluss klingt recht technisch. Dabei geht es um Kontakte zu Mitmenschen, für manche auch zu Tieren. In Bildungseinrichtungen sollte dies nicht dem Zufall überlassen bleiben, weil es ein Faktor für gelingende Bildung ist. Es bezieht sich auf Mitarbeiter und Lernende gleichermaßen. Es geht nicht darum, dass alle gleichermaßen sozial geschickt und beliebt sind, sondern um eine Fürsorge, die darauf achtet, dass niemand sich ausgeschlossen fühlt.

Wenn Bildungseinrichtungen sich in ihrer Umgebung engagieren, wenn Externe ihre Expertise einbringen, können die Öffnung und die normative Kraft der Struktur des Alltags als lebhafter hilfreicher Maßstab dienen. Das soziale Korrektiv, ob und wie Menschen von ihrem Umfeld wahrgenommen werden, wirkt meist stabilisierend. Institutionen neigen häufig zur Betriebsblindheit. Da hilft der Blick von außen.[243] Nida-Rümelin (Nida-Rümelin / Zierer 2015) fordert für Universitäten den Spagat, einerseits frei zu forschen, sich dabei jedoch der Auseinandersetzung mit gesellschaftlichen Themen zu stellen.

Die haltgebende Umwelt mindert Regelüberschreitungen unter Menschen. So zeigte sich, dass der direkte Blickkontakt bei Rüpeleien im Straßenverkehr meist eine vergleichsweise höhere Verbindlichkeit und Hemmung bewirkt, den anderen zu beleidigen oder zu benachteiligen.

(3) Nicht erst im Zeitalter „konzentrierter Zerstreuung" (Türcke 2012) sind die Phasen von **Ruhe und Entspannung** immanenter Teil der Bildung. Ruhezonen, -räume und -phasen gehören zur Bildung. Die Kultivierung eines bewussten Wechsels zwischen An- und Entspannung zwischen vertiefter Konzentration und kognitiver Entspannung ist ein zentrales Bildungsziel.

(4) Selbstachtsamkeit setzt sich für Lernende und Pädagogen individuell zusammen. Themen der seelischen Achtsamkeit sollten in sämtlichen Bildungsphasen verankert werden. Wenn man sich vergegenwärtigt, wie häufig unsere Gedanken „umherspringen", wie oft wir Vergangenes ruminieren und

243 In psychiatrischen Einrichtungen kontrollieren gemäß gesetzlicher Vorgaben Besuchskommissionen die Einhaltung der Patientenrechte, besonders der nicht freiwillig Behandelten. Eine Sportlehrerin aus meinem privaten Umfeld ließ sich von Grundschülern derart provozieren, dass sie bei über 30°C Außentemperatur als Kollektivstrafe einen Lauf aller Schüler dieser Klasse vor dem Schulgebäude anordnete. Besorgte Nachbarn riefen die Polizei, wodurch der Lauf abrupt beendet wurde.

Zukünftiges planen, wird uns bewusst, dass wir uns selten Zeit nehmen für das Hier und Jetzt.

Eine Mindmap oder eine Zeichnung kann die Verbindlichkeit erhöhen, die persönliche Balance und Psychohygiene im Blick zu behalten. Sie kann zudem ein optischer Aufhänger für ein Gespräch mit Vertrauenspersonen sein. Für die individuellen Herausforderungen können Strategien und Hilfsmittel[244] zusammengestellt werden, zum Beispiel gegen zu hohe Impulsivität oder soziale Unsicherheit. Achtsamkeit muss in der Regel zunächst systematisch in den Tag eingeplant werden, bevor sie zur Gewohnheit werden kann.[245]

9.2 Organisatorische Verankerung der Gesundheit von Pädagogen und Lernenden

An der Leuphana Universität Lüneburg wird mit MindMatters und anderen Projekte die Gesundheitsförderung an Schulen untersucht. Als Merkmale einer „guten gesunden Schule“ werden besonders hervorgehoben (Nieskens et al. 2014):

- Identifikation mit der Schule,
- mitarbeiterorientierte Schulleitung,
- positives Schulklima: Wertschätzung und Respekt,
- Konsens über pädagogische Zielorientierung,
- Zusammenarbeit und Unterstützung,
- vertrauensvolle soziale Bindungen,
- Transparenz und Partizipation,
- Feedbackkultur.

Die aktive Förderung der seelischen Gesundheit muss zunächst und immer wieder von entsprechend befugten Stellen als hohe Priorität benannt werden. Durch die Vielzahl der Herausforderungen sollten Fristen und Minimalstandards festgelegt werden. Die Umsetzung muss organisatorisch und finanziell unterstützt werden. Unter anderem aufgrund der hohen Ausfallszeiten ist die Erfassung von psychischer Belastung am Arbeitsplatz seit 2014 gesetzliche Pflicht. Dies ist ein erster Schritt. Die präventive Gesundheitsförderung muss stärker auf ihren Motor, seelische Themen, ausgerichtet werden.

244 Analog zu den „Skills“ in der Dialektisch-Behavioralen Therapie

245 Das Programm „Lebe Balance“ der AOK Baden-Württemberg wurde für diesen Zweck entwickelt. Es enthält frei verfügbare Onlineangebote.

Vorgaben können durch rein formales Abarbeiten unterlaufen werden. Wer seelische Gesundheit an Bildungseinrichtungen aktiv fördern möchte, muss Pädagogen überzeugen, dass dies ein Kernelement ihrer pädagogischen Tätigkeit ist. Ein **nationaler Bildungskanon** kann der aktiven Förderung der seelischen Gesundheit die angemessene Bedeutung und den nötigen Raum im Curriculum geben. Die Verständigung auf eine gemeinsame Wissensbasis würde einen lebhaften Austausch darüber in Gang halten (s. dazu 3. Kapitel „Bildung").

Ein Unicef-Bericht beklagt, dass Ausbildung in Lebenskompetenz von Kürzungen bei Lehrkräften, vollen Curricula etc. verdrängt werden. Der Transfer vom vermittelten Wissen zu psychosozialen Kompetenzen, Haltungen und Verhalten ist häufig stark limitiert (Unicef 2012). Das internationale Modell der „guten gesunden Schule" zeigt, dass Gesundheitsförderung sich durch alle Bereiche des Alltags von Bildungsinstitutionen und der Organisationsentwicklung zieht: Lebensraum, Unterricht, Lernen, Klima, Führung, Personal(-entwicklung), Qualitätsmanagement und Wirkung. Die Gestaltungsräume sind offensichtlich größer als häufig beklagt. Praktisch alle von Rasfeld und Breidenbach für die Gruppe „Schulen im Aufbruch" „beschriebenen Veränderungen sind in fast allen Bundesländern im bestehenden rechtlichen Rahmen möglich" (Rasfeld / Breidenbach 2014, 105).

Die Ressourcen sind jedoch begrenzt, zumal in Zeiten der Flüchtlingskrise in Europa ab 2015. Die **Ausstattung des Bildungswesens** hat sich nicht an die gestiegenen und veränderten Erwartungen und Aufgaben angepasst. Nicht selten ist dadurch eine Mangelverwaltung entstanden. Eine Prognose der Bertelsmann-Stiftung hat im Sommer 2017 darauf hingewiesen, dass durch die massiv ansteigenden Schülerzahlen das Ausmaß des Mangels deutlich zunehmen werde; eine enorme Hypothek. „Das ist eine Frechheit, dass du deinen Schulbetrieb, wenn dir Qualität wichtig ist, nur noch über all diese Ehrenamtlichen am Laufen halten kannst" (Jürgen Walther, Schulleiter in Neuaubing, Robert-Bosch-Preis 2010 in Rühle 2012). Den Beitrag der Lehrer zu würdigen heißt auch, freiwerdende Stellen zu besetzen. Lehrer, Schüler und Gewerkschaften kritisieren gravierenden Ausfall, mangelhafte Ausstattung mit Material sowie Zahlenspielereien […] und anderes Schönreden des Unterrichtsausfalls. Ein Demo-Plakat fragt „Hat Lehrermangel Konzikwenzen?" (Orbeck 2014). Die Führungskräfte stehen zwar vor immer mehr Managementherausforderungen, werden dafür jedoch kaum systematisch ausgebildet, lernen durch Versuch und Irrtum. Dabei stellen „Führungsverhalten, Schulorganisation sowie geteilte pädagogische Vorstellungen im Kollegium die wesentlichsten Prädiktoren für ein hohes Beanspruchungserleben der Lehrerinnen und Lehrer dar" (Rupprecht 2015, 41).

„Schulpsychologen können aufgrund ihres ganzheitlichen Ansatzes eine Brücke in der Kooperation von Bildungs, Gesundheits- und Sozialsektor sein (Diagnostik, Weiterleitungs- und Koordinierungsfunktion)“ (Steinebach / Gharabaghi 2013, 89). Die Ausstattung mit Schulpsychologen erlaubt diesen jedoch meist nur punktuelle Aktionen, keine Kontinuität.

Für die systematische, aktive Förderung seelischer Gesundheit ist kaum Zeit und Qualifizierung vorgesehen. Zum Beispiel würden die meisten Lehrer die Persönlichkeitsentwicklung als Teil ihres Bildungsauftrages ansehen. Meist bleibt es dem Zufall überlassen, wie dies umgesetzt wird; bis hin zu der Frage, welche Formen von Schädigungen durch fehlende Qualifikation billigend im Kauf genommen werden. Hartmut von Hentig hat bereits 1980 kritisiert, dass an Schulen durch Fokussierung auf einzelne Faktoren wie „Curricula, Abschlüsse, Unterrichtsstile, Durchlässigkeit, regionale Verteilung, zeitliche Verteilung“ die Komplexität dieser sozialen Organismen als „Ganzes aus Vorstellung, Verhalten, Maßnahmen, Einrichtungen, Personen“ verkannt werde (Hentig 1980).

Ganztagsangebote bieten den Raum für Gemeinschaft, Rituale und steigern die interpersonelle Verbindlichkeit. Bildung wird dann weniger „erledigt“ und anschließend kann mit dem angenehmen Teil des Tages begonnen werden. Die Motivation zur Gestaltung des Orts, der durch Ganztagsangebote zum Hauptlebensort wird, steigt. Dazu gehören unter anderem gemeinsame Mahlzeiten, „Cornflakes-Pädagogik“. „Feeding our Future“ entstand in Kanada aus der Not, auf Aggression im Bildungswesen zu reagieren, nach einem Mord an einem Schüler. „Die gesättigten Schüler sind weniger aggressiv, kommen zuverlässiger zur Schule, haben ein stärkeres Selbstwertgefühl – und erreichen sogar bessere Noten“ (Calonego 2012).

Die folgende Übersicht stellt Aspekte der Organisationsentwicklung in Bildungseinrichtungen dar, der Kommunikationskultur, der Öffnung zur sozialen Umgebung, der wichtigen Rituale. Die Schulentwicklung sollte vor allem an der Öffnung der Schulen arbeiten. Lernende können an kontinuierlichen Projekten außerhalb der Schule wachsen. „Aber die deutsche Schule ist autistisch geblieben. Ihr Misstrauen gegenüber der sozialen Wirklichkeit hat sich nicht gelegt“ (Brenner 2006, 11). Das reformpädagogische Bündnis „Blick über den Zaun“

> „fühlt sich der Idee verpflichtet, die Schule als ein Polis zu gestalten, in der alle Verantwortung übernehmen und die Kinder ‚den ganzen Tag über gern und gut leben und lernen können.‘ […] Die [Blick-über-den-Zaun] BüZ-Schulen haben eine lange Liste pädagogischer Standards entwickelt, deren Verwirklichung auch durch gegenseitige Hospitationen und Evaluationen gesichert werden soll. So wagen die Lehrer in einer Art peer review einen Blick über den Zaun ihrer eigenen Schule“ (Schultz 2008).

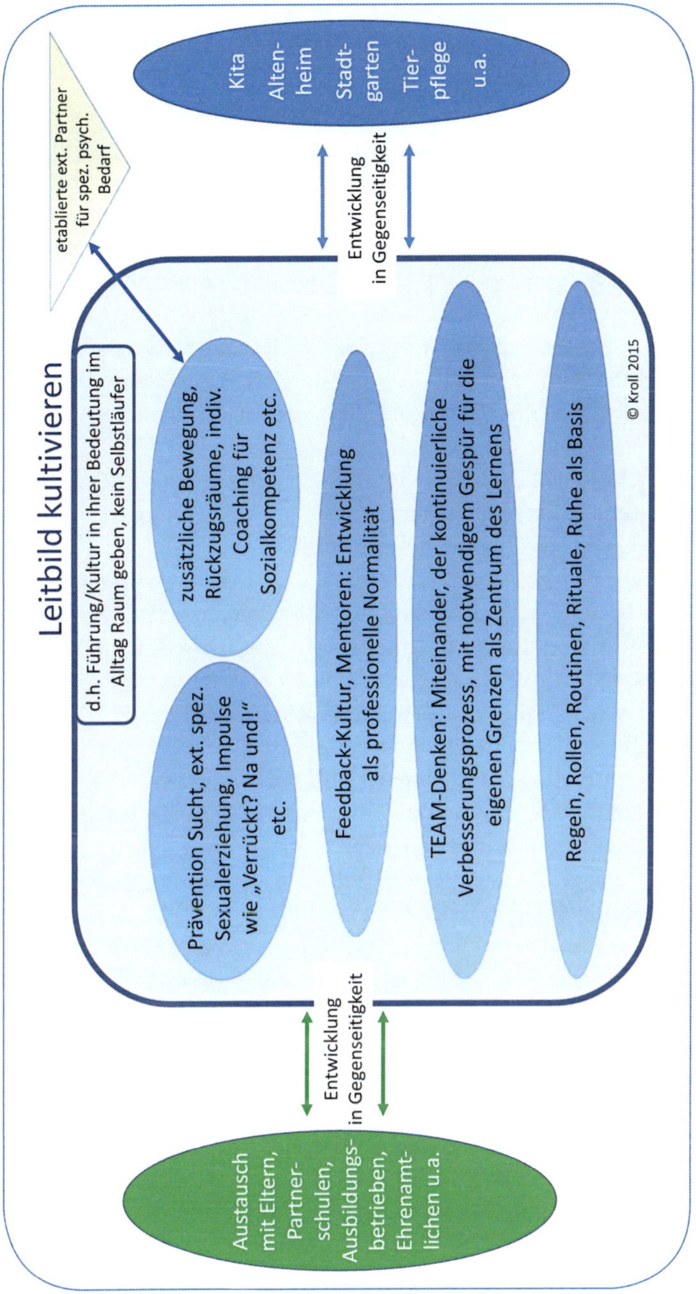

Abb. 30: Gesundheitsprävention und Schulentwicklung – zwei Seiten derselben Medaille

Effektiv kann Entwicklung nur ermöglicht werden, wenn sie ausreichend Energie erhält, in Form von Mitstreitern, finanzieller Ausstattung und Zeit. Sämtliche Gruppen von Mitstreitern an Bildungseinrichtungen sollten in die Leitbildentwicklung involviert werden. Kulturelle Veränderungen benötigen Zeit und Veranschaulichung. Wandzeitungen, künstlerische Arbeiten, auch Videoclips können erreichte Ziele und Visionen aufbereiten, um zum Gemeinschaftserleben zu gehören. All dies basiert auf Bildungsmanagement, vor allem Personalführung, die die Bezeichnung verdient, am besten unterstützt von einer Steuerungsgruppe.

Als kontinuierliches Projekt kann die Schulkultur durch **selbst erstellte Postkarten** gefördert werden. Diese optischen Anstöße und Anker kennt jeder von den vielen kostenlosen (meist Werbe-)Postkarten. Solche Karten können kreativ gestaltet und platziert werden. Gute Karten werden langfristig kursieren, über die Grenzen einzelner Schulen hinweg. Der künstlerischen Gestaltung mit Fotos, Collagen etc. sind keine Grenzen gesetzt.

Das schriftliche Leitbild sollte nicht nur gemeinsam ausgearbeitet und präsentiert werden. Es sollte auch regelmäßig in Versammlungen zitiert, überprüft und gegebenenfalls überarbeitet werden.

Wichtiger als einzelne Projekte zur Förderung von Aspekten der seelischen Gesundheit ist die allgemeine Kultur des Miteinanders, mit ihrer Tragweite und Wirkkraft, als Koordinatensystem für den Alltag, besonders für neue Herausforderungen. Wie würde ein Außenstehender den Umgang und die Fairness miteinander einschätzen? Würde ein Außenstehender erkennen, dass der Umgang miteinander in der Bildungseinrichtung von Respekt getragen ist?

In vielen Bildungseinrichtungen wird heute schon vorbildlich für die seelische Gesundheit gewirkt, intuitiv oder auch mit verschiedenen Projekten. Engagierte, Sozialarbeiter, Beratungslehrer und andere – teilweise unterstützt von Schulpsychologen – leisten mancherorts Enormes. Wenn entscheidende Akteure die Bedeutung des Themas erkannt haben und vorleben, diese Form des Respekts vor seelischem Befinden und dem respektvollen Miteinander zur Kultur der Einrichtung gehören, dann ist der organisatorische Rahmen zweitrangig.

Will man Seele und Bildung an allen Bildungseinrichtungen zusammenführen, dies als wichtiges Ziel und als Standard benennen, dann erleichtern Musterabläufe und Referenzeinrichtungen die effektive Verbreitung.

> „*Wenn man etwas erreichen will, braucht man dafür Orte, Zeiten, Räume.* Man kann nicht sagen: Gute Beziehungen, Vertrauen, Mut und Anerkennung sind uns wichtig, aber dann diese Dinge in der Hektik des Schulalltags untergehen lassen […]. Wir haben uns daher an der esbz [Evangelischen Schule Berlin Zentrum] Rituale geschaffen, die wir regelmäßig mit Leben füllen und die den Geist dieser Schule in unsere Köpfe und Herzen pflanzen und dort wachsen lassen“ (Rasfeld / Spiegel 2013, 177).

Obwohl diese Organisationsentwicklung überzeugt, ist es gut, dass erstmals auch die Kultusministerkonferenz in ihrer Empfehlung vom 15.11.2012 beschloss, „dass Gesundheitsförderung und Prävention integrale Bestandteile von Schulentwicklung sind. Schulen müssen also zukünftig Gesundheit im Rahmen von Schulentwicklungsprozessen mitdenken".[246] Schaarschmidt fordert kleinere Klassen und

> „mehr Psychologen, Sozialpädagogen und Sozialarbeiter. […] Ein entscheidender Faktor ist der zwischenmenschliche Umgang: An Schulen, wo wir vermehrt günstige Beanspruchungsmuster feststellten, herrschte fast ausnahmslos auch ein gutes soziales Klima. Die Beziehungen im Kollegium waren hier durch Offenheit, Interesse füreinander und gegenseitige Unterstützung gekennzeichnet. Im einem solchen Klima wird dem Gefühl vorgebeugt, als Einzelkämpfer auf verlassenem Posten zu stehen, was vielen Lehrkräften zu schaffen macht" (Schaarschmidt 2011).

An den meisten Bildungseinrichtungen müsse dafür mehr Personal eingestellt werden, nicht unbedingt mehr Lehrer.

> „Eine Gemeinschafts- oder Einheitsschule braucht nicht nur Fachlehrer, sondern mehr begleitende Hilfslehrer für besonders förderbedürftige Schüler, etwa Sprachförderlehrer […] GTA [Ganztagsangebot] als Mogelpackung: ‚Eine verlängerte Halbtagsschule mit Suppenausgabe' […] Hausaufgabenbeaufsichtigung und Beaufsichtigung beim Spielen ist Schule plus Hort" (Mertes / Siebner 2010).

Auf eine breitere menschliche Basis können Bildungseinrichtungen zählen, die sich erfolgreich zur Umgebung öffnen, die gesellschaftliches Engagement professionell organisieren, an denen vielleicht auch berentete Lehrer entsprechend ihrer Neigung aushelfen mögen. Gewürdigtes Ehrenamt, analog zum erfolgreichen Technischen Hilfswerk schlägt Sebastian Gallander (2014), der sich in der Vodafone-Stiftung mit Bildung befasst, vor, eine gute Koordination der Hilfen, Aus- und Weiterbildung, lokale Initiativen fördern, vor allem um der Chancenungleichheit zu begegnen. „WeQ schlägt IQ […] ‚Wissen hat einen einzigartigen ökonomischen Charakter. Man kann es weggeben und dabei doch behalten. Der Wert des Wissens steigt sogar, wenn man es mit anderen teilt'" (Daniel Tubin zit. nach Dräger / Müller-Eiselt 2015, 89).

Pädagogen brauchen etablierte, verlässliche Strukturen. „Die Unterrichtssituation ist heute vielfach in keiner Weise mehr formatiert. Lehrkräfte wenden den größten Teil ihrer Energie dafür auf, erst einmal eine Situation herzustellen, in der Unterricht überhaupt möglich ist" (Bauer 2007). Die Organisation von Bildungseinrichtungen legt das Fundament für sicheres und effektives Arbeiten, gleichermaßen für die Professionellen und die Lernenden.

---

246 http://www.kmk.org/fileadmin/Dateien/veroeffentlichungen_beschluesse/2012/2012_11_15-Gesundheitsempfehlung.pdf, Zugriff 16.02.2018

> „Besondere Bedeutung kommt nach unseren Befunden der Schulleitung zu. Wenn die Lehrer den Eindruck haben, dass das Direktorium sie unterstützt und mit ihnen zusammenarbeitet, finden wir in der Regel auch intakte zwischenmenschliche Beziehungen im Kollegium vor. Und diese wiederum können die Wirkung belastender Faktoren des Arbeitsalltags abmildern“ (Schaarschmidt 2011).

Obwohl Schulleitungen teilweise entsprechend qualifiziert werden,[247] wird das Bildungsmanagement vielerorts mehr dem Zufall überlassen. Manche halten das Parteibuch weiterhin für bedeutsam. Der Mangel an Lehrern beziehungsweise bei privaten Trägern der Finanzierung begrenzt die Möglichkeiten, von Mitarbeitern Entwicklung zu fordern.

Offenheit, Transparenz und gegenseitige Unterstützung müssen zur gelebten Normalität werden. Pädagogen sollten aus Eigeninteresse den regen Austausch suchen, zur Verbesserung ihrer Didaktik, um sich weniger in einzelne Auseinandersetzungen involvieren zu lassen, zur stetigen professionellen Intervision. Dazu gehören offene Türen. Wenn immer mal wieder jemand an die Seite der Kindergärtnerin oder des Lehrers tritt („Der lachende Dritte“), ist ein frischer Blick auf die Situation möglich. Dies kann die Leitung einer Einrichtung sein, ein Kollege, ein Auszubildender oder eine Hilfskraft. Die Möglichkeit, sich mit anderen über einen Prozess austauschen, verändert Bildungskontexte sehr stark. Partnerschulen sollte es nicht nur im Ausland geben, sondern auch in der Nachbarschaft.

Dieser Austausch ist zudem Modell für das soziale Lernen, das laut dem Schulpsychologen Klaus Seifert immer stattfinde, „deswegen sollten Lehrer aktiv das friedliche Miteinander unter Schülern einüben. *Effekte werden dabei langfristig aber nur erzielt, wenn soziales Lernen im Unterricht und in den Schulalltag integriert ist*“ (Koch 2007, 55). Mehr als die richtige Raumfarbe gehört dazu die Möglichkeit, in Ruhe miteinander zu reden. „Der Kernbereich des Lehrerberufs jedoch – nämlich die Interaktion mit den Schülern – lässt sich nicht beschleunigen“ (Stern / Ayan 2011). Dafür braucht es einen Ort und eine Zeit. Pädagogische Konzepte, Ziele und Umgangsformen dienen einerseits der Konkretisierung, der Stärkung der Kultur der Einrichtung. Die regelmäßigen Überarbeitungen dienen andererseits der kontinuierlichen Auseinandersetzung mit den Werten und der gelebten Praxis.

Organisatorisch kann die Förderung der seelischen Gesundheit durch entsprechende Pfade vereinfacht werden. Mit thematischen Sammlungen zu pädagogischen, psychologischen und psychiatrischen Themen (Ordner und / oder

---

247 Z. B. https://www.leuphana.de/fileadmin/user_upload/Forschungseinrichtungen/zag/files/Tagungen/ Gesunde_Schulleitung/Schulleitungen2_Dadaczynski.pdf, Zugriff 16.02.2018

Onlinesammlungen zum Beispiel zum Umgang mit den im Kapitel 8 beschriebenen Störungen, Linklisten, lokalen Hilfsangeboten etc.) können Erfahrungen gebündelt, stetig ergänzt und aktualisiert werden. Wenn die Themengebiete im Kollegium aufgeteilt werden, kann jeder für ein Sachgebiet als Multiplikator und Koordinator aktiv sein, zum Beispiel auch die besten Quellen für Informationen beziehungsweise Beratungs- und Therapiestellen sammeln (s. z. B. die Webseite der Bundeszentrale für gesundheitliche Aufklärung oder von Irrsinnig Menschlich).

Die Kompetenzen der jeweiligen Gruppen füreinander, der gegenseitigen Fürsorge können genutzt und gefördert werden, zum Beispiel durch Mentorenprogramme. Pädagogen merken häufig am schnellsten, wenn es einer Kollegin längere Zeit nicht gut geht. Und auch Lernende haben in der Regel ein gutes Gespür füreinander. Je nach Alter können Konfliktlotsen Vertrauenslehrer involvieren, wenn ihnen ein Mitschüler bedürftig erscheint (Musall / Mächler 2012) und die Lotsen mit eigenen Hinweisen keinen Erfolg haben.

Wichtig ist außerdem, dass „kritische Ereignisse" wie schwere körperliche Auseinandersetzungen oder Bedrohungen zeitnah zu einem Standardprozedere führen, unter Hinzuziehung eines Mitglieds der Schulleitung.

Einige Aufgaben in Zusammenhang mit der Prävention seelischer Gesundheit werden vielerorts an Schulen von Sozialarbeitern übernommen, die dafür kaum geschult sind. Nach Entwicklung und Evaluation von Schulcoaches als neuem Berufsbild (s. Conrad et al. 2009) wurde von den Schulen empfohlen, die Schulsozialarbeiter entsprechend zu qualifizieren.

9.2.1 Ausbildung der Pädagogen für die aktive Förderung seelischer Gesundheit

Für die Ausbildung der Lehrenden gilt wie für Kinder, dass man nicht früh genug beginnen kann. Lehramtsstudenten sollten unbedingt bereits vor Studienbeginn ein Praktikum machen und auch – unterstützt durch digitale Medien – ihre Eignung für das Anforderungsprofil überprüfen können. Nur zuverlässige Anonymität gewährleistet, dass solche Tests ehrlich beantwortet werden. Der Persönlichkeitspsychologe Schaarschmidt stellte eindrucksvoll dar, dass „die Nöte der Lehrerinnen und Lehrer […] schon früh" begännen, „bereits für die Lehramtsstudierenden findet […] sich fast ein Viertel" mit dem Risikomuster Burnout. „Vermehrt finden sich bereits im Studium deutliche Handikaps in Bereichen, die für den Lehrerberuf unverzichtbar sind: etwa in der emotionalen Stabilität, im Selbstvertrauen und im Durchsetzungsvermögen." Infolge der Potsdamer Lehrerstudie sind unter anderem der Selbsteinschätzungsbogen

„Fit für den Lehrerberuf?" (FIT-L) und ein entsprechendes Internetangebot zur Selbsteinschätzung entwickelt worden.[248] Das Potsdamer Trainingsmodell ist eine fünftägige Veranstaltung in Kleingruppen mit bis zu zwölf Personen, die an „Kommunikation, Zeit- und Selbstmanagement, systematischer Problemlösung, Zielverfolgung und Entspannung" arbeiteten (Schaarschmidt 2011).

Das Lehramtsstudium muss durch einen größeren Praxisanteil, der möglichst mit dem ersten Semester beginnen sollte, besser auf die Vielfalt und Komplexität der beruflichen Anforderungen vorbereiten. So können Lehramtsstudenten individuelle Stärken und Schwächen erfahren und noch während der Ausbildung ihre persönlichen Voraussetzungen mit der beruflichen Planung in Einklang bringen. Das Multitasking und Coping für die Stresssituationen des schulischen Alltags unterscheidet sich stark von den Anforderungen während des Studiums. Die Eberhardt von Kuenheim Stiftung fördert „Lehr:werkstätten",[249] Tandems aus „Lehrkraft (der Lehr:mentor) und ein Lehramtsstudierender (der Lehr:werker)", die über ein Jahr hinweg den Praxismangel des Studiums teilweise kompensieren sollen. Schon lange ist klar, dass die Lehramtsausbildung die psychische Gesundheit und Prävention wesentlich stärker im Blick haben muss. Gesundheitserziehung wird „innerhalb der Lehramtsausbildung [...] kaum beachtet, [...] da [sie] selten an erziehungswissenschaftlichen Lehrstühlen der Universitäten und Fachhochschulen vertreten wird" (Drinck 2012, 423). Den Mangel an Ausbildung in Psychologie beklagt auch der Pädagoge Herrmann.

> „Die in Deutschland übliche Ausbildung von Realschul- und Gymnasiallehrerinnen und Lehrern ist im Hinblick auf die Anforderungen im Beruf unzulänglich. Die zukünftigen Pädagogen erhalten keine psychologische Ausbildung, ganz zu schweigen von brauchbarer Lernpsychologie. Im Referendariat bekommen sie dann ein paar Techniken beigebracht, mit denen sie vielleicht im Schulalltag überleben, aber noch nicht automatisch guten Unterricht machen. Im Grunde gibt es bei uns keine Lehrerausbildung, die diesen Namen verdient" (Herrmann zit. nach Hanser / Ayan 2011).

Seit vielen Jahren fordern Experten wie die Bildungsforscherin Stern:

> „Leider hinkt die Lehrerausbildung den Erkenntnissen der Lehrforschung noch immer weit hinterher. Lange Zeit herrschte die Vorstellung, ein Lehrer müsse einfach über das nötige Fachwissen verfügen, dazu ein Schuss Pädagogik – und wenn er beides in seinem Kopf mischt, kommt schon etwas Gutes dabei heraus. So einfach ist es nicht. Die Übersetzung von Fakten in konkrete didaktische Konzepte muss Teil einer wissenschaftlich fundierten Aus- und Weiterbildung sein" (Stern / Ayan 2011).

---

248 Mit „Lehrergesundheit fördern – Schulen stärken" hat Schaarschmidt die Ergebnisse 2013 in Buchform vorgelegt.

249 https://www.bildung-und-begabung.de/begabungslotse/datenbank/weiterbildung/lehr-werkstatt-lehrwerkstatt-der-eberhard-von-kuenheim-stiftung?source2=4833, Zugriff 16.02.2018

So wie ein Sportler physische Fitness ständig im Blick haben muss, so müssen Pädagogen und Lernende an ihrer psychischen Fitness arbeiten („Nerven wie Drahtseile“ bzw. „Nerven“, die zur eigenen psychischen Konstitution passen). Umgekehrt haben Spitzensportler Psychologen als Berater, und auch die Masse der (ambitionierten) Freizeitsportler weiß, wie wichtig die mentale Stärke ist, nicht nur, um der besonderen Sogkraft der heimischen Couch zu widerstehen. Lehrende und Lernende sind natürlich auch deutlich effektiver, wenn sie sich in ihren Körpern wohlfühlen. Es konnte nachgewiesen werden, dass mehr Bewegung im Bildungsalltag die Erfolge verbessere (Kapitel 3.3 und 4.4.4). Dabei können zum einen mehr Einheiten Bewegung im Wochenplan vorgesehen sein und zum anderen können auch die primär nicht mit Bewegung assoziierten Lerninhalte in Bewegung kommen, mit Stehpulten, Federmatten oder mit Möglichkeiten der Bewegung während der Unterrichtsstunden.

Viele Pädagogen dürfen in ihren Ausbildungen nicht erfahren, wie erfüllend es ist, sich stetig weiter zu entwickeln, und dafür von und mit anderen zu lernen. Anstelle dessen müssen sie Bulimie-Lernen. Die Masse an Lernstoff dominiert auf Kosten der Nachhaltigkeit. Stattdessen werden unkritisches Kooperieren und allgemeine Belastbarkeit, auch das Aushalten von Ohnmacht, trainiert. In Baden-Württemberg belegen angehende Gymnasiallehrer Pflichtkurse zu den Themen „Personale und soziale Kompetenz“, unter anderem zu Kommunikation, Motivation und Empathiefähigkeit. Die Bildungswissenschaftlerin Anne Sliwka fordert, die Verbindlichkeit zu erhöhen. „Würden wir den Zugang verknappen und durch Assessments nur geeignete Persönlichkeiten zum Studium zulassen, würde das den Lehrerberuf stark aufwerten“ (zit. nach Michler 2010). Joachim Bauer, der sich in zahlreichen Projekten mit Prävention von Lehrergesundheit befasst hat, kritisiert:

> „*Lehrer mit mangelnder Empathiefähigkeit verkämpfen sich im Alltag mit ihren Schülern in besonders vielen Konflikten. Das laugt sie aus und macht sie krank.* Das Land Baden-Württemberg bietet deshalb seit einigen Jahren sogenannten Coaching-Gruppen an, die die ‚Beziehungskompetenz von Lehrkräften‘ stärken sollen“ (zit. nach Kaiser 2015).

Tania Singer vom Max-Planck-Institut für Kognitionsforschung betont, dass die entsprechende Förderung von Führungskräften besonders weitreichend günstig wirken könne (zit. nach Kaiser 2015).

Als Primärprävention können für alle Pädagogen E-Coaching-Programme, wie von der „Arbeitsgruppe Gesundheitstraining online“ der Leuphana-Universität Lüneburg erprobt, eine sinnvolle Entwicklungsrichtung darstellen. Bei dem von 128 Lehrerinnen und Lehrern getesteten Programm geht es um gelungene Regeneration. Dazu wurden in

> „sechs Online-Sitzungen von ungefähr 45 bis 60 Minuten mit dazwischenliegenden Übungen im Alltag […] drei Elemente […] behandelt: gedankliche Distanzierung von beruflichen Problemen, aktives Erholungsverhalten, um den Kopf frei zu bekommen und Verhaltensweisen, die Schlafprobleme vermindern und gesunden Schlaf fördern. […] ‚Dabei setzen Online-Trainings eine hohe Fähigkeit der Selbststeuerung voraus' (Daniel Ebert) […] Die tatsächliche Nutzung eines Angebots kann […] trotz seiner Bekanntheit schwach sein" (von Manteuffel 2014).

Als wichtigste Kompetenz von Lehrkräften für die professionelle Gesundheitserziehung nennt die Pädagogin Drinck „Stressbewältigung und Kohärenzgefühl", also eigene Psychohygiene, die eine Grundhaltung vermittelt, eine Sensibilität für die Bedeutung des Themas und ein Lernen am Modell ermöglicht. Allein eine Überzeugung über gesundheitsförderliches Verhalten (Health-Belief-Modell) führe kaum zur „Veränderung von Verhaltensweisen… sondern […] lediglich zu einer Verdrängung der Risiken". Der Entwicklungskontext müsse berücksichtigt werden. In der Health Behaviour in School-age Children[-Studie (HBSC)…] wird nachgewiesen, dass psychische Gesundheit bzw. psychosomatische Beschwerden und Risikoverhalten von 11- bis 15-jährigen Jugendlichen mit ihren Erfahrungen aus Herkunftsfamilien zusammenhängen" (Drinck 2012, 427).

9.2.2 Inter- und Supervision, kollegialer Austausch

Viele belastende Aspekte des Arbeitsalltags können im Kreise der Kollegen am besten besprochen werden, beim Pausenkaffee, womöglich mit gemeinsamem Lachen. Dies kann zur Öffnung für wohlwollende Hinweise beitragen. So berichtet ein Lehrer: „Wenn eine Kollegin im Lehrerzimmer steht und sagt: Meine Klasse kann gaaaar nix! Dann sage ich: Ja, Martina, dann bring ihnen doch was beiiii!" (zit. nach Gaschke 2015, 13). Intervision als fest eingeplanter Austausch ähnelt dem informellen (stützenden, klärenden etc.) Gespräch unter Pädagogen. Die Kollegialität und das Ausmaß an Teamkooperation sind die Basis für spontane Unterstützung, zum Beispiel bei der Erarbeitung von Coping-Strategien und für die gemeinsame Akzeptanz für Aspekte, die aktuell kaum verändert werden können. Wer es anonymer vorzieht, kann bei auf der Webseite kobeo-lehrer.de die kollegiale Fallberatung im digitalen Raum ausprobieren.

Individuelle Intervisionsfragen können zum Beispiel lauten: „Merkst du, wie hochtourig du (schon seit …) läufst?"; „Machst du das gezielt?"; „Tut dir das wohl?"; oder: „Tut es dir gut (nachdem du dich gekränkt fühltest), ‚Dienst nach Vorschrift' zu machen?"; „Ist das ‚Dienst nach Vorschrift' oder die innere (teilweise) Kündigung, die dich den Alltag absitzen lässt?"

Viele Pädagogen hätten gern Supervision, ein fest eingeplantes Forum, um über die eigene Arbeit, auch die im Team, nachzudenken, einander zu stärken, innezuhalten. Angesichts all der Forderungen, die an Pädagogen herangetragen werden, sollte diese professionelle Auszeit als Standard gelten. In den meisten Bildungseinrichtungen gibt es jedoch weder Vereinbarungen zur kollegialen Beratung noch Feedback noch ein klares Leitbild zum wertschätzenden Miteinander. Fest eingeplante Supervision oder kollegiale Intervision sind kaum vorgesehen. Nach Benjamin Franklin ist dabei Vorsicht und Professionalität geboten, weil Selbsterkenntnis vom Härtegrad im metaphorischen Sinne mit Stahl und Diamant vergleichbar sei.

> „Supervision beinhaltet einen Aspekt von Selbst-Erfahrung und damit den Anspruch auf Veränderung von Methode und Person [...]. Über die ‚Falldarstellung' als Rekonstruktion von nicht geglückten Abläufen im Umgang mit Schülern und Kollegen findet eine ‚Neuauflage' des alten Geschehens statt, – nur mit dem Unterschied, diesmal gemeinsam auf ‚versteckte' Einflüsse zu achten, die damals den unbefriedigenden oder kränkenden Ablauf mit prägten. Ziel jeder Supervision ist es, dass sich die Teilnehmer ihrer persönlichen und beruflichen Autonomie im Sinne einer Wahrnehmungserweiterung bewusstwerden. Sie haben erfahren, dass es auch Krisen- und Konfliktsituationen im Beruf gibt, die aus der eigenen Lebensgeschichte ‚gespeist' werden" (Roth J 100).

Dabei geht es nicht um eine Konzentration auf Schwieriges, einen Tunnelblick auf Problematisches, um die „Fehlerlupe". Berichte über (außergewöhnlich) gute Situationen können als geteilte Freude in Erinnerung gerufen werden. Und ein wohltuender Effekt von Supervisionen ist häufig, subjektiv empfundenes „Leid" zu teilen und zu sehen, dass die anderen auch Schwierigkeiten haben. Der US-Stressforscher Jon Kabat-Zinn, der ein Achtsamkeitsprogramm entwickelt hat, zitiert Albert Einstein: „Den Eindruck, mit seinen Gedanken und Sorgen ganz allein zu sein, nannte der Physiker [Einstein] einmal ‚eine Art optische Täuschung des gewöhnlichen Bewusstseins'. Diese Täuschung sei ein Gefängnis, aus dem man sich laut Einstein befreit, „indem wir unser Mitgefühl auf alle Wesen und die Natur" ausdehnen" (zit. nach Bruhns 2012).

Als spezifische Prävention sollten Pädagogen mit hoher subjektiver Beeinträchtigung Beratung erhalten. Dabei sollte die Expertise anderer Pädagogen aus ähnlichen beruflichen Konstellationen genutzt werden, wenn möglich sogar von solchen, die über berufliche Krisenerfahrung verfügen. Bereits vor der Bewerbung für einen Studienplatz sollte auf die besonderen Anforderungen, beispielsweise in einem ersten Praktikum, hingewiesen werden. In einem frühen Praktikum sollte unbedingt eine offene Klärung der absehbaren psychischen Belastbarkeit erfolgen. Im Verlauf des Studiums sollten psychologische Grundkenntnisse vermittelt werden, Kenntnisse über die beteiligten Hilfssysteme und vor allem Standardmodule zur Selbsteinschätzung des eigenen Profils, der Resilienz, aber auch der Vulnerabilitätsfaktoren.

Die Deutsche Kinder- und Jugendstiftung hat mit Partnern im Rahmen der Initiative „Schulerfolg sichern" das „Themenblatt Nr. 1" über „Kollegiale Beratung für Schule und Sozialarbeit" publiziert. „Der Impuls für den Aufbau einer Gruppe zur Kollegialen Fallberatung kann im Prinzip von jedem Einzelnen ausgehen" (Deutsche Kinder- u. Jugendstiftung 2012). Die Teilnehmer können aus der gleichen oder aus verschiedenen Einrichtungen kommen.

> „Die wichtigsten Kriterien und zugleich die Zutaten für das Gelingen einer Kollegialen Beratung sind: 1. Gleichwertigkeit der Akteure [,...] 2. Gemeinsamer beruflicher Fokus [,...] 3. Lösungsorientierung [,...] 4. Strukturiertheit [,...] 5. Freiwilligkeit und Verbindlichkeit [,...] 6. Lernen im Lehren, Lehren im Lernen [,...] 7. Beratung ohne Honorar".[250]

Die bereits erwähnten Lehrercoachinggruppen[251] nach dem „Freiburger Modell" mit bis zu zwölf Teilnehmern aus einer oder mehreren Schulen ermöglichen einen effektiven Einstieg in die Auseinandersetzung mit zentralen Themen der Gesundheitsförderung. Diese treffen sich zu zehn neunzigminütigen Terminen im Abstand von circa einem Monat. Dabei werden fünf Module bearbeitet: 1. „Auswirkungen von Beziehungserfahrungen auf die Gesundheit. Entspannungsübungen 2. Persönliche Einstellungen: Identität und Identifikation 3. Beziehungsgestaltung zu Schülern und Schülerinnen 4. Beziehungsgestaltung mit Eltern 5. Spaltungstendenzen versus kollegialer Zusammenhalt" (Bauer et al. 2007).[252] Die Aussagekraft der Untersuchung sei durch die hohe Rate derjenigen, die an weniger als der Hälfte der Termine teilgenommen hätten, eingeschränkt. Die Effektstärke sei zwölf Monate nach Abschluss der Gruppen klein bis mittelgradig gewesen (Unterbrink et al.).

9.2.3 Pädagogische Konzepte / Leitbilder als Standard

Immer mehr Schulen veröffentlichen Leitbilder. Dies wird von den Kultusministerien angeregt.[253]

> „Ein Leitbild sollte von möglichst allen Gruppen der Schulgemeinschaft getragen werden. Es kann unterschiedliche Funktionen erfüllen. So ist es zum Beispiel Anlass für

[250] https://www.dortmund.de/media/p/schulverwaltungsamt/downloads_18/schulsozialarbeit/beratung_und _qualifizierung/Themenblatt_-_Kollegiale_Beratung_fuer_Schule_und_Sozialarbeit.pdf, Zugriff 17.02.2018

[251] S. https://lehrer-coachinggruppen.de/, Zugriff 17.02.2018

[252] Manual unter www.pr.uni-freiburg.de/pm/2008/Lehrer_Bauer_Manual, Zugriff 30.01.2018

[253] Z. B. für Mecklenburg-Vorpommern, https://www.bildung-mv.de/export/sites/bildungsserver/downloads/ Handreichung_Schulprogramm.pdf, Zugriff 17.02.2018

einen pädagogischen Diskurs. Es trägt dazu bei zu klären, was das Lehrerkollegium im Umgang mit Schülern und Eltern an Gemeinsamkeiten vertritt, bestimmt die Werte, an denen sich die Schule messen lassen will und kann ein Wir-Gefühl fördern, das die Schule bereichert" (Schlegel 2006, 129).

Pädagogen klagen an vielen Schulen, dass ihre Arbeit immer anspruchsvoller werde. Bildungseinrichtungen stehen vermehrt im öffentlichen Interesse, zum Beispiel bei internationalen Vergleichstests und hinsichtlich der Erwartungen an ihr Integrationspotential. Die Schlagzahl gesellschaftlicher Änderungen hat sich deutlich erhöht, damit auch die Frequenz der Frage, ob der schulische Kompetenzerwerb noch zeitgemäß sei. Das Miteinander an Schulen kann weniger auf etablierte Konventionen bauen. Schier alles scheint hinterfragt werden zu können, bei laufendem Betrieb.

Auch wenn „die Jugend von heute" seit jeher besorgniserregender erscheint als die vorherige Generation, sind sich Pädagogen weitestgehend einig, dass Schulen heute vor deutlich anderen Herausforderungen stehen als vor zwanzig oder vierzig Jahren. Tatsächlich scheinen die Grundbedingungen der Bildungsfähigkeit bei den Lernenden zunehmend unterschiedlicher zu sein. Lehrer stehen heute vor der (sonder-)pädagogischen Herausforderung, dass die Schere zwischen verwahrlosten Schülern (auch in Form von „Wohlstandsverwahrlosung") und stark geförderten Schülern immer weiter auseinanderklafft, dass es mehr Schüler mit auffälligem Verhalten gibt und solche, bei denen bereits über mehrere Generationen die Grundvoraussetzungen konstruktiven gesellschaftlichen Miteinanders weniger praktiziert wurden. Pädagogen können weniger Grundhaltungen als selbstverständlich voraussetzen, zum Beispiel den Respekt vor anderen, vor Erwachsenen. Zu Recht wird die individuelle Förderung der Schüler gefordert, jedoch ohne dass Lehrer ausreichend geschult werden oder Schulen personell entsprechend gestärkt werden. Improvisation über rationale Grenzen hinaus befremdet vielerorts als normaler Dauerzustand und wird doch als Normalität ertragen. Die Finanzierung des Bildungssystems sollte von externen Sachverständigen untersucht werden, sonst entsteht stets der Eindruck, dass hier politische Motive gedeckelt werden. Im Primarbereich wurde in Deutschland vor wenigen Jahren pro Schüler und Jahr mit 5500 US-Dollar mehr als 20 Prozent weniger als im Durchschnitt der 34 wichtigsten OECD-Staaten ausgegeben (Mohr 2011, 31).

Leitbilder können als Bezug die Umgangsformen und Verantwortungsbereiche darstellen. Regelmäßige Evaluationen mit Hilfe von Steuerungsgruppen können hilfreich sein. Sie dienen als Bezugsgrößen und geben einen Rhythmus für die Entwicklung der gemeinsamen Werte. Dabei ist Ruhe eine Grundvoraussetzung sinnvollen Lehrens und Lernens. Zentral, sowohl für die Persönlichkeitsentwicklung wie auch für das Lernen, sei das

> „Bedürfnis nach Struktur und Orientierung im Sinne der Durchschaubarkeit und Vorhersagbarkeit zum Zweck der Kontrolle über die Ereignisse in der Umwelt [...]. Dazu dienen auch *Regeln und Grenzen* in sozialen Gemeinschaften [...]. Ein Grundbedürfnis des Menschen [...], Grenzen, Strukturen und Regeln zu erfahren. Im individuellen Erleben zeigt sich das *Konsistenzstreben* als Bedürfnis nach Identität: Ich möchte mich als mit mir selbst übereinstimmend erleben. Dies bedeutet, dass der Mensch bestrebt ist, seine eigene Persönlichkeit, seine Erinnerungen und sein aktuelles Erleben in Einklang zu bringen. Auch hinsichtlich seiner für ihn bedeutsamen Lebensumwelt gilt das Gleiche: Der Mensch strebt nach klaren Regeln seiner Zugehörigkeit oder Zuordnung (oder Abgrenzung) zu sozialen (Familie, Peergruppe) Strukturen" (Loose et al. 2013, 24f.).

9.2.4 Evaluation

Auch wenn im Bildungswesen zu selten Inhalte und Didaktik auf den wissenschaftlichen Prüfstand kommen, sollten die Bemühungen um die aktive Förderung der seelischen Gesundheit konsequent auf ihre Wirksamkeit untersucht werden. Die Seriosität der Angebote – teilweise selbstberufener Experten – für Dienstleistungen rund um seelische Bedürfnisse ist sehr unterschiedlich und teilweise undurchsichtig. Der Bildungsexperte Dräger stellt heraus, dass der Vergleich unterschiedlicher Modelle eine der Rechtfertigungen für das aufwändige föderalistische Bildungssystem sei:

> „Wenn aber niemand weiß, was am Ende herauskommt, warum dann 24 verschiedene Sprachtests für Kita-Kinder, 16 verschiedene Lehrpläne und mehr als 100 verschiedene Typen von Sekundarschulen in Deutschland? Der Wettbewerb um die beste Lösung ergibt nur Sinn, wenn die Resultate gemessen, veröffentlicht und verglichen werden" (Dräger 2012).

Die Selbstevaluation kann eine Möglichkeit darstellen, gut passende Möglichkeiten zur Einschätzung zu entwickeln. Wer selbst mitentscheiden kann, wie Erfolg erhoben wird, kann die Ergebnisse solcher Evaluationen besser akzeptieren und davon profitieren.[254]

Die Prävention für die seelische Gesundheit betrifft sensible Persönlichkeitsbereiche. Umso wichtiger ist ein qualifiziertes Vorgehen, die Kenntnis der Grenzen, Risiken und Nebenwirkungen. Aufwändig, aber wichtig ist, auch mittel- und langfristige Effekte zu erfassen. Die Bildungsforscherin Allmendinger fordert, neben Pisa auch die soziale und emotionale Kompetenz zu messen und zu fördern (Allmendinger / Musall / Pieper 2011, 23). Die „Grüne

254 Anleitungen finden sich unter selbstevaluation.de und von mehreren Bundesländern, zum Beispiel die Handreichung Selbstevaluation Berlin-Brandenburg – Handlungsempfehlungen für Projekte im Bereich der Jugendgewaltprävention, www.berlin.de/lb/lkbgg/_assets/bfg_51_selbstevaluation.pdf, Zugriff 30.01.2018.

Liste Prävention" des Landespräventionsrats Niedersachsen nennt die jeweils nachgewiesene Wirksamkeit der Präventionsprojekte.

Viele Präventionsmaßnahmen werden zu Recht hinterfragt.

> „So ist die Gesundheitsbewegung ein Beleg dafür, dass viele Menschen immer noch versuchen, etwas für ihre Gesundheit zu tun, statt sich damit zu begnügen, etwas gegen Krankheit zu tun. [...] Dass all diejenigen, die sich durch Diät und Hunger kasteien, wirklich gesünder oder dünner werden und länger leben, darf ebenfalls bezweifelt werden. All diese Wege zum Heil beruhen auf der fragwürdigen Komplexitätsreduktion, wir wüssten, was der Körper alles braucht, was nicht, wie all die Wechselbeziehungen sind etc. Nur zu oft erweisen sich solche Maßnahmen als paradoxe Interventionen, sie verschlimmern, statt zu verbessern, machen langfristig dick, statt dünn etc." (Simon 2012, 193).

Aber was sind die messbaren Zielwerte der aktiven Förderung der seelischen Gesundheit? Persönlichkeitsentwicklung ist nicht quantifizierbar. Die psychologische Forschung ist schon mit dem Konstrukt „Persönlichkeit" über die Jahrzehnte immer vorsichtiger geworden. Oder ist die Ausrichtung am „Mehr" gerade fehlleitend?

Ist Achtsamkeit, die bewusste Berücksichtigung eigener psychischer Bedürfnisse und die Reizreduktion durch Konzentration auf den Alltag ein Ziel? Um die Effekte zu verstehen, wurden die Teilnehmer nach einem achtwöchigen Training zur Steigerung der Achtsamkeit[255] (acht bis dreißig Teilnehmer, 40 bis 90 Minuten, wöchentliche Termine) gebeten, „einem Freund oder einer Freundin, die nichts über Achtsamkeit weiß, kurz zu schreiben, wie es sich anfühlt, am stillen ruhigen Ort zu sein, und darzustellen, wie sie Achtsamkeit in ihrem Alltag nutzen." Ein Kind schrieb:

> „Lieber Simon, ich mache da so etwas, das Achtsamkeit heißt. Damit kann man Gefühle besser verstehen und wahrnehmen. Man kann zum Beispiel an den stillen, ruhigen Ort gehen. Dort zu sein ist entspannend. Achtsamkeit hilft mir vor den Hausaufgaben, weil sie mich entspannt und ich dann meine Hausaufgaben gut machen kann" (Saltzman / Goldin 2011, 177).

Eine Fehlentwicklung wäre sicherlich, wenn Kinder denken, es gehe um Selbstoptimierung. Die Entwicklung der Persönlichkeit kann man bewusst begleiten. Dies ist jedoch keine Notwendigkeit, kein Garant, diesen Prozess zu begünstigen. Über die Intensität dieser Introspektion müssen Lernende selbst entscheiden können.

Schon in der Bezeichnung „Soft Skills" als Zusammenfassung sozialer Kompetenzen und von Persönlichkeitsfaktoren wie Tugenden und Interessen kommt

---

255 Beschrieben als fokussierte konzentrierte Aufmerksamkeit, die Reizabschirmung unter anderem durch bewusstes Atmen und Bewegen schult, zum Beispiel sich durch einschießende Gedanken nicht ablenken zu lassen.

die schwierige Erfassbarkeit solcher Kompetenzen zum Ausdruck. Als einfacher objektivierbar gelten die „Hard Skills", die fachlichen Kompetenzen, der Intelligenzquotient etc.[256] Im Interesse der seriösen Entwicklung der pädagogischen Unterstützung der Persönlichkeitsentwicklung sollte dennoch möglichst viel Objektivität angestrebt werden. Wie lässt sich eine Verbesserung der sozialen Kompetenz objektivieren? Wie eine gute Streitkultur?

Die Berichte zur persönlichen Entwicklung sind allemal professioneller als die Verkürzung auf sogenannte Kopfnoten (Ordnung, Fleiß, Betragen, Mitarbeit u. a.). In Volltextentwicklungsberichten kann durchaus benannt werden, dass die Verbesserung der psychischen Stabilität zur Leistungssteigerung beigetragen habe. Daraus muss nicht der Umkehrschluss gezogen werden, dass psychische Stabilität bewertet wird (auf dem Arbeitsmarkt ist dies alltägliche – unausgesprochene – Realität).

Geht es bei der Evaluation von systematischer Persönlichkeitsentwicklung, von Maßnahmen zur Prävention für die seelische Gesundheit um die Akzeptanz eigener aktueller Leistungsmöglichkeiten?

Präventionsmaßnahmen müssen nicht unbedingt auf Verbesserungen ausgerichtet sein. Ziel kann eine Verhinderung der weiteren Verschlechterung der Arbeitsbedingungen sein, zum Beispiel bei Antimobbingprogrammen. Außerdem hat sich gezeigt, dass die Sensibilisierung für psychische Bedürfnisse und Auffälligkeiten im Allgemeinen die Stärkung der Resilienz in den Vordergrund stellen sollte. Spezifische Programme wie zur Sensibilisierung für Depression können bei Lernenden solche Symptomatik intensivieren, möglicherweise freilegen oder durch Fokussierung verstärken. Das kann im mittelfristigen Interesse der Betroffenen liegen. Im Anschluss an die Intervention zur Verhinderung von Depressivität zeigte sich bei zuvor bereits vorbelasteten Schülern erst einmal ein negativer Effekt.

Zuständig für die Überprüfung der Erfassung der psychischen Belastung am Arbeitsplatz ist das Bundesamt für Arbeitssicherheit beziehungsweise die lokalen Gewerbeaufsichtsämter. Nur wenn mit Kontrollen ihrerseits zu rechnen ist, kann von einer verbreiteten Umsetzung der gesetzlichen Vorgaben ausgegangen werden. Hillert, der unter anderem das AGIL-Programm („Arbeit und Gesundheit im Lehrerberuf") mitentwickelt hat, berichtet über eine Vielzahl unterschiedlich seriöser Ansätze, mit denen im Jahr 2015 die Unternehmen versucht hätten, die Erhebungspflicht zu erfüllen.[257]

---

256 Die Forschung der letzten Jahrzehnte hat gezeigt (z. B. Neubauer / Stern, 2009), dass diese Fertigkeiten häufig weniger „hart" seien, sich über die Jahre veränderten und sehr vom Umfeld abhängig seien. Dennoch werden „Soft Skills" gern belächelt.

257 DGPPN-Kongress 2015

An Bildungseinrichtungen sollte das Führungsinstrument der Mitarbeitergespräche unbedingt genutzt werden. Dabei geht es um wertschätzendes gegenseitiges Feedback, Entwicklungsziele. Zum Beispiel kann mit Hilfe von Checklisten für Bildungseinrichtungen die Erfüllung von Qualitätskriterien und das Maßnahmenbündel transparent dargestellt werden. Dabei geht es auch um vermeintlich selbstverständliche Aspekte, ob Pausen tatsächlich erholsam sein können, ob es ausreichend ruhige Pausenräume für Pädagogen gibt.

9.2.5 Diagnostik an Bildungseinrichtungen

Pädagogen haben häufig zu großen Respekt vor medizinischen Diagnosen. Wenn einem Kind von einer Ärztin zum Beispiel ADHS (Kapitel 8.4) diagnostiziert wird, scheint es, als würden nicht wenige Pädagogen den medizinischen Prozess nicht stören wollen. Möglicherweise haben die Pädagogen die besonderen Bedürfnisse des Kindes bis dahin passend im Alltag berücksichtigen können. Meist können sie die Besonderheiten des Kindes und seiner Eltern trefflich beschreiben. Großer oder zu großer Respekt vor Ärzten und der Wirksamkeit medizinischer Maßnahmen kann die Pädagogen irritieren. Obwohl sich vielerorts Pädagogen und Therapeuten lebhaft austauschen, kann die Kooperation noch nicht als Standard gelten. Andernorts werden ähnlich lebhaft Vorbehalte gepflegt, werden Abläufe erschwert, werden durch Hoheitswissen und Grabendenken die Interessen der betroffenen Kinder zurückgestellt. Nicht selten mangelt es an Zeit und Interesse, die Arbeit der anderen Profession zu verstehen.

(Zu) Großer Respekt vor den Wirkungen medizinischer Maßnahmen verkennt den Einfluss des pädagogischen Alltags, auch auf die seelische Gesundheit beziehungsweise auf Auffälligkeiten. Gerade in diesem Falle ist die Zusammenarbeit der Eltern, Pädagogen und Therapeuten besonders wichtig. Nur gemeinsam können Eindrücke zusammengefasst werden, kann die Zuständigkeit geklärt werden. Für Kinder in labilen Phasen ist es umso wichtiger, bei ihren wichtigen erwachsenen Bezugspersonen ein einheitliches Vorgehen zu erleben. Pädagogen können davon ausgehen, dass es bei der Arbeit der Therapeuten ähnliche Qualitätsunterschiede wie in ihrer eigenen Profession gibt.

Der AktionsratBILDUNG fordert die

> „Entwicklung valider diagnostischer Instrumente und Förderung der Diagnosefähigkeit von pädagogischem Personal und Führungskräften. Nur wenn bestehende überfachliche Kompetenzen und Defizite als solche erkannt werden, können sie beachtet und genutzt beziehungsweise durch spezielle Fördermaßnahmen ausgeglichen werden" (2015, 15).

Auf frühe Diagnostik in Kindergärten setzen nach dem Präventionsprojekt „Kinder in Kitas“ mittlerweile 96 Prozent der Einrichtungen in Mecklenburg-Vorpommern.[258]

Ein Erhebungsbogen für psychische Auffälligkeiten sei zum Beispiel nach Herpertz-Dahlmann et al. der „Fragebogen zu Stärken und Schwächen“ (deutsche Version des „Strengths and Difficulties Questionnaire“)[259]:

> „Allerdings werden viele der Störungen nicht durch Screening-Fragen zu erfassen sein, sondern erfordern ein vertrauensvolles Gespräch. Gerade Adoleszente versuchen, so ‚normal wie möglich‘ zu erscheinen und tun sich sehr schwer, psychische Probleme zuzugeben“ (Herpertz-Dahlmann et al. 2013, 438).

9.2.6 Das Bildungssystem zugunsten seelischer Gesundheit entwickeln

Die aktive Förderung seelischer Gesundheit an Bildungseinrichtungen birgt ein vielfältiges Potential. Deshalb sollte damit nicht gewartet werden, bis das Bildungssystem sich strukturell entsprechend günstig verändert. Es muss jedoch betont werden, dass der Aufbau des Bildungssystems individuell starke Auswirkungen auf die psychische Situation der Beteiligten hat. Dies gilt allgemein für die Sinnhaftigkeit des Lernstoffs, die demokratische Beteiligung, die Sicherung der Kinderrechte und in vielerlei anderer Hinsicht wie in den vorherigen Kapiteln beschrieben. „Ganz allgemein stellt sich eine lange, vielfältige und durchlässige Schulbildung mit später Trennung unterschiedlicher Leistungsträger als die beste Förderung von Intelligenz und Begabung heraus“ (Roth G 2011, 169).

Im aktuellen Bildungssystem werden viele Pädagogen so ausgebildet, wie sie dann selbst agieren: nicht an persönlichen Bedürfnissen orientiert und sehr auf das formale Abarbeiten des Ausbildungskatalogs orientiert. „Vor allem müssen die Bildungsforscher herausfinden, ob die derzeitigen Unterrichtsformen überhaupt noch der gesellschaftlichen Realität entsprechen“ (Thorbietz 2009, 66). Die Vermittlungskonzepte müssen sich auf die zunehmend größere Differenz der Lernenden einstellen. Es geht um das neue Austarieren von jahrgangsstufenübergreifender Teamarbeit, Tutorsystemen, selbstständigem Lernen und Frontalunterricht.

Immer wieder wird gefordert, dass Bildung kein politischer Spielball sein dürfe. Die Eckpunkte der pädagogischen Arbeit in den Bildungsinstitutionen werden zwar politisch festgelegt. Der Alltag wird von der Kultur, den Gewohn-

---

258 Steinke C. „Hufeland-Preis“ und 20.000 Euro für erfolgreiches Kita-Präventions-Projekt aus MV“, Informationsdienst Wissenschaft Online 28.09.2014, https://idw-online.de/de/news605297, Zugriff 17.02.2018

259 http://sdqinfo.org/

heiten und den Erfahrungen vor Ort geprägt. Politische Entscheidungen sind komplex. Sie müssen sehr vielen Kriterien genügen, der grundsätzlichen und der lokalen Haltung der Partei, dem Ansehen der Entscheidungsträger, mit Bezug auf die Nähe der nächsten Wahl etc. „Wie Kinder lernen ist aber keine Frage der Parteizugehörigkeit von Landesregierungen, auch wenn die ‚Kulturhoheit der Länder' dies nahe zu legen scheint" (Spitzer 2010, 10). Im Interesse der Verringerung politischer Einflüsse, dadurch Beruhigung und Kontinuität, der Qualität, Vergleichbarkeit, damit auch Qualitätskontrolle, sollte das Bundesbildungsministerium mit seinen Institutionen deutlich einflussreicher werden.

Wichtige Positionen sollten längerfristig besetzt werden, nicht den Schwankungen von Machtwechseln politischer Lager ausgesetzt sein. Sechzehn Bildungsministerien, Senatoren, Aufsichtsbehörden haben zum Zweck des Selbsterhalts als oberste Priorität, Eigenheiten ihres Bildungssystems derart zu betonen und zu verklären, dass nach außen hin der Schein gepflegt werden kann, dass eine Zusammenlegung mit dem Nachbarbundesland undenkbar ist. Aber: „Gute Bildungssysteme sind schlank, das heißt der Staat setzt klare Ziele und gibt den Schulen viel Freiheit bei der Ausführung. Schlecht funktionierende Bildungssysteme sind durch unklare Ziele, wenig Freiheit der Lehrenden und einen dicken Verwaltungsbauch gekennzeichnet" (Spitzer 2010, 241).

Das im Grundgesetz festgeschriebene Kooperationsverbot von Bund und Ländern bei der Bildung ist anachronistisch und dringend reformbedürftig. Die Bildungsforscherin Allmendinger war schon 2011 optimistisch: „Ja, wir werden das Kooperationsverbot abschaffen [,…] alle, die sich für eine Bildungsrepublik Deutschland einsetzen und nicht nur davon reden." Bei erfolgreichen deutschen Bildungsmodellen wie den Max-Planck-Instituten, den Leibniz-Gemeinschaften und den Helmholtz-Instituten sei die Bund-Länder-Finanzierung bereits Standard (Allmendinger / Musall / Pieper 2011, 24).

An dieser Stelle kann es nicht darum gehen, den gesellschaftlichen Wert sämtlicher Bildungsinstitutionen zu erfassen. Umfragen zeigen, dass eine deutliche Mehrheit der Bevölkerung den Flickenteppich im Bildungssystem ablehnt. Zur von Eltern kritisierten Unübersichtlichkeit im föderalen Bildungssystem trägt die KMK gezielt bei. Einzelne Bundesländer dürfen in Studien nicht miteinander verglichen werden, wenn die KMK dies nicht genehmigt hat. „Ich nehme an, die Kultusminister fürchten sich[,…] dass plötzlich ein Land bloßgestellt werden könnte – etwa wegen Mängeln in der Lehrerausbildung", so Mirjam Brautmeier, die in einer vergleichenden internationalen Studie darstellte, dass nicht die Frage zentral versus föderal, sondern der familiäre Bildungshintergrund über die Schülerleistungen entscheidet (Reiter / Brautmeier 2014).

Es ist eines der großen Probleme und Ungerechtigkeiten des aktuellen Bildungssystems, dass die unzureichende Bildung an den dafür vorgesehenen Institutionen über motivierte und qualifizierte Familien ausgeglichen wird. Diese Familien investieren zusätzlich enorm in private und professionelle Nachhilfe. Eine große Gruppe nicht weniger begabter Kinder kommt nicht in den Genuss dieses Parallelbildungssystems. Deshalb heißt es, dass Kinder in Deutschland stärker in die Privilegierung durch Bildung und damit verbundenen Zugang zu besser bezahlten Berufen hineingeboren werden als in vergleichbaren Ländern.

Können Schulen Ehrlichkeit und Leistungsgerechtigkeit vermitteln, wenn die Kultusministerien in ihrer personellen Besetzung und Entscheidungsfindung dies nicht vorleben? Wenn dort die Loyalität mit politischer Ausrichtung Priorität hat, nicht die stetige Verbesserung der Bildung als gesellschaftliches Ziel? Wie transparent arbeiten Kultusministerien? Wie basisnah arbeiten die Ministerien und deren Behörden? Medial präsentieren sich die Bildungsministerien als unfehlbar, als könnten Schwierigkeiten allenfalls von Vorgängern oder anderen Parteien verursacht sein. Viele Lehrer halten die Kultusministerien für anachronistische Bastionen. Sie fordern, dass sich die Mitarbeiter der Ministerien als Dienstleister für die Bildungsinstitutionen verstehen sollten. Nur dann hätten sie eine Bestandsberechtigung. Die Mitarbeiter der Kultusministerien sollten zielorientiert vor Ort sich den aktuellen Problemen widmen. Immerhin würden laut einem Beschluss der Kultusministerkonferenz aus dem Jahr 2012 Gesundheitsförderung und Prävention „als grundlegende schulische Aufgaben verstanden, die in allen Schulentwicklungsbestrebungen mit bedacht werden sollten" (Rupprecht 2015, 41).

Immer wieder wurde hinterfragt, ob die Verbeamtung nicht ein Teil der Mentalität der Pädagogen präge, eine Stufe erreichen zu müssen zur Sicherung gesellschaftlicher Privilegien, um danach nur noch bei grobem Unfug belangbar zu sein. Für viele gilt die Verbeamtung der Lehrer, an einigen Orten als Marketinginstrument wieder eingeführt, als überholt. Kritik am Bildungssystem und an den Aufsichtsbehörden werde dadurch unterdrückt. Dies präge die Bildungslandschaft und bremse Innovationen aus.

Kultusministerien könnten sich als lernende Beratungs- und Entwicklungseinheiten verstehen. Die Qualität von Kultusministerien sollte unter anderem am Maßstab evaluiert werden, wie gut sich die Bildungseinrichtungen unterstützt fühlen, wie gut sie coachen, Organisationsentwicklung fördern, besondere Bedürfnisse sammeln und Innovationen verbreiten. Trotz aller berechtigter Kritik hat Pisa eine Zäsur im Bildungswesen eingeläutet, hin zu mehr Vergleichbarkeit und einer Diskussion über sinnvolle Bildungsziele. Aktuell stagniert diese gesellschaftliche Diskussion. Unbedingt zu fordern ist jedoch, dass sich die für Bildung zuständigen Ministerien und Behörden ebenso internationalen Vergleichen unterziehen sollten. Aus der Burnout-Forschung ist bekannt, dass ein Mangel an Freiheitsgraden, zumal bei hohen Anforderungen, überlaste. Wenn Aufsichtsbehörden mehr für Vorgaben als für die realistische Umsetzbarkeit zuständig sind, tragen sie möglicherweise mehr zur Überlastung des Bildungssystems bei als zur konstruktiven Entwicklung.

Die KMK kann die Stärkung der Resilienz an Bildungseinrichtungen unterstützen, durch eine Einigung auf die gesetzliche Verankerung von Minimalstandards, inklusive der entsprechenden Finanzierung und Kontrollen. Eine Kooperation mit der Bundesanstalt für Arbeitsschutz und Arbeitsmedizin (BAuA) kann deren „Toolbox" zur Gefährdungsbeurteilung (2014) für unterschiedliche Bildungseinrichtungen userfreundlich anpassen. Wenn Bildungseinrichtungen obligatorisch Präventionsprogramme durchführen müssen und die Finanzierung gesichert ist, erhalten die Entwickler entsprechender Programme Planungssicherheit und können Bewährtes verbessern.

Kinderkrippen und Kindergärten sollten unbedingt als Bildungsinstitutionen gelten. Dabei geht es nicht um frühen Drill. Bildung heißt ja eben gerade nicht, dass sämtliche pädagogische Angebote ein messbares Ergebnis haben müssen. Kinder sind in dieser frühen Phase enorm lern- und experimentierfreudig. Ihre Kompetenzen werden häufig unterschätzt. Ihr künftiges Bildungspotential wird in dieser Phase geprägt.[260]

9.3 Präventionsprogramme, Projekte, Informationsmaterial

Es ist nicht einfach, Informationen zur Prävention seelischer Erkrankungen in eine Form zu bringen, dass die Zielgruppe tatsächlich davon profitiert. Es gibt zahlreiche Ansätze zum Verständnis der Seele / Psyche, philosophische, theologische, neurobiologische, medizinische, psychologische – um nur einige zu nennen. Davon werden Resilienz- und Vulnerabilitätsfaktoren abgeleitet, die psychischen Abwehrkräfte stärkende oder als Belastungsfaktoren wirken. Die Präventionsprojekte sind sehr unterschiedlich aufgebaut, einige schulen Pädagogen aus den Bildungseinrichtungen und stellen Materialien zur Verfügung. Andere Anbieter laden die Klassen zu sich ein. Diese Projekte können einmalig 90 Minuten oder mehrere Jahre dauern. Teilweise haben die Schulen (sporadisch) das Fach „Glück" eingeführt, in dem sie Themen zur Lebenskompetenz didaktisch ähnlich aufbereiten wie den übrigen Schulstoff. Die „Grüne Liste Prävention" des Landespräventionsrats Niedersachsen nennt die jeweils nachgewiesene Wirksamkeit der

260 Zum Weiterlesen: handbuch-lehrergesundheit.de

Präventionsprojekte. Die auf den folgenden Seiten dargestellten Präventionsprojekte sind zunächst nach dem Alter der Zielgruppe geordnet und anschließend nach übergreifenden Themen. Ich habe mich bemüht, die im deutschsprachigen Raum am weitesten verbreiteten Projekte kurz zu skizzieren. Empfohlen wird, dass „Gesundheitsförderung [...] nicht zu einem weiteren Projekt [...], sondern konsequent in allen Aktivitäten mitgedacht" werde (Rupprecht 2015, 42).

An Ratgeberliteratur, Hörbüchern und DVDs zu den Themen Glück, Yoga, Entspannung, „Coaching des Ich" herrscht kein Mangel. Die meisten Angebote zur Stärkung der Psyche, Prävention seelischer Erkrankungen gibt es in gedruckter Form. Das Risiko für solche Angebote liegt darin, dass klassische Formate, nicht selten als Hochglanz, nett zum Durchblättern sind und dass sie danach vor allem Regalbretter dekorieren und ansonsten wenig erreicht haben.

Es gibt zahlreiche Projekte und Programme zur Förderung der psychischen Gesundheit an Bildungsstätten. Dabei könne nach Riedel-Heller (2006, 146) zum Beispiel in 1. umweltzentriert, 2. personenzentriert oder 3. für Kinder in schwierigen Phasen (wie nach der Scheidung der Eltern) unterschieden werden. Projekte werden nach dem Ende ihrer Laufzeit häufig trotz guter Wirksamkeit nicht fortgesetzt. Es gibt keine Institution, die sich bemüht, gute Bestandteile aus verschiedenen Programmen zusammenzuführen.

Die Thematik ist jedoch zu bedeutend, als dass sie nur in Projektphasen und abhängig von den Prioritäten der Bildungseinrichtungen bearbeitet wird. Gesundheitsförderung sollte im Alltag von Bildungseinrichtungen so selbstverständlich sein wie das Ausschildern von Fluchtwegen oder die Einrichtung von Sanitäranlagen. Im Sinne der lokalen Einbettung, des ökologischen Wachstums geht es um ein Andocken an bestehende Strukturen, die Nutzung von Ressourcen, Kompetenzen. Was ist lokal attraktiv? Darum bemüht sich der Verein BuddY e. V. mit seinen bundesweit umgesetzten Programmen. Basis ist die Schulung von Pädagogen zu Coaches vor Ort über einen Zeitraum von eineinhalb Jahren für das Programm, also zu Multiplikatoren. Entsprechend dem Coachingansatz geht es um eine möglichst passgenaue Adaptation an die vor Ort Beteiligten, Strukturen und in Audits detailliert geklärten Aufträgen. Das Selbstmanagement soll gestärkt werden, möglichst mit Peer-to-Peer-Ansätzen und des sozialen Engagements beziehungsweise des Service Learning (s. Kapitel 3.7). Dadurch erfahren die „BuddYs" (Schüler u. a.) Selbstwirksamkeit, zum Beispiel wenn sie in ihrer Gemeinde Senioren unterstützen. Der Ansatz wurde als familienunterstützendes Programm („familY") und im Pilotprojekt an der Universität Duisburg-Essen („StudY") ausgeweitet.

In ihrer Metaanalyse grenzen Beelmann et al. (2014) bei Präventionsmaßnahmen im Kindes- und Jugendalter die folgenden Bereiche ab:

- Gesundheitsförderung / Förderung von Lebenskompetenzen,
- Externalisierende Verhaltensprobleme,
- Suchtprobleme,
- Internalisierende Verhaltensprobleme,
- Ernährungsprobleme,
- Sexualerziehung und AIDS-Prävention,
- Krankenhausbegleitung,
- Berufsvorbereitung,
- Sonstiges (z. B. sexueller Missbrauch, Verkehrserziehung).

„Das Dataprev-Projekt (Weare / Nind 2011) ermittelte 16 erfolgreiche evidenzbasierte schulische Interventionen zur Förderung psychischer Gesundheit Jugendlicher in Europa, darunter das Anti-Mobbing-Programm KiVa aus Finnland[261] […], das Penn Resiliency Program[262] […] und das MindMatters-Programm […] und eine Reihe gemeinsamer Kennzeichen wirksamer Programme, wie

- ein ganzheitliches, gut implementiertes, nachhaltiges multimodales Förderkonzept,
- die Beteiligung aller Mitglieder einer Schulgemeinschaft (Schüler, Eltern, Lehrkräfte, Schulleitung, Kommune),
- die Vermittlung von Kompetenzen, wobei Einstellungen, Wertvorstellungen, Fähigkeiten und Überzeugungen und nicht nur Verhalten und Wissen einbezogen wurden,
- ein Gleichgewicht zwischen universellen und selektiven Ansätzen […]
- aktive, vielfältige, partizipatorische und erfahrungsbezogene Lehr- und Lernmethoden […]
- Fortbildung von Schulpersonal, wobei wirksame Programme von externen Fachkräften beratend und unterstützend begleitet werden“ (Steinebach / Gharabaghi 2013, 88f.).

---

261 Bei dem in Finnland stark verbreiteten Programm „*Kiusaamisen Vastainen*: Gegen Mobbing“ werden Anti-Mobbing-Ansätze in fast allen Jahrgangsstufen mit unterschiedlichen Formaten immer wieder bearbeitet: „Diskussionen, Gruppenarbeiten, Kurzfilme über Mobbing und Rollenspiele. Die Inhalte beziehen sich – angefangen mit allgemeinen Themen wie der Bedeutung von Respekt in zwischenmenschlichen Beziehungen – in der Folge auch auf die Mechanismen und Folgen von Mobbing.“ http://www.dsh.fi/de/weiteres/anti-mobbing, Zugriff 17.02.2018

262 Dieses Programm zur Förderung der Resilienz wird für ganz unterschiedliche Zielgruppen angeboten: „Military, Corporations, First responders, including police officers, Government, Professional sports organization, Primary and secondary schools, Colleges

Evaluation

Viele der im deutschsprachigen Raum laufenden Präventionsinitiativen sind bislang nicht ausreichend wissenschaftlich untersucht worden. Der Landespräventionsrat Niedersachsen nutzt erfolgreiche Instrumente der in den USA entwickelten präventiven Langzeitstrategie „Communities That Care" (CTC), um den Bedarf von Prävention für Kinder und Jugendliche zu decken. Diese werden in einer „Grünen Liste Prävention" – CTC–Datenbank aufgeführt. Entsprechend der Skepsis, die landläufig mit der Redewendung „Gut gemeint …" einhergeht, fragt der Präventionsrat, ob eine „Rote Liste Prävention" sinnvoll sei.[263] Als kritisch einzuschätzende Programme werden hier solche gelistet, die vorwiegend mit Einschüchterung oder Verängstigung arbeiten (z. B. „Scared Straight"): „Informationsvermittlung ohne Förderung von Kompetenzen (bei Alkohol / Drogenprävention an Schulen), isolierte Medienkampagnen, „Problemjugendliche" / Risikojugendliche in Gruppen zusammenbringen / stabilisieren (unstrukturierte Freizeit – Aktivitäten, z. T. Peer Counseling, Gang Intervention etc.), „boot camps", „wilderness camps", Kampfsport (Studie Endresen / Olweus 2005), „Zero tolerance" – Ansätze, ausgrenzende Strafen".

Zu Recht wird darauf hingewiesen, dass auch die schlechte Umsetzung von Programmen mit Wirksamkeitsnachweis negative Auswirkungen haben könne.

Digitale Medien

Im digitalen Zeitalter werden Beiträge über elektronische Medien anhand ihrer Aufrufrate bewertet. Aber was erinnert der Nutzer? Fühlt er sich motiviert, über eigenes Handeln nachzudenken? Als mögliches Format, die Vielfalt von Ideen und Erfahrungen zur seelischen Gesundheit zu sammeln, eignen sich vielleicht kurze Videoclips, wie sie das Portal Whatchado[264] zur Berufsfindung zur Verfügung stellt, inklusive entsprechendem Fragebogen.

Der Verein Irrsinnig Menschlich hat ein Filmpaket mit Kurzbeiträgen zusammengestellt, die als Diskussionseinstieg oder Anregung für selbst zu erstellende Clips dienen können.[265] Solche Videoclips sind auch als Onlinebibliothek

---

and universities". https://ppc.sas.upenn.edu/services/penn-resilience-training, Zugriff 17.02.2018

263 „Negative" Wirkungen werden dort mit „iatrogen" gleichgesetzt, also solchen, die von Ärzten ausgeführt werden. Dies ist wissenschaftlich nicht korrekt, http://www.gruene-liste-praevention.de/communities-that-care/Media/Musterprasentation_Rote_Liste.pdf, Zugriff 17.02.2018

264 whatchado.com/de/

265 http://www.irrsinnig-menschlich.de/material/, DVD "Und du so?", Zugriff 17.02.2018

denkbar, als Sammlung zum Thema Selbsthilfe. Manche Beiträge sind bei YouTube zu finden. Eine 45-jährige Lehrerin mit Schlafstörung würde sich in einer solchen Bibliothek, die auch Beiträge von Experten beinhalten sollte, Clips von anderen Frauen in einer ähnlichen Lebenssituation anschauen können. Dies könnte verlinkt sein mit Foren, in denen sich Teilnehmer mit ähnlichen Berufen austauschen. In berufshomogenen Gruppen fällt es Teilnehmern leichter, sich zu Problemen zu äußern, wenn den anderen die besonderen Gegebenheiten des Berufs vertraut sind.

Expertenhinweise über Schlafhygiene und Warnsignale, wann ein Arzt kontaktiert werden sollte, könnten dies ergänzen. Gibt zum Beispiel „Depression Lehrer" in die Suchmaske bei YouTube ein, erhält man eine Fülle von Beiträgen, die einen betroffenen Lehrer aber eher verwirren dürften. Möglicherweise ließe sich ein 52-jähriger Lehrer, dem seit Jahren nicht gegen seine Rückenbeschwerden geholfen werden konnte, von Erfahrungsberichten anderer motivieren. Angeleitete Bewegungs- und Entspannungsübungen stärken die Eigenkontrolle und lindern möglicherweise den Schmerz.

Ähnliche Onlinebibliotheken können für Didaktik, Materialien und Techniken für das Lehren und Lernen, als wikip*ae*dia aufgebaut werden.

Kindergarten / Vorschule

„Kindergarten plus" ist als Programm zur Stärkung der Persönlichkeitsentwicklung aller Kindergartenkinder konzipiert. Der Anbieter, die Deutsche Liga für das Kind in Berlin, organisiert die Fortbildungen für Trainer für das Programm und die Erstellung der Materialien, unter anderem für die Elternarbeit. In neun Einheiten à 90 bis 120 Minuten werden etwa zehn Kinder von einer Trainerin in Anwesenheit ihrer eigenen Pädagogin in ihren sensomotorischen, emotionalen, sozialen und lernmethodischen Kompetenzen gestärkt. Es wird angestrebt, dass die Trainerin eine geschulte Kollegin aus derselben Einrichtung ist.

Die komplette Kindergartenphase wird im englischsprachigen Raum und damit in der Literatur über dort durchgeführte Projekte als „Preschool" bezeichnet. In deutschsprachigen Raum wird in der Regel nur das Jahr vor der Einschulung als „Vorschule" bezeichnet. Ein Klassiker, der die nachhaltige und hohe Effektivität gut angelegter, ausreichend ausgestatteter Programme nachweisen konnte, ist das „Perry Preschool-Program". Ziel dieses aus den USA stammenden Kindergartenprojekts, das seit 1962 läuft, war die Förderung von Kindern aus ärmeren Stadtteilen. Pädagogische Grundüberzeugung war, die Kinder in ihrem eigenen Lerneifer zu unterstützen. In unterschiedlichen Bereichen im Projekthaus mit künstlerischen Angeboten, Büchern, Materialien wie Sand sollten die Kinder entdecken und experimentieren können. Die Pädagogen unterstützten sie dabei, organisierten und hinterfragten auch gewisse Aspekte. Der beeindruckende Erfolg verdeutlicht, dass spezifische, passgenaue Prävention die höchste Effektivität erreichen kann. Dies zeigt die starke Wirksamkeit für den späteren Erfolg im Berufs- und Privatleben, für den Familienstand, das Einkommen, den persönlichen Besitz, den schulischen Abschluss, die Delinquenz, den Drogenkonsum etc. Zu Recht wird betont, dass die Teilnahme an solchen Projekten über das weitere Schicksal maßgeblich entscheide. „Den Kosten des Programms standen wesentlich größere Einsparungen bei Sonderbeschulungen, Gefängnisaufenthalten, Sozialhilfezahlungen usw. entgegen" (Riedel-Heller 2006, 146). Die Aktivitäten des Programms werden durch den Verein High Scope fortgeführt und in Deutschland konnten Aspekte in der „Kinderladenbewegung" umgesetzt werden. Da die Einkommensschere in den deutschsprachigen Ländern sich zunehmend weitet, immer mehr Kinder in Armut leben[266], sollte die frühe Form der Prävention, die am effektivsten ist, stark gefördert werden. Krippen und Kindergärten sollten insbesondere unterstützt werden. Dies bezieht sich auf die Ausbildung und Bezahlung des Personals und den Betreuungsschlüssel.

Die „Eltern-AG" ist ein in Deutschland verbreitetes wirksames Programm, das speziell Eltern in schwierigen Lebenssituationen unterstützen soll. 96 Prozent der Eltern kommen aus sozial benachteiligten Familien. Das Team von Meinrad Armbruster bildet Mentoren aus, die die Kurse anbieten. Ab zwölf Eltern können sich Gruppen bilden, die nach einer Vorbereitung in zwanzig Treffen trainiert werden und vor allem voneinander lernen. Die Eltern werden konkret im Alltag unterstützt („Learning by Doing"), auch wie sie sich selbst Phasen der Ruhe sichern (ähnlich dem erfolgreichen TripleP-Erziehungsprogramm), und ihnen soll auf einfache Art Wissen vermittelt werden. Nach der Kursphase wird angestrebt, dass die Gruppen im Selbstmanagement bestehen bleiben und sich bei Bedarf Unterstützung von der Mentorin erfragen. Laut dem Internetauftritt treffen sich 68 Prozent der Teilnehmer ein Jahr nach dem Kurs immer noch regelmäßig.

„Papilio" ist ein gut untersuchtes und weitverbreitetes Programm, mit dem an Kindergärten effektiv wichtige Präventionsbereiche gefördert werden. Es setzt an der Stärkung der Erzieher an und erleichtert ihnen den Arbeitsalltag. Laut Internetauftritt sind bislang sechstausend Pädagogen geschult worden. Ihnen stehen drei Module zur Förderung der sozialen Kompetenz, Kreativität und

[266] https://www.bertelsmann-stiftung.de/de/presse/pressemitteilungen/pressemitteilung/pid/viele-familien-aermer-als-bislang-gedacht/, Zugriff 17.02.2018

Gefühlswahrnehmung sowie zahlreiche Materialien, auch für die Arbeit mit den Eltern, zur Verfügung. „Papilio reduziert damit erste Verhaltensprobleme und beugt Sucht und Gewalt im Jugendalter vor“. Wissenschaftliche Untersuchungen haben ergeben, „dass Kinder mit Papilio erste Verhaltensauffälligkeiten abbauen und mehr sozial-emotionale Kompetenzen aufbauen als Kinder ohne Papilio“.[267]

Der Freiburger Entwicklungspsychologe Klaus Fröhlich-Gildhoff hat mit seinen Mitarbeitern ein Therapiemanual für Erzieher erarbeitet, zur „Prävention und Resilienzförderung in Kindertageseinrichtungen“ (PRiK) und ein ähnliches Programm für Grundschulen (PRiGs). Mit PRiK wird über zehn Wochen in zwanzig Einheiten von 30 bis 50 Minuten mit zwei Trainer für eine Kleingruppe von acht bis zehn Kindern deren Selbstwahrnehmung, Selbststeuerung, Stressbewältigung, das Erleben von Selbstwirksamkeit, das Erlernen von Strategien zum Problemlösen und die Soziale Kompetenz beübt.

„EFFEKT“ steht für „Entwicklungsförderung in Familien: Eltern- und Kinder-Training“, vor allem über die Kindergärten. Das wirksame Projekt der Universität Erlangen-Nürnberg (Institut für Psychologie, Projektleiter Lösel) schult hauptsächlich Kindergärtner für die Eltern- und Kinderkurse („Ich kann Probleme lösen“, IKPL, auch für die Grundschule verfügbar).

Vom Aufbau her vergleichbar ist das Trainingsprogramm „Mich und Dich verstehen“ (MUDV) zur Förderung der emotionalen Sensitivität bei Schulklassen und Kindergruppen im Grundschul- und Orientierungsstufenalter (acht bis zwölf Jahre; Autoren Sonja Bieg, Michael Behr).

„Roots of Empathy“ ist ein Programm für die Kinder- und Schulpädagogik, das von Mary Gordon 1996 in Kanada begonnen wurde. Dabei wird eine Lerngruppe in regelmäßigen Abständen von einer Mutter und ihrem Baby oder Kleinkind besucht. Die emotionale Bildung der Kinder wird unterstützt und sei wirkungsvoll, weil die Kinder einen Perspektivwechsel lernen. Dies dient zudem der Verbesserung der sozialen Kompetenz und der eigenen Gefühlswahrnehmung. In Deutschland hätten laut Internetauftritt bislang etwa 750 Kinder an dem Programm teilgenommen. Kern des Programms sind ein Baby und seine Eltern. Mutter und Kind besuchen die Klasse neunmal im Schuljahr. „Bei diesem auf Erfahrung beruhenden Lernen ist das Kleinkind der “Lehrer” und der Hebel, den die Trainer/innen einsetzen, um den Kindern zu helfen, ihre eigenen Gefühle und die Gefühle anderer zu erkennen und diese zu reflektieren – Empathie. In der Woche vor und nach jedem Besuch der Familie gehen die Trainer/innen in die Klasse, um das Gelernte zu vertiefen. Das RoE Programm

267 https://www.papilio.de/fuer-kita-traeger.html, Zugriff 17.02.2018

umfasst insgesamt 27 Klassenbesuche".[268] Untersuchungen[269] haben gezeigt, dass „Roots of Empathy" Aggressionen unter den Schülern mindere und Empathie wie auch soziale Kompetenz verbessere.

„Faustlos" ist ein mittlerweile vom Kindergarten bis in die Sekundarstufe in über zehntausend deutschsprachigen pädagogischen Einrichtungen und auch im Ausland genutztes Gewaltpräventionsprogramm. Die Arbeitsgruppe des verstorbenen Manfred Cierpka (Präventions-Zentrum, Universität Heidelberg) hat ein hochstrukturiertes US-amerikanisches Programm („Second Stepp") adaptiert und in zahlreichen Untersuchungen[270] die Wirksamkeit belegen können. Die Materialien sind an das Alter angepasst und werden von den geschulten Pädagogen mit Beispiel mit 51 Lektionen in den Grundschulunterricht integriert. „Die Faustlos-Curricula fördern gezielt sozial-emotionale Kompetenzen in den Bereichen Empathie, Impulskontrolle und Umgang mit Ärger und Wut."[271]

Beim österreichischen Grundschulprogramm „eigenständig werden" orientiert sich an den WHO-„Lebenskompetenzen" (1997; s. Kapitel 2.7.1, „Wegweisende Wortwahl"). Lehrer erhalten Unterricht in 24 Lehreinheiten und treffen sich in Reflexionsrunden. Gegliedert ist das Programm in einen Basis, einen Bewegungsteil und eine Einheit zur Gewaltprävention. Inhalte sind unter anderem „Unterrichtsmodelle, Gesprächsregeln in der Klasse [...] Gesprächskreise, Kleingruppenarbeit, Rollenspiele, Puppen- und Theaterspiel, Spiele, Entspannungsübungen, Moderationstechniken und Aktivitäten für die Gestaltung von Elternversammlungen".[272]

„Klasse 2000" ist das bundesweit im Grundschulbereich am weitesten verbreitete Präventionsprogramm zur Gesundheitsförderung, Sucht- und Gewaltprävention. Es konnte in diesen drei Bereichen in Studien eindeutige Wirksamkeit nachweisen. Seit Beginn im Jahr 1991 sind dadurch zwischenzeitlich über 1,2 Millionen Kinder mit den fünf großen Themen „*Gesund essen & trinken, bewegen & entspannen, sich selbst mögen & Freunde haben, Probleme & Konflikte lösen* [und] *kritisch denken & Nein sagen*" vertrauter geworden. Also Themen, die lebenslang Gesundheit und Lebensqualität fördern. Bestandteile sind unter anderem die eigenen Gefühle und den Körper kennen und schätzen zu lernen,

268 http://www.api-stiftung.de/projekte/projekt-1/, Zugriff 17.02.2018

269 Z. B. Cain G, Carnellor Y: 'Roots of Empathy': A research study on its impact on teachers in Western Australia. Journal of Student Wellbeing October 2008, Vol. 2(1), 52-73.

270 Z. B. zur Evaluation des Faustlos-Curriculums für Kindergärten: https://www.pedocs.de/volltexte/ 2010/976/pdf/ Schick_Cierpka_Faustlos_Curriculum_Kindergarten_2006_W_D_A.pdf, Zugriff 17.02.2018

271 http://h-p-z.de/

272 http://rettenberger.at/, Zugriff 10.02.2018

Kommunikation, Konflikte lösen, Entspannung. Der gleichnamige Verein bildet Gesundheitsförderer aus, die die Lehrkräfte bei der Umsetzung unterstützen und selbst in den Klassen aktiv werden.

MindMatters – gute gesunde Schulen

MindMatters bemüht sich, alle an Schulen Mitwirkenden und das jeweilige Umfeld an der Präventionsarbeit zu beteiligen. Eine umfangreiche Materialsammlung zu den Aspekten „guter gesunder Schule“ wurde durch das Team von Peter Paulus (Leuphana Universität Lüneburg) vom ursprünglichen australischen Modell an das deutsche Bildungssystem angepasst. Zu den Bereichen Primarstufe, Sekundarstufe I und Schulentwicklung stellt es „*Werkzeugkästen*“ zur Verfügung. Das partizipatorische Modell der „gute gesunde Schule“ leite *„einen Paradigmenwechsel in der schulischen Gesundheitsförderung (ein), indem es die Gesundheitsförderung in den Dienst der Schulbildung“ zu stellen, „mit dem Ziel der Verbesserung der Erziehungs- und Bildungsqualität. Gesundheit dient dabei als Motor, Beitrag und Vermittler im Lehr- und Lernprozess und in der schulischen Bildungsentwicklung.*“ (Steinebach / Gharabaghi 2013, 90)

Gelingensfaktoren für eine „Gemeinsame gesunde Schule“ seien laut einer von der DAK finanzierten Untersuchung (Nieskens et al. 2014):

1. „Veränderungsbereite Lehrer
2. Schulspezifische Beratung
3. Fortbildung
4. Externe Begleitung
5. Hoher Projektstellenwert und Anerkennung für Aktive
6. Breite Beteiligung und Transparenz“.

Bei einer großen Untersuchung zwischen 2007 und 2013 mit eigenen Maßstäben wurden 60 Prozent der teilnehmenden Einrichtungen als Risikoschulen und nur 7,4 Prozent als „gute gesunde Schulen“ eingestuft. Durch die MindMatters-Maßnahmen sei der Anteil der „guten gesunden Schulen“ auf 40 Prozent gestiegen und der Risikoschulen auf 15 Prozent gesunken.[273]

Die Entwicklung gut geeigneter Führungskräfte für Bildungseinrichtung ist eine wichtige Herausforderung. Neben allgemeingültigen Grundsätzen effektiver Führung wie klarer Benennung von Zielen und Methoden wie regelmäßigen

273 https://www.aerzteblatt.de/nachrichten/58322/Schulische-Gesundheit-laesst-sich-durch-gezielte-Massnahmen-nachhaltig-verbessern, Deutsches Ärzteblatt online 11.04.14. Zugriff 17.02.2018

Mitarbeitergesprächen müssen individuelle Führungstechniken zur Person passen. So berichtet der ehemalige Direktor des Marbacher Gymnasiums Offermann in Zusammenhang mit dem Gewinn des Deutschen Schulpreises, dass er pro Jahr 200 bis 250 spontane, unangekündigte Unterrichtsbesuche durchführe. Im Rahmen einer Studie untersucht das MindMatters-Team die Effekte der Schulung von Schulleitungen. Bislang werden Direktoren, die mit Managementaufgaben konfrontiert sehen, dafür kaum ausgebildet. Sie benötigen für ihre Leitungsaufgabe zudem ausreichend Zeit und Unterstützung, interne und externe (durch Coaching). Häufig ziehen Schulleitungen die ihnen bekannte Tätigkeit als Lehrer vor und meiden Führungsaufgaben wie das Klären von Konflikten.

Die umfangreichen und weitverbreiteten Aktivitäten von „Lions-Quest“ basieren auf der Professionalität und Finanzstärke des Lion Clubs sowie dem Einsatz seiner Mitarbeiter. Seit 1994 haben über 93.000 Teilnehmer an dem fortlaufend überarbeiteten Programm „Erwachsen werden“ teilgenommen. Die Lehrer wurden geschult, das Curriculum zum Sozialen Lernen in der Sekundarstufe I anzuwenden. Dabei geht es um die systematische Förderung der Lebenskompetenzen, der Stärkung des Selbstwertgefühls, der kommunikativen und sonstigen interaktiven Kompetenz, dem Umgang mit Stress und Konflikten etc. Die Pädagogen werden zum Umgang mit Mobbing geschult, in der Team- und Elternarbeit sowie der Motivationsförderung. Die Schulen können diese Ausbildung als Basis oder Ergänzung eigener entsprechender Aktivitäten nutzen.[274] Mit „Erwachsen handeln“ wurde das Programm ergänzt, für Schüler ab Klasse 9 als Ergänzung und für die Sekundarstufe II. Zur Vervollständigung der Bildungsaktivitäten (vor der beruflichen Ausbildung) unterstützt der Club außerdem die Programme „Kindergarten plus“ und „Klasse 2000“.

Drogenprävention

„Be smart, don't start“ ist ein Projekt, bei dem im Schuljahr 2015/16 zum neunzehnten Mal Schulklassen motiviert und sensibilisiert wurden, mit dem Rauchen gar nicht erst anzufangen, und zwar gleichermaßen in Bezug auf Tabak, Shishas, E-Zigaretten und E-Shishas. Deshalb werden vor allem die Klassen 6 bis 8 mit einem Wettbewerb angesprochen. Der Aufwand für die vorgesehene regelmäßige Erhebung ist gering. Materialien für die begleitende Arbeit mit den Schülern und Eltern werden zur Verfügung gestellt. Tabak ist eine Einstiegsdroge. Somit bemüht sich das Projekt um die Prävention des Einstiegs in den Einstieg. Das

274 Wie z. B. auf der Webseite des Wilhelm-Busch-Gymnasiums Stadthagen dargestellt, http://wilhelm-busch-gymnasium.de/index.php/beratung/lions-quest, Zugriff 17.02.2018

von vielen Bundesländern und Instituten geförderte Projekt wird vom Institut für Therapie- und Gesundheitsforschung gemeinnützige GmbH in Kiel organisiert.

Das Programm „Schüler in der Klinik" des Tumorzentrums Berlin hat bei einer Evaluation seine Effektivität bei Nichtrauchern (primärpräventiv) nachweisen können, nicht jedoch bei Rauchern. Schulklassen können für ein 90- bis 120-minütiges Angebot „für Jugendliche und Eltern" eine der im Verbund teilnehmenden Kliniken besuchen, wo sie mit Medizinern, Patienten und der Kliniksituation in Kontakt treten können.

Prävention von Gewalt und Mobbing

„Fairplayer" ist ein deutschlandweit verbreitetes Programm. Dieses Projekt hat es sich zum Ziel gesetzt, vor allem Schüler und Pädagogen, aber auch Eltern in ihrem Engagement gegen Gewalt und Mobbing zu stärken. „Das Programm besteht aus elf aufeinander aufbauenden Schritten, die ein/e Lehrer/in oder Schulsozialarbeiter/in nach einer Weiterbildung in der Umsetzung des Programms in Schulklassen (7.–9. Klasse) durchführen kann".[275] Die Schüler vergegenwärtigen sich die Gruppendynamik, und die verschiedenen sozialen Rollen, die bei Gewalttaten und Mobbing zum Tragen kommen, werden in Rollenspielen erkennbar (Scheithauer / Bull 2008).

Beim „No-blame-Approach", einem Anti-Mobbing-Programm, wird die Vorgehensweise in eintägigen Workshops vermittelt. Bei dem systemischen Ansatz wird zunächst das Opfer interviewt und für das Vorgehen gewonnen. Dann sucht die Pädagogin eine „Unterstützergruppe" aus sechs bis acht Schülern und bearbeitet die Situation in einem Gruppengespräch. Entsprechend der Komplexität der Problematik wird zielorientiert auf die Beschuldigung *(blame)* des (vermeintlich) Hauptverantwortlichen verzichtet. Dieser und seine maßgeblichen Unterstützer sollten Teil der Unterstützergruppe sein, außerdem Schüler, die eine konstruktive Rolle übernehmen können. Ein bis zwei Wochen später führt die Pädagogin mit dem Mobbing-Betroffenen und jedem aus der Gruppe Einzelgespräche, um zwischenzeitliche Entwicklungen zu erfassen und vor allem die Verbindlichkeit zu erhöhen. Die Evaluation[276] hat gezeigt, dass das Mobbing durch den Ansatz in über 87 Prozent stoppte. Das Programm wirkt nachhaltig. 96 Prozent der Anwender waren damit zufrieden.[277]

---

275 Vgl. fairplayer.de, Zugriff 18.02.2018

276 http://www.no-blame-approach.de/media/downloads/EvalutionsberichtNoBlameApproach.pdf, Zugriff 18.02.2018

277 Zum Weiterlesen: Blum H, Bechk D: No Blame Approach. 4. Auflage 2014. fairend Köln.

Das „Olweus-Programm" ist nach dem emeritierten schwedisch-norwegischen Psychologen Dan Olweus benannt, der sich seit den 1970er Jahren mit „Bullying" befasst. Passend zur Problematik wird die gesamte Schule involviert, in Form gemeinsamer Entscheidungsfindung und Umsetzung. Auf Klassenebene geht es um die kollektive Erarbeitung der Regeln und die konsequente Einhaltung, möglichst unter Beteiligung der Schüler. Auf der persönlichen Ebene werden Opfer und Täter, jeweils möglichst mit ihren Eltern, angesprochen.[278]

„Verrückt? Na und! Seelisch fit in Schule und Ausbildung"

„Verrückt? Na und! Seelisch fit in Schule und Ausbildung" ist ein Projekttag, der die Teilnehmer für psychische Themen offener machen kann. Der Verein Irrsinnig Menschlich bemüht sich, das ursprünglich für die achte bis zehnte Klasse konzipierte Projekt zunehmend für Auszubildende und Studenten anzubieten. Ziel ist es, die häufig vorhandene Scham zu überwinden und seelische Belastungen salonfähig zu machen – zu dem, was sie sind: Teil des Lebens und des Alltags. „Dadurch bekommt das komplexe Konstrukt „seelische Gesundheit" ein Gesicht, ist zum Greifen nah – und dabei ganz normal. [...] Oft erfahren [die Lehrer laut eigener Einschätzung] an diesem Tag mehr von ihren Schülern ‚als sonst in einem ganzen Schuljahr'" (Göller 2014). Zwei geschulte Moderatoren arbeiten mit der Klasse. Der Klassenlehrer sollte mit anwesend sein. In der ersten Runde wird versucht, die Haltungen und aktuellen Themen rund um die psychosoziale Situation der Jugendlichen zu verstehen. Der zweite Teil besteht aus Gruppenarbeit, zum Beispiel zu den Themen „Wie Körper und Seele zusammenhängen" oder „Sich zu helfen wissen". Nach der gemeinsamen Bearbeitung der Ergebnisse folgt im dritten Teil häufig ein „Aha-Erlebnis", denn womöglich hat einer der Moderatoren selbst Erfahrungen mit einer seelischen Krise, war vielleicht einmal deswegen in einer Klinik oder ambulanten Behandlung. Wenn die Jugendlichen mit diesem „Mutmacher" sprechen, fühlen sie sich teilweise eingeladen, selbst bis dahin Verschwiegenes offener vor der Gruppe anzusprechen. Die Wirksamkeit ist in wissenschaftlichen Evaluationen belegt worden (Conrad et al. 2009). Unterstützt wird das Schulprojekt durch ansprechende Materialien und Medien (Richter-Werling / Kroll 2014).[279]

---

278 Zum Weiterlesen: Der „wegweiser prävention" ist ein gemeinsames Projekt der Partner Deutsches Forum Kriminalprävention (DFK) und Landespräventionsrat Niedersachsen (LPR NI), wegweiser-praevention.de, Zugriff 18.02.2018

279 „Krisen-Auswegweiser" und „Seelen-Fitmacher" im Pocket-Guide-Format, die DVD „...und Du so?", die Wanderausstellung „Wie geht's?" und die Internetplattform www.verrückt-na-und.de.

Mentorenprojekte

Ehrenamtliche Mentorenprojekte wie „Balu und Du" vermitteln Mentoren an bedürftige Kinder. Die Verantwortlichen bemühen sich um ein seriöses, zuverlässiges Auftreten der Mentoren und statten diese mit entsprechenden Schulungen aus. „Balu und Du" empfiehlt eine mindestens einjährige Mentorenschaft. Für die Mentoren kann es eine Form des Service-Learning im Rahmen ihrer Ausbildung an weiterführenden oder Hochschulen darstellen. Laut Webseite werden vor allem Mentoren im Alter zwischen siebzehn und dreißig Jahren gesucht, die einmal wöchentlich an einem Nachmittag eine außerschulische Aktivität mit „ihrem" Kind unternehmen. Die Erste Vorsitzende des Vereins Hildegard Müller-Kohlenberg hat die Facetten des Programms umfangreich untersucht und dazu publiziert[280], zum Beispiel wie „Mogli" (Bezeichnung der Kinder als Mentees im Projekt) profitiert und wie „Balu" (Bezeichnung der Mentoren) Schlüsselqualifikationen erwirbt.[281]

Service-Learning

Schüler können nicht nur – wie zuvor beschrieben – selbst als Aktive vom Service-Learning profitieren, sondern auch selbst Unterstützung erhalten. Die „Mannheimer Straßenschule" wurde erst durch ein solches kreatives studentisches Service-Learning realisierbar. Das Projekt entstand, weil der Bedarf in den Unterkünften für minderjährige Obdachlose deutlich wurde. Die meisten Adoleszenten (17 bis 25 Jahre), die die Anlauf- oder Übernachtungsmöglichkeit „Freezone" und „StreetNight" in Mannheim nutzen, sind Schulabbrecher oder haben Schulprobleme. Ziel ist, junge Menschen in schwierigen Lebenssituationen auf schulexternen (Haupt)/Realschulabschluss vorzubereiten, „der einmal jährlich über Schulfremdenprüfung abgelegt werden kann" (Lübke 2014).[282]

9.4 Stressmanagement, Entspannung, Achtsamkeit kultivieren

Im Berufsalltag muss gerade bei Pädagogen darauf geachtet werden, dass Erholungszeiten tatsächlich eingehalten werden. Grundsätzlich geht es darum, bewusst mit der eigenen Energie umzugehen, bewusst Stressiges zu erkennen und dem direkt zu begegnen. Wie ein Reflex sollte alles, was allein sehr stressig

280 http://www.balu-und-du.de/wirkung/publikationen/, Zugriff 18.02.2018

281 http://www.balu-und-du.de/wirkung/wirkung-auf-moglis-und-balus/, Zugriff 18.02.2018

282 Zum Weiterlesen: Seifert A, Zentner S, Nagy F: Praxisbuch Service-Learning: „Lernen durch Engagement" an Schulen. Mit Materialien für Grundschule und Sekundarstufe Beltz 2012.

wirkt, mit anderen gemeinsam angegangen werden. Die Arbeitsatmosphäre sollte eine wohlwollende Kultur entwickeln, Stress zu erkennen, zum Beispiel in Bezug auf Lautstärke, ungeklärte Konflikte etc. Die bewusste Körperhaltung und Atmung bei den einzelnen Arbeitstätigkeiten kann als Teil der Achtsamkeit helfen, sich in schwierigen Situationen nicht zu sehr emotional zu involvieren. Bei fast jeder beruflichen Tätigkeit kann man den Anspannungsgrad einzelner Muskelgruppen variieren. Sitze ich sinnvoll? Wie gehe ich? Atme ich tief oder flach? Habe ich heute schon bewusst geatmet?

Jeder hat seinen eigenen Entspannungsstil. Entspannung findet nicht ausschließlich im freischwebenden Lotussitz statt. Atemtechniken sind beliebt. Manche suchen unorthodoxe Entspannung wie laute Heavy-Metal-Musik. Andere legen Wert darauf, dass für Entspannung keine Zeit sei. Dann passiert Entspannung von selbst, zum Beispiel durch das Abdriften der Aufmerksamkeit oder Erschöpfung. Pädagogen können eine Kultur fördern, An- und Entspannung bewusst einzusetzen. Wer sich selbstvergessen in eine Tätigkeit vertieft, bis hin zum sogenannten Flow, befindet sich vielleicht über längere Zeit in einem angenehmen Anspannungszustand. Von außen vorgegebene Unterbrechungen führen dann eher zu Gereiztheit.

Bewusstes Entspannen setzt eine Einlassung auf den eigenen Anspannungsgrad voraus. Wie erkenne ich meine Anspannung? Ist es ein Kopfdruck? Ein verspannter Nacken? Ist die nächste Pause absehbar? Oder der Feierabend? Was plane ich für heute Abend? Gibt es vom Wochenende eine schöne Erinnerung oder eine Vorfreude auf das nächste?

Achtsamkeit, allgemein und als Instrumentarium der Prävention, sollte zum pädagogischen Standard gehören, für Lernende und Pädagogen in jeweils passenden Formen. Das Konzept wurde im zweiten Kapitel kurz dargestellt.

„Snake – Stress nicht als Katastrophe erleben“ ist ein seit 2003 entwickeltes Antistressprogramm für Jugendliche (Projektleitung: Arnold Lohaus, Techniker Krankenkasse). Für acht Doppelstunden kommen externe Trainer zur Vermittlung der Strategien zum Coping bei Stress an die Schulen. Dabei geht es vor allem um Zeitmanagement, Entspannung, soziale Unterstützung, Antistressgedanken, Selbstbewusstsein. Schüler beklagen, dass ihr Lernpensum den Eltern nie ausreiche. Selbst der Ausgleichssport stehe unter Termindruck. „Kindheit im Fulltime-Job. Bereits Schüler leiden an chronischem Stress und Überforderung. Einige Schulen setzen auf Prävention“ (Musall / Mächler 2012)[283]. „‚Betroffen sind vor allem die Leistungswilligen‘, sagt Diplom-Psychologe Markus

[283] Zum Weiterlesen: Beyer A, Lohaus A: Stressbewältigung im Jugendalter. Ein Trainingsprogramm. Hogrefe 2006

Plesner, die in den vergangenen Jahren mehr als 2800 Kinder und Jugendliche in Seminaren betreut hat. Wem alles egal ist, der hat keinen Stress […]. ‚Ohne Abitur kannst du heute einpacken'", bringt eine Mutter ihre subjektive Not auf den Punkt (Musall / Mächler 2012). Mit dieser unnötigen Panik stehen viele Eltern ihren Kindern im Weg. Wer unnötig dramatisiert, dass ausschließlich ein gutes Abitur ein zufriedenes Leben ermöglicht, engt nicht nur diesbezüglich den Blick tunnelartig ein. Diese Haltung der Eltern ist ein maßgeblicher Stressfaktor, wenn nicht der Hauptstressfaktor für die betroffenen Kinder. Betroffene Kinder können sich insuffizient fühlen und sich gegenüber den Kindern auch bezüglich außerschulischer Themen verschließen, wenn sie sich unverstanden fühlen. Viele Eltern befinden sich in einem Dilemma. Sie sehen, wie sie ihre Kinder überfordern und damit deren Vertrauen verspielen. Wollen sie das Beste von oder für die Kinder? Tatsächlich werden Auszubildende in vielen Branchen gesucht, auch ohne Abitur. Und auch auf dem Arbeitsmarkt werden Fachkräfte gesucht, nicht vorwiegend Akademiker. Nicht alle Schüler haben hohe Ansprüche an ihre Leistungen. Manche fühlen sich dennoch schnell gestresst. Es lohnt immer zu schauen, was einzelne unter Stress verstehen. Für manche geht der Stress nicht von der schulischen Belastung aus, sondern weil die Konsumansprüche hoch sind und dies oft nur mit einem Nebenjob zu finanzieren ist.

„Die Jugendlichen im Snake-Programm sind sich einig darüber, was ihre schulischen Belastungen ‚enorm reduziert' hat: ‚die Doppelstunden', die es seit drei Jahren gibt. Weniger Fächer pro Tag, längere Übungsphasen im Unterricht und mehr Zeit für den einzelnen Schüler entspannen die Stimmung" (Musall / Mächler 2012). Es ist wichtig zu verstehen, dass viel unnötiger Stress durch gutes Lernmanagement reduziert werden kann. Ebenso kann auch viel Stress für Lehrer durch kluge und konsequente Organisation/-sentwicklung reduziert werden.

9.5 Gesundheit für Pädagogen

Wie an verschiedenen Stellen zuvor beschrieben, sollte jeder Pädagoge bereits spätestens während der Ausbildung die eigene Gesundheitsfürsorge als Teil seiner beruflichen Herausforderung systematisch bearbeiten. Die grundsätzlichen Bestandteile wie soziales Miteinander und Ruhe wurden ebenfalls bereits dargestellt. Zum „magischen Dreieck der Lehrergesundheit" (Bauer et al. 2007, 20) zählen Joachim Bauer und sein Team **Identität, soziale (kollegiale) Unterstützung und die Beziehungsarbeit,** also einen guten Bezug zu sich selbst und zur Umwelt herzustellen. Maßgeblich für die persönliche Zufriedenheit sind die Erfolge im Berufsalltag, wirksam sein zu können, mit einem persönlichen und authentischen Stil. Dies steht in engem Zusammenhang mit der *Beziehungsarbeit* zu den Lernenden, Eltern und Kollegen.[284]

9.6 Pädagogen bahnen als Lotsen professionelle Hilfe

Wenn Schüler hilfsbedürftig wirken und Pädagogen dabei Unterstützung suchen, sind Beratungs- und Vertrauenslehrer sowie Schulpsychologen erste Ansprechpartner. Professionelle Pädagogen kennen nicht nur die Entwicklung einzelner Kinder. In ihren Teams und mit ihrem Erfahrungswissen können sie einschätzen, wann Auffälligkeiten derart lang und intensiv von der Norm abweichen, dass professionelle Unterstützung zur Abklärung in Anspruch genommen werden sollte. Im besten Fall hatten die Pädagogen selbst Kontakt mit Therapeuten und Beratungsstellen und können den Eltern damit Ängste nehmen. Pädagogen sind zur Anbahnung von Hilfe zudem geeignet, weil dies oft ein längeres Unterfangen ist, weil manche erst Hilfe suchen, nachdem sie mehrfach motiviert wurden. In ihrer Unsicherheit, ob sie professionelle Hilfe in Anspruch nehmen möchten, sind Eltern teilweise zurückhaltend, wenn sie sich um Termine bemühen. Dadurch kann lange Zeit vergehen, ohne dass sich die Situation für die betroffenen Kinder verbessert.

Wie im Kapitel 7.2 zur Stigmatisierung dargestellt, sind die Vorbehalte, über seelische Probleme zu sprechen und Hilfe in Anspruch zu nehmen, nicht zu unterschätzen. Davon ist das gesamte Helfersystem betroffen. Gegenüber einzelnen vertrauten Pädagogen sind Lernende oder Eltern in der Regel weniger zurückhaltend.

Wird professionelle Hilfe in Anspruch genommen, so sollte eine gute Kooperation selbstverständlich sein, ist sie aber nicht. Im Alltag erlebt man an der Schnittstelle der Institutionen (Bildung – Ämter – Therapie) häufig Unsicherheit, Abgrenzung durch Formalitäten, aber auch professionelle gegenseitige Wertschätzung und Offenheit.

Nicht nur in ihren Kollegien geht es den Pädagogen zunächst einmal um Sicherheit. Dazu gehört der Respekt für ihre Tätigkeit, ihre Leistung. Dieses stetige zwischenmenschliche Taxieren, die Kommunikation auf der Metaebene kann die Kooperation im Interesse der Kinder blockieren.

> „Wenn im Gespräch mit Lehrern ein psychologischer Fachjargon verwendet wird, reagieren sie normalerweise, indem sie ihren eigenen Intelligenzanspruch abstecken (‚sich groß machen') oder indem sie zustimmend nicken und ausdruckslos ins Leere starren (‚sich klein machen'). Anstatt also auf das zu achten, was der Schulpsychologe / Berater sagt, reagieren sie auf der Verhaltensebene mit ihrem eigenen Sicherheitsverhalten" (Rogers et al. 2011, 290).

[284] Zum Weiterlesen: handbuch-lehrergesundheit.de.

Manche Pädagogen beziehen Verhaltensauffälligen „ihrer" Kinder zu sehr auf sich. „Sie haben für das Kind ihr Bestes gegeben und keine oder wenige Erfolge erzielt. Infolge dieses ‚Versagens' kommt nun ein psychologischer Experte, um ein Feedback zu geben." Wenn es sich um die Schulpsychologin handelt, „droht", dass sie „womöglich die Kontrolle im Unterricht" übernimmt, „auf die Gefahr hin, dass der Job des Lehrers noch schwieriger wird" (Rogers et al. 2011, 294).

9.6.1 Welche Hilfe ist angebracht – und erreichbar?

Wenn Menschen an Krankheiten denken, wird dies häufig automatisch mit Medizin und Ärzten in Verbindung gebracht. Medizinische wie psychologische Einrichtungen konzentrieren sich bei der Prävention auf die Früherkennung von Krankheiten. Da Gesundheit landläufig für das Gegenteil von Krankheit gehalten wird, gelten Mediziner dafür ebenso als Experten.[285] Andere Länder und Kulturen zeigen dazu Alternativen auf, zum Beispiel dass – auch aufgrund von Kosten und fehlenden Medizinern – die Selbsthilfe eine größere Rolle spielt. Viele Menschen wissen grundsätzlich selbst besser, wie gesund sie leben mögen und was ihnen hilft, ihr seelisches Gleichgewicht zu fördern.

Bei Teambesprechungen können Pädagogen für verhaltensauffällige Lernende verschiedene hilfreiche Varianten abwägen. Ein erster Schritt sollte immer das vertrauliche Gespräch des Pädagogen sein, der mit dem Lernenden am besten zurechtkommt. Wenn ein Lernender zum Beispiel durch übermäßige soziale Ängste stark beeinträchtigt ist, ist die medizinische Abklärung durch die Kinderärztin oder die Beratung durch die Schulpsychologin nur *eine* Alternative. Vielleicht sehen die Musik- oder Sportlehrerin mit der Kenntnis über die lokal verfügbaren Angebote und Vereine sowie die Neigungen des Schülers eine passende Variante, die sozialen Fertigkeiten zu verbessern. Oder ein Schüler ist als Mentor motiviert und für einen Mitschüler geeignet. Vielleicht ist auch eine besondere Aufgabe für die Gemeinschaft (z. B. Mitarbeit in der Bibliothek oder dem Schülercafé) hilfereich, um den betroffenen Schüler bei der Verbesserung seiner sozialen Kompetenzen zu unterstützen.

Selbst für viele Mediziner ist es schwer verständlich, wer im Versorgungssystem für psychisch Kranke zuständig ist.

---

285 Dabei würden viele Patienten die für sie ersichtliche Lebensführung ihres Arztes nicht unbedingt als vorbildlich beschreiben. Ärzte haben zum Beispiel überdurchschnittlich hohe Sucht- und Suizidraten. Da gesunde Lebensführung nicht im Zentrum der medizinischen Versorgung steht und auch die meisten Patienten daran nur oberflächlich interessiert sind, stört die mangelnde diesbezügliche Authentizität vieler Mediziner kaum.

> „Im deutschen Versorgungsnetz für psychiatrische Erkrankungen ist es [...] für Hausärzte, Pädiater, Betroffene und Angehörige schwierig, den richtigen Ansprechpartner zur richtigen Zeit zu finden. Die Vielfalt der Settings (ambulante, teilstationäre und stationäre Angebote) und das multi-disziplinäre Versorgungskonzept (bestehend aus Ärzten für Psychiatrie und Psychotherapie, Psychotherapie und Psychosomatik, Kinder- und Jugendpsychiatrie, ärztliche und nichtärztliche Psychotherapeuten, Sozialpsychiatrischen Diensten sowie verschiedenen Beratungsstellen) erschweren die Orientierung und führen häufig zu Unklarheiten bezüglich der Zuständigkeiten. Multidisziplinäre Versorgungsangebote fehlen weitgehend [...]. Hinzu kommen teilweise lange Wartezeiten, v. a. im ambulanten Sektor. Das Modell der Gesundheitsversorgung in Deutschland, bei dem die Leistungsvergütung über die Krankenkassen für ausgewiesene patientenbezogene Einzelleistungen erfolgt, ermöglicht keine niederschwelligen Angebote, bei denen zum Beispiel eine anonyme Diagnostik und Beratung durchgeführt werden könnte" (Leopold et al. 2013).

Medizinische Versorgung

Die Kenntnisse von Allgemein- und Kinderärzten über psychische Störungen sind sehr unterschiedlich. So wurde in den letzten Jahren unter anderem durch das „Bündnis Depression" versucht, zunächst einmal diese häufige Erkrankung besser bekannt zu machen. Häufig werden Kinder und Jugendliche in der Kinderpsychiatrie vorgestellt, wenn sie die Kindergärtner oder Lehrer überfordern. Der Initiator von „Deutsches Kinderbulletin – Jedem Kind eine Chance" Ulrich Fegeler, Kinderarzt und Soziologe, berichtet, dass durch verschiedene pädagogische und soziale Schwierigkeiten entstandene Probleme „in der Medizin abgeladen" würden (2014). Kinderärzte schlagen angesichts der Masse psychosomatischer Beschwerden und seelischer Auffälligkeiten Alarm.[286] Die Jugendhilfe und Therapeuten kommen allerorten an ihre Grenzen, begleiten häufig chronische Störungen, können häufig weitere Verschlechterungen aufhalten, nicht unbedingt Verbesserungen erreichen.

Wer noch nicht mit (schwerer) Krankheit zu tun hatte, glaubt manchmal an die Allmächtigkeit der Medizin. Wer mit schwerer Krankheit zu tun hatte, hat häufig erfahren müssen, dass sein Leiden nur etwas gelindert werden konnte. Das gilt in gleicher Form für einen Teil der psychischen Störungen. Als *adoleszent* gelten Jugendliche und junge Erwachsene, Heranwachsende im Alter von 15 bis 25 Jahren. Adoleszente als Gruppe mit häufigen psychischen Störungen „und dem höchsten Risiko für frühe Chronifizierungen und langfristige negative Konsequenzen" nehmen nur in 5 bis 20 Prozent professionelle Behandlung in Anspruch. Vorbehalte zum Beispiel wegen befürchteter Stigmatisierung führen nicht selten zu einer starken Verzögerung des Behandlungsbeginns.

---

[286] Fachtagung der Kinderärzte 2014

9.6.2 Kinder- und Jugendhilfe des Jugendamtes

Beim Jugendamt können Eltern Leistungen nach dem Kinder- und Jugendhilfegesetz beantragen, zum Beispiel Erziehungsberatung, Schulbegleitung, Unterstützung durch eine „sozialpädagogische Familienhilfe" und vollstationäre Hilfen in Form von intensivpädagogischen Jugendwohngruppen oder Heimerziehung. Für die Kommunen ist dies ein stetig steigender finanzieller Posten, laut Statistischen Bundesamt mit jährlichen Steigerungsraten von etwa 10 Prozent. Der breiten Öffentlichkeit ist die Arbeit der Jugendämter, die die freien Träger (wie Caritas, Diakonie oder AWO) beauftragen und beaufsichtigen, vor allem von Skandalen bekannt, zum Beispiel wenn Kinder starben, obwohl die Jugendämter die Notlagen der Familien kannten. Jugendhilfe hinterlässt immer Lücken und kann nicht alle gesellschaftlichen Herausforderungen lösen. Die Qualitätssicherung der Abläufe in den Ämtern und der Arbeit der Jugendhilfeträger, die die Leistungen für die Kinder und Familie anbieten, entwickelt sich gerade erst. **Belastete Familien profitieren nicht unbedingt von mehr Geld für das Jugendhilfesystem, aber meist direkt, wenn alle Beteiligten auf Augenhöhe pragmatisch zusammenarbeiten, sich realistische Ziele setzen mit klarer Aufgabenverteilung,** wenn Reibungspunkte ohne großen Trubel geklärt werden, wenn Schulen und Kindergärten mit Hortangeboten, Vereinen, ehrenamtlicher Nachhilfe etc. gut kooperieren.

9.6.3 Wie behandeln Kinderpsychiater?

Mit medizinischen Anliegen bei Kindern richten sich Familien für gewöhnlich an die Kinderärzte. Dort nehmen die psychischen Störungen als „neue Kinderkrankheiten" inzwischen großen Raum ein. Kinderärzte können bei Bedarf an Kinderpsychiater überweisen. Die Kinderpsychiatrie ist ein Randgebiet der Medizin. Bei der Abklärung der Ursachen von Auffälligkeiten der Entwicklung und des Verhaltens wird zunächst die Beteiligung körperlicher Erkrankungen untersucht, wie man es von Kinderärzten kennt. Zum Beispiel müssen bei der Anorexia nervosa Folgeschäden erfasst werden. Bei anderen Erkrankungen wie dem ADHS (Abschnitt 8.4) gehört die Ableitung der Gehirnströme[287] zu den Anfangsuntersuchungen. Ansonsten könnten epileptische Anfälle übersehen und dadurch falsch interpretiert werden. Die Psychotherapie für Kinder und Jugendliche wird von eigens dafür ausgebildeten Psychologen und Ärzten durchgeführt.

In kinderpsychiatrischen Praxen und (Tages-)Kliniken werden neben der Untersuchung über Gespräche, Spiele und die übrige Interaktion häufig auch

[287] Durch ein EEG, eine schmerzlose Elektroenzephalographie, die über einen bestimmten Zeitraum die über den verschiedenen Gehirnarealen auf die Kopfhaut übertragenen Spannungsschwankungen erfasst.

standardisierte psychologische Tests durchgeführt, wie die Bestimmung des Intelligenzquotienten. Daneben werden die im 7. Kapitel beschriebenen Aspekte der Lebenssituation der Kinder erfasst (s. Systemdiagnosen), zum Beispiel wie fürsorglich die Eltern agieren, wie gut sie mit Gleichaltrigen zurechtkommen etc. Kinderpsychiater bemühen sich meist um den Austausch mit den professionellen Pädagogen, die täglich mit den Kindern arbeiten, den Kindergärtnern, Lehrern, Horterziehern und anderen. Da in aller Regel wenigstens ein Elternteil maßgebliche Bezugsperson für das Kind ist, bemühen sich Kinderpsychiater um eine vertrauensvolle Zusammenarbeit, also auch um ein Verständnis für die Lebenssituation der Eltern. Dabei geht es immer wieder um ein gemeinsames Krankheitskonzept und die detaillierte Beratung der Eltern, wie sie ihre Kinder im Alltag unterstützen können.

In Tageskliniken und Kliniken werden für jedes Kind individuell Therapien zusammengestellt. Zum Beispiel geht es bei der Ergotherapie um die Entwicklung der persönlichen Fertigkeiten, die Arbeitsweise, den Umgang mit Frust und die Interaktion mit der Therapeutin. Physio- beziehungsweise Sporttherapie gehört ebenfalls zu den Standards. Die weiteren therapeutischen Angebote variieren abhängig von den Schwerpunkten der Kliniken und Therapeuten (Musik, Kunsttherapie, therapeutische Arbeit mit Tieren etc.). Die Interaktionen der Patienten untereinander, mit den Teammitgliedern und das übrige Verhalten im Stationsalltag können gut für die therapeutische Arbeit genutzt werden. In kinderpsychiatrischen Krankenhäusern werden im Kinderbereich häufig mehr Jungen als Mädchen behandelt. Dabei geht es um die Abklärung, ob Krankheiten zu dem aggressiven und oppositionellen Verhalten beitragen. Im Jugendbereich ist es häufig umgekehrt, dass mehr Mädchen diese Therapieform nutzen, mit Depressivität auffallen, teilweise auch mit selbstverletzendem Verhalten oder auffälligem Essverhalten.

Die psychotherapeutische und medikamentöse Behandlung durch Kinder- und Jugendpsychiater wird im Folgenden kurz dargestellt. Ergotherapie, Logopädie, Physiotherapie und andere Therapieformen werden hier zwar nicht im Detail beschrieben, gehören bei einigen kinderpsychiatrischen Störungen jedoch ebenso zu den wichtigen und wirksamen Maßnahmen. (Die Bedeutung von Bewegungsaktivitäten für die Gesundheit und Gesundung wurde in den Kapiteln 3.3 und 4.4.4 besprochen.)

9.6.4 Psychotherapie

Über Psychotherapie werden jeden Monat viele Zeitschriften und Bücher publiziert. Im Rahmen des vorliegenden Buches geht es nur um eine kurze

Darstellung dieser Therapieform. Die Begriffe „Therapie“ und „Psychotherapie“ sind nicht gesetzlich geschützt. Geregelt ist, welche psychotherapeutischen Verfahren nach welcher Ausbildung von den Krankenkassen finanziert werden. Hauptsächlich wird Psychotherapie von Psychologischen und Ärztlichen Psychotherapeuten angeboten, also nach einem Studium der Psychologie oder Medizin und einer anerkannten Psychotherapieausbildung. Meistens ist dies eine verhaltenstherapeutische oder tiefenpsychologische Ausbildung, seltener eine systemische oder familientherapeutische. Es gibt zahlreiche Differenzierungen und Überlappungen dieser Verfahren.

Die Szene der Psychotherapeuten ist aus Nutzersicht recht undurchsichtig. Woran erkennt man eine *gute* Therapeutin? Welche Wartezeit muss man bis zum Kennenlernen in Kauf nehmen? Manches läuft über Empfehlungen. Immer geht es um ein passendes Arbeitsbündnis. Nicht alle Therapeuten sind für alle Störungen qualifiziert. Wie bei den Chirurgen, die man fragen kann, wie häufig sie bestimmte Operationen durchgeführt haben, so sollte man auch Therapeuten nach ihrer Erfahrung und der Qualifikation befragen. „Man sagt, wenn man sich einen Psychotherapeuten sucht, sollte man sorgfältig auswählen, denn früher oder später sieht man seine Vergangenheit mit den Augen des Therapeuten“ (Furman 2008, 47).

Psychoanalytische und – davon abgeleitete – tiefenpsychologische Verfahren gehen davon aus, dass psychische Störungen häufig in Zusammenhang mit Konflikten aus inkomplett bewältigten Entwicklungsschritten stehen. Verhaltenstherapeuten konzentrieren sich auf konkrete Verhaltensveränderungen, um Erlerntes, das sich störend eingeprägt hat, durch sinnvollere Muster zu ersetzen. Hauptsächlich gegenüber den Krankenkassen und für wissenschaftliche Untersuchungen sind strenge Therapievorgaben einzuhalten. Untersuchungen haben ergeben, dass viele Therapeuten in ihrer täglichen Arbeit Techniken und Überlegungen aus verschiedenen Verfahren kombinieren („integrativ“ arbeiten). (Gegenüber den Krankenkassen müssen sie sich jedoch formal auf ein Verfahren festlegen.)

Unter den Therapeuten gibt es sehr unterschiedliche Vorstellungen zu wirksamen Komponenten, was effektiv hilft, ob es zum Beispiel vorwiegend um die Bearbeitung von Kindheitskonflikten geht, um Selbstakzeptanz, -annahme, um die Konfrontation mit angstauslösenden Situationen. Je nach Therapeutenschule wird dem Klienten dabei mehr oder weniger zugetraut. Unabhängig von der theoretischen Orientierung der Therapeuten hat der Psychotherapieforscher Klaus Grawe[288] folgende Faktoren für effektive Psychotherapie ermittelt:

[288] Report Psychologie 7/8, 2005, 311. http://psychosynthese-schwerte.de/wp-content/uploads/2017/05/Grawe-Wirkfaktoren.pdf, Zugriff 17.02.2018

- die **therapeutische Beziehung** als anspruchsvolles Arbeitsbündnis, in dem passend zur Situation der Patienten Nähe und Distanz wohldosiert würden. Dieser Faktor hat sich über die Jahrzehnte immer wieder als maßgeblich gezeigt.
  Ähnlich heilsam kann die private verbindliche Vertraulichkeit mit Pflegeeltern, Freunden oder dem Partner sein. Für die Linderung der schwersten psychischen Störungen, zum Beispiel nach einer Störung der Identität, wenn Menschen permanent unsicher sind, womit sie bei Mitmenschen zu rechnen haben (Traumastörung, Bindungsstörung, schwere Borderline-Störung etc.), ist die verbindliche Vertraulichkeit zu den wichtigsten Mitmenschen am stärksten wirksam.
- Entscheidend sei weiter die **Ressourcenaktivierung**, das heißt die Stärken und Kompetenzen des Patienten nutzen, daran ansetzen, sie ausbauen.
- Die **Problemaktualisierung**, also zielorientiert an den Themen zu arbeiten, die im Alltag Beschwerden verursachen - dies mag allzu selbstverständlich erscheinen. In der Praxis ist verbreitet, dass Therapeuten gern mit Routine an Lieblingsthemen arbeiten. Patienten ziehen es durchaus vor, sich gut mit dem Therapeuten zu unterhalten und schwierige Themen aufzuschieben.
- Deshalb gehe es immer wieder um die **motivationale Klärung.** Dies ist eine Sammlung positiver Aspekte, für die sich die Anstrengung lohnt und orientiert fortlaufend auf die Therapieziele.
- Die **Problembewältigung** als weiterer Faktor wirksamer Therapien konzentriere sich pragmatisch auf die tatsächliche Umsetzung. Über das Erleben persönlicher Wirksamkeit steigere es die Motivation.

Im Allgemeinen wird davon ausgegangen, dass die Therapeuten sich auf die zu ihnen am besten passenden Methoden konzentrieren. Die Begeisterung für die eigenen Techniken ermöglichen dem Therapeuten ein engagiertes und empathischen Vorgehen. „Der liebenswerteste Trainer wird erfolglos bleiben, wenn seine Methoden nicht greifen und umgekehrt wird ein unpersönlicher Trainer trotz exzellenter Methoden kaum die Motivation zu einer dauerhaften Spitzenleistung aktivieren können" (Bohus et al. 2013, 106).

Wer sich durchringt, wegen Depressionen oder anderer psychischer Auffälligkeiten professionelle Hilfe in Anspruch zu nehmen, kann die entsprechenden Angebote als verwirrend und frustrierend erleben. Manche geben auf, wenn sie vom Anrufbeantworter hören, dass für die nächsten vielen Monate kein Therapieplatz frei sein werde. Eine regionale Koordination freier Therapieplätze beziehungsweise Darstellung der Wartezeiten ist nicht vorgesehen.

In Ballungszentren kennen auch Professionelle im psychosozialen Helfersystem in der Regel nur die für sie wichtigen Kooperationspartner. Teilweise bemühen sich die Psychiatriekoordinatoren der Gesundheitsämter um eine Auflistung der Beratungsstellen. Obwohl man in einigen Stadtteilen deutscher Großstädte mittlerweile fast so viele Psychotherapeuten wie Bäckereien findet, ist im Allgemeinen von einem Mangel an passenden Therapieplätzen auszugehen. Die Fachgesellschaft der Psychiater / Psychotherapeuten (DGPPN) stellt selbstkritisch fest, dass die Versorgung der Schwerkranken im Vergleich zu den leichter Erkrankten deutlich schlechter sei. Im internationalen Vergleich ist die meistens durch Krankenkassen finanzierte Psychotherapie vorbildlich.

Da die Psyche des Menschen nur ansatzweise verständlich ist, haftet auch der Arbeit der Psychotherapeuten in der öffentlichen Wahrnehmung etwas Geheimnisvolles an. Die Hoffnung, dass Therapeuten dank ihrer persönlichen Wirkkraft Menschen maßgeblich helfen könnten, kann als Placeboeffekt hilfreich sein. Die Arbeit von Psychotherapeuten kann mit Ultraschallgeräten verglichen werden. Mit ihrem persönlichen Vorgehen, den eigenen „Schwingungen" tragen sie zur Arbeitsatmosphäre bei. Die Wahrnehmung der Therapeuten über die (Re-)Aktionen der Patienten bei den einzelnen Themen werten sie diagnostisch aus. Laut tiefenpsychologischer Theorie werden dabei Erfahrungen aus früheren Interaktionen reaktiviert, häufig aus der Beziehung mit den eigenen Eltern. Beim Patienten nennt man dies Übertragung, bei den Therapeuten Gegenübertragung. Unter „Containment" (nach Bion 2002) verstehen Therapeuten, schwierige Emotionen, die spürbar im Raum liegen, aber vielleicht noch nie formuliert wurden, bislang verdrängt wurden, so lange zu halten und in sich wirken zu lassen, bis sie die Patienten für ausreichend belastbar halten, ihnen eine wohldosierte Verarbeitung zu ermöglichen. Die etwa 22.000 Psychotherapeuten genießen bei der Bewertung durch die Patienten hohes Ansehen. 65 Prozent der Patienten geben nach einer Therapie an, dass es ihnen bessergehe. Wichtig für die Wirksamkeit ist ein gutes Arbeitsverhältnis, eine „gute Chemie". Dafür ist die Persönlichkeit des Therapeuten ebenso wichtig wie ihre Fachkompetenz und Erfahrung.

Pädagogen nutzen ihr eigenes Auftreten in ähnlicher Form. Sie bringen sich ein, mit ihrer Persönlichkeit, auch wenn sie sich bemühen, recht nüchtern zu wirken.[289]

---

[289] Zum Weiterlesen: Bundespsychotherapeutenkammer (Hrsg.) (2013): Psychotherapie für Kinder und Jugendliche – Informationen für Eltern; http://www.psychotherapiesuche.de/pid/therapie, Zugriff 17.02.2018; https://www.therapie.de/psyche/info/, Zugriff 31.01.2018; http://www.neurologen-und-psychiater-im-netz.org/psychiatrie-psychosomatik-psychotherapie/uebersicht/, Zugriff 31.01.2018; Jaeggi E: Zu heilen die zerstoßenen Herzen (1997).

9.6.5 Medikamente

Die Therapie mit Medikamenten (Pharmakotherapie) wird landläufig als erste und Hauptintervention des psychiatrisch-psychologischen Gesundheitssystems missverstanden und häufig kritisiert (Moritz et al. 2013, 375). Die Anwendung solcher Arzneimittel im Kindes- und Jugendalter sollte zu Recht besonders kritisch abgewogen werden. *Primum non nocere,* zunächst einmal das Bemühen nicht zu schaden, ist einer der wichtigsten ethischen Grundsätze ärztlichen Handelns. Die Debatte sollte jedoch sachlich geführt werden, mit Respekt vor Familien, die sich für Medikamente entscheiden. Bei den Risiken und Nebenwirkungen müssen immer auch solche abgewogen werden, die durch den Verzicht auf Medikation drohen. Bei schwerer ADHS (s. Abschnitt 8.4) sind dies zum Beispiel erhebliche Unfallrisiken, wenn Kinder sehr unkonzentriert, impulsiv und hypermotorisch im Straßenverkehr oder beim Spielen Risiken nicht berücksichtigen. Die Gabe von Ritalin, einem Präparat mit dem Inhaltsstoff Methylphenidat, wurde im Abschnitt 8.4 über ADHS dargestellt.

Der Arzneimittelverordnungsreport 2014 betont, dass viele der an Kinder und Jugendliche verabreichten Medikamente „off-label" eingesetzt würden (Lohse / Müller-Oerlinghausen 2014, 922). Das heißt, diese Medikamente haben für dieses Alter keine Zulassung. Mediziner haben sich daran gewöhnt, dadurch juristisch besonders verantwortlich zu sein. Solche Präparate sind meist seit einiger Zeit zur Anwendung bei Erwachsenen zugelassen. Die Hersteller haben jedoch ökonomisch kein Interesse, eine zusätzliche Zulassung für das Kindesalter durch aufwändige Untersuchungen zu beantragen.

Kindergehirne sind keine Erwachsenengehirne in der „Größe S", sondern sie sind anders aufgebaut und vernetzt. Die erste Hirnreifung ist bei weiblichen Adoleszenten mit Anfang 20 abgeschlossen und bei jungen Männern mit circa 23 bis 24 Jahren. Auch der Placeboeffekt ist im Kindes- und Jugendalter meist deutlich größer als bei Erwachsenen. Die Modelle, wie psychische Erkrankungen entstehen, sind weitestgehend hypothetisch. Die genauen Gründe kennt man selbst bei Erkrankungen mit einem hohen genetischen Anteil nicht. Ähnlich ist es mit den auf die Psyche einwirkenden Medikamenten. Wie diese genau wirken, weiß man ebenso wenig, nicht bei Erwachsenen und noch weniger bei Kindern. Auch deshalb ist große Vorsicht geboten. In den letzten Jahren gab es zum Beispiel Hinweise, dass Medikamente gegen Psychose[290] (Antipsychotika, zuvor Neuroleptika genannt) zurückhaltender verordnet werden sollten. Untersuchungen weisen darauf hin, dass die längerfristige Einnahme mit einem

[290] Psychosen sind wahnhafte Erkrankungen. Ein Merkspruch lautet: Neurotiker bauen sich Luftschlösser. Psychotiker leben in ihren Luftschlössern.

verminderten Volumen im Frontalhirn in Zusammenhang stehen könnte. Das Antipsychotikum Risperidon ist teilweise als Mittel gegen Aggressionen zugelassen und wird häufig verschrieben. Bei den antipsychotisch wirksamen Präparaten ist unbedingt auf die Stoffwechselnebenwirkungen zu achten. Manche Patienten nehmen innerhalb kurzer Zeit extrem zu. Wenn ein sogenanntes Metabolisches Syndrom entsteht, drohen durch die Fettleibigkeit Bluthochdruck und krankhafte Zucker- und Fettwerte im Blut.

Die Arzneimittelkommission der Deutschen Ärzteschaft warnt, dass die Gabe von psychisch wirksamen Medikamenten zum Selbstläufer werden könne. „Auch die zunehmende Zahl von Kindern und Jugendlichen, die insbesondere in den USA Antidepressiva erhalten, gibt Anlass zur Sorge, da hierdurch wieder Verhaltensstörungen ausgelöst werden können, die dann ihrerseits zu psychiatrischen Fehldiagnosen führen (Offidani et al. 2013)“ (zit. nach Lohse / Müller-Oerlinghausen 2014, 929).

Bei plötzlichen Steigerungsraten von Krankheiten können Keime ursächlich sein oder finanzielle Interessen. Mit *disease mongering*, zu Deutsch Krankheitserfindung, wird politisch kritisiert, dass teilweise normale Phänomene wie Stimmungsschwankungen oder die Glatzenbildung beim Mann pathologisiert werden, inklusive entsprechender Therapieempfehlungen. Warum beispielsweise die Zahl der als manisch-depressiv erkrankten Kinder und Jugendlichen ausschließlich in den USA plötzlich enorm anstieg, blieb für das Ausland fragwürdig. „Eine neue Kinderkrankheit war geschaffen: Allein zwischen 1994 und 2003 ist in den USA die Zahl der Jugendlichen mit der Diagnose ‚Bipolare Störung‘ um das 40-fache gestiegen. Die wissenschaftlichen Arbeiten eines maßgeblichen Meinungsführers / Kinderpsychiaters seien teilweise von der Pharmafirma Johnson & Johnson gesponsert worden (Frenkel / Randerath 2015, 144f.).

Nach diesen kritischen Hinweisen zurück zur Versorgung in den Praxen und Kliniken: Letztlich ist die medikamentöse Behandlung zwar vom einzelnen Arzt und den Familien zu verantworten. Die Handlungsalternativen, also zum Beispiel welche Verhaltensauffälligkeiten von Kindern gesellschaftlich aufgefangen werden oder wie gut die Betreuungsangebote sind, liegt jedoch in der Verantwortung aller. Häufig ergeben sich wenige Alternativen zur Medikation, selbst wenn Ärzte sich das wünschen.

Bei der Überlegung für oder gegen ein Medikament können betroffene Familien neben der fachärztlichen Einschätzung und eventuell einer Zweitmeinung andere Familien kennenlernen, die ähnliche Herausforderungen bewältigen, zum Beispiel in Angehörigengruppen. „Janine Berg-Peer vom Bundesverband der Angehörigen psychisch Kranker e. V. findet das ‚Psychopharmaka-Bashing‘ besonders schlimm: ‚Die Medikamente geben unseren psychisch kranken Kindern die Möglichkeit auf ein einigermaßen erträgliches Leben'"[291] (Bühring 2015b). Professionelle Therapeuten schätzen es ähnlich ein. Die meisten bemühen sich, so wenig Medikation wie möglich zu verordnen. Gerade bei hoher Aggressivität, die im Rahmen von Erkrankungen auftreten kann, ist die Wahrscheinlichkeit freiheitsentziehender Maßnahmen beim kompletten Verzicht auf Medikation jedoch erhöht. Häufig geht es um das geringere Übel, nicht um wünschenswerte Lösungen. Hier kommen Beruhigungsmittel zum Einsatz, sogenannte niedrigpotente Antipsychotika, seltener Benzodiazepine wie das bekannte Valium (Diazepam).

[291] Vor allem verwundert, wie vergleichsweise kritikgemindert die Bevölkerung beim Konsum von Alkohol ist. Auch Jugendliche gelangen leicht an Alkohol. Alkohol wird fast immer konsumiert, um gezielt auf die Psyche einzuwirken. Die Schäden sind enorm. Dies wird weniger skandalisiert als die Gabe von Psychopharmaka.

10 Zusammenfassung

1. Gesundheit erfreut sich großer Beliebtheit. Laut WHO gebe es „keine Gesundheit ohne seelische Gesundheit". Spätestens seit der gesellschaftlichen Burnoutdiskussion wird die volkswirtschaftliche Bedeutung gesehen, seelische Gesundheit aktiv zu fördern. Schulen und andere Bildungsstätten sind ideale Zentren der Entwicklung und Prävention, auch um die Demokratie zu stärken.
2. Pädagogen und Lernende (Kinder und Adoleszente) stehen in der sich rasch wandelnden Gesellschaft unter besonderem Druck, zum Beispiel mit dem Anspruch an Leistung und Inklusion. Sie sind eine Risikogruppe für psychische Auffälligkeiten mit spezifischem Präventionsbedarf. Bildungseinrichtungen (Kindergärten, Schulen, (Ausbildungs-) Betriebe, (Fach-)Hochschulen) erkennen an Stress, Resignation und Überlastung, dass sie die (psychischen) Arbeitsbedingungen verbessern müssen.
3. Pädagogen fühlen sich nicht ausreichend für die Anforderungen des Alltags ausgebildet (didaktisch, psychologisch). Sie sollten gestärkt werden. Auf ihrer Begeisterung und Kompetenz basiert das Bildungswesen und damit die Zukunft der Gesellschaft.
4. Das Bildungswesen eignet sich sehr für eine neue Kultur aktiver Förderung der (seelischen) Gesundheit. Das Potential seelischer Gesundheit und Achtsamkeit wird meist nicht annähernd genutzt. Selbstfürsorge und seelische Widerstandskraft (Resilienz) können dadurch gesellschaftlich verbreitet werden, zum Beispiel indem ein konstruktiver Umgang mit Herausforderungen kultiviert wird.
5. Mehr Achtsamkeit für psychische Bedürfnisse fördert ein offenes Miteinander und damit Bildung ganzheitlich, die Persönlichkeitsentwicklung und die Effektivität des Lernens.

Das vorliegende Buch fasst die vielen dabei ineinandergreifenden Faktoren zusammen. Mit entsprechender Motivation kann individuell und institutionell unmittelbar mit der Umsetzung begonnen werden. Bei umsichtigem Vorgehen wird der Prozess für die aktive Förderung der (seelischen) Gesundheit begeistern und Energien freisetzen, möglicherweise zum Selbstläufer werden.

Danksagung

Frau Rau vom Logos-Verlag, der Lektorin Frau Borkam und für das Layout Herrn Hawemann danke ich für die sehr angenehm professionelle Zusammenarbeit. Wertvolle Anregungen zum Manuskript verdanke ich Professorin Kerstin Popp, Dr. Victoria Obbarius, Bianka Assmann und Holger Richter.

Die Webseite, und das Cover des Buchs wurden von Claudia Richardt (tapetenwechsel-leipzig.de), die Grafiken von Alexandra Fröb (froebnet.de) überarbeitet und Illustrationen erstellt.

Bei den Vorträgen und Workshops, die ich in den letzten zehn Jahren an Schulen gehalten habe, habe ich wichtige Hinweise erhalten.

Anhang

Begriffserläuterungen und weiterführende Literatur

Bundeszentrale für die gesundheitliche Aufklärung (BZgA): auf der Homepage finden sich – weitestgehend kostenfreie – Materialien zu vielen der in diesem Buch genannten Themen, z. B. Achtsamkeit, Sucht, Pubertät, Krankheitsbildern wie ADHS und Magersucht sowie Sexualität.

Adoleszentenkrise

„Der Begriff der Adoleszentenkrise soll dazu dienen, eine allzu voreilige Pathologisierung problematischen Erlebens (Selbstwertprobleme, Identitätsprobleme, Schuldgefühle) und problematisches Verhalten (Protesthaltung, Weglaufen, Selbstverletzung) bei Jugendlichen zu vermeiden" (Kaess et al. 2010, 91). Im Zweifelsfall sollte eine professionelle Abklärung erfolgen. Suizidalität im Jugendalter verläuft häufig deutlich dramatischer als im Erwachsenenalter, so dass bisweilen nach ersten Hinweisen schon suizidale Handlungen folgen können (s. Abschnitt 8.10).

Altsprachen

„Der Erwerb von Altsprachen hat auf unser Hirn keinen allgemeinen Effekt – man lernt durch Latein weder besser Mathe, noch tut man sich automatisch bei Fremdsprachen leichter" (Stern / Bruhns 2017).

Autismus

Schuster, Nicole: Schüler mit Autismus-Spektrum-Störungen. Kohlhammer 4. Aufl. 2016. „Zumindest die Bereitschaft, sich auf Schüler mit Autismus-Spektrum-Störungen einzulassen und ihnen einen Schulbesuch ermöglichen zu wollen, sollte jedoch überall vorhanden sein" (3. Aufl., 55).

Bildungsindex

Analog zum DAX, dem allgegenwärtigen Aktienindex, sollte ein Deutscher Bildungsindex (BIX) die gesellschaftlichen Bemühungen zur Verbesserung der Bildung markant und greifbar abbilden. Nur über die stetige Beobachtung kann dem Bildungssystem die erforderliche Aufmerksamkeit gesichert werden. Die Medien können den Index mit unterschiedlichen Nuancen präsentieren: aus Sicht der Schüler, der Lehrer und auch aus Sicht der Arbeitgeber. Wie beim DAX kann die Gewichtung beim Bildungsindex aktuellen

Änderungen angepasst werden. Ein niedriger BIX könnte als Hypothek auch unmittelbar als finanzielle Kennziffer, als Konsequenz mangelnden Ressourcen im Bildungswesen, verstanden werden.
Dieser Bildungsindex sollte die Integrationskraft von Bildungseinrichtungen würdigen, das betriebliche Gesundheitsmanagement: Wie gut achten die Lehrer auf Psychohygiene? Natürlich ist die originäre Aufgabe der Wissensvermittlung ein Teil des Indexes. Der Index würde sich aus allen Bildungseinrichtungen zusammensetzen, weil nicht nur in Sonntagsreden „jedes Kind zählt". Der BIX sollte den gesellschaftlichen Anschluss der Einrichtungen darstellen, an die örtlichen Arbeitgeber, an Vereine, die Kooperation mit den Eltern etc.
Die Vereinten Nationen nutzen den Bildungsindex als Teil des Wohlstandsindexes. Hier zählt jedoch ausschließlich die durchschnittliche Schulbesuchsdauer und voraussichtliche Gesamtdauer der Beschulung.

Bindung

S. Webseite von Karl-Heinz Brisch (www.khbrisch.de), der sich an der Münchner Universitätsklinik für Kinderpsychosomatik (LMU) intensiv mit dem Thema Bindung befasst.

Brain Gym

„[S]tammt aus der Kinesiologie und folgt der Überzeugung, dass die komische Energie Qi den Körper durchströmt. Wird der Fluss gestört, kommt es zum Beispiel zu Lernblockaden" (Höhl 2012). Mehrere große kontrollierte Studien haben gezeigt, dass die Methode keine spezifische Wirkung habe, also ausschließlich als Placebo beziehungsweise andere Faktoren wirke, zum Beispiel Bewegung. Kritisiert wird, dass durch die unseriöse Methode eventuell wirksame Hilfe verdrängt werde. „Brain Gym-Lehrer missachten zudem den Lehrplan. Hier ist festgehalten, dass sie Schülern den naturwissenschaftlichen Energiebegriff vermitteln sollen – und zwar den, den man in Joule misst. Auch über Esoterik soll aufgeklärt werden, allerdings auf kritische Weise im Religionsunterricht" (Höhl 2012).

Burnout

Das IQWIG-Institut (Institut für Qualität und Wirtschaftlichkeit im Gesundheitswesen) stellt die unterschiedlichen Aspekte des Burnouts übersichtlich dar: https://www.gesundheitsinformation.de/was-ist-ein-burnout-syndrom.2125.de.html?part=symptome-5i, Zugriff 18.02.2018

Cybermobbing

Juuuport.de: „ist eine bundesweite Beratungsplattform, auf der sich Jugendliche gegenseitig [anonym] helfen, wenn sie Probleme im oder mit dem Internet haben. Ob Cybermobbing, Abzocke, Datensicherheit oder Technik" (Website, Zugriff 18.02.2018)

Dyskalkulie

S. www.rechenschwaeche.de

S. Meyerhöfer: meist sei die vermutete Rechenschwäche auf insuffiziente Didaktik zurückzuführen (z. B. http://www.spektrum.de/news/rechenschwaeche-gibt-es-nicht/1209908, Zugriff 06.02.2018; http://stiftungrechnen.de/mehr-wissen/experteninterviews/archiv /interview-prof-meyerhoefer/ , Zugriff 18.02.2018)

Entschleunigung

Die Bedeutung des „Bremsens" ist kaum zu unterschätzen. Holm Friebe fasst ein paar Aspekte der bewussten Verzögerung in seinem Büchlein „Stein-Strategie" (2015) zusammen. Ambitioniertes Halten und gezieltes Verzögern werden im Alltag unterschätzt. Menschen haben einen „Handlungs-Bias", neigen im Zweifelsfall zum Handeln, können häufig das Nichthandeln, als bewusste Verzögerung, schwer aushalten. Der Hirnstoffwechsel besteht unter anderem aus dem komplexen Zusammenspiel hemmender und aktivierender Botenstoffe. „Bremsen" scheint – wie es sich zum Beispiel für das „Lernen im Schlaf" andeutet – ein geläufiger Arbeitsmodus des Körpers zu sein.

Essstörungen

Baeck, S: Essstörungen. Was Eltern und Lehrer tun können. Balance buch + medien Verlag, 2007

Bryant-Waugh R, Lask B: Essstörungen bei Kindern und Jugendlichen. Huber. 2008

Kahlert J, Sigel R: Achtsamkeit und Anerkennung. (Klassen 5–9) BZgA: „Informationen für Lehrkräfte" zu Magersucht und Ess-Brechsucht

Gemeinschaftsschule

Auf die Frage nach einer idealen Schule antwortete Lernforscherin Elsbeth Stern: „Ich bin für eine Gemeinschaftsschule, auf die alle Kinder gehen, bis

sie 15 sind. Da hätte man dann zum Beispiel drei Mathematikkurse, A, B, C, und wenn ein Kind in einem A-Kurs Mühe hat, sagt man ihm, geh doch noch mal in den B-Kurs und hol das Thema nach. Wenn ein Zweitklässler dagegen in dieser Idealschule schon so viel rechnen kann wie ein Viertklässler, könnte er dort mit älteren Schülern gemeinsam lernen… Wenn ich gegen unser dreigliedriges System bin, dann nicht, weil alle Menschen gleich sind, sondern weil sie so verschieden sind, dass diese drei Töpfe ihnen nicht gerecht werden“ (zit. nach Bruhns 2017).
In den USA besuchen alle Schüler Gemeinschaftsschulen, meist von der siebten bis zur zwölften Klasse, die Highschools. Dort wird entsprechend Leistungslevel in „regular“, „advanced“, „prä-AP“ und „AP“ eingeteilt.

Glück

Der Finanzwissenschaftler Bernd Raffelhüschen legt im Auftrag der Deutschen Post seit 2011 einmal im Jahr den „Glücksatlas“ vor, Ergebnis einer Befragung von circa 20.000 Deutschen. Entscheidende Faktoren für Glück beziehungsweise Zufriedenheit seien „Gesundheit, Gemeinschaft (Ehe, Familie, Freunde), Geld (Vermögen, Immobilien)“ und die innere Einstellung, die er auf eine genetische Disposition zurückführt (Öchsner 2015).
Die Forschung zum Glück stellte folgende Faktoren als förderlich dar:

- recht harmonisch verlaufende Partnerschaften und feste Freundschaften seien am wichtigsten; (s. Kapitel 4.1 / sozialer Anschluss)
- nicht immer alles gleich und sofort, sondern sogar weniger wollen;
- Selbstkontrolle, die eigenen Impulse kontrollieren, den Trieben nicht gleich nachgeben;

Als am stärksten Unglück fördernd gelten folgende Faktoren:

- schwere psychische Erkrankungen wie Depressionen und Psychosen;
- Alkoholmissbrauch / Sucht;
- „Drei Rezepte für garantiertes Unglück:
    - den Tod eines Kindes
    - den Tod eines Ehepartners
    - die Wahl des falschen Ehepartners“ (Georg Vaillant, Leiter der Grant-Studie im Interview, zit. nach Saur 2013)[292]

[292] http://sz-magazin.sueddeutsche.de/texte/anzeigen/39739/Der-weite-Weg-zum-Glueck, Zugriff 17.02.2018

130 Schulen in Deutschland, Österreich und der Schweiz bieten zwischenzeitlich das Schul- oder Wahlfach „Glück“ an.
„Die Inhalte des Fachs haben weniger mit dem Streben nach permanenter Freude als mit Bewusstseinsentwicklung zu tun. Es geht darum, Kindern und Jugendlichen jenseits der Anforderungen des Lehrplans einen Freiraum zu geben, in dem sie sich persönlich entfalten können, die Gemeinschaft schätzen lernen und das Handwerkszeug bekommen, das Leben aktiv zu gestalten“ (Backhaus 2015).
Manfred Spitzer betont, dass das Gehirn weniger zur Erzeugung von Glücksgefühlen, sondern mehr als Organ zur Förderung des Lernens tauge. „Glücksgefühle sind so gesehen ein Nebenprodukt unseres Lernvermögens“ (Booklet zur „Glück ist“-CD, Galila-Verlag 2010). Glück entsteht vor allem durch unerwartete positive Neuigkeiten, wenn wir über uns hinauswachsen, mehr noch wenn dies in der Gemeinschaft erlebt wird. Bewegung unterstütze diese Prozesse.
Den Psychiater und Philosoph Manfred Lütz habe die Verwirrung seiner Psychotherapie-Patienten zu seiner Abhandlung zum Glück motiviert. Sein Buch (2015) sei dazu angetan, für den Leser das „ultimativ letzte“ in einer langen Reihe von Ratgeberliteratur zum Thema zu werden. Dabei sagt er, keinen padägogischen Eros zu kennen, niemandem etwas aufdrängen zu wollen. Recht ausdrucksstark betont er immer wieder, dass die Ratgeber zum Glück das Thema verfehlten, weil sie den philosophisch-religiösen Kern verkennten. Seine schlauen und lesenswerten Überlegungen sind stark auf seinen katholischen Glauben ausgerichtet. Sämtliche von ihm diskutierten Alternativen führt er lehrmeisterlich in die Sackgasse. (Wie Sie unvermeidlich glücklich werden: Eine Psychologie des Gelingens. Gütersloher Verlag 2015).
Zufriedenheit ist ein sinnvolleres Ziel als Glück. Kahneman (2011) empfiehlt dafür, dankbar zu sein, für das Positive, das man erleben durfte. Einen lesenswerten Überblick zu Themen rund um die Zufriedenheit hat Christina Berndt zusammengestellt: Zufriedenheit: Wie man sie erreicht und warum sie lohnender ist als das flüchtige Glück. Dtv 2017.

Kinder- und Jugendpsychiatrie / Psychotherapie (KJPP)

Der Direktor der Klinik für Kinder- und Jugendpsychiatrie und Psychotherapie an der Universität Ulm Jörg Fegert publiziert seine Vorträge vorbildlich und lehrreich auf der Homepage seiner Klinik: https://www.uniklinik-ulm.de/kinder-und-jugendpsychiatriepsychotherapie/publikationen-vortraege-downloads/vortraegeveranstaltungen.html, Zugriff 17.02.2018

Klassenklima

Bei der Definition wird in Fachkreisen die Subjektivität akzeptiert, die „breite Streuung der Klimawahrnehmungen“ (Grewe 2007, 230). Ein positives Schulklima führt zu besseren Leistungen und einer höheren Leistungsbereitschaft, höherer Schulzufriedenheit, weniger abweichendem Verhalten, einem positiveren Selbstkonzept, weniger Belastungserleben und Schulangst (ebenda, nach Eder 1996).

Kohärenz

Das „Kohärenzgefühl“[293] als zentraler Aspekt des Salutogenesemodells (Kernelemente: Verstehbarkeit, Handhabbarkeit und Sinnhaftigkeit), stelle sich laut Antonovsky ein, wenn der Einzelne einen stimmigen Zusammenhalt mit seiner Umgebung erfährt, also zum Gemeinwohl beiträgt, durch eine ihm sinnvoll erscheinende Tätigkeit, die mit seinen Mitteln erreichbar ist. Für den Arzt und Psychotherapeut Eckard Schiffer könne „das Kohärenzgefühl [...] als Fortsetzung des Urvertrauens verstanden werden“ (Schiffer 2013, 12). „In einer israelischen Studie konnte gezeigt werden, dass Kohärenzgefühl und psychische Gesundheit zwar hoch korrelieren, aber unabhängige Konstrukte darstellen“ (Bengel / Lyssenko 2012, 21). Die bisher vorliegenden Studien hätten keine protektive Wirkung des Kohärenzgefühls bei kritischen Lebensereignissen darstellen können (ebenda, 69). „Die Schlussfolgerung, dass das Gesamtkonzept Antonovskys in seiner Komplexität nicht empirisch bestätigt werden kann, ist heute weiterhin gültig“ (ebenda, 7).

Kompetenz

Elsbeth Stern hält den „Kompetenzansatz für sinnvoll, Kompetenz ist intelligentes Wissen. Im Alltag versteht man unter Wissen nur Fakten, in der Forschung sind Prozeduren, Muster, Strukturen gemeint und vor allem verstehendes Begriffswissen: Das genau heißt Kompetenz“ (Stern / Bruhns 2017). S. auch „Metakompetenz“

Konsistenzerleben

„Ein Leben verläuft nur dann subjektiv befriedigend [Wortfolge geändert], wenn die unbewussten und bewussten Ziele motiv-kongruent sind, d.h. wenn man das, was das unbewusste Selbst will, bewusst und aus vollem Herzen tun kann, und umgekehrt“ (Roth G 2011, 90). Das Streben nach

[293] Lat. Zusammenhalt, Zusammenhang

Konsistenz entspreche dem „Bedürfnis nach Identität: Ich möchte mich als mit mir selbst übereinstimmend erleben. Dies bedeutet, dass der Mensch bestrebt ist, seine eigene Persönlichkeit, seine Erinnerungen und sein aktuelles Erleben in Einklang zu bringen. Auch hinsichtlich seiner für ihn bedeutsamen Lebensumwelt gilt das Gleiche: Der Mensch strebt nach klaren Regeln seiner Zugehörigkeit oder Zuordnung (oder Abgrenzung) zu sozialen (Familie, Peergruppe) Strukturen" (Loose et al. 2013, 24f.).

Metakompetenzen

Zu den Metakompetenzen wird gezählt:

- „vorausschauend zu denken und zu handeln (strategische Kompetenz)
- komplexe Probleme zu durchschauen (Problemlösekompetenz)
- die Folgen des eigenen Handelns abzuschätzen (Handlungskompetenz, Umsicht)
- die Aufmerksamkeit auf die Lösung eines bestimmten Problems zu fokussieren und sich dabei entsprechend zu konzentrieren (Motivation und Konzentrationsfähigkeit)
- Fehler und Fehlentwicklungen bei der Suche nach einer Lösung rechtzeitig erkennen und korrigieren können (Einsichtsfähigkeit und Flexibilität)
- Sich bei der Lösung von Aufgaben nicht von aufkommenden anderen Bedürfnissen überwältigen zu lassen (Frustrationstoleranz, Impulskontrolle)" (Hüther 2016, 201).

Missbrauch

In Fachkreisen wird dieser Begriff für sexuelle Übergriffe angewandt, in Abgrenzung zur *Misshandlung*, die körperliche Gewalt beschreibt. Häufig mit beidem verbunden und für die Masse der Kinder bedeutender ist *Vernachlässigung*.

Parentifizierung

„Von Parentifizierung oder Rollenumkehr kann dann gesprochen werden, wenn das Kind die Rolle eines Elternteils übernehmen muss, weil dieser schwer […] erkrankt ist (z. B. ‚Mutterrolle' für andere Geschwister) oder das Kind die Rolle des Partners für einen Elternteil übernimmt" (Jungmann / Reichenbach 2013, 17).

Placebo

Schein-Medikament, das kein Arzneimittel enthält, aber durch Suggestionskraft wirksam sein kann, besonders bei Kindern. „Ärzte, die einmal erfahren haben, wie heilsam ihre Worte sein können, verordnen dieses ebenso einfache wie gesunde Rezept immer wieder" (Bartens 2011, 73).

Positive Psychologie

„Die Positive Psychologie betont die Stärkung des Wohlbefindens und die Förderung individueller Ressourcen als zentral für die Erhaltung psychischer Gesundheit[;] [...] wesentliche Bereiche [... sind] Autonomie, persönliches Wachstum, Kontrollierbarkeit der Umwelt, Sinnhaftigkeit des Lebens, positive Beziehungen zu anderen und Selbstakzeptanz" (Risch 2013).

Rauschtrinken, Binge Drinking, Komasaufen

Konsum von mindestens vier (bei Mädchen) oder fünf (bei Jungen) Standardeinheiten Alkohol (z. B. 0,3 Liter Bier oder 0,2 Liter Wein oder 0,04 Liter Spirituosen) mit dem Ziel, einen Rausch herbeizuführen

Sexualität

Eine Übersicht zu gesellschaftlichen Trends zur Sexualität mit Vergleich zur Sexualität von Jugendlichen findet sich bei Dornes (2012).

S. Kapitel 4.2.1 „Sexueller Gewalt an Schulen entgegentreten" mit Hinweis auf das Schulportal.

Die Literatur von Ulrich Clement ist denjenigen zu empfehlen, die sich für systemische und therapeutische Aspekte der Sexualität interessieren.

Sozialkompetenz

Das Bayrische Staatsministerium für Unterricht und Kultus operationalisiert Sozialkompetenz als bestehend aus: „Leistungsbereitschaft, Selbsteinschätzung, ‚Selbstorganisation, Sorgfalt, Zuverlässigkeit, Frustrationstoleranz, Durchhaltevermögen, Kommunikationsfähigkeit, Einfühlungsvermögen, Konfliktfähigkeit, Teamfähigkeit, Kritikfähigkeit, Umgangsformen, Verantwortungsbewusstsein", http://www.isb-mittelschule.de/userfiles/soziales_Lernen/001_ Handreichung_Soziales_Lernen_09-07-28.pdf, Zugriff 17.02.2018

Sucht, Suchtprävention

BZgA, zum Beispiel Kinder-stark-machen.de, rauchfrei, kenn dein Limit, drugcom.de

Eltern-Beratung via Internet: für Eltern suchtgefährdeter und abhängiger Kinder und Jugendlicher (ELSA) www.elternberatung-sucht.de

DHS.de, Dt. Hauptstelle für Suchtfragen e. V.

Drugcom.de Mit Hilfe internetgestützter, anonymer Informations- und Beratungsmöglichkeiten sollen jugendliche Drogenkonsument/innen dazu angeregt werden, den eigenen Drogenkonsum kritisch zu reflektieren und ggf. zu modifizieren.

Nacoa.de NACOA Deutschland – Interessenvertretung für Kinder aus Suchtfamilien e. V. / Infos für Profis / für Lehrer. s. Strategiepapiere

PEaS: Peer-Eltern an Schule, Projekt der Suchtprävention Berlin

Juuuport.de: Peer-Beratung: von Jugendlichen für Jugendliche zum Umgang mit elektronischen Medien

Alkohol-selbsttest.de

Weicholdt K, Silbereisen RK: Suchtprävention in der Schule. IPSY – Ein Lebenskompetenzprogramm für die Klassenstufen 5-7. Hogrefe. 2014

Suizidalität

www.u25-freiburg.de (Peerberatung von Jugendlichen und jungen Erwachsenen in Krisen und bei Suizidalität)

www.frnd.de (Freunde fürs Leben)

Sach- und Personenverzeichnis

G

H

Q

R

S

Abbildungsverzeichnis

Alle Abbildungen sind eigene Darstellungen.

Literatur

Aamondt S, Wang S: Welcome to Your Child's Brain. C. H. Beck 2012.

Achermann N, Pecorari C, Metzke CW, Steinhausen HC: Schulklima und Schulumwelt in ihrer Bedeutung für psychische Störungen bei Kindern und Jugendlichen – Einführung in die Thematik. In Steinhausen HC (Hrsg.): Schule und psychische Störungen. Kohlhammer 2006.

Allmendinger J, Leibfried S: Bildungsarmut im Sozialstaat. In Burkart G, Wolf J (Hrsg.): Lebenszeichen. Erkundungen zur Soziologie der Generationen. Martin Kohli zum 60. Geburtstag S. 286–315. Opladen: Leske + Budrich 2002.

Allmendinger J im Interview mit Musall B, Pieper D: Wir brauchen die Ganztagsschule. Spiegel Wissen 2.2011.

Allmendinger J: Schulaufgaben. Pantheon Verlag 2012.

Alsacker FD: Psychische Folgen von Mobbing. In Steinhausen HC (Hrsg.): Schule und psychische Störungen. Kohlhammer 2006.

Alwardt I: „Ich dachte einfach nur: Ich kann nicht mehr!" Süddeutsche Zeitung 8./9.03.2014.

Annan K / Interview Kornelius S: Vertrauen. Süddeutsche Zeitung 07./08.02.2015.

Antonovsky A: Salutogenese: zur Entmystifizierung der Gesundheit. Dgvt-Verlag 1997.

Ayan S: Die fünf besten Lernstrategien. Spektrum der Wissenschaft Kompakt. Lernen. 03.07.2015.

Ayan S: Sport für den Geist. Gehirn & Geist. Serie Kindesentwicklung 6. 2011.

Aznar A, Tenenbaum HR: Gender and Age Differences in Parent-Child Emotion Talk. British Journal of Developmental Psychology 33, 2015, 148–150.

Backaus A: Hand aufs Herz. Süddeutsche Zeitung 12./13.12.2015.

Barker ED, Kirkham N, Ng J, Jensen SKG: Prenatal Maternal Depression Symptoms and Nutrition, and Child Cognitive Function. British Journal of Psychiatry, Dezember 2013, 203(6), 417–421.

Bartens W: Medizin und Wahnsinn. Droemer 2009.

Bartens W: Medizin und Wahnsinn: Geschichten vom gelben Sofa. Droemer 2009a.

Bartens W: Körperglück. Knauer 2011.

Bastian T: Seelenleben. Kösel 2010a.

Bastian T: Die Seele als System. Vadenhoeck & Ruprecht 2010b.

Bauer J: Beziehungen gestalten, Konflikte entschärfen. Psychologie Heute compact, Heft 16, 2007.

Bauer J, Unterbrink T, Zimmermann L: Gesundheitsprophylaxe für Lehrkräfte – Manual für Lehrer-Coachinggruppen nach dem Freiburger Modell Selbstverlag TU Dresden 2007.

Bauer J: Lob der Schule. Heyne 2008.

Baumann T, Alber R: Schulschwierigkeiten: Störungsgerechte Abklärung in der pädiatrischen Praxis. Huber 2015.

Baumert J: Schlichte Utopie. Spiegel Online 14.06.2010.

Beelmann A, Pfost M, Schmitt C: Prävention und Gesundheitsförderung bei Kindern und Jugendlichen. Zeitschrift für Gesundheitspsychologie 22 (2) 2014: 1–14.

Beier D, Pfeiffer C: Jugendgewalt: Entwicklung und Ursachen. In Bertram H (Hrsg.): Reiche, kluge, glückliche Kinder? Beltz Juventa 2013.

Bengel J, Lyssenko L: Resilienz und psychologische Schutzfaktoren im Erwachsenenalter. BZgA 2012.

Bengel M: Fahrplan für die neue Gesellschaft. Frankfurter Allgemeine Zeitung. 18.06.2014.

Berger M: Bedrohungen für die Gesundheit durch moderne Lebensgestaltung. Der Neurologe & Psychiater 2014; 15 (1).

Bergner TMH: Burnout-Prävention. Schattauer-Verlag 2007.

Berndt C: Stress lass nach. Süddeutsche Zeitung 18.01.2014.

Berndt C: Illusion der Stärke. Süddeutsche Zeitung 14./15.03.2015.

Berndt C: Zufriedenheit. Dtv 2016.

Bertelsmann Stiftung (Hrsg.): Update Inklusion. 2014, https://www.bertelsmann-stiftung.de/de/publikationen/publikation/did/update-inklusion/, Zugriff 31.01.2018.

Bertram H in Bertram H (Hrsg.): Reiche, kluge, glückliche Kinder? Beltz Juventa 2013.

Bettzieche J: Mathe, Deutsch, Robotik. Süddeutsche Zeitung 22.01.2015.

Beywl W, Zierer K: Lernen sichtbar machen. Schneider Verlag Hohengehren 2013.

Bigalke S: Schluss mit lustig. Süddeutsche Zeitung 1./2.03.2014.

Bigalke S: Was man in Stockholm lernen kann. Süddeutsche Zeitung 26.01.2015.

Bittner, B: Gestrichenes Seminar. Leserbrief. Süddeutsche Zeitung 20.05.2015.

Blech J: Krank-Schreibung. Spiegel Wissen 1.2014. Bohus M, Steil R, Stiglmayr C: Dialektisch-Behaviorale Therapie (DBT) in Heidenreich / Michalak: Die „dritte Welle" der Verhaltenstherapie. Beltz 2013.

Boldeuck C, Eißele I: Kampfzone Eltern gegen Lehrer. Stern Extra Schule und Erziehung 3/2014.

Bomba M: Schwierige und aggressive Kinder und Jugendliche in der Schule. Eindeutige Regeln und transparente Konsequenzen geben Orientierung. In: Die BASS von A bis Z. Erläuterungen und Handlungsempfehlungen für die Schulpraxis in NRW. 04/2015.

Bonus B: Mit den Augen eines Kindes sehen lernen. Band 2. Die Anstrengungsverweigerung. Books on demand, 2008.

Borg-Laufs M, Gahleitner SB, Hungerige H: Schwierige Situationen in Therapie und Beratung mit Kindern und Jugendlichen. Beltz 2012.

Born A, Oehler C: Lernen mit Grundschulkindern. Kohlhammer 1. Aufl. 2009.

Bowes L, Joinson C, Wolke D, Lewis G: Peer Victimisation during Adolescence and Its Impact on Depression in Early Adulthood: Prospective Cohort Study in the United Kingdom. British Medical Journal 02.06.2015.

Brenner PJ: Schule in Deutschland. Kohlhammer 2006.

Brenner PJ: Wie Schule funktioniert. Kohlhammer 2009.

Brooks R, Goldstein S: Das Resilienz-Buch. Klett-Cotta 2007.

Bruhns A: Die Mühsal des Nichts. In: Patient Seele. Der Spiegel Wissen 1.2012.

Bruhns A: „Schulpflicht mit vier". Spiegel Wissen-Interview 4/2017.

Bründel H: Notfall Schülersuizid. Kohlhammer 2015.

Bühring P: Prävention: „Starke Mädchen" leben gesünder. Deutsches Ärzteblatt 97, Heft 26, 30.06.2000.

Bühring P: Die Schule der Zukunft ist bunt. Deutsches Ärzteblatt, 13.12.2013.

Bühring P: Am häufigsten unter Gleichaltrigen. Deutsches Ärzteblatt, 06.02.2015 (2015).

Bühring P: Männer weinen heimlich. Deutsches Ärzteblatt 24.04.2015 (2015a).

Bühring P: Patientenvorbehalte ernst nehmen. Deutsches Ärzteblatt 25.09.2015 (2015c).

Bugge A, Tarp J, Østergaard L, Domazet SL, Andersen LB, Froberg K. LCoMotion – Learning, Cognition and Motion; a multicomponent cluster randomized school-based intervention aimed at increasing learning and cognition – rationale, design and methods. BMC Public Health. 2014 Sep 18.

Bulicke P im Interview mit Goddar J: Ein sehr spezieller Stress. Süddeutsche Zeitung 5./6.7.2014.

Bundesanstalt für Arbeitsschutz und Arbeitsmedizin (Hrsg.): Gefährdungsbeurteilung psychischer Belastung: Erfahrungen und Empfehlungen. Berlin: Erich Schmidt Verlag 2014.

Burfeind S: Aktenzeichen Angst. Süddeutsche Zeitung 21.09.2015.

Burow OA: Digitale Dividende. Beltz 2014.

Calhoun CD et al.: Relational Victimization, Friendship, and Adolescents' Hypothalamic-Pituitary-Adrenal Axis Responses to an in Vivo Social Stressor. Development and Psychopathology 2014 Aug; 26(3), 605–618.

Calonego B: Cornflakes-Pädagogik. Süddeutsche Zeitung 02.01.2012.

Chua A: Die Mutter des Erfolgs: Wie ich meinen Kindern das Siegen beibrachte. Verlag Nagel & Kimche AG, 5. Aufl. 2011.

Coffield E, Nihiser AJ, Sherry B, Economos CD (2014). Shape Up Somerville: Change in Parent Body Mass Indexes During a Child-Targeted, Community-Based Environmental Change Intervention. American Journal of Public Health. e-View Ahead of Print, Zugriff 08.01.2015.

Conrad I, Dietrich S, Heider D, Blume A, Angermeyer MC & Riedel-Heller S: „Crazy? So what!" A School Programme to Promote Mental Health and Reduce Stigma – Results of a Pilot Study. Health Education 2009, 109(4), 314–328.

Crum T: Die Magie der Achtsamkeit. Beitrag des 10. Schweizer Bildungsfestivals „Verkörperte Achtsamkeit" vom 18.–21.08.2016 in Weggis, DVD Auditorium Netzwerk 2016.

Daniels J: Ein Waffenverbot genügt nicht. Süddeutsche Zeitung 18.01.2013.

Debski A im Interview mit Kiess W, Igel U: Leipziger Medizinstudie: Kinder aus gut situierten Familien leben länger" Leipziger Volkszeitung, 05.08.2015.

Deutsche Kinder- und Jugendstiftung (Hrsg.): Kollegiale Beratung für Schule und Sozialarbeit. 2. Auflage 2012.

Deutsche Kinder- und Jugendstiftung (Hrsg.): Schülerfirmen-Branchenbuch Sachsen-Anhalt. 2. Aufl. 2014.

Deutscher Schulpreis / Preisträger 2015 / Gesamtschule Wuppertal Barmen / Schratz, M., http://schulpreis.bosch-stiftung.de/content/language1/html/56027.asp, Zugriff 06.07.2017.

Deutsches Institut für internationale pädagogische Forschung (Hrsg.): Bildung in Deutschland 2012. https://www.bildungsbericht.de/de/bildungsberichte-seit-2006/bildungsbericht-2012/pdf-bildungsbericht-2012/bb-2012.pdf, Zugriff 06.02.2018.

Dickhäuser O im Interview mit Wiarda JM: „Es gibt keine nur selbstlosen Lehrer". Die Zeit 28.2012.

Diem I in Müller A: Die Schule schwänzt das Lernen. hep Verlag 2013.

Dornes M: Die Modernisierung der Seele. Fischer Taschenbuch Verlag 2012.

Dräger J: Versetzung gefährdet. Süddeutsche Zeitung 10.09.2012.

Dräger J: Dichter, Denker, Schulversager. btb-Verlag. Aktualisierte Neuauflage 2013.

Dräger J: Thema verfehlt. Süddeutsche Zeitung 08.05.2014.

Dräger J, Müller-Eiselt R: Die digitale Bildungsrevolution. DVA 2015.

Drinck B: Anforderung an eine Gesundheitserziehung in der Schule. In: Brähler E, Kiess J, Schubert C, Kiess W (Hrsg): Gesund und gebildet. Vadenhoeck & Ruprecht. 2012.

Drogenbeauftragte der Bundesregierung (Hrsg.): Drogen- und Suchtbericht 2016, https://www.drogenbeauftragte.de/fileadmin/dateien-dba/Drogenbeauftragte/4_Presse/1_Pressemitteilungen/2016/2016_2/160928_Drogenbericht-2016_NEU_Sept.2016.pdf, Zugriff 07.02.2018.

Drösser C: Das will ich nicht wissen. Die Zeit 33.2011.

du Bois R Vorwort in Omer / von Schlippe: Autorität ohne Gewalt. 4. Aufl. Vadenhoeck & Ruprecht. 2004.

Fallett M, Ott U im Interview mit Henning A-M, Dabrock P: Viel geiler als in echt. Chrismon 08.2015.

Fichter A; Oliver J: Interview „Reden wir über Geld / Ich war ein dummes dickes Kind", Süddeutsche Zeitung 24.12.2010.

Fletcher S: Individuelles Lernen am Computer. Spektrum der Wissenschaften Kompakt. Lernen. 03.07.2015.

Freitag M: Durchkommen, irgendwie. Süddeutsche Zeitung 21.02.2014.

Freitag T: Internet-Pornografiekonsum bei Jugendlichen – Risiken und Nebenwirkungen. In Möller C (Hrsg.) Internet- und Computersucht. Kohlhammer 2012.

Frenkel B, Randerath A: Die Kinderkrankmacher. Herder 2015.

Friebe H: Die Stein-Strategie. Heyne 2015.

Friedmann J, Andresen S: Auch Lehrer müssen lernen. Spiegel Wissen 1.2014.

Frith U, Ayan S: Natürliche Pädagogik. Gehirn & Geist Serie Kindesentwicklung Nr. 6. 2011.

Froböse I, Ott U, Weitz B: Interview. Körperkult und Quälerei. Chrismon 02.2015.

Fröhlich-Gildhoff K: Schutzmechanismen gegen psychische Belastung. Der Neurologe & Psychiater 15. 7–8.2014: 59–62.

Fuchs M: The child is father of the man. In: Zeitschrift für Kinder- und Jugendpsychiatrie und Psychotherapie. Bd. 41 (2013), 45–57.

Fuhrer U: Erziehungskompetenz. Huber 2006.

Füller C: Behinderte Kinder an Regelschulen. Es gibt zu viel Angst vor dem nächsten Schritt. Spiegel Online 13.01.2014.

Furman B: Es ist nei zu spät, eine glückliche Kindheit zu haben. borgmann Verlag, 6. Auflage 2008.

Gaddam S, Ogas O: KLICK! MICH! AN! blanvalet Verlag 2011.

Gallander S: In Bildung investieren. Süddeutsche Zeitung 03.02.2014.

Gaschke S: Missbrauchte Lehrer. Welt am Sonntag 18.01.2015.

GaschlerK, Lehrl S: Mental fit in der Schule. Gehirn & Geist Serie Kindesentwicklung Nr. 6. 2011.

Gawrilow C, Schmitt K, Rauch W: Kognitive Kontrolle und Selbstregulation bei Kindern mit ADHS. Kindheit und Entwicklung, 20 (1), 41–48. Hogrefe Verlag 2011.

Geddes H: Bindung, Verhalten und Lernen. In: Brisch KH, Hellbrügge T: Wege zu sicheren Bindungen in Familie und Gesellschaft. Klett-Cotta. 2. Aufl. 2014.

Geene R, Höppner C, Lehmann F (Hrsg.): Kinder stark machen: Ressourcen, Resilienz Respekt Ein multidisziplinäres Arbeitsbuch zur Kindergesundheit. Verlag Gesunde Entwicklung 2013.

Geipel I: Der Amok-Komplex oder die Schule des Tötens. Klett-Cotta 2012.

Geisler, U; Muttenhammer, J: Achtsamkeitsübungen mit Kindern und Jugendlichen in der Psychotherapie. Junfermann 2016.

Gigerenzer G im Interview mit Schramm S: „Menschen vergessen so schnell!" Die Zeit 33.2011.

Goddar J: Die Reserve aus der Praxis. Süddeutsche Zeitung 5./6.7.2014.

Goldacre B: Die Wissenschaftslüge. Fischer Taschenbuch Verlag. 3. Aufl. 2010.

Göller N: „Verrückt? Na und!" – Ein Projekt von Irrsinnig Menschlich. Public Health Forum Volume 22, Issue 1, März 2014, 12.e1–12.e3.

Goos H, Großekathöfer M: In der Burnout-Klinik. Warum Lehrer so oft krank werden Hauke und Maik. Spiegel Online 17.09.2017. Der Spiegel 38.2017.

Gotink RA, Chu P, Busschbach JJV, Benson H, Fricchione GL, Hunink MGM: Standardised Mindfulness-Based Interventions in Healthcare: An Overview of Systematic Reviews and Meta-Analyses of RCTs. Plos One. 16.04.2015 (Ocen access).

Götte R: Vorlesen reicht nicht. Die Zeit 33. 2011.

Göttken T: Psychosomatische Aspekte des Schmerzes bei Kindern und Jugendlichen. Kinder- und Jugendmedizin 5/2009.

Gottschalk G: Früh fördern, spät trennen. GeoWissen 44. 2009.

Graf FW im Interview mit Ott U, Weitz B: Körperkult und Quälerei. Chrismon 02.2015.

Greiner L: Pädagogen-Burnout: So entkommen Lehrer der Stressfalle. Spiegel-Online 08.04.2014.

Grewe N: Schul- und Klassenklima aktiv gestalten, in: Fleischer, Grewe, Jöttken, Seifried, Sieland (Hrsg.): Handbuch Schulpsychologie. Kohlhammer 2007.

Günther B: Der achtsame Lehrer. AOL Verlag 2017.

Hagemeyer K: Kampfauftrag Kind. Der Spiegel 33.2013.

Hanack P im Interview mit Hasselhorn M: „Der Positivtrend in Hessen überrascht uns". Frankfurter Rundschau 14./15.06.2014.

Hanser H, Ayan S: Frischer Wind ins Klassenzimmer. Streitgespräch von Elsbeth Stern und Ulrich Herrmann. Gehirn & Geist Serie Kindesentwicklung Nr. 6. 2011.

Harari, YN: Homo Deus. Eine Geschichte von morgen. C. H. Beck 2017.

Hat-Mayr F: Mehr Zeit für Huck und Tom. Süddeutsche Zeitung, Leserbrief 15.05.2014.

Hattie J: Lernen sichtbar machen: Überarbeitete deutschsprachige Ausgabe von Visible Learning. Schneider Hohengehren Verlag. 3. Aufl. 2014.

Haug A: Das kleine Buch von der Seele. Beck 2017.

Haug K: Aufmüpfige Kinder: Was Lehrer tun können, wenn Schüler partout nicht auf sie hören. Spiegel Online 13.08.2015. http://www.spiegel.de/schulspiegel/lehrer-coach-rudi-rhode-trainiert-lehrer-fuer-konfliktsituationen-a-1042863.html, Zugriff 14.08.2015.

Hauschild J: Sind Noten noch zeitgemäß? Spektrum der Wissenschaften Ratgeber. 07.11.2014.

Hauschild J: Praxis ist nicht immer besser als Theorie. Spektrum der Wissenschaften Ratgeber. 07.11.2014 (2014a).

Hauschild J: Lernen! Aber wie? Gehirn und Geist 1.2015.

Hauschild J: Bessere Mathenoten dank Ausdauerlauf. Spektrum der Wissenschaften Kompakt. 03.07.2015 (2015a).

Hauser U: Vergeudete Energie. In: Stern Extra Schule & Erziehung 3/2014.

Hawton K, Rodham K, Evans E: Selbstverletzendes Verhalten und Suizidalität bei Jugendlichen. Huber 2008.

Hayes S, Strosahl KD, Wilson KG: Akzeptanz- & Commitment-Therapie. Junfermann Verlag 2014.

Heckel M: Merkel ruft die Bildungsrepublik aus. Die Welt 13.06.2008.

Hedtke R: Unkritisch und überflüssig. Süddeutsche Zeitung 02.02.2015.

Heidenreich U, Herrmann S: Blühende Phantasie. Süddeutsche Zeitung 01./02.02.2014.

Heinz A: Der Begriff psychischer Krankheit in Psychiatrie und Psychotherapie. Der Nervenarzt 12.2014: 1–2.

Heinz A: Krankheit vs. Störung. Der Nervenarzt 1.2015: 36–41.

Heisig K: Das Ende der Geduld. Herder 2010.

Hell D: Die Wiederkehr der Seele. Wir sind mehr als Gehirn und Geist. Kreuz Verlag 2009.

Helle A: Auf dem Weg zur Revolution, 31.01.2010, Focus-Online, http://www.focus.de/familie/schule/schulwahl/auf-dem-weg-zur-revolution-bildung_id_1935948.html, Zugriff 18.02.2018.

Helmke A: Unterrichtsqualität und Lehrerprofessionalität. Kallmeyer in Verbindung mit Klett, 2009.

Henn K, Thurn L, Besier T, Künster AK, Fegert JM, Ziegenhain U: Schulbegleiter als Unterstützung von Inklusion im Schulwesen. Zeitschrift für Kinder- und Jugendpsychiatrie und Psychotherapie 42 (6)2014: 397–403.

Hentig H von in Rutter M: Fünfzehntausend Stunden. Beltz 1980.

Herpertz-Dahlmann B, Bühren K, Remschmidt H: Erwachsenwerden ist schwer. Psychische Störungen in der Adoleszens. Dtsch Arztebl Int 2013; 110(25): 432–40.

Herrmann G: Das schwedische Experiment. Süddeutsche Zeitung 21.07.2008.

Herrmann U: Lernen – vom Gehirn aus betrachtet. Gehirn & Geist Serie Kindesentwicklung Nr. 6. 2011.

Heyse H: Lehrergesundheit – eine individuelle und kollegiale Aufgabe. In: Fleischer, Grewe, Jöttken, Seifried, Sieland (Hrsg.): Handbuch Schulpsychologie. Kohlhammer 2007.

Hoffmann C: Nachsitzen! Süddeutsche Zeitung 19.05.2015.

Hoffmann N, Hofmann B: Selbstfürsorge für Therapeuten und Berater. Beltz 2. Aufl. 2012.

Hoffmann E, Striegel U, Silberzahn J: Mit Gleichgewichtstraining zu besseren Schulleistungen – Teil 1. Forum HNO (16) 2014. 204–208.

Hoffmann E, Striegel U, Silberzahn J: Mit Gleichgewichtstraining zu besseren Schulleistungen – Teil 3. Praktische Pädiatrie (21) 2015: 208–212.

Höhl A: Aroma-Dusche im Klassenzimmer. Süddeutsche Zeitung 24.09.2012.

Holtmann M: „All inclusive"? Möglichkeiten und Risiken der schulischen Inklusion aus Sicht der Kinder- und Jugendpsychiatrie. Zeitschrift für Kinder- und Jugendpsychiatrie und Psychotherapie, 43 (4), 2015, 227–230.

Beat Döbeli Honegger: Mehr als Null und Eins. Hep Verlag 2016.

Horn A: Die Logik der Tat. Erkenntnisse eines Profilers. Audio-CD 2014.

Huber, A interviewt Behr, M: Es gibt keinen Schulalltag ohne Gefühle. Psychologie Heute compact, Heft 16, 2007.

Hubrig C, Herrmann P: Lösungen in der Schule. Systemisches Denken in Unterricht, Beratung und Schulentwicklung. Carl Auer. 4. Aufl. 2014.

Hunecke M: Psychische Ressourcen zur Förderung nachhaltiger Lebensstile. Memorandum des Denkwerks Zukunft. 2013. http://www.denkwerkzukunft.de/downloads/MemoPsycho.pdf, Zugriff 18.02.2018.

Hurrelmann K, Andresen S, Schneekloth U: Das Wohlbefinden der Kinder in Deutschland. In Bertram H (Hrsg.): Reiche, kluge, glückliche Kinder? Beltz Juventa 2013.

Hurrelmann K, Schultz T: Unser Schulsystem belohnt Eltern, die selbst Erfolg hatte. Süddeutsche Zeitung 17.10.2011.

Hurrelmann K, Timm A: Kinder Bildung Zukunft. Klett 2011.

Hüther G: Der Einfluss der Medien- und Computernutzung auf die Entwicklung des kindlichen und jugendlichen Gehirns. In Möller C: Internet- und Computersucht. Kohlhammer 2012.

Hüther G: Mit Freude lernen. Vadenhoeck & Rupprecht 2016.

Illinger P: Die Mär vom großen Unglück. Süddeutsche Zeitung 13./14.04.2013.

Institut für Demoskopie Allensbach: Geeignet für den Lehrerberuf. 2012, http://www.ifd-allensbach.de/uploads/tx_studies/v.Kuenheim_Eignung_Lehrerberuf.pdf, Zugriff 18.02.2018.

Janke C: Motivationskrieger. Süddeutsche Zeitung 20.10.2014.

Janke C: Erklär das mal dem Lehrer. Süddeutsche Zeitung 18.11.2016.

Johnstone C, Burke C, Brinkman S, Wade T: A randomized controlled evaluation of a secondary school mindfulness program for early adolescents: Do we have the recipe right yet? Behaviour Research and Therapy. Volume 99, December 2017, 37–46.

Johnstone M: Resilienz. Verlag Antje Kunstmann 2015.

Jung D: Binomische Formeln, https://www.youtube.com/watch?v=nmP5PZAj_Dk 2011, Zugriff 31.01.2018.

Jungmann T, Reichenbach C: Bindungstheorie und pädagogisches Handeln. Borgmann Media. 3. Aufl. 2013.

Juul J: Schulinfarkt. Kösel, 2013.

Justice LM, Logan JA, Lin TJ, Kaderavek JN: Peer effects in early childhood education: testing the assumptions of special-education inclusion. Psychol Sci. 2014 Sep;25(9): 1722–9.

Käll LB, Nilsson M, Lindén T: The Impact of a Physical Activity Intervention Program on Academic Achievement in a Swedish Elementary School Setting, Journal of School Health August 2014. Volume 84, Issue 8. 473–480.

Kaess M, Brunner R, Resch F: Selbstverletzendes Verhalten. Kinder- und Jugendmedizin 2.2010.

Kahl R: Die Volksreform. Die Zeit 20.1999.

Kahl R: Lob des Fehlers. Beltz 1999(a).

Kahl R: Jetzt: Wertschätzungsketten! Pädagogik 03.2009.

Kahneman D: Schnelles Denken, langsames Denken. Pantheon 2011.

Kaiser T: Kuscheln für die Karriere. Die Welt 05.07.2015.

Kaltwasser V: Achtsamkeit macht Schule. Beltz 2008.

Kaltwasser V: Persönlichkeit und Präsenz. Achtsamkeit im Lehrerberuf. Beltz 2010.

Kamrth C, Zimmer KP: Jungengesundheit: Förderung der eigenen Bedürfnisse. Dtsch Ärztebl 2013; 110 (51–52): A-2487.

Karakurt Y: Mein Kopf ist voll, 18. August 2011 DIE ZEIT Nr. 34/2011.

Keller G: Psychologie für den Schulalltag. Huber 2011.

Kerstan T: Schlauer Fußball, dumme Schule. Die Zeit 28.2014.

Keysers C: Unser empathisches Gehirn: Warum wir verstehen, was andere fühlen. Btb Verlag 2014.

Keysers C im Interview mit Dworschak M: Eine fast mystische Verbindung. Der Spiegel 29.2013.

Kirchner JE: Kinder, Kinder...!: Nicht unsere Kinder sind verrückt, sondern die Welt, in der sie leben. Schattauer 2014.

Klein M: Kinder aus suchtbelasteten Familien. In: Thomasius R, Küstner UJ: Familie und Sucht. Schattauer 2005.

Klosinski G: Pubertät heute. Kösel, 2004.

Knobloch J, Kleinert J, Helwig J: Vor der Essstörung. Zeitschrift für Gesundheitspsychologie, 22 (2), 2.2014.

Koch S: Problemschüler: Die Lehrer sind gefragt. Psychologie Heute compact, Heft 16. 2007.

Kohlmaier M: Zweierlei Hirn. Süddeutsche Zeitung 21.09.2015.

Kölch M, Schmid M: Elterliche Belastung und Einstellungen zur Jugendhilfe bei psychisch kranken Eltern: Auswirkungen auf die Inanspruchnahme von Hilfen, Praxis der Kinderpsychologie und Kinderpsychiatrie 2008, 57: 774–788.

Köller O: What Works Best in School?, in: Terhart E (Hrsg.): Die Hattie-Studie in der Diskussion. Klett Kallmeyer 2014.

Konrad K et al.: Hirnentwicklung in der Adoleszenz: Neurowissenschaftliche Befunde zum Verständnis dieser Entwicklungsphase. Dtsch Arztebl Int 2013; 110(25): 425–431.

Korte M im Interview mit Simon CP: Wie das Lernen gelingt. GeoWissen 44, 2009.

Korte M: Wie unser Gehirn lernt. DVD 2017. Auditorium Netzwerk. Vortrag im Rahmen der 16. Wissenschaftlichen Jahrestagung der DGSF „Systemisch – Wirksam Gut", 22.–24. September 2016, Frankfurt / Main.

Kramer B: Magie fürs Hirn. Die Zeit 33.2011.

Kremers T: Wie lernwirksam ist das kooperative Lernen? in: Terhart E (Hrsg.): Die Hattie-Studie in der Diskussion. Klett Kallmeyer 2014.

Kuchenbecker A (Hrsg.): Pädagogisch-pflegerische Praxis in der Kinder- und Jugendpsychiatrie. Ibicura. Veränderte Neuaufl. 2007.

Kupferschmidt K: Spuren im Kopf. Süddeutsche Zeitung 7./8.02.2015.

Kurtz, C (Pseudonym): Gleichmacherei ist nicht gleich gerecht. Süddeutsche Zeitung Online 01.05.2014.

Kuzawa CW, Chugani HT, Grossman LI, Lipovich L, Muzik O, Hof PR, Wildman DE, Sherwood CC, Leonard WR, Lange N: Metabolic costs and evolutionary implications of human brain development. PNAS 2014 September, 111 (36) 13010–13015.

Lambert M, Bock T, Naber D, Löwe B, Schulte-Markwort M, Schäfer I, A. Gumz A, P. Degkwitz P, Schulte B, König HH, Konnopka A, Bauer M, Bechdolf A, Correll C, Juckel G, Klosterkötter J, Leopold K, Pfennig A, Karow A: Die psychische Gesundheit von Kindern, Jugendlichen und jungen Erwachsenen – Teil 1: Häufigkeit, Störungspersistenz, Belastungsfaktoren, Service-Inanspruchnahme und Behandlungsverzögerung mit Konsequenzen. Fortschr Neurol Psychiatr 2013; 81: 614–627.

Lang IA, Marlow R, Goodmann R, Meltzer H, Ford T: Influence of Problematic Child-Teacher Relationships on Future Psychiatric Disorder: Population Survey with 3-Year Follow-up. British Journal Psychiatry 2013 May; 202(5): 336–341.

Latkovic M Interview von Rabe C: Einfach nur spielen. Süddeutsche Zeitung 25./26.10.2014.

Laurenz N: Inklusion: mangelhaft. Frankfurter Rundschau 14./15.06.2014.

Laux G: Krank durch Stress und innere Leere. NeuroTransmitter 7–8.2011.

Lebert S: Verloren in der virtuellen Welt. Die Zeit 25.2008.

Leconte-Lambert C: Aufgewacht und aufgepasst! Gehirn & Geist. Serie Kindesentwicklung Nr. 6. 2011.

Leopold K, Pfeiffer S, Correll CU, Bauer M, Pfennig A: Früherkennungszentren für psychische Erkrankungen – ein Komplementärangebot der psychiatrischen Regelversorgung in Deutschland. Psychiatrische Praxis 2013; 40: 264–270.

Liechti J: Magersucht in Therapie. Carl-Auer 2007.

Liesemer D: Wenn Lehrer begeistern. GeoWissen 44. 2009.

Liessmann KP: Geisterstunde. Zsolnay 2014.

Limbourg M, Steins G: Sozialerziehung in der Schule. Verlag für Sozialwissenschaften 2011.

Lindenmeyer J, Lindenmeyer T: Auch Trinken will gelernt sein: Wie Sie Ihr Kind beim richtigen Umgang mit Alkohol begleiten. Beltz 2008.

Lohmann-Haislah A: Therapie ist gut, Prävention ist besser. Der Neurologe & Psychiater 2014; 15 (1).

Lohse J, Müller-Oerlinghausen B: Psychopharmaka. In Schwabe U, Paffrath D (Hrsg.), Arzneiverordnungs-Report 2014, Springer-Verlag 2014.

Loose C, Graaf P, Zarbock G (Hrsg.): Schematherapie mit Kindern und Jugendlichen. Beltz 2013.

Lübke F: Gute Noten für Gutmenschen. Die Welt 04./05.10.2014.

Lüders C: Zur Vielfalt ermutigen. Süddeutsche Zeitung 11./12.01.2014.

Lütz M. Wie sie unvermeidlich glücklich werden: eine Psychologie des Gelingens, Gütersloher Verlagshaus, 2015.

Madeja M: Die Schule erzieht junge Menschen, keine Gehirne. Frankfurter Allgemeine Zeitung 04.03.2015.

Manteuffel L von: Gesundheitstraining per Internet. Deutsches Ärzteblatt, Jg. 111, Heft 17, 25.04.2014.

Maslow A: Motivation und Persönlichkeit. Rowohlt 1981.

Mason P, Kreger R: Schluss mit dem Eiertanz: Für Angehörige von Menschen mit Borderline. Balance Buch + Medien Verlag 2009.

Studte S, Bridger E, Mecklinger A: Nap sleep preserves associative but not item memory performance. Neurobiol Learn Mem. 2015 Apr;120:84–93.

Meinhof R: Hallo liebe Nutztiere. Süddeutsche Zeitung 16.07.2014.

Menke B: Volksentscheid in Hamburg: Einpeitscher für rebellische Eltern. Spiegel online 15.7.2010. http://www.spiegel.de/schulspiegel/wissen/volksentscheid-in-hamburg-einpeitscher-fuer-rebellische-eltern-a-706619.html, Zugriff 18.01.2015.

Menning H: Das psychische Immunsystem. Hogrefe 2015.

Mens F: Schule ohne Zensuren – kann das funktionieren? GeoWissen 44. 2009.

Mertes K, Siebner J: Schule ist für Schüler da: Warum Eltern keine Kunden und Lehrer keine Eltern sind. Herder 2010.

Metzke CW, Achermann N, Pecorari C, Steinhausen HC: Erlebte schulische Umwelt und seelisches Befinden. In Steinhausen HC (Hrsg.): Schule und psychische Störungen. Kohlhammer 2006.

Meyer H: Auf den Unterricht kommt es an! in Terhart E (Hrsg.): Die Hattie-Studie in der Diskussion. Klett Kallmeyer 2014.

Michalak J, Rohde K, Troje NF: How We Walk Affects what We Remember: Gait Modifications through Biofeedback Change Negative Affective Memory Bias. J Behav Ther Exp Psychiatry. 2015 Mar; 46:121–125.

Michler I: Der Krampf ums Kind. Welt am Sonntag. 07.09.2014.

Milde-Busch A et al. Besteht ein Zusammenhang zwischen der verkürzten Gymnasialzeit und Kopfschmerzen und gesundheitlichen Belastungen bei Schülern im Jugendalter? Klinische Pädiatrie 2010; 222: 255–260.

Mohr J: Das Lernen lernen. Spiegel Wissen 2.2011.

Moritz S, Timpano KR, Wittekind CE, Knaevelsrud C. Harnessing the Web: Internet and Self-help Therapy for People with Obsessive-compulsive Disorder and Posttraumatic Stress Disorder. In: Storch E, McKay D, Springer (Hrsg.): Handbook of Treating Variants and Complications in Anxiety Disorders. Springer 2013.

Müller A: Die Schule schwänzt das Lernen. hep Verlag 2013.

Müller T: Schlechte Kindheit stört Gehirnentwicklung. Ärzte Zeitung Online 15.02.2012. https://www.aerztezeitung.de/medizin/krankheiten/neuro-psychiatrische_krankheiten/ depressionen/article/804793/schlechte-kindheit-stoert-gehirnentwicklung.html, Zugriff 18.02.2018.

Musall B Interview mit der Schülerin Mächler J: Kindheit im Fulltime-Job. Spiegel Wissen 1.2012.

Musall B: Kindheit im Fulltime-Job. Spiegel Wissen 1.2012.

Muschkin CG, Glennie EJ, Beck AN: . Peer Contexts: Do Old for Grade and Retained Peers Influence Student Behavior in Middle School? Teachers College Record Volume 116 Number 4, 2014.

Muth C, Nauerth A: Dialog und Diagnostik. Ein praxisorientiertes Handbuch für Lehrende. Facultas 2007.

Neubauer A, Stern E: Lernen macht intelligent. Goldmann 2009.

Nida-Rümelin J, Zierer K: Auf dem Weg in die neue deutsche Bildungskatastrophe. Herder 2015.

Nieskens B, Schumacher L, Sieland B (2014): Gelingensbedingungen für die Entwicklung guter gesunder Schulen. Ein Leitfaden mit Empfehlungen, Checklisten und Arbeitshilfen. Hamburg & Düsseldorf: DAK-Gesundheit & Unfallkasse NRW, http://www.dguv.de/medien/fb-bildungseinrichtungen/dokumente/ leitfaden_gelingensbedingungen_ggs_online_2014.pdf, Zugriff 17.02.2018.

Öchsner T: Zu viele Abgehängte. Süddeutsche Zeitung 07.01.2015.

OECD (Hrsg.) Bildung auf einen Blick 2013. OECD-Indikatoren (Deutsche Zusammenfassung von „Education at a Glance“ 2013.

OECD (Hrsg.) Fit Mind, Fit Job – From Evidence to Practice in Mental Health and Work. OECD Publishing 2015.

Offermann G, von Korff C: Unternehmer in Sachen Bildung. Spiegel Wissen 2.2011.

Orbeck M: „Hat Lehrermangel Konzikwenzen?“ Leipziger Volkszeitung 09.07.2014.

Orth B: Die Drogenaffinität Jugendlicher in der Bundesrepublik Deutschland 2015. Teilband Computerspiele und Internet. BZgA-Forschungsbericht. Köln: BZgA 2015.

Osel J: Mysterium Fahrkartenautomat. Süddeutsche Zeitung. 01.04.2014 (2014).

Osel J: Von Beruf Lehrer. Süddeutsche Zeitung 14./15.06.2014 (2014a).

Osel J: Jugendliche vom Fach. Süddeutsche Zeitung 02.02.2015 (2015).

Osel J: Ein Brett für den Kopf. Süddeutsche Zeitung 23.02.2015 (2015a).

Osel J: Schule kann vieles – aber nicht alles. Süddeutsche Zeitung 21.12.2015 (2015b).

Ott U, Weitz B: Kind, aus dir wird was! Chrismon März 2013.

Otto J, Schoener J: Die große Erregung. Die Zeit 21.2014, 15.05.2014.

Patel V, Flisher AJ, Hetrick S, McGorry P: Mental Health of Young People: A Global Public-Health Challenge. The Lancet Vol 369, 14.04.2007, 1302–1313.

Paulus J im Interview mit Born J: Vokabellernen mit Rosenduft. Spektrum der Wissenschaft Kompakt. 17.07.2015.

Pfeiffer C: Diese Jugendlichen haben keine Lebenserfolge. Interview in Psychologie Heute compact, Heft 16, 2007.

Pfeiffer C: Mehr Liebe, weniger Hiebe. Süddeutsche Zeitung 14./15.09.2013.

Pfeiffer C: Welche Strafe muss sein? Süddeutsche Zeitung 11.08.2015.

Precht RD: Anna, die Schule und der liebe Gott. Goldmann 2013.

Preuß R: Die Eltern sind schuld. Süddeutsche Zeitung 25.04.2013.

Preuß R: „Smartphones wegnehmen hilft nichts", Süddeutsche Zeitung 18.08.2014.

Preuß R: Deutschlands beste Schule, SZ 07./08./09.06.2014 (2014a).

Preuß R Interview Prenzel M: „Das bringt die Qualität sicher nicht voran." Süddeutsche Zeitung 05.04.2014 (2014).

Preuß R Interview mit Kraus J: „Das kann sehr kränkend sein". Süddeutsche Zeitung 19.05.2014 (2014a).

Preuß R Interview mit Löhrmann S: „Mit Bloßstellen kommt man nicht weit." Süddeutsche Zeitung 13.01.2014 (2014b).

Preuß R Interview Dräger J: „Der gläserne Schüler ist eine Gefahr". Süddeutsche Zeitung 12.01.2015.

Preuß R: Wie die Eltern so die Kinder. Süddeutsche Zeitung 20.01.2015.

Prochaska M: Falsche Fokussierung. Leserbrief Süddeutsche Zeitung 15.05.2014.

Rabe JC: Die Schule brennt. Süddeutsche Zeitung 23.01.15.

Rasfeld M, Breidenbach S: Schulen im Aufbruch. Kösel 2014.

Rasfeld M, Spiegel P: Eduaction. Murmann. 2. Auflage 2013.

Ratey JJ, Hagerman E: Superfaktor Bewegung. VAK Verlag 2013.

Räther E, Stelzer T: Das geschwächte Geschlecht, Die Zeit 2/2014.

Raufelder D: Erfolgreich lernen: Eine Frage der Beziehung. Gehirn & Geist. Serie Kindesentwicklung Nr. 6. 2011.

Rauschenbach T: „Wir brauchen mehr Gelassenheit", Süddeutsche Zeitung 26.06.2013.

Ravens-Sieberer U, Wille N, Bettge S, Erhart M: Psychische Gesundheit von Kindern und Jugendlichen in Deutschland. Bundesgesundheitsbl – Gesundheitsforsch – Gesundheitsschutz 2007, 50:871–878.

Reimann M: Bei den Finnen ist Sport Staatssache, http://ze.tt/in-finnland-gehoert-sport-zum-alltag 31.07.15, Zugriff 19.12.2015.

Reinberger S: Essen für die Seele. Spektrum der Wissenschaften Kompakt. Essen und Psyche. 08.05.2015 (2015).

Reinberger S: Acht Uhr ist zu früh zum Lernen. Spektrum der Wissenschaften Kompakt. Lernen. 01.07.2015 (2015a).

Reinhardt RK: Laufen macht schlau! Dissertation Universität Karlsruhe. Institut für Sport und Sportwissenschaft. 2009. https://www.google.de/search?source=hp&ei=deN7WqnGMsm9swGIoaPIAg&q=Reinhardt+RK%3A+Laufen+macht+schlau%21+Dissertation+Universit%C3%A4t+Karlsruhe.+Institut+f%C3%BCr+Sport+und+Sportwissenschaft.+2009+&oq=Reinhardt+RK%3A+Laufen+macht+schlau%21+Dissertation+Universit%C3%A4t+Karlsruhe.+Institut+f%C3%BCr+Sport+und+Sportwissenschaft.+2009+&gs_l=psy-ab.3...3779.3779.0.4898.1.1.0.0.0.0.0.0..0.0....0...1c..64.psy-ab..1.0.0....0.k2X3ApHQUNM, Zugriff 06.02.2018.

Reissner V, Jost D, Krahn U, Knollmann M, Weschenfelder AK, Neumann A, Wasem J, Hebebrand J: Therapie von Schulvermeidern mit psychiatrischen Erkrankungen. Deutsches Ärzteblatt 25.09.2015: 655–662.

Reiter A interviewt Brautmeier M: „Für Eltern verstörend“, Zeit 2.2014.

Reiter U: Schlicht überfördert. Süddeutsche Zeitung 14./15.06.2014.

Resch F, Schulte-Markwort M: Kindheit im digitalen Zeitalter. Beltz 2009.

Richter M, Rathmann K, Bohn V, Lampert T: Bildung und Gesundheit in Deutschland. In: Brähler E, Kiess J, Schubert C, Kiess W (Hrsg): Gesund und gebildet. Vandenhoeck & Ruprecht. 2012.

Richter-Werling M, Kroll M: Irrsinnig Menschlich: Stärkt Ihre Psyche – Deine auch e. V. In Kinder- und Jugendstimme, Bd. 8. Fuchs M (Hrsg.): Außer-gewöhnlich? Wege im Umgang mit dem Besonderen. Logos Verlag Berlin 2014.

Riedel-Heller S: Ist Primärprävention psychischer Störungen möglich? Psychiatrische Praxis 2006; 33; 145–147.

Riedle H, Gillig-Riedle B, Ferber-Bauer K: Pflegekinder – alles was man wissen muss. Tivan-Verlag 1. Aufl. 2008.

Risch AK: Well-being Therapy in Heidenreich / Michalak: Die „dritte Welle“ der Verhaltenstherapie. Beltz 2013.

Roediger E: Besser leben lernen. 3. Aufl. 2011. Urachhaus.

Roeser RW, Schonert-Reichl KA, Jha A, Cullen M, Wallace L, Wilensky R, Oberle E, Thomson K, Taylor C, Harrison J: Mindfulness Training and Reductions in Teacher Stress and Burnout: Results From Two Randomized, Waitlist-Control Field Trials. Journal of Educational Psychology 2013 Vol. 105, No. 3, 787–804.

Rogers LJ, Murrell AR, Adams C, Wilson KG: Förderung der Akzeptanz in Schulen: Die Rolle der Schulpsychologen und psychologischen Berater an Schulen. In: Greco La, Hayes SC: Akzeptanz und Achtsamkeit in der Kinder- und Jugendlichenpsychotherapie. Beltz 2011.

Rolff HG: Sind schulische Strukturfaktoren wirklich nicht so wichtig?, in: Terhart E (Hrsg): Die Hattie-Studie in der Diskussion. Klett 2014.

Roth G, Strüber N: Wie das Gehirn die Seele macht. Klett-Cotta 2014.

Roth G: Bildung braucht Persönlichkeit. Klett-Cotta, 4. Aufl. 2011.

Roth G: Warum sind Lehren und Lernen so schwierig?, in: Report 3/2003, Literatur- und Forschungsreport Weiterbildung, 26. Jg., Gehirn und Lernen: 20–28.

Roth J: Kollegiale Fallbesprechung. In: Achtsamkeit und Anerkennung. BZgA 2002.

Rudolf G: Wie Menschen sind: Eine Anthropologie aus psychotherapeutischer Sicht. Schattauer 2015.

Rühle A: Eine Woche Leben. Süddeutsche Zeitung 28./29.07.2012.

Rühle A: Kann doch jede. Süddeutsche Zeitung 25./26.01.2014.

Rupprecht S: Achtsamkeit macht Schule. Universum Verlag 2015.

Ryff CD, Keyes LM: The structure of social well-being revisited. Journal of Personality and Social Psychology 1995, Vol. 69, 4,719–727.

Saltzman A, Goldwin P: Achtsamkeitsbasierte Stressreduktion für Kinder im Schulalter. In: Greco La, Hayes SC: Akzeptanz und Achtsamkeit in der Kinder- und Jugendlichenpsychotherapie. Beltz 2011.

Sauermann V: Im Beruf kommt der Einbruch, Leserbrief Süddeutsche Zeitung 30.06.2014.

Saur M: Der weite Weg zum Glück. Magazin der Süddeutschen Zeitung 13.2013.

Schaarschmidt U, Kieschke U: Gerüstet für den Schulalltag. Beltz, 2007.

Schaarschmidt U: „Denkanstöße!“, Folder über das Ein-Tag-Seminar. http://www.ichundmeineschule.eu/downloads/IEGL_Folder_20110719.pdf, Zugriff 08.07.2017.

Schaarschmidt U: Beruf mit Risiken. Gehirn & Geist. Serie Kindesentwicklung Nr. 6. 2011.

Scheithauer H, Bull HD: fairplayer.manual. Förderung von sozialen Kompetenzen und Zivilcourage – Prävention von Bullying und Schulgewalt. Vadenhoek & Ruprecht, 2008

Scheuch K, Haufe E, Seibt R: Lehrergesundheit. Deutsches Ärzteblatt 20.2015.

Schiffer E, Schiffer H: LernGesundheit. Beltz, 2004.

Schiffer E: Wie Gesundheit entsteht. Überarbeitete Neuauflage. Beltz, 2013.

Schlack R, Hölling H: Gewalterfahrung von Kindern und Jugendlichen im subjektiven Selbstbericht. Bundesgesundheitsbl – Gesundheitsforsch – Gesundheitsschutz 2007, 50, 819–826.

Schlegel H: Das kann Schule machen: Achtsamkeit und Anerkennung als Aufgabe der Schulentwicklung. In Kahlert J, Sigel R: Achtsamkeit und Anerkennung. BZgA, 2006.

Schmeling I: Im kunterbunten Mittelmaß. Der Spiegel Wissen 1/2014.

Schmid N im Interview mit Otto J: Geld fällt nicht vom Himmel. Die Zeit 52.2014.

Schmid R: Leistungsdruck macht immer mehr Schüler krank. Der Neurologe & Psychiater 2014; 15 (4).

Schmidt G et al.: Jugendschwangerschaften in Deutschland. Zeitschrift Sexualforschung 2006; 19; 334–337.

Schmidt S, Petermann F, Brähler E: Bildungsniveau, körperliche und seelische Gesundheit. In: Brähler E, Kiess J, Schubert C, Kiess W (Hrsg): Gesund und gebildet. Vadenhoeck & Ruprecht. 2012.

Schmitz T: Mach mich lieb. Süddeutsche Zeitung. 05./06.11.2011.

Schneider F, Weiller C: Lifestyle. Nervenarzt 2014; 85 (12): 1499–1500.

Schneider J: Das Abi aus Neukölln. Süddeutsche Zeitung 07.07.2014.

Schönberger B: Die Kunst, neue Kräfte zu sammeln. Psychologie Heute August 2014.

Schoppmann S, Herrmann M, Tilly C: Borderline begegnen. Psychiatrie Verlag 2015.

Schratz, M.: Unsere Schüler brauchen mehr als linearen Fachunterricht. XING / Webseite. https://www.xing.com/news/klartext/unsere-schuler-brauchen-mehr-als-linearen-fachunterricht-1816, publiziert 03.07.2017.

Schult J, Münzer-Schrobildgen M, Sparfeldt JR: Belastet, aber hochzufrieden? Arbeitsbelastung von Lehrkräften im Quer- und Längsschnitt. Zeitschrift für Gesundheitspsychologie 2014, 22 (2), 61–67.

Schulte-Körne G: Psychische Störungen bei Kindern und Jugendlichen im schulischen Umfeld. Deutsches Ärzteblatt 11.2016, 183–190.

Schulte-Markwort M: Gibt es das Burnout-Syndrom im Kindes- und Jugendalter? Z Kinder-Jugendpsychiatr. Psychother. 42 (4) 2014: 209–210.

Schulte-Markwort M: Burnout-Kids. Pattloch 2015.

Schultz T: Vorbilder für eine gute Schule. Süddeutsche Zeitung 02.06.2008.

Schultz T, Taffertshofer B: Wenn Wünsche wuchern. Süddeutsche Zeitung 22.12.08.

Schultz T: Der Blender vom Zauberberg. 07.03.2016.

Schwarze-Reiter K: Das Abitur der vierten Klasse. Süddeutsche Zeitung 28.04.2014.

Seiffge-Krenke I: Entwicklungspsychologie: Jugend. In: Uexküll: Psychosomatische Medizin. 7. Auflage. Urban & Fischer 2011.

Sermier Dessemontet R, Benoit V, Bless G: Schulische Integration von Kindern mit einer geistigen Behinderung. Empirische Sonderpädagogik 4/2011, 291–307.

Serrao MF: Bildungslücke. Süddeutsche Zeitung. 29.10.2015.

Sielert U im Gespräch mit Otto J: Guter Wille allein reicht nicht. Die Zeit 21.2014, 15.05.2014.

Simon FB: Die andere Seite der „Gesundheit". Carl Auer Verlag. 3. Aufl. 2012.

Singer K im Interview mit Unverzagt G: Schüler dürfen niemals beschämt werden. Psychologie Heute compact, Heft 16, 2007.

Smith P: P.U.L.S. Videokonferenz für kranke Kinder. Ärztezeitung Online 25.01.2014.

Spiewak M: Raten statt lesen. Die Zeit 37.2011.

Spiewak M: Glaubenskrieg um vier Stunden. Die Zeit 25.2014 (2014a).

Spiewak M: Wir sind keine Sorgenkinder. Die Zeit 38.2014 (2014a).

Spitzer M: Medizin für die Bildung. Spektrum Akademischer Verlag 2010.

Spitzer M: Lesen und Schreiben, Nervenheilkunde 11/2012.

Spitzer M: Cyberkrank. Droemer 2015.

Spitzer M: Smart Sheriff gegen Smombies Nervenheilkunde 3/2016 (2016), 95–102.

Spitzer M: Armut macht Dumm. Nervenheilkunde 4/2016 (2016a).

Spitzer M: Digitalisierung: Risiken und Nebenwirkungen. Psyche im Fokus. 3.2016 (2016b).

Sporer C: Lernen fürs Leben. Gehirn & Geist Serie Kindesentwicklung 3. 2. unveränderte Neuauflage 2013.

Steinberger K: Was tun. Süddeutsche Zeitung 01.03.2014.

Steinebach C, Gharabaghi K: Resilienzförderung im Jugendalter. Springer 2013.

Steingart G: Das Ende der Normalität: Nachruf auf unser Leben, wie es bisher war. Piper 2012.

Stern E, Ayan S: Pädagogen sind flexible Problemlöser. Gehirn & Geist. Serie Kindesentwicklung Nr. 6. 2011.

SternE: Wie früh soll man Kinder fördern? Psychologie Heute compact, Heft 16, 2007.

Stolle M, Sack PM, Thomasius R: Drogenkonsum im Kindes- und Jugendalter – Früherkennung und Intervention Dtsch Arztebl 2007; 104(28–29): A-2061 / B-1819 / C-1755.

Storebø OJ, Krogh HB, Ramstad E, Moreira-Maia CR, Holmskov M, Skoog M, Nilausen TD, Magnusson FL, Zwi M, Gillies D, Rosendal S, Groth C, Rasmussen KB, Gauci D, Kirubakaran R, Forsbøl B, Simonsen E, Gluud C: Methylphenidate for Attention-Deficit / Hyperactivity Disorder in Children and Adolescents: Cochrane Systematic Review with Meta-analyses and Trial Sequential Analyses of Randomised Clinical Trials. British Medical Journal 25.11.2015.

Straube A, Heinen, F, Ebinger F, Kries R von: Kopfschmerzen bei Schülern: Prävalenz und Risikofaktoren. Deutsches Ärteblatt 2013; 110(48): 811–818.

Strauß B: Bindung. Psychosozial Verlag 2014.

Strittmatter A, Ender B: Personalführung an Schulen: Gewährleisten. Unterstützen. Entwickeln. – Handbuch (Impulse zur Schulentwicklung). Schulbuchverlag plus 2010.

Struck P: Die 15 Gebote des Lernens. Primus Verlag. 3. Auflage. 2008.

Stubenrauch C, Krinzinger H, Konrad K: Vom Hirnbild zum guten Unterricht. Zeitschrift für Kinder- und Jugendpsychiatrie und Psychotherapie, 42 (4), 2014, 253–269.

Sußebach H: Liebe Marie! Brief an meine Tochter. Die Zeit 22.2011.

Tenorth HE im Interview mit Kerstan T: Bildung ist, was übrig bleibt. Die Zeit 33.2011.

Tenorth HE: Wie Erfolge und Qualität konstruiert werden. Frankfurter Allgemeine Zeitung 18.06.2014.

Thomasius R, Küstner UJ: Familie und Sucht. Schattauer, 2005.

Thorbietz P: Erschöpft, resigniert, überfordert. GeoWissen 44. 2009.

Tschira A: Wie Kinder lernen – und warum sie es manchmal nicht tun. Carl Auer Verlag, 2. Aufl. 2005.

Türcke C: Hyperaktiv! Kritik an der Aufmerksamkeitsdefizit-Kultur. C. H. Beck 2012.

Turner H et al.: Recent Victimization Exposure and Suicidal Ideation in Adolescents. Arch Pediatr Adolesc Med. 166(12), 2012, 1149–1154.

Ulbricht A: Schluss mit Schulnoten. Süddeutsche Zeitung 14.05.2014.

UNICEF / Evaluation Office: Global Evaluation of Life Skills Evaluation Programmes. UNICEF 2012.

Unterrink T, Zimmermann L, Pfeifer R, Rose U, Joos A, Hartmann A, Wirsching M, Bauer J: Psychotherapy and Psychosomatics 06/2010; 79(4): 262–264.

Unverzagt G: Die Angst des Schülers vor dem Lehrer. Psychologie Heute compact. Heft 16, 2007.

Ustorf AE: „Bindung kommt vor Bildung". Süddeutsche Zeitung 06.03.2008.

Vereinigung der Bayerischen Wirtschaft e. V. (Hrsg.): Bildung. Mehr als Fachlichkeit. Gutachten des Aktionsrats Bildung. Waxmann 2015.

Vereinigung der Bayerischen Wirtschaft e. V. (Hrsg.): Psychische Belastungen und Burnout beim Bildungspersonal. Empfehlungen zur Kompetenz- und Organisationsentwicklung. Gutachten des Aktionsrats Bildung. Waxmann 2014.

Vitzthum TS: Finnlands Pisa-Wunder entpuppt sich als Irrtum. Die Welt. 07.07.2015.

Vitzthum TS: Gymnasiasten dürfen auf weniger Unterricht hoffen. Die Welt. 18.06.2014.

von Hirschhausen E: Wunder wirken Wunder. CD. der Hörverlag 2016.

Voß B: Burnout, Innenansichten. Deutsches Ärzteblatt 8.2014.

Weber A, Weltle D, Lederer P: Frühinvalidität im Lehrerberuf: Sozial- und arbeitsmedizinische Aspekte Dtsch Arztebl 2004; 101(13): 851–59.

Weber C: Die Burnout-Hysterie. Süddeutsche Zeitung 23.10.2011.

Weber P: Kopfschmerzen im Kindes- und Jugendalter: Eine Herausforderung zwischen akut- und sozialmedizinischer Kompetenz. Dtsch Arztebl Int 2013; 110(48): 809–810.

Weigmann K: Die Intelligenz des Körpers. Gehirn & Geist 1–2/2013.

Wernicke J: Rechenschwäche gibt es nicht. Spektrum der Wissenschaften Kompakt. Lernen. 03.07.2015.

Westerhoff N: Neurodidaktik auf dem Prüfstand. Gehirn & Geist. Serie Kindesentwicklung Nr. 6. 2011.

Wölk W: Arbeitsunfähigkeit und psychische Krankheit. Der Neurologe & Psychiater 2014; 15 (1).

World Health Organization: Life Skills Education in Schools. WHO Programme on Mental Health, WHO, 1997.

Wuppermann A, Schwandt H, Hering R, Schulz M, Bätzing-Feigenbaum J.: Die Aufmerksamkeitsdefizit-Hyperaktivitätsstörung (ADHS) bei Kindern und Jugendlichen in der ambulanten Versorgung in Deutschland. Teil 2 – Zusammenhang zwischen ADHS-Diagnose- und Medikationsprävalenzen und dem Einschulungsalter. Zentralinstitut für die kassenärztliche Versorgung in Deutschland (Zi), Versorgungsatlas-Bericht Nr. 15/11. Berlin, 2015, http://www.versorgungsatlas.de/themen/alle-analysen-nach-datum-sortiert/?tab=6&uid=61, Zugriff 16.02.2018.

Zarbock G, Ammann A, Ringer S: Achtsamkeit für Psychotherapeuten und Berater. Beltz 2012.

Zeibig D im Interview mit Sievert S: Ungleiche Bildungschancen: Warum Jungen in der Schule auf der Strecke bleiben. Spektrum.de, 03.07.2015 (2015) http://www.spektrum.de/news/warum-jungen-in-der-schule-auf-der-strecke-bleiben/1353755, Zugriff 06.02.2018.

Zeibig D: Eine Frage der Aufklärung. Spektrum der Wissenschaften Kompakt. Lernen. 03.07.2015.

Zeki S: The experience of mathematical beauty and its neural correlates. Frontiers in Human Neuroscience. 13.02.2014.

Zentrale Koordinierungsstelle Schulerfolg, Sachsen-Anhalt; Deutsche Kinder- und Jugendstiftung (Hrsg.). „Schulerfolg". Stark ins Leben und in den Beruf! Sozial- und Lebenskompetenz von Kindern und Jugendlichen fördern. Qualitätszirkel. Arbeitsgruppe 2. „Kooperative Schulentwicklung" 2011.

Ziemer J: Seelsorgelehre. Vandenhoeck & Ruprecht. 3. Aufl. 2008.

Zunhammer M, Eichhammer P, Busch V Sleep Quality during Exam Stress: The Role of Alcohol, Caffeine and Nicotine. Plos One. Published: October 3, 2014.